Kohlhammer

Studienreihe Rechtswissenschaften

herausgegeben von
Professor Dr. Winfried Boecken und Professor Dr. Heinrich Wilms (†)

fortgeführt von
Professor Dr. Winfried Boecken und Professor Dr. Stefan Korioth

Schuldrecht III –
Besonderer Teil 2:
Gesetzliche Schuldverhältnisse

von

Professor Dr. Christoph Althammer
Universität Regensburg

Verlag W. Kohlhammer

1. Auflage 2015

Gesamtherstellung: W. Kohlhammer GmbH, Stuttgart

Print:
ISBN 978-3-17-020459-1

E-Book-Format:
pdf: ISBN 978-3-17-028472-2
epub: ISBN 978-3-17-030020-0
mobi: ISBN 978-3-17-030021-7

Vorwort

Dieser Band der Studienreihe Rechtswissenschaften widmet sich den Gesetzlichen Schuldverhältnissen im Besonderen Teil des Schuldrechts des Bürgerlichen Gesetzbuches. Einzelne Tatbestände gesetzlicher Schuldverhältnisse finden sich zwar über das gesamte Bürgerliche Gesetzbuch verstreut, in erster Linie sind sie aber im achten Abschnitt des zweiten Buches angesiedelt. Als zentrale Prüfungsstoffe des Zivilrechts stehen dabei die Vorschriften der **Geschäftsführung ohne Auftrag** (§§ 677–687), des **Bereicherungsrechts** (§§ 812–822) und des **Deliktsrechts** (§§ 823–853) im Vordergrund, wobei im letzten Fall auch besonders prüfungsrelevante Tatbestände der Gefährdungshaftung außerhalb des Bürgerlichen Gesetzbuchs in die Darstellung einbezogen wurden. Zwar ist auch das Verhältnis zwischen dem Eigentümer und dem (unrechtmäßigen) Besitzer (§§ 985 ff.) als ein gesetzliches Schuldverhältnis zu begreifen. Jedoch finden diese Vorschriften in einem eigenen sachenrechtlichen Band der Studienreihe nähere Darstellung und werden in diesem Lehrbuch, mit Ausnahme des Konkurrenzverhältnisses, weitgehend ausgespart.

Im Rahmen der Darstellung wurde stets versucht, neben der (aktuellen) höchstrichterlichen Judikatur auch den aktuellen Meinungsstand im Schrifttum kritisch einzubeziehen. Die systematische Vermittlung der theoretischen Hintergründe geht dabei Hand in Hand mit der praktischen Anwendung. So wird, wie dies auch in allen anderen Bänden der Studienreihe der Fall ist, die Darstellung von zahlreichen Beispielsfällen und Prüfungsschemata begleitet. Letztere wurden jedoch stärker in die laufende Darstellung eingebettet und sind somit am Anfang oder am Ende eines Kapitels zu finden. Der Verfasser glaubte, dies der Komplexität der Materie zu schulden. Das Lehrbuch eignet sich dennoch sowohl als Einstieg in die Materie als auch zur Vertiefung für Fortgeschrittene bis hin zur Examensvorbereitung.

Für vielfältige Hilfe bei der Vorbereitung des Manuskripts habe ich meinen früheren und gegenwärtigen Mitarbeiterinnen und Mitarbeitern herzlich zu danken: Intensiv mitgewirkt mit wertvollen Vorschlägen inhaltlicher und systematischer Art sowie in Form der Ergänzung durch einzelne weitere Fallbeispiele und Schemata haben bei Teil 1 meine wiss. Mitarbeiter Beatrice Stapf und Johannes Wolber. Hilfreiche Unterstützung erfahren habe ich auch durch meine frühere wiss. Mitarbeiterin Marilen Hilbert. Im Rahmen von Teil 2 haben Beatrice Stapf im Hinblick auf die Darstellung des Allgemeinen Persönlichkeitsrechts und Johannes Wolber im Hinblick auf Kausalität und Verkehrssicherungspflichten maßgebliche inhaltliche Vorarbeiten geleistet und damit eine feste Basis für die entsprechenden Kapitel bereitet. Frau Dr. Madeleine Tolani, LL.M. (Golden Gate Univ.), hat bei der Vorbereitung des Kapitels zur Produzentenhaftung einen Beitrag geleistet. Weiterhin haben mich bei diesem Teil des Lehrbuchs meine früheren stud. Mitarbeiter Peter Gaedecke und Tobias Bailer sehr unterstützt.

Vorwort

Mit kritischer und hilfreicher Lektüre begleitet hat schließlich meine wiss. Mitarbeiterin Ricarda Lorenz die Bearbeitung von Teil 3. Hilfe erfahren habe ich insoweit auch durch meine frühere stud. Mitarbeiterin Verena Bauer.
Für die redaktionelle Betreuung des abschließenden Manuskripts und die Erstellung der Register danke ich Johannes Wolber. Für abschließende Korrekturarbeiten möchte ich meinen stud. Mitarbeitern Friedrich Schmitt, Johanna Hennighausen, Verena Philipp und insbesondere meiner Sekretärin Victoria Marini herzlich danken.

Gewidmet ist dieses Buch meiner Frau und meinen beiden Kindern.

Freiburg i.Br./Regensburg, September 2014 — Christoph Althammer

Inhaltsverzeichnis

Abkürzungen

Soweit nicht im Text des Buches erklärt, wird für die verwendeten Abkürzungen üblicherweise verwiesen auf *Kirchner*, Abkürzungsverzeichnis der Rechtssprache, 7. Auflage, Berlin, 2012.

Allgemeines Literaturverzeichnis

Bamberger/Roth, Beckscher Online-Kommentar zum Bürgerlichen Gesetzbuch, Stand: 1.7.2014

Bergmann, Die Geschäftsführung ohne Auftrag als Subordinationsverhältnis, 2010

Brox/Walker, Allgemeines Schuldrecht, 38. Aufl., 2014

Brox/Walker, Besonderes Schuldrecht, 37. Aufl., 2013

Dauner-Lieb/Langen, BGB, Band 2, Schuldrecht, 2. Aufl., 2012

Deutsch/Ahrens, Deliktsrecht, 6. Aufl., 2014

Emmerich, BGB – Schuldrecht. Besonderer Teil, 13. Aufl., 2012

Erman, Kommentar zum BGB, 13. Aufl., 2011

Fikentscher/Heinemann, Schuldrecht, 10. Aufl., 2006

Flume, Allgemeiner Teil des Bürgerlichen Gesetzbuchs, Band II: Das Rechtsgeschäft, 4. Aufl., 1992

Fuchs/Paucker, Deliktsrecht- und Schadensersatzrecht, 8. Aufl., 2012

Grigoleit/Auer, Schuldrecht III. Bereicherungsrecht, 1. Aufl., 2009

JuS Lern-CD Zivilrecht I (Hrsg.: *Lorenz/Riehm*), Edition 3, 2002

Kötz/Wagner, Deliktsrecht, 12. Aufl., 2013

Kupisch/Krüger, Deliktsrecht, 1983

Larenz/Canaris, Lehrbuch des Schuldrechts. Band 2. Besonderer Teil, 13. Aufl., 1994

Looschelders, Schuldrecht Besonderer Teil, 9. Aufl., 2014

Medicus/Lorenz, Schuldrecht I. Allgemeiner Teil, 20. Aufl., 2012

Medicus/Lorenz, Schuldrecht II. Besonderer Teil, 17. Aufl., 2014

Medicus/Petersen, Bürgerliches Recht, 24. Aufl., 2013

Münchener Kommentar zum BGB, Band 4, Schuldrecht Besonderer Teil II (§§ 611–704), 6. Aufl., 2012

Münchener Kommentar zum BGB, Band 5, Schuldrecht Besonderer Teil III (§§ 705–853), 6. Aufl., 2013

Musielak/Hau, Examenskurs BGB, 3. Aufl., 2014

Musielak/Hau, Grundkurs BGB, 13. Aufl., 2013

Palandt, Bürgerliches Gesetzbuch, Kommentar, 73. Aufl., 2014

Peifer, Schuldrecht. Gesetzliche Schuldverhältnisse, 3. Aufl., 2013

Reuter/Martinek, Ungerechtfertigte Bereicherung, 1983

Soergel, Bürgerliches Gesetzbuch, Band 10, Schuldrecht 8 (§§ 652–704), 13. Aufl., 2012

Soergel, Bürgerliches Gesetzbuch, Band 11/3, Schuldrecht 9/3 (§§ 780–822), 13. Aufl., 2012

Soergel, Bürgerliches Gesetzbuch, Band 12, Schuldrecht 10 (§§ 823–853), 13. Aufl., 2005

Staudinger, BGB – Eckpfeiler des Zivilrechts, 4. Aufl., 2012

Staudinger, Kommentar zum Bürgerlichen Gesetzbuch, §§ 657–704 (Geschäftsbesorgung), Neubearbeitung, 2006

Staudinger, Kommentar zum Bürgerlichen Gesetzbuch, §§ 812–822 (Ungerechtfertigte Bereicherung), Neubearbeitung, 2007

Wandt, Gesetzliche Schuldverhältnisse, 6. Aufl., 2014

Allgemeine Grundlagen

§ 1 Die Entstehung gesetzlicher Schuldverhältnisse

Nach § 241 Abs. 1* ist der Gläubiger berechtigt, von dem Schuldner eine Leistung zu fordern, welche auch in einem Unterlassen bestehen kann. Ein derartiges Schuldverhältnis kann dabei seine Grundlage in einem **Rechtsgeschäft** finden (etwa einem Vertragsverhältnis bzw. einem einseitigen Rechtsgeschäft wie der Auslobung nach § 657)[1] oder sich aus **gesetzlicher Anordnung** ergeben[2]. Während im ersten Fall zur Entstehung des vertraglichen Schuldverhältnisses ein entsprechender Rechtsbindungswille der Beteiligten erforderlich ist[3], gelangt ein gesetzliches Schuldverhältnis alleine dadurch zur Entstehung, dass die Voraussetzungen eines gesetzlichen Tatbestandes erfüllt werden[4]. Die Tatbestände gesetzlicher Schuldverhältnisse sind zwar über das gesamte BGB verstreut, in erster Linie sind sie aber im 2. Buch des BGB zu finden. Als Beispiele sind die Gewinnzusage nach § 661a oder die Einbringung von Gegenständen bei einem Gastwirt gemäß §§ 701 ff. zu nennen[5]. Auch das Verhältnis zwischen dem Eigentümer und dem unrechtmäßigen Besitzer nach §§ 987 ff. stellt ein gesetzliches Schuldverhältnis dar[6]. Freilich werden diese Vorschriften in sachenrechtlichen Monographien näher dargestellt und sind dementsprechend in diesem Lehrbuch weitgehend ausgespart worden. Gleiches gilt etwa für das gesetzliche Schuldverhältnis zwischen dem Berechtigten und Verpflichteten einer Dienstbarkeit (§§ 1020 ff.)[7]. Gesetzliche Schuldverhältnisse sind, da sie meist eine bestimmte sachliche Materie zum Gegenstand haben, kaum im Allgemeinen Teil oder im Allgemeinen Schuldrecht des BGB anzutreffen[8]. Gegenbeispiele bilden allerdings die Aufnahme von Vertragsverhandlungen oder ähnliche geschäftliche Kontakte i. S. v. § 311 Abs. 2 sowie Abs. 3[9]. 1

---

* Paragraphenangaben ohne Gesetzesangabe bezeichnen solche des Bürgerlichen Gesetzbuches (BGB).

1 Brox/*Walker*, Allgemeines Schuldrecht, § 3 Rn. 5.

2 Staudinger/*Huber*, Eckpfeiler des Zivilrechts, D Rn. 8 f.; Jauernig/*Mansel*, § 241 Rn. 3; Palandt/*Grüneberg*, Überbl. v. § 311 Rn. 3; *Wandt,* § 1 Rn. 1; *Fikentscher/Heinemann*, Schuldrecht, § 16 Rn. 71; *Medicus/Lorenz*, Schuldrecht I, Rn. 55 ff.

3 *Fikentscher/Heinemann*, Schuldrecht, § 18 Rn. 82 f.; Staudinger/*Huber*, Eckpfeiler des Zivilrechts, D Rn. 13 f.

4 *Musielak/Hau*, Examenskurs BGB, Rn. 230; *Rüthers/Stadler,* § 5 Rn. 11; *Medicus/Lorenz,* Schuldrecht I, Rn. 55; Palandt/*Grüneberg*, Überbl. v. § 311 Rn. 5.

5 *Musielak/Hau*, Examenskurs BGB, Rn. 230.

6 Staudinger/*Klinck*, Eckpfeiler des Zivilrechts, W Rn. 90 f.; Palandt/*Bassenge*, Vorb. v. § 987 Rn. 1.

7 Dazu auch *Musielak/Hau*, Examenskurs BGB, Rn. 230.

8 *Medicus/Lorenz*, Schuldrecht I, Rn. 56.

9 *Musielak/Hau*, Examenskurs BGB, Rn. 230; *Brox/Walker*, Allgemeines Schuldrecht, § 3 Rn. 10 f.; *Fikentscher/Heinemann*, Schuldrecht, § 19 Rn. 89; zur Diskussion um eine *culpa in petendo*, d. h. um das Entstehen eines Schuldverhältnisses durch die Anmaßung eines Rechtes oder Anspruches außerhalb (vor-)vertraglicher Beziehungen: *Althammer*, FS Stürner, 2013, 95 (108 ff.); *Bergmann* AcP 211 (2011), 803 (821 ff.); *Lipp* JuS 1990, 790 (793 f.).

2 Die größte Bedeutung für Praxis und Ausbildung kommt den Vorschriften über die Geschäftsführung ohne Auftrag (§§ 677 ff.), über die ungerechtfertigte Bereicherung (§§ 812 ff.) sowie über unerlaubte Handlungen (§§ 823 ff.) zu[10], die aber teilweise in Nebengesetzen wie dem StVG geregelt sind[11]. Gerade für diese Rechtsgebiete fungiert der Terminus „gesetzliche Schuldverhältnisse" gewissermaßen als Oberbegriff. Ihre gewachsene Bedeutung kommt auch dadurch zum Ausdruck, dass die Lehrpläne vieler juristischer Fakultäten bei der Darstellung des Schuldrechts nicht mehr zwischen den Vorlesungen „Schuldrecht Allgemeiner Teil" und „Schuldrecht Besonderer Teil" differenzieren, sondern zwischen „vertraglichen Schuldverhältnissen" und „gesetzlichen Schuldverhältnissen"[12].

3 Häufig treten in Sachverhalten **Konkurrenzen** zwischen gesetzlichen und vertraglichen Schuldverhältnissen auf, wobei sich in einigen Fällen vertragliche und gesetzliche Ansprüche jedoch bereits tatbestandlich ausschließen. In gleicher Weise ist innerhalb eines Lebenssachverhalts ein Nebeneinander gesetzlicher Schuldverhältnisse i. S. v. Anspruchskonkurrenz denkbar[13]. In der Fallbearbeitung sind stets alle Anspruchsgrundlagen, deren Tatbestandsvoraussetzungen nach den Gegebenheiten des Sachverhalts erfüllt sein könnten, näher zu prüfen. In Folge muss dann der Bearbeiter der Frage, ob **Anspruchsnormenkonkurrenz** oder **Anspruchskonkurrenz** vorliegt, nachgehen, was auch aus prozessualer Sicht für die Ermittlung der Streitgegenstandseinheit oder Streitgegenstandsmehrheit eine wichtige Rolle spielt[14]. Richtigerweise wird bei konkurrierenden Anspruchsgrundlagen aber nicht bereits deswegen eine Streitgegenstandsmehrheit anzunehmen sein, weil (wie etwa bei der Konkurrenz vertraglicher und deliktischer Ansprüche) unterschiedliche Beweislastregeln (vgl. etwa § 280 Abs. 1 S. 2), unterschiedliche Zurechnungsnormen (vgl. § 278) oder divergierende Verjährungsfristen gelten. Entscheidend ist vielmehr, dass der Anspruchsteller die verlangte Rechtsposition (den entstandenen Schaden) nach der Rechtsordnung und den geltenden Gerechtigkeitsvorstellungen nur einmal für sich beanspruchen kann[15]. Zudem ist zu bedenken, dass in einigen Konkurrenzfällen anerkanntermaßen vertragliche Haftungsmodalitäten (wie Haftungsprivilegierungen oder auch Verjährungsfristen) auf die konkurrierende gesetzliche Anspruchsgrundlage zu übertragen sind, um Wertungswidersprüche zu vermeiden[16].

10 *Medicus/Lorenz*, Schuldrecht I, Rn. 56.
11 Vgl. etwa auch *Peifer*, § 1 Rn. 1.
12 Dazu auch G. *Wagner*, in: *Willoweit* (Hrsg.), Rechtswissenschaft und Rechtsliteratur im 20. Jahrhundert (2007), S. 181 ff.
13 *Wandt*, § 1 Rn. 4.
14 *Wandt*, § 1 Rn. 4, 5.
15 *Brox/Walker*, Besonderes Schuldrecht, § 44 Rn. 1.
16 Vgl. etwa BGHZ 47, 53. Dazu statt vieler auch *Wandt*, § 1 Rn. 8.

Teil 1: **Geschäftsführung ohne Auftrag**

Lit. (Auswahl): *Bamberger,* Grundfälle zum Recht der Geschäftsführung ohne Auftrag im öffentlichen Recht, JuS 1998, 706; *Batsch,* Aufwendungsersatzanspruch und Schadensersatzpflicht des Geschäftsführers im Falle berechtigter und unberechtigter Geschäftsführung ohne Auftrag, AcP 171 (1971), 218; *Beuthien,* Die unberechtigte Geschäftsführung ohne Auftrag im bürgerlichrechtlichen Anspruchssystem, FS Söllner, 2000, S. 125; *Canaris,* Notstand und „Selbstaufopferung" im Straßenverkehr, JZ 1963, 655; *Coester-Waltjen,* Das Verhältnis von Ansprüchen aus Geschäftsführung ohne Auftrag zu anderen Ansprüchen, Jura 1990, 608; *Falk,* Von Titelhändlern und Erbensuchern – Die GoA-Rechtsprechung am Scheidewege, JuS 2003, 833; *Früh,* Bürgerliches Recht in der Fallbearbeitung, JuS 1995, 419; *Genius,* Risikohaftung des Geschäftsherrn, AcP 173 (1973), 481; *Giesen,* Das Recht der fremdnützigen Geschäftsbesorgung, Jura 1996, 225, 288, 344, 352; *Hau,* Geschäftsführung ohne Verbraucherauftrag, NJW 2001, 2863; *Hauß,* Ein strapaziertes Rechtsinstitut – Zur Eingrenzung der Geschäftsführung ohne Auftrag, Festgabe für Weitnauer, 1980, S. 333; *Hassold,* Die Verweisungen in § 682 BGB – Rechtsfolgeverweisung oder Rechtsgrundverweisung?, JR 1989, 358; *Henssler,* Grundfälle zu den Anspruchsgrundlagen im Recht der Geschäftsführung ohne Auftrag, JuS 1991, 924; *Hilbert,* Das auch fremde Geschäft in der Rechtsprechung – Gerechtfertigte Rechtsanwendung oder bloße Billigkeitsrechtsprechung? (Diss. Konstanz 2014); *Land,* Grundfälle zur Geschäftsführung ohne Auftrag, JuS 1998, 479; *Lange,* Geschäftsführung ohne Auftrag bei nicht geschuldeten Schönheitsreparaturen?, NZM 2007, 785; *Lorenz,* Geschäftsführung ohne Auftrag und Bereicherungsausgleich bei Vornahme nicht geschuldeter Schönheitsreparaturen, NJW 2009, 2576; *ders.,* Gescheiterte Vertragsbeziehungen zwischen Geschäftsführung ohne Auftrag und Bereicherungsrecht: Späte Einsicht des BGH?, NJW 1996, 883; *Martinek/Theobald,* Grundfälle zum Recht der Geschäftsführung ohne Auftrag, JuS 1997, 612, 805, 992; 1998, 27; *Schreiber,* Das „auch-fremde" Geschäft bei der Geschäftsführung ohne Auftrag, Jura 1991, 155; *Schubert,* Der Tatbestand der Geschäftsführung ohne Auftrag, AcP 178 (1978), 425; *Schwarz/Ernst,* Ansprüche des Grundstücksbesitzers gegen „Falschparker", NJW 1997, 2550; *Seiler,* Über die Vergütung von Dienstleistungen des Geschäftsführers ohne Auftrag, FS Hübner, 1984, S. 239; *ders.,* Grundfälle zum Recht der Geschäftsführung ohne Auftrag, JuS 1987, 368; *Stamm,* Die Rückführung der sog. „auch-fremden Geschäfte" von der Geschäftsführung ohne Auftrag auf die Gesamtschuld, Jura 2002, 730; *Thole,* Die Geschäftsführung ohne Auftrag auf dem Rückzug – Das Ende des „auch fremden" Geschäfts, NJW 2010, 1243; *Wenckstern,* Die Geschäftsanmaßung als Delikt, AcP 200 (2000), 240; *Wendlandt,* „Ein bisschen über den Rubikon" – Der BGH und die GoA des vertraglich pflichtengebundenen Geschäftsführers, NJW 2004, 985; *Wollschläger,* Die Geschäftsführung ohne Auftrag, 1976; *ders.,* Grundzüge der GoA, JA 1979, 57, 126, 182.

Rechtsprechung: RGZ 82, 206 (Die Erfüllung einer öffentlichen Baulast durch den Staat); **BGH NJW 1955, 257** (Unbeachtlichkeit des entgegenstehenden Willens nach § 679); **BGH NJW 1957, 869** (Selbstaufopferung im Straßenverkehr); **BGH NJW 1962, 2010** (GoA bei nichtigen Verträgen); **BGH NJW 1963, 1825** (Vermutung des Fremdgeschäftsführungswillen bei auch fremden Geschäften); **BGH NJW 1965, 1271** (Geschäftsführung zur Abwehr einer dringlichen Gefahr und Anwendbarkeit von § 680); **BGH NJW 1970, 243** (Vorprozessuale Abmahnung eines Störers im gewerblichen Rechtsschutz); **BGH NJW 1990, 2058** (Tätigwerden eines Störers aufgrund öffentlich-rechtlicher Verpflichtung an Stelle eines anderen Störers); **BGH NJW 1993, 2234** (Ersatz für Verletzungen des Geschäftsführers bei einer tätigkeitsspezifisch gesteigerten Gefahr der Geschäftsbesorgung); **BGH NJW 2000, 72** (Aufwendungen zur Vorbereitung und Anbahnung eines Vertragsverhältnisses); **BGH NJW 2004, 513** (Öffentlich-rechtliche Sondervorschriften zur Erhebung von Kosten); **BGH NJW 2009, 2590** (Vornahme von Schönheitsreparaturen an der Mietsache); **BGH NJW 2010, 1208** (Vorprozessuale Abmahnung eines Störers auf dem Gebiet des gewerblichen Rechtsschutzes).

§ 2 Das Rechtsinstitut der Geschäftsführung ohne Auftrag

I. Überblick

4 Das Rechtsinstitut der Geschäftsführung ohne Auftrag (GoA) ist in §§ 677 ff. (lückenhaft) gesetzlich geregelt[17]. Ein Rückgriff auf diese Bestimmungen ist jedoch nur möglich, sofern die aus der Geschäftsführung resultierenden Rechtswirkungen nicht bereits durch ein Vertragsverhältnis oder durch (öffentlich-rechtliche) Spezialvorschriften festgelegt sind[18]. Die gesetzlichen Bestimmungen über die Geschäftsführung ohne Auftrag bilden keinen einheitlichen Tatbestand[19]. Stattdessen differenzieren Rechtsprechung und Literatur traditionell zwischen mehreren Geschäftsführungstypen. Von entscheidender Bedeutung ist dabei zunächst die **Unterscheidung zwischen echter und unechter Geschäftsführung ohne Auftrag**[20]. Erstere wird weiter in die berechtigte und die unberechtigte Geschäftsführung ohne Auftrag untergliedert[21]. Dagegen zählen zur **unechten Form der Geschäftsführung ohne Auftrag** neben der irrtümlichen Eigengeschäftsführung i. S. v. § 687 Abs. 1 auch die angemaßte Eigengeschäftsführung gemäß § 687 Abs. 2[22]. Zwar herrscht durchaus Uneinigkeit darüber, in welchen Fällen von einem gesetzlichen Schuldverhältnis gesprochen werden kann. Unstrittig stellt aber zumindest die echte berechtigte Geschäftsführung ohne Auftrag ein solches **gesetzliches Schuldverhältnis** dar[23], welches in seinen Rechtsfolgen den Regeln des Auftragsrechts folgt[24].

---

17 Nach einigen Stimmen seien Vorschriften über die GoA kein notwendiges Kennzeichen eines voll ausgeprägten Rechtssystems, *R. Zimmermann*, The Law of Obligations (1993), S. 436; vgl. dazu *G. Wagner*, in: Willoweit (Hrsg.), Rechtswissenschaft und Rechtsliteratur im 20. Jahrhundert (2007), S. 214.

18 So Dauner-Lieb/Langen/*Schwab*, § 677 Rn. 1; *Bergmann*, Die Geschäftsführung ohne Auftrag als Subordinationsverhältnis, S. 63.

19 So prägnant Staudinger/*Martinek*, Eckpfeiler des Zivilrechts, S. Rn. 78.

20 Staudinger/*Martinek*, Eckpfeiler des Zivilrechts, S. Rn. 78.

21 *Brox/Walker*, Besonderes Schuldrecht, § 35 Rn. 3; *Looschelders*, Schuldrecht BT, § 41 Rn. 836; *Martinek/Theobald* JuS 1997, 612 f.; *Giesen* Jura 1996, 225 (226 f.); *Isele*, Geschäftsbesorgung, S. 173; *Berg* JuS 1975, 681 (683); *Helm*, Geschäftsführung ohne Auftrag, in: Gutachten und Vorschläge zur Überarbeitung des Schuldrechts, S. 341; nach *Wandt*, § 2 Rn. 11 ist „die Terminologie „berechtigte“ und „unberechtigte“ GoA inzwischen allgemein üblich und wird herkömmlicherweise gebraucht“.

22 *Brox/Walker*, Besonderes Schuldrecht, § 35 Rn. 4; Jauernig/*Mansel*, Vor § 677 Rn. 6; Staudinger/*Martinek*, Eckpfeiler des Zivilrechts, S. Rn. 78.

23 *Gursky*, Schuldrecht BT, S. 162; *Looschelders*, Schuldrecht BT, § 41 Rn. 836; *Batsch* AcP 171 (1971), 218 (219); *Seiler* JuS 1987, 368.

24 *Looschelders*, Schuldrecht BT, § 41 Rn. 836; *Medicus/Lorenz*, Schuldrecht II, Rn. 626.

Schema

5

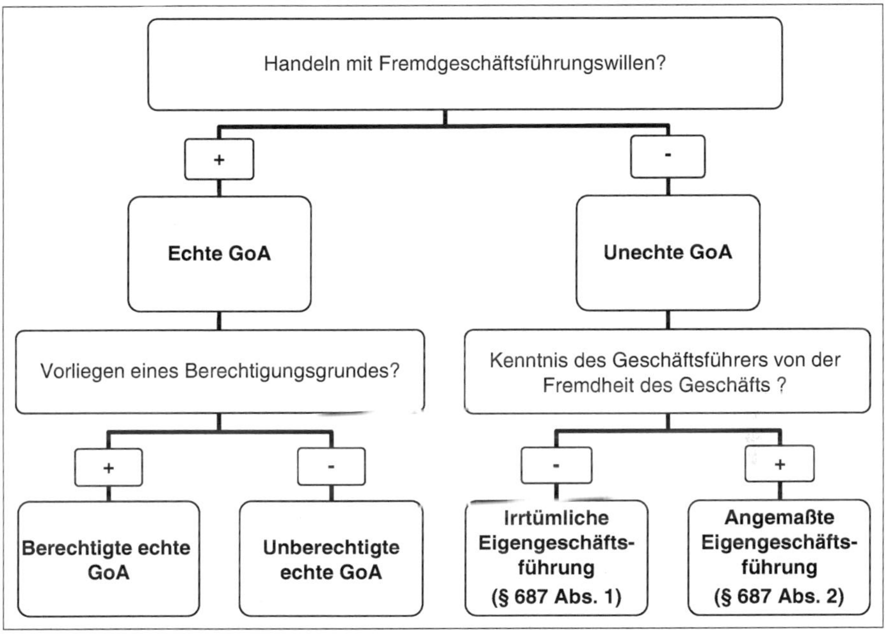

II. Gesetzlicher Geltungsgrund

Auch das **römische Recht** enthielt Bestimmungen (negotiorum gestio) über den Ersatz von Aufwendungen, welche sich als Folge einer Fremdgeschäftsführung darstellten. Ähnliches galt für die Herausgabe des aus dieser Geschäftsführung Erlangten (actio directa)[25]. Dieses antike Vorbild gehorchte jedoch keinem einheitlichen dogmatischen Leitbild und hat keinen klar abgrenzbaren Anwendungsbereich erhalten[26]. Insoweit erscheint nachvollziehbar, warum die an der römische Quellenlage orientierten Bestimmungen des BGB selbst lückenhaft und uneinheitlich geblieben sind. Die vor allem in früheren Jahren ausufernde Kasuistik der höchstrichterlichen Rechtsprechung hat die Konturierung der wenigen gesetzlichen Tatbestände kaum erleichtert[27]. Der berechtigte Vorwurf an die Rechtsprechung lautet deswegen, die GoA als umfassendes Generalregressinstitut für Fälle missbraucht zu haben, für welche eine andere befriedigende Lösung nicht in Sicht war[28]. 6

25 *Kaser/Knütel*, Römisches Recht, § 44; *Honsell*, Römisches Recht, § 56, S. 163; *Seiler*, Der Tatbestand der negotiorum gestio im römischen Recht, 1968, S. 1 ff.; *Wollschläger* JA 1979, 57 (59); *Bergmann*, Die Geschäftsführung ohne Auftrag als Subordinationsverhältnis, S. 89; jüngst *M. Hilbert*, Das auch fremde Geschäft in der Rechtsprechung – Gerechtfertigte Rechtsanwendung oder bloße Billigkeitsrechtsprechung? (Dissertation Universität Konstanz 2014), S. 29 ff.

26 Staudinger/*Bergmann*, Vorbem. zu §§ 677 ff. Rn. 64; *Schubert* AcP 178 (1978), 425 (427); Staudinger/*Martinek*, Eckpfeiler des Zivilrechts, S. Rn. 71; *M. Hilbert* (Fn. 25), S. 29 ff.

27 Staudinger/*Martinek*, Eckpfeiler des Zivilrechts, S. Rn. 78; *Schubert* AcP 178 (1978), 425 (432 f.); *Falk* JuS 2003, 833 (835); *Martinek/Theobald* JuS 1997, 612.

28 *Wollschläger*, Die Geschäftsführung ohne Auftrag, S. 52 ff.; MüKo/*Seiler*, Vor § 677, Rn. 1 f.

7 Die Regeln der (echten) Geschäftsführung ohne Auftrag haben vor allem einen **angemessenen Ausgleich der Interessen des Geschäftsführers,** welcher ein fremdes Geschäft übernommen hat, und **des Geschäftsherrn,** für den das Geschäft ausgeführt wird, im Blick[29]. Dabei will der zivilrechtliche **Grundsatz der Eigenverantwortung** an sich eine (ungebetene) Einmischung Dritter in fremde Angelegenheiten verhindern. Andererseits wird aber insbesondere in einer Notsituation die Intervention dritter Personen als willkommen empfunden[30]. Der dogmatische **Geltungsgrund der Vorschriften über die Geschäftsführung ohne Auftrag** ist vor diesem Hintergrund verständlicherweise seit langem umstritten[31].

8 Die **„Theorie der Menschenhilfe“,** welche die Geschäftsführung ohne Auftrag als ein altruistisches Rechtsinstitut interpretiert, kann dabei nach heute überwiegender Ansicht nicht die dogmatische Basis der §§ 677 ff. bilden[32]. Anhänger dieser vor allem früher vertretenen Theorie erkennen in den Ansprüchen des Geschäftsführers eine Honorierung des freiwilligen uneigennützigen Eingreifens zugunsten eines Dritten[33]. Oft zitiert[34] wird dabei der in der Bibel in Dtn. 22, 1 f beschriebene Fall der Menschenhilfe. Die uneigennützige Hilfe in mitmenschlicher Nächstenliebe kommt im Anwendungsbereich der GoA zwar durchaus vor. Mit der allgemeinen Anerkennung der Theorie der Menschenhilfe wären aber alle Konstellationen ausgeschlossen, in denen der Geschäftsführer aufgrund einer eigenen Verpflichtung tätig wird[35]. Die Theorie der Menschenhilfe spiegelt somit das vollständige Spektrum der Sachverhalte, in denen die Judikatur die Anwendbarkeit des Rechtsinstituts zu beurteilen hat, nur ansatzweise wider[36]. Eine Konzentration auf den Aspekt geleisteter Menschenhilfe lässt sich dem Gesetz und den Motiven des Gesetzgebers nicht entnehmen[37]. Andererseits verlangt der Ausgleichsanspruch der GoA auch keine Willensübereinstimmung zwischen Geschäftsführer und Geschäftsherr, wie sie die **Quasi-Vertragstheorie**[38] als Gel-

29 *Looschelders*, Schuldrecht BT, § 41 Rn. 839; *Wandt*, § 2 Rn. 4; *Oppermann* AcP 193 (1993), 497.

30 *Wandt*, § 2 Rn. 5.

31 *Wollschläger*, Die Geschäftsführung ohne Auftrag, S. 24 ff.; *Brennecke*, Ärztliche Geschäftsführung ohne Auftrag, S. 3 ff.

32 So aber vor allem noch *Kohler*, Die Menschenhilfe im Privatrecht, JherJb 25 (1887), 42 ff.; ferner *Rabel* RheinZ 10 (1919/20) 89, 94 ff.; *Lent*, Wille und Interesse, S. 12; aus dem neueren Schrifttum MüKo/*Seiler*, Vorbem. §§ 677 ff. Rn. 1 f.; *Schubert* AcP 178 (1978), 425 (428 ff.) spricht der Theorie der Menschenhilfe eine Leitbildfunktion zu; kritisch *G. Wagner*, in: Willoweit (Hrsg.), Rechtswissenschaft und Rechtsliteratur im 20. Jahrhundert (2007), S. 215; zum Ganzen auch *M. Hilbert* (Fn. 25), S. 19.

33 *Lent*, Wille und Interesse bei der Geschäftsführung, S. 12; *Melullis*, Das Verhältnis von Geschäftsführung ohne Auftrag und ungerechtfertigter Bereicherung, S. 3 ff.; *Wittmann*, Begriff und Funktion der Geschäftsführung ohne Auftrag, S. 66.

34 So Staudinger/*Bergmann*, Vorbem. zu § 677 ff. Rn. 13, der auf die Übersetzung Martin Luthers verweist: „Wenn du deines Bruders Ochsen oder Schafe siehst irregehen, so sollst du dich nicht entziehen von ihnen, sondern sollst sie wieder zu deinem Bruder führen. Wenn aber dein Bruder dir nicht nahe ist, und du kennst ihn nicht, so sollst du sie in dein Haus nehmen, dass sie bei dir seien, bis sie dein Bruder suche, und sollst sie ihm dann wiedergeben.“

35 Nach *Beuthien* ist „...reine Menschlichkeit auf Erden selten anzutreffen“, *Beuthien* JuS 1987, 841 (843).

36 Vgl. dazu *Wollschläger*, Die Geschäftsführung ohne Auftrag, S. 34 ff.

37 *Wollschläger*, Die Geschäftsführung ohne Auftrag, S. 37; a. A. *Schubert* AcP 178 (1978), 425 (429 ff.), der zumindest ein Leitbild der Freiwilligkeit normiert sieht.

38 Jedoch hat die Quasi-Vertragstheorie das BGB beeinflusst, vor allem in der Theorie der berechtigten GoA, Staudinger/*Bergmann*, Vor §§ 677 ff. Rn. 19; *ders.*, Die Geschäftsführung ohne Auftrag als Subordinationsverhältnis, S. 29; *Gursky* AcP 185 (1985), 13 (27); dazu auch *M. Hilbert* (Fn. 25), S. 22 f.

tungsgrund fordert. Richtigerweise steht bei dem Ausgleichsanspruch des Geschäftsführers vor allem die praktische Frage im Vordergrund, wie eine angemessene Verteilung des Aufwands und Risikos fremdnütziger Tätigkeit zwischen den Beteiligten zu erfolgen hat[39]. Somit hat der Gesetzgeber mit den §§ 677 ff. eine Art Sammeltatbestand geschaffen, der als (subsidiärer) **besonderer Ausgleichsmechanismus** zum Einsatz kommt[40].

III. Systematik

1. Einordnung der GoA im BGB

9 Bereits die Redaktoren des BGB erkannten in den Regeln der GoA ein **gesetzliches Schuldverhältnis**[41]. Erstaunlich ist deswegen die systematische Einordnung im Gesetz im Anschluss an die vertraglichen Schuldverhältnisse (insbesondere das Auftragsrecht). Sinnvoll erscheint dies deswegen, weil in den Vorschriften zur Geschäftsführung (§§ 681, 683 S. 2) gerade auf die Rechtsfolgen des Auftragsrechts verwiesen wird[42].

2. Systematik innerhalb der Geschäftsführungsregeln

10 Andererseits mag die innere Systematik der Vorschriften der GoA manchem auf den ersten Blick wie ein Mysterium erscheinen[43]. Für alle Tatbestände ist charakteristisch, dass eine Person ein ihr fremdes Geschäft führt (objektive Fremdgeschäftsführung)[44]. Sofern der Geschäftsführer den Willen besitzt, das Geschäft für einen anderen in dessen Interesse zu führen (Handeln mit Fremdgeschäftsführungswillen), so liegt eine **echte Geschäftsführung** ohne Auftrag vor, die sich aus Sicht des Geschäftsherrn entweder als berechtigt oder unberechtigt darstellt[45]. Fehlt – bei einem objektiv fremden Geschäft – der Wille, für einen anderen zu handeln (sog. Fremdgeschäftsführungswille), handelt es sich um eine **Eigengeschäftsführung**, die sowohl irrtümlich, § 687 Abs. 1, als auch absichtlich, § 687 Abs. 2, erfolgen kann. In dogmatischer Hinsicht stellt diese **unechte GoA** aber keine Geschäftsführung ohne Auftrag dar, was durch § 687 Abs. 1 bestätigt wird[46]. § 687 Abs. 2 privilegiert lediglich den Geschäftsherrn, indem diesem die Anwendung der Regeln der Geschäftsführung ohne Auftrag auf diese Konstellationen erlaubt wird[47].

11 Insoweit bestimmt der Wille des Geschäftsführers also, ob eine echte oder eine unechte GoA vorliegt[48]. Die Unterscheidung zwischen **berechtigter** oder **unberechtigter** (echter) GoA stellt dagegen auf den Standpunkt des Geschäftsherrn

39 Ein neuerer dogmatischer Ansatz findet sich dagegen bei Staudinger/*Bergmann*, Vorbem. zu §§ 677 ff. Rn. 28: „realgeschäftliche Interessenwahrnehmung"; durchaus zustimmend Staudinger/*Martinek*, Eckpfeiler des Zivilrechts, S. Rn. 77.
40 *Oppermann* AcP 193 (1993), 497 (500); ebenso *Seiler* JuS 1987, 368.
41 *von Kübel*, Vorentwürfe der Redaktoren zum BGB, S. 933; dazu auch *M. Hilbert* (Fn. 25), S. 34.
42 So *Wandt*, § 2 Rn. 6; *Looschelders*, Schuldrecht BT, § 41 Rn. 836; *Seiler* JuS 1987, 368 (369); *Schmidt*, Die berechtigte Geschäftsführung ohne Auftrag, S. 51 f.; *Peifer*, Gesetzliche Schuldverhältnisse, § 12 Rn. 5.
43 *Seiler* JuS 1987, 368; *Giesen* Jura 1996, 225 (226), der die Systematik der Geschäftsführungsregeln zwar nicht als sich auf den ersten Blick erschließend, aber auch nicht als schlechthin unübersichtlich oder unklar bezeichnet.
44 *Martinek/Theobald* JuS 1997, 612 (613).
45 *Wandt*, § 2 Rn. 10.
46 Palandt/*Sprau*, § 687 Rn. 1.
47 Jauernig/*Mansel*, Vor § 677 Rn. 6; Palandt/*Sprau*, § 687 Rn. 2.
48 *Wandt*, § 2 Rn. 7 ff., 9; *Medicus/Lorenz*, Schuldrecht II, Rn. 619.

ab[49]. Entspricht die Geschäftsübernahme seinem Interesse und seinem Willen, handelt es sich um eine berechtigte GoA nach § 683 S. 1. Ist dies nicht der Fall, ist die GoA unberechtigt, sofern der Geschäftsherr sie nicht im Nachhinein genehmigt, § 684 S. 2, oder ein entgegenstehender Wille ausnahmsweise außer Acht bleiben kann, §§ 683 S. 2, 679. In den Bestimmungen des BGB wird die Unterscheidung zwischen berechtigter und unberechtigter GoA nur unzureichend deutlich. Auch aus diesem Grund erscheint die gesetzestechnische Ausgestaltung der §§ 677 ff. nicht gelungen[50].

3. Das gesetzliche Schuldverhältnis der GoA

12 Im Hinblick auf die nicht eindeutige gesetzliche Regelung ist umstritten, unter welchen Voraussetzungen das gesetzliche Schuldverhältnis der GoA zur Entstehung gelangt. Die h. M. erkennt lediglich in der **berechtigten GoA** ein gesetzliches Schuldverhältnis[51]. Für das Entstehen sei entscheidend, dass die Übernahme der Geschäftsführung dem Interesse und Willen des Geschäftsherrn entspricht. Nur dieser Idealtyp der berechtigten GoA rechtfertige die Annahme eines auftragsähnlichen gesetzlichen Schuldverhältnisses, aus dem Rechte und Pflichten für den Geschäftsführer entspringen könnten[52].
Die **unberechtigte GoA** soll hingegen nach h. M. kein gesetzliches Schuldverhältnis darstellen, womit auf §§ 683, 681 und die Regeln des Auftragsrechts nicht zurückgegriffen werden kann[53]. Denn eine Geschäftsführung, die dem Interesse und Willen des Geschäftsherrn widerspricht, verfügt nicht über die notwendige Legitimationskraft. Der unberechtigte auftragslose Geschäftsführer haftet deswegen für sein Übernahmeverschulden nach § 678. Ersatz für etwaige Aufwendungen vermag er lediglich über die Bestimmungen des Bereicherungsrechts zu erhalten, § 684 S. 1[54]. Unter den Voraussetzungen von § 680 kommt der Geschäftsführer aber in den Genuss einer Haftungsprivilegierung. Zugunsten geschäftsunfähiger und beschränkt geschäftsfähiger Geschäftsführer ist § 682 analog anwendbar. Auch auf § 685[55] kann zurückgegriffen werden[56].

13 Diese Differenzierung in berechtigte und unberechtigte GoA erscheint lediglich ansatzweise in §§ 683, 684 erkennbar[57]. Die Lehre vom gesetzlichen Schuldverhältnis der berechtigten GoA hat daher in der Literatur auch Ablehnung erfahren. Sie propagiere ein Leitbild der berechtigten GoA, welches dem Gesetz unbekannt sei[58]. Wortlaut und Sinngehalt des § 681 seien nicht allein auf die Situa-

---

49 *Martinek/Theobald* JuS 1997, 612 (613 f.).

50 *Wandt*, § 2 Rn. 10; *Seiler* JuS 1987, 368 (369); *Hey* JuS 2009, 400; der Regelungskomplex gilt als unübersichtlich und verworren; *Fikentscher/Heinemann*, Schuldrecht, § 87 Rn. 1260; Erman/*Ehmann*, Vor § 677 Rn. 4; *Peifer*, § 12 Rn. 3.

51 Teilweise aber kritisch MüKo/*Seiler*, Vorbem. § 677 Rn. 12; zum Ganzen auch *M. Hilbert* (Fn. 25), S. 36 ff.

52 *Batsch* AcP 171 (1971), 218; a. A. Palandt/*Sprau*, Einf. v. § 677 Rn. 2; *Giesen* Jura 1996, 225 (226).

53 Jauernig/*Mansel*, Vor § 677 Rn. 5; a. A. *Looschelders*, Schuldrecht BT, § 43 Rn. 877; *Brox/Walker*, Besonderes Schuldrecht, § 37 Rn. 2 (auf Wertungswidersprüche hinweisend).

54 *Looschelders*, Schuldrecht BT, § 43 Rn. 880.

55 BGH NJW 1985, 314.

56 *Fikentscher/Heinemann*, Schuldrecht, § 87 I Rn. 1206; Jauernig/*Mansel*, Vor § 677 Rn. 5; *Brox/Walker*, Besonderes Schuldrecht, § 35 Rn. 52.

57 *Wittmann*, Begriff und Funktionen der Geschäftsführung ohne Auftrag, S. 124 f.; *Wandt*, § 2 Rn. 10.

58 MüKo/*Seiler*, Vorbem. §§ 677 ff. Rn. 12; *Wollschläger*, Die Geschäftsführung ohne Auftrag, S. 64; *Wandt*, § 2 Rn. 12.

tion der berechtigten GoA zugeschnitten. Darüber hinaus werde die von der h. M. befürwortete Trennung zwischen berechtigter und unberechtigter GoA wegen der Heranziehung der §§ 680, 682, 685 auch auf die unberechtigte GoA selbst nicht konsequent durchgeführt[59]. Diese Gegenansicht in der Literatur erachtet die Erfüllung des Grundtatbestandes des § 677 als alleinige Entstehungsvoraussetzung für das gesetzliche Schuldverhältnis der GoA[60]. Auch bei der unberechtigten GoA komme somit ein besonderes gesetzliches Schuldverhältnis zustande, welches den Geschäftsführer verpflichte, die Geschäftsausführung dem wirklichen oder mutmaßlichen Willen des Geschäftsherrn entsprechend vorzunehmen[61]. Abweichungen zur berechtigten GoA werden nur hinsichtlich der strengeren Rechtsfolgen des Aufwendungsersatzes nach § 684 S. 1 und der Haftung für Zufallsschäden, § 678, erkannt.

Richtigerweise sollte aber mit der h. M. an einer trennscharfen Unterscheidung zwischen berechtigter und unberechtigter GoA festgehalten werden. Obwohl diese Differenzierung im Gesetz nur undeutlich verwirklicht wurde, erscheint eine Vereinheitlichung der Rechtsfolgen nicht empfehlenswert. Denn in dem einen Fall ist die Intervention des Geschäftsführers erwünscht, in dem anderen unerwünscht[62]. Durch den Verweis auf § 670 stellt § 683 den Geschäftsführer im Falle der berechtigten GoA gerade dem Beauftragten gleich, sodass er in gleicher Weise wie dieser Ersatz der erforderlichen Aufwendungen verlangen kann[63]. Zu den Pflichten des auftragslosen Geschäftsführers gehört auch die Pflicht, das Geschäft entsprechend dem Interesse und Willen des Geschäftsherrn auszuführen, § 677. Für deren Schlechterfüllung haftet er u. U. auf Schadensersatz (§§ 280, 677)[64]. Das gesetzliche Schuldverhältnis der GoA beinhaltet auch einen Rechtsgrund i. S. d. § 812[65] sowie einen Rechtfertigungsgrund im Deliktsrecht[66] und ein Recht zum Besitz i. S. v. § 986[67]. Die Rechtswirkungen der GoA gleichen somit denen des Auftragsrechts auf frappierende Weise. Diese Nähe zum Auftragrecht besteht aber tatsächlich nur, wenn die Geschäftsübernahme dem Interesse und Willen des Geschäftsherrn entspricht[68]. 14

Bsp.: Nach einem Orkan stellt A fest, dass im angrenzenden Haus des Nachbarn B ein Fenster eingedrückt wurde. Nachdem A erfolglos versucht hat, B, der gerade auf Verwandtenbesuch ist, telefonisch zu erreichen, beauftragt A einen Handwerker (H), das Fenster zu reparieren, um größeren Schaden zu verhindern. Die entstehenden Kosten will er von B ersetzt haben. – Hier sind die Voraussetzungen einer berechtigen GoA erfüllt. Damit liegt ein gesetzliches Schuldverhältnis vor. Denn A führt ein frem-

---

59 *Helm*, Gutachten und Vorschläge zur Überarbeitung des Schuldrechts, GoA, S. 366.

60 *Wandt*, § 2 Rn. 12; MüKo/*Seiler*, Vorbem. §§ 677 ff. Rn. 7 ff.; *Wollschläger*, Die Geschäftsführung ohne Auftrag, S. 45 f.

61 *Wandt*, § 2 Rn. 12; MüKo/*Seiler*, Vorbem. §§ 677 ff. Rn. 7 ff.; *Wollschläger*, Die Geschäftsführung ohne Auftrag, S. 45 f.

62 *Martinek/Theobald* JuS 1997, 612 (613); *Medicus/Lorenz*, Schuldrecht II, Rn. 623; *Thole* NJW 2010, 1243.

63 *Fikentscher/Heinemann*, Schuldrecht, § 87 Rn. 1267; *Batsch* AcP 171 (1971), 218 (219); MüKo/*Seiler*, § 683 Rn. 9.

64 *Giesen* Jura 1996, 288 (291); *Fikentscher/Heinemann*, § 87 Rn. 1275.

65 Jauernig/*Mansel*, Vor § 677 Rn. 4; Palandt/*Sprau*, Einf. v. § 677 Rn. 10; *Wittmann*, Begriff und Funktionen der Geschäftsführung ohne Auftrag, S. 139.

66 *Batsch* AcP 171 (1971), 218 (223 f.); Jauernig/*Mansel*, Vor § 677 Rn. 4; Palandt/*Sprau*, Einf. v. § 677 Rn. 11; *Wandt*, § 7 Rn. 8; *Zitelmann* AcP 99 (1906), 1.

67 Palandt/*Sprau*, Einf. v. § 677 Rn. 12; *Wandt*, § 7 Rn. 3; *Hey* JuS 2009, 400 (401).

68 *Wittmann*, Begriff und Funktionen der Geschäftsführung ohne Auftrag, S. 21; *Gursky* AcP 185 (1985), 13 (21, 42 ff.); *Batsch* AcP 171 (1971), 218 (225).

des Geschäft mit Fremdgeschäftsführungswillen, ohne dazu beauftragt zu sein. Die Übernahme entspricht auch dem mutmaßlichen Willen und Interesse des B. A kann somit Aufwendungen, welche er für erforderlich halten durfte, von B ersetzt verlangen (§§ 683 S.1, 670). Er muss aber dem B die Geschäftsführung anzeigen, § 681, und Rechenschaft ablegen, §§ 683 S.1, 666.

15 Anders ist die Situation bei der **unberechtigten GoA** zu bewerten, deren Übernahme dem Geschäftsherrn unerwünscht ist. Dieser kann folglich den Eingriff in seine Rechtsphäre abwehren. Das Risiko einer erfolglosen Geschäftsführung hat somit der unberechtigte Geschäftsführer zu tragen.

Bsp.: A, ehemaliger Gärtner im Ruhestand und ordnungslieb, will die Chance ergreifen, während sein Bekannter B verreist ist, um dessen Garten, der in verwahrlostem Zustand ist, zu verschönern und das Unkraut zu beseitigen. B will jedoch, was A weiß, seinen Garten in einen „ökologischen Zustand" zurückversetzen, um der Natur etwas zurückzugeben. – Hier hat A ein fremdes Geschäft mit Fremdgeschäftsführungswillen geführt. Die Übernahme widerspricht jedoch dem ausdrücklichen Willen des B. Es liegt eine unberechtigte GoA vor, sodass A kein Aufwendungsersatz nach §§ 683 S. 1, 670, 1835 Abs. 3 (analog) zusteht. Nur soweit das Vermögen des B eine Bereicherung erfahren hat, verfügt A nach § 684 S. 1 i. V. m. § 818 über einen bereicherungsrechtlichen Anspruch. Da die Gartenarbeit dem B aufgedrängt wurde und subjektiv unerwünscht ist, muss dies verneint werden (§ 818 Abs. 3). Der Geschäftsherr B verfügt des Weiteren nach § 678 über einen Ersatzanspruch, soweit ihm ein Schaden entstanden ist. §§ 677, 681 ff. sind auf die unberechtigte GoA dagegen nicht übertragbar, da die Übernahme gerade unerwünscht ist.

16 Überdies ist zu bedenken, dass erst § 684 S. 2 dem Geschäftsherrn die Möglichkeit verleiht, das Geschäft nachträglich zu genehmigen und dadurch die Rechtsfolgen der berechtigten GoA zur Anwendung zu bringen. Die automatische Übetragung der wesentlichen Rechtsfolgen der berechtigten GoA auf die unberechtigte GoA würde diese Vorschrift funktionslos machen.

IV. Bedeutung in der Klausur

17 Ansprüche aus Geschäftsführung ohne Auftrag tauchen einem in der zivilrechtlichen Klausur in unterschiedlichsten Sachverhaltskonstellationen auf[69]. Die Kenntnis ihrer wesentlichen Voraussetzungen rechnet damit zum **zentralen Prüfungsstoff** in der Übung für Fortgeschrittene und im Ersten Juristischen Staatsexamen. Gleichwohl werden Ansprüche aus GoA in der Zivilrechtsklausur häufig leichtfertig übergangen, was zum einen an der schweren Zugänglichkeit der gesetzlichen Vorschriften liegen mag, aber auch daran, dass die Sachverhaltsassoziationen in ihrem Fall geringer sind als im Zusammenhang mit dem Bereicherungs- und Deliktsrecht. In ihrer flexiblen Handhabbarkeit „als eine Art Generalregressinstitut"[70] liegt nicht nur in praktischer Hinsicht ein Schwachpunkt begründet. Diese erschwert vielmehr auch die Greifbarkeit in der Fallbearbeitung. Durch die großzügige Interpretation der tatbestandlichen Voraussetzungen durch die Judikatur lässt sich für viele Rechtsstreitigkeiten, die einen vermögensrechtlichen Ausgleich erfordern, (scheinbar) eine Lösung finden[71], auch wenn

---

69 *Hey* JuS 2009, 400; *Wandt*, § 2 Rn. 3; *Schmidt* JuS 2004, 826.

70 *Martinek/Theobald* JuS 1997, 613; *Thole* NJW 2010, 1243; *Oppermann* AcP 193 (1993), 497; *Wendlandt* NJW 1994, 985.

71 Kritisch dazu *Thole* NJW 2010, 1243; *Falk* JuS 2003, 833 (835); *Schmidt* JuS 2010, 862; *Seiler* JuS 1987, 368 (370), gerade der Begriff des fremden Geschäfts ist kaum bestimmbar.

gerade in jüngeren Entscheidungen des BGH eine gewisse restriktive Linie erkennbar wird[72].

V. Vorrangige Regelungen

18 Nimmt jemand die Angelegenheiten eines anderen wahr, treffen die Beteiligten nicht selten im Vorhinein entsprechende **vertragliche Abreden** hinsichtlich der Durchführung der Geschäftsbesorgung und der Höhe des zu zahlenden Ausgleichs[73]. Subsidiär sind die gesetzlichen Regelungen zu befragen, wie etwa bei der unentgeltlichen Geschäftsbesorgung die Bestimmungen über den Auftrag (§§ 662 ff.), bei der entgeltlichen Geschäftsbesorgung das Dienst- und Werkvertragsrecht (vgl. §§ 611 ff., 631 ff., 675 Abs. 1). Darüber hinaus existieren auch Sonderregeln wie §§ 675f ff. oder die Vorschriften für Kommissionäre (§§ 383 ff. HGB), Spediteure (§§ 453 ff. HGB) oder Handelsmakler (§§ 93 ff. HGB) im Handelsgesetzbuch[74]. Ohne vertragliche Abrede entstehen besondere Geschäftsführungsverhältnisse etwa bei Vormundschaft (§§ 1773 ff.) und Testamentsvollstreckung (§§ 2197 ff.), aber auch beim Fund (§§ 965 ff.)[75].

§ 3 Die echte Geschäftsführung ohne Auftrag (§§ 677–686)

I. Vorbemerkung

19 Wie bereits erwähnt, unterscheidet die h. M. entsprechend dem **Willen** und dem **Interesse** des Geschäftsherrn zwischen der berechtigten und der unberechtigten GoA. Der Begriff der „berechtigten" GoA kann leicht falsch interpretiert werden und darf nicht mit dem negativen Tatbestandsmerkmal der „sonstigen Berechtigung" zur Geschäftsführung nach § 677 gleichgesetzt werden[76]. Wurde der Geschäftsführer zur Geschäftsführung beauftragt oder im weiteren Sinne dazu ermächtigt, kommt eine Geschäftsführung ohne Auftrag, sowohl die berechtigte als auch die unberechtigte, generell nicht in Betracht[77].

II. Die echte berechtigte GoA

1. Prüfungsschema

20

Voraussetzungen der berechtigen GoA
1. **Geschäftsführung**
2. **fremdes Geschäft**
3. **Fremdgeschäftsführungswille**
4. **kein Auftrag** oder eine sonstige Berechtigung
5. **Übernahme** der Geschäftsführung **im Interesse** des Geschäftsherrn und dessen **wirklichen** oder **mutmaßlichen Willen** entsprechend

72 Vgl. auch *Thole* NJW 2010, 1234 ff.; *Wendlandt* NJW 2004, 985.
73 *Medicus/Lorenz*, Schuldrecht II, Rn. 1114; *Wandt*, § 4 Rn. 42; Dauner-Lieb/Langen/*Schwab*, § 677 Rn. 1.
74 *Musielak/Hau*, Grundkurs BGB, Rn. 1052.
75 *Medicus/Lorenz*, Schuldrecht II, Rn. 1114; Fikentscher/*Heinemann*, § 87 Rn. 1272; *Wandt*, § 4 Rn. 42; *Brox/Walker*, Besonderes Schuldrecht, § 35 Rn. 20.
76 So auch *Giesen* Jura 1996, 288; *Wandt*, § 2 Rn. 11.
77 *Wandt*, § 2 Rn. 11.

2. Tatbestand der berechtigten GoA

21 a) **Geschäftsführung.** Unter **Geschäftsführung i. S. v. § 677** fällt jedes rechtsgeschäftliche, wirtschaftliche oder tatsächliche Tätigwerden[78].

Bsp.[79]: Landwirt L fährt abends mit seinem Traktor und angehängter Strohpresse über eine Bundesstraße. Der Traktor selbst ist ordnungsgemäß beleuchtet, seine Rücklichter werden jedoch vollständig von der unbeleuchteten Strohpresse verdeckt. Wenn der nachfolgende G anhält und den L auf die Gefahr hinweist, führt er bereits ein Geschäft. Zur vollständigen Lösung des Falles, siehe unten Rn. 76.

Der Begriff der Geschäftsführung ist im weitesten Sinne zu verstehen[80]. Rechtsgeschäfte im wörtlichen Sinne sind hierfür keine Voraussetzung. Ein reines Dulden oder Unterlassen erfüllt die Voraussetzungen jedoch nicht[81]. Bei der Geschäftsführung muss der Geschäftsführer nicht persönlich tätig werden, sondern kann etwa Angestellte oder sonstige Dritte einschalten (**Geschäftsführungsgehilfe**)[82]. So handelt der Kapitän eines Schiffes, der sein Schiff zu Hilfemaßnahmen einsetzt für die entsprechende Reederei, die alleine als Geschäftsführer in Betracht kommt[83]. Auch ist bei einem Handeln von Organen einer juristischen Person nur diese als Geschäftsführerin anzusehen[84]. Zu beachten ist schließlich, dass der Geschäftsführer keine Geschäftsfähigkeit besitzen muss, wie sich auch aus § 682 ergibt, vielmehr seine bloße tatsächliche Handlungsfähigkeit genügt[85].

22 b) **Fremdheit als notwendige Anspruchsvoraussetzung.** Die Geschäftsführung muss sich nach ganz h. M. auf ein **fremdes** Geschäft beziehen. Dies ist zwar dem Wortlaut des § 677 („*Geschäft für einen anderen*") nur mittelbar zu entnehmen, ergibt sich jedoch aus dem Gesamtkontext der Vorschriften (vgl. auch § 687 Abs. 2)[86]. Zwar verneinen vereinzelte Stimmen im Schrifttum, dass auch die Fremdheit des Geschäftes eine notwendige Anspruchsvoraussetzung der echten GoA sei[87]. Danach ließen bereits das Bewusstsein und der Wille des Geschäftsführers, das Geschäft für einen anderen zu besorgen[88], dieses als Angelegenheit eines anderen i. S. d. § 677 erscheinen[89].
Für die h. M. spricht aber entscheidend, dass Geschäftsherr und Geschäftsführer nach der gesetzlichen Systematik verschiedene Personen sein müssen[90]. Die

78 RGZ 135, 94 (103); BGHZ 43, 188; BGH NJW 2012, 3367; *Hey* JuS 2009, 400 (403); *Isele*, Geschäftsbesorgung, S. 158; *Giesen* Jura 1996, 225 (227).
79 BGHZ 43, 188.
80 *Hey* JuS 2009, 400 (401); *Bergmann*, Die Geschäftsführung ohne Auftrag als Subordinationsverhältnis, S. 114 ff.; *Wollschläger*, Die Geschäftsführung ohne Auftrag, S. 54.
81 Bamberger/Roth/*Gehrlein*, § 677 Rn. 10; Palandt/*Sprau*, § 677 Rn. 2. Die *study group on a European Civil Code* erkennt jedoch keinen Bedarf, die Geschäftsführung ausdrücklich auf ein Tätigwerden zu beschränken: „It is theoretically conceivable that a benevolent intervention might even consist in an omission", PEL Ben.Int./v.Bar, Art. 1:101.
82 BGHZ 67, 368 (371) = BGH NJW 1977, 530; *Wandt*, § 4 Rn. 3; *Schmidt*, Die berechtigte Geschäftsführung ohne Auftrag, S. 25.
83 BGHZ 67, 371; *Wandt*, § 4 Rn. 3.
84 BGHZ 65, 384.
85 *Staudinger/Bergmann*, § 682 Rn. 2.
86 *Wandt*, § 4 Rn. 6; Palandt/*Sprau*, § 677 Rn. 3; Jauernig/*Mansel*, § 677 Rn. 3; *Fikentscher/Heinemann*, § 87 Rn. 1262 f.; *Berg* JuS 1975, 681.
87 So vor allem *Wittmann*, Begriff und Funktionen der Geschäftsführung ohne Auftrag, 1981, S. 18 Fn. 3; ferner *Schmidt* JuS 2004, 862 (866 f.); *Reichard* AcP 193 (1993), 567 (568 f.).
88 *Wittmann*, Begriff und Funktionen der Geschäftsführung ohne Auftrag, S. 18; *Gursky* AcP 185 (1985), 13 (14 f.).
89 Vertiefungshinweis bei *Wandt*, § 4 Rn. 6; dazu auch *M. Hilbert* (Fn. 25), S. 62.
90 *Wandt*, § 4 Rn. 6; ausführlich *M. Hilbert* (Fn. 25), S. 51 f.

Voraussetzungen der berechtigten GoA sind somit nicht erfüllt, wenn der Geschäftsführer mit Fremdgeschäftsführungswillen ein Geschäft führt, das vollkommen seinem eigenen Rechtskreis zuzurechnen ist. Doch gewinnt die subjektive Einstellung des Geschäftsführers entscheidende Bedeutung beim sog. objektiv neutralen Geschäft (vgl. dazu näher unten cc)[91].

Fremd ist ein Geschäft, welches dem Pflichten- und Interessenkreis einer anderen Person zugerechnet wird[92]. Diese Fremdheit kann sowohl aus seinem Inhalt als auch aus seinem äußeren Erscheinungsbild folgen. Jedoch kommt eine fremdnützige Tätigkeit nicht in Betracht, wenn das Geschäft lediglich den eigenen Rechtskreis des Handelnden betrifft[93]. Der Umstand, dass die Geschäftsdurchführung auch einen gewissen **Reflex** für Dritte entfaltet, vermag daran nichts zu ändern (sog. Reflexvorteil)[94]. 23

> **Bsp.:** Die Tatsache etwa, dass ein Bauer durch die Einzäunung seines Grundstücks auch die Unfallgefahr für ein angrenzendes Bahngleis mindert, bedeutet keine Geschäftsführung für die Bahn[95]. Aufwendungen, die getätigt werden, um einen späteren Vertragsschluss vorzubereiten, sind lediglich als Eigengeschäft zu werten[96]. Auch die **vertragswidrige Untervermietung** durch den Mieter stellt kein Geschäft des Vermieters dar[97].

So einfach wie diese Unterscheidung auf den ersten Blick anmutet, so schwierig ist sie im Detail durchzuführen, wie die folgende Fallgruppenbildung beweist. Nach h. M.[98] werden folgende Arten des fremden Geschäfts unterschieden: 24

- **objektiv fremdes Geschäft,**
- **auch fremdes Geschäft**
- **subjektiv fremdes Geschäft**

aa) Das objektiv fremde Geschäft. Objektiv fremde Geschäfte stellen Geschäfte dar, für die die Voraussetzungen der eben genannten Definition erfüllt sind (vgl. Rn. 23). Sie sind also inhaltlich oder ihrem äußeren Erscheinungsbild nach einem fremden Rechtskreis – dem des Geschäftsherrn – zuzurechnen[99]. 25

> **Bsp.:** Verfügung über fremde Gegenstände, Tilgung fremder Schulden oder die Hilfeleistung gegenüber Verletzten[100].

Die Schwierigkeit besteht darin, Kriterien zu finden, die ein Geschäft dem Rechtskreis eines anderen zuweisen. Zwar gibt es kein einheitliches Kriterium oder eine wirkliche Faustformel[101]. Sollte das Gesetz aber selbst an anderer Stelle

---

91 Vgl. auch *Wandt*, § 4 Rn. 6.
92 *Hey* JuS 2009, 400 (402); *Wendlandt* NJW 1994, 985; nach RGZ 67, 61 (66 f.) ist ein Geschäft dann fremd, wenn es der Sorge eines anderen obliegt.
93 *Wandt*, § 4 Rn. 6; *Lent*, Begriff der auftragslosen Geschäftsführung, S. 58; a. A. *Giesen* Jura 1996, 225 (227).
94 BGH NJW 2009, 1879; BGH LM § 683 Nr. 17; ausführlich *Bergmann*, Die Geschäftsführung ohne Auftrag als Subordinationsverhältnis, S. 139 f.; *Wandt*, § 4 Rn. 17.
95 BGH LM § 683 Nr. 17.
96 BGH NJW 2000, 72 („Erbensucher").
97 BGHZ 131, 297 (306) = BGH NJW 1996, 838; BGH NJW 2006, 2323 (2325); Palandt/*Sprau*, § 677 Rn. 4, die Vermietung ist alleiniges Geschäft des Mieters.
98 Z. B. *Giesen* Jura 1996, 225 (227); *Wandt*, § 4 Rn. 6; Palandt/*Sprau*, § 677 Rn. 4 ff.; *Fikentscher/Heinemann*, Schuldrecht, § 87 Rn. 1263.
99 BGH BB 1969, 194; *Wandt*, § 4 Rn. 7.
100 BGHZ 33, 251 (254); Palandt/*Sprau*, § 677 Rn. 4.
101 Der BGH führt Kriterien wie den „Rechtskreis", den „Geschäftsbereich" oder die „Pflicht" des Geschäftsherrn ein, siehe BGHZ 54, 157 (160 f.); BGHZ 32, 44 (51); BGHZ 65, 354 (358);

eine eindeutige Zuweisung vorgeben, so gilt diese auch im vorliegenden Zusammenhang. Solche Vorschriften finden sich etwa im Sachen- oder Familienrecht: Für das Eigentumsrecht ist in § 903 eine entsprechende Zuordnung enthalten. Für Verwendungen treffen §§ 994 ff. eine ähnliche Zuordnung; für die elterliche Sorge gelten die §§ 1626 ff.[102].

Bsp.: Die Grundstücksverwaltung ist ein Geschäft des Eigentümers.

Die Zuordnung kann auch durch Rechtsgeschäft vorgenommen werden[103].

Bsp.: Die Übertragung von Verkehrssicherungspflichten auf einer Baustelle durch den Generalunternehmer auf ein Überwachungsunternehmen.

26 Steht die objektive Fremdheit eines Geschäfts fest, kann gleichwohl zweifelhaft erscheinen, wer im konkreten Fall richtiger Geschäftsherr ist.

Bsp.[104]: Die B-Bank ist Sicherungseigentümerin einer Bowlingbahn, die der Sicherungsgeber G in von ihm angemietete Räume einbaut. Der V ist Vermieter dieser Räume. Die Bowlingbahn wird mit Einbau in die angemieteten Räume des V nicht gem. § 94 wesentlicher Bestandteil des Grundstücks. Nach Ende des Mietverhältnisses mit G vermietet V die Räume einschließlich der Bowlinganlage an einen Dritten D weiter. B verlangt als Sicherungseigentümerin der Bowlingbahn von V Herausgabe der durch die Vermietung der Bowlingbahn erzielten Einnahmen. – In Betracht kommt u. a. ein Anspruch aus §§ 687 Abs. 2, 681 Abs. 1, 667. Hierfür müsste zunächst die Vermietung der Bowlingbahn durch V an D ein objektiv fremdes Geschäft der B sein. Erforderlich dafür ist, dass der B als Sicherungseigentümerin die Nutzung der Bowlingbahn und damit deren Vermietung überhaupt zustand. Das Sicherungseigentum ist aber nach Auffassung des BGH kein volles und ungebundenes Eigentum[105]. Vielmehr verbleibt die Nutzung regelmäßig bei dem Sicherungsgeber, um ihm die Fortführung des Betriebes zu ermöglichen. V hat daher mit der Vermietung kein objektiv fremdes Geschäft der B geführt, sodass B keinen Anspruch aus §§ 687 Abs. 2, 681 Abs. 1, 667 gegen V hat. Die Vermietung ist damit zugleich ein objektiv fremdes Geschäft des Sicherungsgebers.

Ein Irrtum über die Person des Geschäftsherrn ist freilich nach § 686 unbeachtlich

27 **bb) Das sog. auch fremde Geschäft.** Nicht selten berücksichtigt der Geschäftsführer bei der Ausführung eines fremden Geschäfts auch automatisch eigene Interessen[106]. Verfolgt der Geschäftsführer bei der Geschäftsführung auch eigene Belange, so führt er ein sog. **auch fremdes Geschäft**[107]. Dieses Handeln im Doppelinteresse reicht nach der Rechtsprechung des BGH und dem Großteil der Lehre für die Anwendung der Geschäftsführungsregeln aus.

Bsp.[108]: A, der in einem Miethaus mit mehreren Parteien wohnt, befindet sich auf einer Geschäftsreise. Nachbar C bemerkt, dass aus der Wohnung des A Rauch dringt.

---

kritisch gegenüber dem Begriff des objektiv fremden Geschäfts *Gursky* AcP 185 (1985), 13 (16); *Brennecke*, Ärztliche Geschäftsführung ohne Auftrag, S. 16.

102 *Wandt*, § 4 Rn. 8, 17, 20; *Fikentscher/Heinemann*, Schuldrecht, § 87 Rn. 1263; *Medicus/Lorenz*, Schuldrecht II, Rn. 614.

103 *Wandt*, § 4 Rn. 9.

104 BGH NJW 2007, 216 = JuS 2007, 490.

105 BGH NJW 2007, 216 = JuS 2007, 490.

106 *Musielak/Hau*, Examenskurs BGB, Rn. 234 f.; Bamberger/Roth/*Gehrlein*, § 677 Rn. 10.

107 BGHZ 40, 30; 82, 329 ff.; Erman/*Ehmann*, § 677 Rn. 6; Jauernig/*Mansel*, § 677 Rn. 3; *Looschelders*, Schuldrecht BT, § 42 Rn. 843; *Hey* JuS 2009, 400 (402 f.); vereinzelt wird vertreten, die §§ 677 ff. träfen keine Regelungen für die auch fremden Geschäfte, so *Schubert* AcP 178 (1978), 425, 435 ff.; ebenso *Stamm* Jura 2002, 730, 734, der diese Fälle über die Vorschriften der Gesamtschuld lösen möchte.

108 Vgl. auch das ähnliche Beispiel bei *Looschelders*, Schuldrecht BT, Rn. 843.

C ruft deswegen einen Schlüsselnotdienst und stellt den laufenden Elektroofen ab. – Es handelt sich um eine berechtigte Geschäftsführung ohne Auftrag nach § 677[109]. Unerheblich ist dabei, dass C auch ein Übergreifen des Feuers auf seine Wohnung verhindern will[110].

In einigen Sachverhalten erscheint es sehr diffizil, zu bestimmen, ob ein Geschäft auch fremder Natur ist oder ob der Geschäftsführer ein ausschließlich eigenes Geschäft führt. Diese Frage wird insbesondere virulent, wenn der Geschäftsführer vorrangig aufgrund eigener **Pflichtgebundenheit** tätig wird[111], wenn er also beispielsweise aufgrund öffentlichen Rechts oder werkvertraglich zum Tätigwerden verpflichtet ist. Insbesondere in seiner früheren Rechtsprechung hat der BGH den Begriff des auch fremden Geschäfts weit ausgelegt[112]. Trotz einer eigenen Verpflichtung des Geschäftsführers wurde ein auch fremdes Geschäft bejaht, wenn auch ein Interesse des Geschäftsherrn betroffen erschien. 28

Bsp.[113]: Die Wasserstraßenverwaltung W veranlasst die Bergung von Ankern, welche ein Schiff verloren hat. – Zum einen kommt die Wasserstraßenverwaltung hier einer sie treffenden Verkehrssicherungspflicht nach, zum anderen handelt sie auch zugunsten des Eigentümers des Schiffs, der als Verursacher gehalten ist, eine sich ergebende Gefährdung wieder zu beheben.

Bsp.: Wie oben, wobei die Wasserstraßenverwaltung nicht selbst tätig wird, sondern mit dem privaten Unternehmer U einen Werkvertrag zur Hebung der Anker abschließt. – U handelt zwar in Erfüllung seiner eigenen vertraglichen Pflicht, gleichzeitig aber zugunsten des Eigentümers. Insoweit kann die Ansicht vertreten werden, dass es sich auch hier um ein auch fremdes Geschäft handelt.

Diese Sichtweise entspricht mehrheitlich auch den Stimmen der Literatur. Lediglich vereinzelt wird angenommen, dass der pflichtgebundene Geschäftsführer in objektiver Hinsicht nur ein eigenes Geschäft führt und bereits aus diesem Grunde nicht nach §§ 677 ff. vorgehen kann[114]. Breite Kritik entzündet sich allerdings an der von der Rechtsprechung vertretenen Vermutung für das Bestehen des Fremdgeschäftsführungswillens bei auch fremden Geschäften (siehe dazu unten Rn. 36 ff.). In der Fallpraxis der Rechtsprechung ist mittlerweile eine deutliche Dominanz des auch fremden Geschäfts festzustellen[115].

cc) **Das subjektiv fremde Geschäft.** Kann ein Geschäft objektiv weder dem Rechtskreis des Geschäftsführers noch dem des Geschäftsherrn zugeordnet werden, so handelt es sich um ein sog. objektiv **neutrales** Geschäft. Ein solches kann zu einem subjektiv fremden Geschäft werden, sofern der Geschäftsführer seinen Willen, das Geschäft für eine andere Person zu tätigen, für die Außenwelt er- 29

---

109 *Looschelders*, Schuldrecht BT, Rn. 843; *Wandt*, § 4 Rn. 13.

110 Hier ist es auch denkbar, das Interesse des C als nicht relevanten Reflexvorteil anzusehen und ein objektiv fremdes Geschäft (nämlich das des A) anzunehmen.

111 *Musielak/Hau*, Examenskurs BGB, Rn. 233 f.; *Schwark* JuS 1984, 321 (325).

112 BGHZ 40, 30; 63, 167; 65, 356; 82, 323; 110, 313; 140, 102 (109); wenn aber der Anspruch gegen den Geschäftsherrn auf Beseitigung der Störung verjährt ist, besteht kein Handeln im Doppelinteresse, so BGHZ 98, 235 (240 ff.).

113 Fall nach BGH NJW 1969, 1205 (1206); BGHZ 65, 354 (356) = BGH NJW 1976, 619; dazu auch *Musielak/Hau*, Examenskurs BGB, Rn. 233.

114 *Schubert* AcP 178 (1978), 425 (435 ff.); *Neuffer*, Der pflichtgebundene Geschäftsführer ohne Auftrag, S. 44 ff., 81 ff.; *Weishaupt* NJW 2000, 1002 (1003) spricht sich für eine teleologische Reduktion des § 677 aus.

115 *Wollschläger*, Die Geschäftsführung ohne Auftrag, S. 65.

kennbar zum Ausdruck bringt[116]. Dem Fremdgeschäftsführungswillen kommt hier gewissermaßen **konstitutive Bedeutung** zu[117].

Bsp.: A ist Sammler alter chinesischer Vasen einer bestimmten Dynastie. Auf einer Versteigerung bemerkt er eine Vase des 14. Jahrhunderts, die zwar nicht in seine Sammlung passt. Sie würde aber seinem Freund F gefallen, der seit langem Vasen dieser Dynastie sucht. A ersteigert deswegen die Vase für F. – Da grundsätzlich jede Person einen Vertrag schließen kann, wurde hier kein fremdes Geschäft geführt, solange nicht erkennbar war, dass A das Geschäft für F tätigen wollte. Von dieser Frage zu unterscheiden ist, ob A als Vertreter des F aufgetreten ist, was ebenfalls nicht der Fall war.

Klausurtipp: Im Prüfungsaufbau in der Klausur ist hier der Fremdgeschäftsführungswille bereits als Unterpunkt des Merkmals „fremd" zu erwähnen.

30 c) **Fremdgeschäftsführungswille.** Die Voraussetzung, dass der Geschäftsführer mit Fremdgeschäftsführungswille handelt, folgt bereits aus dem Wortlaut von § 677: („für einen anderen")[118], aber auch aus § 687 Abs. 1[119]. Gleichwohl war der Fremdgeschäftsführungswille das Tatbestandsmerkmal der GoA, welches die kontroversesten Debatten auslöste. So herrschte zwischen der sog. objektiven Theorie einerseits und der subjektiven Theorie andererseits Streit darüber, ob es sich beim Fremdgeschäftsführungswillen stets um ein eigenständiges Prüfungsmerkmal handelt[120]. Zwar ist diese Auseinandersetzung heute weitgehend überwunden, in dogmatischer Hinsicht aber weiter von Interesse. Die **objektive Theorie** sieht den Geltungsgrund einer echten Geschäftsführung ohne Auftrag allein darin, dass die Geschäftsführung in rechtlicher Hinsicht eindeutig einer fremden Zuständigkeitssphäre zugeordnet werden kann[121]. Ob der Geschäftsführer dabei Kenntnis von der Fremdheit des Geschäfts hat, ist unerheblich[122]. Diese rein objektive Theorie hat keinen Eingang ins BGB gefunden, wie die Vorschriften des § 677 und § 687 Abs. 1 zeigen und sie wird dementsprechend heute nicht mehr vertreten. Demgegenüber kürt die **subjektive Theorie**[123] das Vorliegen eines Fremdgeschäftsführungswillens zur entscheidenden Voraussetzung, welcher nicht automatisch vermutet werde[124]. Vielmehr soll der Fremdgeschäftsführungswille im jeweiligen Einzelfall unter Berücksichtigung des jeweiligen sozialen Kontexts positiv bestimmt werden[125]. Eine

116 BGH NJW 2003, 3193; NJW 2000, 72; NJW 2009, 2590; MüKo/*Seiler*, § 677 Rn. 6; Bamberger/Roth/*Gehrlein*, § 677 Rn. 14; BGHZ 138, 281 (286).

117 BGH NJW 2009, 2590: „Hierfür besteht grundsätzlich keine tatsächliche Vermutung; der Wille, ein solches Geschäft in erster Linie oder zumindest zugleich für einen anderen zu führen, muss vielmehr hinreichend deutlich nach außen in Erscheinung treten"; *Musielak/Hau*, Grundkurs BGB, Rn. 1063; *Giesen* Jura 1996, 225 (227).

118 *Hey* JuS 2009, 400 (404); *Schmidt* JuS 2010, 862 (863 f.).

119 Dauner-Lieb/Langen/*Schwab*, § 677 Rn. 56; *Wandt*, § 4 Rn. 24 ff.; *Schwark* JuS 1984, 321.

120 Staudinger/*Martinek*, Eckpfeiler des Zivilrechts, S. Rn. 101 f.; *Schmidt*, Die berechtigte Geschäftsführung ohne Auftrag, S. 26 ff.; *Oppermann* AcP 193 (1993), 497 (504).

121 Die objektive Theorie hat ihren Ursprung in Africanus, Dig. 3, 5, 48; *Mayer-Maly*, Probleme der negotiorum gestio, SZRA 86 (1969), 416 (427).

122 Vgl. zum Ganzen auch Staudinger/*Martinek*, Eckpfeiler des Zivilrechts, S. Rn. 101 f.

123 *Wittmann*, Begriff und Funktionen der GoA, S. 21 f.; *Schubert* AcP 178 (1978), 425 (432 ff.); *Schwark* JuS 1984, 321 (325 ff.); in vergleichbarer Weise stellt auch der DCFR nicht auf ein objektives Element ab, sondern maßgeblich auf die *„intention of benefiting another"* sein. DCFR V.-1:101, siehe auch *M. Hilbert* (Fn. 25), S. 63.

124 Siehe dazu auch referierend Staudinger/*Martinek*, Eckpfeiler des Zivilrechts, S. Rn. 102.

125 *Wittmann*, Begriff und Funktionen der GoA, S. 75 f.; *Gursky*, Der Tatbestand der Geschäftsführung ohne Auftrag, AcP 185 (1985), 13 (35); ausführlich zur Auseinandersetzung auch *M. Hilbert* (Fn. 25), S. 62.

grenzscharfe Ermittlung des Fremdgeschäftsführungswillens kann diese Theorie jedoch im Falle von Beweisschwierigkeiten nicht garantieren.

Angesichts dieser praktischen Nachweisschwierigkeiten heben Rechtsprechung und h. L. zur Ermittlung des Willens verständlicherweise auf objektive Kriterien ab. Anhand von Fallgruppen wurde dazu eine Beweislastregel für das Bestehen des Fremdgeschäftsführungswillens ins Leben gerufen (sog. **objektiv-subjektive Lehre**)[126]. 31

Hinweis: In der Klausur ist diese Auseinandersetzung in der Regel nicht näher anzusprechen. Vielmehr spricht der konkrete Prüfungsaufbau für sich.

aa) Definition des Fremdgeschäftsführungswillens. Der Fremdgeschäftsführungswille besteht nach h.M. aus einem **kognitiven** und einem **voluntativen Element**[127]. Der Geschäftsführer muss erstens Kenntnis von der Fremdheit haben (Fremdgeschäftsführungsbewusstsein) und zweitens ist erforderlich, dass das Geschäft für eine andere Person getätigt werden soll (Fremdgeschäftsführungswille i.e.S.), was in § 677 Abs. 1 zum Ausdruck kommt[128]. Nach einer Mindermeinung ist dagegen das Erfordernis eines voluntativ-finalen Unterordnens unter das Interesse des Geschäftsherrn bei einem objektiv fremden Geschäft entbehrlich[129]. 32

Fehlt die erste Voraussetzung, also das Bewusstsein, im fremden Rechtskreis tätig zu sein, liegt lediglich eine irrtümliche Eigengeschäftsführung vor, sodass nach § 687 Abs. 1 die Bestimmungen der GoA nicht zur Anwendung kommen. Andererseits steht ein (bloßer) *error in persona* hinsichtlich des Geschäftsherrn der Annahme eines Fremdgeschäftsführungswillens nicht entgegen (vgl. auch § 686)[130]. 33

Bsp.: Nimmt der Geschäftsführer an, das brennende Auto gehöre seinem Verwandten, und will es gerade deswegen bewahren, so besteht das gesetzliche Schuldverhältnis der GoA nur zum wahren Eigentümer des Autos. Keine Rolle spielt, dass der Geschäftsführer für diesen nicht hatte tätig werden wollen[131].

Nach **§ 686** genügt es, dass das Geschäft für *irgendeine andere Person* getätigt wird (sog. Geschäftsführung für den, den es angeht[132]). Auch für einen Geschäftsherrn, der im Zeitpunkt der Geschäftsführung (noch) nicht existent ist, zum Beispiel einem *nasciturus* oder eine in der Gründung befindliche juristische Person, kann grundsätzlich ein fremdes Geschäft geführt werden[133]. Ebenfalls 34

126 *Brox/Walker*, Besonderes Schuldrecht, § 35 Rn. 10; *Wandt*, § 4 Rn. 30; *Fikentscher/Heinemann*, Schuldrecht, § 87 Rn. 1263; Staudinger/*Martinek*, Eckpfeiler des Zivilrechts, 1. Aufl. 2005, 967 (801 ff.); vgl. zu den unterschiedlichen Ausprägungen dieser Lehre ausführlich *M. Hilbert* (Fn. 25), S. 52 f.

127 Vgl. statt vieler *Wandt*, § 4 Rn. 24.

128 BGHZ 40, 30; 63, 170; 65, 357 und 387; MüKo/*Seiler*, § 687 Rn. 1; Bamberger/Roth/*Gehrlein*, § 687 Rn. 1; Bewusstsein und Wille, ein fremdes Geschäft zu führen, können auch vorliegen, wenn die Geschäftsbesorgung in einer reflexhaften Handlung besteht, vgl. für den Straßenverkehr BGHZ 38, 270; *Peifer*, Gesetzliche Schuldverhältnisse, § 13 Rn. 1.

129 Dauner-Lieb/Langen/*Schwab*, § 677 Rn. 47: Beim objektiv fremden Geschäft reiche bereits das Vorliegen des Fremdgeschäftsführungsbewusstseins.

130 Dauner-Lieb/Langen/*Schwab*, § 686 Rn. 46; vgl. auch *Schwark* JuS 1984, 321 (322).

131 Vergleichbares Beispiel bei *Medicus/Lorenz*, Schuldrecht II, Rn. 1113.

132 *Seiler* JuS 1987, 368 (370); *Schwark* JuS 1984, 321 (322); *Wandt*, § 4 Rn. 34; *Martinek/Theobald* JuS 1997, 612 (615).

133 OLG Nürnberg NJW-RR 1987, 406.

ist denkbar, dass die Geschäftsbesorgung für mehrere Geschäftsherren vorgenommen wird[134]. Die Geschäftsherren sind dann wie Gesamtschuldner (entsprechend § 427) zum Aufwendungsersatz verpflichtet.

35 Fehlt dagegen das **voluntative Element**, da der Geschäftsführer das fremde Geschäft als eigenes ausführt, gibt § 687 Abs. 2 dem Geschäftsherrn lediglich die Befugnis, die Vorschriften über die GoA zur Anwendung zu bringen[135]. Notwendig ist das Vorliegen des Fremdgeschäftsführungswillens im **Zeitpunkt der Geschäftsbesorgung** (vgl. §§ 677, 687 Abs. 1). Einer Bedingung (§ 158) ist der Fremdgeschäftsführungswille nicht zugänglich[136]. Sollte die Geschäftsführung in den Händen einer juristischen Person liegen, so kommt es für das Vorliegen des Fremdgeschäftsführungswillens auf das vertretungs- und geschäftsführungsbefugte Organ an[137].

36 **bb) Die Beweislastregel der h. M.** Die herrschende objektiv-subjektive Theorie berücksichtigt die Schwierigkeiten des Anspruchstellers, den Fremdgeschäftsführungswillen im Prozess zu beweisen und macht sich dafür die Unterscheidung zwischen objektiv fremden, auch fremden und neutralen Geschäften zunutze[138].

37 **(1) Fremdgeschäftsführungswille beim objektiv fremden Geschäft.** Im Falle eines **rein objektiv fremden Geschäfts** wird der Fremdgeschäftsführungswille auch dann vermutet, wenn dieser weder geäußert wurde noch sonst bei der Geschäftsführung äußerlich in Erscheinung tritt[139]. Diese **widerlegliche Vermutung des Fremdgeschäftsführungswillens** gründet auf der Überlegung, dass die Übernahme eines objektiv fremden Geschäfts nach der Lebenserfahrung typischerweise auf ein Handeln für einen Fremden hinweist.

Bsp.: A rettet ein fremdes Kind vor einem Schnellzug. B repariert das Dach seines Nachbarn. C gießt die Blumen des verreisten Nachbarn, weil dessen Sprenkelanlage nicht mehr funktioniert.

38 In den beschriebenen Situationen greift der Geschäftsführer in einen fremden Rechtskreis ein und will regelmäßig nicht für sich selbst tätig werden[140]. Hinsichtlich der Vermutung gilt in prozessualer Hinsicht § 292 ZPO („Vermutung ungeschriebenen Rechts")[141]. Somit muss die andere Partei den Beweis des Gegenteils führen. Ist geklärt, dass ein objektiv fremdes Geschäft vorliegt, so wird der Fremdgeschäftsführungswille vermutet und die Annahme, dass die subjektive Haltung des Geschäftsführers in Wahrheit eine andere ist, müsste besonders begründet und nachgewiesen werden[142].

---

134 BGHZ 40, 28 (31); MüKo/*Seiler*, § 677 Rn. 8: bei Rettung aus Seenot der Gerettete und der zur Rettung verpflichtete Reeder; *Wandt*, § 5 Rn. 93.

135 Bamberger/Roth/*Gehrlein*, § 687 Rn. 1

136 *Wandt*, § 4 Rn. 27.

137 BGHZ 30, 162 (167); ebenso *Wandt*, § 4 Rn. 27.

138 Vgl. statt vieler *Musielak/Hau*, Grundkurs BGB, Rn. 1063.

139 Ständige Rspr.: BGHZ 40, 30; 70, 369; 98, 240; 143, 14 f.; BGH NJW 2007, 63; Palandt/*Sprau*, § 677 Rn. 4; *Brox/Walker*, Besonderes Schuldrecht, § 35 Rn. 10; *Giesen* Jura 1996, 225 (227 f.).

140 *Wandt*, § 4 Rn. 30; MüKo/*Seiler*, § 677 Rn. 6; Palandt/*Sprau*, § 677 Rn. 4; a. A. *Pesch* Jura 1995, 361, 363, der die Vermutung nur zulassen will, wenn auch das Fremdgeschäftsführungsbewusstsein nachgewiesen ist.

141 So etwa *Hey* JuS 2009, 400 (404).

142 *Hey* JuS 2009, 400 (404); *Wandt*, § 4 Rn. 30; *Brox/Walker*, Besonderes Schuldrecht, § 35 Rn. 10; *Giesen* Jura 1996, 225 (228). Staudinger/*Bergmann*, Vorbem. zu §§ 677 ff. Rn. 167 spricht mit Recht von einem „empirischen Tatbestandsmerkmal".

(2) **Fremdgeschäftsführungswille beim neutralen Geschäft.** Nimmt jemand ein objektiv **neutrales** Geschäft vor, so tut er dies nach allgemeiner Lebenserfahrung nicht für einen anderen, sondern für sich selbst. Erst ein nach außen erkennbarer Fremdgeschäftsführungswille lässt das Geschäft zum subjektiv fremden Geschäft werden. Dieser wird somit hier nicht vermutet[143]. Vor Gericht lässt sich der Nachweis, dass der Geschäftsführer mit Fremdgeschäftsführungswille handelte, etwa durch Parteivernehmung (§ 447 ZPO) oder Zeugen (§§ 373 ff. ZPO) erbringen[144]. 39

Bsp.: Kauft jemand ein Motorrad, besorgt er damit ein objektiv neutrales Geschäft. Meist wird er das Geschäft dann für sich selbst durchführen. Sollte das Motorrad für eine andere Person gekauft werden, muss dies erkennbar gemacht werden.

Die Voraussetzungen einer GoA sind dabei im Falle eines Vertragsschlusses im eigenen Namen gegeben (sog. mittelbare Stellvertretung), sofern der Fremdgeschäftsführungswille deutlich nach außen hervortritt, ohne dass dies unbedingt gegenüber dem Geschäftspartner geschehen müsste[145]. Der Geschäftsführer ist dann Vertragspartei und hat gegenüber dem Geschäftsherrn einen Freistellungsanspruch nach § 257. 40

Bsp.[146]**:** A, B, C und D sind benachbarte Straßenanlieger und treffen zur Verbesserung der Erschließung ihrer Betriebe Vorbereitungen für die Anlegung einer neuen Straßenkreuzung. In einem Gespräch mit der erschließungspflichtigen Gemeinde G einigen sie sich darauf, dass die G 10 % der Erschließungskosten übernehmen soll und die restlichen Kosten unter den vier Anliegern aufgeteilt werden. Zudem wird festgelegt, dass A und C die Erschließung durchführen sollen. Sie sollen zunächst jeweils 45 % der Kosten tragen und A sich mit B und C mit D über die Aufteilung ihres Anteils einigen. Eine Einigung zwischen A und B über die von B zu übernehmenden Kosten scheitert. Dennoch schließen A und C mit G den Vertrag und stellen die Anlage her. B ist nach der Erschließung zur hälftigen Kostenteilung mit A nicht bereit. – Denkbar erscheint ein Anspruch des A gegen B aus §§ 677, 683 S. 1, 670. Dann muss A mit der Erschließung ein fremdes Geschäft des B mit Fremdgeschäftsführungswillen geführt haben. Die Erschließung zählt nicht schon äußerlich zum Rechts- und Interessenkreis des B, denn nach dem Gesetz ist die G dafür zuständig. Daher liegt nur ein objektiv auch fremdes Geschäft für G, nicht aber für B vor, sodass ein Fremdgeschäftsführungswille hinsichtlich B nicht vermutet werden kann. Vielmehr ist diese Frage nach den Umständen des Einzelfalls zu entscheiden. Alle Anlieger haben an den Vorbesprechungen mit G teilgenommen und auf die Erschließungsmaßnahmen Einfluss gehabt. Dabei ist deutlich geworden, dass alle vier zu den anfallenden Kosten herangezogen würden, nur die Höhe der jeweiligen Kostenbeiträge war umstritten. Dies spricht dafür, dass der Abschluss des Erschließungsvertrags mit G auch für B als Anlieger der neuen Kreuzung erfolgte. Zwar einigten sich B und A nicht über die konkreten Kostenbeiträge, dennoch distanzierte sich B aber nicht vom Projekt als Ganzem. Daher entsprach die Geschäftsübernahme seinem ausdrücklichen Willen, sie war berechtigt. A hat somit einen Anspruch gegen B gem. §§ 677, 683 S. 1, 670, dessen Höhe sich nach dem objektiven Wert der Erschließungsmaßnahme für den Betrieb des B richtet.

---

143 BGH NJW-RR 2004, 81 (82); *Wandt*, § 4 Rn. 12; Palandt/*Sprau*, § 677 Rn. 5; *Looschelders*, Schuldrecht BT, § 42 Rn. 845.

144 Kritisch aber hinsichtlich des praktischen Wertes Staudinger/*Martinek*, Eckpfeiler des Zivilrechts, S. Rn. 103. Bei subjektiv fremden Geschäften trägt der Geschäftsführer die Beweislast für den Fremdgeschäftsführungswillen, wenn er Aufwendungsersatz verlangt (BGHZ 40, 31; 82, 331). Macht dagegen der Geschäftsherr Ansprüche aus Geschäftsführung ohne Auftrag geltend, trifft ihn die Darlegungs- und Beweislast, *Schmidt*, Die berechtigte Geschäftsführung ohne Auftrag, S. 112.

145 *Medicus/Lorenz*, Schuldrecht II, Rn. 1111.

146 Nach BGH MDR 2002, 270.

41 (3) **Der Fremdgeschäftsführungswille beim auch fremden Geschäft.** Die Rechtsprechung und ein Teil der Literatur lassen die Vermutung für die subjektive Einstellung des Geschäftsführers in gleicher Weise beim sog. **auch fremden** Geschäft eingreifen[147]. **Der Fremdgeschäftsführungswille wird vermutet**[148], obwohl der Geschäftsführer neben den fremden auch eigene Angelegenheiten wahrnimmt.

Bsp.[149]: Auf einer Strecke der Bundesbahn entstehen regelmäßig Brände, welche ihre Ursache im Funkenflug der vorbeifahrenden Dampflokomotiven haben. Die Feuerwehr der Gemeinde G löscht das auf ihrem Gemeindegebiet entstehende Feuer und fordert aus diesem Grund von der Bundesbahn Ersatz der ihr entstandenen Aufwendungen. – Hier erscheint zweifelhaft, ob die Voraussetzungen für einen Anspruch nach §§ 677, 683 S. 1, 670 vorliegen. Dazu müsste G ein fremdes Geschäft geführt haben. Mit der Brandbekämpfung handelt sie zum einen in Erfüllung ihrer eigenen öffentlich-rechtlichen Pflicht, zum anderen aber auch im Interesse der Bundesbahn. Denn diese haftet nach § 1 Abs. 1 HaftPflG verschuldensunabhängig für den Schaden. Auf diese Weise führt die G ein auch fremdes Geschäft. Fraglich ist aber, ob sie auch mit Fremdgeschäftsführungswille handelt. Nach Auffassung des BGH in der Originalentscheidung liegen die Voraussetzungen vor: Denn komme ein Geschäft nach seiner äußeren Erscheinung nicht nur dem Geschäftsführer, sondern auch einem Dritten zugute, so handele dieser nach der allgemeinen Lebenserfahrung auch mit dem Willen, in einem fremden Rechtskreis tätig zu werden. Der Fremdgeschäftsführungswille werde daher vermutet. Der Beweis des Gegenteils obliegt deswegen der Bundesbahn, wofür sie jedoch keine Anstrengungen unternommen hat. Damit besteht nach Ansicht des BGH ein Anspruch auf Aufwendungsersatz.

Diese Judikatur gibt der Praxis eine an sich sinnvolle Vorgehensweise an die Hand. Auf diese Weise muss der Fremdgeschäftsführungswille nicht mehr im konkreten Einzelfall ermittelt werden. Stattdessen haben sich in der Rechtsprechung des BGH diesbezüglich Fallgruppen herausgebildet. In der Literatur stößt sie damit allerdings größtenteils auf Ablehnung[150], denn sie mache – mit den Worten von *Medicus/Petersen*[151] – § 683 zu einem gefährlich weiten Mittel des Lastenausgleichs aus Billigkeitsgründen. Aufgrund des nur schwer fassbaren Rechtsbegriffs des „auch fremden Geschäfts“ und seiner weiten Auslegung sei zwar für viele Sachverhalte der Anwendungsbereich der §§ 677 ff. eröffnet. Die Vermutung des Fremdgeschäftsführungswillens erscheine dann aber häufig als **bloße Fiktion**[152]. Für einige dieser Fallgruppen lassen sich aber in jüngerer Zeit einschränkende Tendenzen der Rechtsprechung erkennen.

147 BGHZ 65, 357; 70, 389 (396); 98, 240; 143, 15; BGH NJW 2000, 73 m. w. N.; BGH NJW-RR 2001, 1284 m. w. N., BGH NJW-RR 2004, 82 m. w. N., BGH NJW 2007, 64; Dauner-Lieb/Langen/*Schwab*, § 677 Rn. 49; Palandt/*Sprau*, § 677 Rn. 6, str.; krit. *Stamm* Jura 2002, 730; Staudinger/*Bergmann*, Vorbem. zu § 677 Rn. 170 ff., m. w. N.; krit. *Beuthien* JuS 1987, 848; *Gursky* AcP 185 (1985), 38 ff.

148 BGHZ 16, 12 (16) = BGH NJW 1955, 257; BGHZ 54, 157 (160) = BGH NJW 1970, 1841; BGHZ 98, 235 (240) = BGH NJW 1987, 187; BGHZ 114, 248 (250) = BGH NJW 1991, 2638; BGHZ 138, 281 (286) = VIZ 1998, 401; BGH LM § 1371 Nr. 4 = BGH NJW 1963, 2068; LM § 426 Nr. 21 = BGH NJW 1976, 2131; BGH NJW 1985, 2756 (2757); BGH NJW 2000, 72 (73); RGZ 126, 287 (293); RGZ 143, 95; BSGE 67, 100 = BSG NJW 1991, 2373; *Huber*, Leistungsstörungen II, § 49 Fn. 4; Soergel/*Beuthien*, § 677 Rn. 5; Bamberger/Roth/*Gehrlein*, § 677 Rn. 15; Palandt/*Sprau*, § 677 Rn. 6.

149 BGHZ 40, 28; dazu auch *Medicus/Petersen*, Bürgerliches Recht, Rn. 412.

150 MüKo/*Seiler*, § 677 Rn. 24; *Brox/Walker*, Besonderes Schuldrecht, § 36 Rn. 8 ff.; *Thole* NJW 2010, 1243 (1247); *Wendlandt* NJW 2004, 985 (986); *Falk* JuS 2003, 833 (836 f.).

151 *Medicus/Petersen*, Bürgerliches Recht, Rn. 412.

152 *Martinek/Theobald* JuS 1997, 805 (807); kritisch zu dieser Entwicklung auch *Medicus/Petersen*, Bürgerliches Recht, Rn. 412 mit Blick auf sog. Abmahn(-Gebühren-)vereine.

(a) Öffentlich-rechtliche Verpflichtung des Bürgers. Das Vorliegen des Fremdgeschäftsführungswillens erscheint besonders zweifelhaft, wenn der Geschäftsführer zugleich aufgrund einer **öffentlich-rechtlichen Verpflichtung** für den Geschäftsherrn handelt. 42

Bsp.[153]: A ist Eigentümer einer großen Lagerhalle, von der er einen Teil der Fläche an B vermietet hat, welcher dort Milchpulver lagert. Bei einem ausbrechenden Feuer kommt es zur Zerstörung eines größeren Teils des Pulvers. Die überbleibenden verbrannten Reste müssten nach Ansicht der Ordnungsbehörde kostenaufwändig aus den Kellerräumen und dem Erdreich entfernt werden, um gesundheitlichen Gefahren entgegenzuwirken. Aufgrund der Weigerung des B, diese Milchpulverreste zu beseitigen, wendet sich die Ordnungsbehörde an A, der dem Verlangen nachkommt. Kann A von B Ersatz der dafür angefallenen Kosten verlangen? – Hier war A durch die Ordnungsbehörde angewiesen worden, die notwendigen Reinigungsarbeiten durchzuführen, sodass es sich eigentlich um eine eigene Angelegenheit des A handelt. Aber auch B wäre an sich als Störer i. S. d. § 1004 gegenüber A verpflichtet gewesen, die Milchpulverreste zu entfernen. So gesehen hat A auch eine Verpflichtung des B mit erfüllt. Insoweit erscheint die Annahme eines auch fremden Geschäfts gerechtfertigt. Beim auch fremden Geschäft lässt der BGH ebenfalls eine Vermutung des Fremdgeschäftsführungswillens zu. Die Durchführung der Reinigungsarbeiten erscheint als eine Pflicht des B (§ 1004), die im öffentlichen Interesse liegt, sodass ein entgegenstehender Wille des B hinsichtlich der Geschäftsübernahme nach § 679 unbeachtlich ist. Insoweit kann A von B nach §§ 677, 683 S. 1, 670 Aufwendungsersatzanspruch verlangen.

Die Annahme eines Fremdgeschäftsführungswillens ist in dieser Fallgruppe im Hinblick auf die eigene gesetzliche Verpflichtung des Geschäftsführers bedenklich[154]. Jedoch ist das Innenverhältnis zwischen mehreren Störern, seien es Handlungs- oder Zustandsstörer[155], polizeirechtlich ohne Belang, sodass durchaus das Bedürfnis nach einem zivilrechtlichen Ausgleichsmechanismus besteht. Zumindest soweit der Geschäftsführer materiell-rechtlich nicht alleine für die Störung verantwortlich ist, sprechen die Umstände durchaus für das Bestehen eines Fremdgeschäftsführungswillens[156], zumal eine Mitverantwortlichkeit des Geschäftsherrn durch (entsprechende) Anwendung von § 254 Abs. 1 auf den Aufwendungsersatzanspruch berücksichtigt werden kann[157]. 43

(b) Verwaltungsträger als Geschäftsführer. Weist die Polizei oder eine andere staatliche Behörde nicht einen Privaten an, die Störung zu beseitigen, sondern nimmt sie die Störungsbeseitigung im Rahmen ihrer gesetzlichen Pflicht zur Gefahrenabwehr gleich selbst vor, erscheint fraglich, ob der staatlichen Behörde nach den Regeln der Geschäftsführung ohne Auftrag ein Kostenersatz für ihr Tätigwerden zusteht[158]. 44

Bsp.[159]: Die Firma U fördert Bims aus einer Bimsgrube, welche neben einer Bundesstraße liegt. In diesem Zusammenhang kommt es häufig bei Regenfällen und nachfol-

---

153 Milchpulver-Fall nach BGHZ 110, 313.

154 *Brox/Walker*, Besonderes Schuldrecht, § 36 Rn. 11; *Wandt* § 4 Rn. 15, 33.

155 BGHZ 110, 313 (318); dazu, wenngleich mit anderem Ergebnis auch *M. Hilbert* (Fn. 25), S. 230.

156 In diesem Sinne auch *Musielak/Hau*, Examenskurs BGB, Rn. 235.

157 BGHZ 110, 313.

158 Staudinger/*Martinek*, Eckpfeiler des Zivilrechts, S. Rn. 115 (im Ergebnis ablehnend); krit. dazu auch *Staake* JA 2004, 800. Vgl. auch BGH NJW 2004, 513: „Ein Polizeibeamter, der in dienstlicher Eigenschaft hoheitlich tätig wird, kann nicht zugleich (in seiner Person) das bürgerlich-rechtliche Geschäft eines Dritten führen." Die meisten Fälle der GoA im öffentlich-rechtlichen Bereich sind heute ohnehin spezialgesetzlich geregelt.

159 Nach BGHZ 65, 354; siehe zu diesem Fall etwa auch *M. Hilbert* (Fn. 25), S. 91 f.

gender Überschwemmungen zu Verschmutzungen der Bundesstraße, welche von der Straßenmeisterei des Landes L entfernt werden. Kann L gegenüber U Ersatz verlangen? – L hat gem. Art. 90 GG, § 20 FernStrG die Verkehrssicherheit der Straßen zu gewährleisten, während U aus öffentlichem Recht als Verhaltensstörer verpflichtet ist. L wird somit im eigenen Interesse und im Interesse der U tätig. Bei einem auch fremden Geschäft wird der Fremdgeschäftsführungswille nach der Auffassung des BGH vermutet.

45 Ebenso wie im Funkenflugfall hat der BGH also einen Aufwendungsersatzanspruch nach §§ 670, 677, 683 S. 1 angenommen. Jedoch wird diese Sichtweise in der Literatur überwiegend kritisiert. Denn für die Kostenerstattung im Verhältnis von Staat und Bürger enthalten die Verwaltungsvollstreckungsvorschriften und die entsprechenden Kostengesetze i. d. R. abschließende Bestimmungen[160]. Es ist deswegen nicht möglich, subsidiär auf die zivilrechtlichen Vorschriften der Geschäftsführung ohne Auftrag zurückzugreifen[161]. Bei einer öffentlich-rechtlichen Behörde als Geschäftsführer passt vor allem nicht die durch § 681 angeordnete Verweisung auf das Auftragsrecht. Eine auftragstypische Weisungsgebundenheit des Geschäftsführers gegenüber dem Geschäftsherrn liegt in den Fällen der Gefahrenbeseitigung gerade nicht vor. Die Grundsätze der berechtigten Geschäftsführung ohne Auftrag kommen somit jedenfalls dann nicht zur Anwendung, sofern der Rückgriff auf den Störer im Öffentlichen Recht abschließend geregelt ist[162]. Dies ist mittlerweile aber regelmäßig der Fall[163].

46 (c) **Privatrechtlicher Vertrag mit einem Dritten.** Die Annahme eines Fremdgeschäftsführungswillens ist auch kritisch zu bewerten, wenn der Geschäftsführer nicht aufgrund einer öffentlich-rechtlichen Pflicht, sondern aufgrund einer **einem Dritten gegenüber bestehenden vertraglichen Verpflichtung** tätig wurde[164].

Bsp.: Abschleppunternehmer A ist von der zuständigen Ordnungsbehörde vertraglich mit dem Abschleppen ordnungswidrig geparkter Fahrzeuge betraut worden. A schleppt in Folge den Pkw des B ab, welcher vor dem Landratsamt in einer als solcher gekennzeichneten Feuerwehreinfahrt geparkt wurde. Steht A gegen B ein Anspruch auf Ersatz der Abschleppkosten aus GoA zu? – Mit dem Abschleppen erfüllt A zunächst eine eigene werkvertragliche Verpflichtung. Jedoch ist auch B nach §§ 1004, 862, 823 zur Aufhebung der Besitzstörung gehalten. Dadurch dass A ihn von dieser Pflicht befreit, wird er in dessen Rechtskreis tätig, sodass es sich um ein auch fremdes Geschäft handelt. Nach der Rechtsprechung des BGH wird der Fremdgeschäftsführungswille auch hier vermutet. Da ein entgegenstehender Wille des B nach § 679 unbeachtlich wäre, könnte A im Ergebnis von B Aufwendungsersatz gem. §§ 677, 683 S. 1, 670 verlangen.

47 Nach der neueren Judikatur des BGH sollen die Vorschriften der GoA aber aus allgemeinen Konkurrenzerwägungen nicht zur Anwendung kommen, sofern der

---

160 *Brox/Walker*, Besonderes Schuldrecht, § 36 Rn. 12.

161 Auf §§ 677 ff. kann nach *Wandt*, § 8 Rn. 9, erst zurückgegriffen werden, „wenn das öffentliche Recht eine ‚planwidrige Regelungslücke' aufweist"; allerdings ist auch dann zunächst zu prüfen, ob die Tätigkeit nicht durch Steuern oder öffentliche Gebühren abgegolten sein soll, *Musielak/Hau*, Examenskurs BGB, Rn. 236.

162 BGHZ 156, 394 (397 f.) auch mit Hinweisen auf die zahlreiche Kritik aus dem öffentlich-rechtlichen Schrifttum. Allerdings geht der BGH nicht auf die Frage nach dem Fremdgeschäftsführungswillen ein, sondern stellt ausschließlich auf den Vorrang des öffentlichen Rechts ab, daher krit. *Thole* NJW 2010, 1243 (1245 f.).

163 So Staudinger/*Martinek*, Eckpfeiler des Zivilrechts, S. Rn. 115.

164 *Wendlandt* NJW 2004, 985 (986); Palandt/*Sprau*, § 677 Rn. 7; *Falk* JuS 2003, 833 (836); *Gursky* AcP 185 (1985), 37.

mit dem Dritten geschlossene Vertrag hinsichtlich des Entgelts eine abschließende Regelung treffe[165]. Ein Rückgriff auf die Regelungen der GoA sei dann ausgeschlossen[166]. Dabei wird in jüngster Zeit im Schrifttum auch eine Tendenz konstatiert[167], nach welcher der BGH den Anwendungsbereich des auch fremden Geschäfts entgegen seiner früheren Linie wieder einschränken wolle.
Die **Literatur** bestreitet entweder bereits das Vorliegen eines auch fremden Geschäftes[168] oder verneint die Annahme eines Fremdgeschäftsführungswillens[169]. Die Anwendung der GoA in den beschriebenen Fällen konterkariere zudem das Prinzip der Privatautonomie[170]. Der Abschleppunternehmer würde im obigen Beispielsfall einen zweiten Schuldner hinsichtlich des Werklohns erhalten, zugleich aber auch ein erhöhtes Haftungsrisiko im Hinblick auf seine Geschäftsführung tragen. Im Falle einer Schlechtleistung wäre u. U. nicht nur der eigentliche Vertragspartner, sondern auch der Geschäftsherr nach §§ 280, 677 berechtigt, Schadensersatz zu verlangen. Auch würde, so ein weiterer Einwand, dem Geschäftsführer durch die Möglichkeit der Inanspruchnahme des faktisch Begünstigten das Risiko der Insolvenz seines Vertragspartners abgenommen[171].

(d) Geschäftsführung ohne Auftrag und unechte Gesamtschuld. Die Feststellung des Fremdgeschäftsführungswillens bereitet auch in Fällen sog. unechter Gesamtschuld Schwierigkeiten[172]. Hier wird ein Geschäftsführer auf Grund einer eigenen gesetzlichen oder materiellen Pflicht tätig, für welche auch ein Dritter einzustehen hat. 48

Bsp.[173]: Zu der anstehenden Bonifatiusfeier wird B vom bischöflichen Stuhl beauftragt, den Dom von Fulda festlich auszuleuchten. B verursacht jedoch fahrlässig einen Brand im Dachstuhl des Doms. Der kirchenbaulastpflichtige Staat lässt den Schaden beseitigen und verlangt von B Regress. – Ein Anspruch nach § 426 Abs. 1 scheitert daran, dass mangels Gleichstufigkeit keine Gesamtschuld i. S. d. § 421 besteht[174] und dass § 426 nach h. M. nicht auf die unechte Gesamtschuld anwendbar ist[175]. Nach Auffassung des RG nahm der Fiskus aber ein auch fremdes Geschäft wahr, da neben dem Staat auch B zur Beseitigung der Schäden verpflichtet war und diese Verpflichtung durch die Leistung des Fiskus erloschen sei, §§ 267, 362. Der Fremdgeschäftsführungswille werde dementsprechend vermutet.

---

165 Ebenso *Wandt*, § 8 Rn. 5.

166 BGH NJW-RR 2004, 81 (83); NJW-RR 2004, 955 (956); dies betrifft die Mehrzahl der Fälle, in denen der Geschäftsführer vertraglich einem Dritten gegenüber verpflichtet ist, vgl. zu Sonderfällen *Gursky* AcP 185 (1985), 13 (40 f.); *Thole* NJW 2010, 1243 (1246); ebenso BGHZ 140, 102 (110) für das Verhältnis zwischen gesetzlicher Krankenkasse, Leistungserbringer und Versichertem.

167 *Schmidt*, Die berechtigte Geschäftsführung ohne Auftrag, S. 22; *Falk* JuS 2003, 833 (837 ff.); *Thole* NJW 2010, 1243 (1246).

168 *Schwark* JuS 1984, 321 (322, Fn. 24); *Schubert* AcP 178 (1978), 425 (435 ff.).

169 *Falk* JuS 2003, 833 (834); *Helm*, Geschäftsführung ohne Auftrag, Gutachten und Vorschläge zur Überarbeitung des Schuldrechts III, S. 367; *Martinek/Theobald* JuS 1997, 994 (996); *Gursky* AcP 185 (1985), 13 (38).

170 *Bergmann*, Die Geschäftsführung ohne Auftrag als Subordinationsverhältnis, S. 144 f.

171 *Schmidt*, Die berechtigte Geschäftsführung ohne Auftrag, S. 98; Palandt/*Sprau*, § 677 Rn. 7 f.; *Brox/Walker*, Besonderes Schuldrecht, § 36 Rn. 13; *Wandt*, § 8 Rn. 5; *Wendlandt* NJW 2004, 985 (986); *Martinek/Theobald* JuS 1997, 992 (994 f.).

172 Dazu auch ausführlich *Wandt*, § 8 Rn. 11 ff.

173 Nach RGZ 82, 206 (214); zu diesem „Klassiker" auch *Wandt*, § 8 Rn. 14.

174 So die h. M., Palandt/*Grüneberg*, § 421 Rn. 7.

175 Palandt/*Grüneberg*, § 421 Rn. 9; a. A. *Rüssmann* JuS 1974, 292 (296); *Stamm* Jura 2002, 730 (732); ausführlich zur gesamten Thematik: *Ehmann*, Die Gesamtschuld, Versuch einer begrifflichen Erfassung in drei Typen, 1972.

Das Reichsgericht hat im Fuldaer Dombrandfall einen Aufwendungsersatzanspruch aus GoA bejaht. Diese stark kritisierte Judikatur ist heute größtenteils überholt[176]. Die praxisrelevanten Konstellationen der unechten Gesamtschuld sind weitgehend spezialgesetzlich geregelt, sodass der Schadensersatzanspruch gegen den Letztverantwortlichen kraft Gesetzes auf den Leistenden übergeht[177].

(e) **Selbstaufopferung im Straßenverkehr.**

49 **Bsp.:** A fährt mit seinem Fahrrad von der Arbeit nach Hause. Als der Autofahrer B gerade überholen will, kommt das Fahrrad des A aufgrund einer Unebenheit der Fahrbahn ins Schleudern und B kann einen Zusammenstoß nur durch ein Ausweichmanöver verhindern, was jedoch dazu führt, dass er selbst mit seinem Pkw gegen einen Gartenzaun fährt. Fraglich ist, ob B gegen A hinsichtlich des entstandenen Sachschadens am Pkw einen Anspruch aus §§ 677, 683 S. 1, 670 hat.

Im Sachverhalt hat zunächst B ein eigenes virulentes Interesse, einen Zusammenstoß und damit eine zivilrechtliche Ersatzpflicht (§§ 823 ff. und § 7 StVG) zu vermeiden[178]. In der Geschäftsführung des B liegt jedoch auch eine sog. Selbstaufopferung, weil er unter Einsatz seiner Rechtsgüter die körperliche Integrität des A bewahrt. Das Ausweichen könnte somit ein **auch fremdes Geschäft** darstellen, bei dem der Geschäftsführungswille grundsätzlich vermutet wird. Für das Straßenverkehrsrecht und der dort geltenden Gefährdungshaftung hat die Rechtsprechung aber eine wichtige Einschränkung vorgenommen[179]. Ein Anspruch aus § 670 gegen den gefährdeten Dritten kommt dann nicht in Betracht, wenn der beteiligte KfZ-Halter (im Beispiel: B) den **Entlastungsbeweis nach § 7 Abs. 2 StVG** nicht führen kann[180]. In diesem Fall müsste er für einen Fremdschaden, der einem anderen durch den Betrieb seines Kfz entsteht, haften. Dann soll er nach Ansicht des BGH und der h. L. aber mit Recht auch den Eigenschaden tragen, der dadurch entsteht, dass er seine Ersatzpflicht zu vermeiden versucht[181]. Die gesetzliche Wertung des § 7 Abs. 1 StVG würde ansonsten konterkariert, wenn dem Kfz-Fahrer ein Aufwendungsersatzanspruch gegen den Gefährdeten zustünde. Nur wenn der KfZ-Halter den Entlastungsbeweis nach § 7 Abs. 2 zu führen vermag und damit ein Fall „höherer Gewalt" vorliegt[182], soll das Ausweichmanöver nicht ein reines Eigengeschäft darstellen und ein Aufwendungsersatzanspruch aus GoA möglich sein[183].

---

176 *Gursky* Jura 1969, 111; *Medicus/Lorenz*, Schuldrecht II, Rn. 630; die Rechtsprechung ist mittlerweile wohl selbst stillschweigend davon abgerückt: BGHZ 39, 261 (265); teilweise wird vertreten, dass der Letztverantwortliche durch die Leistung des Dritten nicht von seiner Schuld befreit werde, es liege danach schon kein fremdes Geschäft vor, *Fikentscher/Heinemann*, Schuldrecht, § 87 Rn. 1266; ebenso *Brox/Walker*, Besonderes Schuldrecht, § 35 Rn. 18; *Martinek/Theobald* JuS 1997, 805 (810 f.).

177 Palandt/*Grüneberg*, § 421 Rn. 9.

178 Vgl. dazu etwa *Friedrich* NZV 2004, 227 ff.

179 Näher *Friedrich* NZV 2004, 227 ff.

180 *Wandt*, § 8 Rn. 18; *Oppermann* AcP 193 (1993), 497 (511); *Looschelders*, Schuldrecht BT, § 42 Rn. 855.

181 BGH NJW 1957, 869.

182 Die Vorschrift wurde im Jahre 2002 inhaltlich neugefasst. Höhere Gewalt i. S. v. § 7 Abs. 2 StVG liegt nach ständiger Rechtsprechung nur vor, „wenn es um ein außergewöhnliches, betriebsfremdes, von außen durch elementare Naturkräfte oder durch Handlungen dritter (betriebsfremder) Personen herbeigeführtes und nach menschlicher Einsicht und Erfahrung unvorhersehbares Ereignis geht, das mit wirtschaftlich erträglichen Mitteln und auch durch äußerste, vernünftigerweise zu erwartende Sorgfalt nicht verhindert werden kann und das auch nicht im Hinblick auf seine Häufigkeit in Kauf zu nehmen ist", vgl. auch BGHZ 7, 338, 339; 62, 351, 354.

183 So BGHZ 38, 270.

(f) **Nichtige Verträge.** Des Weiteren ist der Anwendungsbereich der GoA im Zusammenhang mit vertraglichen Anspruchsgrundlagen sehr problematisch, wobei die Voraussetzungen von der Judikatur häufig (zu) großzügig bejaht wurden[184]. Relevant wird dies insbesondere im Fall, dass Verträge mit Dienstvertrags- oder Geschäftsbesorgungscharakter ungültig sind, sodass keine vertraglichen Entgeltansprüche existieren. 50

Bsp.[185]**:** K bemüht sich um den Kauf einer Studentenwohnung im Rahmen eines Bauträgermodells. Er schließt dazu mit B einen Geschäftsbesorgungsvertrag, der diesen zum Abschluss jeglicher Geschäfte im Zusammenhang mit dem Kauf der Studentenwohnung bevollmächtigt. B kauft die Wohnung im Namen des K. Nach Abschluss des Geschäfts erfährt K, dass in dem Gesamtaufwand eine deutlich überhöhte Innenprovision zugunsten des Bauträgers als Verkäufer einkalkuliert war. B hatte davon Kenntnis. K verlangt nun von B Schadensersatz in Gestalt der Rückabwicklung des Kaufvertrags über die Wohnung mit der Begründung, B hätte ihn auf die überhöhte Innenprovision hinweisen müssen. – Zunächst ist an einen vertraglichen Schadensersatzanspruch zu denken. Der Vertrag zur umfassenden Abwicklungsbevollmächtigung ist aber darauf gerichtet, konkrete fremde Rechtsangelegenheiten zu besorgen und ist aus diesem Grunde wegen Verstoßes gegen das Rechtsdienstleistungsgesetz gem. § 134 i. V. m. § 10 RDG nichtig. Ein Schadensersatzanspruch des K gegen B kann sich aus §§ 677, 280 ergeben. Die Judikatur greift auch bei der Nichtigkeit eines Rechtsgeschäfts wegen Verstoßes gegen ein gesetzliches Verbot auf die Vorschriften der Geschäftsführung ohne Auftrag zurück. Danach führt B mit dem Abschluss der Verträge ein auch fremdes Geschäft, bei dem der Fremdgeschäftsführungswille vermutet wird. Der Rückgriff auf die Geschäftsführung ohne Auftrag ermöglicht nicht nur Aufwendungsersatzansprüche des Geschäftsführers gem. §§ 683 S. 1, 670, sondern ermöglicht auch die Anwendung von § 677 und eine Haftung des Geschäftsführers für Verstöße gegen die darin bestimmten Pflichten. Bei der Bestimmung des Aufgabenkreises, der dem Geschäftsführer nach § 677 obliegt, ist jedoch entscheidend, dass der Zweck des gesetzlichen Verbots nicht unterlaufen wird. Führt B als auftragsloser Geschäftsführer das Geschäft tatsächlich durch, so entspricht es zumindest dem mutmaßlichen Willen und Interesse des K, dass die in dem nichtigen Geschäftsbesorgungsvertrag vorgesehenen Hinweis-, Aufklärungs- und Warnpflichten beachtet werden. Dies ist mit dem Zweck des Rechtsdienstleistungsgesetzes vereinbar. Aus der Vertrauensstellung des B resultieren Treuepflichten, die auch die Hinweispflicht auf die versteckte Innenprovision umfassen. Insoweit hat K einen Anspruch gegen B aus §§ 677, 280.

Die Literatur steht dieser Judikaturlinie hingegen überwiegend sehr kritisch gegenüber und lehnt das Vorliegen eines Fremdgeschäftsführungswillens ab[186]. Denn insoweit differenziert der BGH ohne wirkliche dogmatische Rechtfertigung zwischen nichtigen Austauschverträgen, die nur der bereicherungsrechtlichen Rückabwicklung unterfallen und nichtigen Geschäftsbesorgungsverträgen, für welche die Grundsätze über die Geschäftsführung ohne Auftrag aktiviert werden. Der Geschäftsführer, welcher annimmt, eine vertraglich geschuldete Leistung zu erbringen, wird die vertragliche Leistung aber kaum als eigenes Geschäft interpretieren[187]. Es fehlt somit regelmäßig bereits am Fremdgeschäftsfüh- 51

184 Ständige Rspr.: BGHZ 37, 258; 39, 87; 55, 123; 101, 393 (399); 111, 308 (311); 157, 168; BGH NJW 1993, 3196; vgl. zu dieser Judikatur auch *Wandt*, § 3 Rn. 7; *Berg* JuS 1972, 195; *Brox/Walker*, § 36 Rn. 21.

185 Nach BGH MDR 2005, 1424 noch zu Art. 1 § 1 RBerG; vgl. nunmehr BT-Drucks. 16/3655, S. 46: Die Frage der Nichtigkeit ist umstritten.

186 *Medicus/Petersen*, Bürgerliches Recht, Rn. 412; *Schwark* JuS 1984, 321 (326); *Brox/Walker*, Besonderes Schuldrecht, § 35 Rn. 21; *Martinek/Theobald* JuS 1997, 994.

187 *Medicus/Petersen*, Bürgerliches Recht, Rn. 412; *Schwark* JuS 1984, 321 (326); *Brox/Walker*, Besonderes Schuldrecht, § 35 Rn. 21.

rungsbewusstsein. Überdies sollte die Rückabwicklung nichtiger Verträge nach der Intention des Gesetzgebers ausschließlich der Zuständigkeit des Bereicherungsrechts (§§ 812 ff.) vorbehalten bleiben. Andernfalls blieben vom Gesetzgeber ausdrücklich gewollte Ausschlusstatbestände (§§ 817 S. 2, 818 Abs. 3) ohne Anwendungsmöglichkeit[188]. Sollte der Vertrag aufgrund eines Verstoßes gegen ein gesetzliches Verbot (§ 134) oder wegen § 138 nichtig sein, greift jedoch auch der BGH zu einer Billigkeitskorrektur: Erweist sich die Anwendung der GoA im Ergebnis als unbefriedigend, wird das Kriterium des „für erforderlich halten Dürfens“ in § 670 verneint und ein Anspruch versagt[189].

52 In der jüngeren Judikatur sind jedoch auch hinsichtlich dieser Fallgruppe restriktivere Tendenzen des BGH bemerkbar[190].

Bsp.[191]**:** Mieter A führt vor seinem Auszug Schönheitsreparaturen in der Wohnung durch, weil dies der Formularmietvertrag mit dem Vermieter B verlangte. Die entsprechende Klausel war jedoch wegen eines Verstoßes gegen § 307 Abs. 2 Nr. 1 nichtig, weil es sich um eine sog. starre Fristenregelung handelte. Deshalb verlangt A Wertersatz vom Vermieter B. – Wegen der Unwirksamkeit der vertraglichen Überwälzung der Schönheitsreparaturen hat der Vermieter weiter für die Erhaltung der Mietsache einzustehen. Nimmt der Mieter dennoch Schönheitsreparaturen vor, weil er glaubt dazu verpflichtet zu sein, so bejaht die instanzielle Rechtsprechung zum Teil ein „auch fremdes“ Geschäft. Der BGH lehnt dies ab. Der Mieter führe kein Geschäft des Vermieters, sondern werde nur im eigenen Rechts- und Interessenskreis tätig. Er wolle nur die von ihm (vermeintlich) geschuldete Gegenleistung für die Überlassung der Wohnung erbringen. Weder die Zahlung der Miete noch die Schönheitsreparaturen stellten eine Wahrnehmung von Vermieterinteressen dar. Nach Auffassung des BGH soll ein etwaiger Ausgleich vielmehr über das Bereicherungsrecht stattfinden, wobei dann die Höhe des Wertersatzes für die selbst durchgeführten Schönheitsreparaturen problematisch erscheint (§ 818 Abs. 2).

Dieses Urteil des BGH scheint von seiner früheren Linie abzuweichen. An sich wäre davon auszugehen, dass die Vornahme der Reparaturen in der Wohnung des Vermieters zumindest auch dessen Interessen berührt, weil bei unwirksamer Überwälzung die Instandhaltungspflicht nach § 535 Abs. 1 S. 2 dem Vermieter obliegt[192]. Ob die Judikatur mit dieser Entscheidung tatsächlich die Anwendung der §§ 677 ff. auf nichtige Verträge mit Geschäftsbesorgungscharakter eindämmen oder sogar aufgeben will, ist aber gleichwohl zweifelhaft.

53 **(g) Wahrung der rechtsgeschäftlichen Privatautonomie.** Nach Auffassung des BGH darf jedoch mit Blick auf die **Privatautonomie** dann nicht auf die Grundsätze der GoA zurückgegriffen werden, wenn eine wirksame vertragliche Verpflichtung bereits wegen fehlender Willensübereinstimmung nicht zustande kam[193]. Als Beispiel hierfür mag im Folgenden der bekannte „Erbensucherfall“ dienen.

Bsp.[194]**:** Der nur gegen Entgelt tätig werdende Erbensucher S macht den Alleinerben A des Erblassers E ausfindig und bietet diesem gegen entsprechende Vergütung Informationen über sein Erbrecht an. A verweigert die Zahlung und kommt auf eigene

188 *Martinek/Theobald* JuS 1997, 994.
189 BGH NJW 1960, 1568 (1569); BGHZ 37, 258 (263 f.); *Wandt*, § 3 Rn. 7.
190 *Thole* NJW 2010, 1243 ff.; *Wendlandt* NJW 2004, 985 f.
191 BGH JuS 2010, 352.
192 So *Lange* NZM 2006, 785 (787); *Hey* JuS 2009, 400 (404). Nach *Lange* und *Hey* sei hier ein Fall der unechten GoA anzunehmen: Bei der Schönheitsreparatur handele es sich um ein objektiv fremdes Geschäft. Jedoch wolle der Geschäftsführer dieses nicht für den Geschäftsherrn führen. Es liege somit ein Fall der irrtümlichen Eigengeschäftsführung nach § 687 Abs. 1 vor.
193 *Hey* JuS 2009, 400 (403); Palandt/*Sprau*, § 677 Rn. 7a; *Falk* JuS 2003, 833 (838).
194 Nach BGH NJW 2000, 72; vgl. auch BGH NJW-RR 2006, 656.

Initiative an die Informationen (u. a. Person des Erblassers). S verlangt von A Ersatz seiner Aufwendungen gem. §§ 677, 683 S. 1, 670. – Der BGH hat hier die Voraussetzungen einer GoA verweigert, obwohl diese in Gestalt eines „auch fremden" Geschäfts durchaus zu konstruieren gewesen wären. Da A hier einen Vertragsschluss mit dem Geschäftsführer S ausdrücklich abgelehnt hat, würde es den Grundsatz der Privatautonomie verletzen, dem Geschäftsführer gleichwohl einen Anspruch aus GoA zu gewähren.

Der BGH korrigiert folglich die Vermutung des Fremdgeschäftsführungswillens aus Wertungsgesichtspunkten[195]. Sie soll nicht gelten, wenn Aufwendungen getätigt werden, um eine andere Person zum Vertragsschluss zu motivieren. Somit erhält etwa ein Architekt keinen Anspruch auf Vergütung nach §§ 683 S. 1, 670, wenn er bereits Planungsleistungen in der Hoffnung auf einen Auftrag erbringt. Aufwendungen aus eigenem Antrieb im Vorfeld eines Vertragsschlusses werden, wenn es nicht zum Vertragsabschluss kommt, nicht vergütet[196]. Insoweit werden diese auf eigenes Risiko erbracht[197]. Ansonsten würde diese im Gefüge der Vertragsrechtsordnung angelegte Risikoverteilung durch Zulassung von Aufwendungsersatzansprüchen aus Geschäftsführung ohne Auftrag unterlaufen[198].

(h) **Abmahnung im gewerblichen Rechtsschutz.** Mit Blick auf den **gewerblichen** 54
Rechtsschutz können nach der kritisierten[199] Rechtsprechungslinie des BGH[200] der vorprozessual abmahnende Mitbewerber oder andere nach § 8 Abs. 3 UWG Klagebefugte im Falle eines Wettbewerbsverstoßes einen Aufwendungsersatzanspruch für die vorprozessual entstandenen Abmahnkosten aus §§ 677, 683 S. 1, 670 gegen den Störer geltend machen. Durch die Abmahnung teile der Mitbewerber dem Störer mit, dass er sich mit seiner Wettbewerbshandlung (§ 1 UWG) wettbewerbswidrig verhalte und fordere ihn zu einer strafbewehrten Unterlassungserklärung auf. Bei der Aufforderung zur Unterlassung handele es sich um ein **auch fremdes Geschäft** des Mitbewerbers. Dabei bezwecke die Abmahnung die Vermeidung von Prozessen und entspreche somit dem Interesse des Störers[201]. Auch liege die Vermeidung von Wettbewerbsverstößen im öffentlichen Interesse, §§ 683 S. 2, 679[202]. Nach kritischen Stimmen könne dagegen in der Abmahnung bereits kein (auch) fremdes Geschäft gesehen werden. Damit fehle es auch am Fremdgeschäftsführungswillen[203]. Dass die anwaltliche Abmahnung dem mutmaßlichen Willen des Störers entspreche, wird als bloße Unterstellung gedeutet, weil dieser die Kosten möglichst begrenzen will[204]. Diese Judikatur ist

195 *Emmerich* JuS 2000, 603 (604); *Hey* JuS 2009, 400 (403).
196 Dauner-Lieb/Langen/*Schwab*, § 677 Rn. 50.
197 BGH NJW 2000, 72; Dauner-Lieb/Langen/*Schwab*, § 677 Rn. 50 mit Angaben zur Rechtsprechung. Ein Anspruch kann sich höchstens nach § 812 Abs. 1 S. 2 Alt. 2 aus der an strenge Voraussetzungen geknüpften *condictio ob rem* ergeben.
198 BGH NJW 2000, 72; *Hahn*, Vergütungsansprüche für Dienstleistungen bei fehlender vertraglicher Grundlage, S. 288 (329); *M Hilbert* (Fn. 25), S. 104.
199 MüKo/*Seiler*, § 677 Rn. 55; *Martinek/Theobald* JuS 1997, 805 (811); *Oppermann* AcP 193 (1993), 497 (528); *Gursky* AcP 185 (1985), 13 (45).
200 Ständige Rspr.: BGHZ 52, 393 = NJW 1970, 243 (Fotowettbewerb); BGH GRUR 1984, 1074; GRUR 1984, 129; GRUR 1990, 381 (382); BGHZ 115, 210.
201 BGH NJW 1970, 243; NJW 1973, 901; anders dagegen bei der Zweitabmahnung: BGH, U. v. 21.1.2010 – I ZR 47/09 (OLG Hamburg), BGH NJW 2010, 1208 – „Kräutertee".
202 *Wandt*, § 8 Rn. 26; LG Düsseldorf NJW 1982, 239 (240).
203 *Martinek/Theobald* JuS 1997, 805 (811); *Gursky* AcP 185 (1985), 13 (45, Fn. 136); ausführlich zu den vorgebrachten Einwänden, *Oppermann* AcP 193 (1993), 497 (516 ff.).
204 Palandt/*Sprau*, § 683 Rn. 6.

aber ohnehin auf den gewerblichen Rechtschutz beschränkt. Zudem existieren einige vorrangige Spezialvorschriften (§§ 12 Abs. 1, 8 Abs. 4 UWG, 97a Abs.1 UrhG). Die Kostenerstattung für eine außerprozessuale Rechtsverteidigung gegen eine unberechtigte Rechtsverfolgung kann jedenfalls außerhalb des Wettbewerbsrechts nicht auf die Bestimmungen der GoA gegründet werden[205]. Überlegungen zu einer Haftung aus *culpa in petendo*, welche diese Lücke für den Rechtsverteidiger schließen könnte[206], sind bisher kaum aufgegriffen worden.

55 (i) **Bewertung.** Die Vermutung des Fremdgeschäftsführungswillens beim auch fremden Geschäft würde bei konsequenter Anwendung zu einer Ausdehnung der GoA führen, welche selbst dem BGH in jüngerer Zeit zu weit geht. Um den Anwendungsbereich zu begrenzen, greift er jedoch zu Korrektiven und Wertungsentscheidungen außerhalb des Geschäftsführungsrechts. Aus Sicht des Klausurbearbeiters spricht dann mehr dafür, mit entsprechender Argumentation bereits das Vorliegen des Fremdgeschäftsführungswillens abzulehnen.

56 d) **Exkurs: Keine Geschäftsfähigkeit des Geschäftsführers.** Für die Geschäftsführung ohne Auftrag ist die **Geschäftsfähigkeit des Geschäftsführers** keine Notwendigkeit. Die Geschäftsführung[207] ist vielmehr als Realakt zu qualifizieren, womit die Fähigkeit des Geschäftsführers zur tatsächlichen Interessenwahrnehmung genügt[208]. Der minderjährige Geschäftsführer ist jedoch gemäß § 682 nur nach den Regeln des Delikts- und Bereicherungsrechts verantwortlich[209]. Damit haftet er nach e.A. auf Schadensersatz gemäß §§ 677, 280 und 678 nur, sofern die Voraussetzungen der Deliktsfähigkeit nach §§ 827–829 gegeben sind. Für die Herausgabe des Erlangten (§§ 681 S. 2, 667) sei § 818 Abs. 3 anzuwenden. Dagegen bleiben seine eigenen Rechte, wie der Aufwendungsersatzanspruch nach § 670 unangetastet[210]. Andere Stimmen erblicken in § 682 dagegen eine Rechtsgrundverweisung[211], sodass eine Schadensersatzhaftung nur nach §§ 823 ff. eintrete und eine Verpflichtung zur Herausgabe des Erlangten nur nach §§ 812 ff.

57 e) **Ohne Auftrag oder sonstige Berechtigung.** Die Anwendbarkeit der Bestimmungen über die Geschäftsführung ohne Auftrag (§§ 677–687) setzt aufgrund ihrer Subsidiarität voraus, dass der Geschäftsführer die Geschäftsbesorgung ohne Beauftragung oder sonstige Berechtigung übernommen hat, § 677[212]. Unter **Auftrag** sind alle Rechtsgeschäfte zu verstehen, welche den Geschäftsführer zu seiner konkreten Tätigkeit verpflichten[213]. Insofern ist ein weites, wenig technisches Verständnis angezeigt, sodass die §§ 662 ff. keinen Maßstab bilden. Eine **sonstige Berechtigung** zur Geschäftsführung kann u. U. auch aus gesetzlichen Bestimmungen abgeleitet werden, etwa aus familienrechtlichen Vorschriften. Der

---

205 BGH NJW 2007, 1458.
206 *Althammer*, in: Festschrift für Stürner (2013), S. 95 (108 ff.).
207 Dies gilt im Innenverhältnis zum Geschäftsherrn. Gegenüber Dritten, denen sich der Geschäftsherr zur Geschäftsbesorgung bedient, sind die §§ 104 ff. dagegen anwendbar.
208 *Fikentscher/Heinemann*, Schuldrecht, § 87 Rn. 1269; *Wandt*, § 5 Rn. 89; *Brox/Walker*, Besonderes Schuldrecht, § 35 Rn. 33; nach anderer Ansicht (Ansicht der 1. Kommission: *Mugdan*, Motive, Band II, S. 480) hingegen ist die Geschäftsübernahme eine geschäftsähnliche Handlung, sodass die §§ 104 ff. analog anwendbar sind.
209 *Klatt*, Auftragslose Fremdgeschäftsführung durch Minderjährige, S. 182 ff.
210 Jauernig/*Mansel*, § 682 Rn. 2; *Wandt*, § 7 Rn. 89.
211 *Hassold* JR 1989, 358; Palandt/*Sprau*, § 682 Rn. 2.
212 *Lent*, Begriff der auftragslosen Geschäftsführung, S. 160 ff.; *Wandt*, § 4 Rn. 42.
213 BGHZ 39, 87; 101, 393, 399; BGH NJW 1997, 47; *Einsele* JuS 1998, 401.

Auftrag oder die Berechtigung muss gerade gegenüber dem Geschäftsherrn bestehen, während das Verhältnis des Geschäftsführers zu einem Dritten insoweit außer Betracht bleibt[214]. Eine GoA scheidet nicht deshalb aus, weil eine Verpflichtung zum Tätigwerden gegenüber der Allgemeinheit besteht, sodass § 323c StGB der Annahme einer GoA nicht entgegen steht. Dies gilt aber nur, wenn kein spezieller Ausgleichsmechanismus existiert[215].

f) Die Berechtigungsgründe §§ 683 S. 1, 679, 684 S. 2. Für das Entstehen des gesetzlichen Schuldverhältnisses der GoA ist richtigerweise ein sog. **Berechtigungsgrund** erforderlich[216]. Dazu ist eine willens- und interessensgemäße Geschäftsübernahme Voraussetzung (§ 683 S. 1). Widerspricht die Geschäftsübernahme dem Willen des Geschäftsherrn, kann gleichwohl eine berechtigte Geschäftsführung ohne Auftrag angenommen werden, sofern der entgegenstehende Wille aufgrund einer im öffentlichen Interesse stehenden Rechtspflicht des Geschäftsherrn ausnahmsweise unbeachtlich erscheint (§§ 683 S. 2, 679)[217] oder der Geschäftsherr die Geschäftsführung nachträglich genehmigt (§ 684 S. 2). 58

aa) Grundsatz: willens- und interessensgemäße Übernahme. Nach § 683 S. 1 ist für eine berechtigte Geschäftsführung ohne Auftrag erforderlich, dass „die Übernahme der Geschäftsführung dem Interesse und dem wirklichen oder dem mutmaßlichen Willen des Geschäftsherrn" entspricht[218]. Dagegen ist unbeachtlich, ob auch der eingetretene Erfolg der Fremdgeschäftsführung willens- und interessengemäß erscheint[219]. Für die Bestimmung des Willens und Interesses des Geschäftsherrn kommt es demnach allein auf den **Zeitpunkt der Übernahme des Geschäfts** an[220]. Bezüglich des Verhältnisses von Wille und Interesse mag der Wortlaut von § 683 S. 1 jedoch in die Irre zu führen, weil er eine Gleichrangigkeit von Wille und Interesse nahe legt[221]. Richtigerweise ist jedoch vorrangig der **wirkliche Wille** des Geschäftsherrn zu ermitteln. Dies entspricht der das Privatrecht prägenden Kraft der Privatautonomie, sodass der wirkliche Wille auch dann maßgeblich ist, wenn er unvernünftig ist oder dem objektiven Interesse widersprechend erscheint[222]. Die Bedeutung des wirklichen Willens des Geschäftsherrn wird nach den Vorstellungen des Gesetzgebers nur in wenigen Ausnahmefällen durchbrochen (§ 679)[223]. Der Wortlaut des § 683 S. 1 ist somit teleologisch zu reduzieren[224]. Auf den wirklichen Willen des Geschäftsherrn kommt es auch dort entscheidend an, wo er sich nicht mit dem objektiven Interesse deckt. 59

214 *Wandt*, § 4 Rn. 42.

215 Jedoch hat § 2 Abs. 1 Nr. 13a SGB VII Vorrang: Denn derjenige, welcher bei Unglücksfällen Hilfe leistet, erwirbt einen Anspruch gegen die Träger der gesetzlichen Unfallversicherung. Im Hinblick auf den Umfang dieses Anspruchs ist ein Rückgriff auf die GoA nicht möglich, *Wandt*, § 4 Rn. 43; *Brox/Walker*, Besonderes Schuldrecht, § 35 Rn. 46.

216 *Wittmann*, Begriff und Funktionen der Geschäftsführung ohne Auftrag, S. 139; *Gursky* AcP 185 (1985), 13 (42 f.); *Lent*, Wille und Interesse bei der Geschäftsbesorgung, S. 7; *Batsch* AcP 171 (1971), 218 f.

217 Vgl. auch *Wandt*, § 5 Rn. 17.

218 Vgl. dazu auch *Martinek/Theobald* JuS 1997, 612 (613); *Looschelders*, Schuldrecht BT, § 42 Rn. 858; *Wandt*, § 5 Rn. 8.

219 Palandt/*Sprau*, § 683 Rn. 3; *Wandt*, § 5 Rn. 8; *Brox/Walker*, Besonderes Schuldrecht, § 35 Rn. 22.

220 *Larenz*, Schuldrecht II/1, § 57 Ia, S. 443.

221 Dazu *Wandt*, § 5 Rn. 17.

222 BGHZ 138, 281 (287).

223 Auch *Wandt*, § 5 Rn. 17.

224 So auch *Wandt*, § 5 Rn. 17; *Brox/Walker*, Besonderes Schuldrecht, § 35 Rn. 25; *Fikentscher/Heinemann*, Schuldrecht, § 87 Rn. 1267.

Bsp.[225]: Bankräuber A überfällt die S-Bank und bedroht die Anwesenden mit einer Schusswaffe. Kunde C will dem A die Waffe entreißen, wird aber dabei erheblich verletzt. Die S-Bank hatte in einer allgemeinen hausinternen Mitteilung die Anweisung erteilt, bei einem Banküberfall keine selbstgefährdenden Verteidigungsmaßnahmen zu ergreifen. C hat somit gegen die S-Bank keinen Anspruch auf Ersatz der Heilungskosten nach §§ 677, 683 S. 1, 670. Die Geschäftsübernahme widerspricht vielmehr dem tatsächlich geäußerten Willen der S-Bank, auch wenn die Überwältigung des Bankräubers objektiv durchaus im Interesse der Bank steht.

60 Als wirklicher Wille ist nur der **tatsächlich geäußerte Wille** anzusehen. Insoweit muss der Wille des Geschäftsherrn, dass der Geschäftsführer die Geschäftsbesorgung übernehmen soll, nach außen erkennbar geworden sein. Keine Voraussetzung ist es jedoch, dass der Geschäftsführer von diesem Willen Kenntnis erlangt hat[226].

Bsp. (wie oben): Der wirkliche Wille der S-Bank ist durch die interne Mitteilung an die Angestellten nach außen erkennbar geworden. Unerheblich ist dabei, dass der Kunde C hiervon keine Kenntnis erlangt hatte.

61 Auch wenn der Geschäftsherr geschäftsunfähig oder beschränkt geschäftsfähig sein sollte, können die Grundsätze über die Geschäftsführung ohne Auftrag zur Anwendung kommen[227]. Für die Ermittlung des wirklichen Willens ist dann auf den Willen seines gesetzlichen Vertreters abzustellen[228].

62 Nur sofern der tatsächliche Wille nicht zu bestimmen ist, muss der **mutmaßliche Wille** des Geschäftsherrn festgestellt werden[229]. Entscheidend ist dabei, was der Geschäftsherr bei Kenntnis der Geschäftsübernahme im Zeitpunkt der Geschäftsübernahme (hypothetisch) gewollt hätte[230], wofür sein objektives Interesse der maßgebliche Indikator ist[231]. Im Interesse des Geschäftsherrn liegt die Geschäftsübernahme, sofern diese dem Geschäftsherrn objektiv nützlich ist. Maßgebend sind dabei objektive Gesichtspunkte anhand einer verständigen Würdigung des jeweiligen Einzelfalles. Das objektive Interesse fehlt regelmäßig, sofern die mit der Geschäftsführung verbundenen Risiken nicht mehr im Verhältnis zum erstrebten Erfolg stehen und somit nicht tragbar erscheinen[232].

63 **bb) Entgegenstehender Wille nach § 679 unbeachtlich.** Nach § 679 bleibt ein entgegenstehender Wille des Geschäftsherrn außer Betracht, sofern ohne die Geschäftsführung eine im öffentlichen Interesse liegende Pflicht des Geschäftsherrn nicht oder nicht rechtzeitig erfüllt würde. Damit können die Voraussetzungen einer berechtigten Geschäftsführung ohne Auftrag gleichwohl zur Anwendung kommen (§ 683 S. 2). Bei der im **öffentlichen Interesse liegenden Pflicht** des Ge-

225 OLG Karlsruhe VersR 1977, 936 f.; vgl. dazu statt vieler auch *Wandt*, § 5 Rn. 18.

226 *Mugdan*, Protokolle, Band II, 1195: „das Eingreifen in die Geschäfte eines Anderen... [muss] den wirklichen, nicht bloß bei Anwendung der gebührenden Sorgfalt erkennbaren Absichten des Geschäftsherrn entsprochen [haben]".

227 *Mugdan*, Protokolle II, S. 1201; *Wandt*, § 5 Rn. 91; Palandt/*Sprau*, § 682 Rn. 3; *Brox/Walker*, Besonderes Schuldrecht, § 35 Rn. 32.

228 Palandt/*Sprau*, § 682 Rn. 3; *Fikentscher/Heinemann*, Schuldrecht, § 87 Rn. 1269; *Wandt*, § 5 Rn. 91; *Looschelders*, Schuldrecht BT, § 42 Rn. 862.

229 *Martinek/Theobald* JuS 1997, 613 (614); *Wandt*, § 5 Rn. 17; *Fikentscher/Heinemann*, Schuldrecht, § 87 Rn. 1267; *Brox/Walker*, Besonderes Schuldrecht, § 36 Rn. 27.

230 *Brox/Walker*, Besonderes Schuldrecht, § 36 Rn. 27; *Fikentscher/Heinemann*, Schuldrecht, § 87 Rn. 1267.

231 BGHZ 47, 379 (374).

232 Vgl. zu ähnlichen Überlegungen auch *Riehm*, JuS Lern-CD Zivilrecht I, Rn. 426.

schäftsherrn muss es sich um eine **rechtliche Pflicht** handeln[233]. Bloß sittliche Pflichten genügen in diesem Zusammenhang nicht[234]. Anderenfalls würden diese rechtlich nicht erzwingbaren Pflichten über § 679 doch mittelbar exekutiert[235]. Die Rechtspflicht kann sowohl öffentlich-rechtlicher als auch privatrechtlicher Natur sein und auf Gesetz, Vertrag oder Hoheitsakt beruhen. Die Erfüllung dieser Pflicht muss einem **gesteigerten allgemeinen Interesse** Rechnung tragen, sodass bei Nichterfüllung dringende öffentliche Interessen beeinträchtigt würden[236]. In der Regel stehen hierbei Rechtspflichten (insbesondere in Gestalt von Verkehrssicherungspflichten) im Vordergrund, welche dem Schutz von Leben, Gesundheit oder wertvollen Sachgütern dienen[237].

Bsp.[238]**:** A und B haben zum Zweck der Innenstadtbebauung Immobilienflächen von der Stadt S erworben. In den Grundstückskaufverträgen verpflichten sich A und B, gemeinschaftlich ein weiteres Grundstück zu erwerben und dort eine Stellplatzanlage zu errichten und zu betreiben. Damit soll die Schaffung einer für die geplante Wohnbebauung ausreichenden Zahl an Kfz-Stellplätzen sichergestellt werden, welche Voraussetzung für die Errichtung der Wohngebäude ist. Die Stellplatzanlagengemeinschaft kommt nicht zustande. A errichtet die Anlage alleine und verlangt von B anteiligen Aufwendungsersatz. – A hat gegen B einen Anspruch auf Aufwendungsersatz nach § 670. A führt im konkreten Fall ein auch fremdes Geschäft. Denn auch B war zur Errichtung der Stellplatzanlage verpflichtet, insoweit wird nach h. M. der Geschäftsführungswille vermutet. Der entgegenstehende Wille des B ist nach § 679 unerheblich, weil A mit der Geschäftsführung auch die öffentlich-rechtliche Pflicht des B übernommen hat, an deren Erfüllung ein gesteigertes öffentliches Interesse besteht, weil im Falle einer zu kleinen Zahl an Stellplätzen Fahrzeuge am Straßenrand abgestellt werden, welche die Sicherheit und Leichtigkeit des Verkehrs beeinträchtigen können.

Gerade auch am Eingreifen des Geschäftsführers muss ein gesteigertes öffentli- **64**
ches Interesse erkennbar sein[239].

Bsp.[240]**:** Der A-GmbH, die alljährlich eine Techno-Parade durch die Stadt B veranstaltet, wird in der für das Großereignis erteilten Genehmigung die Verpflichtung auferlegt, die auf der Strecke befindlichen Denkmäler, Gebäude und Anlagen vor Beschädigung zu schützen. Die entsprechenden Maßnahmen sind jedoch in Absprache mit den zuständigen Behörden (dem Straßen- und Grünflächenamt und dem Bezirksamt) und nur nach Konkretisierung der erforderlichen Maßnahmen durch diese vorzunehmen. Auf der Strecke der Parade befindet sich ein Brunnen, zu dessen Betrieb und Wartung sich das Wasserversorgungsunternehmen W in einer Vereinbarung mit der Stadt B verpflichtet hat. Die W bietet der A-GmbH die kostenpflichtige Übernahme der Sicherung des Brunnens an, was die A-GmbH jedoch ablehnt. Die W nimmt die von ihr angebotenen Sicherungsmaßnahmen dennoch vor. Weder das Straßen- und Grünflächenamt noch das Bezirksamt hatten die konkreten Schutzmaßnahmen, die von W

---

233 BGHZ 40, 18, 20.
234 Palandt/*Sprau*, § 679 Rn. 2; ebenso *Wandt*, § 5 Rn. 22. Zum Teil wird angenommen, dass der entgegenstehende Wille des Geschäftsherrn dann analog § 679 unbeachtlich ist, wenn er gegen §§ 134, 138 verstößt (Rettung eines Selbstmörders): *Fikentscher/Heinemann*, Schuldrecht, § 87 Rn. 1272; Jauernig/*Mansel*, § 679 Rn. 2; dagegen deliktsrechtliche Lösung zu Recht bei *Medicus/Lorenz*, Schuldrecht II, Rn. 625; *Looschelders*, Schuldrecht BT, § 42 Rn. 862.
235 So treffend *Wandt*, § 5 Rn. 22; *Brox/Walker*, Besonderes Schuldrecht, § 35 Rn. 27; *Mugdan*, Protokolle, Band II, S. 1191; MüKo/*Seiler*, § 679 Rn. 13.
236 Vgl. *Wandt*, § 5 Rn. 23.
237 BGHZ 43, 188, 193; BGHZ 65, 354; LG Limburg MDR 1965, 742.
238 BGH NJW-RR 2008, 683.
239 Palandt/*Sprau*, § 679 Rn. 3; *Wandt*, § 5 Rn. 23.
240 LG Berlin NJW-RR 2005, 63 ff.

ausgeführt wurden, angeordnet, keine der beiden Behörden war über das Vorgehen der W informiert worden. W verlangt von der A-GmbH Ersatz der Aufwendungen für die Sicherungsmaßnahmen. – W hat keinen Anspruch auf Aufwendungsersatz aus §§ 677, 683 S. 1, 670. Zwar obliegt der A-GmbH die Sicherung des Brunnens während der Veranstaltung, sodass ein fremdes Geschäft vorliegt, bei dem der Fremdgeschäftsführungswille zu vermuten ist. Jedoch widerspricht die Übernahme des Geschäfts dem Willen der A-GmbH. Dieser entgegenstehende Wille ist auch nicht nach § 679 unbeachtlich. Zwar bestand am Schutz des Brunnens vor Beschädigung ein öffentliches Interesse. Das Eingreifen gerade der W liegt jedoch nicht im öffentlichen Interesse, da die genaue Art und Weise der Sicherung zunächst von den zuständigen Behörden zu konkretisieren war[241].

65 Der der Geschäftsführung entgegenstehende wirkliche Wille des Geschäftsherrn bleibt auch außer Betracht, wenn ansonsten eine **gesetzliche Unterhaltspflicht** nicht rechtzeitig erfüllt würde. Dies betrifft die Unterhaltspflichten aus §§ 1360 ff., 1569 ff., 1601 ff. bzw. etwaige Modifizierungen in Eheverträgen. Vertraglich begründete Unterhaltsansprüche werden dagegen von § 679 nicht erfasst[242]. Auf § 679 kann nur zurückgegriffen werden, wenn die im öffentlichen Interesse liegende Pflicht oder die gesetzliche Unterhaltspflicht ohne die Geschäftsführung **nicht rechtzeitig erfüllt** worden wäre. Ein Verzug des Geschäftsherrn ist keine Voraussetzung, sehr wohl aber die Fälligkeit der Pflicht[243].

66 cc) **Genehmigung der Geschäftsführung, § 684 S. 2.** Die Voraussetzungen einer berechtigten Geschäftsführung ohne Auftrag können bei einer dem Interesse und Willen des Geschäftsherrn widersprechenden Geschäftsübernahme auch rückwirkend durch eine nachträgliche Genehmigung eintreten (§ 684 S. 2)[244]. Die nachträgliche Genehmigung stellt eine empfangsbedürftige Willenserklärung dar, welche auch konkludent erfolgen kann[245]. Sie kann in dem Herausgabeverlangen des Geschäftsherrn nach §§ 681 S. 2, 667 gesehen werden[246].

241 LG Berlin NJW-RR 2005, 63 ff.

242 *Brox/Walker*, Besonderes Schuldrecht, § 35 Rn. 29; Palandt/*Sprau*, § 679 Rn. 4; Bamberger/Roth/*Gehrlein*, § 679 Rn. 5; *Giesen* Jura 1996, 289 (290).

243 Palandt/*Sprau*, § 679 Rn. 5 mit Verweis auf BGH NJW 1978, 1258.

244 *Looschelders*, Schuldrecht BT, § 42 Rn. 863.

245 *Looschelders*, Schuldrecht BT, § 42 Rn. 862; Palandt/*Sprau*, § 684 Rn. 2, mit Verweis auf OLG München WM 1999, 1878.

246 *Brox/Walker*, Besonderes Schuldrecht, § 35 Rn. 31; *Fikentscher/Heinemann*, Schuldrecht, § 87 Rn. 1272.

Überblick: Prüfung der Berechtigungsgründe 67

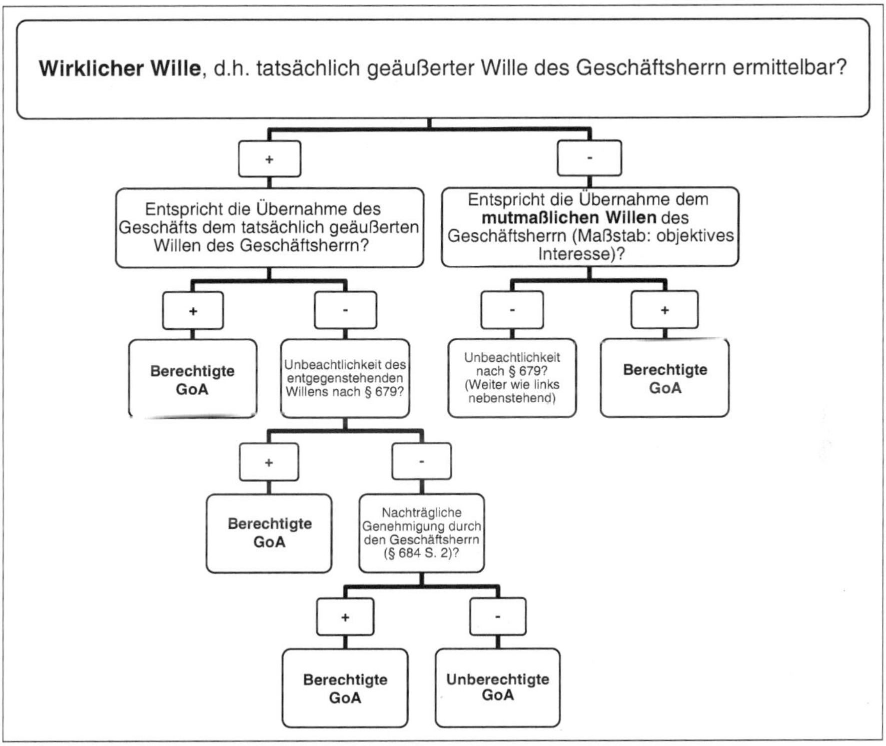

3. Rechtsfolgen der berechtigten GoA

Die aus dem gesetzlichen Schuldverhältnis der berechtigten GoA resultierenden Rechte und Pflichten sind in §§ 677–686 näher ausgestaltet, wobei vielfach auf das Auftragsrecht verwiesen wird[247]. Dies hat seinen Grund darin, dass die Interessenlagen im Falle des Auftragsrechts und im Falle der auftragslosen, aber berechtigten Geschäftsübernahme einander ähneln. 68

a) **Anspruch des Geschäftsführers auf Aufwendungsersatz.** Der Anspruch nach **§§ 683 S. 1, 670** spricht dem Geschäftsführer Ersatz seiner Aufwendungen im selben Umfang wie einem Beauftragten zu. Der Geschäftsführer hat Anspruch auf Ersatz derjenigen Aufwendungen, die er für erforderlich halten durfte. 69

aa) **Aufwendungen, die der Geschäftsführer für erforderlich halten durfte. –** 70
(1) **Aufwendungen.** Unter den Begriff der **Aufwendungen** fallen alle freiwilligen Vermögensopfer, welche der Geschäftsführer zum Zwecke der Geschäftsführung tätigt[248].

247 *Medicus/Lorenz*, Schuldrecht II, Rn. 1118; Palandt/*Sprau*, Einf. v. § 677 Rn. 2; *Schwerdtner* Jura 1982, 642; *Giesen* Jura 1996, 290 (291).
248 Palandt/*Sprau*, § 670 Rn. 3; *Wandt*, § 5 Rn. 32; *Brox/Walker*, Besonderes Schuldrecht, § 35 Rn. 43.

Bsp: Auslagen für Reisen, Prozesskosten[249], Bestellung einer dinglichen Sicherheit für den Geschäftsherrn an eigenen Sachen[250], Eingehen einer Verbindlichkeit[251] (wobei Anspruchsinhalt in diesem Fall die Befreiung von der eingegangenen Verbindlichkeit nach § 257 ist).

Keine Aufwendung stellt der generelle Aufwand von **Arbeitskraft** oder **Zeit** dar, welcher nicht dem Beruf des Geschäftsführers zuzurechnen ist[252]. Anders liegen die Dinge dagegen, wenn dieser **dem Beruf oder Gewerbe des Geschäftsführers** zugeordnet werden kann. Der Geschäftsführer vermag in diesem Fall die auf dem Markt übliche Vergütung zu verlangen, wofür auch eine analoge Anwendung des § 1835 Abs. 3 spricht[253]. Denn anders als beim unentgeltlichen Auftrag hat hier der Geschäftsführer nicht auf eine Vergütung (konkludent) verzichtet (§ 685).

Bsp.: B verletzt sich bei einem Bremsmanöver mit seinem Fahrrad. Der zufällig anwesende Arzt A sieht den Unfall und leistet erste Hilfe. A darf hier die übliche Vergütung für seine ärztliche Tätigkeit nach den Vorschriften der Geschäftsführung ohne Auftrag beanspruchen (analog § 1835 Abs. 3).

Nach überwiegender Ansicht sind nach § 670 auch die **bei der Geschäftsausführung erlittenen Schäden** ersatzfähig, obgleich es sich hierbei um unfreiwillige Vermögensopfer handelt und damit nicht um Aufwendungen[254].

Bsp.: A versucht die brennende Wohnungstür des B zu löschen, was auch gelingt. Dabei zieht sich A jedoch Verbrennungen an den Armen zu, was erhebliche Behandlungskosten verursacht.

71 Die überwiegende Ansicht[255] legt insoweit den Begriff der „Aufwendung" erweiternd aus und subsumiert darunter auch die freiwillige Übernahme des mit dem Auftrag verbundenen typischen Schadensrisikos[256]. Vom Geschäftsherrn zu ersetzen sind deswegen auch die sog. risikotypischen Begleitschäden, welche sich gerade aus der besonderen Eigenart der Geschäftstätigkeit ergeben[257]. Dafür spricht auch die gesellschaftsrechtliche Vorschrift in § 110 Abs. 1 Alt. 1 HGB, die ebenfalls einen Anspruch auf Ersatz der in untrennbarem Zusammenhang mit der Geschäftsführung stehenden Schäden gewährt. Zum Teil wird in der Haftung für Zufallsschäden auch ein aus Richterrecht geborener Ersatzanspruch eigener Art gesehen. In jedem Fall sollen §§ 254, 844–846 im Falle von § 670 nach überwiegender Ansicht zumindest analoge Anwendung finden. Auch ein Anspruch auf Schmerzensgeld kann durchaus auf §§ 683, 670 gegründet werden, ohne dass § 253 entgegenstehen würde[258].

---

249 LG Hamburg WM 1997, 258; BGHZ 92, 123.
250 BGH MDR 1955, 283 (285).
251 BGHZ 60, 14 (22).
252 Für die h.M. statt vieler *Otto* JuS 1984, 684 (685); *Wandt,* § 5 Rn. 42; a.A. Erman/*Ehmann,* § 683 Rn. 7, welcher einen Aufwendungsersatzanspruch auch für diejenigen Tätigkeiten annimmt, welche typischerweise nur gegen Entgelt geleistet werden (§ 612, § 632).
253 BGHZ 65, 384 (390); 69, 36; *Giesen* Jura 1996, 289 (292); *Schwerdtner* Jura 1982, 642 (643); *Wandt,* § 5 Rn. 42.
254 *Wandt,* § 5 Rn. 37.
255 BGHZ 38, 270 (277).
256 *Genius* AcP 173 (1973), 481 (512 ff.); *Giesen* Jura 1994, 352 (359); MüKo/*Seiler,* § 683 Rn. 18; *Medicus/Lorenz,* Schuldrecht II, Rn. 872.
257 Schäden, die auf dem allgemeinen Lebensrisiko beruhen, hat der Geschäftsherr jedoch nicht zu ersetzen, *Brox/Walker,* Besonderes Schuldrecht, § 29 Rn. 32; *Wandt,* § 5 Rn. 38; *Wollschläger* JA 1997, 126 (131).
258 Siehe auch *Wandt,* § 5 Rn. 39.

(2) **Erforderlichkeit.** Der Anspruch auf Aufwendungsersatz beschränkt sich auf diejenigen Aufwendungen, welche der Geschäftsführer **für erforderlich halten** durfte (§ 670), wofür ein objektiv-subjektiver Maßstab anzulegen ist. Dies schließt alle Aufwendungen ein, welche ein verständiger Geschäftsführer nach einer vernünftigen Prognose zum Zeitpunkt der Geschäftsausführung (*ex ante*) für geboten erachten durfte[259]. Vor der Geschäftsübernahme muss der Geschäftsführer rekapitulieren, inwieweit die Aufwendungen in einem angemessenen Verhältnis zum angestrebten Erfolg und zur Bedeutung des Geschäfts für den Geschäftsherrn stehen[260]. Konnte der Geschäftsführer die Aufwendungen im Zeitpunkt der Geschäftsausführung für erforderlich halten, so sind sie auch dann ersatzfähig, wenn sie ihr Ziel nicht erreichen[261]. Insoweit steht der berechtigte Geschäftsführer besser als ein Bereicherungsgläubiger, welcher nur die Aufwendungen erhält, durch die der Geschäftsherr *in concreto* bereichert ist. **Nicht** für erforderlich halten kann der Geschäftsführer aber von Anfang an ersichtlich nutzlose Aufwendungen[262]. 72

Bsp.: A versucht mit einem Feuerlöscher den brennenden Wohnwagen des B zu löschen, der aber ausbrennt. A erhält gem. §§ 677, 683 S. 1, 670 Aufwendungsersatz von B, obwohl die Löschversuche gescheitert sind.

Aufwendungen, welche einer gesetzlich verbotenen oder sittenwidrigen Tätigkeit dienen, sind nach der Judikatur jedoch nicht erforderlich und verdienen damit auch keinen Ersatz[263]. 73

Bsp.[264]: Das Unternehmen von U befindet sich in wirtschaftlichen Schwierigkeiten. Deswegen schließt dieser mit dem Wirtschaftsberater B einen Vertrag über eine Schuldensanierung. B weiß dabei, dass dieser Vertrag gegen das Rechtsdienstleistungsgesetz (früher: Rechtsberatungsgesetz) verstößt und damit nach § 134 nichtig ist. – Gemäß der (umstrittenen) Judikatur des BGH führt B auch im Falle eines nichtigen Vertrages ein fremdes Geschäft, bei welchem der Fremdgeschäftsführungswille vermutet wird. Die Tatsache, dass „sich der Geschäftsführer zur Übernahme der von ihm erbrachten Leistungen für verpflichtet gehalten habe", steht danach nicht entgegen[265]. Die Schuldensanierung entspricht dem Interesse und Willen des U. Der BGH verneint jedoch einen Aufwendungsersatzanspruch des B deswegen, weil der Geschäftsführer eine gesetzlich für verboten erklärte Leistung nicht im Sinne von § 670 für erforderlich halten durfte[266]. Einem Anspruch aus § 812 Abs. 1 S. 1 Var. 1 steht die Kondiktionssperre des § 817 S. 2 entgegen. Die Anwendbarkeit von § 817 S. 2 setzt das Bewusstsein des Leistenden voraus, dass er gegen ein gesetzliches Verbot verstoßen hat[267]. Diese Voraussetzung ist hier gegeben.

bb) Ausschluss des Aufwendungsersatzanspruchs wegen Schenkungsabsicht. Die Voraussetzungen eines Aufwendungsersatzanspruches nach § 670 liegen nicht vor, sofern der Geschäftsführer im Zeitpunkt der Geschäftsführung nicht die 74

259 RGZ 149, 205 (207); BGH NJW 1989, 1285; *Medicus/Lorenz*, Schuldrecht II, Rn. 868 f.; *Giesen* Jura 1994, 352 (357).
260 BGH NJW 1989, 1285; *Wandt*, § 5 Rn. 34.
261 *Brox/Walker*, Besonderes Schuldrecht, § 29 Rn. 28; *Giesen* Jura 1994, 352 (357); *Fikentscher/Heinemann*, Schuldrecht, § 87 Rn. 1273; *Looschelders*, Schuldrecht BT, § 42 Rn. 811.
262 Palandt/*Sprau*, § 683 Rn. 8.
263 BGHZ 118, 142 (159); Palandt/*Sprau*, § 683 Rn. 8.
264 BGHZ 37, 258 = NJW 1962, 2010 (noch zum Rechtsberatungsgesetz; Beratung bei der Schuldensanierung auch als Verstoß gegen das Rechtsdienstleistungsgesetz: BGH NJW 2009, 3242 (3244)).
265 BGHZ 37, 258 = NJW 1962, 2010.
266 BGHZ 37, 258 = NJW 1962, 2010; BGHZ 111, 308; BGHZ 118, 142.
267 BGH NJW 2000, 1561 f.

Absicht hatte, die Aufwendungen vom Geschäftsherrn ersetzt zu verlangen, sondern mit **Schenkungsabsicht** handelte, **§ 685.** Dieser Verzichtswille muss **nach außen erkennbar** sein[268]. Einer ausdrücklichen Erklärung bedarf es dabei nicht, sofern der Verzichtswille sich aus den Umständen ergibt[269]. Die Äußerung des Verzichtswillens ist ein Willensakt, für den die §§ 104 ff. gelten[270]. Nach der Rechtsvermutung des § 685 Abs. 2 ist der Verzichtswille im Zweifel anzunehmen, wenn die Geschäftsführung in der Gewährung von Unterhalt an einen Verwandten in gerader Linie liegt[271].

75 cc) **Anspruchsbegrenzung bei Zusammentreffen von Fremd- und Eigeninteresse.** Kumulieren Fremd- und Eigengeschäftsführung (auch fremdes Geschäft), müssen die entstandenen Aufwendungen möglicherweise **nur anteilig** ersetzt werden[272]. Für im Eigeninteresse unternommene Aufwendungen hat der Geschäftsführer grundsätzlich selbst aufzukommen. Ist eine gegenständliche Abgrenzung der Aufwendungen möglich, steht dem Geschäftsführer lediglich ein Anspruch auf Ersatz der Aufwendungen zu, die auf die Fremdgeschäftsführung entfallen. Kommt dies nicht in Betracht, kann etwa eine Verteilung der Aufwendungen orientiert an den entstehenden Vorteilen erfolgen[273].

Bsp.[274]: Im obigen Beispiel (Rn. 40) der Straßenanlieger A, B, C und D hat A als auftragsloser Geschäftsführer gegen B einen anteiligen Kostenerstattungsanspruch aus Geschäftsführung ohne Auftrag (§§ 677, 683, 670). Nach Auffassung des BGH[275] kommen als Maßstab für die Aufteilung der Kosten vergleichbare Gesichtspunkte wie im Fall einer ergänzenden Vertragsauslegung in Betracht. Maßgeblich seien insbesondere die Vorteile der tatsächlichen Erschließung und die Gewichtung dieser Vorteile im Verhältnis von A und B. Hingegen sind Baumaßnahmen, welche erkennbar reinen „Luxus“ darstellen und vom Anspruchsgegner abgelehnt worden wären, nicht ausgleichsfähig[276].

Jedoch hat der Geschäftsherr alleine für die Aufwendungen aufzukommen, sofern der wesentliche Vorteil der Geschäftsführung ihm zukommt[277].

Bsp.: Im Fuldaer Dombrandfall (oben Rn. 48) kann der kirchenbaulastpflichtige Fiskus Ersatz der gesamten Aufwendungen von B verlangen.

76 dd) **Kürzung des Aufwendungsersatzanspruchs, § 254.** In den Fällen, in denen der Geschäftsführer einen aufwendungsgleichen risikotypischen Schaden nach § 670 ersetzt verlangen möchte, ist eine Kürzung des Anspruchs entsprechend dem Rechtsgedanken des § 254 grundsätzlich möglich. Auf § 254 darf zurückgegriffen werden, auch wenn § 670 **keine verschuldensabhängige Schadensersatzregelung** darstellt[278]. Beruht somit der aufwendungsgleiche Schaden wenigstens teilweise auf einem Mitverschulden des Geschäftsführers (etwa in Gestalt einer

268 Bamberger/Roth/*Gehrlein*, § 685 Rn. 2.
269 *Wandt*, § 5 Rn. 45; Palandt/*Sprau*, § 685 Rn. 2.
270 MüKo/*Seiler*, § 685 Rn. 5; *Wandt*, § 5 Rn. 45; Palandt/*Sprau*, § 685 Rn. 2.
271 Jauernig/*Mansel*, § 685 Rn. 1; BGHZ 38, 302 (305) = BGH NJW 1963, 483; Bamberger/Roth/*Gehrlein*, § 685 Rn. 3; *Looschelders*, Schuldrecht BT, § 42 Rn. 871.
272 BGHZ 110, 313; *Brox/Walker*, Besonderes Schuldrecht, § 36 Rn. 59; Soergel/*Beuthien*, § 683 Rn. 12.
273 Z. B. Giebelmauerfall BGHZ 16, 12 (16 f.) = BGH NJW 1955, 257; BGHZ 98, 235; Bamberger/Roth/*Gehrlein*, § 683 Rn. 4; MüKo/*Seiler*, § 683 Rn. 12; Palandt/*Sprau*, § 683 Rn. 8.
274 BGH NVwZ 2002, 511.
275 BGH NVwZ 2002, 511.
276 BGH NVwZ 2002, 511 (512).
277 MüKo/*Seiler*, § 683 Rn. 26; Palandt/*Sprau*, § 683 Rn. 8; Bamberger/Roth/*Gehrlein*, § 683 Rn. 4.
278 *Looschelders*, Schuldrecht BT, § 42 Rn. 870.

Selbstgefährdung), so kann der Aufwendungsersatzanspruch entsprechend gekürzt werden[279]. Bei der Ermittlung des Mitverschuldensanteils ist aber auch die Haftungsprivilegierung des § 680 (analog) in Betracht zu ziehen.

Bsp.[280]: Landwirt L ist bei Dunkelheit mit seinem Traktor und angehängter Strohpresse auf einer Bundesstraße unterwegs. Obgleich der Traktor selbst beleuchtet ist, werden seine Rücklichter von der unbeleuchteten Strohpresse verdeckt. Der nachfolgende Autofahrer A kann mit seinem PKW gerade noch ausweichen, als er den Fahrzeugzug erkennt. Jedoch steigt er aus seinem PKW aus, um L über die fehlende Beleuchtung zu belehren. In diesem Moment fährt LKW-Fahrer D auf den stehenden PKW des A auf. Der verletzte A verlangt von L Aufwendungsersatz (siehe bereits Rn. 21) – A könnte einen Aufwendungsersatzanspruch gegen L haben. A hat hier durchaus ein fremdes Geschäft mit Fremdgeschäftsführungswillen geführt, weil die Belehrung des L einen rein altruistischen Hintergrund hatte[281]. Die Geschäftsführung entspricht auch dem (objektiven) Interesse und mutmaßlichen Willen des L. Die Anspruchsvoraussetzungen nach §§ 677, 683 S. 1, 670 liegen an sich vor. Jedoch könnte der Anspruch des A nach § 254 (analog) zu kürzen sein. Dabei kann als Maßstab des Mitverschuldens, obgleich es sich um „ein Verschulden gegen sich selbst" handelt, auf die Grundsätze des § 276 zurückgegriffen werden. Ein Mitverschuldensvorwurf an A erscheint denkbar, da das Abstellen eines PKW auf einer nächtlichen Straße nicht der im eigenen Interesse zu beachtenden Sorgfalt entspricht. Jedoch muss hier, um im Gedankengang konsequent zu bleiben, auch der privilegierende Maßstab des § 680 in Ansatz gebracht werden: Danach hat der Geschäftsführer A nur Vorsatz und grobe Fahrlässigkeit zu vertreten, wenn die Geschäftsführung eine dringende Gefahr abwenden soll. In der Dunkelheit bestand aufgrund der unbeleuchteten Strohpresse jederzeit die Gefahr von Auffahrunfällen mit einer für L möglichen Rechtsgutverletzung. Eine Kürzung des Anspruchs kommt daher nur in Betracht, wenn As Handeln zumindest als grob fahrlässig einzustufen ist. Die Bemühung des A, den L durch Anhalten auf die fehlende Beleuchtung hinzuweisen, kam dabei durchaus als eine geeignete Möglichkeit, die Gefahr abzuwenden, in Betracht. Insoweit handelte A nicht grob fahrlässig und eine Anspruchskürzung nach § 254 analog kommt nicht in Betracht (a. A. vertretbar).

Prüfungsschema: Aufwendungsersatzanspruch aus §§ 677, 683 S. 1, 670

77

Anspruch des Geschäftsführers auf Aufwendungsersatz aus §§ 677, 683 S. 1, 670
1. Voraussetzungen der berechtigten GoA
2. Aufwendung, die der Geschäftsführer für erforderlich halten durfte
a) Aufwendung
– *Problem*: Einsatz von Arbeitskraft (§ 1835 Abs. 3 analog)
– *Problem*: Bei der Geschäftsführung erlittene Schäden
b) Erforderlichkeit
3. Ausschluss des Anspruchs gem. § 685 wegen Schenkungsabsicht
4. Begrenzung des Anspruchs bei Zusammentreffen von Fremd- und Eigeninteresse
5. Bei aufwendungsgleichem Schaden: Kürzung wegen Mitverschuldens entsprechend § 254

279 BGH NJW 1990, 2058 (2059); *Looschelders*, Schuldrecht BT, § 42 Rn. 870; nach anderer Ansicht ergibt sich die betragsmäßige Begrenzung des Ersatzanspruches bereits aus dem richtigen teleologischen Verständnis von §§ 683, 670, Staudinger/*Martinek*, § 670 Rn. 29.

280 Sachverhalt nach BGHZ 43, 188.

281 BGHZ 43, 188.

78 **b) Ansprüche des Geschäftsherrn. – aa) Anspruch auf Herausgabe des Erlangten.** Aufgrund der **Verweisung auf die Vorschriften über den Auftrag** (§ 681 S. 2 i. V. m. § 667) kann der Geschäftsherr vom Geschäftsführer Herausgabe des aus der Geschäftsführung Erlangten verlangen. Herauszugeben ist jeder Vorteil, welchen der Geschäftsführer im sachlichen Zusammenhang mit seiner Tätigkeit erhält[282], sofern er diesen nicht zur ordnungsgemäßen Erledigung verbraucht hat. § 681 S. 2 i. V. m. § 667 bildet das Gegenstück zu § 683 S. 1 i. V. m. § 670 und führt zu einem Ausgleich der Interessen von Geschäftsherrn und Geschäftsführer. Der Geschäftsführer soll durch die berechtigte Geschäftsführung weder Nachteile erleiden noch Vorteile zurückbehalten[283]. Letztere gebühren angesichts des fremdnützigen Charakters der Geschäftsführung vielmehr dem Geschäftsherrn[284]. Welche Handlung zur Erfüllung der Herausgabepflicht vorzunehmen ist, richtet sich nach der Natur des Erlangten: Hat der Geschäftsführer etwa den Besitz oder das Eigentum an einer Sache erlangt, ist der Besitz bzw. das Eigentum nach den jeweils anwendbaren Vorschriften zu übertragen[285]. Ist der Geschäftsführer Inhaber einer Forderung geworden, erfolgt die Herausgabe durch Abtretung[286].

79 **bb) Schadensersatz bei Ausführungsverschulden, §§ 677, 280.** Gemäß § 677 hat die Geschäftsführung durch den Geschäftsführer so zu erfolgen, wie es **dem Interesse und Willen des Geschäftsherrn entspricht.** Sollte dagegen die konkrete **Ausführung** des Geschäfts mit dem Interesse und Willen des Geschäftsherrn in Widerspruch geraten und dadurch ein Schaden eintreten, gebührt dem Geschäftsherrn bei Verschulden des Geschäftsführers ein Schadensersatzanspruch (§ 280 Abs. 1)[287]. Man spricht vom Ausführungsverschulden des Geschäftsführers[288].

80 (1) **Pflichtverletzung.** Entspricht zwar die Geschäftsübernahme als solche, jedoch nicht die konkrete Geschäftsausführung dem Interesse des Geschäftsherrn mit Rücksicht auf dessen Willen (§ 677), verletzt der Geschäftsführer eine Pflicht aus dem im Falle der berechtigten Geschäftsführung ohne Auftrag bestehenden gesetzlichen Schuldverhältnis[289]. Insofern werden auch die Anforderungen an die **pflichtgemäße Geschäftsausführung** – ebenso wie die Geschäftsübernahme (§ 683) – anhand des Interesses und des Willens des Geschäftsherrn beurteilt. Anders aber als bei der **Übernahme der Geschäftsführung** (§ 683 s. o.) kommt nach wohl überwiegender Ansicht bei einem Konflikt von Wille und Interesse im Rahmen der Geschäftsausführung dem Interesse der Vorrang zu[290]. Dafür spricht bereits der von § 683 abweichende Wortlaut des § 677 („Interesse mit Rücksicht auf dessen Willen")[291]. Diese Unterscheidung fällt jedoch in der Praxis

282 BGH NJW-RR 1992, 560; BGH NJW-RR 2004, 1290; Palandt/*Sprau*, § 667 Rn. 8; *Giesen* Jura 1994, 352 (357); *Wandt*, § 5 Rn. 85.
283 *Giesen* Jura 1994, 352 (356); Staudinger/*Bergmann*, § 681 Rn. 10; *Brox/Walker*, Besonderes Schuldrecht, § 29 Rn. 17.
284 *Henssler*, JuS 1991, 924, 926.
285 *Brox/Walker*, Besonderes Schuldrecht, § 29 Rn. 16.
286 *Brox/Walker*, Besonderes Schuldrecht, § 29 Rn. 16.
287 *Wandt*, § 5 Rn. 57.
288 *Wandt*, § 5 Rn. 57.
289 *Wandt*, § 5 Rn. 58 f.; *Martinek/Theobald*, JuS 1998, 27, 28.
290 H. M.: MüKo/*Seiler*, § 677 Rn. 52; Staudinger/*Bergmann*, § 677 Rn. 16 f.; Palandt/*Sprau*, § 677 Rn. 12; *Wandt*, § 5 Rn. 58, 61; a. A. Soergel/*Beuthien*, § 677 Rn. 19; *Medicus*, Gesetzliche Schuldverhältnisse, S. 173 f.
291 *Brox/Walker*, Besonderes Schuldrecht, § 36 Rn. 48

nicht immer leicht[292]. Eine eindeutige Differenzierung wird meist in den „Rettungs- und Nothilfefällen“ möglich sein, weil hier das rettende Eingreifen als solches zwar gewollt ist, aber das konkrete Verhalten des Geschäftsführenden bei der Ausführung der Rettungsmaßnahme dem Interesse des Geschäftsherrn mit Rücksicht auf dessen Willen widerspricht.

Bsp.[293]: Ein Öltanklaster der H-GmbH gerät ins Schleudern, stürzt die Böschung hinunter und bleibt dort auf dem Dach liegen. Die Feuerwehr der Stadt G richtet den Tanklaster mit Hilfe eines Krans auf, jedoch ohne zuvor zu überprüfen, wieviel Öl sich noch im Tank des Lasters befand. Eine ordnungsgemäße Bergung hätte die Überprüfung des Tankstandes und das (teilweise) Abpumpen des Öls erfordert. Während des Aufrichtungsvorgangs fließt daher der gesamte Tankinhalt von 10.000 Litern aus und dringt zu großen Teilen in das Erdreich ein. Das verunreinigte Erdreich ließ die H-GmbH entfernen. Die hierbei entstandenen Kosten übernahm ihre Haftpflichtversicherung. Diese macht nun den auf sie übergegangenen Anspruch der H-GmbH auf Schadensersatz in Höhe der Kosten für die Erdabtragung gegenüber der Stadt G geltend. – Die Feuerwehr der G führt nach der Rechtsprechung des BGH trotz ihrer öffentlich-rechtlichen Verpflichtung zum Eingreifen auch ein Geschäft der H-GmbH (ein Anspruch des Störers auf Schadensersatz bei fehlerhafter Geschäftsführung durch die Feuerwehr ist – anders als der Aufwendungs- und Kostenersatzanspruch der Gemeinde – in den Feuerwehrgesetzen der Länder nicht abschließend geregelt, sodass der Rückgriff auf die GoA insoweit möglich ist[294]). Bei diesem auch fremden Geschäft wird der Fremdgeschäftsführungswille vermutet. Die Übernahme der Geschäftsführung in Form der Aufrichtung des Öltanklasters entspricht auch dem Willen der H-GmbH, sodass eine berechtigte GoA vorliegt. Möglicherweise hat die von der G betriebene Feuerwehr eine Pflicht aus dem hieraus entstehenden gesetzlichen Schuldverhältnis verletzt. Eine dem Interesse der H-GmbH entsprechende Ausführung hätte die ordnungsgemäße Überprüfung und das Abpumpen des Tanks erfordert. Die Aufrichtung ohne diese Sicherungsmaßnahmen stellt daher eine Pflichtverletzung dar. Die Feuerwehr hat diese auch verschuldet. Zwar handelte die Feuerwehr zur Abwehr einer dringenden Gefahr, weshalb sie nach § 680 nur für Vorsatz und grobe Fahrlässigkeit haftet (sofern man § 680 auf professionelle Nothelfer anwendet). Jedoch hätte es jedermann eingeleuchtet, dass der Tankstand eines umgestürzten Öltanklasters zunächst überprüft und ggf. abgepumpt werden muss, bevor der Laster umgedreht wird. Dies hat die Feuerwehr hier außer Acht gelassen, weshalb sie grob fahrlässig handelte. Der Anspruch aus §§ 677, 280 Abs. 1 ist damit zu bejahen, jedoch wegen Mitverschuldens (an der Entstehung des Schadensereignisses) nach § 254 zu kürzen.

Der Geschäftsführer muss das einmal begonnene Geschäft grundsätzlich nicht **81**
weiterführen[295]. Allein im Abbruch der Geschäftsführung liegt deswegen keine Pflichtverletzung des Geschäftsführers. Denn dieser hat das Geschäft freiwillig übernommen und darf es somit jederzeit beenden. Anderes ist nur dann anzunehmen, wenn das Aufgeben der Geschäftsführung (zur Unzeit) gegen Treu und Glauben (§ 242) verstößt und dadurch für den Geschäftsherrn Nachteile auftreten, die ihm ohne die Geschäftsübernahme nicht entstanden wären[296].

(2) **Verschulden.** Die Schadensersatzhaftung nach §§ 677, 280 Abs. 1 setzt ein **82**
Verschulden des Geschäftsführers voraus, wofür der Maßstab der §§ 276 ff.

---

292 *Wandt*, § 5 Rn. 59, 60; *Martinek/Theobald* JuS 1998, 27 f.
293 Nach BGH NJW 1975, 207 ff.
294 Vgl. auch *Franßen/Blatt* NJW 2012, 1031.
295 OLG Hamm OLGR 2009, 65; ebenso *Wandt*, § 5 Rn. 64.
296 *Mugdan*, Protokolle, Band II, S. 480; *Martinek/Theobald* JuS 1997, 612 (617); *Wandt*, § 5 Rn. 64, weist mit Recht darauf hin, dass die Möglichkeit einer Schadensersatzpflicht nicht dazu führt, dass damit auch eine gerichtlich erzwingbare Durchführungspflicht des Geschäftsführers einhergeht.

gilt[297]. Gemäß § 276 haftet der Geschäftsführer somit auch für leichte Fahrlässigkeit. Soll die Geschäftsführung aber eine dem Geschäftsherrn drohende dringende Gefahr abwehren helfen, so hat der Geschäftsführer gemäß § 680 nur für **Vorsatz und grobe Fahrlässigkeit** einzustehen. Diese Haftungsprivilegierung ist gerechtfertigt, weil der Geschäftsführer in einer Situation akuter Gefahr wenig Zeit für lange Überlegungen haben wird, sein schnelles Handeln aber erwünscht ist[298]. § 680 gilt lediglich im Verhältnis zwischen Geschäftsherr und Geschäftsführer. Sollte der Geschäftsführer dagegen Rechtsgüter eines Dritten verletzen, haftet er diesem gegenüber nach dem üblichen Haftungsmaßstab des § 276, auch wenn die Geschäftsführung der Abwehr einer dringenden Gefahr diente. Zwischen Geschäftsherr und Geschäftsführer gilt § 680 hingegen sowohl beim Ausführungsverschulden nach § 677 als auch beim Übernahmeverschulden i. S. v. § 678[299]. § 680 kann auch für konkurrierende Ansprüche des Geschäftsherrn (§§ 823 ff.) herangezogen werden[300].

83 § 680 setzt das Vorliegen einer dringenden Gefahr für den Geschäftsherrn oder sein Vermögen voraus[301]. Auch eine Gefahr für nahe Verwandte erfüllt den Tatbestand[302]. Fraglich erscheint, ob auch eine fahrlässig vom Geschäftsführer angenommene **Scheingefahr** dem Tatbestand des § 680 genügt[303]. Von einer Ansicht[304] wird der Schutz des Geschäftsherrn, dessen Interessen betroffen sind, höher geachtet und insoweit eine Anwendung von § 680 verneint. Eine andere Ansicht pflegt ein weites Verständnis von § 680 und sieht auch Scheingefahren als tatbestandsgemäß an[305]. Ausreichend ist danach richtigerweise, dass der Geschäftsführer die Gefahrenabwehr bezweckt. Denn durch § 680 soll gerade eine schnelle, wenngleich möglicherweise fehleranfällige Hilfe für andere Personen gefördert werden.

84 Unter den Voraussetzungen von § 680 hat der Geschäftsführer dem Geschäftsherrn nur für **Vorsatz** und **grobe Fahrlässigkeit** einzustehen. Bei der Feststellung, ob ein Fall grober Fahrlässigkeit vorliegt, sollte die besondere Gefahrensituation, welche bereits den allgemeinen Legitimationsgrund für die Haftungsprivilegierung darstellt, nicht noch einmal in Ansatz gebracht werden. Für die Bejahung der groben Fahrlässigkeit kann jedoch sehr wohl eine (entlastende) Rolle spielen, dass der Geschäftsführer nach besonders kurzer Überlegungszeit eine Entscheidung treffen musste.

---

297 *Wandt*, § 5 Rn. 65.

298 *Wandt*, § 5 Rn. 67.

299 BGHZ 43, 188 (193) = BGH NJW 1965, 1271; BGH NJW 1975, 475; Bamberger/Roth/*Gehrlein*, § 680 Rn. 3; Jauernig/*Mansel*, § 680 Rn. 1.

300 Bamberger/Roth/*Gehrlein*, § 680 Rn. 3 mit Verweis auf BGHZ 43, 188 (193) = BGH NJW 1965, 1271; BGH NJW 1975, 475; Jauernig/*Mansel*, § 680 Rn. 1.

301 Palandt/*Sprau*, § 680 Rn. 2; Bamberger/Roth/*Gehrlein*, § 680 Rn. 1.

302 Palandt/*Sprau*, § 680 Rn. 2; nach *Fikentscher/Heinemann*, Schuldrecht, § 87 Rn. 1276 (dann allerdings nur durch analoge Anwendung); a. A. Staudinger/*Bergmann*, § 680 Rn. 10; *Wandt*, § 5 Rn. 68.

303 Vgl. zum Meinungsstreit auch *Wandt*, § 5 Rn. 68.

304 OLG Koblenz NJW 1962, 1515; OLG Bamberg VersR 1976, 997; *Wollschläger*, Die Geschäftsführung ohne Auftrag, S. 282; MüKo/*Seiler*, § 680 Rn. 5; differenzierend zwischen berechtigter und unberechtigter GoA: *Martinek/Theobald* JuS 1997, 612 (618).

305 Wohl h. L.: *Dietrich* JZ 1974, 535 (538); *Batsch* AcP 171 (1971), 218 (222); Palandt/*Sprau*, § 680 Rn. 2; Jauernig/*Mansel*, § 680 Rn. 2; *Wandt*, § 5 Rn. 68; Bamberger/Roth/*Gehrlein*, § 680 Rn. 1; Überblick bei Staudinger/*Bergmann*, § 680 Rn. 12 f.

Bsp.[306]: Partygast H schläft nach übermäßigem Alkoholgenuss im Garten des Gastgebers auf einem im Freien stehenden Stuhl ein. Als es zu vorgerückter Stunde anfängt zu regnen und sich die Temperaturen merklich abkühlen, ziehen sich die Partygäste in den Partykeller des Hauses zurück. Obwohl mehrere Gäste den H ansprechen, um ihn dazu aufzufordern, ihnen in den Partykeller zu folgen, reagiert H nicht. Der Gastgeber bittet daraufhin die beiden Gäste G1 und G2 eindringlich, den H so schnell wie möglich ins Haus zu schaffen, da die Temperaturen rasch sinken und der H bereits zuvor mehrfach auf die direkt neben dem Garten gelegene, viel befahrene Straße getorkelt war und sich dort auch niedergelegt hatte. G1 und G2, die leicht alkoholisiert sind, beschließen, den H auf dem Stuhl sitzend in den Keller zu tragen. Sie überschätzen dabei aber ihre Kräfte und es gelingt ihnen nur, den Kläger bis zur Kellertreppe zu tragen. Vor der Kellertreppe, die nur wenige Stufen hat, setzen die beiden den Stuhl ab. Sie sichern den Stuhl rechts und links, um ein seitliches Umkippen des Stuhles zu verhindern, unterlassen es aber, den H gegen ein Kippen nach vorne abzusichern. Der H kippt vornüber vom Stuhl, stürzt die Stufen der Kellertreppe hinunter und zieht sich dabei schwere Wirbelsäulenverletzungen zu, die eine Querschnittslähmung zur Folge haben. H verlangt Schadensersatz von G1 und G2. – G1 und G2 führen mit der Verbringung des H ins Haus ein Geschäft des H mit entsprechendem Fremdgeschäftsführungswillen. Der tatsächliche Wille des H im Moment der Geschäftsübernahme ist zwar auf Grund seiner starken Alkoholisierung nicht zu ermitteln, jedoch entspricht es dem objektiven Interesse und damit dem mutmaßlichen Willen des H, ins Haus verbracht zu werden. Es liegt daher eine berechtigte GoA vor. G1 und G2 verletzten die Pflicht, das Geschäft interessengemäß auszuführen, da sie den H im Haus an der Treppe abstellten, ohne ihn auf dem Stuhl nach vorne hin abzusichern. Im Hinblick auf ihr Verschulden greift im vorliegenden Fall die Haftungsmilderung des § 680: Da die Gefahr bestand, dass der H im verregneten Garten unterkühlen würde bzw. bei Erwachen im alkoholisierten Zustand auf die Straße torkeln würde, bestand eine dringende Gefahr für die Person des H. G1 und G2 haften daher nur, wenn ihnen zumindest grobe Fahrlässigkeit zur Last gelegt werden kann. Die beiden Geschäftsführer stellten den H an einer Treppe ab und unterließen es, ihn gegen ein Kippen nach vorne zu sichern. Jedoch ist zu berücksichtigen, dass die Treppe nur wenige Stufen hatte und die beiden den H zumindest gegen ein seitliches Kippen sicherten. Auch wenn die Dringlichkeit der Verbringung des G ins Haus aufgrund der Kälte und Straßennähe nicht nochmals berücksichtigt werden darf, liegt hier in dem Drängen des Gastgebers auf ein sofortiges Handeln ein zusätzliches Druckmoment, das ein längeres Durchdenken des Vorgehens verhindert hat. Insgesamt ist daher keine grobe Fahrlässigkeit anzunehmen (eine a. A. erscheint aber gut vertretbar). Ein Anspruch aus §§ 677, 280 Abs. 1 besteht nicht. Gleiches gilt für den konkurrierenden Anspruch aus § 823 Abs. 1, auf den § 680 ebenfalls anzuwenden ist.

Fraglich erscheint, ob das Haftungsprivileg des § 680 auch „professionellen Nothelfern" wie Ärzten oder Rettungssanitätern zugute kommen soll. Nach e. A. sei § 680 hier unanwendbar, da die Vornahme von Rettungsmaßnahmen in dringenden Gefahrenlagen hier gerade zum Berufsbild rechne, für das sich diese Personen bewusst entschieden hätten[307]. Der professionelle Nothelfer sei für diese Situationen besonders geschult, weshalb von ihm auch in dringenden Gefahrenlagen ein überlegtes Vorgehen erwartet werden könne, ohne dass eine besondere Drucksituation mit dem Risiko eines Fehlverhaltens auftrete. Zudem sei es widersprüchlich, wenn der professionelle Helfer über § 683, 670 zwar einen vergütungsgleichen Aufwendungsersatz erhalte, aber nicht nach dem Haftungsmaß- 85

306 Nach LG Magdeburg, U. v. 1.8.2006, Az.: 9 O 2919/05, zitiert nach juris.
307 Jauernig/*Mansel*, § 680 Rn. 1; Soergel/*Beuthien*, § 680 Rn. 5; Staudinger/*Bergmann*, § 680 Rn. 15.

stab hafte, der auch bei seiner sonstigen Berufsausübung greife[308]. Nach a. A. könnten sich dagegen auch professionelle Nothelfer auf § 680 berufen. Die Berufstypizität der Geschäftsführung sei vielmehr im Rahmen der Prüfung der groben Fahrlässigkeit zu berücksichtigen[309]. Die besonderen Kenntnisse und Fähigkeiten verschärften somit im Rahmen der Fahrlässigkeitsprüfung die Sorgfaltsanforderungen[310]. Mitunter wird differenziert zwischen dem hinzugerufenen, sich „im Dienst" befindlichen professionellen Nothelfer, bei dem § 680 nicht anwendbar sei, und dem zufällig vor Ort anwesenden professionellen Helfer, dem das Haftungsprivileg wie anderen spontan Eingreifenden zugutekommen solle[311].

86 (3) **Der Umfang der Ersatzpflicht.** Hinsichtlich des Umfangs der Ersatzpflicht nach §§ 677, 280 sind §§ 249 ff. anwendbar. Damit muss der Geschäftsherr so gestellt werden, wie er bei ordnungsgemäßer Geschäftsausführung stehen würde[312].

Abschließend ist zu beachten, dass der **minderjährige Geschäftsführer nur nach Maßgabe der §§ 827–829 haftet** (je nach vertretener Auffassung, weil der Schadensersatzanspruch aus §§ 677, 280 Abs. 1 wegen § 682 nur unter den Voraussetzungen der §§ 827–829 greift oder weil sich die Schadensersatzhaftung des Minderjährigen gemäß § 682 auf deliktische Ansprüche beschränkt, vgl. Rn. 56).

87

Anspruch des Geschäftsherrn auf Schadensersatz wegen Ausführungsverschuldens aus §§ 677, 280 Abs. 1
1. **Voraussetzungen der berechtigten GoA** Folge: Entstehung eines (gesetzlichen) Schuldverhältnisses im Sinne des § 280 [Beachte: nach teilweise vertretener Ansicht Schadensersatz wegen Ausführungsverschuldens auch bei unberechtigter GoA denkbar] 2. **Pflichtverletzung** Sorgfaltsmaßstab: Vorrang des objektiven Interesses *Problem:* Fortführungspflicht – Abbruch der Geschäftsführung als Pflichverletzung? 3. **Verschulden** Verschuldensmaßstab – Grundsätzlich: §§ 276 ff. – Haftungsmilderung nach § 680 bei Geschäftsführung zur Abwehr einer dringenden Gefahr für die Rechtsgüter des Geschäftsherrn *Problem:* Anwendung des § 680 bei Scheingefahren *Problem:* Anwendung des § 680 bei „professionellen Nothelfern" Folge: Ersatz des verursachten Schadens (Inhalt und Umfang: §§ 249 ff.)

308 Soergel/*Beuthien*, § 680 Rn. 5; Staudinger/*Bergmann*, § 680 Rn. 15; *Wollschläger*, Geschäftsführung ohne Auftrag (1976), S. 283.
309 MüKo/*Seiler*, § 680 Rn. 6; Bamberger/Roth/*Gehrlein*, § 680 Rn. 2; *Lippert* NJW 1982, 2089 (2093).
310 MüKo/*Seiler*, § 680 Rn. 6; *Lippert* NJW 1982, 2089 (2093).
311 LG München NJW 2006, 1883 (1885); Palandt/*Sprau*, § 680 Rn. 1; *Roth* NJW 2006, 2814.
312 BGH NJW 2005, 3208; *Wandt*, § 5 Rn. 73.

cc) **Schadensersatz wegen Verletzung der Nebenpflichten nach § 681.** Das gesetzliche Schuldverhältnis der GoA statuiert für den Geschäftsführer Nebenpflichten, die zu beachten sind. Sollte er diese verletzen, haftet er dem Geschäftsherrn für die Pflichtverletzung nach § 280[313]. Für minderjährige Geschäftsführer gilt jedoch § 682[314]. 88

(1) **Anzeigepflicht.** Nach § 681 S. 1 hat der Geschäftsführer dem Geschäftsherrn die Geschäftsübernahme, sobald es tunlich ist, anzuzeigen und gegebenenfalls dessen Entschließung abzuwarten[315]. Die Anzeige ist tunlich, sobald es die Verhältnisse erlauben[316]. Maßgeblich sind daher die Umstände des jeweiligen Einzelfalls. Als Maßstab dienen können insbesondere die Erreichbarkeit des Geschäftsherrn, die Bedeutung der Angelegenheit und die Zumutbarkeit für den Geschäftsführer[317]. 89

Bsp.[318]: B, ein großes Energieversorgungsunternehmen, ist als sogenannter Gebietsversorger gesetzlich verpflichtet, die lückenlose Versorgung von Letztverbrauchern zu gewährleisten. B übernimmt daher auch die Stromnotversorgung von Abnehmern, deren Vertragspartner zur Stromversorgung nicht willens oder in der Lage sind. K, ein Stromendabnehmer, wechselt von seinem alten Stromversorger zu dem kleinen Stromversorgungsunternehmen S, an das er von nun an auch seine Abschläge zahlt. S unterlässt es aber versehentlich, K bei B zur Durchleitung anzumelden. B, dem daher zwar die Abmeldung des früheren Stromversorgers, jedoch keine Anmeldung durch einen neuen Stromversorger vorliegt, nimmt an, dass K der Notversorgung durch B bedürfe. Trotz des bestehenden Vertrages zwischen K und S liefert B daher in den kommenden Monaten Strom auf Grundlage der Notversorgung an K. B informiert K jedoch nicht von der Vornahme der Notversorgung. Als S insolvent wird, wechselt K zu B als vertraglichem Stromversorger. In der ersten Rechnung berechnet B dem K auch die Notversorgung der vorangegangenen Monate. K rechnet gegen die Forderungen auf Ersatz der Notversorgungsleistungen mit einem Anspruch auf Schadensersatz wegen unterbliebener Anzeige der Notversorgung auf. – Bei der Stromversorgung des K handelt es sich für B um ein objektiv (auch) fremdes Geschäft. Durch die eigene Lieferung hat B eine vorübergehende Einstellung der Strombelieferung abgewendet und damit nicht nur eigene Lieferinteressen erfüllt, sondern auch das Versorgungsinteresse des K wahrgenommen. Bei objektiv fremden Geschäften wird der erforderliche Fremdgeschäftsführungswille vermutet. Die Geschäftsführung entspricht auch dem mutmaßlichen Willen des K, der vorrangig darauf gerichtet ist, eine Versorgungsunterbrechung zu vermeiden. B kann daher Aufwendungsersatz in der Höhe der üblichen Vergütung, also in Höhe ihrer allgemeinen Tarife, verlangen. Der Anspruch ist aber (teilweise) durch Aufrechnung erloschen. K hat die Aufrechnung mit einem Schadensersatzanspruch wegen Verletzung der Anzeigepflicht erklärt[319]. Ein solcher Anspruch steht K auch aus § 280 Abs. 1 i. V. m. § 681 S. 1 zu. Nach § 681 S. 1 hat der Geschäftsführer dem Geschäftsherrn die Übernahme der Geschäftsführung, sobald es tunlich ist, anzuzeigen. Der Stromabnehmer hat ein erhebliches Interesse, zu erfahren, wer ihn mit Strom beliefert, an wen er also zu welchen Preisen Abschläge zu leisten hat. Dem Gebietsversorger ist es zumutbar die Notversorgung anzuzeigen, sobald die Identität und Adresse des Endabnehmers der jeweiligen Stromabnahmestelle ermittelt werden kann. Dass in diesem Fall eine Mitteilung an den jeweiligen Verbraucher

---

313 *Wandt*, § 5 Rn. 86.
314 Palandt/*Sprau*, § 681 Rn. 4; Bamberger/Roth/*Gehrlein*, § 681 Rn. 2; *Wandt*, § 5 Rn. 86.
315 Das Unterlassen der Anzeige legt nicht ohne weiteres ein Eigengeschäft nahe, BGHZ 65, 354; Palandt/*Sprau*, § 681 Rn. 2; Bamberger/Roth/*Gehrlein*, § 681 Rn. 2.
316 BGH NJW-RR 2005, 1426 (1428).
317 MüKo/*Seiler*, § 681 Rn. 5; Bamberger/Roth/*Gehrlein*, § 681 Rn. 2.
318 Nach BGH NJW-RR 2005, 1426 ff. (leicht abgewandelter Sachverhalt); vgl. auch BGH NJW-RR 2005, 639 ff.
319 BGH NJW-RR 2005, 1426 ff.; vgl. auch BGH NJW-RR 2005, 639 ff.

erfolgt, hat B organisatorisch sicherzustellen. Dies hat B im vorliegenden Fall nicht getan, weshalb ihn zumindest ein Organisationsverschulden trifft. B hat K daher den hieraus entstandenen Schaden zu ersetzen. Bei rechtzeitiger Mitteilung hätte K keine Abschlagszahlungen an S mehr geleistet. K hat daher einen aufrechenbaren Schadensersatzanspruch in Höhe der an S geleisteten Abschlagszahlungen ab dem Zeitpunkt, ab dem Ks Identität für B ermittelbar war.

90 (2) **Auskunfts- und Rechenschaftspflicht.** Ebenso wie ein Beauftragter muss der Geschäftsführer dem Geschäftsherrn auf Nachfrage Auskunft über den Stand des Geschäfts Rechenschaft ablegen, §§ 681 S. 2 i. V. m. 666. Bei Verstoß gegen diese Nebenpflicht hat der Geschäftsführer dem Geschäftsherrn ebenfalls Schadensersatz zu leisten. Dieser Auskunftsanspruch wird nicht selten eigenständig eingeklagt.

4. Konkurrenzen der berechtigten GoA

91 In der Klausur ist ein Aufeinandertreffen der berechtigten GoA mit anderen Ausgleichsmechanismen, wie dem Eigentümer-Besitzer-Verhältnis (§§ 987 ff.), dem Deliktsrecht und dem Bereicherungsrecht nicht ungewöhnlich. Zu klären ist dann, inwieweit die verschiedenen Ansprüche nebeneinander zur Anwendung gelangen können oder ob einem von ihnen der Vorrang zukommt[320]:

- Ansprüche aus Eigentümer-Besitzer-Verhältnis sind bei Vorliegen der Voraussetzungen einer berechtigten GoA bereits tatbestandlich ausgeschlossen[321]. §§ 677 ff. gewähren dem Geschäftsführer ein Recht zum Besitz i. S. d. § 986[322], sofern die Inbesitznahme mit der Übernahme der Geschäftsführung zusammentrifft[323].
- Des Weiteren beinhaltet die berechtigte GoA auch einen Rechtfertigungsgrund i. S. d. § 823 Abs. 1[324]. So ist der Geschäftsführer gerechtfertigt, wenn er mit der Übernahme der Geschäftsführung zugleich ein absolutes Recht des Geschäftsherrn verletzt. Er haftet jedoch u. U. nach §§ 823 ff., sofern er eine etwaige Sorgfaltspflicht nach § 677 verletzt[325].
- Die Vorschriften der berechtigten GoA schließen auch Kondiktionsansprüche aus. Die berechtigte GoA stellt einen Rechtsgrund i. S. d. § 812 Abs. 1 dar[326].

---

320 Zu den Konkurrenzen: *Coester-Waltjen*, Das Verhältnis von Ansprüchen aus Geschäftsführung ohne Auftrag zu anderen Ansprüchen, Jura 1990, 608 ff.

321 Ausführlich *Wandt*, § 7 Rn. 3.

322 *Musielak/Hau*, Examenskurs BGB, Rn. 241; *Giesen* Jura 1996, 288 (292).

323 Palandt/*Sprau*, Einf. v. § 677 Rn. 12; *Giesen* Jura 1996, 288 (292); Jauernig/*Mansel*, Vor § 677 Rn. 4; vgl. bereits *Zitelmann* AcP 99 (1906), 104 ff.; *Lent*, Wille und Interesse, S. 27.

324 Palandt/*Sprau*, Einf. v. § 677 Rn. 12; *Fikentscher/Heinemann*, Schuldrecht, § 87 Rn. 1270; *Giesen* Jura 1996, 288 (292); *Schwerdtner* Jura 1982, 642 (648); Jauernig/*Mansel*, Vor § 677 Rn. 4.

325 Palandt/*Sprau*, Einf. v. § 677 Rn. 12

326 *Musielak/Hau*, Examenskurs BGB, Rn. 241.

92

Ansprüche aus berechtigter GoA	
Ansprüche des Geschäftsführers	Ansprüche des Geschäftsherrn
➢ Anspruch auf Aufwendungsersatz aus §§ 677, 683 S. 1, 670	➢ Anspruch auf Herausgabe des Erlangten aus §§ 681 S. 2, 667 ➢ Anspruch auf Auskunft und Rechnungslegung nach §§ 681 S. 2, 666 ➢ Anspruch auf Schadensersatz wegen Ausführungsverschuldens aus §§ 677, 280 Abs. 1 ➢ Anspruch auf Schadensersatz wegen Nebenpflichtverletzung aus § 280 Abs. 1 insbesondere wegen – Verletzung der Pflicht zur Anzeige der Geschäftsübernahme (§ 681 S. 1) – Verletzung der Auskunfts- und Rechenschaftspflicht (§§ 681 S. 2, 666)

III. Die echte unberechtigte Geschäftsführung ohne Auftrag

Anders als bei der berechtigten GoA ist bei der unberechtigten GoA die Geschäftsübernahme durch den Geschäftsführer unerwünscht[327], sodass nach h. M. auch kein gesetzliches Schuldverhältnis zur Entstehung gelangt (s. o. Rn. 14). 93

1. Tatbestand der unberechtigten GoA

Auch bei der unberechtigten GoA müssen die übrigen Tatbestandsvoraussetzungen des § 677 erfüllt sein: Der Geschäftsführer muss daher ein fremdes Geschäft mit Fremdgeschäftsführungswillen führen, ohne hierzu beauftragt oder in sonstiger Weise berechtigt zu sein (vgl. hierzu die entsprechenden Erläuterungen bei der berechtigten GoA). Im Unterschied zur berechtigten GoA **fehlt** bei der unberechtigten GoA aber **ein Berechtigungstatbestand**[328]. Die Übernahme der Geschäftsführung widerspricht also dem Willen und Interesse des Geschäftsherrn. Überdies ist weder der entgegenstehende Wille des Geschäftsherrn nach § 679 unbeachtlich noch hat der Geschäftsherr die Geschäftsführung genehmigt (§ 684 S. 2)[329]. 94

2. Rechtsfolgen der unberechtigten GoA

Da die Einmischung des Geschäftsführers bei der unberechtigten GoA unerwünscht ist[330], bedarf es einer Risikoverteilung, welche den Geschäftsherrn, in 95

327 Soergel/*Beuthien*, Vor §§ 677 ff. Rn. 5; *Brox/Walker*, Besonderes Schuldrecht, § 37 Rn. 1: ein Berechtigungsgrund fehlt; *Looschelders*, Schuldrecht BT, § 42 Rn. 872.
328 *Brox/Walker*, Besonderes Schuldrecht, § 37 Rn. 1; *Looschelders*, Schuldrecht BT, § 42 Rn. 872.
329 *Looschelders*, Schuldrecht BT, § 42 Rn. 872; *Fikentscher/Heinemann*, Schuldrecht, § 87 Rn. 1279; *Giesen* Jura 1996, 344.
330 Soergel/*Beuthien*, Vor §§ 677 ff. Rn. 5.

dessen Rechtskreis eingegriffen wird, im Vergleich zur berechtigten GoA stärker begünstigt. Dies geschieht zum einen dadurch, dass der Aufwendungsersatzanspruch des Geschäftsführers als Bereicherungshaftung ausgestaltet ist. Zum anderen gewährt § 678 dem Geschäftsherrn einen Schadensersatzanspruch, wenn der Widerspruch des Willens des Geschäftsherrn für den Geschäftsführer erkennbar war (sog. Übernahmeverschulden). Im Übrigen finden die allgemeinen Regeln des Delikts- und Bereicherungsrechts Anwendung. Ob daneben die sonstigen Vorschriften zur Geschäftsführung ohne Auftrag, insbesondere § 677 und § 681, anwendbar sind, ist umstritten[331].

96 **a) Der Anspruch des Geschäftsführers auf Aufwendungsersatz nach § 684 S. 1. – aa) Ausgestaltung als besonderer Bereicherungsanspruch.** Der Geschäftsführer einer unberechtigten GoA kann sich für einen Aufwendungsersatzanspruch nicht auf §§ 683 S. 1, 670 berufen[332]. Andernfalls bestünde ein solcher bereits dann, wenn der Geschäftsführer seine Aufwendungen für erforderlich halten durfte. Das Erfolgsrisiko soll aber bei einem unerwünschten Eingriff in einen fremden Rechtskreis der Geschäftsführer tragen. Insoweit statuiert § 684 S. 1 einen **speziellen Bereicherungsanspruch**, welcher zwar den Ersatz von Aufwendungen gestattet[333], jedoch in seinem Umfang deutlich vom Aufwendungsersatzanspruch des berechtigten Geschäftsführers (§ 670) abweicht[334]. Die Bereicherung des Geschäftsherrn ist in der Wertsteigerung zu sehen, welche sein Vermögen durch die Aufwendungen des Geschäftsführers erfährt. Im Gegensatz zur berechtigten GoA muss der Geschäftsherr somit nur dasjenige ausgleichen, was als tatsächliche Wertsteigerung in seinem Vermögen verblieben ist[335]. Dies hat zur Folge, dass der Geschäftsherr besser gestellt ist als im Fall der berechtigten GoA. So muss er keinen Ersatz für Aufwendungen leisten, die sich niemals wertsteigernd beim Geschäftsherrn ausgewirkt haben[336]. Gleiches gilt, wenn die Aufwendungen des Geschäftsführers zwar eine Wertsteigerung bewirkt haben, die Bereicherung aber nachträglich wieder entfallen ist[337]. Die Rechtsfolgenverweisung des § 684 S. 1 (vgl. Rn. 97) erlaubt hier dem Geschäftsherrn die Berufung auf den Wegfall der Bereicherung (§ 818 Abs. 3)[338].

97 **bb) Die Verweisung in § 684 S. 1.** § 684 S. 1 erlaubt eine Herausgabe des Erlangten nach den Grundsätzen der ungerechtfertigten Bereicherung. Nach einer Ansicht handelt es sich dabei um eine **Rechtsfolgenverweisung (§§ 818 ff.)**[339], weil das Vorliegen einer unberechtigten GoA die einzige tatbestandliche Voraussetzung sei. Nach anderer Ansicht[340] beinhaltet § 684 S. 1 dagegen eine **Rechtsgrundverweisung**, mit der Folge, dass die tatbestandlichen Voraussetzungen der §§ 812 ff. erfüllt sein müs-

---

331 *Martinek/Theobald* JuS 1997, 612 (615 f.); a.A. MüKo/*Seiler*, § 677 Rn. 50; Bamberger/Roth/*Gehrlein*, § 677 Rn. 7; Palandt/*Sprau*, Einf. v. § 677 Rn. 5.

332 *Wandt*, § 5 Rn. 51.

333 Staudinger/*Martinek*, Eckpfeiler des Zivilrechts, S. Rn. 87; *Wandt*, § 5 Rn. 51; abweichend Staudinger/*Bergmann*, § 684 Rn. 10: „echter Aufwendungsersatzanspruch".

334 Staudinger/*Martinek*, Eckpfeiler des Zivilrechts, S. Rn. 87.

335 Staudinger/*Martinek*, Eckpfeiler des Zivilrechts, S. Rn. 87.

336 *Giesen* Jura 1996, 344 (346); MüKo/*Seiler*, § 684 Rn. 6.

337 *Giesen* Jura 1996, 344 (346); MüKo/*Seiler*, § 684 Rn. 6.

338 *Wandt*, § 5 Rn. 53; Staudinger/*Martinek*, Eckpfeiler des Zivilrechts, S. Rn. 87.

339 Bamberger/Roth/*Gehrlein*, § 684 Rn. 1; *Martinek/Theobald* JuS 1997, 612 (617); Staudinger/*Bergmann*, § 684 Rn. 5; grundsätzlich für Rechtsfolgenverweisung auch *Brox/Walker*, Besonderes Schuldrecht, § 37 Rn. 8, anders (Rechtsgrundverweisung) aber in Dreipersonenverhältnissen, in denen der Geschäftsführer einem Dritten gegenüber vertraglich zur Erbringung der Leistung verpflichtet ist, durch die das Vermögen des Geschäftsherrn vermehrt wird (sofern die GoA dort anwendbar ist).

340 *Gursky* AcP 185 (1985), 40; *Fikentscher/Heinemann*, Schuldrecht, § 87 Rn. 1280.

sen. Überwiegend sind bei Erfüllung der Voraussetzungen des § 684 S. 1 auch die Voraussetzungen des § 812 gegeben[341], da die unberechtigte GoA keinen Rechtsgrund im Sinne des § 812 darstellt. Der Streit ist daher nur in wenigen Fällen von praktischer Relevanz. Abweichungen bestehen in erster Linie hinsichtlich der Anwendbarkeit der anspruchshindernden Vorschriften der §§ 814, 815, 817 S. 2. Als Anspruchshindernisse sind diese Teil des kondiktionsrechtlichen Grundtatbestandes und fänden daher bei Annahme einer Rechtsfolgenverweisung an sich keine Anwendung[342]. Um zu verhindern, dass der Geschäftsherr, in dessen Rechtskreis unerwünscht eingegriffen wird, schärfer haftet, wollen einige Stimmen auch trotz Annahme einer Rechtsfolgenverweisung §§ 814, 815, 817 S. 2 zur Anwendung bringen[343]. Anwendbar auf § 684 S. 1 ist § 685, womit der Geschäftsführer keinen Ersatz verlangen kann, sofern er im Zeitpunkt der Geschäftsübernahme den Willen hatte, auf Ersatzansprüche zu verzichten.[344]

cc) Umfang der Bereicherungshaftung. Der **Umfang der Bereicherungshaftung** richtet sich nach § 818. Sollte die Herausgabe des Erlangten unmöglich geworden sein, muss der Geschäftsherr Wertersatz leisten (§ 818 Abs. 2). Wie bereits erwähnt, kann sich der Geschäftsherr u. U. auch auf den Wegfall der Bereicherung berufen (§ 818 Abs. 3). Fraglich erscheint, ob die Höhe des Anspruchs auf den Betrag der nach §§ 683 S. 1, 670 ersatzfähigen Aufwendungen zu begrenzen ist[345]. Einige Autoren versuchen durch eine solche Begrenzung eine Schlechterstellung des Geschäftsherrn bei der unberechtigten Geschäftsführung zu verhindern und den Geschäftsherrn vor einer aufgedrängten Bereicherung zu schützen[346]. Richtigerweise bestimmt sich der Umfang des Anspruchs, wie auch der Wortlaut der Vorschrift zeigt, allein nach der im Vermögen des Geschäftsherrn verbliebenen Bereicherung[347]. Diese Anspruchsbegrenzung wird ohnehin nur relevant, wenn die Bereicherung des Geschäftsherrn die vom Geschäftsführer getätigten Aufwendungen übersteigt[348]. Insoweit ist der Geschäftsherr aber ausreichend durch die Möglichkeit geschützt, mittels Genehmigung nach § 684 S. 2 die Vorschriften über die berechtigte Geschäftsführung ohne Auftrag und damit auch §§ 683 S. 1, 670 zur Anwendung zu bringen[349]. Auch gewährt das Bereicherungsrecht selbst ausreichendend Schutz vor aufgedrängten Bereicherungen[350]. 98

341 MüKo/*Seiler*, § 684 Rn. 4.
342 So *Giesen* Jura 1996, 344 (346).
343 *Martinek/Theobald* JuS 1997, 612 (616); Soergel/*Beuthien*, § 684 Rn. 4, Fn. 13 (§§ 814, 815, 817 S. 2 auch mittels einer Rechtsfolgenverweisung erfassbar); abweichend Staudinger/*Bergmann*, § 684 Rn. 5; für eine Anwendung der §§ 814, 815, 817 S. 2 auch MüKo/*Seiler*, § 684 Rn. 4, der aber die Frage der Rechtsfolgen- oder Rechtsgrundverweisung letztlich offen lässt.
344 BGH NJW 1985, 313 (314); Bamberger/Roth/*Gehrlein*, § 685 Rn. 1; Jauernig/*Mansel*, § 685 Rn. 1; MüKo/*Seiler*, § 685 Rn. 1; Palandt/*Sprau*, § 685 Rn. 1.
345 So Staudinger/*Bergmann*, § 684 Rn. 10, der dies aus dem Charakter von § 684 als echter Aufwendungsersatzanspruch folgern will.
346 Bamberger/Roth/*Gehrlein*, § 684 Rn. 1; Jauernig/*Mansel*, § 684 Rn. 1; Staudinger/*Bergmann*, § 684 Rn. 10.
347 So auch: *Martinek/Theobald* JuS 1997, 612 (616); MüKo/*Seiler*, § 684 Rn. 9; Soergel/*Beuthien*, § 684 Rn. 3; MüKo/*Seiler*, § 684 Rn. 9.
348 So auch: *Martinek/Theobald* JuS 1997, 612 (616); MüKo/*Seiler*, § 684 Rn. 9; Soergel/*Beuthien*, § 684 Rn. 3.
349 Staudinger/*Martinek*, Eckpfeiler des Zivilrechts, S. Rn. 88.
350 Staudinger/*Martinek*, Eckpfeiler des Zivilrechts, S. Rn. 88.

99

Anspruch des Geschäftsführers auf Herausgabe des aus der Geschäftsführung Erlangten aus § 684 S. 1
1. **Voraussetzungen der unberechtigten GoA** 2. **Str.: Voraussetzungen der §§ 812 ff.** Insbesondere Anspruchshindernisse nach §§ 814, 815, 817 S. 2 3. **Kein Ausschluss des Anspruchs gem. § 685 wegen Schenkungsabsicht**
Rechtsfolge: **Gegenständliche Herausgabe des Erlangten bzw. entsprechender Wertersatz (§ 818)** – *Problem:* Beschränkung des Anspruchsumfangs auf die nach §§ 683 S. 1, 670 ersatzfähigen Aufwendungen – Entfallen/Beschränkung des Anspruchs bei Wegfall der Bereicherung (§ 818 Abs. 3) – Anspruchsbegrenzung nach den Grundsätzen der aufgedrängten Bereicherung

100 b) **Ansprüche des Geschäftsherrn. – aa) Schadensersatz wegen Übernahmeverschuldens nach § 678.** § 678 verleiht dem Geschäftsherrn einen Schadensersatzanspruch **wegen Übernahmeverschuldens.** Kennt der Geschäftsführer seine fehlende Berechtigung zur Geschäftsübernahme oder musste er diese kennen (**Übernahmeverschulden**), so haftet er auch dann für alle durch die Geschäftsübernahme kausal hervorgerufenen Schäden, wenn ihm ein sonstiges Verschulden nicht zur Last fällt[351]. Der Geschäftsführer hat insoweit auch für leichte Fahrlässigkeit einzustehen[352], wenngleich unter den Voraussetzungen von § 680 nur für grobe Fahrlässigkeit gehaftet wird[353].

Bsp.[354]**:** B und C wollen gemeinsam mit anderen Bekannten den erfolgreichen Abschluss ihrer Abiturprüfung feiern. Nachdem die meisten Teilnehmer die Lokalität verlassen haben, hat B eine BAK von 2,24 Promille, C eine BAK von 1,5 Promille. B will trotz der Proteste der noch Anwesenden selbst mit seinem KFZ nach Hause fahren. C kann schließlich den B mit Gewalt vom Steuer wegschieben und ihm den Zündschlüssel entwenden. C setzt sich daraufhin selbst an das Steuer und fährt B gegen seinen Willen, aber unter Billigung der übrigen Zuschauer nach Hause. Einige Zeit später stößt C mit hoher Geschwindigkeit gegen einen auf der rechten Seite parkenden Lastzug. B wird dabei getötet und sein KFZ zerstört. – Der Erbe des B, der E, möchte einen Ersatzanspruch für das KFZ (§ 678 i. V. m. § 1922 Abs. 1) gegen C geltend machen. Hierbei ist fraglich, ob das Haftungsprivileg des § 680 zu Gunsten des C einschlägig ist. Da der vollkommen betrunkene B mit seinem KFZ nach Hause fahren will, liegt eine dringende Gefahr für sich und die Sicherheit der anderen Straßenverkehrsteilnehmer vor. C trifft keine Haftung, wenn er ohne grobe Fahrlässigkeit davon ausgehen konnte, dass B damit einverstanden ist, von C gefahren zu werden. Hier ist ausnahmsweise davon auszugehen, dass C die Fahrt antrat, um den wesentlich betrunkeneren B vom Fahren abzuhalten. Zwar darf die dringende Gefahr, die

351 Das Verschulden des Geschäftsführers muss sich auf den Widerspruch der Geschäftsübernahme mit dem Willen des Geschäftsherrn beziehen, nicht auf die Art und Weise der Ausführung der Geschäftsführung, *Wandt*, § 5 Rn. 77; Palandt/*Sprau*, § 678 Rn. 2.

352 *Fikentscher/Heinemann*, Schuldrecht, § 87 Rn. 1281; *Brox/Walker*, Besonderes Schuldrecht, § 35 Rn. 53.

353 BGH NJW 1972, 475.

354 Nach BGH NJW 1972, 475.

erst zur Anwendung des Haftungsprivilegs führt, nicht nochmals bei der Beurteilung der groben Fahrlässigkeit zugunsten des Geschäftsführers berücksichtigt werden. Liegt aber ein Sachverhalt vor, der über die in § 680 vorgesehene Gefahrenlage hinausgeht, so kann diese besondere Gefahrenlage sehr wohl herangezogen werden[355]. Ein solcher Fall liegt hier vor. Da B kurz davor war, loszufahren und nur mit Gewalt von der Fahrt abgehalten werden konnte, lag eine besondere Dringlichkeit und eine erheblich verkürzte Überlegungszeit vor. Dabei wurde C auch von den Zuschauern in seinem Entschluss unterstützt. Insoweit liegt keine grobe Fahrlässigkeit vor (a. A. vertretbar) und eine Haftung des C nach § 678 kommt nicht in Betracht.

§ 678 will den Geschäftsherrn vor der unerwünschten Einmischung in seine Angelegenheiten bewahren helfen[356] und begünstigt ihn daher mit einer im Vergleich zum Deliktsrecht strengeren Haftung des Geschäftsführers. So werden nach § 678 auch Vermögensschäden und nicht nur Schäden aus der Verletzung absoluter Rechte ausgeglichen[357]. Des Weiteren haftet der Geschäftsführer selbst dann, wenn er bei der Geschäftsausführung die erforderliche Sorgfalt gewahrt hat[358]. **Anknüpfungspunkt** für den Verschuldensvorwurf ist die **(unberechtigte) Geschäftsübernahme**. Anders als im Rahmen von § 823 Abs. 1 muss sich der Verschuldensvorwurf gegenüber dem Geschäftsführer somit nicht auf eine etwaige Rechtsgutverletzung beziehen. 101

bb) Schadensersatz wegen Ausführungsverschuldens gemäß §§ 677, 280. Weil der Anspruch das Vorliegen eines Schuldverhältnisses voraussetzt, erscheint eine Schadensersatzhaftung des Geschäftsführers aus §§ 677, 280 nur dann denkbar, wenn von der Prämisse ausgegangen wird, dass auch bei der unberechtigten GoA ein gesetzliches Schuldverhältnis entsteht. Nach der hier vertretenen Ansicht (siehe oben Rn. 14) ist dies nicht der Fall, den Geschäftsführer trifft daher an sich auch keine Pflicht i. S. v. § 677, das fremde Geschäft so zu führen, wie das Interesse des Geschäftsherrn mit Rücksicht auf dessen wirklichen oder mutmaßlichen Willen es erfordert. Bei der unberechtigten GoA soll der Geschäftsführer die Geschäftsführung stattdessen von vornherein unterlassen. Die Gegenauffassung, die ein gesetzliches Schuldverhältnis auch bei willenswidriger Geschäftsübernahme bejaht, gewährt dem Geschäftsherrn einen Schadensersatzanspruch wegen Ausführungsverschuldens nach §§ 677, 280. Werde der unberechtigte Geschäftsführer entgegen dem Willen des Geschäftsherrn tätig, so müsse er **zumindest bei der Ausführung des Geschäfts** dessen Interessen berücksichtigen. Aus Wertungsgesichtspunkten lässt sich durchaus argumentieren, dass der unberechtigte Geschäftsführer nicht besser stehen solle als der berechtigte Geschäftsführer, der im Falle eines Ausführungsverschuldens nach §§ 677, 280 auch für reine Vermögensschäden haften würde[359]. So ist vorstellbar, dass im Falle einer unberechtigten GoA eine Haftung nach § 678 nicht in Betracht kommt, weil der Geschäftsführer den entgegenstehenden Willen des Geschäftsherrn nicht erkennen konnte, und er nun diesem bei der Geschäftsausführung fahrlässig einen Schaden zufügt[360]. 102

355 BGH NJW 1972, 475.

356 *Fikentscher/Heinemann*, Schuldrecht, § 87 Rn. 1281; *Wandt*, § 5 Rn. 75; Jauernig/*Mansel*, § 678 Rn. 1.

357 *Wandt*, § 5 Rn. 75.

358 Palandt/*Sprau*, § 678 Rn. 4; *Brox/Walker*, Besonderes Schuldrecht, § 35 Rn. 54; *Martinek/Theobald* JuS 1997, 612 (618).

359 Palandt/*Sprau*, Einf. v. § 677 Rn. 5; MüKo/*Seiler*, § 677 Rn. 43; a. A. *Martinek/Theobald* JuS 1997, 612 (618).

360 Palandt/*Sprau*, Einf. v. § 677 Rn. 5; MüKo/*Seiler*, § 677 Rn. 43.

Bsp.[361]: A will eine antike Statue bereits seit Längerem verkaufen, wobei er von seinem Freund B tatkräftig unterstützt wird. In urlaubsbedingter Abwesenheit des A lernt B den Kaufinteressenten K kennen, der die Statue zum Preis von 50.000 € erwirbt (Wert 53.000 €). Durch eine Unachtsamkeit des B wird die Statue jedoch vor Übergabe an den K zerstört. Was B nicht wusste, war jedoch, dass A kurz vor Urlaubsantritt seine Leidenschaft von Plastiken und Statuen entdeckt hatte, und diese nicht mehr verkaufen wollte. Die Geschäftsführung entsprach hier nicht dem tatsächlichen Willen des A, sodass die Voraussetzungen einer unberechtigten GoA gegeben sind. Ein Anspruch des A gegen B gem. § 678 kommt jedoch mangels Übernahmeverschuldens nicht in Betracht, da B den (neuen) entgegenstehenden Willen des A nicht kennen musste. Insoweit wird die Streitfrage virulent, ob B auch im Falle der unberechtigten GoA wegen Ausführungsverschulden gem. §§ 677, 280 haftet.

Richtigerweise ist die inhaltliche Erweiterung der Pflichten des Geschäftsführers einer unberechtigten GoA auf die Pflicht i. S. v. § 677 abzulehnen. Eine Haftung wegen Ausführungsverschuldens kommt somit nicht in Betracht. Im Ergebnis bedarf der Geschäftsherr dieses Schutzes auch nicht, weil er es selbst in der Hand hat, die Geschäftsführung jederzeit zu genehmigen, sodass die Rechtsfolgen der berechtigten GoA zur Anwendung kommen, § 684 S. 2.

103 cc) **Anspruch auf Auskunftserteilung und Rechenschaftslegung.** Ebenso wie der berechtigte ist auch der unberechtigte Geschäftsführer verpflichtet, dem Geschäftsherrn Auskunft über den Stand der Geschäftsführung zu erteilen sowie Rechenschaft abzulegen. Nach der Ansicht, die die Vorschriften der GoA ohne Differenzierung auch bei der unberechtigten GoA anwenden will, folgt dies bereits aus §§ 681 S. 1, 666[362]. Aber auch nach der hier vertretenen Auffassung, wonach die §§ 677 ff. (abgesehen von §§ 684, 678) bei der unberechtigten GoA nicht herangezogen werden können, lässt sich ein Auskunfts- und Rechnungslegungsanspruch herleiten: Gründen lässt sich dieser auf § 242 und den Grundsatz, dass innerhalb bestehender Sonderrechtsbeziehungen bei unverschuldeter Ungewissheit über das Bestehen oder den Umfang von Rechten ein Anspruch auf Erteilung der jeweiligen Auskunft besteht[363]. Im konkreten Fall werden Umfang und Bestehen der Ansprüche aus §§ 678, 812 ff., 823 ff. konkretisiert.

3. Konkurrenzen der unberechtigten GoA

104 Liegen die Voraussetzungen für eine unberechtigte GoA vor, besteht regelmäßig eine Konkurrenz zu anderen gesetzlichen Schuldverhältnissen. Da die unberechtigte GoA kein „Recht zum Besitz“ nach § 986 gewährt, können Ansprüche aus §§ 987 ff. ohne Weiteres zur Anwendung kommen[364]. Umgekehrt steht sogar zu erwarten, dass Ansprüche aus einem Eigentümer-Besitzer-Verhältnis einen Rückgriff auf § 684 und seiner Rechtsfolgenverweisung auf das Bereicherungsrecht verhindern (vgl. auch § 993 Abs. 1 Hs. 2)[365]. Schadensersatzpflichten des Geschäftsführers resultieren neben § 678 häufig auch aus dem Deliktsrecht[366], wo-

361 Fallbeispiel (abgewandelt) nach *Giesen* Jura 1996, 344 (345).

362 Palandt/*Sprau*, Einf. v. § 677 Rn. 5; Soergel/*Beuthien*, § 681 Rn. 1; Staudinger/*Bergmann*, § 681 Rn. 2.

363 *Martinek/Theobald* JuS 1997, 612 (619).

364 MüKo/*Seiler*, Vorbem. § 677 Rn. 18; *Wandt*, § 7 Rn. 3; Palandt/*Sprau*, Einf. v. § 677 Rn. 12; BGHZ 41, 157 (162); BGH NJW 1963, 1249.

365 BGHZ 41, 157, 162; BGH NJW 1952, 257; NJW 1971, 1358; Bamberger/Roth/*Gehrlein*, § 677 Rn. 21; a. A. wohl MüKo/*Seiler*, Vor §§ 677 ff. Rn. 18.

366 Bamberger/Roth/*Gehrlein*, § 677 Rn. 20; Palandt/*Sprau*, Einf. v. § 677 Rn. 11.

bei die unberechtigte GoA keinen Rechtfertigungsgrund für die Rechtsgutverletzung darstellt. Nach überwiegender Auffassung ist dabei zur Vermeidung von Wertungswidersprüchen das Haftungsprivileg des § 680 bei Vorliegen seiner Voraussetzungen auch auf §§ 823 ff. anzuwenden. Des Weiteren werden auch kondiktionsrechtliche Ansprüche nicht verdrängt, da die unberechtigte GoA im Gegensatz zur berechtigten GoA keinen Rechtsgrund verleiht[367].

105

Ansprüche aus unberechtigter GoA	
Ansprüche des Geschäftsführers	**Ansprüche des Geschäftsherrn**
➢ Anspruch auf Herausgabe der Bereicherung aus §§ 684 S. 1, 818	➢ Anspruch auf Schadensersatz wegen Übernahmeverschuldens nach § 678 ➢ Anspruch auf Auskunft und Rechnungslegung je nach vertretener Ansicht aus – §§ 681 S. 2, 666 oder § 242 Strittige Ansprüche: ➢ Anspruch auf Herausgabe des Erlangten aus §§ 681 S. 2, 667 Nur bei Bejahung des gesetzlichen Schuldverhältnisses bei unberechtigter GoA ➢ Anspruch auf Schadensersatz wegen Ausführungsverschuldens aus §§ 677, 280 Abs. 1 Nur bei Bejahung des gesetzlichen Schuldverhältnisses bei unberechtigter GoA ➢ Anspruch auf Schadensersatz wegen Nebenpflichtverletzung aus § 280 Abs. 1 Nur bei Bejahung des gesetzlichen Schuldverhältnisses bei unberechtigter GoA

§ 4 Die unechte Geschäftsführung ohne Auftrag (§ 687)

I. Die irrtümliche Eigengeschäftsführung gemäß § 687 Abs. 1

Im Falle der **irrtümlichen Eigengeschäftsführung nach § 687 Abs. 1** gelangen die Regeln der auftragslosen Geschäftsführung nicht zur Anwendung[368]. 106

367 Bamberger/Roth/*Gehrlein*, § 677 Rn. 20; Palandt/*Sprau*, Einf. v. § 677 Rn. 10.
368 *Wandt*, § 7 Rn. 12; *Fikentscher/Heinemann*, Schuldrecht, § 87 Rn. 1282; *Brox/Walker*, Besonderes Schuldrecht, § 35 Rn. 57; *Schwerdtner* Jura 1982, 642 (647).

1. Tatbestand der irrtümlichen Eigengeschäftsführung

107 Von einer irrtümlichen Eigengeschäftsführung wird gesprochen, wenn jemand ein fremdes Geschäft in der Meinung führt, es sei sein eigenes. Der Geschäftsführer besitzt hier weder ein Fremdgeschäftsführungsbewusstsein noch einen Fremdgeschäftsführungswillen. § 687 Abs. 1 betrifft deswegen allein objektiv fremde Geschäfte[369].

Bsp.: Weiterveräußerung einer gestohlenen fremden Sache durch gutgläubigen Erwerber[370].

Keine Rolle spielt hingegen, ob der Irrtum auf (grober) Fahrlässigkeit beruht oder nicht[371].

2. Rechtsfolge der irrtümlichen Eigengeschäftsführung

108 Nach § 687 Abs. 1 finden §§ 677 ff. keine Anwendung. Es sind vielmehr die allgemeinen Regeln zu prüfen (§§ 987 ff., 823, 812 ff.)[372]. Die irrtümliche Eigengeschäftsführung kann vom tatsächlichen Geschäftsherrn nicht nachträglich genehmigt werden[373]. Insoweit vermag dieser das Geschäft nicht an sich zu ziehen.

II. Angemaßte Eigengeschäftsführung gemäß § 687 Abs. 2

109 Sofern der Geschäftsführer Kenntnis von der Fremdheit des Geschäfts hat und dieses dennoch als sein eigenes behandelt, spricht man von einer **angemaßten Eigengeschäftsführung.**

Bsp.: B stiehlt As Auto und verkauft es weiter an C. Das Geschäft des Autoverkaufs gebührt dem Eigentümer A. B führt somit ein fremdes Geschäft als sein eigenes, obwohl er weiß, dass er dazu nicht berechtigt ist.

§ 687 Abs. 2 will die **Rechtsstellung des Geschäftsherrn** verbessern[374]: Der Geschäftsführer greift zwar vorsätzlich und eigennützig in dessen Rechtskreis ein; da ihm aber das Merkmal des Fremdgeschäftsführungswillens fehlt, ist der Tatbestand einer (echten) Geschäftsführung ohne Auftrag nicht erfüllt[375]. Da der Geschäftsherr aber nicht schlechter gestellt sein soll, als er bei einer echten Geschäftsführung ohne Auftrag stünde, wird über die Verweisung in § 687 Abs. 2 eine Rechtsfolgenkonvergenz zur echten GoA hergestellt[376]. Die konkrete systematische Einordnung von § 687 Abs. 2 in das Bürgerliche Gesetzbuch unter dem Aspekt des Schutzes von Vermögensrechten wird jedoch im Schrifttum nicht als gelungen bewertet[377]. § 687 Abs. 2 stellt im Übrigen eine **Sonderregel zu den Vorschriften des Delikts- und Bereicherungsrechts** dar, um die Haftung des Geschäftsanmaßers zu verschärfen.

---

369 Bamberger/Roth/*Gehrlein*, § 687 Rn. 2; Soergel/*Beuthien*, § 687 Rn. 3.
370 RGZ 105, 84 (92); Soergel/*Beuthien*, § 687 Rn. 3.
371 *Brox/Walker*, Besonderes Schuldrecht, § 35 Rn. 57; Soergel/*Beuthien*, § 687 Rn. 1, 3.
372 *Looschelders*, Schuldrecht BT, § 43 Rn. 882.
373 So bereits RGZ 105, 84 (92); ebenso Soergel/*Beuthien*, § 687 Rn. 1.
374 *Fikentscher/Heinemann*, Schuldrecht, § 87 Rn. 1284; Bamberger/Roth/*Gehrlein*, § 687 Rn. 4; *Looschelders*, Schuldrecht BT, § 43 Rn. 883.
375 BGHZ 119, 259; *Looschelders*, Schuldrecht BT, § 43 Rn. 883; *Brox/Walker*, Besonderes Schuldrecht, § 35 Rn. 56; Jauernig/*Mansel*, § 687 Rn. 5.
376 *Looschelders*, Schuldrecht BT, § 43 Rn. 883; Soergel/*Beuthien*, § 687 Rn. 1, 4: „eigenständige Ausnahmestellung … im bürgerlichrechtlichen Anspruchssystem".
377 Ausführlich Staudinger/*Bergmann*, § 687 Rn. 11.

1. Tatbestand der angemaßten Eigengeschäftsführung

Der Geschäftsführer muss als objektive Voraussetzung nach § 687 Abs. 2 ein objektiv fremdes Geschäft ohne Auftrag oder sonstige Berechtigung führen[378] und in subjektiver Hinsicht sowohl die Fremdheit des Geschäfts kennen als auch mit Eigengeschäftsführungswillen handeln[379]. Unerheblich für die Erfüllung des Tatbestandes ist, ob der Geschäftsherr auch selbst das Geschäft durchgeführt hätte[380]. 110

a) **Objektiv fremdes Geschäft.** Der Geschäftsführungsbegriff im Rahmen des § 687 Abs. 2 stimmt grundsätzlich mit dem der echten GoA überein, jedoch mit der Einschränkung, dass nur objektiv fremde Geschäfte erfasst sind[381]. Für die Auslegung des Begriffs der **Fremdheit** der Geschäftsbesorgung ist die Entscheidung des historischen Gesetzgebers zu beachten, wonach § 687 Abs. 2 neben die allgemeine deliktische Haftung treten soll[382]. Insoweit sollte die unerlaubte Geschäftsführung zu einem Eingriff in ein absolutes Recht oder in eine von den Eingriffskondiktionen der §§ 812 Abs. 1 S. 1, 816 geschützte Position führen[383]. 111

Beispiele sind die Veräußerung[384] und Nutzung[385] fremder Sachen. Die unberechtigte Untervermietung ist dagegen nach dem BGH nicht als objektiv fremdes Geschäft zu werten[386].

Verfolgt der Geschäftsführer neben dem fremden auch ein eigenes Interesse (auch fremdes Geschäft), kann es sich nicht um eine Anmaßung im Sinne des § 687 Abs. 2 handeln[387]. Ein objektiv neutrales Geschäft wird erst durch den Fremdgeschäftsführungswillen des Geschäftsherrn zu einem fremden Geschäft und erlangt somit im Rahmen von § 687 Abs. 2 keine Bedeutung[388]. 112

b) **Eigengeschäftsführungswille.** Der Geschäftsführer muss um die **Fremdheit** des Geschäfts wissen. Bei fahrlässiger Unkenntnis liegt ein Fall der irrigen Eigengeschäftsführung (§ 687 Abs. 1) vor. Hinsichtlich der Kenntnis der Fremdheit gewinnt die Kenntnis der Anfechtbarkeit eines Rechtsgeschäfts, § 142 Abs. 2, an Bedeutung[389]. 113

Bsp.: Erwirbt der Geschäftsführer Eigentum an einer Sache durch eine arglistige Täuschung, so muss er sich nach erfolgter Anfechtung gem. § 123 Abs. 1 so behandeln lassen, als hätte er von der Fremdheit des Geschäfts gewusst. Insoweit sieht er sich möglicherweise dem Herausgabeanspruch nach §§ 687 Abs. 2 S. 1, 681, 667 ausgesetzt.

Für § 687 Abs. 2 ist darüber hinaus gerade charakteristisch, dass der Geschäftsführer in Kenntnis der Fremdheit das Geschäft gleichwohl als eigenes führen

378 Jauernig/*Mansel*, § 687 Rn. 6; Palandt/*Sprau*, § 687 Rn. 2.
379 BGH NJW 1993, 193; Bamberger/Roth/*Gehrlein*, § 687 Rn. 3.
380 Bamberger/Roth/*Gehrlein*, § 687 Rn. 3.
381 Soergel/*Beuthien*, § 687 Rn. 3.
382 Mugdan II, Protokolle, S. 1203: „entweder die Schadensersatzklage oder aber die Klage aus der Geschäftsführung"; näher Staudinger/*Bergmann*, § 687 Rn. 12.
383 MüKo/*Seiler*, § 687 Rn. 18.
384 BGH JZ 1980, 141; RGZ 138, 45 (48).
385 BGHZ 39, 186.
386 BGHZ 131, 297; *Schwerdtner* Jura 1982, 642 (647).
387 BGH NJW 2000, 72 (73); MüKo/*Seiler*, § 687 Rn. 18.
388 RGZ 137, 212; MüKo/*Seiler*, § 687 Rn. 18.
389 Palandt/*Sprau*, § 687 Rn. 2; das Kennenmüssen i. S. d. § 122 Abs. 2 steht der Kenntnis dagegen nicht gleich.

will. Er handelt somit nicht mit Fremd-, sondern mit **Eigengeschäftsführungswillen**[390].

2. Rechtsfolgen der angemaßten Eigengeschäftsführung

114 a) **Wahlrecht des Geschäftsherrn.** Sofern die Tatbestandsmerkmale des § 687 Abs. 2 erfüllt sind, vermag der Geschäftsherr die sich aus den §§ 677, 678, 681, 682 ergebenden Ansprüche geltend zu machen. Er kann auf diese Weise das Geschäft als Geschäftsherr übernehmen[391]. Eine **Geltendmachung** liegt vor, sofern der Geschäftsherr Herausgabe des Erlangten, §§ 687 Abs. 2, 681 Abs.1, 667, oder Schadensersatz verlangt, §§ 687 Abs. 2, 678 (nicht aber Rechenschaft oder Auskunft)[392]. Wichtig ist, dass der Geschäftsherr die **Geschäftsführung** durch die Ausübung des Wahlrechts zugunsten der Regelungen der GoA **nicht genehmigt**[393], sodass diese weiterhin rechtswidrig bleibt und der Geschäftsherr die konkurrierenden Ansprüche aus Delikt bzw. Bereicherungsrecht nicht verliert.

115 b) **Ausübung des Wahlrechts zugunsten der GoA-Vorschriften. – aa) Ansprüche des Geschäftsherrn.** § 687 Abs. 2 S. 1 beinhaltet eine **Rechtsfolgenverweisung**[394]. Insoweit kann der Geschäftsherr durch Ausübung des Wahlrechts folgende Ansprüche zur Anwendung bringen:

(1) Er kann zunächst sowohl den Primäranspruch des § 677 als auch den Sekundäranspruch auf Schadensersatz gem. §§ 280, 677 geltend machen[395]; beiden Ansprüchen kommt allerdings wenig praktische Bedeutung zu[396].

(2) Da regelmäßig die Geschäftsanmaßung des Geschäftsführers mit einem Übernahmeverschulden verbunden ist, hat der Geschäftsführer nach § 678 verschuldensunabhängig für alle adäquat kausal entstandenen Schäden einzustehen[397]. Gleiches gilt auch, wenn der Geschäftsführer die fremde Rechtszuordnung erst nach Beginn der Geschäftsführung erkennt, diese aber gleichwohl fortsetzt[398]. Die Beschränkungen der §§ 679, 680 sind von der Verweisung des § 687 Abs. 2 S.1 ausgenommen und gelten daher nicht.

(3) Die Verweisung auf die Anzeige- und Wartepflicht gem. § 681 S. 1 ist dagegen praktisch ohne jede Bedeutung[399].

(4) Von Relevanz sind aber die Ansprüche nach §§ 681 S. 2, 666–668 auf Auskunftserteilung, Rechenschaftsablegung und auf Herausgabe und Verzinsung. Der Anspruch auf Herausgabe des Erlangten gem. §§ 681 S. 2, 667 ist dabei nicht nur auf den objektiven Verkehrswert des Gegenstandes oder Rechtsguts (im weiteren Sinn) gerichtet. Herauszugeben ist nach überwiegender Ansicht vielmehr auch der aus der Geschäftsführung erzielte **Gewinn**[400]. Dass der Ge-

---

390 BGH NJW-RR 1989, 1255; Palandt/*Sprau*, § 687 Rn. 2.

391 Jauernig/*Mansel*, § 687 Rn. 8; *Brox/Walker*, Besonderes Schuldrecht, § 35 Rn. 58 f.; *Wandt*, § 7 Rn. 13; Staudinger/*Martinek*, Eckpfeiler des Zivilrechts, 967 (1022).

392 Näher Bamberger/Roth/*Gehrlein*, § 687 Rn. 4.

393 Bamberger/Roth/*Gehrlein*, § 687 Rn. 4; Staudinger/*Bergmann*, § 687 Rn. 48.

394 Prütting/Wegen/Weinreich/*Fehrenbacher*, § 687 Rn. 3.

395 Bamberger/Roth/*Gehrlein*, § 687 Rn. 4; Staudinger/*Bergmann*, § 687 Rn. 45.

396 Ablehnend dagegen MüKo/*Seiler*, § 687 Rn. 10: bei gesetz- und sittenwidrigen Tätigkeiten sei eine Verpflichtung zur Ausführung i. S. v. § 677 abzulehnen.

397 Staudinger/*Bergmann*, § 687 Rn. 44.

398 Staudinger/*Bergmann*, § 687 Rn. 44.

399 Bamberger/Roth/*Gehrlein*, § 687 Rn. 4; MüKo/*Seiler*, § 687 Rn. 12.

400 RGZ 138, 45 (49); Staudinger/*Bergmann*, § 687 Rn. 46; Palandt/*Sprau*, § 687 Rn. 4; *Brox/Walker*, Besonderes Schuldrecht, § 37 Rn. 5.

schäftsherr selbst diesen Gewinn nicht hätte erzielen können, steht nicht entgegen[401]. Dieser Anspruch auf Gewinnherausgabe ist vor allem deswegen von Bedeutung, weil §§ 987 ff., 823 ff. nur auf einen Ausgleich des eingetretenen Schadens abzielen.

(5) Für Geschäftsunfähige und in der Geschäftsfähigkeit beschränkte Geschäftsführer darf auf § 682 zurückgegriffen werden[402].

Bsp.: Im Fall des Autodiebstahls (Rn. 109) ist das dem A von B gestohlene Auto 200 € wert. B kann es jedoch für 3.000 € an den C veräußern. Hier sind die Ansprüche aus §§ 989, 990; 992 Abs. 1, 823 Abs. 1, 823 Abs. 2 i. V. m. § 246 StGB; § 826 auf den Ersatz des Schadens ausgelegt (in Höhe von 2.000 €). Dagegen orientiert sich der Anspruch aus angemaßter Eigengeschäftsführung gem. §§ 687 Abs. 2 S. 1, 681 S. 2, 667 an dem, was der Geschäftsführer B aus der Geschäftsführung erlangt hat, somit 3.000 €. Überdies könnte A sich auf § 816 Abs. 1 S. 1 berufen, wenn er die wegen § 935 unwirksame Veräußerung des Autos an den C nach § 185 Abs. 2 genehmigt.

bb) Ansprüche des Geschäftsführers. Wird vom Wahlrecht zugunsten der Vorschriften der Geschäftsführung ohne Auftrag Gebrauch gemacht, muss der Geschäftsherr dem Geschäftsführer nach §§ 687 Abs. 2 S. 2, 684 S. 1, 818 das aus der Geschäftsführung Erlangte herausgeben. Die Fassung des § 687 Abs. 2 S. 2 gilt zumindest als missverständlich[403]. Bei wörtlicher Interpretation der Vorschriften hätte der Geschäftsherr dem Geschäftsführer dasjenige wieder herauszugeben, was er gerade erst nach §§ 681 S.1, 667 vom Geschäftsführer erlangt hat[404]. Aus diesem Grund ist die Verweisung des § 687 Abs. 2 S. 2 auf § 684 S. 1 so zu interpretieren, dass der Geschäftsführer vom Geschäftsherrn Aufwendungsersatz nach den Grundsätzen des Bereicherungsrechts verlangen kann[405]. § 687 Abs. 2 S. 2 stellt eine abschließende Regelung für die Ansprüche des Geschäftsführers dar[406], sodass andere Ansprüche des Geschäftsführers aus § 812 nicht in Betracht kommen[407]. 116

c) Nichtausübung des Wahlrechts zugunsten der GoA-Vorschriften. – aa) Rechte des Geschäftsherrn. Macht der Geschäftsherr nicht die Ansprüche aus unechter GoA geltend, kann er sich zumindest auf die allgemeinen Vorschriften, §§ 987 ff., 823 ff., 812 ff., berufen[408]. Jedoch erweist sich dieser Weg häufig als weniger günstig: Denn ein vom Geschäftsführer vereinnahmter Gewinn, welcher vom Geschäftsherrn selbst nicht erreicht worden wäre, kann nach deliktsrechtlichen Grundsätzen nicht beansprucht werden. Besondere Grundsätze sind indes im Zusammenhang mit der **Ausbeutung fremden geistigen Eigentums (eines Immaterialgüterrechts)** zu beachten, insbesondere im Zusammenhang mit Patenten und Gebrauchsmustern[409]. Nach dem BGH gilt hier eine sog. **dreifache Berechnungsmethode** der Schadenshöhe [410]. Dies bedeutet, dass der Geschädigte an- 117

401 Staudinger/*Bergmann*, § 687 Rn. 46.
402 Staudinger/*Bergmann*, § 687 Rn. 42; Palandt/*Sprau*, § 687 Rn. 4.
403 Bamberger/Roth/*Gehrlein*, § 687 Rn. 4; Palandt/*Sprau*, § 687 Rn. 4; *Brox/Walker*, Besonderes Schuldrecht, § 37 Rn. 6.
404 *Brox/Walker*, Besonderes Schuldrecht, § 37 Rn. 6; *Schwerdtner* Jura 1982, 642 (647); *Medicus/Lorenz*, Schuldrecht II, Rn. 1123.
405 RGZ 138, 45(50); BGHZ 34, 320 (323 f.); ebenso *Medicus/Lorenz*, Schuldrecht II, Rn. 1123.
406 Palandt/*Sprau*, § 687 Rn. 4.
407 Soergel/*Beuthien*, § 687 Rn. 9, 10.
408 Dazu auch Soergel/*Beuthien*, § 687 Rn. 10.
409 *Reichard* AcP 193 (1993), 578; vgl. dazu auch Soergel/*Beuthien*, § 687 Rn. 17.
410 Bamberger/Roth/*Gehrlein*, § 687 Rn. 6; BGHZ 119, 20 = BGH NJW 1992, 2753; Palandt/*Sprau*, § 687 Rn. 6.

stelle des konkreten Schadens nach den §§ 249 ff. alternativ die Höhe einer angemessenen Lizenzgebühr[411] oder den vom Schädiger erzielten Gewinn, den sog. Verletzergewinn, als Ausgleich beanspruchen kann[412]. Es handelt sich dabei im Ergebnis nicht um einen Schadensersatzanspruch, sondern um eine Ausweitung des Herausgabeanspruchs nach § 687 Abs. 2 S. 1 auf die fahrlässige Eigengeschäftsführung[413]. Die allgemeine Eingriffskondiktion gem. § 812 Abs. 1 S. 1 Var. 2 ist hingegen allein auf Herausgabe des objektiven Wertes gerichtet, während das durch die Verfügung Erlangte, also auch ein etwaiger Gewinn, nur nach § 816 Abs. 1 S. 1 beansprucht werden kann.

118 **bb) Rechte des Geschäftsführers.** Sollte sich der Geschäftsherr im Rahmen seines Wahlrechts nicht zugunsten der Regelungen der GoA entscheiden, so gebührt dem Geschäftsführer kein Aufwendungsersatzanspruch (etwa nach §§ 687 Abs. 2, 684 S. 1)[414]. Er kann einen entsprechenden Anspruch auch nicht unmittelbar auf § 812 gründen, da dies eine Umgehung des § 687 Abs. 2 wäre [415]

3. Konkurrenzen der angemaßten Eigengeschäftsführung

119 § 687 Abs. 2 kommt neben Ansprüchen aus dem Deliktsrecht und dem Eigentümer-Besitzer-Verhältnis zur Anwendung[416]. Die Sperrwirkung von § 993 Abs. 1 Hs. 2 greift hier bereits nach dem Wortlaut der Vorschrift nicht. Eine Person, die sich eigenmächtig eine ihr nicht zustehende Geschäftsführung anmaßt, soll keine haftungsrechtliche Privilegierung erfahren. Im Übrigen ist die Regelung über den Aufwendungsersatzanspruch des Geschäftsführers nach § 687 Abs. 2 S. 2 abschließender Natur und lässt einen unmittelbaren Rückgriff auf das Bereicherungsrecht nicht zu[417]. Aus Sicht des Geschäftsherrn kommen §§ 812 ff. neben den Vorschriften der unechten GoA zur Anwendung, sodass insoweit Anspruchskonkurrenz besteht[418]. Festzuhalten bleibt, dass die angemaßte Eigengeschäftsführung nach § 687 Abs. 2 große, wenngleich nicht immer sofort ersichtliche, **Klausurbedeutung** besitzt.

411 Dazu speziell BGHZ 44, 372 (379) = BGH NJW 1966, 823.
412 BGHZ 20, 253; Palandt/*Sprau*, § 687 Rn. 6; Bamberger/Roth/*Gehrlein*, § 687 Rn. 6.
413 So Palandt/*Sprau*, § 687 Rn. 6; RGZ 156, 65 (67).
414 *Wandt*, § 6 Rn. 15; *Martinek/Theobald* JuS 1997, 612 (616 f.); Soergel/*Beuthien*, § 687 Rn. 10.
415 MüKo/*Seiler*, § 687 Rn. 16; Soergel/*Beuthien*, § 687 Rn. 10.
416 Palandt/*Bassenge*, Vorb. v. § 987 Rn. 18; *Wandt*, § 7 Rn. 13; *Henssler* JuS 1991, 924 (930).
417 BGHZ 39, 186 (189).
418 *Wandt*, § 7 Rn. 13.

Überblicksschema: Unechte GoA

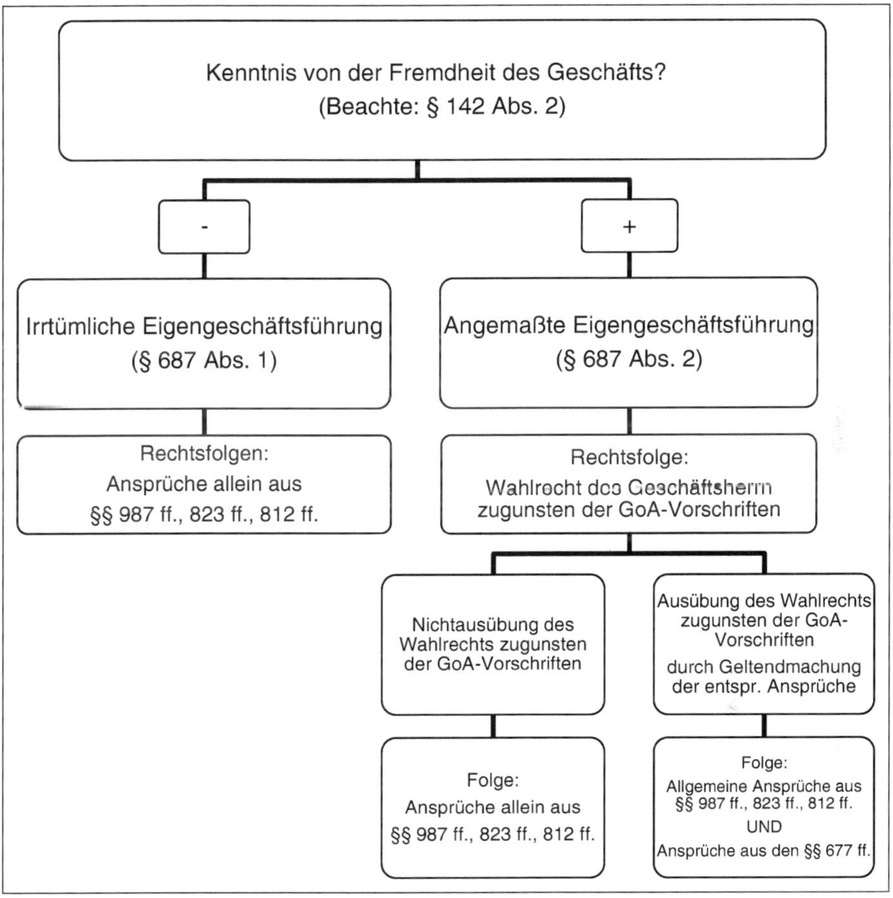 120

§ 5 Die Rechtsfolgen der Geschäftsführung ohne Auftrag (Gesamtüberblick)

Die Rechtsfolgen der vier Tatbestände der GoA divergieren ebenso wie ihre Anwendungsvoraussetzungen. Im Folgenden findet sich eine **nach den einzelnen Rechtsfolgen geordnete Darstellung der GoA.** Da diese Darstellung Überblicks- und Wiederholungszwecken dient, sind die Tatbestandsvoraussetzungen jeweils nur thesenartig genannt. 121

I. Aufwendungsersatzanspruch des Geschäftsherrn

1. Aufwendungsersatzanspruch nach §§ 683, 670

– Die Geschäftsübernahme entspricht dem Interesse oder wirklichen bzw. mutmaßlichen Willen des Geschäftsherrn (berechtigte GoA). 122

- Die Geschäftsführung widerspricht zwar dem Willen des Geschäftsherrn, dieser entgegenstehende Wille ist aber gem. § 679 unbeachtlich, § 683 S. 2 (berechtigte GoA).
- Die Voraussetzungen der berechtigten GoA liegen nicht vor, der Geschäftsherr genehmigt aber die Geschäftsführung nachträglich, § 684 S. 2.
- In diesen Fällen erhält der Geschäftsführer nach Auftragsrecht gem. § 670 Aufwendungsersatz. Maßgeblich ist nicht der Erfolg der Aufwendungen, sondern allein, dass er sie für erforderlich halten durfte. Aufwendungen sind dabei grundsätzlich alle freiwilligen Vermögensopfer, die der Geschäftsführer auf sich nimmt. Der Geschäftsführer darf u. U. auch die für seine **berufliche Tätigkeit** in anderen Fällen übliche Vergütung geltend machen, **§ 1835 Abs. 3 analog.**
- Unfreiwillige Vermögenseinbußen sind als „Aufwendungen" erstattungsfähig, sofern sie sich als **risikotypische Begleitschäden** darstellen, sie also auf einer für die Geschäftsführung typischen, erhöhten Gefährdungslage fußen.

2. Aufwendungsersatzanspruch nach §§ 684 S. 1, 818

- Die Geschäftsübernahme entspricht nicht dem Willen oder Interesse des Geschäftsherrn und der Wille ist auch nicht unbeachtlich gem. § 679 (sog. unberechtigte GoA).
- Eine angemaßte Eigengeschäftsführung liegt vor und der Geschäftsherr entscheidet sich für die Geltendmachung von Ansprüchen aus GoA, § 687 Abs. 2 S. 2.
- Der Geschäftsherr muss nur das aus der Geschäftsführung Erlangte nach den Vorschriften des Bereicherungsrechts herausgeben (§ 684 S. 1). Nach h. M. handelt es sich bei § 684 S.1 um einen besonderen Bereicherungsanspruch, dessen Umfang nach §§ 818 ff. begrenzt ist (**Rechtsfolgenverweis**). Wenn das Tätigwerden des Geschäftsführers zu keiner Wertsteigerung im Vermögen des Geschäftsherrn geführt hat oder der Geschäftsherr entreichert ist (§ 818 Abs. 3), kann der Geschäftsführer keinen Aufwendungsersatz verlangen.

II. Herausgabeanspruch des Geschäftsherrn

1. Herausgabe des Erlangten nach §§ 681 S. 2, 667

123
- Berechtigte GoA bzw. Genehmigung einer unberechtigten GoA.
- Angemaßte Eigengeschäftsführung und der Geschäftsherr wählt die Geltendmachung von Ansprüchen aus GoA, § 687 Abs. 2 S. 1.
- Der Geschäftsherr erwirbt gegen den Geschäftsführer einen Anspruch auf Herausgabe des aus der Geschäftsführung Erlangten, was auch einen vom Geschäftsführer erzielten Gewinn mit einschließt. Im Falle der Herausgabe von Geld ist zudem ein Anspruch auf Verzinsung zu prüfen, §§ 681 S.2, 668.

2. Herausgabeansprüche nach allgemeinen Vorschriften

- Unberechtigte GoA
- Irrtümliche Eigengeschäftsführung, § 687 Abs. 1
- Die Ansprüche gegen den Geschäftsführer richten sich nach den allgemeinen Vorschriften, also insbesondere nach §§ 812 ff, 987 ff, 823 ff.

III. Schadensersatzansprüche des Geschäftsherrn

1. Schadensersatz wegen Ausführungsverschuldens gemäß §§ 677, 280

- Berechtigte GoA bzw. Genehmigung einer unberechtigten GoA 124
- Angemaßte Eigengeschäftsführung und der Geschäftsherr wählt die Geltendmachung von Ansprüchen aus GoA, § 687 Abs. 2 S. 1.
- Sofern der Geschäftsführer seine Pflicht zur interessens- und willensgemäßen Ausführung gem. § 677 schuldhaft verletzt, steht dem Geschäftsherrn ein Anspruch auf Schadensersatz zu. Zu ersetzen sind die durch die interessenwidrige Ausführung des Geschäfts entstandenen Schäden, wobei das Haftungsprivileg des § 680 zu prüfen ist.

2. Schadensersatz wegen Verletzung von Nebenpflichten

- Berechtigte GoA bzw. Genehmigung einer unberechtigten GoA
- Angemaßte Eigengeschäftsführung und der Geschäftsherr wählt die Geltendmachung von Ansprüchen aus GoA, § 687 Abs. 2 S. 1.
- Gemäß § 681 muss der Geschäftsführer dem Geschäftsherrn die Übernahme des Geschäfts sobald wie möglich anzeigen und, soweit möglich, dessen Entschließung abwarten. Schließlich hat er über den Stand des Geschäfts Auskunft zu erteilen sowie Rechenschaft abzulegen, §§ 681 S. 2, 666. Sofern der Geschäftsführer eine Nebenpflicht aus dem gesetzlichen Schuldverhältnis der berechtigten GoA schuldhaft verletzt, muss er Schadensersatz (§§ 280 ff.) leisten, wobei § 680 zu beachten ist. Auch die Herausgabepflicht gem. §§ 681 S. 2, 667 stellt eine solche Nebenpflicht dar.

3. Schadensersatz wegen Übernahmeverschuldens nach § 678

- Unberechtigte GoA
- Angemaßte Eigengeschäftsführung und der Geschäftsherr wählt die Geltendmachung von Ansprüchen aus GoA, § 687 Abs. 2 S. 1.
- Ein Übernahmeverschulden des Geschäftsführers liegt vor, wenn er fahrlässig nicht erkennt, dass die Übernahme des Geschäfts dem Willen des Geschäftsherrn widerspricht. Hier ist er zum Ersatz aller aus der Geschäftsführung entstandenen Schäden verpflichtet, während ein Verschulden bei der Art und Weise der Ausführung des Geschäfts keine Voraussetzung ist. Im Rahmen von § 678 kann zudem das Haftungsprivileg nach § 680 eine wichtige Rolle spielen.

4. Schadensersatz nach den allgemeinen Vorschriften, §§ 987 ff., 823 ff.

- Unberechtigte GoA
- Irrtümliche Eigengeschäftsführung, § 687 Abs. 1
- Angemaßte Eigengeschäftsführung, § 687 Abs. 2, unabhängig davon, ob der Geschäftsherr Ansprüche aus GoA geltend macht.

Teil 2: Schadensersatz wegen unerlaubter Handlungen

Literatur (ausbildungsrelevante Auswahl; beachte im Übrigen die speziellen Literaturangaben): *Althammer,* Die Haftung nach § 823 I und II BGB, JA 2006, 697; *Buschbell,* Radfahrer im Straßenverkehr: Haftungs- und versicherungsrechtliche Aspekte, NJW 2011, 3605; *Canaris,* Grundstrukturen des deutschen Deliktsrechts, VersR 2005, 577; *Fuchs,* Versicherungsschutz und Versicherbarkeit als Argumente bei der Schadensverteilung, AcP 191 (1991) 318; *Fuchs/Baumgärtner,* Ansprüche aus Produzentenhaftung und Produkthaftung, JuS 2011, 1057; *Garbe-Hagedorn,* Die zivilrechtliche Haftung beim Verkehrsunfall, JuS 2004, 286; *Jansen,* Die Struktur des Haftungsrechts (2003); *Kilian,* Die deliktische Verantwortlichkeit Minderjähriger nach § 828 BGB n. F., ZGS 2003, 168; *Kupisch/Krüger,* Grundfälle zum Recht der unerlaubten Handlungen, JuS 1980, 270, 422, 574, 727; JuS 1981, 30, 347, 584, 737; *Leser,* Zu den Instrumenten des Rechtsgüterschutzes im Delikts- und Gefährdungshaftungsrecht, AcP 183 (1983), 568; *Leßmann,* Einführung und Überblick zum Recht der unerlaubten Handlungen, JA 1988, 57; *ders.,* Grundtatbestände der unerlaubten Handlung, JA 1988, 237; *Medicus,* Gefährdungshaftung im Zivilrecht, Jura 1996, 561; *Mertens/Reeb,* Grundfälle zum Recht der unerlaubten Handlung, JuS 1971, 409, 469, 525, 586; JuS 1972, 35; *Miserre,* Der deliktische Schutz des Persönlichkeitsrechts, JA 2003, 282; *G. Müller,* Alles oder Nichts – Schadensersatz und Schadensbegrenzung in der neueren Rechtsprechung des BGH, VersR 2005, 1461; *Oechsler,* Die Unzurechnungsfähigkeit von Kindern in Verkehrssituationen, NJW 2009, 3185; *Rohe,* Gründe und Grenzen der deliktischen Haftung, AcP 201 (2001), 117; *Schiemann,* Das allgemeine Schädigungsverbot: ‚alterum non laedere', JuS 1989, 345; *Schwerdtner,* Recht der unerlaubten Handlungen, Jura 1981, 414, 484; *Staudinger,* Schadensersatzrecht – Wettbewerb der Ideen und Rechtsordnungen, NJW 2006, 2433; *G. Wagner,* Das Zweite Schadensersatzrechtsänderungsgesetz, NJW 2002, 2049; *ders.,* Die Aufgabe des Haftungsrechts – eine Untersuchung am Beispiel der Umwelthaftungsrechts-Reform, JZ 1991, 175.

Rechtsprechung: BVerfG NJW 2000, 2191 – *Caroline von Monaco* – (Schutz des Persönlichkeitsrechts); **RGZ 57, 313** (deliktischer Schutz ausschließlich für absolute Rechte); **BGH NJW 1953, 417** – *Lues* – (Schadensersatzansprüche des *nasciturus*); **BGH NJW 1958, 827** – *Herrenreiter* – (Schadensersatzanspruch wegen Verletzung des Persönlichkeitsrechts); **BGH NJW 1963, 1827** (Sachmängel als Eigentumsverletzung; Schadensersatz nach § 823 Abs. 2 BGB); **BGH NJW 1964, 720** – *Stromleitung* – (Produktionsvernichtung als Eigentumsverletzung, Produktionsunterbrechung als bloßer Vermögensschaden); **BGH NJW 1967, 1660** (Gutgläubiger Erwerb ist keine Eigentumsverletzung); **BGH NJW 1971, 799** (Anwartschaftsrecht als sonstiges Recht im Sinne von § 823 Abs. 1 BGB); **BGH NJW 1971, 886** – *Fleet* – (Vereitlung der Gebrauchsmöglichkeit einer Sache als Eigentumsverletzung); **BGH NJW 1977, 379** – *Schwimmerschalter* – (Kriterium der funktionellen Abgrenzbarkeit hinsichtlich der Ersatzfähigkeit von Mangelfolgeschäden); **BGH NJW 1983, 810** – *Gaszug* – (Abgrenzung nach dem Kriterium der Stoffgleichheit); **BGH NJW 1983, 1371** – *wrongful life* – (Kein Ersatz für seelische Belastungen wegen der Geburt eines behinderten Kindes); **BGH NJW 1994, 127** (Zur späteren Wiedereingliederung entnommene Körperbestandteile); **BGH NJW 2004, 1032** – *Ferrari* – (Haftung für nicht stoffgleiche Mangelfolgeschäden); **BGH NJW 2007, 2764** (Schockschäden von am schädigenden Ereignis unbeteiligten Zeugen).

§ 6 Grundlagen deliktischer Haftung

I. Einführung

Den zweiten großen Kernbereich dieses Buches bilden Schadensersatzansprüche aus unerlaubter Handlung (= „Delikt"). Beinahe jeden Tag kommt es zu einer Vielzahl von Schadensereignissen, die auf einer unerlaubten Handlung beruhen, sei es ein Fahrradunfall, ein Flugzeugabsturz oder ein Brand in einer Düngemittelfabrik. Diese Geschehnisse bedingen regelmäßig Personen- und Sachschäden[419]: Beim Fahrradunfall stürzt ein Fahrradfahrer[420], beim Feuer in der Düngemittelfabrik werden Angestellte verletzt und angrenzende Gebäude zerstört. Schäden können sich aber auch in Form eines allgemeinen Vermögensnachteils, als sog. reine Vermögensschäden, oder in Form von Nichtvermögensschäden (immaterielle Schäden wie das sog. Schmerzensgeld) zeigen[421]. In allen geschilderten Fällen ist zu klären, ob der jeweilige Schaden, materieller oder immaterieller Natur, von dem Betroffenen hingenommen werden muss oder ob er Ersatz dafür von einer anderen Person verlangen kann. Im Deliktsrecht steht also die **Problematik der Zurechenbarkeit eines Schadens**, den eine Person erlitten hat, an eine andere Person im Vordergrund[422]. 125

II. Grundlagen des deutschen Haftungsrechts

Die einschlägigen Zurechnungstatbestände finden sich vor allem in den §§ 823 ff., aber auch in Sondergesetzen wie dem Straßenverkehrsgesetz (StVG) oder dem Produkthaftungsgesetz (ProdHaftG)[423]. Für die deliktischen „Kerntatbestände" in §§ 823 ff. ist augenfällig, dass das BGB keine sog. **„große Generalklausel"** kennt, die etwa lauten könnte: „Wer vorsätzlich oder fahrlässig ein Recht eines anderen widerrechtlich verletzt, ist ihm zum Ersatz des hieraus entstehenden Schadens verpflichtet."[424] Vielmehr hat sich der deutsche Gesetzgeber für die Statuierung eingeschränkter Tatbestände entschieden, deren bedeutendste (§§ 823 Abs. 1, Abs. 2, 826) als die **drei „kleinen Generalklauseln"** bezeichnet werden[425]. Dieses Prinzip ist keinesfalls selbstverständlich oder allgemein praktiziert: Zum Beispiel normiert der französische Code Civil in den Art. 1382 f. eine allgemeine („große") Generalklausel[426]. Auch in der Beratung zum BGB wurden diverse, in die Richtung der oben genannten Formulierung gehende Vorschläge eingebracht[427], die zunächst auch in § 705 des ersten Entwurfs[428] (dem Vorläufer des heutigen § 826) Nieder- 126

---

419 *Kötz/Wagner*, Deliktsrecht, Rn. 1 ff.
420 Zu vergleichbaren Beispielen auch *Canaris* VersR 2005, 577 f.
421 *Kötz/Wagner*, Deliktsrecht, Rn. 1 ff. (mit weiteren Beispielen).
422 *Fuchs/Pauker*, Delikts- und Schadensersatzrecht, S. 1.
423 So *Wandt*, § 14 Rn. 1.
424 *Wandt*, § 15 Rn. 7.
425 Siehe nur *Medicus/Lorenz*, Schuldrecht II, Rn. 1231 ff.; *Wandt*, § 15 Rn. 7; PWW/*Schaub*, Vor §§ 823 ff. Rn. 6; *Brox/Walker*, Besonderes Schuldrecht, § 44 Rn. 2; *Canaris* VersR 2005, 577; *Althammer* JA 2006, 697 ff.
426 Vgl. Art. 1382 Code Civil: „*Tout fait quelconque de l'homme, qui cause à autrui un dommage, oblige celui, par la faute duquel il est arrivé, à le reparer.*"; *Frank* JA 1979, 583 f. Siehe hierzu auch *Wagner*, Grundstrukturen des europäischen Deliktsrechts, 189 (200).
427 *Jakobs/Schubert*, Die Beratung des BGB, Schuldrecht III, S. 873; *Fuchs/Pauker*, Delikts- und Schadensersatzrecht, S. 3.
428 Wortlaut unter anderem in den Protokollen bei Mugdan II, S. CXXIII.

schlag fanden[429]. Letztendlich wurden diese Bestrebungen im Gesetzgebungsverfahren jedoch als zu weitgehend verworfen[430]. Nunmehr ist das heutige deutsche Deliktsrecht geprägt durch die Schadensersatzpflicht wegen Verletzung der in § 823 Abs. 1 enumerativ aufgezählten Rechtsgüter (Leben, Körper, Gesundheit, Freiheit) und Rechte (Eigentum, sonstige Rechte), wegen der Verletzung eines Schutzgesetzes (§ 823 Abs. 2) und derjenigen wegen vorsätzlicher sittenwidriger Schädigung (§ 826)[431]. Die Vorteile dieses Regelungsmodells liegen auf der Hand: Durch die präziser formulierten Tatbestände werden die Rechtshandhabung erleichtert und Rechtssicherheit geschaffen[432], während weiterhin richterliche Gestaltungsmöglichkeiten verbleiben, die in der Vergangenheit auch genutzt wurden[433]. Neben einer **haftungsbegründenden Aufgabe** kommt den Tatbeständen zugleich eine **haftungsbegrenzende Funktion** zu[434]. Nach der zutreffenden Beurteilung von *Canaris* ruht das deutsche Deliktsrecht damit auf **drei tragenden Säulen:** „den fundamentalen Gütern und Rechten des Menschen, den Entscheidungen des Gesetzgebers und dem sozial- und rechtsethischen Minimum an Verhaltensstandards in der Gesellschaft“[435].

III. Notwendigkeit von Haftungsgrundlagen

127 Nach dem römisch-rechtlichen Grundsatz *casum sentit dominus* („Der Herr trägt den Zufall“) ist ein durch ein bestimmtes Ereignis hervorgerufener Schaden grundsätzlich von dem Inhaber des betroffenen Rechts selbst zu tragen[436]. Soll die Haftung für diesen Schaden einer anderen Person auferlegt werden, ist hierfür eine **Haftungsgrundlage** von Nöten[437], die in §§ 823 ff. erblickt werden kann. In dieser restriktiven Sichtweise des historischen Gesetzgebers zeigt sich deutlich der damals **vorherrschende wirtschaftliche Liberalismus**[438]. Der einzelne Bürger sollte in seinem wirtschaftlichen Entfaltungstrieb nicht allzu sehr durch eine deliktsrechtliche Verantwortlichkeit beeinträchtigt werden. Der von *Rudolf von Jhering* herrührende Satz, „nicht der Schaden verpflichtet zum Schadensersatz, sondern die Schuld“, stieß somit bei den Beratungen des BGB auf Zustimmung[439], während **soziale Gesichtspunkte** zu Gunsten des Geschädigten noch weitgehend unberücksichtigt blieben[440]. Für den Grundsatz der Eigenverantwortung des Rechtsgutsträgers lässt sich aus heutiger Sicht zudem anführen, dass es gesamtwirtschaftlich betrachtet nicht sinnvoll erscheint, zum Ausgleich eines Schadens dem Geschädigten eine Position zu entziehen[441]. Denn der Ausgleichsvorgang selbst schafft neuen Aufwand[442].

---

429 Im Gegensatz zur heutigen Fassung fehlte bei dieser Vorschrift das Vorsatzerfordernis, sodass allein die Sittenwidrigkeit der Handlung die Schadensersatzpflicht begründen konnte. Motive bei Mugdan II, S. 405 f.; eingehend MüKo/*Wagner,* Vor § 823 Rn. 10 ff.; *Fezer,* Teilhabe und Verantwortung, S. 478.

430 Siehe die Ausführungen bei MüKo/*Wagner,* Vor § 823 Rn. 13.

431 *Fuchs/Pauker,* Delikts- und Schadensersatzrecht, S. 3.

432 *Wandt,* § 15 Rn. 7.

433 *Althammer* JA 2006, 697 ff.

434 *Canaris* VersR 2005, 577 f.

435 *Canaris* VersR 2005, 577 f.

436 *Deutsch/Ahrens,* Deliktsrecht, Rn. 1; *Fuchs/Pauker,* Delikts- und Schadensersatzrecht, S. 2.

437 *Deutsch/Ahrens,* Deliktsrecht, Rn. 1.

438 *Fuchs/Pauker,* Delikts- und Schadensersatzrecht, S. 2.

439 *v. Ihering,* Das Schuldmoment im römischen Privatrecht, S. 4 ff.; MüKo/*Wagner,* Vor § 823 Rn. 13; Dauner-Lieb/Langen/*Katzenmeier,* § 823 Rn. 93.

440 MüKo/*Wagner,* Vor § 823 Rn. 13.

441 *Kötz/Wagner,* Deliktsrecht, Rn. 5.

442 Zutreffend *Kötz/Wagner,* Deliktsrecht, Rn. 5.

Die **Schadenszurechnung an andere Personen** als dem Geschädigten erscheint somit rechtfertigungsbedürftig und setzt folglich einen besonderen Zurechnungsgrund voraus. Allgemein gesprochen, muss nach dem Willen des Gesetzgebers ein von dieser Person begangenes Unrecht vorliegen (Verstoß gegen das Gebot des *neminem laedere*)[443]. Diese deliktische Verantwortlichkeit ist in §§ 823 ff. näher umschrieben (**Verschuldenshaftung**). In Ausnahmefällen wird vom Gesetzgeber ein Schädiger aber auch ohne Rechtswidrigkeits- und Schuldvorwurf zur Wiedergutmachung des Schadens herangezogen (**Gefährdungshaftung**), wenn dieser in eigenem Interesse eine für andere gefahrbringende Anlage oder Tätigkeit betreibt (vgl. auch § 7 StVG)[444]. 128

IV. Entwicklung des Deliktsrechts in jüngerer Zeit

Der vom historischen Gesetzgeber des BGB bezweckte **Schutz der Handlungsfreiheit des Einzelnen**[445], welcher durch die deliktsrechtliche Verantwortlichkeit nicht zu enge Schranken gesetzt werden sollten, ist in jüngerer Zeit in den Hintergrund getreten. Diese Entwicklung hin zu einem Ausbau der Haftung des Schädigers hat schrittweise eingesetzt und verschiedene Ursachen[446]. Dabei ist zum einen der durch die Rechtsprechung des BGH forcierte **Ausbau schutzwürdiger Rechte** zu nennen, wie beispielsweise die Anerkennung eines Rechts am eingerichteten und ausgeübten Gewerbebetrieb als sonstiges Recht i. S. v. § 823 Abs. 1[447]. Zum anderen kam es auch zu einer **Objektivierung des Haftungsmaßstabs**, welche im Rahmen der Verschuldensprüfung einen Wechsel von subjektiven Kriterien, wie sie vor allem für das Strafrecht kennzeichnend sind, hin zu einem haftungsfreundlichen objektiven Fahrlässigkeitsmaßstab mit sich brachten[448]. Auch die Statuierung und Konkretisierung von Verkehrssicherungspflichten sind in diesem Zusammenhang zu nennen. Die Gründe für diese Entwicklung sind, wie erwähnt, vielfältig. *Fuchs/Pauker* nennen u. a. das gesteigerte Sicherheitsverlangen des Bürgers als einen wichtigen Aspekt[449]. Im Vordergrund steht nicht mehr die Schuld, sondern der Ausgleich des Schadens. Ein Beispiel für diese von der Judikatur beförderte Entwicklung stellen auch die den Beweis der Haftungsvoraussetzungen erleichternden Grundsätze der deliktsrechtlichen Produzentenhaftung dar. Was dagegen die Schadensabwicklung in der Praxis betrifft, ist das **Entstehen von Gläubiger- und Solidargemeinschaften** ein jüngeres Phänomen, das den Ausgleich im Verhältnis von Schädiger zum Geschädigten überlagert[450]. Beide treten in der forensischen Praxis häufig nicht mehr selbst in Erscheinung, vielmehr wird im Haftungsprozess heute die Frage geklärt, ob der Schadensersatz von einem Vorsorgeträger oder von einem Haftpflichtversicherer zu leisten ist (sog. System kollektiver Sicherungen)[451]. 129

443 *Fuchs/Pauker*, Delikts- und Schadensersatzrecht, S. 2.
444 *Kötz/Wagner*, Deliktsrecht, Rn. 8.
445 Dazu *Larenz/Canaris*, Schuldrecht BT II/2, SBT 2 § 75 I 1b; *Looschelders*, Schuldrecht BT, § 56 Rn. 1168; *Katzenmeier* AcP 203 (2003), 79, 113 ff.
446 Ausführlich auch *Fuchs/Pauker*, Delikts- und Schadensersatzrecht, S. 4 ff.
447 *Fuchs/Pauker*, Delikts- und Schadensersatzrecht, S. 4, 5; kritisch *Canaris* VersR 2005, 577 f., 584.
448 *Medicus/Lorenz*, Schuldrecht I, 368 f., 396; *Fuchs/Pauker*, Delikts- und Schadensersatzrecht, S. 5.
449 *Fuchs/Pauker*, Delikts- und Schadensersatzrecht, S. 4 ff., im Anschluss an *Kötz/Wagner*, Deliktsrecht, Rn. 48.
450 Dazu auch *Fuchs/Pauker*, Delikts- und Schadensersatzrecht, S. 6 f.
451 *Fuchs/Pauker*, Delikts- und Schadensersatzrecht, S. 4 ff.; *Fuchs* AcP 191 (1991), 318 (319 ff.); näher auch *Wandt*, § 15 Rn. 4 f.

V. Abgrenzung von Verschuldenshaftung und Gefährdungshaftung

130 Wie bereits gesehen (oben III), folgt das deutsche Deliktsrecht für den Großteil seiner Tatbestände dem **Verschuldensprinzip**[452]. Hiernach muss mit Haftung nur rechnen, wer den Schaden eines anderen vorsätzlich oder fahrlässig verursacht hat. Die wichtigsten Grundtatbestände der Verschuldenshaftung sind §§ 823 Abs. 1, Abs. 2 und § 826 (letzterer mit der Begrenzung auf vorsätzliches Handeln). Weitere Beispiele für eine Verschuldenshaftung stellen §§ 824, 825, 839, 839a dar. Dabei obliegt grundsätzlich dem Geschädigten (in einem Schadensersatzprozess also regelmäßig dem Kläger) die Beweislast für die Voraussetzungen des Verschuldens des Schädigers[453]. In Ausnahme hierzu hat der Gesetzgeber jedoch auch Tatbestände geschaffen, welche für das Verschulden des Schädigers eine Vermutung aufstellen (**Haftung für vermutetes Verschulden**)[454], wie die Haftung für den Verrichtungsgehilfen (§ 831) und die Haftung des Aufsichtspflichtigen (§ 832) sowie des Nutztierhalters (§ 833 S. 2). Bei solchen Tatbeständen geht die Beweislast auf den Schädiger über. Vom Gesetzgeber umschrieben werden diese Tatbestände regelmäßig durch Formulierungen wie „Die Ersatzpflicht tritt nicht ein, wenn ...“, die sich beispielsweise in § 831 Abs. 1 S. 2 und § 832 Abs. 1 S. 2 findet[455]. Weitere Beispiele stellen §§ 833 S. 2, 834, 836–838 sowie § 18 StVG und §§ 44, 45 LuftVG dar.

131 Auf ein konkretes Verschulden des Schädigers wird demgegenüber von den Tatbeständen verzichtet, die eine **Gefährdungshaftung** statuieren[456]. Anknüpfungspunkt für eine strenge Haftung ist hier der Umstand, dass eine Person Halter einer gefährlichen Sache ist oder eine gefährliche Tätigkeit ausübt. Beispiele stellen die Haftung des Luxustierhalters (§ 833 S. 1) oder auch des Kraft- oder Luftfahrzeughalters (§§ 7 StVG, 33 LuftVG) dar. Da von diesen Gegenständen oder Verhaltensweisen üblicherweise höhere Gefahren ausgehen, sind auch bei Anwendung der erforderlichen Sorgfalt Schäden an fremden Rechtsgütern nicht immer zu vermeiden[457], sodass der Nutznießer dieser Gegenstände oder Verhaltensweisen in jedem Fall auch für die aus ihnen resultierenden Schäden einzustehen hat[458]. Hiergegen wird er durch Versicherungen Vorsorge betreiben[459].

> **Bsp.:** Kraftfahrzeughalter A zieht die Vorteile aus seinem KfZ und soll deswegen nach § 7 StVG auch für die mit dem Fahrzeuggebrauch verbundenen Schäden anderer Personen einzustehen haben.

Während im 19. Jahrhundert noch wenige Tatbestände einer Gefährdungshaftung existierten (beispielsweise im Reichshaftpflichtgesetz[460]), führte im 20. Jahrhun-

---

452 *Wandt*, § 14 Rn. 4; *Canaris* VersR 2005, 577 ff. sieht darin eine der Grundsatzentscheidungen des deutschen BGB: „Das Grundmodell des deutschen Deliktsrechts wird, wenn ich recht sehe, durch zwei Hauptcharakteristika geprägt. Das erste besteht darin, dass das BGB die Deliktshaftung als Einstandspflicht für schuldhaftes Unrecht konzipiert, das zweite darin, dass in drei „kleinen“ Generalklauseln tatbestandlich präzisiert wird, was Unrecht ist“.

453 BGHZ 101, 172 (179); *Musielak/Voit*, Grundkurs ZPO, § 6 Rn. 476; *Rosenberg/Schwab/Gottwald*, § 114 Rn. 7 f.

454 *Looschelders*, Schuldrecht BT, § 56 Rn. 1169.

455 Siehe im Übrigen auch die außerdeliktischen Tatbestände in § 280 Abs. 1 S. 2 und § 476.

456 Bei Lichte betrachtet lässt sich die Gefährdungshaftung nicht unter den Begriff Delikt fassen, da sie gerade ein solches nicht voraussetzt, treffend *Canaris* VersR 2005, 577 (582 ff.); *Medicus/Lorenz*, Schuldrecht II, Rn. 1229; *Larenz/Canaris*, Schuldrecht BT II/2, § 75 I 2d, S. 352.

457 *Medicus/Lorenz*, Schuldrecht II, Rn. 1229; *Kötz/Wagner*, Deliktsrecht, Rn. 8; *Wandt*, § 14 Rn. 5.

458 Staudinger/*Hager*, Eckpfeiler des Zivilrechts, Unerlaubte Handlungen, Rn. 108.

459 Staudinger/*Hager*, Eckpfeiler des Zivilrechts, Unerlaubte Handlungen, Rn. 108.

460 RHPflG vom 7. Juni 1871, RGBl. S. 207; noch heute in Kraft als HPflG; vgl. auch *Fuchs/Pauker*, Delikts- und Schadensersatzrecht, S. 5 ff.

dert die Zunahme besonders gefahrenträchtiger Unternehmungen zugleich zu einem Ausbau der Gefährdungshaftung für die Betreiber[461]. Entsprechende Tatbestände stellen u. a. §§ 25 f. AtG, 32 GenTG, § 1 ProdHaftG, § 1 UmweltHaftG, § 33 LuftVG und § 717 Abs. 2 S. 1 ZPO dar.

Diese **tatbestandliche Mehrspurigkeit des deutschen Haftungsrechts**, welche durch die **Unterscheidung in Verschuldens- und Gefährdungshaftung** gekennzeichnet ist, erscheint sehr sachgerecht[462], und muss gegen jüngere Versuche, Einheitskonzepte zu generieren, welche einen „großen Eintopf mit zwar reichhaltigen und gut ausgewählten, aber tatbestandlich und dogmatisch ungeordneten Haftungselementen" beinhalten[463], nachdrücklich verteidigt werden[464]. 132

VI. Abgrenzung zum Vertragsrecht

1. Allgemeines

Auch im **Vertragsrecht** wird das rechtswidrige und schuldhafte Verhalten einer Person, das Schaden verursacht, mit einer Haftung sanktioniert. § 280 Abs. 1 knüpft insoweit an eine **Pflichtverletzung** an[465]. Über die Grundsätze der *culpa in contrahendo* (§ 311) ist dabei auch der vorvertragliche Zeitraum haftungsrechtlich abgedeckt. Neben den Vertragsparteien können auch dritte Personen in den Schutzbereich des Vertrages oder der quasivertraglichen Haftung einbezogen sein. Hingegen enthalten die Tatbestände des Deliktsrechts mit Haftung sanktionierte **Verhaltensregeln**, die **gegenüber jedermann** wirken[466]. Das Verbot des *neminem laedere* gilt absolut und kennt keine personellen Begrenzungen[467]. 133

2. Nebeneinander von vertraglicher und deliktischer Haftung

Die Schutzinteressen von Vertrags- und Deliktsrecht divergieren. Während das Vertragsrecht den Schutz des **Äquivalenzinteresses** (den Erwerbsschutz) im Blick hat, will das Deliktsrecht die **Integrität** der bereits existenten Rechtsgüter des Einzelnen wahren (Bestandsschutz). Werden die tatbestandlichen Voraussetzungen sowohl für einen vertraglichen als auch für einen deliktischen Anspruchstatbestand erfüllt, spricht man von **Anspruchskonkurrenz**[468]. Obwohl die Ansprüche nebeneinander zur Anwendung kommen, steht die volle Schadensersatzsumme dem Geschädigten selbstverständlich nur einmal zu[469]. Vertragliche Vereinbarungen wie ein Haftungsausschluss können dabei auf den Deliktsanspruch durchschlagen[470]. Die kürzere vertragliche Verjährungsfrist (beispielsweise nach § 438 Abs. 1 Nr. 3) ist jedoch auf den delikti- 134

461 *Fuchs/Pauker*, Delikts- und Schadensersatzrecht, S. 6.
462 *Canaris* VersR 2005, 577 f.
463 Mit Recht kritisch *Canaris* VersR 2005, 577 ff.
464 Vgl. zu dieser Unterscheidung auf europäischer Ebene auch die „*Principles of European Tort Law*" der *European Group on Tort Law*, ZEuP 2004, 427 ff.
465 *Wandt*, § 15 Rn. 2.
466 Vgl. statt vieler Bamberger/Roth/*Faust*, § 437 Rn. 197.
467 *Larenz/Canaris*, Schuldrecht BT II/2, § 75 I 2 c, S. 352; *Althammer* JA 2006, 697 ff.
468 Dazu BGHZ 67, 359 (362 f.); *Franzen* JZ 1999, 702 (705); *Timme* JA 1999, 848; zu Fragen der Konkurrenz auch *Thomale* JuS 2013, 296 ff.; *Brox/Walker*, Allgemeines Schuldrecht, § 4 Rn. 141; vgl. dazu auch oben Rn. 2 ff.
469 *Brox/Walker*, Besonderes Schuldrecht, § 44 Rn. 1; *Wandt*, § 1 Rn. 6.
470 OLG Karlsruhe NJW-RR 2004, 1257 (Haftungsausschluss bei Segelregatta); dazu auch *Wandt*, § 1 Rn. 8.

schen Anspruch im Allgemeinen nicht anwendbar. Es gilt vielmehr die regelmäßige Verjährungsfrist von drei Jahren (§ 195). Weitere Unterschiede betreffen die vertragliche **Haftung für Erfüllungsgehilfen** (§ 278) im Gegensatz zur deliktischen **Verantwortlichkeit für Verrichtungsgehilfen** (§ 831)[471]. Im Deliktsrecht trägt grundsätzlich der Anspruchsteller die **Beweislast** für alle Tatbestandsmerkmale, während im Bereich vertraglicher Schadensersatzansprüche § 280 Abs. 1 S. 2 eine wichtige Beweislastumkehr zu Gunsten des Geschädigten vorsieht[472]. Die Konkurrenz vertraglicher und deliktischer Ansprüche wird, wenn man einen rechtsvergleichenden Blick wagen will, im französischen Recht im Gegensatz zur deutschen Rechtsordnung nach dem Grundsatz des *non cumul* dadurch gelöst, dass vertragliche Ansprüche den Vorrang haben[473].

Bsp.: Der beauftragte Schreinermeister zerbricht bei der Arbeit eine wertvolle Standuhr des Auftraggebers. – Neben der Verletzung einer vertraglichen Nebenpflicht (§§ 241 Abs. 2, 280 Abs. 1) wurde auch eine unerlaubte Handlung nach § 823 Abs. 1 (Eigentumsverletzung) verübt.

Für den **Klausuraufbau** bleibt festzuhalten, dass vertragliche Ansprüche stets vor deliktischen Ansprüchen zu untersuchen sind.

1. Abschnitt: **Verschuldenshaftung**

§ 7 Haftung nach § 823 Abs. 1

I. Prüfungsaufbau

135

Haftung nach § 823 Abs. 1
1. Verletzung eines Rechtsguts oder Rechts
2. Verletzungshandlung (Tun oder Unterlassen)
3. Haftungsbegründende Kausalität
a) Äquivalenztheorie
b) Adäquanztheorie
c) Lehre vom Schutzzweck der Norm
4. Rechtswidrigkeit
5. Verschulden (Verschuldensfähigkeit und Verschuldensform)
6. Schaden
7. Kausalität zwischen Rechtsgutsverletzung und Schaden (haftungsausfüllende Kausalität)
8. Mitverschulden, § 254
9. Verjährung, §§ 195, 199

---

471 Zur Abgrenzung ausführlich *Medicus/Lorenz*, Schuldrecht I, Rn. 379 ff.; *Wandt*, § 1 Rn. 14.
472 Aus prozessualer Sicht anschaulich *Pohlmann*, Zivilprozessrecht, Rn. 353.
473 Vgl. dazu aus Sicht des IPR etwa Bamberger/Roth/*Spickhoff*, Art. 4 Rom II-VO Rn. 4. Allerdings hätte § 200 BGB i. d. F. des Entwurfs der Kommission zur Überarbeitung des Schuldrechts aus dem Jahre 1991 einen Vorrang der vertraglichen Verjährung einführen wollen, wozu es jedoch nicht kam, *Gsell* NJW 2004, 1913 (1915, Fn. 29).

II. Der Grundtatbestand deliktsrechtlicher Verantwortlichkeit

Die in der Praxis **wichtigste Anspruchsgrundlage** stellt die in gesetzessystematischer Hinsicht erste des Deliktsrechts dar, § 823 Abs. 1[474]. Konzipiert ist sie als sog. kleine Generalklausel (siehe oben § 1 II)[475]. Nach § 823 Abs. 1 muss derjenige Schadensersatz leisten, der einen anderen widerrechtlich und schuldhaft in einem Recht oder Rechtsgut verletzt. Die Vorschrift schützt nur einen kleinen Kreis an Rechtsgütern und Rechten, erlaubt aber, anders als § 823 Abs. 2 und § 826, die Sanktionierung aller Verschuldensformen (Vorsatz, Fahrlässigkeit)[476]. Hingegen weisen die beiden anderen, in subjektiver Hinsicht begrenzten kleinen Generalklauseln hinsichtlich der geschützten Interessen keine Restriktionen auf[477]. Im Rahmen der Darstellung von § 823 Abs. 1 sollen im Folgenden zugleich auch diejenigen Voraussetzungen erläutert werden, die grundsätzlicher Art sind und für alle Tatbestände der Verschuldenshaftung Anwendung finden, sodass später darauf Bezug genommen werden kann. 136

III. Verletzung eines Rechtsguts oder Rechts

Die Haftung nach § 823 Abs. 1 erfordert zunächst die Verletzung eines der genannten **Rechtsgüter** (Leben, Körper, Gesundheit, Freiheit) bzw. eines **absoluten Rechts** (Eigentum oder ein sonstiges Recht). Insoweit wird der Grundsatz des *neminem laedere* in dieser kleinen Generalklausel nur eingeschränkt umgesetzt[478]. Vor allem kommt dem Vermögen als solchem kein unmittelbarer deliktsrechtlicher Schutz zu[479]. Rechtsgüter können im Gegensatz zu den absoluten Rechten nicht zum Gegenstand besonderer Rechte erhoben werden, weil sie untrennbar mit der Person des Rechtsträgers verbunden sind[480]. Alle im Tatbestand des § 823 Abs. 1 genannten Rechte und Rechtsgüter wirken aufgrund ihres absoluten Charakters gegenüber jedermann. Im Gegensatz dazu verpflichten relative Rechte (vgl. etwa § 433 Abs. 2) nur den Vertragspartner. 137

1. Verletzung des Lebens

Eine Verletzung des Lebens kann nur durch die Tötung des Opfers verwirklicht werden[481]. Der Tod tritt nicht im Moment des Herz-Kreislaufversagens, sondern erst mit dem Hirntod ein[482]. Für den getöteten Menschen selbst entstehen allerdings keine Schadensersatzansprüche, da mit dessen Tod die Rechtsfähigkeit endet[483]. Dritten (insbesondere Erben oder Unterhaltsberechtigten) stehen lediglich in den Grenzen von §§ 844 f. Ersatzansprüche wegen der Tötung eines Menschen zu[484]. Dieser Umstand wird teilweise als der überragenden Bedeutung des 138

---

474 *Larenz/Canaris*, Schuldrecht BT II/2, § 76 I 2 a, S. 375: Zentralnorm des Deliktsrechts; *Fuchs/Pauker*, Delikts- und Schadensersatzrecht, S. 11; Soergel/*Spickhoff*, § 823 Rn. 1: „stiltypische und stilbildende Norm des deutschen Haftungs- und insbesondere des deutschen Deliktsrechts".

475 *Althammer* JA 2006, 697 ff.

476 *Canaris* VersR 2005, 577 ff., 583.

477 *Canaris* VersR 2005, 577 ff., 583.

478 *Frank* JA 1979, 583; *Althammer* JA 2006, 697.

479 *Looschelders*, Schuldrecht BT, § 56 Rn. 1170.

480 *Wandt*, § 16 Rn. 2; *Medicus/Lorenz*, Schuldrecht II, Rn. 1270.

481 *Medicus/Lorenz*, Schuldrecht II, Rn. 1271.

482 Ganz h. M., siehe nur: Bamberger/Roth/*Spindler*, § 823 Rn. 29 m. zahlr. w. N.; Soergel/*Spickhoff*, § 823 Rn. 31.

483 Siehe besonders plastisch Erman/*Schiemann*, § 823 Rn. 16: „Tote haben keine Ansprüche".

484 Bamberger/Roth/*Spindler*, § 823 Rn. 29. Siehe hierzu auch unten zu § 844 Rn. 272 ff.

menschlichen Lebens nicht angemessen bezeichnet[485]. Auszugleichen sind aber die dem Erben bis zum Tod entstandenen Behandlungskosten gemäß §§ 249 Abs. 2 S. 1, 1922 Abs. 1 (keine Verletzung des Lebens, sondern Verletzung des Körpers oder der Gesundheit)[486], die Bestattungskosten gemäß § 844 Abs. 1 und der etwaige Unterhaltsschaden gemäß § 844 Abs. 2[487]. Auch der etwaigen Dienstberechtigten (vgl. §§ 1619, 1754 bis 1756) entstehende Schaden nach § 845 ist zu berücksichtigen[488].

139 Die Judikatur erkennt überdies an, dass vor dem Todeseintritt Schadensersatzansprüche beim Getöteten entstehen können, wenn und soweit die Verletzung des Opfers im Vergleich zum späteren Tod eine eigenständige Bedeutung besitzt (Haftungsgrund ist die Körper- oder Gesundheitsverletzung)[489]. Dies ist nicht der Fall, wenn der Tod alsbald nach der Verletzungshandlung eintritt, ohne dass der Verletzte das Bewusstsein wiedererlangt hat[490]. Im Falle seines Entstehens geht der Anspruch im Wege der Universalsukzession nach § 1922 Abs. 1 auf die Erben über.

2. Verletzung des Körpers und der Gesundheit

140 a) **Grundlagen.** Große Bedeutung im Bereich der unerlaubten Handlungen kommt dem Schutz von Körper und Gesundheit zu. Eine **Verletzung des Körpers** ist anzunehmen, wenn in die **körperliche Integrität** eines Menschen eingegriffen wird[491]. Eine Körperverletzung liegt aber nicht nur bei Verletzung der „äußeren Substanz" des Körpers vor. In gleicher Weise beinhaltet eine Ohrfeige tatbestandlich gesehen eine Körperverletzung[492]. Auch die Gabe schädigender Substanzen zur inneren Einnahme erfüllt den Tatbestand[493].
Eine **Gesundheitsschädigung** ist anzunehmen, wenn die physische, psychische oder mentale Befindlichkeit des Menschen erheblich beeinträchtigt wird[494].

> **Bsp.:** Lärm, der Schlafstörungen verursacht bzw. die üblen Gerüche einer Kläranlage können bereits die Gesundheit schädigen[495]; ebenso stellt die Ansteckung mit dem HIV-Virus eine Gesundheitsverletzung dar[496].

Deswegen ist auch in der Verursachung psychischer Erkrankungen, wie Depressionen und Neurosen, anerkanntermaßen eine Gesundheitsverletzung zu sehen[497]. Hingegen wird ein sog. „Schockschaden" nach der h. M. nur dann als eine Gesundheitsverletzung verstanden, wenn ein gewisser Schwellenwert er-

---

485 Siehe zu den unterschiedlichen Ansätzen MüKo/*Wagner*, § 823 Rn. 127, insbesondere mit Hinweisen auf die ökonomische Interpretationsmethode; *Schäfer/Ott* JZ 1990, 569 ff.
486 *Wandt*, § 16 Rn. 3.
487 *Larenz/Canaris*, Schuldrecht BT II/2, § 83 II 1 a, S. 588; *Wandt*, § 16 Rn. 3.
488 *Wandt*, § 16 Rn. 3.
489 BGHZ 138, 388 (391 ff.) m. w. N.
490 Vgl. BGHZ 138, 388 (394).
491 BGH NJW 1980, 1452 (1453); MüKo/*Wagner*, § 823 Rn. 133; *Fuchs/Pauker*, Delikts- und Schadensersatzrecht, S. 12. Vgl. zur Beschneidung die umstrittene Entscheidung des LG Köln NStZ 2012, 449.
492 *Larenz/Canaris*, Schuldrecht BT II/2, § 76 II 1 a, S. 377; *Althammer* JA 2006, 697 (698). Ebenso verwirklicht das harmlose Abschneiden von Haaren den Tatbestand.
493 MüKo/*Wagner*, § 823 Rn. 133.
494 Vgl. BGHZ 114, 284 (289); *Deutsch/Ahrens*, Deliktsrecht, Rn. 241 f.; *Fuchs/Pauker*, Delikts- und Schadensersatzrecht, S. 12; *Althammer* JA 2006, 697 (698); auf die Krankhaftigkeit der Beeinträchtigung abstellend z. B. *Larenz/Canaris*, Schuldrecht BT II/2, § 76 II 1 a, S. 377.
495 *Althammer* JA 2006, 697 (698).
496 BGH NJW 1991, 1948.
497 *Larenz/Canaris*, Schuldrecht BT II/2, § 76 II 1, S. 378.

reicht ist (näher Rn. 148)[498]. Vor allem in der Praxis wird zwischen den beiden genannten Rechtsgütern Körper und Gesundheit nicht immer differenziert, weil üblicherweise die Verletzung dieser beiden Rechtsgüter Hand in Hand geht[499]. Überdies weichen weder die Haftungsvoraussetzungen noch der Haftungsumfang im Fall der Verletzung des Körpers oder der Gesundheit voneinander ab[500].

Bsp.: Im Falle eines Schlages mit der Faust ins Gesicht wird sowohl in die körperliche Integrität eingegriffen, als auch die Befindlichkeit erheblich beeinträchtigt.

Nur eine Körperverletzung ist gegeben, wenn durch eine „leichte" körperliche Misshandlung wie eine Ohrfeige keine gesundheitliche Beeinträchtigung entsteht[501]. In diesem Zusammenhang ist jedoch in der Klausur auch an eine **Persönlichkeitsrechtsverletzung** zu denken[502]. Andererseits kann auch eine Gesundheitsverletzung isoliert verwirklicht werden. Vorstellbar ist dies bei psychischen oder mentalen Verletzungen[503]. Nicht einheitlich beantwortet wird auch die Frage, welche Intensität die Beeinträchtigung annehmen muss, um eine Gesundheitsverletzung darzustellen. 141

b) Einzelne Fallgruppen. – aa) Ärztlicher Heileingriff. Nach ganz h. M. erfüllt (auch) ein zum Zweck der Heilung eines Patienten vorgenommener ärztlicher Eingriff die Voraussetzungen von § 823 Abs. 1[504]. Judikatur und h. L. erkennen im ärztlichen Heileingriff eine Beeinträchtigung der körperlichen Integrität[505] – nicht ausgeschlossen ist auch eine Verletzung der Gesundheit –, welche nur auf der **Rechtfertigungsebene** durch eine **Einwilligung**[506] des Geschädigten gerechtfertigt werden kann[507]. Diese wiederum ist an **eine vorherige umfassende ärztliche Aufklärung** geknüpft, damit sie als wirksam angesehen werden kann.[508] Diese Rechtsprechung betrifft nur einen zu Heilzwecken und *de lege artis* erfolgreich durchgeführten Eingriff. 142

Von einer a. A. wird hingegen das Vorliegen einer tatbestandlichen Körperverletzung bestritten. Stattdessen hebt diese im Falle einer Behandlung ohne ausreichendes Einverständnis des Geschädigten auf eine **Verletzung seines allgemeinen Persönlichkeitsrechts** ab[509]. Der h. M. wird vorgeworfen, sie konstruiere eine Körperverletzung, um zu einer für den Patienten günstigeren Beweislastverteilung[510] zu gelangen[511]. Auch würde der Berufsstand der Ärzte unter Generalver-

---

498 BGHZ 56, 163 (167); BGH NJW 1989, 2317.
499 Siehe nur *Larenz/Canaris*, Schuldrecht BT II/2, § 76 II 1 b, S. 378.
500 MüKo/*Wagner*, § 823 Rn. 133.
501 *Larenz/Canaris*, Schuldrecht BT II/2, § 76 II 1 b, S. 378.
502 Hierzu siehe unten Rn. 173 ff.; siehe auch MüKo/*Wagner*, § 823 Rn. 133.
503 *Larenz/Canaris*, Schuldrecht BT II/2, § 76 II 1 b, S. 378.
504 Dazu statt vieler auch *Fuchs/Pauker*, Delikts- und Schadensersatzrecht, S. 12.
505 RGZ 68, 431 (434); BGHZ 29, 46 (49); 166, 336 (339); Soergel/*Spickhoff*, Anh. I zu § 823 Rn. 52 m. w. N.; *Wandt*, § 16 Rn. 7.
506 Siehe zur Einwilligung im Deliktsrecht Rn. 257.
507 Soergel/*Spickhoff*, Anh. I zu § 823 Rn. 52; *Wandt*, § 16 Rn. 7.
508 Eingehend auch *Medicus*, Gesetzliche Schuldverhältnisse, S. 22 f.
509 Vgl. *Laufs* VersR 1972, 1 (5 f.); *Larenz/Canaris*, Schuldrecht BT II/2, § 76 II 1 g, S. 383 f.; *Brüggemeier*, Deliktsrecht, Rn. 696 ff.
510 BGHZ 159, 48 (53 ff.). Die Beweislast für eine angeblich erklärte Einwilligung trägt nach den allgemeinen Grundsätzen der Arzt, da deren Vorliegen eine für ihn günstige Tatsache darstellen würde. Vgl. zur Beweislastumkehr bei groben Behandlungsfehlern insbesondere BGHZ 99, 391; BGH MDR 2011, 224; *Wandt*, § 16 Rn. 8.
511 *Larenz/Canaris*, Schuldrecht BT II/2, § 76 II 1 g, S. 383 f., mit dem Vorschlag, im Rahmen der Persönlichkeitsrechtsverletzung eine Beweislastumkehr zu Gunsten des Patienten vorzunehmen.

dacht gestellt[512]. Trotz dieser verständlichen Kritik erweist sich die h. M. aber vor allem aus dogmatischen Gründen als richtig. Allein die achtenswerte Motivation des Eingreifenden sollte der Feststellung einer Rechtsgutverletzung in keinem Rechtsgebiet entgegenstehen[513].

143 **bb) Abgrenzung zwischen Körper- und Eigentumsverletzung.** In der Rechtspraxis als problematisch hat sich auch das Verhältnis der Körper- zur Eigentumsverletzung bei abgetrennten oder ausgesonderten Körperbestandteilen erwiesen[514]. Hintergrund dieser Abgrenzungsproblematik ist, dass grundsätzlich nur für die Verletzung der in § 253 Abs. 2 genannten Rechtsgüter ein Schmerzensgeldanspruch gewährt werden kann (vgl. § 253 Abs. 1). Dazu rechnen nicht das Eigentums- oder Persönlichkeitsrecht, jedoch die Körper- und Gesundheitsverletzung[515].

Bsp.[516]**:** M lässt wegen einer zur Zeugungsunfähigkeit führenden Operation Spermazellen bei der spezialisierten Firma F fachgerecht konservieren. Als M die Spermazellen zurückerhalten möchte, stellt sich heraus, dass diese bei F schuldhaft vernichtet wurden. M fordert neben Schadensersatz auch ein angemessenes Schmerzensgeld (§ 253 Abs. 2). – Der BGH hat im Ergebnis einen Anspruch auf Schmerzensgeld wegen der Verletzung des Körpers bejaht. Begründet wird dies damit, dass Körperteile, die zur späteren Verwendung oder Wiedereingliederung vom restlichen Körper getrennt werden, im haftungsrechtlichen Sinne Bestandteil desselben bleiben sollen, da sie mit diesem noch immer eine „funktionale Einheit“ bilden. Insoweit kommt nach Auffassung des BGH auch dem aus dem allgemeinen Persönlichkeitsrecht folgenden Selbstbestimmungsrecht des Rechtsträgers für das Schutzgut Körper große Bedeutung zu (Wunsch zur Familienplanung)[517]. Insoweit wird das Recht am eigenen Körper „als gesetzlich ausgeformter Teil des allgemeinen Persönlichkeitsrechts“ verstanden. Der BGH zieht somit eine Parallele zu Fällen, in denen beispielsweise Blut zur Eigentransfusion oder Eizellen zur künstlichen Befruchtung entnommen werden. Hingegen würde eine Körperverletzung ausscheiden, wenn das abgetrennte Körperteil (etwa im Fall einer Organspende) nicht mehr die Funktionen des eigenen Körpers aufrecht erhalten soll[518].

Auch diese Judikatur hat Kritik erfahren[519]. Denn nach sachenrechtlichen Grundsätzen würde sich grundsätzlich das Recht des Betroffenen am abgetrennten Körperteil in Sacheigentum umwandeln, was auch der BGH durchaus erkennt[520]. Indem er aber den Schutz des Körpers in § 823 Abs. 1 (zielgerichtet) weiter fasst, besteht die Gefahr, dass die klaren gesetzlichen Wertungen des § 253 aufgeweicht werden, wenngleich die Entscheidung auf menschlicher Ebene nachzuvollziehen ist.

144 **cc) Wrongful birth/wrongful life.** Unter diesen beiden Schlagwörtern werden im Schrifttum und in der Praxis zwei unterschiedliche Fallgestaltungen erörtert.

145 **(1) Wrongful birth.** In der mit „Wrongful birth“ umschriebenen Fallgestaltung wird ein Kind geboren, das nach dem Willen der Eltern nicht hätte geboren werden

---

512 *Katzenmeier*, Arzthaftung, S. 120.
513 MüKo/*Wagner*, § 823 Rn. 759.
514 Dazu etwa auch *Fuchs/Pauker*, Delikts- und Schadensersatzrecht, S. 13.
515 Zu den speziellen Ersatzmöglichkeiten für immaterielle Nachteile bei Persönlichkeitsrechtsverletzungen siehe unten Rn. 205.
516 Fall nach BGH NJW 1994, 127; dazu *Fuchs/Pauker*, Delikts- und Schadensersatzrecht, S. 13.
517 BGH NJW 1994, 127; *Riehm*, JuS Lern-CD Zivilrecht I, Rn. 469.
518 BGH NJW 1994, 127 (128).
519 Siehe bereits die Anmerkung von *Laufs/Reiling* NJW 1994, 775 ff.; *Rohe* JZ 1994, 830; *Medicus/Lorenz*, Schuldrecht II, Rn. 1272.
520 BGH NJW 1994, 127; kritisch auch Bamberger/Roth/*Spindler*, § 823 Rn. 31.

sollen (etwa bei einer **missglückten Sterilisation** oder **Abtreibung**)[521]. Klärungsbedürftig erscheint zunächst die Frage, inwieweit die Kindesmutter Schadensersatz für die ungewollte Schwangerschaft beanspruchen kann. Sie ist zu bejahen, wenn man ähnlich wie beim ärztlichen Heileingriff (s. oben b, aa) auch für die ungewollte Schwangerschaft eine Körper- bzw. Gesundheitsverletzung annimmt[522]. Dazu kann auf die durch Schwangerschaft und Geburt entstehenden weitreichenden körperlichen Veränderungen und Schmerzen verwiesen werden[523]. Von anderer Seite wird darauf hingewiesen, dass in einem solchen Fall lediglich das allgemeine Persönlichkeitsrecht der Mutter verletzt sei[524], was den Zuspruch von Schmerzensgeld (§ 253 Abs. 2) nur unter erschwerten Bedingungen erlaubt[525].
Von größerer wirtschaftlicher Bedeutung ist aber, ob die **entstehenden Unterhaltspflichten** beider Elternteile als Schaden geltend gemacht werden können.[526] Der 2. Senat des BVerfG hat sich in einer Entscheidung aus dem Jahr 1993 dagegen gewandt, Schadensersatzansprüche wegen Unterhaltspflichten für ein „ungewolltes" Kind zu gewähren[527]. In diesem Fall würde das menschliche Leben des Kindes als Schaden begriffen, was mit der Menschenwürde (Art. 1 Abs. 1 GG) nicht zu vereinbaren sei. Der BGH hingegen sieht es insbesondere in Fällen fehlgeschlagener Sterilisation als vertretbar an, dem behandelnden Arzt eine Schadensersatzpflicht für entstehende Unterhaltskosten aufzubürden[528], was auch grundsätzlich die Billigung des 1. Senats des BVerfG gefunden hat[529]. Zumindest aus der Sicht des Bürgerlichen Gesetzbuches stellt der anfallende Kindesunterhalt eine in vermögensrechtlicher Hinsicht relevante Schadensposition dar, für die es gilt, Ersatz zu schaffen[530]. Andernfalls würde dem Ärztestand auf diesem sensiblen wie wichtigen Gebiet mittelbar eine vollkommene Haftungsfreistellung im Falle von Behandlungsfehlern in Aussicht gestellt[531].
Hierbei wird der Schadensersatzanspruch der Kindesmutter regelmäßig über die Verletzung des Vertrags mit dem Arzt bzw. der Klinik (§§ 611, 280 Abs. 1) begründet, während für den Schadensersatzanspruch des Vaters (Unterhaltsschaden), der nicht selbst Vertragspartner wurde, die Konstruktion eines Vertrages mit Schutzwirkung zu Gunsten Dritter weiterhilft[532]. Ein deliktsrechtlicher Anspruch wegen der Körper- oder Gesundheitsverletzung ist zwar denkbar[533] und folglich in einer Klausur zu prüfen. Richtigerweise wird hier aber zumindest der Unterhaltsschaden nicht vom **Schutzzweck der Norm** umfasst, da § 823 Abs. 1 die Verhinderung ungewollten Lebens nicht garantieren will[534].

---

521 Letztere freilich nur, wenn sie auch straffrei (§§ 218 ff. StGB) und rechtmäßig wäre (§ 218a Abs. 2, Abs. 3 StGB), BGHZ 149, 236 (239 f.); 151, 133 (138 f.).
522 So auch die h. M.: BVerfGE 88, 203 (295 f.); BGH NJW 1995, 2407 (2408); Soergel/*Spickhoff*, Anh. I zu § 823 Rn. 185, jeweils m. w. N.; *Riehm*, JuS Lern-CD Zivilrecht I, Rn. 469.
523 Sehr treffend MüKo/*Wagner*, § 823 Rn. 151; *Wandt*, § 16 Rn. 11 (Fallbeispiel).
524 *Brüggemeier*, Deliktsrecht, Rn. 187, 200; Erman/*Schiemann*, § 823 Rn. 18.
525 Vgl. dazu unten Rn. 205.
526 Dazu auch *Fuchs/Pauker*, Delikts- und Schadensersatzrecht, S. 16 f.
527 BVerfGE 88, 203 (295 f.).
528 BGH NJW 1995, 1609; NJW 2007, 989 (990) m. zahlr. N. zur älteren Rechtsprechung; zustimmend auch *Wandt*, § 16 Rn. 11 (mit entsprechendem Fallbeispiel).
529 BVerfGE 96, 375 (396 ff.).
530 Siehe z. B. § 844 Abs. 2; hierauf weist auch der 1. Senat des BVerfG a. a. O. hin; siehe auch RGZ 108, 86 (87 ff.).
531 BGHZ 124, 128 (139); MüKo/*Wagner*, § 823 Rn. 149 m. w. N.
532 BGHZ 76, 259 (262); siehe zu diesem Rechtsinstitut *Joussen*, Schuldrecht AT, Rn. 1207.
533 BGH NJW 1995, 2407 (2409); *Wandt*, § 16 Rn. 11.
534 *Riehm*, JuS Lern-CD Zivilrecht I, Rn. 469.

146 (2) **Wrongful life.** Bei der Thematik des **„wrongful life"** handelt es sich demgegenüber um die Frage, ob dem Kind selbst ein Schadensersatzanspruch wegen seines „ungeplanten" Lebens zustehen kann, was freilich nur dann in Frage kommt, wenn das Kind überhaupt an einer Körper- bzw. Gesundheitsverletzung (Behinderung) leidet. Als Alternative zu einem Leben mit Behinderung käme nur in Betracht, die **Schwangerschaft abzubrechen**[535].

Bsp.[536]: Mutter M erkrankt während der ersten Schwangerschaftswochen an Röteln, was der behandelnde Arzt A verkennt. Hätte A die M über die Krankheit aufgeklärt, hätte diese die Schwangerschaft abgebrochen, was auch straflos und rechtmäßig gewesen wäre. So kommt Kind K wegen der Röteln-Infektion der Mutter behindert zur Welt. Bestehen Schadensersatzansprüche des K? – Nach Auffassung des BGH ist dies zu verneinen[537]. Das behinderte Kind müsste zur Begründung seines Schadensersatzanspruchs vortragen, es sei vorzugswürdig, überhaupt nicht geboren worden zu sein. Mit Rücksicht auf den überragenden Stellenwert des Rechtsgutes „Leben" im Grundgesetz ist eine solche Argumentation nicht akzeptierbar[538], sodass richtigerweise bereits eine Rechtsgutsverletzung durch den Arzt nicht vorliegt. Für die Auffassung des BGH spricht auf Wertungsebene auch, dass wohl die allerwenigsten Menschen nie existiert haben möchten.

Mitunter wird kritisch eingewandt, dass nur ein eigener Schadensersatzanspruch des Kindes dem Geschädigten nach dem Tod der Eltern seinen Unterhalt sichere[539]. Jedoch verfügt das Kind dann über einen Pflichtteilsanspruch auf einen Teil des Nachlasses der Eltern (§ 2303 Abs. 1). Zudem können die zuständigen öffentlichen Stellen um Unterstützung ersucht werden, was nicht von vornherein unzumutbar erscheint[540].

147 (3) **Sonstige vorgeburtliche Verletzungen.** Die Situation ist eine andere, wenn ein Schwangerschaftsabbruch (aus rechtlichen Gründen) nicht vorgenommen worden wäre. Hier liegt kein Widerspruch in der Aussage des Kindes, es vorzuziehen, nicht durch (beispielsweise) einen Autounfall oder einen ärztlichen Fehler kurz vor dem Geburtsvorgang verletzt worden zu sein, da sich die Verletzung nicht auf das Entstehen des Lebens an sich bezieht. Jedoch besitzt der noch nicht geborene Mensch nach § 1 BGB an sich keine Rechtsfähigkeit. Dennoch ist nach den Wertungen des Grundgesetzes (Art. 1, 2 Abs. 1 GG) der deliktsrechtliche Schutz des werdenden Menschen nach § 823 Abs. 1 zwingend geboten[541]. Das Vorgesagte gilt sowohl für Schäden, die dem noch nicht Empfangenen (*nondum conceptus*) als auch dem zwar Empfangenen, aber noch nicht Geborenen (*nasciturus*) zugefügt werden[542]. Hingegen ist ein eigener Anspruch der Eltern nicht gegeben, weil die Schädigung des Kindes keine Rechtsgutverletzung der Eltern beinhaltet[543].

---

535 *Peifer*, Schuldrecht Gesetzliche Schuldverhältnisse, § 3 Rn. 16; *Wandt*, § 16 Rn. 11.
536 BGHZ 86, 240; *Riehm*, JuS Lern-CD Zivilrecht I, Rn. 469; vgl. auch *Peifer*, Schuldrecht Gesetzliche Schuldverhältnisse, § 3 Rn. 16.
537 BGHZ 86, 240 (251 f.); ebenso *Larenz/Canaris*, Schuldrecht BT II/2, § 76 II 1 f., S. 383; *Peifer*, Schuldrecht Gesetzliche Schuldverhältnisse, § 3 Rn. 16; a. A. MüKo/*Wagner*, § 823 Rn. 158; vgl. auch die Rechtslage in Frankreich und England, Nachweise bei MüKo/*Wagner*, § 823 Rn. 158.
538 *Riehm*, JuS Lern-CD Zivilrecht I, Rn. 469; *Peifer*, Schuldrecht Gesetzliche Schuldverhältnisse, § 3 Rn. 16; *Wandt*, § 16 Rn. 11.
539 Soergel/*Spickhoff*, Anh. I zu § 823 Rn. 193; MüKo/*Wagner* a. a. O.
540 Anders dagegen Soergel/*Spickhoff* a. a. O.
541 BGHZ 8, 243 (246): „Lues-Fall"; *Fuchs/Pauker*, Delikts- und Schadensersatzrecht, S. 13.
542 BGHZ 86, 240 (253); *Larenz/Canaris*, Schuldrecht BT II/2, § 76 II 1 h, S. 385; *Riehm*, JuS Lern-CD Zivilrecht I, Rn. 469; *Wandt*, § 16 Rn. 10, 11.
543 Vgl. auch *Wandt*, § 16 Rn. 10, 11.

Bsp.[544]: Ein Kind wurde mit angeborener Lues (= Syphilis-Infektion) zur Welt gebracht, da die Mutter im Krankenhaus eine entsprechend infizierte Bluttransfusion bekommen hatte. Das mit Schäden geborene Kind verlangt (vertreten durch die Mutter) Schadensersatz und Schmerzensgeld. – Da das Kind schon im Zeitpunkt der Empfängnis infiziert war, könnte eine Verletzung theoretisch verneint werden, weil das Kind niemals gesund war, vgl. auch § 823 Abs. 1 (Verletzung eines „anderen") und die Rechtsfähigkeit erst ab der Geburt beginnt, § 1. Entscheidend ist hier aber der Schaden an der Gesundheit des Kindes. Insoweit darf es wertungsmäßig keine Rolle spielen, dass die Rechtsfähigkeit erst mit der Geburt eintritt[545]. Die Leibesfrucht und das später geborene Kind sind identische Wesen und bedürfen besonderen Schutzes (vgl. Art. 1, 2 Abs. 2 GG). Auch §§ 844 Abs. 2 S. 2, 1923 Abs. 2 bringen den Schutz des *nasciturus* im BGB deutlich zum Ausdruck. Deliktische Schadensersatzansprüche wegen der Gesundheitsverletzung sind somit zu bejahen.

dd) **Schockschäden.** Unter einem Schockschaden wird eine Gesundheitsverletzung verstanden, die durch das Miterleben oder Erfahren von traumatisierenden Ereignissen ausgelöst wird[546]. 148

Bsp.: Raser R drängt den Autofahrer M von der Landstraße, wodurch dieser mit einem Baum am Straßenrand kollidiert und schwer verletzt wird. Der Zeuge Z sieht das Unfallgeschehen, erleidet einen Schock und fällt von seinem Fahrrad. Ehefrau F des M begibt sich nach Mitteilung der Verletzung ihres Mannes in Behandlung.

An diesem Fallbeispiel lässt sich erkennen, wie schwierig die Begrenzung der Haftung für Schockschäden ist. Gefordert wird zunächst für eine tatbestandsrelevante Gesundheitsbeeinträchtigung, dass die vom Opfer erlittenen Verletzungen über das **„normale" Maß von Trauer oder seelischem Gram**, den jeder empfinden würde, hinausgeht[547]. Im Übrigen muss im Rahmen der haftungsausfüllenden Kausalität (siehe Rn. 247) feststellbar sein, dass die Reaktion des mittelbar Geschädigten nicht völlig außer Verhältnis zum traumatisierenden Ereignis steht (psychische Kausalität)[548]. Um eine Ausuferung der Haftung zu vermeiden, erhalten nur diejenigen Personen einen Schadensersatzanspruch, die entweder **unmittelbare (aufgezwungene) Zeugen** des Geschehens oder **nahe Angehörige des Verletzten oder Getöteten** sind[549]. Auch im Hinblick auf das Verschulden sind besondere Voraussetzungen aufgestellt worden: So muss die eingetretene Verletzung für den Schädiger (theoretisch) voraussehbar sein[550]. Im oben genannten Beispielsfall steht somit, wenn die Erheblichkeitsschwelle überschritten ist, sowohl dem Z als auch der F ein Schadensersatzanspruch zu.

3. Freiheitsverletzung

Unter Freiheit i. S. d. § 823 Abs. 1 wird heute nur **die körperliche Bewegungsfreiheit** (Bsp.: „Einsperren einer Person"), nicht aber auch die allgemeine 149

---

544 BGHZ 8, 243: „Lues-Fall"; dazu auch *Peifer*, Schuldrecht Gesetzliche Schuldverhältnisse, § 3 Rn. 15.

545 *Riehm*, JuS Lern-CD Zivilrecht I, Rn. 469; *Wandt*, § 16 Rn. 10, 11.

546 Dazu auch *Althammer* JA 2006, 697 (698); *Looschelders*, Schuldrecht BT, § 58 Rn. 1206.

547 MüKo/*Wagner*, § 823 Rn. 81: zu überschreitende „Erheblichkeitsschwelle"; *Wandt*, § 16 Rn. 141; *Riehm*, JuS Lern-CD Zivilrecht I, Rn. 469; *Fuchs/Pauker*, Delikts- und Schadensersatzrecht, S. 19.

548 BGHZ 132, 341 (346); KG NZV 2003, 328 (329); Bamberger/Roth/*Spindler*, § 823 Rn. 33.

549 BGHZ 172, 263 (266 f.) zur ersten Fallgruppe; BGHZ 93, 351 (354 f.) zur zweiten; ferner: *Deutsch/Ahrens*, Deliktsrecht, Rn. 393 ff.; *Larenz/Canaris*, Schuldrecht BT II/2, § 76 II 1 e, S. 380 f.; MüKo/*Wagner*, § 823 Rn. 79.

550 *Riehm*, JuS Lern-CD Zivilrecht I, Rn. 469.

Handlungsfreiheit (Art. 2 Abs. 1 GG) verstanden[551]. Andernfalls würde dies zu einer extremen Konturlosigkeit der deliktsrechtlichen Haftung beitragen und die Wertentscheidung des Gesetzgebers für eine kleine Generalklausel übergehen. Überdies ermöglichen bereits das Recht am eingerichteten und ausgeübten Gewerbebetrieb sowie das allgemeine Persönlichkeitsrecht einen flexibleren, aber damit zugleich auch wenig vorhersehbaren Einsatz von Haftungsgrundlagen[552]. Keine Freiheitsentziehung i. S. d. § 823 Abs. 1 liegt somit beispielsweise vor, wenn Autofahrer in einen (verschuldeten) Stau geraten, weil sie sich zumindest ohne ihr Fahrzeug weiter fortbewegen können[553]. Jedoch könnte in dieser Nutzungsbeeinträchtigung eine Eigentumsverletzung liegen[554]. Eine (mittelbare) Freiheitsentziehung i. S. d. § 823 Abs. 1 kann jedoch vorliegen, wenn ein fälschliches Beschuldigen einer Person bei Behörden deren Verhaftung nach sich zieht[555].

4. Eigentumsverletzung

150 Besondere Klausurrelevanz kommt der **Verletzung des Eigentumsrechts** zu. Dabei ist das zivilrechtliche Begriffsverständnis wesentlich enger als sein öffentlichrechtliches Gegenstück[556]. Der Begriff des Eigentums in § 823 Abs. 1 orientiert sich an den in § 903 S. 1 festgelegten Maßstäben, umfasst also sowohl die dem Eigentümer zustehende Nutzungsfunktion seiner Sache („der Eigentümer ... kann ... mit der Sache nach Belieben verfahren ...") als auch die Ausschlussfunktion („... und andere von jeder Einwirkung ausschließen."). Im Übrigen erscheint es empfehlenswert, nach der **Art der Eigentumsverletzung** zu differenzieren[557]. Als hauptsächliche Verletzungen des Eigentumsrechts kommen in Betracht die rechtliche Entziehung desselben, die tatsächliche Einwirkung auf die Sache oder aber die reine Nutzungsbeeinträchtigung an der Sache.

151 a) **Rechtliche Entziehung des Eigentumsrechts bzw. Belastung.** Eine **Entziehung des Eigentumsrechts** erfolgt vornehmlich dadurch, dass eine fremde Sache an einen gutgläubigen Dritten übereignet wird, welcher z. B. gemäß §§ 892 f., 932 ff., 2365 f. bzw. § 366 HGB das Eigentum an der Sache erwirbt[558]. Zu einer partiellen Beeinträchtigung des Eigentumsrechts kommt es etwa, wenn ein beschränkt-dingliches Recht bestellt wird, etwa eine **bewegliche Sache mit einem Pfandrecht belastet** wird (§§ 1207 f.)[559]. Hier tritt ein deliktischer Anspruch aus § 823 Abs. 1 neben einen bereicherungsrechtlichen Anspruch aus § 816 Abs. 1[560]. Hingegen haftet der gutgläubige Erwerber fremden Eigentums im Falle einfacher Fahrlässigkeit, die nach § 932 Abs. 2 unschädlich ist, nicht nach § 823 Abs. 1. Andernfalls würde der Schutz des gutgläubigen Erwerbs *ad*

---

551 Staudinger/*Hager*, § 823 Rn. B 53; *Kötz/Wagner*, Deliktsrecht, Rn. 142; Erman/*Schiemann*, § 823 Rn. 23.
552 *Larenz/Canaris*, Schuldrecht BT II/2, § 76 II 2 b, S. 386; vgl. schon hierzu RGZ 48, 24 (29).
553 *Larenz/Canaris*, Schuldrecht BT II/2, § 76 II 2 b, S. 386; *Wandt*, § 16 Rn. 12; *Riehm*, JuS Lern-CD Zivilrecht I, Rn. 470.
554 Hierzu unten Rn. 159.
555 *Larenz/Canaris*, Schuldrecht BT II/2, § 76 II 2 b, S. 386; vgl. zu unrichtigen Sachverständigengutachten und § 839a auch *Medicus/Lorenz*, Schuldrecht II, Rn. 1276.
556 *Althammer* JA 2006, 697 (698); *Fehling/Faust/Rönnau* JuS 2006, 18 (20).
557 *Althammer* JA 2006, 697 (698).
558 *Wandt*, § 16 Rn. 14; *Fuchs/Pauker*, Delikts- und Schadensersatzrecht, S. 20.
559 MüKo/*Wagner*, § 823 Rn. 167.
560 Siehe auch *Althammer* JA 2006, 697 (698); zur Vorzugswürdigkeit des Anspruchs aus Delikt *Larenz/Canaris*, Schuldrecht BT II/2, § 76 II 3 a, S. 386.

absurdum geführt[561]. Denn richtigerweise kann dem gutgläubigen Erwerber kein Rechtswidrigkeitsvorwurf gemacht werden.
Häufig wird das Eigentumsrecht auch durch Verbindung, Vermischung oder Verarbeitung (§ 946 ff.) entzogen (sog. **originärer gesetzlicher Erwerb**)[562]. Hier tritt der deliktische Anspruch neben denjenigen aus §§ 951, 812, was sich aus § 951 Abs. 1 ergibt. In dieser Fallgruppe können deliktische Ansprüche aber auch durch die vorrangigen Regeln des Eigentümer-Besitzer-Verhältnisses (§§ 989 ff.) ausgeschlossen sein[563].

b) Tatsächliche Beeinträchtigung des Eigentums (insbesondere Sachentziehung). **152**
Neben der rechtlichen Beeinträchtigung des Eigentums kann der Schädiger auch in tatsächlicher Weise auf die Sache einwirken. Bestandteil der Herrschaftsmacht des Eigentümers ist auch sein Besitz an der Sache. In der **dauernden** oder **auch vorübergehenden Entziehung des Besitzes** liegt somit eine Eigentumsverletzung, auch wenn diese keine Auswirkungen auf die rechtliche Stellung als Eigentümer hat[564]. Beispiele stellen der Diebstahl[565] oder die Unterschlagung einer Sache dar[566]. Eine Eigentumsverletzung scheidet dagegen aus, sofern der Eigentümer die Sache freiwillig weggibt (aufgrund von Drohung oder Täuschung).

> **Bsp.:** Der Dieb A stiehlt dem Antiquitätenhändler B eine wertvolle Mingvase und veräußert sie an den gutgläubigen C. Obwohl wegen § 935 ein Eigentumswechsel nicht stattfindet, wurde das Eigentum des B durch die Besitzentziehung verletzt. Daneben kommt eine Verletzung des sog. berechtigten Besitzes des B (sonstiges Recht) an der Vase in Betracht.

Auch das Falschparken auf einem fremden Grundstück ist eine Besitzstörung **153**
und Eigentumsverletzung (vgl. auch § 858)[567]. Selbst ohne Besitzentziehung kann eine tatsächliche Eigentumsverletzung vorliegen, wie etwa im vieldiskutierten *Flashmob*-Fall[568]. Keine Eigentumsverletzung stellt das Fotografieren fremder Gebäude ohne die Erlaubnis des Berechtigten (sowie die kommerzielle Verwertung der Aufnahmen) jedenfalls dann dar, wenn diese frei einsehbar sind (Bsp.: *Google Street View*)[569].

c) Substanzverletzung. Eine Eigentumsverletzung kann auch in der **Einwirkung** **154**
auf die Sachsubstanz zu sehen sein, etwa bei einem Zerstören, Beschädigen oder Verunstalten. Diese Fälle stellen ein Hauptanwendungsfeld der Eigentumsverletzung dar[570].

aa) Beschädigung, Zerstörung. Erwähnenswert erscheint in diesem Zusammen- **155**
hang die Judikatur des BGH zur Substanzverletzung durch Beschädigung einer Stromleitung im sog. „Brutmaschinenfall“, BGHZ 41, 123:

---

561 RGZ 85, 61 (64); BGH NJW 1967, 1660 (1661 f.); Staudinger/*Hager*, § 823 Rn. B 66 m. w. N.; *Medicus/Lorenz*, Schuldrecht II, Rn. 1285.
562 *Wandt*, § 16 Rn. 14.
563 *Medicus/Lorenz*, Schuldrecht II, Rn. 1285.
564 *Althammer* JA 2006, 697 (698).
565 *Wandt*, § 16 Rn. 16.
566 Stets sind in diesen Fällen auch die entsprechenden strafrechtlichen Normen, also z. B. §§ 242, 246 StGB i. V. m. § 823 Abs. 2 BGB zu berücksichtigen!
567 BGH NJW 2009, 2530; BGH NJW 2012, 528; MüKo/*Wagner*, § 823 Rn. 173.
568 BAG NZA 2009, 1347; *Löwisch* NZA 2010, 209; MüKo/*Wagner*, § 823 Rn. 173.
569 KG MMR 2011, 414; MüKo/*Wagner*, § 823 Rn. 177; *Riehm*, JuS Lern-CD Zivilrecht I, Rn. 471; BGHZ 44, 288 (293) hat offen gelassen, ob das Fotografieren überhaupt eine beeinträchtigende Einwirkung auf das Bauwerk i. S. der §§ 903, 1004 sein kann.
570 *Althammer* JA 2006, 697 (698).

Bsp.: Der Angestellte M des Bauunternehmers B zerstört bei Rodungsarbeiten eine elektrische Freileitung des Energieversorgers E. Die benachbarte Hühnerzucht H bleibt 6 Stunden ohne Stromversorgung, wodurch die in Brutkästen befindlichen Eier verderben. Der Inhaber der Hühnerzucht H fordert Schadensersatz für die verdorbenen Eier. – Hinsichtlich der Haftung des Bauunternehmers B ist mangels schadensbegründender Handlung lediglich ein Anspruch aus § 831 oder eine Verletzung der Verkehrssicherungspflicht denkbar[571]. Jedoch könnte M aus § 823 Abs. 1 wegen einer Eigentumsverletzung haftbar sein. Nach Auffassung der Rechtsprechung hat M durch die mittelbare Zerstörung der Eier in deren Substanz und damit in das Eigentum des Betreibers eingegriffen[572]. Im Gegensatz zu den sog. „Stromkabelfällen" sei hier nicht nur die Produktion unterbrochen worden, die nach der „Wiederherstellung der Stromzufuhr" einfach wieder aufgenommen werden kann (wenn auch unter Zeitverlust). Die angebrüteten Eier sind vielmehr endgültig beschädigt[573].

Auch die **Veränderung der Form oder des Aggregatszustands** einer Sache gegen den Willen des Eigentümers kann eine relevante Eigentumsverletzung beinhalten[574].

156 bb) **Spezialfall: „Weiterfresserschaden".** Ein höchst klausurrelevantes Sonderproblem an der Schnittstelle von Vertrags- und Deliktsrecht betreffen in diesem Zusammenhang die sog. **„Weiterfresserfälle"**[575]. Dies meint die Situation, dass auf Grund eines Kauf- oder Werkvertrags eine mangelhafte Sache geliefert und übereignet (§ 929) wird, welche mit einem gewährleistungsrelevanten Sachmangel (§§ 434 oder 633) behaftet ist. Dabei stellt der Sachmangel selbst nach h. M. keine Eigentumsverletzung dar[576], da er der erworbenen Sache bereits vor der Übereignung an den Käufer anhaftet. Hier wird von Anfang an kein mangelfreies Eigentum erworben. Der Käufer der mangelhaften Sache muss sich vielmehr mit den **Rechtsbehelfen des Gewährleistungsrechts** begnügen (§§ 437 ff.; §§ 634 ff.). Diese sichern das sog. **Äquivalenzinteresse** des Käufers. Anderes soll jedoch gelten, wenn ein zunächst **funktionell abgegrenzter Sachmangel** sich nach Übergabe nachteilhaft auf die ganze Sache auswirkt, die im Wesentlichen zuvor noch fehlerfrei war. Charakteristisch ist in dieser Fallgruppe, dass sich die Sache selbst aufgrund des Sachmangels beim Abnehmer verschlechtert[577].

Schwierigkeiten bereitet etwa folgender Fall:

Bsp.[578]**:** A kauft von B ein neues Auto, bei dem der Gaszug defekt ist. Aufgrund dieses Fehlers verursacht A mehr als zwei Jahre nach Übergabe einen Unfall, bei dem das Auto zerstört wird. – Ansprüche aus §§ 437 Nr. 3, 280 Abs. 1, die das sog. Äquivalenzinteresse des Käufers schützen, sind verjährt (§ 438 Abs. 1 Nr. 3). Fraglich ist, ob A auch einen Anspruch aus § 823 Abs. 1 geltend machen kann, welcher noch nicht verjährt wäre (§ 195: drei Jahre). Das Deliktsrecht schützt das sog. Integritätsinteresse des Käufers, dessen Interesse also am unbeeinträchtigten Fortbestand

571 Siehe unten Rn. 225 ff.
572 BGHZ 41, 123; vgl. auch *Wandt,* § 16 Rn. 17.
573 BGHZ 41, 123; zur Behandlung der „Stromkabelfälle" ohne Substanzverletzung siehe unten Rn. 160.
574 Zahlreiche Beispiele hierzu bei MüKo/*Wagner*, § 823 Rn. 173 ff.
575 Vgl. dazu auch *Wandt*, § 16 Rn. 19; *Gsell* NJW 2004, 1913 ff.; *Fuchs/Pauker,* Delikts- und Schadensersatzrecht, S. 20 ff.
576 BGHZ 39, 366 (367); BGH NJW 1994, 2231 (2232); Bamberger/Roth/*Spindler*, § 823 Rn. 60.
577 Eingehend *Fuchs/Pauker*, Delikts- und Schadensersatzrecht, S. 20 ff.; *Looschelders*, Schuldrecht BT, § 58 Rn. 1213.
578 Fall nach BGHZ 86, 256 „Gaszug-Fall"; vgl. dazu auch *Wandt,* § 16 Rn. 27.

seiner sonstigen Rechtsgüter, insbesondere seines bereits vorhandenen Eigentums. Fraglich erscheint, ob hier das mangelfreie „Resteigentum“ verletzt wurde.

Um eine Abgrenzung des Äquivalenz- vom Integritätsinteresse des Erwerbers der 157
Sache vornehmen zu können, hat der BGH das **Merkmal der „Stoffgleichheit“** entwickelt[579]. Stoffgleichheit sei hiernach anzunehmen, wenn sich der geltend gemachte (spätere) Schaden mit dem Unwert, welcher der Sache wegen ihrer Mangelhaftigkeit bereits bei ihrem Erwerb anhaftete, deckt[580]. Da dann das, Äquivalenzinteresse, nicht aber das Integritätsinteresse betroffen sei, komme ein Anspruch aus § 823 Abs. 1 nicht in Betracht[581].

Lösung des Bsp.: Ein Anspruch aus § 823 Abs. 1 ist gegeben, da der eingetretene Schaden an der Gesamtsache ungleich höher ist als der Mangelunwert bei Übereignung; damit liegt keine Stoffgleichheit vor, mit der Folge, dass das Integritätsinteresse des Käufers beeinträchtigt ist und eine Eigentumsverletzung nach § 823 Abs. 1 bejaht werden darf.

Zur Feststellung der Stoffgleichheit können verschiedene Faktoren als Überlegungshilfe dienen, wie etwa die **funktionelle Begrenzung des Mangels** auf einen Teil der Sache, der leicht zu beheben wäre[582]. Wenn dann der Schaden an anderen Teilen entstanden ist, liegt keine Stoffgleichheit vor, sodass eine Eigentumsverletzung i. S. v. § 823 Abs. 1 zu bejahen ist. Ein weiteres Kriterium stellt die **Reparaturgeeignetheit des schadhaften Einzelteils** dar: Fehlt sie, liegt Stoffgleichheit vor[583]. Im Schrifttum wird diese Rechtsprechung zum Teil kritisch bewertet[584]. Beim Merkmal der Stoffgleichheit handele es sich um eine Leerformel und brauchbare Abgrenzungskriterien existierten nicht. Auch wird die Aufweichung der Grenzen zwischen Vertragsrecht und Deliktsrecht angemahnt[585].

Der weiteren Einübung dienen die folgenden Beispielsfälle: 158

Bsp.[586]: V stellt Reinigungsanlagen für Industrieerzeugnisse her, die mittels Erhitzens und Verdampfens einer reinigenden Flüssigkeit funktionieren. Der Heizstrom soll dabei im Falle von Flüssigkeitsmangel durch einen Schwimmerschalter unterbrochen werden. K kauft bei V eine solche Anlage und nimmt sie in Betrieb. Weil der Schwimmerschalter jedoch defekt ist, kommt es durch Überhitzung zu einem Brand, der die ansonsten einwandfreie Reinigungsanlage im Wert von ca. 10.000 € zerstört. Der Schwimmerschalter selbst hat nur einen Wert von ca. 1 €. Nachdem vertragliche Ansprüche bereits verjährt sind, macht der K nun einen Schadensersatzanspruch nach § 823 Abs. 1 wegen Verletzung seines Eigentums an der Reinigungsanlage geltend. – Problematisch ist hier, ob überhaupt eine rechtswidrige Eigentumsbeeinträchtigung in Betracht kommt. Denn aufgrund des defekten Schwimmerschalters könnte davon auszugehen sein, dass V von vornherein nur eine mangelhafte Sache geliefert hat, und K daher nie eine mangelfreie Sache zu Eigentum hatte, welche durch den Brand hätte verletzt werden können. Ein solches Vorgehen wäre aber nur dann überzeugend, wenn

579 Ausführlich auch *Wandt*, § 16 Rn. 23 ff.; kritisch zu dieser Judikatur etwa *Kötz/Wagner*, Deliktsrecht, Rn. 150 ff.
580 BGH NJW 1998, 1942; BGH NJW 2004, 1032.
581 BGH NJW 1998, 1942; BGH NJW 2004, 1032. Vgl. auch die Zusammenfassung der Grundsätze des BGH bei *Fuchs/Pauker*, Delikts- und Schadensersatzrecht, S. 24; *Wandt*, § 16 Rn. 22 f.
582 Maßgebend war insoweit der „Schwimmerschalterfall“ nach BGH NJW 1977, 379 = BGHZ 67, 359; vgl. auch *Fuchs/Pauker*, Delikts- und Schadensersatzrecht, S. 24.
583 *Fuchs/Pauker*, Delikts- und Schadensersatzrecht, S. 24; *Wandt*, § 16 Rn. 22 f.
584 Vgl. dazu etwa Bamberger/Roth/*Spindler*, § 823 Rn. 60 ff., 64 ff.
585 *Tettinger* JZ 2006, 641; zur Problematik der Umgehung des Nachbesserungsanspruchs (§ 439) *Fuchs/Pauker*, Delikts- und Schadensersatzrecht, S. 25.
586 „Schwimmerschalterfall“ nach BGH NJW 1977, 379 = BGHZ 67, 359.

sich der anfängliche Mangel mit dem geltend gemachten Schaden deckt. So liegt es hier aber nicht. Der K hat hier nämlich Eigentum an einer Anlage erlangt, die im Übrigen einwandfrei war und lediglich ein – funktionell begrenztes – schadhaftes Steuerungselement enthielt, dessen Versagen nach der Eigentumsübertragung einen weiteren Schaden an der gesamten Anlage hervorgerufen hat. In einem solchen Fall kommt es auf den Umstand, dass nach formaler Betrachtungsweise der Erwerber von vornherein nur ein mit einem Mangel behaftetes Eigentum erworben hat, nicht an. Entscheidend ist vielmehr, dass die in der Mitlieferung des schadhaften Schalters liegende Gefahrenursache sich erst nach der Eigentumsübertragung zu einem über diesen Mangel hinausgehenden Schaden realisiert hat und dadurch das im Übrigen mangelfreie Eigentum des Erwerbers an der Anlage insgesamt verletzt worden ist. Die Schädigung liegt im „Weiterfressen" des zuvor begrenzten Mangels auf ansonsten mangelfreies Eigentum, eine Eigentumsverletzung liegt daher vor.

Bsp.[587]: K kauft bei V im Januar 2008 einen gebrauchten Ferrari unter Ausschluss jeglicher Gewährleistung. Kurz zuvor (2007) hatte V vier neue Reifen an das Fahrzeug montiert. Im Februar 2010 verursacht K mit dem Ferrari bei Tempo 250 km/h einen Unfall auf der Autobahn, infolge dessen der Wagen einen Totalschaden erleidet. Ursächlich für den Unfall ist ein geplatzter Hinterreifen. Es stellt sich heraus, dass der Reifen bereits bei Einbau durch V aufgrund seines Alters (Herstellung im Jahr 1997) für den normalen Betrieb des Ferrari nicht mehr uneingeschränkt verkehrssicher war. Dies hätte V aufgrund des Profils der Reifen und der aufgedruckten DOT-Nummern unschwer erkennen können, hatte eine entsprechende Kontrolle aber unterlassen. Da mögliche vertragliche Ansprüche jedenfalls verjährt sind, verlangt K Schadensersatz für den zerstörten Ferrari von V aus § 823 Abs. 1. – Als verletztes Rechtsgut des K kommt nur dessen Eigentum an dem Ferrari in Betracht. An einer Eigentumsverletzung könnte es allerdings fehlen. Denn möglicherweise liegen die Dinge so, dass K aufgrund der mangelhaften Bereifung von vornherein nur insgesamt mangelhaftes Eigentum erworben hat, weil der Ferrari von Anfang an mit der Gefahr weiterer Schäden durch einen Unfall belastet war, sodass die Verwirklichung dieser Gefahr keine selbständige Eigentumsverletzung darstellte. Dem ist jedoch nicht zu folgen. Denn ungeachtet der mangelhaften Bereifung blieb der Ferrari als Ganzes ein wertvolles Vermögensstück. Erst nach Eigentumsübergang hat sich eine aus dem Mangel entspringende Gefahrenursache zu einem im Vergleich zu diesem Mangel anderen und ungleich höheren Schaden entwickelt. Dies zeigt sich insbesondere auch daran, dass der nun eingetretene Schaden bei anderweitigem Verkauf oder rechtzeitigem Auswechseln der Reifen vermieden worden wäre. Der tatsächlich eingetretene Schaden ist folglich nicht stoffgleich mit dem Mangel der veralteten Bereifung. Eine rechtswidrige Verletzung des Eigentums des K ist daher zu bejahen. Auch ein Verschulden des V liegt vor. Denn er ließ die im Verkehr erforderliche Sorgfalt außer Acht, als er dem K den Ferrari mit veralteten und daher nicht mehr verkehrssicheren Reifen überließ, obwohl er das Alter und die entsprechende Mangelhaftigkeit der Reifen bei Einhaltung der ihm obliegenden Sorgfaltspflichten unschwer hätte erkennen und dadurch die für den Unfall ursächliche Gefahrenlage unschwer hätte vermeiden können. K hat daher einen Anspruch auf Schadensersatz aus § 823 Abs. 1 gegen V.

159 **d) Reine Nutzungsbeeinträchtigungen.** Ob auch in Fällen, in denen der Eigentümer lediglich in der Nutzung seiner Sache beeinträchtigt wird, eine Eigentumsverletzung vorliegt, erscheint zumindest zweifelhaft. Hier liegt eine weniger intensive Störung vor als bei der Entziehung oder Vorenthaltung des Besitzes. „Berühmtheit" hat in diesem Zusammenhang der sog. **„Fleetfall" des BGH** erlangt:

Bsp.: Der E ist Eigentümer eines für die Allgemeinheit nutzbaren Fleets (schmaler Kanal), das eine Mühle mit einem Hafen verbindet.[588] Wie dem E bewusst ist, befindet

---

587 BGH NJW 2004, 1032 in Fortsetzung von BGH NJW 1978, 2241 – Reifenfall.
588 BGHZ 55, 153 = NJW 1971, 886.

sich die Ufermauer des Fleets seit Jahren in baufälligem Zustand, sodass jederzeit mit deren Einbruch gerechnet werden muss. Sicherungsmaßnahmen ergreift E jedoch nicht. Nachdem tatsächlich Teile der Ufermauer zusammengebrochen und in das Fleet gefallen sind, ist das Fleet längere Zeit für Schiffe unpassierbar. Deswegen kann das Transportschiff des S, welches zur Zeit des Einsturzes an der Mühle liegt, das Fleet einige Monate nicht verlassen. Es liegt nun eingesperrt zwischen dem Ende des Fleets und der eingestürzten Mauer. Ein anderes Schiff des S befindet sich zur Zeit des Einsturzes der Mauer im Hafen und ist auf dem Weg zur Mühle, um dort gelöscht zu werden. S entstehen Gewinnausfälle hinsichtlich beider Schiffe. Er verlangt daher bezüglich beider Schiffe Schadensersatz von E aus § 823 Abs. 1. – In Betracht kommt eine Eigentumsverletzung. Die Verletzung des Eigentums an einer Sache kann nicht nur durch eine Beeinträchtigung der Sachsubstanz, sondern auch durch eine sonstige, die Eigentümerbefugnisse treffende tatsächliche Einwirkung auf die Sache erfolgen. Hier ergibt sich eine Verletzung des Eigentums des S an dem eingeschlossenen Schiff daher daraus, dass das Schiff an der Verladestelle der Mühle eingesperrt ist. Die Befugnis, mit der Sache nach Belieben zu verfahren, ist aufgehoben. Das Schiff ist damit als Transportmittel praktisch ausgeschaltet, also seinem bestimmungsgemäßen Gebrauch entzogen. Insoweit liegt eine Eigentumsverletzung vor. Das ausgesperrte Schiff hingegen kann zwar nach dem Einsturz der Mauer die Mühle nicht mehr anfahren, ist aber ansonsten in seiner Bewegung nicht eingeschränkt. Es ist als Transportmittel nicht generell ausgeschaltet und damit seinem natürlichen Gebrauch nicht entzogen. Dem Eigentümer S sind zwar die Substanz und die generelle Nutzung seines Gegenstandes, nicht aber auch die Nutzung spezieller Transportwege zugewiesen. In der verhinderten Möglichkeit, die Mühle anzufahren, also der Aussperrung, ist folglich kein Eingriff in das Eigentum des S zu sehen. Die kausale Verletzungshandlung des E liegt hier in einem Unterlassen. Wer eine Wasserstraße errichtet und sie für den allgemeinen Schiffsverkehr öffnet, muss dafür Sorge tragen, dass dessen Schiffbarkeit erhalten bleibt. Hier aber ist E dieser Verkehrspflicht nicht nachgekommen, weil er die Ufermauer trotz Einsturzgefahr nicht ausgebessert hat. Da E Kenntnis der Baufälligkeit und des Handlungsbedarfs hatte, handelt er auch schuldhaft. S hat folglich einen Schadensersatzanspruch gegen E wegen Eigentumsverletzung an dem eingeschlossenen Schiff aus § 823 Abs. 1. Seine Höhe bestimmt sich nach dem diesbezüglichen Gewinnausfall als Vermögensfolgeschaden.

Auch andere Konstellationen sind denkbar, in denen fraglich ist, ob die Beeinträchtigung der Nutzung des Eigentums deliktsrechtlich sanktioniert werden muss[589]. 160

Bsp.[590]: U verursacht einen Auffahrunfall auf der Autobahn, der zu einer Sperrung der Fahrbahn führt. A ist im Stau gefangen. B hört im Radio von der Sperrung und muss einen großen Umweg auf sich nehmen. Beide verpassen ihr Flugzeug und verlangen Schadensersatz von U aus § 823 Abs. 1. – Bereits tatbestandlich ist eine Freiheitsverletzung von A und B zu verneinen[591]. Hinsichtlich des im Stau festgehaltenen Autos des A liegt aber eine tatbestandliche Eigentumsverletzung vor. Jedoch muss eine Schadensersatzpflicht wohl mit Blick auf die haftungsausfüllende Kausalität[592] verneint werden (Schutzzweck der Norm). Die Sorgfaltspflichten im Straßenverkehr dienen der Verhütung von Sach- und Personenschäden, nicht zur Vermeidung staubedingter Vermögensverluste Dritter[593].

Eine Schadensersatzpflicht wegen einer Eigentumsverletzung soll ebenfalls nicht bestehen, wenn im Gegensatz zum oben genannten „Bruteierfall“ wegen einer beschädigten Stromleitung eine Warenproduktion lediglich eingestellt werden

589 Zu verschiedenen Fallkonstellationen im Überblick Bamberger/Roth/*Spindler*, § 823 Rn. 54 f.
590 Zu diesem Beispielsfall *Larenz/Canaris*, Schuldrecht BT II/2, § 76 II 3 c, S. 389.
591 Vgl. oben Rn. 149.
592 Siehe hierzu unten Rn. 269.
593 *Larenz/Canaris*, Schuldrecht BT II/2, § 76 II 3 c, S. 389.

muss[594]. Als Schadensposten kommen etwa die Betriebskosten eines betriebseigenen Notstromaggregats oder die trotz des Stillstandes anfallenden Lohnkosten in Betracht[595]. Mitunter wird gegen diese Judikatur vorgebracht, die Schlechterstellung von „nur“ nutzungsbeeinträchtigten Geschädigten erscheine zufällig und unbillig[596], zumal stets Grenzfälle denkbar seien[597]. Von der Rechtsprechung und deren Befürwortern wird andererseits darauf hingewiesen, dass die Ersatzfähigkeit sämtlicher Nutzungsausfallschäden gefährlich in die Nähe einer Haftung für fahrlässig verursachte Vermögensschäden gerate[598], die das deutsche Deliktsrecht nicht kennt[599]. Derselbe Einwand richtet sich aber auch gegen eine Haftung wegen Verletzung des Rechts am eingerichteten und ausgeübten Gewerbebetrieb[600], bei dem die Judikatur selbst durch das Korrektiv der Betriebsbezogenheit des Eingriffs gegenzusteuern versucht[601].

e) Sonderfall: Beeinträchtigung einer organisatorischen Sacheinheit.

161 **Bsp.**[602]: D entwendet, als er in seiner Eigenschaft als Elektriker Zugang zu den Räumen des Staatsarchivs des Bundeslandes N hat, 142 archivierte Gegenstände, die wegen eines Umzugs in offenen Kartons liegen. Er wird hierfür strafrechtlich verurteilt. Die gestohlenen Stücke können später bis auf 10 Urkunden wieder beschafft werden. Um den Umfang des Diebstahls feststellen zu können, muss das Bundesland N jedoch eine außerreguläre zusätzliche Bestandsaufnahme aller archivierten Gegenstände durchführen. Das Land N verlangt nun von D die Kosten des für diese Bestandsaufnahme eingesetzten Personals ersetzt. – Ein entsprechender Anspruch von N könnte nach § 823 Abs. 1 bestehen. In Betracht kommt hier eine Eigentumsverletzung. Zwar stellt die Wegnahme einer Sache grundsätzlich auch eine Verletzung des Eigentums hieran dar. Allerdings konnten beinahe alle Gegenstände wieder beschafft werden, sodass ein entsprechender Schaden bereits beseitigt ist. Der Diebstahl des D hat jedoch auch das Archiv als Sachgesamtheit betroffen, deren Funktionsfähigkeit und damit bestimmungsgemäßer Gebrauchswert wesentlich auf ihrer Vollständigkeit und systematischen Erfassung beruhte. Die Kosten für die erneute Zusammensetzung des Archivs könnte das Land N daher nach § 823 Abs. 1 auch dann verlangen, wenn das Archiv selbst als eine Sachgesamtheit ebenfalls vom Eigentumsschutz des 823 Abs. 1 umfasst ist. Prinzipiell allerdings ist die Sachgesamtheit keine Sache i.S. der §§ 90 ff. Dennoch ist dieser Begriff dem Gesetz an sich nicht fremd, wenn auch nur die einzelnen Sachen der Gesamtheit Gegenstand von dinglichen Rechten sein können. Im Schadensersatzrecht stellen Sachgesamtheiten gerade durch ihre Vollständigkeit einen Wert dar, der die Summe der Werte der darin zusammengefassten Einzelsachen oft übersteigt. Wird eine solche organisatorische Sacheinheit gestört, handelt es sich gleichfalls um einen Angriff auf das Eigentum. Damit diente die Überprüfung des Archivs unmittelbar dazu, eine von D verursachte Eigentumsstörung zu beseitigen. Das Land N hat daher gegen D gemäß § 823 Abs. 1 einen Anspruch auf Schadensersatz.

---

594 Grundlegend BGHZ 29, 65 ff.

595 Auf Letzteres weist *Boecken*, Nutzungsbeeinträchtigungen, S. 127 Fn. 373 hin. Haftungsgrundlage ist das heute in § 615 Satz 3 angesprochene Betriebsrisiko.

596 Siehe nur *Boecken*, Nutzungsbeeinträchtigungen, S. 128; dies wird auch vom BGH (BGHZ 66, 388 (394)) konzediert; krit. auch Bamberger/Roth/*Spindler*, § 823 Rn. 54 f. m. w. N.; *Möschel* JuS 1977, 1 (3); *Jahr* AcP 183 (1983), 725.

597 Siehe die bei *Hager* JZ 1979, 53 (54 f.) genannten Beispiele.

598 BGHZ 29, 65 (75) – „Stromkabelfall“; 41, 123 (126 f.); *Larenz/Canaris*, Schuldrecht BT II/2, § 76 II 3 c, S. 390 f.

599 Siehe hierzu oben Einleitung Rn. 126 f.

600 *Brüggemeier* VersR 1984, 902 (904 f.); *Preusche*, Unternehmensschutz, S. 187 f.; krit. zu dieser Rechtsprechung insbesondere *Canaris* VersR 2005, 577 f.

601 Hierzu Rn. 213.

602 BGHZ 76, 216 = BGH NJW 1980, 1518 – Wiederherstellung einer Sachgesamtheit; dazu *Deutsch* JZ 1980, 102; *Prinz zu Hohenlohe-Oehringen* BB 1980, 231.

5. Verletzung eines sonstigen Rechts

Als sechste Alternative nennt § 823 Abs. 1 **die Verletzung eines „sonstigen Rechts"**, was auf den ersten Blick im Widerspruch zum Charakter als kleiner Generalklausel zu stehen scheint. Es stellt sich damit die Frage, inwieweit die Absage des Gesetzgebers an eine große Generalklausel durch eine mehr oder weniger großzügige Interpretation wieder relativiert wird[603]. Mit dem Begriff des sonstigen Rechts ist aber nach allgemeiner Ansicht keineswegs jede Rechtsposition des Geschädigten einem deliktischen Schutz nach § 823 Abs. 1 unterstellt worden. 162

Für die Qualität eines anerkennenswerten „sonstigen Rechts" ist eine Orientierung an anderen anerkannten Rechten und Rechtsgütern erforderlich[604]. Es ist daher zu fordern, dass auch sonstige Rechte „absoluten" Charakter haben, also für und gegen jedermann wirken. Insbesondere die systematische Nähe zum Eigentumsrecht zeigt für das sonstige Recht, dass vom Gesetzgeber an ein **abgegrenztes, absolutes Herrschaftsrecht** gedacht wurde[605]. Dies bedeutet, es muss sich wie das Eigentum (§ 903) durch eine positive Zuweisungsfunktion (Nutzungsfunktion) und Ausschlussfunktion auszeichnen[606].

a) **Ausschluss reiner Vermögensschäden.** Das **Vermögen als solches**, d. h. „die Summe aller geldwerten Güter und Rechte" einer Person, fällt nicht unter die sonstigen Rechte[607]. Damit ist eine Haftung für reine Vermögensschäden ausgeschlossen[608]. Keine nach § 823 Abs. 1 schutzfähigen Rechtspositionen stellen damit auch **bloße Forderungen** dar[609]. Für das Verhältnis zwischen Gläubiger und Schuldner ist dies unbestritten. Jedoch soll nach einer Meinungsgruppe in einem Eingriff eines Dritten in die Forderungszuständigkeit des Gläubigers eine Verletzung eines sonstigen Rechts zu sehen sein[610]. So könnte etwa ein Zedent nach § 823 Abs. 1 haften, wenn er nach Abtretung der Forderung an den Zessionar den gutgläubigen Schuldner zur Zahlung an sich verleiten kann[611]. Der Schuldner hätte dann gemäß § 407 mit Erfüllungswirkung gegenüber dem neuen Gläubiger (Zessionar) geleistet. Ihm bliebe nur übrig, den vom früheren Gläubiger (Zedent) vereinnahmten Betrag nach § 816 Abs. 2 heraus zu verlangen (vgl. dazu die Darstellung im 3. Teil, Bereicherungsrecht, Rn. 513 f.). Ist der frühere Gläubiger jedoch insolvent, kann der Bereicherungsanspruch nicht durchgreifen. Hier wird die Frage, ob ein Schadensersatzanspruch aus § 823 Abs. 1 in Betracht kommt, insbesondere virulent, wenn der insolvente Altgläubiger bei der Einziehung des Geldbetrages durch ein vertretungsbefugtes Organ vertreten wurde, das deliktsrechtlich zur Verantwortung gezogen werden könnte. 163

Auch wenn ein gewisser praktischer Bedarf für eine deliktsrechtliche Verantwortlichkeit des Altgläubigers in diesem Sonderfall somit nicht zu verkennen ist,

603 *Althammer* JA 2006, 697 (698); *Fuchs/Pauker,* Delikts- und Schadensersatzrecht, S. 33.
604 *Larenz/Canaris,* Schuldrecht BT II/2, § 76 II 4 a, S. 392.
605 *Coester-Waltjen* Jura 1992, 209 (210); *Althammer* JA 2006, 697 (698).
606 *Larenz/Canaris,* Schuldrecht BT II/2, § 76 II 4, S. 392.
607 *Wandt,* § 16 Rn. 96.
608 RGZ 57, 353 (356); BGHZ 27, 137 (140); BGH NJW 1978, 2031 (2032), st. Rspr.; Erman/*Schiemann,* § 823 Rn. 36; Soergel/*Spickhoff,* § 823 Rn. 87; *Althammer* JA 2006, 697 (698).
609 BGHZ 7, 30 (36 f.); 111, 298 (302), st. Rspr.; Bamberger/Roth/*Spindler,* § 823 Rn. 96 m. zahlr. weit. Nachw.; MüKo/*Wagner,* § 823 Rn. 161; *Wandt,* § 16 Rn. 93.
610 *Larenz/Canaris,* Schuldrecht BT II/2, § 76 II 4 g, S. 397 f.; *Schwitanski,* Deliktsrecht, Unternehmensschutz und Arbeitskampfrecht, S. 223; *Stoll* AcP 162 (1963), 203 (212).
611 In Betracht kämen aber auch Fälle nach §§ 408 oder 2367.

erscheint es doch in sachlicher und dogmatischer Hinsicht unangemessen, einen solchen Anspruch wider die **Grundsatzentscheidung des Gesetzgebers gegen einen allgemeinen Vermögensschutz** zu konstruieren[612].

164 Über §§ 823 Abs. 2 und 826 stehen Instrumente zur Verfügung, um Vermögensschäden – auch wegen Forderungsentziehung – auszugleichen. Dort, wo der deliktsrechtliche Schutz des Vermögens durch diese Normen bewusst endet, besteht kein Anlass, ihn durch ein „sonstiges Recht" i.R.d. § 823 Abs. 1 weiter reichen zu lassen[613]. Im Übrigen vermag der neue Gläubiger der Gefahr eines Erlöschens seiner Forderung dadurch zu entkommen, dass er dem Schuldner die Abtretung anzeigt (§ 407 Abs. 1, Abs. 2 a. E.)[614].

> **Bsp.:** A wirft versehentlich einen alten Globus seines Freundes B herunter, als er diesen aufsucht (Wert: 300 Euro). Dieser wird dadurch zerstört. B hatte diesen Globus bereits am Tag zuvor an den Händler H zum Preis von 300 Euro verkauft, ohne dass bisher die Übereignung erfolgt war. Kann H von A die 30 Euro ersetzt verlangen, die er durch den Verkauf des Globus an den Sammler S (für 330 Euro) verdient hätte? – Ein Anspruch des H gegen A aus § 823 Abs. 1 erfordert eine Rechtsgutverletzung bei H. Verletzt wurde das Eigentum des H jedoch nicht. Als sonstiges Recht i. S. d. § 823 Abs. 1 können nur absolute Rechte in Betracht kommen. Nicht von § 823 Abs. 1 geschützt wird das Vermögen als solches. In Betracht käme zwar die Verletzung der Forderung des H gegen B (§ 433 Abs. 1) durch die Zerstörung des Globus. Forderungen stellen aber relative Rechte dar, die nur zwischen den Parteien des Kaufvertrages wirken, und damit keine sonstigen Rechte i. S. d. § 823 Abs. 1. Auch eine Beeinträchtigung des Rechts am eingerichteten und ausgeübten Gewerbebetrieb kommt nach den Sachverhaltsangaben (mangels Betriebsbezogenheit des Eingriffs) nicht in Betracht.

Auch die **allgemeine Handlungsfreiheit (Art. 2 Abs. 1 GG)** rechnet nicht zu den sonstigen Rechten i. S. v. § 823 Abs. 1[615].
Im Folgenden werden die anerkannten sonstigen Rechte dargestellt.

165 b) **Herrschaftsrechte.** Zu den sonstigen Rechten zählen alle Herrschaftsrechte[616]. Dies meint zunächst (beschränkt) **dingliche Rechte** wie das Erbbaurecht, den Nießbrauch (§ 1030), die Grundschuld, die Hypothek (§ 1113), Pfandrechte (§ 1204) oder Dienstbarkeiten, §§ 1030, 1090. Diese verdienen den Schutz des § 823 Abs. 1, weil sie die ausschließliche Nutzbarkeit des betroffenen Gegenstands garantieren[617]. Hingegen wird im Hinblick auf ein Pfandrecht an einer Forderung die Anwendbarkeit von § 823 Abs. 1 nach herrschender Meinung verneint[618]. Existiert kein Deliktsschutz für die eigentliche Forderung, erscheint es kaum vertretbar, dem Inhaber eines akzessorischen Rechts daran diesen zu gewähren[619]. Zu den schutzfähigen Herrschaftsrechten zählen auch **Aneignungsrechte** (§ 958 Abs. 2) wie das Jagdrecht oder das Fischereirecht und **Immaterial-**

---

612 Denn auch hier gilt im Grundsatz: „*casum sentit dominus*", siehe hierzu oben Rn. 207; ähnlich argumentiert *Medicus*, FS Steffen, S. 333 (341 ff.).
613 So auch *Medicus*, FS Steffen, S. 333 (345); Erman/*Schiemann*, § 823 Rn. 36.
614 Bamberger/Roth/*Spindler*, § 823 Rn. 98, der auch auf den Sonderfall des verlängerten Eigentumsvorbehalts eingeht.
615 *Looschelders*, Schuldrecht BT, § 58 Rn. 1215.
616 *Althammer* JA 2006, 697 (699); Schulze/*Staudinger*, § 823 Rn. 31.
617 Soergel/*Spickhoff*, § 823 Rn. 91. Weitere Beispiele für beschränkte dingliche Rechte bei Soergel/*Spickhoff*, a. a. O. Rn. 94.
618 Siehe nur *Krasser*, Schutz vertraglicher Rechte, S. 105 f.; Erman/*Schiemann*, § 823 Rn. 37 m. w. N.; a. A. noch RGZ 138, 252 (255).
619 Vgl. die vorzitierten Nachweise.

güterrechte (Patent-, Urheber-, Markenrechte)[620]; auch Mitgliedschaftsrechte wie Aktien oder Anteile an einer GmbH rechnen hierzu[621].

Von § 823 Abs. 1 wird auch der **Schutz des Anwartschaftsberechtigten** er- **166**
fasst[622]. Dies rechtfertigt sich bereits aufgrund der Ähnlichkeit zum Eigentumsrecht („wesensgleiches Minus") und gilt für den Erwerber einer beweglichen wie einer unbeweglichen Sache[623].

Bsp.[624]**:** E ist Erbe des Sägewerkbesitzers F. Noch zu Lebzeiten hatte F von der Firma S unter Eigentumsvorbehalt eine Hobelmaschine für 20.000 € gekauft und in seinem Werk aufgestellt. Nachdem E die Erbschaft angenommen hat, schließt er am 20.2.2010 mit einem weiteren Gläubiger des F, dem G, einen Vertrag, in dem er dem G zur Sicherung seiner Forderungen gegen den Nachlass des F die Hobelmaschine unter Vereinbarung eines Besitzmittlungsverhältnisses zu „Eigentum" überträgt. Ein halbes Jahr später verkauft und übereignet der E die Hobelmaschine an den gutgläubigen Z, welcher die Maschine auch übergeben erhält. Den erzielten Kaufpreis überweist E zum Großteil an die Firma S zur Tilgung noch offen stehender Kaufpreis- und Zinsverpflichtungen, dessentwegen die Firma S zuvor die Geltendmachung des Eigentumsvorbehalts angedroht hatte. G verlangt nun von E unter dem Gesichtspunkt des Schadensersatzes wegen unerlaubter Handlung die Herausgabe des durch den Verkauf des Hobels erzielten Erlöses. – Ein Anspruch könnte sich wegen widerrechtlicher Verletzung des Eigentums des G an dem Hobel aus § 823 Abs. 1 ergeben. Dazu müsste G allerdings tatsächlich Eigentümer des Hobels gewesen sein. Durch den Vertrag vom 20.2.2010 hat der G jedoch kein Eigentum erlangt. Denn zum einen war der E seinerseits nicht Eigentümer der Hobelmaschine, sondern aufgrund des Erwerbs unter Eigentumsvorbehalt von S nur Inhaber eines Anwartschaftsrechts. Zum anderen kommt aufgrund der Vereinbarung des Besitzmittlungsverhältnisses hier auch kein gutgläubiger Erwerb der Hobelmaschine durch G in Betracht (vgl. § 933). Durch Vertrag vom 20.2.2010 hat T daher nur das dingliche Anwartschaftsrecht auf den Eigentumsübergang nach Bezahlung des vollen Kaufpreises an die Firma S auf G übertragen. G wurde mithin Inhaber eines Anwartschaftsrechts auf den Übergang des Eigentums an der Hobelmaschine. Ein Schadensersatzanspruch nach § 823 Abs. 1 könnte dem G daher nur dann zustehen, wenn es sich beim dinglichen Anwartschaftsrecht um ein sonstiges Recht im Sinne der Norm handelt und der E dieses durch Veräußerung der Hobelmaschine an Z verletzt hat.

Anders als bei einer lediglich schuldrechtlichen Forderung auf spätere Eigentumsübertragung wird der Inhaber eines Anwartschaftsrechts mit dem Eintritt der Bedingung (im obigen Fall: Zahlung des vollständigen Kaufpreises von E an S) automatisch Eigentümer der Sache. Das Anwartschaftsrecht ist somit **ein dem Volleigentum wesensähnliches Recht**[625]. In gleicher Weise wirkt es unmittelbar gegen Dritte und schützt vor deren Angriffen (Ausschluss- und Nutzungsfunktion). Insoweit ist es als **ein sonstiges Recht i. S. d. § 823 Abs. 1** anerkannt. Indem im obigen Fall der E die Hobelmaschine an die Firma Z

620 *Larenz/Canaris*, Schuldrecht BT II/2, § 76 II 4 a, S. 392; *Wandt*, § 16 Rn. 19.
621 *Wandt*, § 16 Rn. 19.
622 RGZ 170, 1 (6); BGHZ 55, 20 (25), st. Rspr.; Soergel/*Spickhoff*, § 823 Rn. 95 m. w. N.
623 Im letzteren Fall jedenfalls nach der Eintragung einer Auflassungsvormerkung: BGHZ 114, 161 (164 ff.); Palandt/*Sprau*, § 823 Rn. 12; RGRK/*Steffen*, § 823 Rn. 31. Zur Rechtslage vor Eintragung der Auflassungsvormerkung siehe die Hinweise bei Bamberger/Roth/*Spindler*, § 823 Rn. 78 und die dort bezeichnete sachenrechtliche Literatur.
624 Fall nach BGH JR 1957, 419: Dingliches Anwartschaftsrecht auf Erwerb von Sicherungseigentum als sonstiges Recht im Sinne des § 823 Abs. 1.
625 BGH JR 1957, 419; ebenso statt vieler Schulze/*Staudinger*, § 823 Rn. 33; *Wandt*, § 16 Rn. 39; *Frank* JA 1979, 583 ff. Beim Grundstückserwerb gilt dasselbe, sofern für den Erwerber eine Auflassungsvormerkung eingetragen wurde, BGHZ 114, 161 (164 ff.).

übereignete, hat er dieses Recht rechtswidrig verletzt. Denn Z hat aufgrund seiner Gutgläubigkeit wirksam unbelastetes Eigentum an der Hobelmaschine erlangt, sodass das Anwartschaftsrecht des G bei Bedingungseintritt nicht mehr zum Vollrecht erstarken konnte. E ist dem G daher zu Schadensersatz aus § 823 Abs. 1 verpflichtet.

167 Bei Anwartschaftsrechten stellt sich aber die Frage, wie der deliktsrechtlich geschützte Rahmen im Verhältnis zum Anspruch des Eigentümers abgegrenzt werden muss[626].

Bsp.: V verkauft an den K ein Motorboot unter Eigentumsvorbehalt (§§ 929, 158 Abs. 1). Das Boot wird jedoch durch den Y schuldhaft geschädigt. – K (und auch V) haben gegen den Y einen Anspruch aus § 823 Abs. 1, denn das Anwartschaftsrecht stellt ein sonstiges Recht im Sinne des § 823 Abs. 1 dar. V hat ebenso einen Anspruch auf Schadensersatz gestützt auf sein noch bestehendes Eigentum, wobei der Schaden in der Schmälerung seines Sicherungsinteresses besteht, weil eine beschädigte Sache weniger Gewähr bietet, dass K auch tatsächlich die Raten weiter bezahlt. Fraglich ist nur, wie das Verhältnis der beiden Ansprüche und Rechteinhaber zueinander zu bestimmen ist. Die h. M. nimmt an, dass der Schadensersatz analog §§ 432, 1077, 1281 an den Nocheigentümer und den Inhaber der Anwartschaft gemeinsam zu leisten ist[627].

168 c) **Berechtigter Besitz/unberechtigter Besitz.** Zweifelhaft erscheint auch, ob und inwieweit der **Besitz (§ 854 Abs. 1)** eine nach § 823 Abs. 1 geschützte Position beinhaltet. Der „nackte" Besitz ist nur als **tatsächliches Verhältnis** zu begreifen und stellt deshalb kein sonstiges Recht dar[628]. Anders ist dies, wenn mit ihm auch Rechte einhergehen, die eine eigentumsähnliche Stellung erkennen lassen[629]. Als sonstiges Recht ist deswegen der **unmittelbare berechtigte Besitz** anzusehen, der aufgrund eines obligatorischen Rechts ausgeübt wird (etwa das Besitzrecht des Mieters)[630]. Auch der **mittelbare berechtigte Besitz** verdient deliktsrechtliche Anerkennung, allerdings nur gegenüber Dritten und nicht gegenüber dem unmittelbaren Besitzer[631]. In beiden Fällen sind die geforderte Ausschlussfunktion (§§ 861 ff.) und Nutzungsfunktion (z. B. als Mieter) zu bejahen, welche die Eigentumsähnlichkeit begründen[632]. Was die Verteilung des Schadensersatzes anbetrifft, so steht der Ersatzwert für die Sache nur dem Eigentümer zu, der Nutzungsschaden dagegen dem Mieter. Nicht als sonstiges Recht anerkannt ist nach h. M. der **unberechtigte Besitz**[633]:

---

626 Dazu auch *Wandt*, § 16 Rn. 39.

627 Schulze/*Staudinger*, § 823 Rn. 33; *Baur/Stürner*, Sachenrecht, § 59 Rn. 45.

628 *Fuchs/Pauker*, Delikts- und Schadensersatzrecht, S. 34.

629 Schulze/*Staudinger*, § 823 Rn. 35; für den Schutz des „obligatorischen Rechts" zum Besitz *Larenz/Canaris*, Schuldrecht BT II/2, § 76 II 4 f., S. 396; *Riehm*, JuS Lern-CD Zivilrecht I, Rn. 475.

630 BGHZ 32, 194 (204); 137, 89 (98); *Fuchs/Pauker*, Delikts- und Schadensersatzrecht, S. 34; *Looschelders*, Schuldrecht BT, § 58 Rn. 1217; *Wandt*, § 16 Rn. 42; *Medicus/Petersen*, Bürgerliches Recht, Rn. 607.

631 BGHZ 32, 194 (205); *Riehm*, JuS Lern-CD Zivilrecht I, Rn. 475; *Fuchs/Pauker*, Delikts- und Schadensersatzrecht, S. 35; *Wandt*, § 16 Rn. 47. Für die Ausschlussfunktion kann insoweit auf § 869 rekurriert werden. Ebenso kann der Mitbesitzer auf deliktsrechtlichen Schutz hoffen, wobei § 866 hier nicht entgegensteht.

632 *Coester-Waltjen* Jura 1992, 209 (210); *Althammer* JA 2006, 697 (699).

633 MüKo/*Wagner*, § 823 Rn. 221 f. Nach *Medicus/Petersen*, Bürgerliches Recht, Rn. 607 ist dagegen auch der unrechtmäßige Besitz als ein sonstiges Recht i. S. v. § 823 Abs. 1 anzuerkennen, sofern ihm ausnahmsweise positive Nutzungsbefugnisse zugewiesen seien (nach §§ 987, 988, 990, 993 Abs. 1); ablehnend dagegen *Larenz/Canaris*, Schuldrecht BT II/2, § 76 II 4 f., S. 397.

Bsp.[634]**:** V hat an M eine Lagerhalle vermietet, die M wiederum an U untervermietet. Nachdem der V den Hauptmietvertrag mit M wegen Mietrückstands fristlos gekündigt hat, fordert er den U auf, die Lagerhalle unverzüglich zu räumen und an ihn herauszugeben. Da U dieser Aufforderung jedoch nicht nachkommt, sperrt V den U aus; er versperrt sämtliche Zugänge und verweigert den Arbeitnehmern des U den Zutritt zur Lagerhalle. Erst ca. zwei Wochen später gelangt U aufgrund einer einstweiligen Verfügung wieder in den Besitz der Lagerhalle. U macht nun geltend, er habe infolge der Aussperrung Lieferaufträge nicht erfüllen können. Den dadurch entstandenen Schaden verlangt er von V ersetzt. – Ein entsprechender Anspruch des U könnte sich aus § 823 Abs. 1 wegen der Verletzung eines sonstigen Rechts, des Besitzes an der Lagerhalle, ergeben. Der U ist hier zum Zeitpunkt der Aussperrung jedoch lediglich nichtberechtigter Besitzer. Die fristlose Kündigung des V hat das Mietverhältnis zwischen V und M beendet. Damit war auch der Untermieter U gemäß § 546 Abs. 2 und § 985 zur Herausgabe an den (Haupt)Vermieter V verpflichtet. Die Rückgabepflicht aus dem Hauptmietvertrag trifft auch den Untermieter; es erlischt sein Recht zum Besitz und seine Befugnis, die Mietsache im eigenen Interesse weiter zu nutzen. Der unberechtigte Besitz ist jedoch nach h. M. kein Schutzgut i. S. d. § 823 Abs. 1. Daran ändert sich hier auch dadurch nichts, dass der V den U im Wege verbotener Eigenmacht ausgesperrt hat und der U daher im einstweiligen Verfügungsverfahren Besitzschutzrechte mit Erfolg geltend gemacht hat. Diese Rechte erschöpfen sich darin, verbotene Übergriffe rückgängig zu machen und den eigenmächtig Handelnden in die Bahnen des justizförmlichen Verfahrens zur Durchsetzung seines Rechts auf Herausgabe – hier der Mietsache zu zwingen; die einstweilige Verfügung hat daher weder ein Recht zum Besitz noch gar ein Recht zur Nutzung der Halle geschaffen. U hat somit keinen Anspruch aus § 823 Abs. 1 gegen V. Auch ein Anspruch aus § 823 Abs. 2 i. V. m. § 858 scheidet aus[635]. U macht hier Nutzungsschaden geltend, also die Einbuße, die in der Beeinträchtigung der Möglichkeit liegt, die Sache zu gebrauchen. Ersatz wegen der Beeinträchtigung der Möglichkeit, die Sache zu gebrauchen, kann derjenige, dem ein Recht auf Nutzung nicht zustand, von dem zur Nutzung Berechtigten jedoch nicht verlangen, auch wenn dieser ihm den Besitz im Wege verbotener Eigenmacht entzogen hat. Vielmehr ist der Besitzer verpflichtet, die Nutzung zu unterlassen und dem Berechtigten die Nutzungsmöglichkeit einzuräumen. Auch aus den Besitzschutzvorschriften lässt sich nichts Gegenteiliges herleiten. Vielmehr folgt hier speziell für das Mietrecht aus der Sanktionsregelung des § 577, dass das Gesetz unberechtigten Besitz und unberechtigte Nutzung der Mietsache missbilligt. Deshalb wäre es geradezu widersprüchlich, wenn der unberechtigte Besitzer U hier einen Ausgleich für seinen Nutzungsschaden vom berechtigten Vermieter V verlangen könnte.

Bsp.: L und M sind beide Mieter von Geschäftsräumen in einem großen Gewerbegebäude. Sie sind aufgrund ihres jeweiligen Mietvertrages zur Benutzung des Aufzuges befugt, um Waren zu transportieren. M hat durch Überschreitung des zulässigen Gesamtgewichts den Aufzug beschädigt, sodass dieser einen Tag unbenutzbar ist. L verlangt von M nun seinen Verdienstausfall ersetzt, weil er keine Waren aus seinem Lager zu den Kunden befördern konnte. Fraglich ist, ob ein Anspruch des L gegen M aus § 823 Abs. 1 besteht? – Da M nicht zielgerichtet den (eingerichteten und ausgeübten) Gewerbebetrieb des L schädigen wollte, scheidet insoweit eine Rechtsgutsverletzung aus (zudem wäre es gegenüber anderen (sonstigen) Rechten subsidiär zu behandeln). Ein sonstiges Recht i. S. v. § 823 Abs.1 stellt jedoch auch der (berechtigte) Besitz dar. L ist hier unmittelbarer, rechtmäßiger (Mit-)Besitzer des Lastenaufzugs, sodass unstreitig eine Rechtsgutsverletzung vorliegt.

d) Familienrechte. Auch **Eingriffe in Familienrechte** können sich als Verletzung eines sonstigen Rechts erweisen[636], sofern für sie ein Ausschließlichkeitscharak- 169

---

634 Fall nach BGHZ 79, 232 = NJW 1981, 865; Bestätigung von BGHZ 73, 355 = NJW 1979, 1358; ähnlicher Fall auch in BGHZ 114, 305 = NJW 1991, 2420.

635 Siehe zu § 823 Abs. 2 i. V. m. § 858 auch Rn. 293.

636 Dazu auch *Althammer* JA 2006, 697 (699).

ter erkennbar ist. So hat der BGH als sonstiges Recht das **Recht zur elterlichen Sorge** anerkannt[637].

Bsp.[638]: V und M sind Eltern zweier gemeinsamer Kinder. Im Rahmen eines Scheidungsverfahrens wird das elterliche Sorgerecht für die Trennungszeit vom zuständigen Gericht allein der Mutter M übertragen. Kurz darauf nimmt der V die Kinder im Anschluss an einen Besuch mit und verbringt sie an einen der Mutter unbekannten Aufenthaltsort. In der Folgezeit weigert er sich sowohl die Kinder herauszugeben, als auch der Mutter ihren Aufenthalt bekannt zu geben. Im weiteren Verlauf scheitert ebenfalls der Versuch, dem V die Kinder mithilfe eines Gerichtsvollziehers wegzunehmen, weil der V sich zur Herausgabe außerstande erklärt und der Gerichtsvollzieher die Kinder bei ihm nicht vorfindet. Daher beauftragt die M schließlich eine Privatdetektei mit der Suche nach den Kindern. Die hierfür angefallenen Kosten verlangt sie nun von V wegen Verletzung ihres Sorgerechts aus § 823 Abs. 1 ersetzt. – Ein entsprechender Anspruch der M käme nur dann in Betracht, wenn es sich beim elterlichen Sorgerecht gemäß § 1626 um ein „sonstiges Recht" im Sinne des § 823 Abs. 1 handelte. Gemäß § 1632 umfasst das Recht der elterlichen Sorge das Recht, die Herausgabe des Kindes von jedem zu verlangen, der es den Eltern oder einem Elternteil widerrechtlich vorenthält (Abs. 1), sowie die Befugnis, den Umgang des Kindes auch mit Wirkung für und gegen Dritte zu bestimmen (Abs. 2). Daher stellt das elterliche Sorgerecht ein absolutes Recht dar und genießt somit als ein „sonstiges Recht" deliktsrechtlichen Schutz. Indem der V die beiden Kinder der M vorenthalten hat und ihr ihren Aufenthalt nicht bekanntgegeben hat, hat er das Sorgerecht der M verletzt, weil er der M auf diese Weise die Wahrnehmung der elterlichen Sorge zeitweise unmöglich gemacht und sich zugleich über ihr Aufenthaltsbestimmungsrecht als einem vom Gesetz besonders hervorgehobenen Teil des Personensorgerechts (§ 1631 Abs. 1) hinweggesetzt hat[639]. V handelte auch widerrechtlich. Zwar steht auch dem nicht sorgeberechtigten Elternteil gemäß § 1684 Abs. 1 ein Umgangsrecht zu, doch verleiht dies nicht die Befugnis, der Sorgeberechtigten das Kind zu entziehen. V handelte zudem schuldhaft. Es liegt auch ein ersatzfähiger Schaden vor. Denn nach allgemeiner Auffassung stellen sich Aufwendungen des Sorgeberechtigten, die der Rückführung des ihm entzogenen Kindes dienen, als ein aus der Sorgerechtsverletzung entstandener Schaden dar. Auch bei der Verletzung eines nicht vermögensrechtlichen absoluten Rechts wie dem Sorgerecht ist der Schädiger zum Ausgleich der Vermögensnachteile verpflichtet, die durch die Verletzung des Rechts adäquat kausal verursacht worden sind. Das ist bezüglich der Detektivkosten hier der Fall. Denn dass der Sorgeberechtigte, dem die seiner Sorge anvertrauten Kinder entzogen werden, eine Detektei beauftragt, um den Aufenthalt der Kinder in Erfahrung zu bringen, liegt im Bereich der Risiken, die nach dem Zweck des deliktischen Schutzes des Rechts der elterlichen Sorge dem für die Entziehung der Kinder Verantwortlichen – hier also V – zuzuweisen sind. M hat folglich einen Anspruch auf Ersatz der Detektivkosten gegen M aus § 823 Abs. 1.

170 Nach Auffassung des BGH beinhaltet auch das **Umgangsrecht** des nicht Sorgeberechtigten ein nach § 823 Abs. 1 geschütztes Recht[640]. Darüber hinaus kommen bei der Entziehung Minderjähriger auch Schadensersatzansprüche aus § 823 Abs. 2 i. V. m. § 235 StGB in Betracht. **Das Recht auf Achtung der ehelichen Lebensgemeinschaft** ist dagegen nach Auffassung der Judikatur kein sonstiges Recht, sodass ehewidrige Beziehungen keinen Schadensersatzanspruch des

---

637 Dazu auch *Wandt*, § 16 Rn. 40; MüKo/*Wagner*, § 823 Rn. 233; *Fuchs/Pauker*, Delikts- und Schadensersatzrecht, S. 36.
638 BGH NJW 1990, 2060 = BGHZ 111, 168.
639 BGHZ 111, 168.
640 BGH NJW 2002, 2568; MüKo/*Wagner*, § 823 Rn. 233.

ehetreuen Partners aus § 823 Abs. 1 gegen den untreuen Partner begründen[641]. Denn über das Verhältnis der Ehegatten untereinander bestimmten allein die familienrechtlichen Vorschriften[642]. Die Ausgestaltung (und Sanktionierung) dieses Verhältnisses ist somit nicht Aufgabe von § 823 Abs. 1[643].

Einen Sonderfall bildet der sog. **räumlich-gegenständliche Bereich der Ehe**, der 171
auch in der Judikatur als sonstiges Recht anerkannt ist[644]. Insoweit kann etwa die Ehefrau verhindern, dass ihr Mann seine Geliebte in der Ehewohnung einquartiert. Dieser räumlich-gegenständliche Bereich will die Entfaltung der Persönlichkeit der Ehegatten fördern und dem Schutz der familiären Beziehungen dienen[645]. Der BGH gewährt jedoch (in der Rechtsfolge abgeschwächt) nur Unterlassungsansprüche (§ 1004 Abs. 1 analog) und keine Schadensersatzansprüche nach § 823 Abs. 1 (**quasinegatorischer Unterlassungsanspruch**[646]). Die Geliebte des Ehemannes kann somit aus der Ehewohnung verwiesen werden.

e) **Rahmenrechte.** Eine besondere Fallgruppe innerhalb der sonstigen Rechte stel- 172
len die **Rahmenrechte** oder offenen Tatbestände dar[647]. Damit gemeint sind das **allgemeine Persönlichkeitsrecht** und das **Recht am eingerichteten und ausgeübten Gewerbebetrieb**[648]. Grund für die Bezeichnung als Rahmenrechte ist der Umstand, dass der konkrete Schutzumfang sich kaum *a priori* bestimmen lässt, sondern stets von der Einschränkung durch die Rechte anderer im konkreten Einzelfall abhängt[649]. Charakteristisch für die Prüfung von Rahmenrechten in der Klausur sind mehrere Besonderheiten: So stellen nach überwiegendem Verständnis sowohl das allgemeine Persönlichkeitsrecht als auch das Recht am eingerichteten und ausgeübten Gewerbebetrieb nur **subsidiäre Auffangtatbestände** dar, die dort eingreifen, wo keine spezielleren Tatbestände existieren[650]. Ihre Anwendung ist daher gegenüber anderen Rechten und Rechtsgütern i. S. d. § 823 Abs. 1 sowie gegenüber Sonderbestimmungen **subsidiär.** Als weiteres Charakteristikum ist die **Rechtswidrigkeit** selbst bei einem unmittelbaren Eingriff in ein Rahmenrecht (im Gegensatz zu anderen in § 823 Abs. 1 genannten Rechten) **nicht indiziert**[651]. Die Rechtswidrigkeit muss vielmehr von dem Klausurbearbeiter stets durch eine umfassende Interessen- und Güterabwägung im Einzelfall festgestellt werden. Rahmenrechte erfahren somit erst in der Rechtsanwendung ihre tatbestandliche Begrenzung[652].

---

641 Dazu *Fuchs/Pauker*, Delikts- und Schadensersatzrecht, S. 36 f.

642 BGHZ 23, 215 (217 f.) = NJW 1957, 670; BGHZ 26, 217 (220 ff.) = NJW 1958, 544 f.; BGHZ 57, 229 (231 f.) = NJW 1972, 199; *Fuchs/Pauker*, Delikts- und Schadensersatzrecht, S. 37; *Medicus/Petersen*, Bürgerliches Recht, Rn. 617.

643 Im Einzelfall kann aber ein Schadensersatzanspruch aus § 826 in Betracht kommen: Vgl. BGH NJW 1990, 706 (Scheinvater, der jahrelang Unterhalt an die nicht von ihm stammende Tochter von der früheren Ehefrau gezahlt hat).

644 BGH NJW 1990, 706 (708); *Wandt*, § 16 Rn. 40; *Fuchs/Pauker*, Delikts- und Schadensersatzrecht, S. 38; abweichend MüKo/*Wagner*, § 823 Rn. 230 (in Wahrheit gehe es um Persönlichkeitsrechtsverletzungen: Recht auf Achtung der Persönlichkeit); a. A. auch *Medicus/Petersen*, Bürgerliches Recht, Rn. 619, die aber die Verbindung der Ehegatten zu geschlechtlicher Treue als durch § 823 Abs. 1 geschützt anerkennen.

645 BGH NJW 1990, 706 (708).

646 *Wandt*, § 16 Rn. 40.

647 Zum Begriff siehe etwa auch *Larenz/Canaris*, Schuldrecht BT II/2, § 75 I 4b, S. 359.

648 *Larenz/Canaris*, Schuldrecht BT II/2, § 75 I 4a, b, S. 358 f.

649 MüKo/*Wagner*, § 823 Rn. 242; *Gernhuber/Grunewald*, Bürgerliches Recht, § 23 Rn. 1.

650 *Wandt*, § 16 Rn. 50, 91.

651 *Wandt*, § 16 Rn. 49, 60, 88; MüKo/*Wagner*, § 823 Rn. 242.

652 *Althammer* JA 2006, 697 (699).

173 aa) **Das allgemeine Persönlichkeitsrecht. – (1) Historische Entwicklung.** Das Rahmenrecht des **allgemeinen Persönlichkeitsrechts** wurde durch die Judikatur entwickelt und basiert somit auf Richterrecht[653]. Denn § 823 Abs. 1 schützt mit den dort genannten Rechtsgütern lediglich das Interesse der Person an **physischer Integrität.** Auch wenn die Anerkennung eines (allgemeinen) Persönlichkeitsrechts als subjektives Recht bereits im 19. Jahrhundert insbesondere von *Otto von Gierke*[654] gefordert worden war[655], entschied sich der historische Gesetzgeber des BGB dagegen, die **menschliche Persönlichkeit** in den Stand eines deliktsrechtlich geschützten Rechtsguts zu erheben[656]. Zwar wurde die Ehre in einem ersten Entwurf des Bürgerlichen Gesetzbuches noch als geschütztes Rechtsgut genannt, jedoch nahm man davon im Laufe der Debatten über den zweiten Entwurf Abstand. Dabei wurde befürchtet, dass ein den Standard des Strafgesetzbuches übertreffender Schutz auch vor fahrlässiger Verletzung eine zu starke Einschränkung des Verkehrslebens bewirken könne[657]. Der durch § 823 Abs. 2 i. V. m. §§ 185 ff. StGB gewährte zivilrechtliche Schutz vor vorsätzlicher Verletzung wurde vielmehr für genügend erachtet[658]. Zudem fand mit dem **Namensrecht** bereits ein besonderes Persönlichkeitsrecht Ausgestaltung in § 12, welches auch nach § 823 Abs. 2 geschützt ist. Kurz nach Inkrafttreten des BGB zeigten die technischen Fortschritte der Fotografie ein gesteigertes Bedürfnis am Schutz der Persönlichkeit in Form des Bildnisses einer Person auf. Das Kunsturhebergesetz (KUG) vom 9.1.1907 hat deswegen ein weiteres besonderes Persönlichkeitsrecht geschaffen, das Recht am eigenen Bild[659]. Gemäß §§ 22 ff. KUG ist die Verbreitung des Bildnisses einer Person grundsätzlich nur mit Einwilligung des Abgebildeten gestattet[660].

174 Das RG hatte sich in seiner Judikatur auf Versuche beschränkt, nur die gravierendsten Lücken des gesetzlich rudimentär ausgestalteten Persönlichkeitsschutzes zu schließen[661]. In der **Zeit der nationalsozialistischen Diktatur** fanden Persönlichkeitsrechte letztlich nur auf dem Papier Anerkennung, vielmehr wurde der Wert der menschlichen Persönlichkeit als solcher gerade geleugnet. Erst mit dem Grundgesetz im Jahre 1949 wurde auch die rechtsstaatliche Basis für einen umfassenderen Persönlichkeitsschutz gelegt. Die Erfahrung der systematischen Missachtung der menschlichen Persönlichkeit während der nationalsozialisti-

---

653 Vgl. dazu mahnend aus jüngerer Zeit *Canaris* VersR 2005, 577 f.: Danach gehört der „Schutz der Persönlichkeit zu den fundamentalen Menschenrechten, die weder dem Belieben des Gesetzgebers und den Zufälligkeiten des Erlasses von Schutzgesetzen noch den vagen und schwankenden Wertungen der Gesellschaft ausgeliefert werden dürfen"; ausführlicher Überblick über die ethischen und historischen Wurzeln bei *Fuchs/Pauker*, Delikts- und Schadensersatzrecht, S. 39; *Larenz/Canaris*, Schuldrecht BT II/2, § 80 I 1, S. 491.

654 *von Gierke*, Deutsches Privatrecht, Band 1 – Allgemeiner Teil und Personenrecht, 1. Aufl. (1895), §§ 81 ff., S. 702 ff., insbesondere § 81 I, S. 703: „Das Recht der Persönlichkeit ist ein subjektives Recht und muß von Jedermann anerkannt und geachtet werden."

655 Ausführlich zur ideengeschichtlichen Entwicklung: *Hattenhauer* JuS 1982, 405 ff.

656 *Kötz/Wagner*, Deliktsrecht, Rn. 367 ff.

657 Protokolle bei *Mugdan* II, S. 1077 (Anm. 2724); *Kötz/Wagner*, Deliktsrecht, Rn. 368; *Hattenhauer* JuS 1982, 405 ff.

658 Ausführlich zur Diskussion um die Aufnahme eines Persönlichkeitsrechts in den Gesetzesvorbereitungen zu § 823 BGB: *Simon*, Das allgemeine Persönlichkeitsrecht und seine gewerblichen Erscheinungsformen, S. 161 ff.; *Gottwald*, Das allgemeine Persönlichkeitsrecht, S. 7 ff.

659 Zu den historischen Hintergründen vgl. *Seifert* NJW 1999, 1889, 1890; *Fuchs/Pauker*, Delikts- und Schadensersatzrecht, S. 40.

660 *Fuchs/Pauker*, Delikts- und Schadensersatzrecht, S. 40.

661 Vgl. etwa RGZ 69, 401, 403; siehe zur Entwicklung auch *Fuchs/Pauker*, Delikts- und Schadensersatzrecht, S. 40; *Kötz/Wagner*, Deliktsrecht, Rn. 371 f.

schen Schreckensherrschaft schlug sich insbesondere in den grundrechtlichen Garantien der Menschenwürde in Art. 1 GG und des Rechts auf freie Entfaltung der Persönlichkeit in Art. 2 GG nieder[662]. Auch die weitere technische Fortentwicklung von Fotografie und Rundfunk in der Nachkriegszeit sowie eine ausufernde Berichterstattung in den anwachsenden Massenmedien offenbarte ein Bedürfnis für einen umfassenderen rechtlichen Schutz der menschlichen Persönlichkeit[663]. Die einsetzende Genese des allgemeinen Persönlichkeitsrechts beruht jedoch nicht auf einer bewussten Willensentscheidung des Gesetzgebers, sondern auf der schrittweisen richterlichen Rechtsfortbildung durch den BGH. In der **„Leserbrief"-Entscheidung** aus dem Jahr 1954 leitete der BGH einen zivilrechtlichen Schutz des Persönlichkeitsrechts erstmals aus Artt. 1 und 2 GG ab[664]. Dass bei einer Verletzung des allgemeinen Persönlichkeitsrechts auch ein Anspruch auf Schadensersatz in Geld in Betracht kommt, hielt der BGH schließlich im Jahr 1958 in der **„Herrenreiter"-Entscheidung** fest[665]. Durch diese und eine Reihe anderer Entscheidungen der Judikatur stellt das allgemeine Persönlichkeitsrecht heute einen festen Bestandteil der Privatrechtsordnung dar[666].

(2) **Das allgemeine Persönlichkeitsrecht im Verhältnis zu spezialgesetzlichen Ausgestaltungen des Persönlichkeitsrechts.** Auf das allgemeine Persönlichkeitsrecht kann nur dann zurückgegriffen werden, wenn für den Einzelfall keine (abschließende) Sonderregelung dieses Teilbereichs des Persönlichkeitsrechts existiert. Inwieweit dies auf einer Konzeption als **subsidiärer Auffangtatbestand** beruht[667] oder ob nur der **allgemeine Spezialitätsgrundsatz** zur Anwendung kommt[668], stellt eine dogmatische Streitfrage dar. Für die Fallbearbeitung empfiehlt sich, zwischen drei Fällen zu unterscheiden[669]: Existiert für den betroffenen Aspekt des Persönlichkeitsrechts von vornherein keine sondergesetzliche Regelung, ist der Rückgriff auf das allgemeine Persönlichkeitsrecht sofort möglich. Bei Bestehen einer sondergesetzlichen Vorschrift, die zugleich die vom Geschädigten begehrte Rechtsfolge hergibt, ist das allgemeine Persönlichkeitsrecht bei einem Verständnis als subsidiärer Auffangtatbestand nicht anwendbar[670]. Nach der Ansicht, die die Subsidiaritätsthese ablehnt, ist dagegen durch Auslegung der Spezialvorschrift zu ermitteln, ob diese abschließenden Charakter für den jeweiligen Teilbereich des Persönlichkeitsrechts besitzt. Sollte dies der Fall sein, kommt ein Rückgriff auf das allgemeine Persönlichkeitsrecht aufgrund von Spezialität nicht in Betracht. Im umgekehrten Fall liegt **Anspruchskonkurrenz** vor[671]. Sollte hingegen zwar eine sondergesetzliche Regelung des Teilbereichs des Persönlichkeitsrechts existieren, diese aber die erwünschte Rechtsfolge nicht gewähren, muss nach beiden Ansichten durch Auslegung geklärt werden, ob 175

662 Instruktiv *Fuchs/Pauker*, Delikts- und Schadensersatzrecht, S. 41; *Kötz/Wagner*, Deliktsrecht, Rn. 375.
663 *Larenz/Canaris*, Schuldrecht BT II/2, § 80 I 2, S. 492.
664 BGHZ 13, 334 ff. = BGH NJW 1954, 1404 f.; näher zur Entscheidung *Kötz/Wagner*, Deliktsrecht, Rn. 375, 376.
665 BGHZ 26, 349 ff. = BGH NJW 1958, 827 ff.
666 Das BVerfG hat die Bedeutung des APR in seinem Lebach-Urteil von 1973 herausgestellt (BVerfG NJW 1973, 1226 f.).
667 So die Rechtsprechung: (BGHZ 80, 311 (319) = NJW 1981, 1738 (1740) (Handelsauskunftei); BGHZ 91, 233 (237 f.) = NJW 1984, 1886) und Teile der Literatur: *Wandt*, § 16 Rn. 50.
668 *Fuchs/Pauker*, Delikts- und Schadensersatzrecht, S. 51; *Larenz/Canaris*, Schuldrecht BT II/2, § 80 I 6, S. 497.
669 Vgl. auch *Wandt*, § 16 Rn. 50 ff.
670 *Wandt*, § 16 Rn. 51.
671 *Fuchs/Pauker*, Delikts- und Schadensersatzrecht, S. 51; *Larenz/Canaris*, Schuldrecht BT II/2, § 80 I 6, S. 497.

der Gesetzgeber mit der Vorschrift eine abschließende Regelung bezweckt hatte[672]. Ist dies der Fall, kommt eine Anwendung des allgemeinen Persönlichkeitsrechts nicht in Betracht. In der Klausur muss dieser Streitfrage sicherlich keine große Aufmerksamkeit geschenkt werden.

176 (3) **Eingriff in den Schutzbereich des allgemeinen Persönlichkeitsrechts. – (a) Der objektive Schutzbereich.** Aufgrund der vielgestaltigen Ausprägungen der menschlichen Persönlichkeit und der ständigen Fortentwicklung der Formen möglicher Beeinträchtigungen durch den Fortschritt in der Kommunikations- und Medientechnologie[673] ist die Praxis zur **Bildung entwicklungsoffener Fallgruppen** übergegangen[674]. Zu diesen Fallgruppen des objektiven Schutzbereichs rechnen u. a. der Schutz der persönlichen Ehre, des eigenen Namens und Bildes, des nicht öffentlich gesprochenen Wortes sowie das Recht auf informationelle Selbstbestimmung[675], die im Folgenden ausführlicher dargestellt werden.

177 Die Rechtsprechung hat darüber hinaus, um den Besonderheiten der Praxis entgegenzukommen, **ein gestuftes System geschützter Sphären** begründet[676], wobei die Persönlichkeit umso stärker geschützt ist, je tiefer in den innersten Bereich des Rechts eingedrungen wird. Unterschieden wird dabei zwischen der Sozialsphäre (auch Individual- oder Öffentlichkeitssphäre genannt), der Privatsphäre und der Intimsphäre[677]. Der Unterscheidung nach Sphären kommt jedoch vor allem im Rahmen der Prüfung der Rechtswidrigkeit des Eingriffs als Bestandteil der Interessenabwägung Bedeutung zu, weshalb eine ausführlichere Darstellung bei den entsprechenden Ausführungen erfolgt[678].

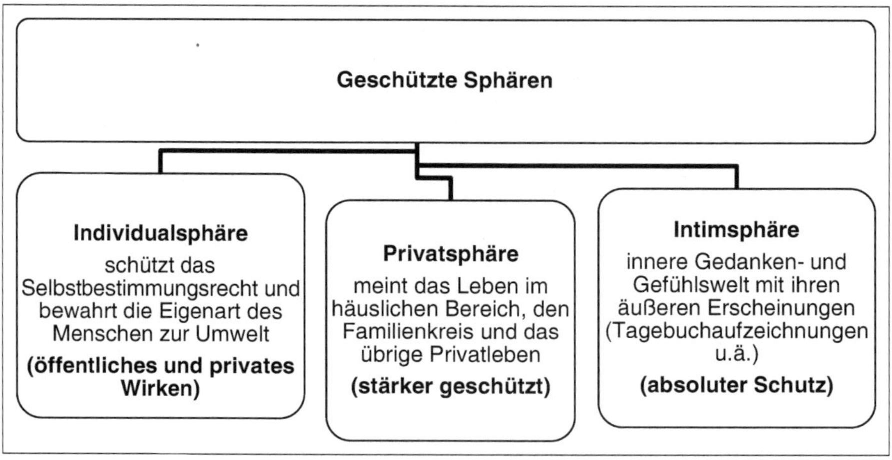

672 *Fuchs/Pauker*, Delikts- und Schadensersatzrecht, S. 51; *Wandt*, § 16 Rn. 50.

673 So auch: Soergel/*Beater*, Anh. IV zu § 823 Rn. 33.

674 Vgl. auch *Kötz/Wagner*, Deliktsrecht, Rn. 378 ff.; *Wandt*, § 16 Rn. 55 f.; *Fuchs/Pauker*, Delikts- und Schadensersatzrecht, S. 42 ff.

675 *Looschelders*, Schuldrecht BT, § 59 Rn. 1239.

676 BGH NJW 2013, 1681 (1682); BGH NJW 2009, 2888 (2891); BGH NJW 1991, 1532 (1533); BGH NJW 1988, 1016 (1017); BGH NJW 1987, 2667; BGH NJW 1980, 2070 (2071); BGH NJW 1973, 891 (892); *Looschelders*, Schuldrecht BT, § 59 Rn. 1239; *Medicus/Lorenz*, Schuldrecht II, Rn. 1310.

677 BGH NJW 2013, 1681 (1682); Palandt/*Sprau*, § 823 Rn. 87.

678 Vgl. instruktiv zu den Sphären auch Soergel/*Beater*, Anh. IV zu § 823 Rn. 42 ff.

(aa) **Rechtsträger.** Zu den Rechtsträgern des allgemeinen Persönlichkeitsrechts rechnen jedenfalls alle natürlichen Personen. Auch der *nasciturus*, der noch ungeborene Mensch ist in den Schutz einbezogen, wenngleich etwaige Schadensersatzansprüche erst mit der Geburt zur Entstehung gelangen können[679]. **Organisationen und Personenmehrheiten** können sich auf den Schutz des Persönlichkeitsrechts nur insoweit berufen, als dies ihrem Wesen und ihrer Funktion entspricht[680]. Sie bedürfen zivilrechtlichen Schutzes insbesondere vor Verletzungen ihrer Namensrechte[681]. Zum Tragen kommt aber auch der Aspekt des Ehrenschutzes[682]. 178

Der Schutz der menschlichen Persönlichkeit wird durch Rechtsprechung und Literatur auch nach dem Tod in Gestalt des **postmortalen Persönlichkeitsrechts** garantiert[683]. Insoweit tritt die Verankerung des Persönlichkeitsrechts in der Menschenwürdegarantie (Art. 1 Abs. 1 GG) in den Vordergrund, da das Grundrecht aus Art. 2 Abs. 1 GG nur Lebenden zusteht[684]. Insoweit hat auch der Verstorbene einen Anspruch auf Achtung seiner Würde und Autonomie[685]. Dabei ist zu beachten, dass der Schutz des postmortalen Persönlichkeitsrechts mit zunehmendem Zeitablauf in dem Maße schwächer wird, in dem die Erinnerung an den Verstorbenen verblasst[686]. Das Persönlichkeitsrecht selbst ist, soweit dessen **ideelle, nicht vermögenswerte Bestandteile** betroffen sind, nicht vererblich[687]. Insoweit kann nicht mit Allgemeingültigkeit die Frage beantwortet werden, wer zur Wahrnehmung des Persönlichkeitsrechts des Verstorbenen befugt ist. Zur Wahrnehmung berechtigt werden in der Regel der vom Verstorbenen zu Lebzeiten Berufene [688] oder subsidiär die näheren Angehörigen sein[689]. 179

(bb) **Fallgruppen.** In der Rechtsprechung des BGH sind, wie erwähnt, zur Ausformung des Rahmenrechts verschiedene Fallgruppen entwickelt worden. Beweggrund ist dabei, das allgemeine **Persönlichkeitsrecht entwicklungsoffen zu halten**, um auf aktuelle gesellschaftliche Entwicklungen flexibel reagieren zu können. Diese werden im Folgenden näher dargestellt. Die dabei erwähnten Grundstrukturen der Prüfung sind auf weitere Fallgruppen übertragbar. 180

– **Ehrenschutz.** Bei dem Recht der persönlichen Ehre sind zwei Ebenen zu unterscheiden: Die **innere Ehre** bezeichnet das individuelle Ehrempfinden unabhängig von der Außenwelt, insbesondere das eigene Selbstwertgefühl bzw. die Wahrneh- 181

---

679 Palandt/*Sprau*, § 823 Rn. 88; Soergel/*Beater*, Anh. IV zu § 823 Rn. 19; *Pachler* FamRZ 1972, 189.
680 BGH NJW 1981, 2402 (Werbeunternehmen).
681 BGH NJW 1981, 2402 (Werbeunternehmen); Soergel/*Beater*, Anh. IV zu § 823 Rn. 23.
682 BGH NJW 1974, 1762 (Deutschland-Stiftung e.V.); BGH NJW 1975, 1882 (1883) (Handelsgesellschaft).
683 Soergel/*Beater*, Anh. IV zu § 823 Rn. 26.
684 BGH NJW 2009, 751 (752) [Rn. 16]; *Looschelders*, Schuldrecht BT, § 59 Rn. 1243.
685 BGH NJW 1968, 1773 (1774); BGH NJW 1990, 1986 (1987); BGH NJW 2009, 751 (752) [Rn. 16]; Palandt/*Sprau*, § 823 Rn. 90; *J. Hager* Jura 2000, 186, 189 f.; Soergel/*Beater*, Anh. IV zu § 823 Rn. 26.
686 BGH NJW 1968, 1773 (1775); BGH 1990, 1986 (1988); BGH 1990, 1986 (1988) (bestehender Schutz auch 30 Jahre nach dem Tod des Künstlers).
687 BGH NJW 1968, 1773 (1774). Die vermögenswerten Bestandteile des Persönlichkeitsrechts sind jedoch vererblich: BGH NJW 2000, 2195 (2197 ff.) (Marlene Dietrich); *Looschelders*, Schuldrecht BT, § 59 Rn. 1243; des Weiteren ist der Fall zu beachten, dass der Verstorbene bereits vor seinem Tod durch eine Verletzung seines Persönlichkeitsrechts einen Anspruch erlangt hat. Dieser geht im Wege der Gesamtrechtsnachfolge auf den Erben über, Soergel/*Beater*, Anh. IV zu § 823 Rn. 25.
688 BGH NJW 1968, 1773 (1775).
689 BGH NJW 1968, 1773 (1775); BGH NJW 1990, 1986 (1990).

mung der eigenen Person[690], womit etwa Empfindungen des persönlichen Stolzes und der eigenen Würde erfasst sind. Die **äußere Ehre** betrifft das gesellschaftliche Ansehen des Einzelnen sowie die Wertschätzung durch die Außenwelt, einschließlich der persönlichen Reputation und des „Images" einer Person[691]. Wenngleich der zivilrechtliche Ehrenschutz beide Wirkungsrichtungen umfasst, steht im Zentrum doch der Schutz der äußeren Ehre vor Verunglimpfungen, Herabsetzungen und wahrheitswidrigen ehrrührigen Behauptungen[692]. Eine Verletzung der inneren Ehre i. S. d. Selbstachtung einer Person ist selten, aber etwa denkbar, wenn eine Person durch Druck veranlasst wird, gegen ihre innerste Überzeugung zu handeln[693].
Für den Bereich der äußeren Ehre ist häufig bereits der Schutz über § 823 Abs. 2 i. V. m. §§ 185 ff. StGB ausreichend[694], wenngleich dann die Erfüllung des objektiven und subjektiven Straftatbestandes (und insbesondere Vorsatz) erforderlich ist. Ein Schadensersatzanspruch über das allgemeine Persönlichkeitsrecht (§ 823 Abs. 1 i. V. m. Art. 2 Abs. 1, 1 Abs. 1 GG) füllt insoweit eine Lücke, da dieser auch fahrlässige Ehrverletzungen erfasst[695].

182 Ob eine Verletzung der Ehre vorliegt, ist im Einzelfall anhand einer **objektiven Betrachtung** zu beurteilen, wobei das subjektive Empfinden des Betroffenen nicht entscheidend ist. Äußerungen (gesprochener oder geschriebener Art) sowie bildliche Darstellungen sind dabei durch Auslegung stets in ihrem situativen Kontext zu erfassen (Bsp.: Satire oder Comedy). Entscheidend ist die durch die Äußerung intendierte Wirkung (insbesondere aus Sicht eines unvoreingenommenen Adressaten).

183 Bei Äußerungen ist, vergleichbar zu Art. 185 ff. StGB, zwischen **Meinungsäußerungen** und **Tatsachenbehauptungen** zu unterscheiden. Denn bei Meinungsäußerungen, die ein wertendes Element der Stellungnahme oder des Dafürhaltens beinhalten, greift die Garantie der Meinungsfreiheit (Art. 5 GG), weshalb diese gegen das Persönlichkeitsrecht des Betroffenen abzuwägen ist[696]. Die Grenze des Zulässigen ist jedenfalls bei der sog. Schmähkritik überschritten, bei der die Herabsetzung des anderen im Vordergrund steht[697]. Tatsachenbehauptungen sind hingegen anders als Werturteile dem Beweis zugänglich. Ehrenrührige, aber zutreffende Tatsachenbehauptungen sind grundsätzlich hinzunehmen[698], während unwahre (herabsetzende) Tatsachenbehauptungen nach § 823 Abs. 1 unterbunden werden können[699].

Bsp.[700]: In einer Zeitschrift wird über eine Fernsehansagerin gesagt, sie gehöre „in ein zweitklassiges Tingeltangel auf der Reeperbahn", sehe aus wie eine „ausgemol-

690 *Siebrecht* JuS 2001, 337.
691 Bamberger/Roth/*Bamberger*, § 12 Rn. 139; *Siebrecht* JuS 2001, 337; ausführlich zu dieser heute umstrittenen Unterscheidung auch: MüKo/*Regge/Pegel*, Vorbem. zu den §§ 185 ff. StGB Rn. 18 ff.
692 *Larenz/Canaris*, Schuldrecht BT II/2, § 80 II 2a, S. 500.
693 Mit diesem Bsp: MüKo/*Rixecker*, Anh. zu § 12 – APR Rn. 79.
694 *Larenz/Canaris*, Schuldrecht BT II/2, § 80 II 2a, S. 500, 501.
695 *Larenz/Canaris*, Schuldrecht BT II/2, § 80 II 2a, S. 500, 501.
696 BGH NJW-RR 2008, 916; BGH NJW 2007, 686 (687).
697 BGH NJW-RR 2008, 916; BGH NJW 2007, 686 (687); BGH NJW 2000, 1036 (1038); Soergel/*Beater*, Anh. IV § 823 Rn. 165.
698 *Larenz/Canaris*, Schuldrecht BT II/2, § 80 II 2 a, S. 501. Jedoch kann im Einzelfall auch eine wahre Tatsachenbehauptung eine Persönlichkeitsrechtsverletzung darstellen, insbesondere wenn die Privatsphäre betroffen ist, BGH NJW 2012, 3645 (3646).
699 BGH NJW 1987, 1398 (1399); BGH NJW 2004, 1034 (1035).
700 Nach BGHZ 39, 124 = NJW 1963, 902 („Fernsehansagerin"); *Larenz/Canaris*, Schuldrecht BT II/2, § 80 II 2a, S. 500; *Wandt*, § 16 Rn. 55.

kene Ziege" und bei ihrem Anblick werde den Zuschauern „die Milch sauer". – Nach Ansicht des BGH sei hier nicht nur eine Überschreitung der „durch die Gesetze des guten Geschmacks gesetzten Grenzen" gegeben, die Äußerung enthalte zugleich „eine unverantwortliche Herabwürdigung der Frauenehre" der Ansagerin, auf deren Achtung sie Anspruch habe. Es sei nicht ersichtlich, warum die weitere Befassung mit der Privatsphäre der Ansagerin von Relevanz für die von der Zeitschrift behauptete Zielsetzung der Artikelreihe sei, den Sender zur Auswechslung seiner Ansagerin zu veranlassen. Eine Verletzung des Persönlichkeitsrechts als sonstiges Recht i. S. v. § 823 Abs. 1 wurde folglich bejaht.
Weitere Fälle in dieser Gruppe betreffen etwa den sog. „*Herrenreiter*-Fall"[701], den Fall „*Susan Stahnke*"[702] und die Entscheidungsreihe „*Caroline von Monaco*"[703].

Vertiefung: Mobbing. Auch im Falle sog. **Mobbings**[704] kann eine **Persönlichkeitsverletzung durch Verletzung der persönlichen Ehre** des Betroffenen vorliegen. Die Rechtsprechung versteht unter Mobbing „fortgesetzte, aufeinander aufbauende oder ineinander übergreifende, der Anfeindung, Schikane oder Diskriminierung dienende Verhaltensweisen, die nach ihrer Art und ihrem Ablauf im Regelfall einer übergeordneten, von der Rechtsordnung nicht gedeckten Zielsetzung förderlich sind"[705]. Ansprüche des Opfers können sich etwa aus der **Verletzung arbeitsvertraglicher Schutz- und Fürsorgepflichten** des Arbeitgebers ergeben (§ 280 Abs. 1), da der Arbeitgeber auch den Schutz des Arbeitnehmers vor systematischer Schikane durch andere Mitarbeiter zu gewährleisten hat[706]. Insoweit trifft den Arbeitgeber eine Verpflichtung, das Persönlichkeitsrecht des Arbeitnehmers (auch gegen Mobbing-Handlungen) zu schützen[707]. Daneben kommen aber auch deliktische Ansprüche, insbesondere aus § 823 Abs. 1 in Betracht. Wenn die psychischen Auswirkungen des Mobbings eine ausreichende Intensität erreichen, kann eine **Gesundheitsverletzung** gegeben sein[708]. Das Mobbingverhalten kann jedoch auch eine **Verletzung des allgemeinen Persönlichkeitsrechts** in Gestalt der persönlichen Ehre beinhalten, welche dem Rechtsträger einen (**quasinegatorischen) Anspruch auf Unterlassung** gewährt (§§ 823 Abs. 1 i. V. m. 1004, 862, 12 analog)[709]. 184

In der Klausurprüfung ist zu berücksichtigen, dass die einzelnen vom Geschädigten angeführten Handlungen der Kollegen oder des Arbeitgebers für sich genommen noch keine Rechtsgutsverletzung darstellen müssen. Vielfach ergibt meist erst die Gesamtschau der Handlungen und Verhaltensweisen eine Rechtsgutsverletzung[710], wobei die Beweislage aufgrund des längeren Zeitraums für den Be- 185

701 BGHZ 26, 349 = NJW 1961, 2059.
702 LG Hamburg NJW-RR 2000, 978.
703 Siehe insbesondere BVerfG NJW 2000, 2191 f.
704 *Hartmann/Jansen* NJW 2012, 1540 ff.
705 LAG Thüringen NZA-RR 2001, 577 (579); LAG Rheinland-Pfalz NZA-RR 2002, 121 (122); LAG Bremen NZA-RR 2003, 234 (235); LAG Hamm NZA-RR 2003, 8 (9); knapper BAG NZA 1997, 781 („systematisches Anfeinden, Schikanieren und Diskriminieren von Arbeitnehmern untereinander oder durch Vorgesetzte"); *Hartmann/Jansen* NJW 2012, 1540 ff. Dabei ist aber konkret in jedem Einzelfall zu überprüfen, ob die jeweiligen Verhaltensweisen die Voraussetzungen einer vertraglichen oder deliktischen Anspruchsgrundlage tatsächlich erfüllen, BAG NZA-RR 2011, 378 (379); BAG NZA 2008, 223 (225); BAG NZA 2007, 1154 (1166).
706 BAG NZA 2007, 1154; LAG Thüringen NZA-RR 2001, 577.
707 BAG NZA 2007, 1154 (1160); *Hartmann/Jansen* NJW 2012, 1540 (1543).
708 *Hartmann/Jansen* NJW 2012, 1541.
709 BAG NZA-RR 2011, 378 (379); BAG NZA 2007, 1154 (1160).
710 BAG NZA-RR 2011, 378 (379); BAG NZA 2008, 223 (225); BAG NZA 2007, 1154 (1159); *Hartmann/Jansen* NJW 2012, 1541 ff.

troffenen häufig schwierig ist[711] Nicht jede (auch wiederholte) Auseinandersetzung am Arbeitsplatz oder Kritik an der Person und Leistung des Arbeitnehmers beinhaltet nach der Rechtsprechung eine Verletzung des Persönlichkeitsrechts[712]. Vielmehr bedarf es hierfür einer **systematischen und zielgerichteten Herabsetzung des Arbeitnehmers**[713].

Bsp.[714]: Kumulatives Auftreten folgender Verhaltensweisen: Benachteiligung bei Urlaubsanträgen; mehrfache Anweisung zur Vornahme völlig anspruchsloser Tätigkeiten auf einer anderen Hierarchieebene; Hinweise auf mangelnde Hygiene.

186 Eine Verletzung des Persönlichkeitsrechts des Arbeitnehmers kann u. U. auch dadurch eintreten, dass der Arbeitgeber **zielgerichtet** versucht, diesen durch Schaffung eines ungünstigen persönlichen Arbeitsklimas **zur Vertragsauflösung zu bewegen**[715].

Bsp.[716]: Der Geschäftsführer verfolgt und betreibt „betrieblich, persönlich und wirtschaftlich zielgerichtet" die Vertragsbeendigung durch den Arbeitnehmer; Konfrontation mit einer anonymen Beschwerde ohne Möglichkeit zur Einsichtnahme in Beweismittel; unberechtigte Suspendierung und Erteilung eines Hausverbots ohne vorherige Anhörung; unberechtigte Strafanzeige ohne vorherige Anhörung; Ausspruch unbegründeter Kündigungen; vorzeitige Informierung der Belegschaft vom Ausscheiden des Arbeitnehmers.

187 – **Schutz des eigenen Namens.** Dem Schutz des eigenen Namens (auch der Künstlername) gegen eine **Namensbestreitung** und eine **Namensanmaßung** trägt bereits § 12 Rechnung[717]. Jedoch verleiht die Vorschrift dem Betroffenen nur einen Anspruch auf Unterlassung, sodass für Schadensersatzansprüche auf § 823 Abs. 1 abzustellen ist[718]. Bei einem über die Namensbestreitung oder -anmaßung hinausgehenden Gebrauch des Namens greift schließlich das Recht am eigenen Namen als **Ausprägung des allgemeinen Persönlichkeitsrechts**, sodass § 823 Abs. 1 zur Anwendung kommt[719]. Dies gilt etwa für die **Verwendung des Namens zu Werbezwecken** ohne Einverständnis des Namensträgers[720]. Bei der Interessenabwägung ist zu berücksichtigen, dass auf Seiten des Werbenden nicht nur rein kommerzielle Interessen einzubeziehen sein können, sondern dass er sich, soweit die Werbung zumindest auch einen **meinungsbildenden Inhalt** hat, auch auf Art. 5 GG berufen kann[721].

Bsp.[722]: Der Kläger, Ernst-Olaf von M., ist ein Angehöriger des europäischen Hochadels, über dessen Gewaltausbrüche gegen Paparazzi und Türsteher in den Medien berichtet wurde. Die beklagte deutsche Tochtergesellschaft des Tabakkonzerns L. schaltet eine Anzeigenkampagne, in der eine allseits zerdrückte, verbeulte Zigarettenschachtel des Herstellers zu sehen ist. Daneben befindet sich der Text „War das Ernst? Oder Olaf? –

711 MüKo/*Rixecker*, Anh. zu § 12 – APR Rn. 82.
712 Vgl. BAG NZA 2007, 1154 (1161); LAG Rheinland-Pfalz, U. v. 20.9.2012, 10 Sa 121/12, BeckRS 2013, 65152.
713 OLG München, B. v. 4.5.2012, Az.: 1 U 1227/12, BeckRS 2012, 14561; B. v. 28.6.2012, Az. 1 U 1227/12, BeckRS 2012, 14562.
714 ArbG Siegburg, U. v. 11.10.2012, Az.: 1 Ca 1310/12, BeckRS 2012, 76216.
715 ArbG Cottbus, U. v. 8.6.2009, Az.: 7 Ca 1960/08, juris Rn. 96.
716 ArbG Cottbus, U. v. 8.6.2009, Az.: 7 Ca 1960/08, juris Rn. 96.
717 *Kötz/Wagner*, Deliktsrecht, Rn. 378.
718 Vgl. etwa *Buck-Heeb*, Kapitalmarktrecht, Rn. 123.
719 BGH NJW 1959, 1269 (1270) (Caterina Valente); *Wandt*, § 16 Rn. 54.
720 BGH NJW 1959, 1269 (1270) (Caterina Valente); BGH NJW 2008, 3782. Neben dem Namensschutz kann dabei auch das Recht am eigenen Bild greifen; *Wandt*, § 16 Rn. 54.
721 BGH NJW 1986, 1533 (1534) (Arztwerbung); BVerfG NJW 2001, 591 (Benetton I).
722 Nach BGH NJW 2008, 3782.

L., sonst nichts." Der Kläger verlangt nun Schadensersatz. – Durch Nutzung des Namens des Klägers zu kommerziellen Zwecken hat die Beklagte das Persönlichkeitsrecht des Klägers verletzt[723]. Zwar wurden im vorliegenden Fall nur die Vornamen des Klägers verwendet, bei denen es sich an sich um alltägliche Vornamen handelt. Aufgrund der Bekanntheit des Klägers und der aktuellen Berichterstattung in den Medien über seine Person war jedoch der Bezug der Namenskombination zur Person des Klägers für die Verbraucher klar ersichtlich. Fraglich ist jedoch, ob auch die Rechtswidrigkeit gegeben ist. Der BGH kam in seiner Interessenabwägung zu dem Ergebnis, dass diese zu verneinen sei. Im vorliegenden Fall seien nur die vermögenswerten Bestandteile des Persönlichkeitsrechts betroffen, die nicht von Art. 1 i. V. m. Art. 2 GG, sondern nur einfachrechtlich (§§ 12, 823) geschützt seien. Dagegen könne sich die Beklagte auf Art. 5 GG berufen. Meinungsbildende Inhalte lägen nicht nur vor, wenn ein Bezug zu politisch-historischen Themen bestehe, sondern auch wenn allein Fragen von allgemeinem gesellschaftlichem Interesse betroffen seien. Aufgrund der Bekanntheit des Klägers bestehe an der Auseinandersetzung mit dessen aggressivem und gewalttätigem Verhalten ein Informationsinteresse der Öffentlichkeit. Da sich die Werbekampagne mit diesem Thema in satirisch-spöttischer Weise auseinandersetze, greife hier der Schutz der Meinungsfreiheit. Da der vermögenswerte Bestandteil des Persönlichkeitsrechts nur einfachrechtlich geschützt sei und in der Anzeige auch nicht der Eindruck erweckt werde, der Kläger identifiziere sich mit dem Produkt oder empfehle es, sei der Eingriff in das Persönlichkeitsrecht des Klägers gegenüber der verfassungsrechtlich geschützten Meinungsfreiheit der Beklagten von geringerem Gewicht. Ein Anspruch besteht nicht (a. A. vertretbar, vgl. die Entscheidung der Vorinstanz OLG Hamburg, NJW-RR 2007, 1417 (kein oder sehr geringer meinungsbildender Inhalt, daher Vorrang des Persönlichkeitsrechts).

– **Schutz des eigenen Bildes.** Auch das **Recht am eigenen Bild** bildet einen Aspekt des allgemeinen Persönlichkeitsrechts[724]. Dieses hat zwar auch eine spezialgesetzliche Ausformung in **§§ 22, 23 Kunsturhebergesetz (KUG)** erfahren. Das KUG schützt jedoch nur vor der Verbreitung und öffentlichen Zurschaustellung von Bildnissen und nur im Fall der Identifizierbarkeit des Abgebildeten für Dritte. Darüber hinaus kommt nur ein Anspruch gemäß § 823 Abs. 1 i. V. m. dem allgemeinen Persönlichkeitsrecht in Betracht. In der Klausur gilt es deswegen, die Anwendungsbereiche von KUG und § 823 Abs. 1 exakt voneinander abzugrenzen. Eine Verletzung des Rechts am eigenen Bild i. S. v. § 823 Abs. 1 ist dabei bereits in der Herstellung einer bildlichen Darstellung der Person (auch ohne Verbreitungs- oder Veröffentlichungsabsicht) zu sehen[725]. Die in der Herstellung liegende Rechtsgutsverletzung ist jedoch gerechtfertigt, wenn sie mit **Einwilligung des Abgebildeten** erfolgt ist[726]. Darüber hinaus bedarf es einer umfassenden Interessenabwägung im Einzelfall[727]. **188**

Als weitere Verletzungshandlungen kommen die **Verbreitung**, d. h. das Inverkehrbringen des Bildnisses[728], und die **öffentliche Zurschaustellung des Bildnis-** **189**

723 In der zugrundeliegenden Entscheidung wurde primär ein Anspruch aus Wertersatz aus § 812 Abs. 1 Satz 1, Alt. 2 (Eingriffskondiktion) wegen Eingriffs in den Zuweisungsgehalt des Persönlichkeitsrechts des Klägers geprüft und § 823 Abs. 1 BGB nur erwähnt. Die Argumentation insbesondere zur Rechtswidrigkeit des Eingriffs verläuft aber parallel.

724 *Kötz/Wagner*, Deliktsrecht, Rn. 380.

725 BGH NJW 1957, 1315 (1316) (Spätheimkehrer); BGH NJW 1966, 2353 (2354) (Vor unserer eigenen Tür); BGH NJW 1995, 1955 (1956 f.); zustimmend auch die ganz überwiegende Lit: Bamberger/Roth/*Bamberger*, § 12 Rn. 107; Soergel/*Beater*, Anh. IV zu § 823 Rn. 124; *Schwerdtner*, Das Persönlichkeitsrecht in der deutschen Zivilrechtsordnung, S. 208.

726 Soergel/*Beater*, Anh. IV zu § 823 Rn. 125.

727 BGH NJW 1957, 1315 (1316); BGH NJW 1995, 1955 (1957).

728 MüKo/*Rixecker*, Anh. zu § 12 – APR Rn. 50.

ses in Betracht[729]. Da diesen Handlungen gemeinsam ist, dass das Bildnis über den Hersteller hinaus weiteren Personen zugänglich gemacht wird, ist die Intensität des damit verbundenen Eingriffs größer als bei der bloßen Herstellung. Bei **fehlender Identifizierbarkeit des Abgebildeten**[730] für Dritte sind die §§ 22 f. KUG unanwendbar, weil der Begriff des Bildnisses im Sinne des KUG eine Erkennbarkeit des Betroffenen voraussetzt[731]. Dann ist Raum für einen Rückgriff auf das allgemeine Persönlichkeitsrecht und § 823 Abs. 1. Beim Fehlen einer Einwilligung des Betroffenen ist die Rechtswidrigkeit wiederum anhand einer umfassenden Abwägung mit den Interessen an der Veröffentlichung zu beurteilen.

Bsp.: Veröffentlichung von Nacktaufnahmen, auf denen die abgebildete Person nicht erkennbar ist, ohne deren Einwilligung[732].

190 Ist der **Abgebildete zu erkennen**, so greifen die §§ 22 f. KUG, die ein abgestuftes Schutzkonzept enthalten[733]. Danach ist eine Verbreitung oder Veröffentlichung eines Bildnisses nur mit (stillschweigender) Einwilligung des Abgebildeten zulässig[734].

Bsp.: Teilnahme an Veranstaltungen, bei denen anzunehmen ist, dass eine Fotoberichterstattung stattfinden wird (Preisverleihungen, Premierenabende, ...).

Die Reichweite der Einwilligung ist aber in jedem Fall im Wege der Auslegung zu ermitteln[735].

191 Vom Erfordernis der Einwilligung macht § 23 Abs. 1 KUG u. a. jedoch eine Ausnahme, wenn ein **Bildnis aus dem Bereich der Zeitgeschichte** betroffen ist (§ 23 Abs. 1 Nr. 1 KUG). Als Maßstab hierfür fungiert das Bestehen eines Informationsinteresses der Allgemeinheit (etwa politischer, sozialer, kultureller oder auch schlicht unterhaltender Natur)[736].

192 Zur Konkretisierung hat die Judikatur sich lange Zeit der **Unterscheidung zwischen absoluten und relativen Personen der Zeitgeschichte** bedient[737]. Bildnisse relativer Personen der Zeitgeschichte, die also lediglich durch ein bestimmtes bedeutsames Ereignis in den Blickpunkt des öffentlichen Interesses gerückt sind, durften ohne Einwilligung nur im Zusammenhang mit diesem Ereignis veröffentlicht werden[738]. Dagegen wurde bei sog. absoluten Personen der Zeitgeschichte, denen aufgrund ihres sozialen Status und ihrer gesellschaftlichen Bedeutung und Bekanntheit öffentliche Aufmerksamkeit zuteil wird und deren Bildnisse die Öffentlichkeit allein um ihrer Person willen als beachtenswert ansieht[739], im Regelfall zugunsten der Zulässigkeit der Presseberichterstattung entschieden[740]. Diese pressefreundliche Rechtsprechung musste der BGH nach der Entscheidung des

729 MüKo/*Rixecker*, Anh. zu § 12 – APR Rn. 50.
730 BGH NJW 1979, 2205.
731 BGH NJW 1974, 1947 (1948); BGH NJW 1979, 2205; Soergel/*Beater*, Anh. IV zu § 823 Rn. 122.
732 BGH NJW 1974, 1947.
733 BGH NJW 2007, 1977; BGH NJW 2008, 749.
734 OLG Hamburg NJW-RR 2005, 479 (480); Ahlberg/Götting/*Engels*, UrhR, § 22 KUG Rn. 31.
735 OLG Hamburg NJW-RR 2005, 479 (480).
736 BGH NJW 2007, 1977 (1979); BGH NJW 2008, 749 (750); Ahlberg/Götting/*Engels*, UrhR, § 23 KUG Rn. 2; MüKo/*Rixecker*, Anh. zu § 12 – APR Rn. 61; Bamberger/Roth/*Bamberger*, § 12 BGB, Rn. 114 b.
737 Dazu auch *Kötz/Wagner*, Deliktsrecht, Rn. 380 f.
738 BGH NJW 1965, 2148 (2150); OLG Dresden NJW 2004, 1181 (1182).
739 BGH NJW 1996, 1128 (1130).
740 Zu Ausnahmen (Zurückgezogenheit in eine örtliche Abgeschiedenheit) BGH NJW 1996, 1128 (1129); BGH NJW 2000, 1021 (1022).

EGMR im Fall „Caroline von Hannover“[741] aber mittlerweile aufgegeben[742]. Heute wird die Zulässigkeit in jedem Einzelfall anhand einer umfassenden Abwägung des Informationsinteresses der Öffentlichkeit mit den Interessen des Abgebildeten am Schutz seiner Privatsphäre bestimmt, die vom Grundsatz der Verhältnismäßigkeit geprägt ist[743]. Entscheidende Bedeutung kommt dabei der Erwägung zu, dass der Schutz der Privatsphäre umso schwerer ins Gewicht fällt, je geringer der **Informationswert der Abbildung** ist, was insbesondere bei Informationen mit allein unterhaltendem Inhalt der Fall ist[744]. Zudem sind die Art und Weise (Bsp.: heimliche oder offene Aufnahmen) und der Ort der Herstellung des Bildes (abgeschiedener Rückzugsort, offene Straße oder gesellschaftliche Veranstaltung), die Form der Darstellung und insbesondere der Inhalt begleitender Wortberichterstattung[745] in die Abwägung einzubeziehen[746].

Zu berücksichtigen ist, dass das KUG im Hinblick auf die Rechtsfolgen keine abschließende Regelung enthält. Verlangt der Abgebildete Schadensersatz oder Unterlassung, ist daher auf §§ 823 Abs. 2 i. V. m. § 22 KUG bzw. § 823 Abs. 1 bzw. auf § 1004 (analog) i. V. m. § 823 Abs. 2 i. V. m. § 22 f. KUG oder § 823 Abs. 1 zurückzugreifen. **193**

(b) **Rechtswidrigkeit: Umfassende Güter- und Interessenabwägung.** Die Rechtswidrigkeit der Rechtsgutsverletzung ist bei Rahmenrechten nicht indiziert, sondern muss anhand einer umfassenden Güter- und Interessenabwägung geprüft werden (oben Rn. 172). Da spezifische Abwägungskriterien bei einzelnen Ausprägungen des Persönlichkeitsrechts bereits angedeutet wurden, werden an dieser Stelle nur die allgemeinen Abwägungskriterien erläutert. **194**

Ein wichtiger Aspekt innerhalb der Abwägung ist dabei die Schwere der Beeinträchtigung auf Seiten des Betroffenen. Zur Orientierung dient hier die bereits erwähnte Unterscheidung zwischen Intimsphäre, Privatsphäre und Individualsphäre (siehe oben Rn. 177)[747]. Die **Individualsphäre** betrifft die Beziehungen des Einzelnen zu seiner Umwelt. Dieser Bereich ist für den Kontakt mit der Gesellschaft geöffnet, sodass die Schutzintensität hier am geringsten ausgeprägt ist[748]. Stärkere Anforderungen an die Zulässigkeit des Eingriffs existieren dagegen bei der **Privatsphäre**, dem häuslichen, familiären und sonstigen der Öffentlichkeit abgewandten Bereich[749]. Eine Rechtfertigung des Eingriffs ist hier nur bei Bestehen gewichtiger Interessen auf der Seite des Schädigenden denkbar. **Absoluter Schutz** kommt schließlich der **Intimsphäre** zu, also dem Kernbereich der privaten Lebensgestaltung[750]. Eingriffe in die **195**

---

741 EGMR, NJW 2004, 2647 ff. (Caroline von Hannover gegen Deutschland); ebenso: EGMR NJW 2006, 591 (Karhuvaara und Iltalehti gegen Finnland).
742 BGH NJW 2007, 1977 (1978); BGH NJW 2008, 749.
743 BGH NJW 2007, 1977 (1979); BGH NJW 2008, 749 (750).
744 BGH NJW 2007, 1977 (1979); BGH NJW 2008, 749 (750).
745 Dies betonen die Entscheidungen BGH NJW 2007, 1977 (1980); BGH NJW 2008, 749 (751).
746 MüKo/*Rixecker*, Anh. zu § 12 – APR Rn. 64 ff.
747 Palandt/*Sprau*, § 823 Rn. 96; Soergel/*Beater*, Anh. IV zu § 823 Rn. 49.
748 Z. B. BGH NJW 2009, 2888 (2892) (Lehrerbewertungen im Internet, die sich allein auf den schulischen Wirkungskreis bezogen); BGH NJW 2012, 771 (Veröffentlichung der Parteizugehörigkeit beim Kommunistischen Bund).
749 Z. B. BGH NJW 1999, 2893 (2894) (Berichterstattung über Ehebruch als Scheidungsgrund bei der Ehe eines Angehörigen des Hochadels).
750 Z. B. BGH NJW 1988, 1984 (Berichterstattung über Telefonate sexuellen Inhalts mit der Ehefrau am Arbeitsplatz); trotz Bezug zum Sexualleben nicht die Intimsphäre betreffend: Berichterstattung über Sexualstraftaten (BGH NJW 2013, 1681 (1682) [Rn. 24]).

Intimsphäre können selbst durch bedeutsamste Interessen der Allgemeinheit nicht gerechtfertigt werden. Ein (fließender) **Übergang zwischen den Sphären** ist jedoch grundsätzlich denkbar[751].

196 Daneben sind für die Beurteilung der Schwere des Eingriffs stets auch die sonstigen Folgen für Leben und Reputation des Betroffenen zu bedenken. Auch spielen Art und Weise des Eingriffs eine Bedeutung[752]. Auch das eigene (rechtswidrige) Vorverhalten des Betroffenen muss im Rahmen der Abwägung berücksichtigt werden[753].

197 Zugunsten des Schädigers ist bei der Abwägung insbesondere zu berücksichtigen, welcher Zweck von ihm mit dem Eingriff verfolgt wurde[754]. **Rein gewerbliche oder kommerzielle Interessen** rechtfertigen grundsätzlich keinen Eingriff in das Persönlichkeitsrecht[755]. Im Einzelfall können aber auch Allgemeininteressen und das öffentliche Informationsinteresse einen Eingriff legitimieren[756].

198 Zugunsten des Schädigenden sind insbesondere im Einzelfall die Meinungs-, Presse- und Kunstfreiheit (Art. 5 GG) zu berücksichtigen[757]. Der Einordnung der schädigenden Verhaltensweise in den Schutzbereich des jeweiligen Grundrechts und der Abwägung mit dem Eingriff in das Persönlichkeitsrecht kommt in der Klausur häufig gesteigerte Bedeutung zu.

Bsp.[758]**:** Die E wendet sich gegen die Veröffentlichung eines von V verlegten Romans. Das Buch schildert die Liebesbeziehung zwischen der Titelfigur Esra und dem Ich-Erzähler, dem Schriftsteller Adam. Die E, die etwa eineinhalb Jahre lang eine intime Beziehung zum Autor unterhielt, ist der Auffassung, der Inhalt des Romans verletze ihr allgemeines Persönlichkeitsrecht, weil sich die Schilderung der Romanfigur Esra eng an ihrem Leben orientiere. So weist die Titelfigur deutliche Gemeinsamkeiten mit der E auf. Beispielsweise ist Esra, ebenso wie die E im realen Leben, Türkin und Trägerin eines bedeutenden Filmpreises sowie Mutter einer Tochter aus erster Ehe, die während der Beziehung mit dem Autor schwer erkrankt. Des Weiteren führt Esra, wie E, nach der Trennung vom Autor über kurze Zeit eine weitere Beziehung mit einem früheren Schulfreund. Darüber hinaus enthält der Roman an mehreren Stellen die Schilderung sexueller Handlungen zwischen Esra und dem Ich-Erzähler. Ferner weist auch die Beschreibung von Esras Mutter deutliche Ähnlichkeiten mit dem Lebenslauf der Mutter der E auf. E verlangt daher die Unterlassung jeglicher Veröffentlichung, Auslieferung und Verbreitung des von V verlegten Romans. – Die E könnte einen Anspruch auf Unterlassung gemäß §§ 823 Abs. 1, 1004 wegen Verletzung ihres

751 BGH NJW 2012, 767 (768): Mitwirkung an kommerziellen Pornofilmen als identifizierbarer Darsteller.

752 BVerfG NJW 1973, 1226 (1229 f.) (hohe Intensität des Eingriffs bei Fernsehberichterstattung wegen großer Suggestivkraft und vermeintlicher Authentizität); Soergel/*Beater*, Anh. IV zu § 823 Rn. 51.

753 Palandt/*Sprau*, § 823 Rn. 98; Soergel/*Beater*, Anh. IV zu § 823 Rn. 53.

754 Palandt/*Sprau*, § 823 Rn. 99; Soergel/*Beater*, Anh. IV zu § 823 Rn. 55 ff. Für ehrverletzende Äußerungen enthält § 193 StGB eine spezialgesetzliche Regelung rechtfertigender Interessen.

755 BGH NJW 1977, 1288 (1289); BGH NJW-RR 1988, 733 (734) (Interesse des Pressunternehmens an der Absatzsteigerung durch sensations- und skandalorientierte Berichterstattung); BGH NJW 2000, 2317 (2319) (Absatzsteigerung durch Nutzung prominenter Namen zur Werbung).

756 Näher Palandt/*Sprau*, § 823 Rn. 99; Soergel/*Beater*, Anh. IV zu § 823 Rn. 56 ff.

757 Bamberger/Roth/*Bamberger*, § 12 Rn. 171 ff.; MüKo/*Rixecker*, Anh. zu § 12 – APR Rn. 135 ff.; Palandt/*Sprau*, § 23 Rn. 99, 101 ff.

758 Allgemeines Persönlichkeitsrecht als sonstiges Recht im Sinne des § 823 Abs. 1: BGH NJW 2005, 2844 ff. (Esra-Entscheidung).

Allgemeinen Persönlichkeitsrechts gegen V haben. Das Allgemeine Persönlichkeitsrecht stellt ein absolutes, durch § 823 Abs. 1 geschütztes sonstiges Recht dar. Ein Unterlassungsanspruch wegen der Verletzung des allgemeinen Persönlichkeitsrechts kann demjenigen zustehen, der durch die Veröffentlichung individuell betroffen ist. Dies setzt voraus, dass er erkennbar zum Gegenstand einer medialen Darstellung wurde. Die Erkennbarkeit ist bereits dann gegeben, wenn die Person ohne namentliche Nennung zumindest für einen Teil des Leser- oder Adressatenkreises auf Grund der mitgeteilten Umstände hinreichend erkennbar wird. Es kann die Wiedergabe von Teilinformationen genügen, aus denen sich die Identität für die sachlich interessierte Leserschaft ohne Weiteres ergibt oder mühelos ermitteln lässt. Dafür kann unter Umständen die Schilderung von Einzelheiten aus dem Lebenslauf des Betroffenen oder die Nennung seines Wohnorts und seiner Berufstätigkeit ausreichen. Auf Grund der Vielzahl der Übereinstimmungen im Erscheinungsbild und im Lebens- und Berufsweg der E sowie in den aus diesem Lebens- und Berufsweg herrührenden Kontakten, liegt die Erkennbarkeit für den maßgeblichen Personenkreis vorliegend auf der Hand. Jeder, der die E mehr als nur oberflächlich kennt und einigermaßen mit ihren Lebensumständen vertraut ist, muss aus den Darstellungen im Roman auf die E schließen. E ist durch die Veröffentlichung des Romans daher individuell betroffen. Ob darin auch eine rechtswidrige Verletzung des allgemeinen Persönlichkeitsrechts liegt, ist aufgrund einer konkreten Güter- und Interessenabwägung an Hand des zu beurteilenden Einzelfalls festzustellen. Hier fällt der Roman als Ergebnis freier schöpferischer Gestaltung in den Schutzbereich der Kunstfreiheit gemäß Art. 5 GG, auf welche sich auch die V als Verlegerin berufen kann. Die bloße Erkennbarkeit der E allein reicht daher nicht aus, um deren Unterlassungsanspruch zu begründen. Die Kunstfreiheit schützt nämlich auch die freie Themenwahl und Themengestaltung. Romanfiguren haben häufig Entsprechungen für Teile ihres Charakters und Handelns in der Realität. Andernfalls würde erzählende Kunst, die an Vorgänge der historischen Wirklichkeit anknüpft, erheblich beeinträchtigt, wenn der Schriftsteller die Realität stets so verfremden müsste, dass die real existierenden Personen nicht mehr erkannt werden. Jedoch darf sich auch der Künstler, wenn er sich in seiner Arbeit mit Personen seiner Umwelt auseinandersetzt, nicht über deren verfassungsrechtlich ebenfalls geschütztes Persönlichkeitsrecht hinwegsetzen. Deshalb sind im Konfliktfall die nachteiligen Auswirkungen der Veröffentlichung für die Persönlichkeit des Dargestellten zu sehen und die durch ein Veröffentlichungsverbot betroffenen Belange freier Kunst. Dabei kommt keinem der Rechtsgüter von vornherein Vorrang gegenüber dem anderen zu. Die erforderliche Abwägung kann nur unter Berücksichtigung aller Umstände des Einzelfalls getroffen werden. In diesem Rahmen ist zu beachten, ob und inwieweit das „Abbild" gegenüber dem „Urbild" durch die künstlerische Gestaltung des Stoffs und seine Ein- und Unterordnung in den Gesamtorganismus des Kunstwerks so verselbständigt erscheint, dass das Individuelle, Persönlich-Intime zu Gunsten des Allgemeinen, Zeichenhaften der „Figur" objektiviert ist. Wenn eine solche, das Kunstspezifische berücksichtigende Betrachtung jedoch ergibt, dass der Künstler ein „Porträt" des „Urbilds" gezeichnet hat oder gar zeichnen wollte, kommt es auf das Ausmaß der künstlerischen Verfremdung oder den Umfang und die Bedeutung der „Verfälschung" für den Ruf des Betroffenen an. Die Kunstfreiheit wird umso eher Vorrang beanspruchen können, je mehr die Darstellungen des „Urbilds" künstlerisch gestaltet und in die Gesamtkonzeption des Kunstwerks eingebettet sind. Vorliegend hat der Autor mit der Figur der Esra allerdings keine gegenüber dem Urbild der E verselbständigte Kunstfigur geschaffen. Es liegt keine genügende Verfremdung vor, zumal eine Vielzahl der geschilderten Umstände des Erscheinungsbilds und des Lebens- und Berufswegs der E mit denen der Romanfigur übereinstimmen. Lehnt sich eine Romanfigur an eine reale Person an, wird diese daher nicht bereits auf Grund der Einbettung in die Erzählung zum verselbständigten „Abbild". Der Eingriff in das allgemeine Persönlichkeitsrecht der E ist daher im Ergebnis rechtswidrig. Die E muss ein solches „Porträt" in Buchform auch nicht dulden. Insbesondere aufgrund der zahlreichen Anspielungen auf ihre Intim- und Privatsphäre, welche in diese in unzulässiger Weise eingreifen, ist vorliegend dem Schutz des allgemeinen Persönlichkeitsrechts der Vorrang vor der zu Gunsten der V streitenden Kunstfreiheit einzuräumen. Auch ein nur teilweises Verbot des Romans oder einzelne Korrekturen als milderes Mittel kommen nicht in Betracht. Vielmehr muss in die gesamte Strukturdarstellung eingegriffen werden, da das Buch von Anspielungen und Beschreibungen durchzogen ist. E hat daher einen Anspruch gegen V auf Unterlassung der Veröffentlichung, Auslieferung und Verbreitung des Romans aus §§ 823 Abs. 1, 1004.

199 (4) **Rechtsfolgen bei Annahme einer rechtswidrigen Persönlichkeitsverletzung.** Im Falle einer rechtswidrigen Persönlichkeitsverletzung verfügt der Verletzte über verschiedene Rechtsbehelfe. An dieser Stelle soll ein kurzer Überblick über die rechtlichen Instrumentarien bei Persönlichkeitsrechtsverletzungen gegeben werden.

200 (a) **Unterlassungs- und Beseitigungsanspruch.** Der Inhaber des Persönlichkeitsrechts kann zunächst eine drohende Verletzung seines Persönlichkeitsrechts verhindern oder einen andauernden Eingriff beenden wollen, wofür ihm ein Unterlassungs- und Beseitigungsanspruch aus §§ 823 Abs. 1, 1004 (analog) zur Verfügung steht. Neben dem rechtswidrigen Eingriff in das Persönlichkeitsrecht muss auch eine Wiederholungs- oder Erstbegehungsgefahr in Betracht kommen[759].

201 Während der Unterlassungsanspruch die Unterlassung der konkreten Verletzungshandlung (beispielsweise die Veröffentlichung eines Buches) erreichen will, ist der Beseitigungsanspruch auf die Beseitigung der Folgen einer fortdauernden Beeinträchtigung (beispielsweise durch Löschung unzulässiger Gesprächsaufnahmen[760]) gerichtet, soweit dies zur Verhinderung oder Beseitigung der Störung tatsächlich erforderlich ist[761].

Bsp.: Veröffentlichung mit Schwärzungen oder klarstellendem Vorwort statt gänzlichem Verbot der Veröffentlichung.

202 Eine besondere Ausprägung des Beseitigungsanspruchs für den Fall persönlichkeitsverletzender Äußerungen stellt zudem der **Anspruch auf Widerruf** dar, der jedoch vor dem Hintergrund der Meinungsfreiheit (Art. 5 GG) nur bei (unwahren) Tatsachenbehauptungen, nicht aber bei Werturteilen in Betracht kommt[762]. Die Art und Weise des Widerrufs bemisst sich dabei an der konkreten Form der Tatsachenbehauptung (*actus contrarius*)[763].

203 (b) **Schadensersatz.** Im Falle einer rechtswidrigen und schuldhaften Persönlichkeitsverletzung steht dem Beeinträchtigten zudem ein Anspruch auf Schadensersatz in Gestalt von **Naturalrestitution** zu (§ 249 Abs. 1). Nach § 249 Abs. 2 kann er auch die zur Beseitigung der Schadensfolgen getätigten eigenen Aufwendungen ersetzt verlangen[764].

---

759 Palandt/*Sprau*, Einf. v. § 823 Rn. 20.

760 BGH NJW 1988, 1016 (1017 f.).

761 BGH NJW 1987, 1400 (1401); Palandt/*Sprau*, Einf. v. § 823 Rn. 30; Soergel/*Beater*, Anh. IV zu § 823 Rn. 220, 223.

762 BGH NJW 1956, 1386 (1387); BGH NJW 1976, 620 (623); BGH NJW 1987, 1400 (1401); Palandt/*Sprau*, Einf. v. § 823 Rn. 32; Soergel/*Beater*, Anh. IV zu § 823 Rn. 227.

763 BGH NJW 1995, 861 (863); Soergel/*Beater*, Anh. IV zu § 823 Rn. 228.

764 BGH NJW 1976, 1198 (1200). Der BGH hat insoweit jedoch angenommen, dass die Geltendmachung des presserechtlichen Gegendarstellungsanspruchs als gegenüber der eigenen Schaltung einer richtigstellenden Anzeigenkampagne regelmäßig einfachere und wirtschaftlich vernünftigere Art der Schadensbeseitigung anzusehen ist, BGH NJW 1976, 1198 (1201 f.).

Im Fall einer **Beeinträchtigung der vermögenswerten Bestandteile** des Persönlichkeitsrechts (kommerzielle Nutzung des Namens oder des Bildes der Person) verfügt der Geschädigte nach der insoweit großzügigen Judikatur (wie bei anderen immateriellen Ausschließlichkeitsrechten) über **drei verschiedene Möglichkeiten der Schadensberechnung**[765]: Er kann zum einen **Ersatz des konkret entstandenen Schadens** nach den Regeln der §§ 249 ff., einschließlich des tatsächlich entgangenen Gewinns (§ 252), beanspruchen[766]. Aufgrund der damit verbundenen praktischen Nachweisschwierigkeiten[767] erlaubt die Rechtsprechung dem Geschädigten jedoch auch, unmittelbar den **Verletzergewinn** herauszuverlangen[768], wobei unterstellt wird, der Geschädigte hätte bei entsprechender Nutzung seines Persönlichkeitsrechts einen entsprechenden Gewinn erzielen können[769]. Des Weiteren vermag der Geschädigte nach der sogenannten **Lizenzanalogie** Ersatz in Höhe der fiktiven Lizenzgebühr zu verlangen[770]. Denn der Verletzer soll durch die unbefugte Nutzung des Persönlichkeitsrechts nicht besser stehen, als im Fall einer ordnungsgemäß erteilten Erlaubnis[771]. 204

Der Geschädigte vermag unter strengen Voraussetzungen auch **Ersatz immaterieller Schäden** zu verlangen. Dabei ist für die Klausur zu berücksichtigen, dass eine Verletzung des Persönlichkeitsrechts **nicht zu den in § 253 Abs. 2 aufgeführten Rechtsgütern** gehört, wobei sich (mangels planwidriger Regelungslücke) auch eine analoge Anwendung verbietet[772]. Denn in der Rechtsprechung des BGH ist bereits seit langem ein eigenständiger Anspruch auf Entschädigung für immaterielle Schäden entwickelt worden, der sich unmittelbar aus Art. 1 GG i. V. m. Art. 2 GG herleitet[773]. **Zwei wichtige Voraussetzungen** gilt es dabei jedoch zu beachten: Zum einen bedarf es einer **schwerwiegenden Beeinträchtigung des Persönlichkeitsrechts** (maßgebend sind Intensität des Eingriffs, Zielsetzung und Verschuldensgrad des Verletzers)[774], zum anderen darf die Verletzung **nicht in anderer Weise**, insbesondere durch Unterlassung, Gegendarstellung oder Widerruf, **hinreichend ausgeglichen werden können**[775]. 205

Anders als bei § 253 Abs. 2 (Ausgleich erlittener Beeinträchtigungen) steht bei dem aus Art. 1 GG i. V. m. Art. 2 GG hergeleiteten Anspruch in erster Linie die 206

765 BGH NJW 2000, 2195 (2201) – Marlene Dietrich; Palandt/*Sprau*, § 823 Rn. 125; Soergel/*Beater*, Anh. IV zu § 823 Rn. 240.
766 BGH NJW 2000, 2195 (2201) – Marlene Dietrich.
767 Grundlegend zu der Übertragung der ursprünglich für Urheberrechts- und Patentverletzungen entwickelten dreifachen Schadensberechnung auf Persönlichkeitsrechtsverletzungen: BGH NJW 1956, 1554 (1555) – Paul Dahlke.
768 BGH NJW 2000, 2201 (2202); BGH NJW 2000, 2195 (2201).
769 Zu dieser Beschreibung des Verletzergewinns im Lauterkeits- und Immaterialgüterrecht: BGH NJW 1973, 800 (802); BGH NJW 1977, 1194; BGH NJW 2007, 1524 (1525).
770 BGH NJW 2000, 2201 (2202); BGH NJW 2000, 2195 (2201); BGH NJW 2007, 689 (690); BGH NJW 2009, 3032 (3035).
771 BGH NJW 1956, 1554 (1555) – Paul Dahlke.
772 BT-Drucks. 14/7752, S. 25: Für eine Aufnahme des Persönlichkeitsrechts in die Liste der in § 253 Abs. 2 genannten Rechtsgüter sah der Gesetzgeber bei der Schadensersatzreform des Jahres 2001 angesichts der speziellen Rechtsprechung des BGH zur Geldentschädigung keinen Anlass.
773 BVerfG NJW 1973, 1221 (1223, 1226) – Soraya; BGH NJW 1995, 861 (864); BGH NJW 2000, 2195 (2197).
774 BGH NJW 1971, 698 (699); BGH NJW 1985, 1617 (1619); BGH NJW-RR 1988, 733; BGH NJW 1996, 1131 (1134).
775 BGH NJW 1971, 698 (699); BGH NJW 1985, 1617 (1619); BGH NJW-RR 1988, 733; BGH NJW 1996, 1131 (1134).

Genugtuung des Geschädigten sowie die präventive Wirkung der Entschädigung im Vordergrund[776].

207 (c) **Exkurs: Bereicherungsrechtliche Ansprüche.** Ein Ausgleich für die kommerzielle Verwertung der Persönlichkeit kann zudem nach § 812 Abs. 1, Satz 1, 2. Alt. (Eingriffskondiktion) verlangt werden[777]. Gegenstand der Bereicherung ist dabei die Nutzung eines vermögenswerten Persönlichkeitsbestandteils[778].

208 Die Berechnung des zu leistenden Wertersatzes (§ 818 Abs. 2) kann dabei in den Fällen der kommerziellen Verwertung der Persönlichkeitsbestandteile wiederum auf **Grundlage der Lizenzanalogie** erfolgen[779]. Jedoch darf auch unmittelbar die Herausgabe des Verletzergewinns verlangt werden. Der bereicherungsrechtliche Anspruch hat gegenüber dem Schadensersatzanspruch aus § 823 Abs. 1 den Vorteil, dass er keine Feststellung des Verschuldens erfordert. Beide stehen zueinander in **Anspruchskonkurrenz.**

209

Prüfung im Rahmen von § 823 Abs. 1	
1.	Subsidiarität
2.	Eingriff in den Schutzbereich des allg. Persönlichkeitsrechts
3.	Haftungsbegründende Kausalität
4.	Positive Feststellung der Rechtswidrigkeit: umfassende Güter- und Interessenabwägung
5.	Verschulden (Problem des Geldersatzes für den immateriellen Schaden)
6.	Haftungsausfüllende Kausalität

210 bb) **Recht am eingerichteten und ausgeübten Gewerbebetrieb. – (1) Allgemeines.** Zu den Rahmenrechten rechnet auch das **Recht am eingerichteten und ausgeübten Gewerbebetrieb**[780]. Dieses schützt das **Unternehmen als Ganzes** in seiner wirtschaftlichen Tätigkeit vor rechtswidrigen Eingriffen[781]. Die Dogmatik dieses Rahmenrechts beruht dabei ebenfalls auf **richterlicher Rechtsfortbildung**[782]. Bereits das RG hatte in der bis heute anerkannten Fallgruppe der unberechtigten Schutzrechtsverwarnung Schadensersatz- und Unterlassungsansprüche gewährt, diese aber vor allem auf wettbewerbsrechtliche Grundlagen sowie auf §§ 824, 826 gestützt[783]. Im Bereich des Wettbewerbs- und Warenzeichenrechts ließ das RG jedoch bald jede rechtswidrige Beeinträchtigung der gewerblichen Tätigkeit ausreichen, sofern ein unmittelbarer Eingriff in den Gewerbebetrieb vorlag[784].

---

776 BGH NJW 1995, 861 (865); Soergel/*Beater*, Anh. IV zu § 823 Rn. 247; *Wandt*, § 16 Rn. 64.
777 BGH NJW 1956, 1554 (1555 f.); BGH NJW 2009, 3032 (3035); BGH NJW 2013, 793 (797).
778 BGH NJW 2007, 689 (690); *Wandt*, § 16 Rn. 71; etwas unklar noch BGH NJW 1956, 1554 (1555 f.)
779 BGH NJW 2007, 689 (690); BGH NJW 2009, 3032 (3035); BGH NJW 2013, 793 (797).
780 Vgl. aktuell BGH GSZ NJW 2005, 3141; bereits BGHZ 65, 325 (328) („Stiftung Warentest II"); ausführlich und kritisch zur Judikatur: *Larenz/Canaris*, Schuldrecht BT II/2, § 81 I 1 a, S. 538 ff.; *Canaris* VersR 2005, 577 (583 f.); *Schmidt* JuS 1993, 985 ff.
781 BGH NJW 1952, 660 (661); *Wandt*, § 16 Rn. 73; ausführlich *Kötz/Wagner*, Deliktsrecht, Rn. 430 ff.; *Fuchs/Pauker*, Delikts- und Schadensersatzrecht, S. 69.
782 So etwa BGHZ 65, 325 (328) (Stiftung Warentest II); *Wandt*, § 16 Rn. 73.
783 RGZ 22, 208 (209); vgl. zur Schutzrechtsverwarnung aus jüngerer Zeit BGH GSZ NJW 2005, 3141; vgl. zur drohenden Aufgabe dieses Rahmenrechts und dem Streit der Zivilsenate des BGH instruktiv *Fuchs/Pauker*, Delikts- und Schadensersatzrecht, S. 67.
784 RGZ 58, 24 (29) („Juteplüsch"); RGZ 158, 377 (379); RGZ 163, 21 (32); *Wagner* ZIP 2005, 50.

Schließlich übertrug der BGH erstmals in einer Entscheidung des Jahres 1952 diesen Gedanken über den Bereich des Wettbewerbsrechts hinaus auf das allgemeine Deliktsrecht, mit der Konsequenz, dass bei **unmittelbaren Eingriffen in den eingerichteten und ausgeübten Gewerbebetrieb** ein deliktischer Schutz nach § 823 Abs. 1 zu bejahen sei[785]. Diese Anerkennung des Rechts am eingerichteten und ausgeübten Gewerbebetrieb als sonstiges Recht soll nach der Judikatur vor allem gesetzliche Haftungslücken im Bereich des gewerblichen Rechtsschutzes und Wettbewerbsrechts schließen helfen.

211 In der **Literatur** hat diese Judikatur teilweise erhebliche Kritik hervorgerufen, die dem BGH vorwirft, für den Teilbereich der unternehmerischen Tätigkeit eine **Fahrlässigkeitshaftung für reine Vermögensverletzungen** zu schaffen[786]. Da das BGB eine solche gerade nicht vorsieht[787], unterliegen die von der Rechtsprechung aufgestellten Voraussetzungen für eine Haftung wegen Verletzung des Rechts am eingerichteten und ausgeübten Gewerbebetrieb stets einer strengen Prüfung. Insbesondere finden **bloße Erwerbsaussichten** im Schutzbereich des Rahmenrechts keine Berücksichtigung[788].

212 (2) **Verhältnis zu sondergesetzlichen Regelungen.** Da das Recht am eingerichteten und ausgeübten Gewerbebetrieb ebenso wie das allgemeine Persönlichkeitsrecht als **Auffangtatbestand** fungiert[789], tritt es hinter spezialgesetzlichen Schutzvorschriften zurück. Dies gilt bei unternehmensschädigenden Äußerungen etwa für die Haftung nach **§ 823 Abs. 2 i. V. m. §§ 185 ff. StGB** sowie nach **§ 824**[790]. Vorrang haben im Übrigen auch die wirtschaftsrechtlichen Sonderregelungen, insbesondere die Ansprüche des Wettbewerbsteilnehmers nach dem UWG[791]. Nicht zurücktreten muss das Recht am eingerichteten und ausgeübten Gewerbebetrieb hingegen hinter dem Anspruch aus § 826[792].

213 (3) **Betriebsbezogener Eingriff in das Recht am eingerichteten und ausgeübten Gewerbebetrieb. – (a) Das Recht am eingerichteten und ausgeübten Gewerbebetrieb.** Der Terminus des Gewerbebetriebs darf inhaltlich nicht zu restriktiv interpretiert werden. Neben der **eigentlich gewerblichen Tätigkeit** werden insoweit auch die **freien Berufe** geschützt (Bsp.: ein Sporttrainer)[793]. Für die Begrenzung des Schutzbereichs können als Maßstab das öffentliche Auftreten im wirtschaftlichen Leben und die Unterwerfung unter die Regeln eines Marktes herangezogen werden[794]. Geschützt ist das Unternehmen nicht als Summe der einzelnen Vermögens- und Sachwerte, sondern als **Gesamtheit** und **wirtschaftliche Einheit**[795]. Neben dem Bestand des Betriebes als solchem schließt dies auch die verschiedenen Erscheinungsformen und Felder der jeweiligen unternehmerischen Betäti-

---

785 BGH NJW 1952, 660; *Fuchs/Pauker*, Delikts- und Schadensersatzrecht, S. 67.
786 *Larenz/Canaris*, Schuldrecht BT II/2, § 81 I 1 a, IV, S. 538 ff., 560 ff.; *Canaris* VersR 2005, 577 ff.; *Kötz/Wagner*, Deliktsrecht, Rn. 164 ff., 430 ff.
787 Dazu in diesem Zusammenhang auch *Kötz/Wagner*, Deliktsrecht, Rn. 431.
788 BGHZ 29, 65 (74).
789 BGHZ 36, 252 (256); 138, 311 (315); *Fuchs/Pauker*, Delikts- und Schadensersatzrecht, S. 68.
790 Vgl. dazu auch BGHZ 65, 325 („Stiftung Warentest").
791 BGH NJW 1980, 881; *Fuchs/Pauker*, Delikts- und Schadensersatzrecht, S. 69; *Wandt*, § 16 Rn. 75.
792 BGHZ 69, 139; *Looschelders*, Schuldrecht BT, § 60 Rn. 1248.
793 BGH NJW 2012, 2579 (2580).
794 BGH NJW 2012, 2579 (2580); MüKo/*Wagner*, § 823 Rn. 192.
795 *Wandt*, § 16 Rn. 76.

gung mit ein[796]. Neben Grundstücken, Räumlichkeiten, Maschinen und sachlicher Ausstattung sind daher auch Betriebsgeheimnisse und Know-how sowie der Kundenstamm und Geschäftsbeziehungen erfasst[797].

214 (b) **Betriebsbezogenheit des Eingriffs.** Auch die Rechtsprechung bezweckt nicht die Schaffung eines allgemeinen deliktischen Vermögensschutzes im unternehmerischen Bereich[798] und verlangt deswegen für die Verletzung des Rechts am eingerichteten und ausgeübten Gewerbebetrieb als zusätzliche Voraussetzung einen **unmittelbaren Eingriff**[799]. Unmittelbar sind nur die Eingriffe, welche „irgendwie gegen den Betrieb als solchen gerichtet also betriebsbezogen sind und nicht vom Gewerbebetrieb ohne Weiteres ablösbare Rechte oder Rechtsgüter betreffen"[800]. Die Beeinträchtigung muss gerade die Wesenseigentümlichkeit eines Unternehmens als solche berühren. Eine Haftung nach § 823 Abs. 1 erscheint somit nicht berechtigt, wenn die konkrete Beeinträchtigung den Unternehmer schlicht in derselben Weise trifft, wie dies in vergleichbarer Situation bei jedem Privaten der Fall wäre[801]. Auch darf die Beeinträchtigung des Gewerbebetriebs sich nicht lediglich als zufällige Folge darstellen[802].

Bsp.[803]: Ein anerkanntes Institut veröffentlicht einen vergleichenden Produkttest, in dem es aber das Produkt des Unternehmens A fälschlich zu gut bewertet, die (schlechteren) Bewertungen des Produkts des Konkurrenzunternehmens B sind dagegen nicht fehlerhaft. Das korrekt bewertete Unternehmen B hat keinen Anspruch auf Schadensersatz für die Absatzeinbußen gegen das Institut wegen der fälschlich besseren Bewertung des Produkts des A. Die Nachteile, die B durch die Besserbewertung des Produktes des A entstanden sind, stellen lediglich einen Reflex der Fehlbewertung und damit keinen auf den Betrieb des B bezogenen Eingriff dar[804].

215 Überdies dient die Beschränkung auf betriebsbezogene Eingriffe dazu, Situationen einer nur mittelbaren Schädigung durch **die Beeinträchtigung Dritter** auszusondern. Insoweit ist bei der Verletzung eines Mitarbeiters oder bei der Zerstörung fremden Eigentums, auf dessen Nutzung das Unternehmen angewiesen ist (Strom- oder Telefonleitungen), ein betriebsbezogener Eingriff zu verneinen[805].

216 (c) **Fallgruppen.** Der Schutzbereich des Rechts am eingerichteten und ausgeübten Gewerbebetrieb als offener Tatbestand lässt sich am sinnvollsten anhand anerkannter Fallgruppen darstellen[806], von denen hier zwei näher ausgeführt werden.

(aa) **Unberechtigte Schutzrechtsverwarnungen.** Diese Fallgruppe betrifft die Situation, dass gegenüber dem (geschädigten) Unternehmen der Vorwurf erhoben wird, es verletze bestehende Immaterialgüter (Patent-, Marken-, oder Geschmacksmusterrechte) und müsse daher seine Unternehmenstätigkeit insoweit

796 BGH NJW 2012, 2579 (2580).
797 BGH NJW 2012, 2579 (2580); *Wandt*, § 16 Rn. 76; *Fuchs/Pauker*, Delikts- und Schadensersatzrecht, S. 69.
798 BGH NJW 2003, 1040 (1041).
799 BGHZ 29, 65 – „Stromkabel-Fall"; *Fuchs/Pauker*, Delikts- und Schadensersatzrecht, S. 69.
800 BGHZ 29, 65 – „Stromkabel-Fall"; BGH NJW 2012, 2579 (2580).
801 So MüKo/*Wagner*, § 823 Rn. 257; Soergel/*Beater*, Anh. IV zu § 823 Rn. 34.
802 MüKo/*Wagner*, § 823 Rn. 257; Soergel/*Beater*, Anh. IV zu § 823 Rn. 34.
803 Nach BGH NJW 1976, 620 (624); BGH NJW 1987, 2222 (2225).
804 BGH NJW 1976, 620 (624); BGH NJW 1987, 2222 (2225).
805 BGHZ 29, 65 – „Stromkabel-Fall"; *Wandt*, § 16 Rn. 85.
806 Zu der Sinnhaftigkeit dieses Vorgehens auch *Fuchs/Pauker*, Delikts- und Schadensersatzrecht, S. 73.

einstellen, als diese auf der Nutzung dieses Schutzrechts beruhe (unterscheide: Herstellerverwarnung und Abnehmerverwarnung)[807]. Diese Verwarnung beinhaltet nach der Judikatur einen **betriebsbezogenen Eingriff,** wenn dem Verwarnenden in Wahrheit kein Schutzrecht zusteht oder die Tätigkeit des verwarnten Unternehmens dieses nicht verletzt[808]. Mitunter wird der Judikatur jedoch vorgeworfen, dass sie durch Anwendung des § 823 Abs. 1 den Vorrang von Vorschriften des UWG außer Acht lasse[809].

(bb) Unberechtigte Streiks. Auch Störungen des betrieblichen Ablaufs (etwa Betriebsblockaden und Boykotts) können einen betriebsbezogenen Eingriff in das Recht auf den eingerichteten und ausgeübten Gewerbebetrieb beinhalten[810], wenn sie eine gewisse Erheblichkeitsschwelle erreichen[811]. So kann etwa auch der **Entzug der Arbeitskraft durch Streik** den unternehmerischen Betriebsablauf gravierend beeinträchtigen[812]. Für die Frage, ob ein Streik eine Haftung nach § 823 Abs. 1 auslöst, gilt es jedoch zwischen rechtmäßigen und unrechtmäßigen Streiks zu differenzieren[813]. Denn rechtmäßige Streiks sind Ausfluss der grundgesetzlich geschützten Koalitionsfreiheit und insbesondere der Tarifautonomie der Arbeitnehmerschaft und stehen ihrerseits unter dem besonderen Schutz der Arbeits- und Wirtschaftsordnung. Insoweit können sie (grundsätzlich) keine Schadensersatzhaftung nach § 823 Abs. 1 begründen[814]. Hingegen werden rechtswidrige Streiks, wenn sie beim Arbeitgeber zu Schäden führen, als betriebsbezogene Eingriffe in den Gewerbebetrieb nach § 823 Abs. 1 sanktioniert.

Bsp.[815]: D initiierte mit einigen gleichgesinnten Bekannten eine Demonstration gegen den A-Verlag in einer Zweigniederlassung. D und seine Mitstreiter blockierten sämtliche Ein- und Ausgänge, um die Auslieferung der Verlagszeitung zu unterbinden, was für den Zeitraum von zwei Tagen auch gelang. Kann A Schadensersatz wegen des entgangenen Gewinns von D aus § 823 Abs. 1 verlangen? – Verletzt sein könnte der eingerichtete und ausgeübte Gewerbetrieb. Dieses Rahmenrecht ist aber nur gegen betriebsbezogene Eingriffe geschützt, die sich also gegen den Betrieb als solchen richten. Die Blockade bezweckt hier, die Arbeit in der Zweigniederlassung des Verlags stillzulegen. Die Voraussetzung ist somit erfüllt.

(d) Rechtswidrigkeit. Ähnlich wie im Falle des allgemeinen Persönlichkeitsrechts 217
muss auch im Rahmen des Rechts am eingerichteten und ausgeübten Gewerbebetrieb die **Rechtswidrigkeit** in jedem Einzelfall anhand einer umfassenden Güter- und Interessenabwägung **positiv festgestellt werden.** Sie wird **nicht** bereits durch die Rechtsgutverletzung **indiziert.** Insoweit ist zwischen den Interessen des Betriebsinhabers an der ungestörten Ausübung seiner unternehmerischen Tätigkeit und den Interessen des Verletzers abzuwägen[816]. In diese Abwägung fließen auch etwaige einschlägige grundrechtliche Gewährleistungen mit ein. So sind beispielsweise bei negativen Äußerungen über ein Unternehmen in der Presse die

807 Näher RGZ 22, 208 (209); *Kötz/Wagner*, Deliktsrecht, Rn. 430; *Schmidt* JuS 1993, 989.
808 Grundlegend aus jüngerer Zeit BGH GSZ NJW 2005, 3141; dazu *Wagner/Thole* NJW 2005, 3470 sowie BGH JZ 2006, 362.
809 So beispielsweise MüKo/*Wagner*, § 823 Rn. 263.
810 Vgl. etwa BGH NJW 1985, 1620.
811 *Looschelders*, Schuldrecht BT, § 60 Rn. 1253; MüKo/*Wagner*, § 823 Rn. 201 ff.
812 BAG NJW 1989, 57; *Wandt*, § 16 Rn. 83, 84.
813 *Wandt*, § 16 Rn. 83, 84; *Looschelders*, Schuldrecht BT, § 60 Rn. 1253.
814 Vgl. aber zu einer Ausnahme auch BAG NJW 1989, 57.
815 Nach BGHZ 59, 30 ff.
816 *Wandt*, § 16 Rn. 88; *Fuchs/Pauker*, Delikts- und Schadensersatzrecht, S. 71.

Grundrechtsgarantien des Art. 5 GG, insbesondere die Meinungs- und Pressefreiheit, zu berücksichtigen[817]. Auch Allgemeininteressen (wie der Schutz der Verbraucher) verdienen Beachtung[818].

218

Überblick über relevante Fallgruppen:
➢ Schutzrechtsverwarnungen (Warenzeichen, Patentrecht) ➢ Gewerbeschädigende Werturteile (§ 824 gilt nur für Tatsachenbehauptungen und ist insoweit nicht spezieller) [819] ➢ Boykott ➢ Rechtswidrige Streiks

IV. Verletzungshandlung und Unterlassen

219 Die Rechtsgutsverletzung muss durch ein **menschliches, vom Willen beherrschbares Verhalten** verursacht werden (deliktsrechtlicher Handlungsbegriff)[819]. Das Verhalten selbst kann in einem **positiven Tun** oder in **einem Unterlassen** bestehen.

1. Handlung

220 In der Klausur ist eine eingehende Prüfung des Handlungsbegriffs in der Regel nur gefragt, wenn der Sachverhalt dafür Anhaltspunkte bietet. Eine Handlung ist, wie bereits erwähnt (Rn. 219), nach allgemeiner Ansicht „ein menschliches Tun, das der Bewusstseinskontrolle und Willenslenkung unterliegt und somit beherrschbar ist“[820]. Nicht erfasst sind damit körperliche Bewegungen, die unter **physischem Zwang** (*vis absoluta*) vollführt werden[821] oder als **unwillkürlicher Reflex** stattfinden[822]. Auch Bewegungen im Schlaf erfüllen selbstverständlich nicht den Handlungsbegriff[823].

Bsp.: Stürzt ein Fußgänger infolge Bewusstlosigkeit und beschädigt dabei fremdes Eigentum, liegt kein willensgesteuertes Verhalten vor.

§ 827 S. 2 fingiert dabei die Handlungsfähigkeit.

2. Abgrenzung von Tun und Unterlassen

221 Eine Abgrenzung zwischen einem **Tun und** einem **Unterlassen** des Schädigers ist erforderlich, weil ein Unterlassen nur dann den Tatbestand von § 823 Abs. 1 erfüllen kann, wenn im Vorfeld eine Pflicht zum Handeln existiert hat[824]. Für die Abgrenzung wird einerseits parallel zum Strafrecht[825] auf den **Schwerpunkt der Vorwerfbarkeit** abgestellt. Die h. M. rückt dagegen den **Aspekt der Gefahrerhöhung** in den Vordergrund. Verhalten, das die Gefahr der Rechtsgutsverletzung

---

817 Siehe etwa BGHZ 45, 296; *Looschelders*, Schuldrecht BT, § 60 Rn. 1250.
818 *Wandt*, § 16 Rn. 88.
819 So statt vieler *Larenz/Canaris*, Schuldrecht BT II/2, § 75 II 1 a, S. 361.
820 BGHZ 39, 103 („Bowling-Kugel“); *Wandt*, § 16 Rn. 102; *Larenz/Canaris*, Schuldrecht BT II/2, § 75 II 1 a, S. 361.
821 *Larenz/Canaris*, Schuldrecht BT II/2, § 75 II 1 a, S. 361.
822 *Wandt*, § 16 Rn. 102.
823 *Brox/Walker*, Besonderes Schuldrecht, § 44 Rn. 3.
824 *Larenz/Canaris*, Schuldrecht BT II/2, § 75 II 1 b, S. 361.
825 BGHSt 6, 59; BGH NJW 1953, 1924.

vergrößert, ist positives Tun; wird die Gefahr der Rechtsgutsverletzung nicht erhöht, aber auch nicht verringert, liegt ein Unterlassen vor[826].

3. Unterlassen

Der Tatbestand von § 823 Abs. 1 kann nur dann durch ein Unterlassen des Schädigers verwirklicht werden, wenn der Haftende verpflichtet war, den Erfolg nicht eintreten zu lassen, mithin verpflichtet war, zu handeln (Garantenpflicht)[827]. Eine Handlungspflicht kann auf verschiedenen Gründen beruhen, im Ergebnis aber können folgende grundlegende Fälle unterschieden werden. **222**

a) **Garantenstellung aufgrund einer Schutzpflicht.** Bei dieser Fallgruppe entspringt die Garantenstellung aus einer Pflicht, eine andere oder mehrere Personen zu schützen (**Obhuts- oder Beschützergarantenstellung**)[828]. Derartige Schutzpflichten folgen entweder aus gesetzlicher Anordnung, z. B. § 1353 oder § 1626, Vertrag oder freiwilliger Übernahme bzw. enger Gefahrengemeinschaft (z. B. Kletterpartie)[829]. **223**

b) **Garantenstellung aus vorangegangenem Tun/Ingerenz.** Eine Garantenpflicht kann auch aus **vorangegangenem Tun** (Ingerenz) entstehen[830]. Das Verhalten muss nicht rechtswidrig sein, die dadurch hervorgerufene Gefahr aber besonders „groß sein", um ein Ausufern der Haftung zu vermeiden[831]. Meist wird die Garantenpflicht aus Ingerenz auch als eine Untergruppe der Verkehrssicherungspflichten angesehen (vgl. dazu sogleich unter c). Der Straftatbestand der unterlassenen Hilfeleistung (etwa bei einem Unglücksfall) nach § 323 c StGB zieht jedoch keine Garantenpflicht zugunsten des Opfers nach sich, sondern wirkt nur zugunsten der Allgemeinheit[832]. **224**

c) **Verkehrssicherungspflichten.** Verkehrssicherungspflichten (auch Verkehrspflichten[833]) beinhalten eine Garantenpflicht nicht aufgrund der Verantwortlichkeit für eine Person, sondern aufgrund der **Verantwortlichkeit für einen Bereich oder eine Sache**, die für den Verkehr geöffnet wird, oder aus der Beherrschung einer Tätigkeit, die man der Allgemeinheit angeboten hat und aus der man jeweils Vorteile zieht[834]. **225**

> **Bsp.**[835]: Auf einer im Eigentum des E stehenden Wiese wird ein Löschwasserteich gegraben. Die nicht eingezäunte und abgesicherte Baustelle wird von den Nachbarskindern zum Spielen genutzt. Der Nachbarsjunge K stürzt vom fünf Meter hohen

---

826 *Deutsch/Ahrens*, Deliktsrecht, Rn. 40; zum Meinungsstreit auch *Wandt*, § 16 Rn. 104.

827 *Larenz*, Schuldrecht I – AT, S. 457 f.; *Deutsch/Ahrens*, Deliktsrecht, Rn. 38; *Fuchs/Pauker*, Delikts- und Schadensersatzrecht, S. 76.

828 Bamberger/Roth/*Spindler*, § 823 Rn. 7.

829 BGHZ 73, 190 (193); *Wandt*, § 16 Rn. 107; *Peifer*, Schuldrecht Gesetzliche Schuldverhältnisse, § 3 Rn. 56.

830 BGH VersR 1954, 118.

831 So *Larenz/Canaris*, Schuldrecht BT II/2, § 76 III 3 c, S. 410.

832 Im Ergebnis ebenso *Peifer*, Schuldrecht Gesetzliche Schuldverhältnisse, § 3 Rn. 56; a. A.; Bamberger/Roth/*Spindler*, § 823 Rn. 7 (reflexartig seien auch die Interessen des Opfers geschützt).

833 Zur Terminologie *Deutsch/Ahrens*, Deliktsrecht, Rn. 328. Dazu *v. Bar*, JuS 1988, 169: Verkehrssicherungspflicht Unterfall der Verkehrspflicht – er empfiehlt den allgemeineren Begriff Verkehrspflicht zu verwenden; *Brox/Walker*, Besonderes Schuldrecht, § 45 Rn. 32 verwenden den Begriff „Verkehrspflichten"; *Larenz/Canaris*, Schuldrecht BT II/2, § 76 III 1 b, S. 401 sprechen von „Verkehrspflichten" und meinen, auf den Begriff „Verkehrssicherungspflichten" sollte verzichtet werden.

834 *Wandt*, § 16 Rn. 108; so *Larenz/Canaris*, Schuldrecht BT II/2, § 76 III 3 a, S. 407 f.; *Riehm*, JuS Lern-CD Zivilrecht I, Rn. 478.

835 Nach BGH NJW 1997, 582.

Lärmschutzwall in die Grube und erleidet eine Stammhirnschädigung. – K fordert von E, vertreten durch seine Eltern, Schadensersatz. E traf hier die Verkehrssicherungspflicht, Dritte vor Schäden zu bewahren, die aus der Gefahrenquelle „Baustelle“ resultieren konnten. Da das ungesicherte Grundstück als „umfunktionierter Abenteuerspielplatz“ gerade Kinder anlocken musste, sind entsprechende Sicherungspflichten zwingend. Ein Anspruch aus § 823 I besteht daher.

Außerhalb der hier geschilderten Problematik des zivilrechtlichen Handlungsbegriffs wird die Verletzung einer Verkehrssicherungspflicht auch im Zusammenhang mit mittelbaren Verletzungen im Rahmen der haftungsbegründenden Kausalität relevant[836].

226 **aa) Zweck und Umfang.** Verkehrssicherungspflichten betreffen das Abwenden oder Mindern von Gefahren. Mit Blick auf ihre dogmatische Entwicklungsgeschichte sind Verkehrssicherungspflichten eng mit § 836 verbunden[837]. Bereits das RG erkannte in § 836 einen verallgemeinerungsfähigen Grundsatz, wonach „ein jeder auch für die Beschädigung durch seine Sachen insoweit aufkommen sollte, als er dieselbe bei billiger Rücksichtnahme auf die Interessen des anderen hätte verhindern müssen“[838]. Unter billiger Rücksichtnahme ist dabei die Wahrnehmung der im Verkehr erforderlichen Sorgfalt des § 276 Abs. 2 zu verstehen. Insoweit bewirken Verkehrssicherungspflichten auch eine Konkretisierung der Fahrlässigkeitshaftung für Rechtsgutsverletzungen[839].

227 Demnach hat derjenige, der eine **Gefahrenquelle schafft oder unterhält**, im Rahmen der allgemeinen Verkehrserwartungen und des wirtschaftlich Zumutbaren geeignete Vorkehrungen zu treffen, um Gefahren von Dritten abzuwenden[840]. Den Maßstab für den Inhalt und Umfang der Verkehrssicherungspflicht bilden damit einerseits die legitimen Erwartungen des Verkehrs und andererseits die **Möglichkeit** und **Zumutbarkeit der Gefahrenbeseitigung**[841]. Dabei sind nach der Rechtsprechung diejenigen Maßnahmen zu treffen, „die ein umsichtiger und verständiger, in vernünftigen Grenzen vorsichtiger Mensch für notwendig und ausreichend hält, um andere vor Schäden zu bewahren“, auch wenn nicht jeder abstrakten Gefahr vorbeugend begegnet werden kann und muss[842]. So hat der BGH kürzlich entschieden, dass der Waldbesitzer nicht für waldtypische Gefahren hafte, deren sich die Besucher bewusst sein müssten (Handeln auf eigene Gefahr). Eine haftungsrelevante Verkehrssicherungspflicht bestehe daher nur hinsichtlich walduntypischer Gefahren[843] (näher zum Kriterium der Erforderlichkeit und Zumutbarkeit Rn. 238).

228 In **personeller Hinsicht** besteht die Verkehrssicherungspflicht nicht notwendig gegenüber jedem beliebigen Dritten, der mit der Gefahrenquelle in Berührung kommt. Stattdessen kann der Verantwortliche durch Verbotsschilder und Absperrungen den Verkehr auf seinem räumlichen Herrschaftsbereich beschränken.

---

836 *Medicus/Petersen*, Bürgerliches Recht, Rn. 641 f.; *Riehm*, JuS Lern-CD Zivilrecht I, Rn. 478; näher zur dogmatischen Einordnung von Verkehrssicherungspflichten (auch mit Blick auf § 823 Abs. 2) etwa Bamberger/Roth/*Spindler*, § 823 Rn. 23 ff.

837 *Medicus/Petersen*, Bürgerliches Recht, Rn. 649.

838 RGZ 54, 53 (58); ausführlich zur reichsgerichtlichen Rechtsprechung *Fuchs/Pauker*, Delikts- und Schadensersatzrecht, S. 95 f.

839 *Larenz/Canaris*, Schuldrecht BT II/2, § 76 III 2 b, S. 405.

840 *Wandt*, § 16 Rn. 108; *Brox/Walker*, Besonderes Schuldrecht, § 45 Rn. 33.

841 *Edenfeld* VersR 2002, 272 (276 f.).

842 BGH NJW 2013, 48; NJW-RR 1990, 789; NJW 2007, 1683.

843 BGH NJW 2013, 48, wobei auch die Regelungen in den Landeswaldgesetzen zu beachten sind.

Eine Verantwortlichkeit für den verkehrssicheren Zustand besteht dann nur gegenüber dem zum Betreten befugten Personenkreis[844].

Bsp.[845]**:** H war an einem Winterabend gegen 22.00 Uhr zu Fuß auf dem Weg nach Hause. Gerade als er auf dem Gehweg den Eingangsbereich der Bar des S passierte, rutschte er auf Eisglätte aus, da die sonst zuverlässigen Angestellten des S den Gehweg nicht geräumt hatten. Zwar hatte S seine Angestellten entsprechend angewiesen, eine Kontrolle, ob seine Angestellten der Räumpflicht nachkamen, nahm er aber nicht vor. H, der privatversichert ist, verletzte sich am Bein und verlangt nun, auch wenn er keinerlei Absicht hatte, die Bar des S zu betreten, von diesem Ersatz seiner Behandlungskosten. – Ein Anspruch gemäß § 831 Abs. 1 scheitert an der Exkulpation des S, ein Anspruch könnte aber gemäß § 823 Abs. 1 aufgrund der Verletzung von Verkehrssicherungspflichten gegeben sein. Als Inhaber der Bar muss S seinen Gästen entsprechend den Öffnungszeiten einen von Schnee und Glatteis freien Zugang zu seinem Lokal verschaffen. Fraglich ist nun, ob diese Pflicht nur gegenüber den Passanten besteht, die die Bar auch tatsächlich betreten wollen, die also Gäste des S werden, oder ob sie gegenüber allen Passanten besteht. Ein Lokalbetreiber möchte durch Reklame und Musik gerade auch zufällig vorbeikommende Passanten als Gäste gewinnen, daher sind alle Passanten für S potentielle Gäste, sodass ihnen gegenüber die Verkehrssicherungspflicht auf sicheren Zugang besteht. Ein Abstellen auf den subjektiven Betretungswillen der Passanten würde außerdem zu erheblicher Rechtsunsicherheit und Beweisproblemen führen. Durch die mangelnde Überwachung seiner Angestellten verletzte S diese Pflicht schuldhaft, daher besteht ein Ersatzanspruch des H.

Jedoch beseitigt auch die **Begrenzung des Zugangs** zu einem gefährlichen Grundstück allein nicht die Verkehrssicherungspflicht gegenüber Unbefugten, wenn der Eigentümer oder Besitzer damit rechnen muss, dass Kinder infolge ihrer Leichtsinnigkeit das Grundstück zum Spielen betreten[846]. Denn auf Kinder üben gerade Gefahrenquellen und damit verbundene Verbote häufig einen **besonderen Reiz** aus[847]. In diesem Fall sind besondere Schutzmaßnahmen erforderlich, die Kindern den Zugang unmöglich machen. 229

bb) Systematische Einordnung und Verortung im Prüfungsaufbau. Über die **systematische Einordnung der Verkehrssicherungspflichten** herrscht Streit. Während eine Ansicht in den Verkehrssicherungspflichten lediglich Schutzgesetze im Sinne von § 823 Abs. 2 (oder *de lege ferenda* eines neu zu schaffenden Abs. 3) sieht[848], verortet die h. M. diese in § 823 Abs. 1 und erkennt darin auf die dort normierten Schutzgüter bezogene Verhaltenspflichten[849]. Dies erscheint richtig, weil andernfalls die für das deutsche Deliktsrecht grundlegenden Begrenzungen der Haftung in §§ 823 Abs. 1, Abs. 2 und § 826 hinsichtlich allgemeiner Vermögensschäden eingeebnet werden könnten[850]. Des Weiteren sind Verkehrssiche- 230

844 BGH NJW 1985, 1078: grundsätzlich keine Verkehrssicherungspflicht des Bauunternehmers gegenüber Baustellenbesuchern; OLG Stuttgart VersR 1977, 384: keine Verkehrssicherungspflicht des Jagdpächters für die Sicherheit und Standfestigkeit von ihm gehörenden Hochsitzen gegenüber Wanderern, auch ohne ein Verbotsschild.

845 Nach BGH NJW 1987, 2671 (vereinfacht).

846 *Edenfeld* VersR 2002, 272 (275).

847 BGH NJW 1975, 108; *Edenfeld* VersR 2002, 272 (275).

848 *v. Bar* JuS 1988, 169 (171 f.); *Mertens* VersR 1980, 397.

849 Ausdrücklich BGH NJW 1987, 2671 (2672); *Larenz/Canaris*, Schuldrecht BT II/2, § 76 III 2 b, S. 405; *Fuchs/Pauker*, Delikts- und Schadensersatzrecht, S. 97; zum Meinungsstreit auch Bamberger/Roth/*Spindler*, § 823 Rn. 23 ff.

850 So vor allem auch *Picker* JZ 1987, 1041; *Grunewald* AcP 187 (1987), 285 (297 f.); *Damm* JZ 1991, 373 (382 f.); a. A. Bamberger/Roth/*Spindler*, § 823 Rn. 23 ff. (fallgruppenorientiertes Vorgehen nach § 823 Abs. 2).

rungspflichten bereits im Rahmen des haftungsbegründenden Verhaltens nach § 823 Abs. 1 zu prüfen und nicht erst bei der Kausalität oder der Rechtswidrigkeit[851]. Denn im Falle eines gefahrverursachenden Unterlassens des Pflichtigen begründen sie eine Handlungspflicht. Handelt der Pflichtige den Verkehrssicherungspflichten zuwider, so verletzt er zugleich die äußere Sorgfalt. Auf der Stufe des Verschuldens ist dann infolge ein Verstoß gegen die innere Sorgfalt zu ermitteln, also ob die Verkehrspflicht für einen durchschnittlichen Verkehrsteilnehmer erkennbar und erfüllbar war[852].

231 cc) **Entstehungsgründe.** Die typischen Entstehungsgründe für Verkehrssicherungspflichten lassen sich in Fallgruppen systematisieren:

232 (1) **Öffnung des eigenen Bereichs für den Verkehr.** Diese Fallgruppe war für die Entwicklung der Verkehrssicherungspflichten maßgeblich (**sog. Bereichshaftung**)[853]. Neben den bereits geschilderten Beispielsfällen gehört hierher etwa eine Beleuchtungspflicht des Hauseigentümers im Treppenflur des Mietshauses. Vergleichbar haftet etwa der Betreiber von Eisen- und Straßenbahnen für deren verkehrssicheren Zustand. Eine Verkehrssicherungspflicht besteht auch für öffentliche Wege, Straßen, Baustellen, Skiabfahrten und Spielplätze[854]. Vgl. im Übrigen auch Rn. 235.

233 (2) **Übernahme einer Aufgabe.** Auch die **Übernahme einer Tätigkeit** kann Verkehrssicherungspflichten begründen[855].

> **Bsp.**[856]: Der Eigentümer E eines milzbrandkranken Rindes hatte den Metzger K mit der Schlachtung des Tieres beauftragt und zusätzlich den Tierarzt T beratend hinzugezogen. Da K am Daumen eine kleine Wunde hatte, drangen Milzbranderreger in seinen Körper ein, sodass er erkrankte. K verlangt von T Schadensersatz, dieser habe es fahrlässig unterlassen, ihn auf die Gefahr hinzuweisen. – Zwischen K und T besteht keine vertragliche Beziehung, beide schlossen nur mit E einen Vertrag. T könnte aber gemäß § 823 Abs. 1 haften. Dessen Unterlassen ist jedoch nur haftungsbegründend, wenn eine allgemeine Rechtspflicht bestand, auch für die Gesundheit der an der Behandlung anwesenden anderen Personen als seinen Vertragspartner Sorge zu tragen. Zwar besteht keine allgemeine Rechtspflicht für jedermann, gegen die Gefährdung fremder Gesundheit tätig zu werden. Wenn jemand sich aber im Rahmen seiner beruflichen Tätigkeit dem Publikum anbietet, übernimmt er die Verantwortung dafür, dass ein geordneter Verlauf der Dinge gewährleistet wird. Da T diese Pflicht schuldhaft verletzte, haftet er K gemäß § 823 Abs. 1.

234 In diesem Kontext stellen auch die **Verkehrssicherungspflichten eines Architekten** ein praxisrelevantes Beispiel dar[857]. Insoweit hat zwar in erster Linie der Bauherr für die Sicherheit der Baustelle zu sorgen. Der mit der örtlichen Bauaufsicht beauftragte

---

851 Wie hier *Brox/Walker*, Besonderes Schuldrecht, § 45 Rn. 46; *Larenz/Canaris*, Schuldrecht BT II/2, § 76 III 2 d, S. 406; *Looschelders*, Schuldrecht BT, Rn. 1177; *Medicus/Petersen*, Bürgerliches Recht, Rn. 647.

852 *Wandt*, § 16 Rn. 110; *v. Bar* JuS 1988, 169 (173). Nach der Judikatur des BGH indiziert die Verletzung der äußeren Sorgfalt die der inneren, womit es zu einer Beweiserleichterung durch den Beweis des ersten Anscheins (*prima facie*-Beweis) kommt, vgl. BGH NJW 1986, 2757 (2758); NJW 1985, 620 (621); *Deutsch/Ahrens*, Deliktsrecht, Rn. 337.

853 Näher *Wandt*, § 16 Rn. 112; *Larenz/Canaris*, Schuldrecht BT II/2, § 76 III 3 a, S. 407; *Riehm*, JuS Lern-CD Zivilrecht I, Rn. 478.

854 *Deutsch/Ahrens*, Deliktsrecht, Rn. 338 ff. mit zahlreichen Beispielen aus der Rechtsprechung.

855 *Larenz/Canaris*, Schuldrecht BT II/2, § 76 III 1 b, S. 401; *Riehm*, JuS Lern-CD Zivilrecht I, Rn. 478.

856 Nach RGZ 102, 372; dazu auch *Larenz/Canaris*, Schuldrecht BT II/2, § 76 III 1 b, S. 401.

857 BGHZ 68, 169 (175 f.).

Architekt trägt aber selbst eine Verkehrssicherungspflicht, „wenn Anhaltspunkte dafür vorliegen, dass der Unternehmer in dieser Hinsicht nicht genügend sachkundig oder zuverlässig ist, wenn er Gefahrenquellen erkannt hat oder wenn er diese bei gewissenhafter Beobachtung der ihm obliegenden Sorgfalt hätte erkennen können“[858]. Insoweit gilt es auch, die Rechte benachbarter Grundstückseigentümer nicht zu verletzen und die dinglich gesicherten Interessen der Grundpfandgläubiger des Baugrundstücks zu schützen[859].

(3) Tatsächliche Verfügungsgewalt über bestimmte Sachen und Unternehmungen. Verkehrssicherungspflichten entstehen insbesondere auch aus der **tatsächlichen Verfügungsgewalt** über gefährliche Sachen und Unternehmungen[860], wobei diese Fälle häufig im Zusammenhang mit der Fallgruppe (1) ihre Darstellung erfahren[861]. Beispiele stellen gefährliche Betriebsanlagen, Maschinen, Geräte und Stoffe dar. Vergleichbare Verkehrssicherungspflichten gelten für die Veranstaltung von Sportwettkämpfen oder ähnlichen Vergnügungen. Insoweit übernimmt etwa der Veranstalter eines Rockmusikkonzerts die Verkehrssicherungspflicht dafür, dass Teilnehmer nicht infolge zu lauter Musik einen Gesundheitsschaden erleiden[862]. 235

(4) Produzentenhaftung. Auch die allgemeine **deliktische Produzentenhaftung** beruht auf der Verletzung von Verkehrssicherungspflichten. Sie wird jedoch aus didaktischen Gründen in einem eigenen Kapitel behandelt (siehe unten Rn. 278 ff.). 236

dd) Person des Verpflichteten und Ausübung durch Dritte. Die Verkehrssicherungspflicht obliegt der Person, die die **Bestimmungsgewalt über die Gefahrenquelle** ausübt, was durch die Wertung in §§ 833, 839 Abs. 3 bestätigt wird[863]. Dies ist in keinem Fall stets der Eigentümer[864], sondern kann auch der Halter oder Eigenbesitzer einer Sache sein. Zudem kann ein **Dritter** aufgrund vertraglicher Grundlage oder durch gesetzliche Anordnung[865] mit der Übernahme der Verkehrssicherungspflicht betraut werden[866]. Diesen trifft dann die Verkehrssicherungspflicht, ohne dass der ursprünglich Verpflichtete dadurch von seiner Haftung völlig frei würde. Er hat vielmehr den Dritten sorgsam auszuwählen und zu überwachen und haftet dafür nach § 823 Abs. 1[867]. 237

d) Weitere Voraussetzungen der Haftung für Unterlassen. Eine Haftung aus Unterlassen ist des Weiteren nur gerechtfertigt, wenn das Einschreiten **erforderlich** und dem Garantenpflichtigen **zumutbar** ist (vgl. bereits oben Rn. 227)[868]. 238

---

858 BGHZ 68, 169 (175 f.). Der Bauherr wird „von seiner Verantwortlichkeit nicht immer schon dadurch befreit, dass er Bauplanung, Bauaufsicht und Bauausführung einem bewährten Architekten sowie einem zuverlässigen und leistungsfähigen Bauunternehmer überträgt“, BGH BauR 1976, 441 (442).

859 BGHZ 65, 211 (215).

860 *Deutsch/Ahrens*, Deliktsrecht, Rn. 341.

861 *Larenz/Canaris*, Schuldrecht BT II/2, § 76 III 3 a, S. 407; *Riehm*, JuS Lern-CD Zivilrecht I, Rn. 478.

862 BGH NJW 2001, 2019 (2010); weitere Beispiele aus der Rechtsprechung bei *Deutsch/Ahrens*, Deliktsrecht, Rn. 341 f.

863 So *Larenz/Canaris*, Schuldrecht BT II/2, § 76 III 5 a, S. 418; *Riehm*, JuS Lern-CD Zivilrecht I, Rn. 478.

864 RGZ 54, 53 (56).

865 BGH NJW 1972, 1321.

866 *Riehm*, JuS Lern-CD Zivilrecht I, Rn. 478.

867 BGHZ 110, 114 (121); *Wandt*, § 16 Rn. 115.

868 *Edenfeld* VersR 2002, 272 (276 f.).

Bsp.: So muss die Schneeräumpflicht auf Gehwegen nicht nachts erfüllt werden.

Bei geringen Gefahren darf sich der Pflichtige auch mit einem Hinweis auf die Möglichkeit einer Verletzung begnügen. Voraussetzung ist allerdings, dass der gefährdete Personenkreis aufgrund des Warnhinweises selbst eigene ausreichende Schutzvorkehrungen gegen eine Verwirklichung der Gefährdung treffen kann.

V. Haftungsbegründende Kausalität

1. Allgemeines

239 Die deliktische Haftung trifft nur denjenigen, der durch seine Handlung eine Rechtsgutverletzung hervorgerufen hat, die ihrerseits ursächlich für den Schadenseintritt war[869]. Zur Feststellung des Zurechnungszusammenhangs bedienen sich Praxis und Lehre in Gestalt der Äquivalenztheorie, der Adäquanztheorie sowie der Theorie vom Schutzzweck der Norm unterschiedlicher Kriterien, die bildlich gesprochen einem trichterförmigen Filter für zurechenbare schadensverursachende Handlungen gleichkommen[870].

240 Zu unterscheiden ist dabei zwischen der **haftungsbegründenden** und der **haftungsausfüllenden Kausalität**[871]. Die haftungsbegründende Kausalität stellt den Kausalzusammenhang zwischen der Handlung und der Rechtsgutsverletzung her, während die haftungsausfüllende Kausalität die Ursächlichkeit der Rechtsgutsverletzung für die konkreten Schadensposten umschreibt (siehe zum Prüfungsaufbau von § 823 Abs. 1 oben Rn. 135)[872].

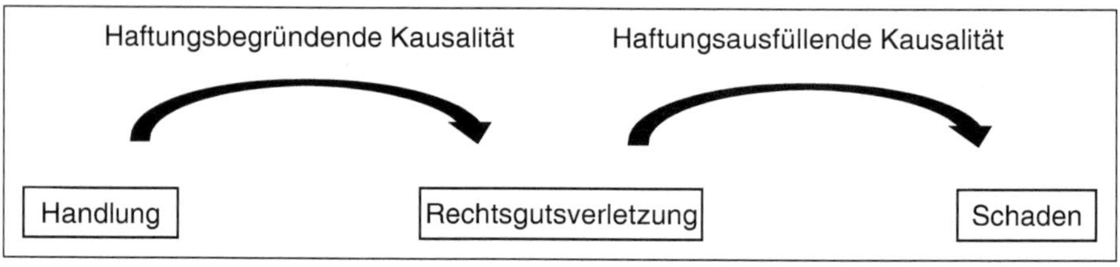

2. Die Äquivalenztheorie

241 Nach der **Äquivalenztheorie** stellt jede Bedingung, welche nicht hinweggedacht werden kann, ohne dass der Erfolg (d. h. im Rahmen der haftungsbegründenden Kausalität: die Rechtsgutsverletzung) entfiele, eine kausale Ursache hierfür dar (sog. **conditio-sine-qua-non-Formel**)[873]. Nach dieser Lehre sind alle notwendigen Bedingungen als **gleichwertig** (äquivalent) zu betrachten. Die Äquivalenztheorie bildet den ersten und damit gröbsten Filter auf dem Weg der Zurechnung[874]. Obwohl sie auf der einen Seite auch fernliegende Bedingungen erfasst, versagt sie andererseits in einigen problematischen und klausurrelevanten Fällen und muss dann angepasst werden.

---

869 Vgl. statt vieler *Wandt*, § 16 Rn. 121 ff.
870 MüKo/*Wagner*, § 823 Rn. 56 ff.
871 *Medicus* JuS 2005, 289; *Wandt*, § 16 Rn. 121 ff.
872 Instruktiv zu den Unterschieden des Beweismaßes MüKo/*Wagner*, § 823 Rn. 56 ff.
873 Anschaulich *Deutsch/Ahrens*, Deliktsrecht, Rn. 42; *Wandt*, § 16 Rn. 125; *Looschelders*, Schuldrecht BT, § 58 Rn. 1225; *Medicus* JuS 2005, 289; *Riehm*, JuS Lern-CD Zivilrecht I, Rn. 479.
874 So *Fuchs/Pauker*, Delikts- und Schadensersatzrecht, S. 76.

a) Gesamtkausalität und Doppelkausalität.

Bsp. 1: A und B vergiften unabhängig voneinander das Futter des Schäferhundes des N, dessen Bellen sie seit langem stört. Die Giftmenge von A und B würde jedoch für sich nicht genügen, sondern nur beide zusammen. Der Hund frisst das Futter und stirbt. 242

Bsp. 2: Fall wie oben. Allerdings würde jede Dosis auch selbständig den Tod des Hundes hervorrufen können[875].

Zweifellos haben nach der Äquivalenztheorie im ersten Beispielsfall sowohl A als auch B den Tod des Schäferhundes kausal verursacht (sog. **Gesamtkausalität**)[876]. Denn keine der beiden Handlungsakte kann hinweggedacht werden, ohne dass der Erfolg entfiele. Wenig hilfreich erscheint die **conditio-sine-qua-non-Formel** dagegen im zweiten Beispielsfall zu sein. Denn danach könnte sowohl die Handlung des A als auch die des B hinweggedacht werden, ohne dass der Erfolg entfiele. Dieses Ergebnis ist korrekturbedürftig, da der Schäferhund nicht getötet worden wäre, wenn weder A noch B gehandelt hätten. Führen Handlungen mehrerer Personen unabhängig voneinander zum Erfolg, liegt ein Fall von **Doppelkausalität** vor[877]. **Die Äquivalenztheorie ist in diesen Fällen zu modifizieren:** Mehrere Handlungen sind ursächlich und damit haftungsbegründend, wenn sie zusammen nicht hinweggedacht werden können, ohne dass der Erfolg entfiele[878].

b) Unterlassen. Die Äquivalenztheorie kann auch in Fällen des pflichtwidrigen Unterlassens nicht ohne Korrektur angewendet werden[879]. Der Grund liegt darin, dass die Rechtsgutverletzung nicht durch eine Handlung, sondern durch das Fehlen einer Handlung verursacht wird. Insoweit kann keine Handlung hinweggedacht werden, vielmehr **muss die geforderte Handlung hypothetisch hinzugedacht** werden[880]. Die *conditio-sine-qua-non*-Theorie wird deswegen nach allgemeiner Ansicht abgewandelt: Ein Unterlassen erfüllt die Voraussetzungen der Kausalität, wenn der Erfolg bei pflichtgemäßem Handeln mit an Sicherheit grenzender Wahrscheinlichkeit abgewendet worden wäre[881]. 243

Bsp.[882]**:** Die Klägerin K nahm im Rahmen eines Betriebsausflugs ihres Arbeitgebers an einer von der Beklagten B geführten Tour mit Quad-Bikes teil. Während der Tour, auf der die Teilnehmer keinen Helm trugen und die durch leicht hügeliges Gelände führte, kam K vom Weg ab und stürzte. Dabei geriet sie unter das Fahrzeug und zog sich erhebliche Gesichtsverletzungen zu. Für Quad-Bikes bestand zum Zeitpunkt des Unfalls keine gesetzliche Helmpflicht. Aufgrund der Gefahren gerade für Anfänger war es aber üblich und entsprach der Verkehrssitte, die Teilnehmer bei derartigen Touren mit offenen Helmen auszustatten. Ein Gutachten stellte fest, dass die Verletzungen der K möglicherweise durch einen tief sitzenden offenen Helm vermieden worden wären; mit einem Integralhelm aber wäre mit an Sicherheit grenzender Wahrscheinlichkeit nichts passiert. K verlangt nun Schadensersatz aus Delikt. – Die Gesichtsverletzungen stellen eine Verletzung der Rechtsgüter Körper und Gesundheit dar. Entgegen der üblichen Verkehrssitte unterließ es B, die Teilnehmer der Quad-Tour mit offenen Helmen auszustatten. B verletzte mithin eine Verkehrssicherungspflicht, so-

---

875 Zu einem ähnlichen Beispiel *Musielak/Hau*, Examenskurs BGB, Rn. 421.
876 *Musielak/Hau*, Examenskurs BGB, Rn. 421.
877 Vgl. etwa *Wandt*, § 16 Rn. 128; *Brox/Walker*, Allgemeines Schuldrecht, § 30 Rn. 2.
878 *Wandt*, § 16 Rn. 128.
879 Vgl. statt vieler *Wandt*, § 16 Rn. 130.
880 *Looschelders*, Schuldrecht BT, § 58 Rn. 1225.
881 BGH NJW 1968, 1182; *Wandt*, § 16 Rn. 130; *Medicus* JuS 2005, 289.
882 Fall nach BGH NJW 2008, 3778.

dass ihr Unterlassen pflichtwidrig war. Fraglich ist aber, ob dieses Unterlassen kausal für die Rechtsgutsverletzungen wurde. Hätte K einen offenen Helm getragen, wäre der Erfolg möglicherweise entfallen. Alleine die Möglichkeit der Erfolgsvermeidung genügt aber nicht, damit ein Unterlassen kausal wird. Nur ein Integralhelm hätte den Erfolg mit der erforderlichen an Sicherheit grenzenden Wahrscheinlichkeit vermieden. Dahingehend bestand für B aber keine Verkehrssicherungspflicht[883]. Aus diesen Gründen hat K gegen B keinen Anspruch gemäß § 823 Abs. 1.

3. Die Adäquanztheorie

244 Der offensichtliche Nachteil der Äquivalenztheorie besteht darin, dass sie zwar alle relevanten Bedingungen, jedoch auch sehr fernliegende erfasst[884]. Insoweit kann sie alleine eine sachgemäße Eingrenzung der Schadensersatzpflicht nicht ermöglichen[885]. Deswegen ist ein **zweiter Filter** erforderlich, den die **Adäquanztheorie** mit ihrer wertenden Eingrenzung verkörpert[886]. Danach ist ein Ereignis kausal, das „im Allgemeinen und nicht nur unter besonders eigenartigen, unwahrscheinlichen und nach dem gewöhnlichen Lauf der Dinge außer Betracht zu lassenden Umständen“ geeignet sein muss, einen Erfolg der eingetretenen Art herbeizuführen[887]. Damit bleiben also **sehr unwahrscheinliche, atypische Kausalverläufe** außer Betracht[888].

Bsp.[889]: B ist Inhaber eines Ingenieurbüros, sein Auszubildender A, der seit 11 Wochen einen Führerschein besitzt, macht regelmäßig Botenfahrten mit dem Pkw des B. Ein Fahrtenbuch muss A nicht führen und wenn er nach seiner Rückkehr abends den B im Büro nicht mehr antrifft, soll er den Wagen stehen lassen und den Zündschlüssel mit nach Hause nehmen. Als B im Urlaub ist, macht A eines Sonntags mit Bs Auto einen Ausflug. Dabei verursacht er schuldhaft einen Zusammenprall mit dem Auto des K, der sich verletzt. Hat K einen Anspruch auf Schadensersatz gegen B gemäß § 823 Abs. 1? – B hätte wirksame Vorkehrungen treffen müssen, um eine Schwarzfahrt des A während seines Urlaubs zu verhindern, mithin hat er seine Verkehrssicherungspflicht verletzt. Bei Hinzudenken des geforderten Verhaltens wäre der Unfall mit an Sicherheit grenzender Wahrscheinlichkeit nicht passiert, sodass Bs Unterlassen äquivalent kausal wurde. Fraglich ist jedoch, ob er auch eine adäquate Ursache für die Rechtsgutsverletzung des K gesetzt hat. Während Bs Urlaubs war A durch keinerlei Kontrollmaßnahmen daran gehindert, das Auto auch in seiner Freizeit zu benutzen. Da er erst seit kurzer Zeit einen Führerschein hatte, musste dies für ihn auch besonders verlockend sein. Die Möglichkeit einer Schwarzfahrt war daher keineswegs so unwahrscheinlich, dass sie nach allgemeiner Lebenserfahrung vernünftigerweise auszuschließen gewesen wäre. Dass Schwarzfahrer durch verkehrswidriges Verhalten Unfälle verursachen, ist ebenfalls nicht ungewöhnlich, sodass B auch mit einer Verletzung Dritter hätte rechnen müssen. Aus diesen Gründen war Bs Unterlassen adäquat kausal für die Verletzung des K. Bei Beachtung der im Verkehr erforderlichen Sorgfalt, hätte er die Folgen seines Unterlassens erkennen können, sodass er dem K gemäß § 823 Abs. 1 zum Schadensersatz verpflichtet ist.

---

883 BGH NJW 2008, 3778.

884 *Fuchs/Pauker*, Delikts- und Schadensersatzrecht, S. 76; *Wandt*, § 16 Rn. 133.

885 *Looschelders*, Schuldrecht BT, § 58 Rn. 1226; *Wandt*, § 16 Rn. 132, 133; *Riehm*, JuS Lern-CD Zivilrecht I, Rn. 479.

886 Ausführlich zu dieser und ihrer Entwicklung *Medicus* JuS 2005, 289 (290).

887 Ständige Rechtsprechung: RGZ 133, 126 (127); RGZ 135, 149 (154); RGZ 158, 34 (38); BGHZ 3, 261 (267); 7, 198 (204); BGHZ 137, 11 (19); *Fuchs/Pauker*, Delikts- und Schadensersatzrecht, S. 76; *Medicus/Lorenz*, Schuldrecht I, Rn. 638 f. In historischer Betrachtung geht sie zurück auf Studien des Physiologen *v. Kries*.

888 *Althammer* JA 2006, 697 (699); *Medicus* JuS 2005, 289 (290); *Grunewald*, Bürgerliches Recht, § 34 Rn. 1.

889 Vereinfacht nach BGH VersR 1966, 79.

Nach einigen Stimmen im Schrifttum soll die Adäquanztheorie auf der Ebene der haftungsbegründenden Kausalität dagegen keine eigenständige Bedeutung besitzen, da es im Rahmen der Verschuldensprüfung ohnehin auf die Vorhersehbarkeit und Wahrscheinlichkeit des Schadenseintritts ankomme[890]. Die Judikatur hält dagegen an der Adäquanzprüfung im Rahmen der haftungsbegründenden Kausalität weiter fest. Für die Klausur ist dies zu empfehlen. 245

4. Schutzzweck der Norm

Die Adäquanztheorie stellt jedoch nur einen sehr groben Filter zur Haftungsbegrenzung dar. Um Fälle, in denen der Eintritt einer bestimmten Rechtsgutverletzung (im Sinne der Adäquanztheorie) nicht völlig außerhalb jeglicher Erwartung, aber dennoch **außerhalb des Schutzbereichs der anspruchsbegründenden Norm** liegt, auszusondern, wird mit der (jüngeren) Lehre vom Schutzzweck der Norm eine **zweite rechtliche Wertung** eingeführt[891]. Aus entwicklungsgeschichtlicher Sicht wurde hier eine für § 823 Abs. 2 konzipierte Lehre auch für die Haftung nach § 823 Abs. 1 fruchtbar gemacht[892]. Im Ergebnis steht dahinter eine teleologische Betrachtung der Haftungsnorm[893], also die Frage, ob die Zurechnung der Rechtsgutverletzung dem Zweck der vom Schädiger verletzten Verhaltensnorm widerspricht[894]. Maßgeblich ist hiernach, ob das anspruchsbegründende Verhalten gerade zur Vermeidung des eingetretenen schädlichen Erfolges verboten war[895]. Besondere Bedeutung erlangt die Lehre vom Schutzzweck der Norm insbesondere in zwei Fallgruppen: den sog. **Schockschäden** und den **Herausforderungsfällen.** Beide sollen hier eingehender dargestellt werden. 246

a) **Schockschäden.** Wie bereits erwähnt, wird sich im Zusammenhang mit einem **Schockschaden** neben der Frage einer relevanten Rechtsgutverletzung (oben Rn. 141, 148) häufig auch die Problematik der objektiven Zurechnung stellen. Denn hier führt nicht eine unmittelbare körperliche Einwirkung des Schädigers zur Rechtsgutverletzung in Gestalt einer Gesundheitsverletzung. Vielmehr wird diese nur mittelbar durch eine eigene Reaktion des Opfers hervorgerufen. Insoweit liegt ein Fall von **psychischer Kausalität** vor[896]. Die Judikatur bejaht jedoch unter Rückgriff auf die Lehre vom Schutzzweck der Norm regelmäßig den haftungsbegründenden Zurechnungszusammenhang, wenn es sich um einen „verständlichen Schock" handelt[897]. Dies wird bejaht, wenn nahe Angehörige auf die Nachricht eines schweren Unfalls mit einem Schock reagieren. Ebenso wird für unmittelbar am Straßenverkehrsunfall beteiligte Personen entschieden (vgl. auch Rn. 148)[898]. 247

Bsp.[899]: B verursacht als Geisterfahrer auf der Autobahn einen schweren Verkehrsunfall, bei dem mehrere Fahrzeuge ausbrennen. Der dazukommende Polizeibeamte K

890 MüKo/*Wagner*, § 823 Rn. 58; *Looschelders*, Schuldrecht BT, § 58 Rn. 1226; *Kötz/Wagner*, Deliktsrecht, Rn. 193; *Deutsch/Ahrens*, Deliktsrecht, Rn. 47.
891 BGHZ 27, 137 (139 f.); *Althammer* JA 2006, 697 (699); *Wandt*, § 16 Rn. 136; instruktiv auch hier wiederum *Medicus* JuS 2005, 289 (291); *Medicus/Lorenz*, Schuldrecht I, Rn. 639.
892 *Fuchs/Pauker*, Delikts- und Schadensersatzrecht, S. 76 f.
893 Zutreffend *Medicus/Lorenz*, Schuldrecht I, Rn. 639.
894 *Looschelders*, Schuldrecht BT, § 58 Rn. 1226; *Wandt*, § 16 Rn. 136; *Brox/Walker*, Besonderes Schuldrecht, § 45 Rn. 31.
895 *Althammer* JA 2006, 697 (699); MüKo/*Wagner*, § 823 Rn. 59; *Looschelders*, Schuldrecht BT, § 58 Rn. 1226; *Wandt*, § 16 Rn. 136; *Brox/Walker*, Besonderes Schuldrecht, § 45 Rn. 31.
896 *Medicus* JuS 2005, 289 (291); *Wandt*, § 16 Rn. 141; *Medicus/Lorenz*, Schuldrecht I, Rn. 641 f.
897 *Fuchs/Pauker*, Delikts- und Schadensersatzrecht, S. 78.
898 Beispielsfall und Nachweise oben Rn. 148; dazu auch *Medicus* JuS 2005, 289 (291).
899 Vereinfacht nach BGHZ 172, 263.

muss mit ansehen, wie die Insassen der Fahrzeuge verbrennen, ohne helfend eingreifen zu können und erleidet als Folge eines posttraumatischen Belastungssyndroms Gesundheitsbeeinträchtigungen. Er verlangt von K Ersatz seiner Behandlungskosten. – Zwar überschreiten die Gesundheitsbeeinträchtigungen des K die Erheblichkeitsschwelle, sodass eine Rechtsgutsverletzung vorliegt. Diese wäre dem B im Rahmen der psychischen Kausalität aber nur zuzurechnen, wenn er dem K die Rolle des Geschädigten als unmittelbar am Unfall Beteiligten aufgezwungen hätte. Dies war nicht der Fall, denn K kam erst später zum Unfall hinzu. Aus diesem Grunde war das Verhalten des B für die Verletzung des K nicht kausal und es besteht kein Schadensersatzanspruch.

248 b) **Herausforderungsfälle.** In den sog. **Herausforderungsfällen** führt das Handeln des Schädigers erst aufgrund eines Entschlusses des Geschädigten zur Rechtsgutverletzung[900]. Zwar unterbrechen Schädigungen, die auf einem **freien Willensentschluss des Geschädigten** beruhen, an sich den Zurechnungszusammenhang[901]. Jedoch soll Anderes gelten, wenn sich der Geschädigte durch das Verhalten des Schädigers zur Selbstschädigung herausgefordert fühlen durfte. Auch hier spricht man von **psychischer Kausalität**[902]. Voraussetzung für die Zurechnung ist dann jedoch, dass der Schädiger durch sein vorwerfbares Tun bei dem Geschädigten eine **mindestens im Ansatz billigenswerte Motivation zu dem selbstgefährdenden Tun** hervorgerufen hat[903]. Insoweit wird der Entschluss des Verletzten auf seine Vernünftigkeit hin überprüft[904]. Nach der sog. Herausforderungsformel des BGH müssen danach **vier Kriterien** für die Zurechnung geprüft werden[905]:

(1) Der Schädiger muss den Geschädigten (etwa durch Flucht) zu einem Verhalten motiviert haben[906], das auf einer mindestens im Ansatz billigenswerten Motivation beruht und ein erhöhtes Verletzungsrisiko in sich birgt (**objektives Element**).

(2) Der Schädiger musste damit rechnen, dass der Geschädigte die Handlung vornimmt, und voraussehen, dass dieser dabei geschädigt werden kann (**subjektives Element**)[907].

(3) Das Verhalten, zu dem der Geschädigte herausgefordert wurde, muss in einem vernünftigen Verhältnis zum drohenden Schaden stehen (**Mittel-Zweck-Relation**)[908].

(4) Im Schaden muss sich gerade das **erhöhte Verletzungsrisiko** der Herausforderung und nicht nur das allgemeine Lebensrisiko **verwirklichen**[909].

Bsp.[910]: K, der als Kontrolleur der Deutschen Bahn tätig ist, verfolgt den „Schwarzfahrer“ B, der an einer Haltestelle zu entkommen versucht. K stürzt auf der Treppe und bricht

900 *Medicus* JuS 2005, 289 (291 f.); *Althammer* JA 2006, 697 (699).
901 Dazu eingehend *Wandt*, § 16 Rn. 129; vgl. etwa auch BGHZ 57, 25 f.
902 *Medicus/Lorenz*, Schuldrecht I, Rn. 641 f.; vgl. auch bereits *von Caemmerer*, DAR 1971, 283 (291).
903 MüKo/*Wagner*, § 823 Rn. 368.
904 *Medicus/Lorenz*, Schuldrecht I, Rn. 641 f.; *Medicus* JuS 2005, 289 (292).
905 Vgl. dazu auch BGH NJW 2002, 2232 (2233) („Fall der Nacheile“); *Wandt*, § 16 Rn. 149 ff. und *Kötz/Wagner*, Deliktsrecht, Rn. 202, die ohne Unterschiede im Ergebnis nur zwischen drei Kriterien unterscheiden.
906 *Wandt*, § 16 Rn. 149.
907 BGHZ 63, 189, 191 ff. = NJW 1975, 168; zusammenfassend BGHZ 132, 164, 166 ff. = NJW 1996, 1533 f.; MüKo/*Wagner*, § 823 Rn. 369.
908 BGHZ 101, 215 (221) = NJW 1987, 2925 (2926); *Wandt*, § 16 Rn. 149; MüKo/*Wagner*, § 823 Rn. 368.
909 *Brox*/Walker, Allgemeines Schuldrecht, § 30 Rn. 23; *Wandt*, § 16 Rn. 149.
910 Vereinfacht nach BGHZ 57, 25 f.

sich den Arm. Insoweit verlangt er von B Schadensersatz. Zu Recht? – Ein Anspruch könnte sich aus § 823 Abs. 1 ergeben. Eine Rechtsgutsverletzung ist hier in Form einer Körper- und Gesundheitsverletzung verwirklicht worden. Zweifelhaft erscheint jedoch, ob das Verhalten des B dafür kausal war. Die Verletzung entstand durch einen Sturz während der K den B verfolgte. Wäre der B nicht geflüchtet, hätte K sich nicht verletzt. Bei der Verfolgung und den späteren Verletzungen handelt es sich auch nicht um einen besonders eigenartigen oder unwahrscheinlichen Verlauf, sodass auch ein adäquater Zusammenhang besteht. Die Entscheidung zur Verfolgung beruhte jedoch auf einem eigenen Willensentschluss des K. Zu prüfen ist, ob die Verletzung dem B unter dem Gesichtspunkt des Schutzzwecks der Norm dennoch zuzurechnen ist oder ob der Kausalzusammenhang unterbrochen wurde. B versuchte, sich durch seine Flucht den bürgerlich-rechtlichen Ansprüchen der Bahn gegen ihn und möglichen strafrechtlichen Konsequenzen der Schwarzfahrt zu entziehen. Der Fahrkartenkontrolleur K durfte sich hiernach vernünftigerweise zur Verfolgung herausgefordert fühlen und dies musste B bewusst gewesen sein. Die Verfolgung zu Fuß auf einer Fußgängertreppe stellte kein Risiko dar, das völlig außer Verhältnis zu dem durch B verursachten Schaden stand. Schließlich verwirklichte sich in der Sturzverletzung am Arm gerade das durch die Verfolgung erhöhte Risiko. Die Kriterien der Herausforderungsformel sind mithin erfüllt, ein Zurechnungszusammenhang besteht. B handelte schuldhaft, sodass im Ergebnis K von B gemäß § 823 Abs. 1 Schadensersatz verlangen kann.

Neben diesen **sog. Verfolgerfällen** zählen zur Fallgruppe der „psychisch vermittelten Kausalität" auch die **sog. Rettungsfälle**[911]. Während bei den Verfolgerfällen sich die Initiative des (später) Verletzten gegen den Verletzer (den Verfolgten) richtet, soll in der zweiten Konstellation das Eingreifen des Verletzten gerade einen anderen begünstigen, indem es seine Rechtsgüter schützen hilft[912]. Der Anspruch aus § 823 Abs. 1 konkurriert hier regelmäßig mit einem Anspruch auf Aufwendungsersatz aus berechtigter GoA (§ 670), da hiervon auch geschäftsführungstypische Begleitschäden erfasst sind[913]. 249

Vergleichbare Kriterien finden auch in dem folgenden (etwas atypischen) Beispiel Verwendung.

Bsp.[914]: B und seine Frau F leben getrennt. Als F sich eines Abends in der Wohnung ihres Freundes mit dessen Bruder K aufhält, begehrt B gewaltsam Einlass in die Wohnung. Als er die Zimmertür eintritt, springt der verängstigte K aus dem 8 Meter hohen Fenster und zieht sich erhebliche Verletzungen zu. Er verlangt Schadensersatz von B. – Der BGH wendet auch hier die Kriterien der Herausforderungsformel an. Durch sein aggressives Verhalten habe B den K zu seiner Rettungsaktion herausgefordert. Der Sprung beruhe unter dem Gesichtspunkt des Selbstschutzes auf einer im Ansatz billigenswerten Motivation[915]. Da die Rettungsaktion aber besonders waghalsig war, sei nach dem BGH ein Mitverschulden des K bei der Schadenshöhe gemäß § 254 Abs. 1 zu berücksichtigen.

Aus dem Fall wird deutlich, dass das Verhalten des Geschädigten gemäß § 254 Abs. 1 auch in den Herausforderungsfällen eine Verminderung des Ersatzanspruchs wegen Mitverschuldens rechtfertigen kann[916].

c) Schadensverursachung durch Dritte. Fragen der objektiven Zurechnung werden auch berührt, wenn die Schadensverursachung auf dem Verhalten einer drit- 250

911 Vgl. zu dieser Fallgruppe auch *Medicus* JuS 2005, 289 (292); MüKo/*Wagner*, § 823 Rn. 368.
912 So die Beschreibung von *Medicus* JuS 2005, 289 (292).
913 Vgl. bereits oben Rn. 71.
914 Vereinfacht nach BGH NJW 2002, 2232.
915 BGH NJW 2002, 2232 (2233): „verständliche und unter dem Gesichtspunkt des Selbstschutzes auch im Ansatz billigenswerte Motivation".
916 *Medicus* JuS 2005, 289 (295); MüKo/*Wagner*, § 823 Rn. 369 (im Ergebnis aber kritisch: aufgrund vielfältiger Einschränkungen wäre es sinnvoller, „die Haftung ganz auszuschließen").

ten Person beruht. Charakteristisch hierfür ist, dass der Schaden erst durch den eigenständigen Entschluss eines Dritten verursacht wird[917]. Dabei ist wieder zu unterscheiden, ob die Rechtsgutverletzung dem Erstverursacher noch zuzurechnen ist oder ob eine Unterbrechung des „Kausalverlaufs“ (besser: des Zurechnungszusammenhangs) dem entgegensteht[918].

Bsp.[919]: B verursacht mit seinem Lkw einen Unfall, als Folge dessen ist die Straße blockiert. Andere Autofahrer umfahren die Unfallstelle, indem sie über einen Grünstreifen neben der Straße fahren. K ist Eigentümerin dieses Grünstreifens, der durch die Benutzung erheblich beschädigt wird und verlangt nun Schadensersatz von B, da die übrigen Autofahrer nicht mehr zu ermitteln sind. Zu Recht? – Die Schäden am Grünstreifen sind die äquivalent kausale Folge des von B verursachten Unfalls. Es ist auch nicht ungewöhnlich, dass sich andere Autofahrer mit einer blockierten Straße nicht einfach abfinden, sondern versuchen, die Unfallstelle zu umfahren (Adäquanztheorie). Fraglich ist aber, ob diese Schäden noch vom Schutzzweck der verletzten straßenverkehrsrechtlichen Normen erfasst sind. Die anderen Autofahrer handelten aus eigenem Entschluss heraus und zudem selbst vorsätzlich rechtswidrig (vgl. § 303 StGB). Allein dieser Umstand steht einer Zurechnung zwar nicht entgegen. Die anderen Autofahrer durften sich durch die Blockade der Straße aber nicht zur Umfahrung über den Grünstreifen herausgefordert fühlen, vielmehr war die Blockade nicht mehr als ein äußerer Umstand, der nur die Motivation für das eigenmächtige Verhalten der anderen Autofahrer bot. Daher ist die Rechtsgutverletzung vom Schutzbereich der verletzten Normen nicht mehr erfasst und es besteht keine Schadensersatzpflicht des B[920].

Deutlich wird in diesem Beispiel auch der Unterschied zur Adäquanztheorie. Denn während diese allein auf die Wahrscheinlichkeit der Rechtsgutverletzung blickt, ist nach der Lehre vom Schutzzweck der Norm maßgeblich, ob die Rechtsgutverletzung nach wertender Betrachtung in den Verantwortungsbereich des Schädigers oder der Dritten fällt[921].

VI. Rechtswidrigkeit

Literatur (Auswahl): *von Bar*, Verkehrspflichten, 1980; *ders.*, Entwicklungen und Entwicklungstendenzen im Recht der Verkehrs(sicherungs)pflichten, JuS 1988, 169; *Deckert*, Die Verkehrspflichten, Jura 1996, 348; *Hager*, Zum Begriff der Rechtswidrigkeit im Zivilrecht, FS Ernst Wolf, 1985, S. 133; *Jansen*, Das Problem der Rechtswidrigkeit bei § 823 I BGB, AcP 203 (2003), 79; *Raab*, Die Bedeutung der Verkehrspflichten und ihre systematische Stellung im Deliktsrecht, JuS 2002, 1041; *K. Schreiber*, Die Rechtfertigungsgründe des BGB, Jura 1997, 29; *Schünemann*, Bergsteigen im Schutz von Verkehrs(sicherungs-)pflichten?, NJW 1985, 1514; *Zeuner*, Bemerkungen zum Problem der Rechtswidrigkeit aus zivilrechtlicher Sicht, JZ 1961, 41.

Rechtsprechung: BGHZ 24, 21 (Lehre vom Erfolgsunrecht).

1. Allgemeines

251 Die Notwendigkeit eines **Rechtswidrigkeitsvorwurfs** begrenzt den deliktsrechtlichen Rechtsgüterschutz[922]. Die Differenzierung zwischen der objektiven Rechts-

917 Dazu auch *Medicus* JuS 2005, 289 (293).
918 Vgl. dazu auch *Wandt*, § 16 Rn. 145.
919 Vereinfacht nach BGHZ 58, 162; siehe auch *Medicus* JuS 2005, 289 (293); *Medicus/Lorenz*, Schuldrecht I, Rn. 641 f.
920 Ausführlich zu diesem Fall auch *Kötz/Wagner*, Deliktsrecht, Rn. 200; *Wandt*, § 16 Rn. 145; anders OLG Düsseldorf NJW 1955, 1031.
921 *Medicus* JuS 2005, 289 (293).
922 *Wandt*, § 16 Rn. 154; *Fuchs/Pauker*, Delikts- und Schadensersatzrecht, S. 158.

widrigkeit eines Verhaltens und dem subjektiven Unrechtsvorwurf ist dabei ein Charakteristikum des deutschen Deliktsrechts[923]. Der jeweilige Verletzungserfolg muss auf einem rechtswidrigen Verhalten beruhen und das Verhalten gerade im Hinblick auf diesen Erfolg rechtswidrig sein[924]. Im Zusammenhang mit diesem Rechtswidrigkeitsvorwurf an den Schädiger ist manches streitig.

2. Der klassische Theorienstreit

Nur die **widerrechtliche Rechtsgutverletzung** rechtfertigt nach dem Wortlaut von 252 § 823 Abs. 1 eine Schadensersatzhaftung. Allein die Rechtsgutverletzung genügt grundsätzlich nicht, auch wenn sie adäquat kausal und zurechenbar vom Schädiger herbeigeführt wird. Gleichwohl bedeutet diese bereits mehr „als die halbe Miete" für den Rechtswidrigkeitsvorwurf. Denn nach der jedenfalls früher herrschenden **Lehre vom Erfolgsunrecht** gilt als Grundsatz, dass die Tatbestandsmäßigkeit (Rechtsgutverletzung) **die Rechtswidrigkeit indiziert**[925]. Die Verletzung eines Rechts oder Rechtsguts ist somit stets rechtswidrig, wenn ein besonderer Rechtfertigungsgrund fehlt, der legitimierend wirkt[926]. Damit wird faktisch dem Schädiger die Beweislast für die Rechtmäßigkeit seines Handelns (und das Eingreifen von Rechtfertigungsgründen) auferlegt[927].
Die Lehre vom Erfolgsunrecht kennt freilich auch **Ausnahmen**: Nicht indiziert sein soll die Rechtswidrigkeit bei **Rahmenrechten** wie dem allgemeinen Persönlichkeitsrecht oder dem eingerichteten und ausgeübten Gewerbebetrieb (offener Tatbestand; siehe oben Rn. 217). Ebenso wie im Falle eines **Unterlassens** muss hier die Rechtswidrigkeit einer ausführlichen Abwägung unterzogen und positiv festgestellt werden[928].

Insoweit nähern sich hier die Ergebnisse der sog. **Lehre vom Handlungsunrecht** 253 an[929]. Danach ist ein Verhalten generell nur dann rechtswidrig, wenn der Handelnde gegen eine von der Rechtsordnung aufgestellte spezielle Verhaltensregel (Ge- oder Verbotsnorm) verstoßen hat oder (subsidiär) zumindest die zur Vermeidung des Schadenseintritts gebotene Sorgfalt verletzt hat[930]. Insoweit lehnt die Lehre vom **Handlungsunrecht** bei **fahrlässigem Verhalten** des Schädigers einen Rückschluss vom Erfolg der Rechtsgutverletzung auf die Rechtswidrigkeit ab[931]. Eine vorsätzliche Rechtsgutsverletzung will dagegen die Rechtsordnung generell nicht dulden, sodass hier der Rechtswidrigkeitsvorwurf (ebenso wie nach der Lehre vom Erfolgsunrecht) bereits aufgrund des Verletzungserfolges begründet sei[932]. Gegen die Lehre

---

923 Dauner-Lieb/Langen/*Katzenmeier*, § 823 Rn. 93.
924 Soergel/*Spickhoff*, § 823 Rn. 111; *Wandt*, § 16 Rn. 154.
925 BGHZ 39, 103 (108); BGHZ 74, 9 (14); BGHZ 118, 201 (207); BGH NJW 1996, 3205 (3207); MüKo/*Grundmann* § 276 Rn. 13; Palandt/*Sprau*, § 823 Rn. 25; *Bindokat* JZ 1958, 553 ff.; *Stoll* JZ 1958, 137 ff.; krit. *Jansen* AcP 202 (2002), 517 (520 ff.); *Fuchs/Pauker*, Delikts- und Schadensersatzrecht, S. 81.
926 Dazu bereits grundlegend BGHZ 24, 21 (24 f., 27 f.: „[...] die das haftungsbegründende Unrecht in kasuistischer Art umschreibenden Deliktstatbestände der §§ 823 und 825 BGB [geben] der Rechtsanwendung eine feste Grundlage, indem sie das Rechtswidrigkeitsurteil zunächst nahe legen."); auf dieses Judikat weist auch *Wandt*, § 16 Rn. 155 Fn. 287 hin.
927 *Wandt*, § 16 Rn. 155.
928 *Wandt*, § 16 Rn. 158; *Fuchs/Pauker*, Delikts- und Schadensersatzrecht, S. 81.
929 Ähnlich *Medicus/Lorenz*, Schuldrecht II, Rn. 1241; *Musielak/Hau*, Grundkurs BGB, Rn. 1213.
930 Soergel/*Spickhoff*, § 823 Rn. 5; *Nipperdey* NJW 1957, 1777 (1778); *Deutsch*, FS Medicus, 1999, 77 (79 f.); *Stoll* AcP 162 (1962), 203 (209 ff.); zusammenfassend Bamberger/Roth/*Spindler*, § 823 Rn. 9 f.
931 *Raab* JuS 2002, 1041 (1045); *Musielak/Hau*, Grundkurs BGB, Rn. 1211.
932 Dazu *Raab* JuS 2002, 1041 (1045).

vom Handlungsunrecht wird eingewandt, dass nach ihr Verschuldensfragen (wie die Verletzung einer Verkehrssicherungspflicht) bereits im Rahmen der Rechtswidrigkeit geprüft werden müssen[933].

Beachte: Große Auswirkungen hat der Streit in praktischer Hinsicht nicht. Im Vordergrund steht die richtige Einordnung des Fahrlässigkeitsdelikts und die Frage, ob die Haftung bei Beachtung der Sorgfaltspflichten bereits wegen fehlender Rechtswidrigkeit oder erst wegen fehlenden Verschuldens verneint wird[934]. Bei der Auseinandersetzung spielt im Übrigen auch das dogmatische **Verhältnis von § 823 Abs. 1 zu Abs. 2 eine Rolle,** da Abs. 2 nach seiner Konstruktion ausdrücklich Verhaltensanforderungen mit einbezieht[935].

3. Vermittelnde Ansicht

254 Eine im Vordringen befindliche **vermittelnde Ansicht** will dagegen für das deliktische Grundgeschehen stärker differenzieren[936]:

Sie wendet bei einem **positiven Tun** des Schädigers, sofern dadurch die Rechtsgutverletzung **unmittelbar (ohne Zwischenschritte)** bewirkt wird (im Handlungsablauf selbst erfolgende Verletzung), die Lehre vom Erfolgsunrecht an[937]. Bei sog. **mittelbaren Verletzungen** und im Falle eines **Unterlassens** des Schädigers will sie dagegen weiter unterscheiden: Bei vorsätzlichen Verletzungen ist die Rechtswidrigkeit wiederum indiziert. Bei Fahrlässigkeit ist die Feststellung der Rechtswidrigkeit dagegen positiv erforderlich. Dann kommt es darauf an, dass gegen eine Pflicht zum Handeln verstoßen wurde. Insoweit gewinnen hier Verkehrssicherungspflichten an Bedeutung[938]. **Mittelbarer Art ist eine Verletzung,** die außerhalb des Handlungsverlaufes liegt und sich nur als eine durch eine Zwischenursache vermittelte, entfernte Folge der eigentlichen Verletzungshandlung darstellt (Beispiele: Verfolgerfälle, Produzentenhaftung)[939]. Ein eigenständiger Bedarf für eine (spätere) Verschuldensprüfung ist aber kaum erkennbar, „wenn die Feststellung einer Verletzung der Verkehrspflicht Voraussetzung dafür ist, dass der Verletzungserfolg dem mittelbaren Verursacher oder dem Unterlassenden zugerechnet werden kann“[940].

4. Insbesondere: Rechtswidrigkeit bei einem Unterlassen

255 Die Verletzung eines geschützten Rechts bzw. Rechtsguts durch Unterlassen unterliegt nur dann dem Rechtswidrigkeitsvorwurf, wenn der Schädiger **gegen eine Rechtspflicht zum Handeln verstoßen hat.** Im Prüfungsaufbau in der Klausur kann in der Regel nach oben verwiesen werden, da die Verletzung der Handlungspflicht bereits bei der Handlungsqualität zu prüfen ist (siehe Rn. 222)[941].

---

933 Näher etwa *Musielak/Hau*, Grundkurs BGB, Rn. 1211.

934 Zutreffend *Raab* JuS 2002, 1041 (1045).

935 Näher Bamberger/Roth/*Spindler,* § 823 Rn. 11.

936 Bamberger/Roth/*Spindler*, § 823 Rn. 10; *G. Hager,* FS Wolf, 1985, 133 ff.; *Riehm*, JuS Lern-CD Zivilrecht I, Rn. 480; *Musielak/Hau*, Grundkurs BGB, Rn. 1216, 1217 f.

937 *Raab* JuS 2002, 1041 (1046).

938 MüKo/*Wagner,* § 823 Rn. 21; *Wandt*, § 16 Rn. 157.

939 *Larenz/Canaris*, Schuldrecht BT II/2, § 75 II 3 b, S. 365. Eine „mittelbare Verursachung [ist] auch durch ein rechtmäßiges, erlaubtes Handeln möglich ..., während die unmittelbare Herbeiführung des Verletzungserfolges immer einen Widerspruch zur Rechtsgüterordnung darstellt“, so plastisch *Raab* JuS 2002, 1041 (1046) mit zahlreichen Beispielen.

940 Mit Recht *Raab* JuS 2002, 1041 (1045); ähnlich der Vorschlag zum Prüfungsaufbau von *Wandt*, § 16 Rn. 159.

941 Lehrreich ist auch der Fall von BGH NJW-RR 2001, 1208 – „Weinbergfall“ unter Einbeziehung der kritischen Besprechung durch *H. Roth* JuS 2001, 1161 ff.

Bsp. 1[942]: An einem Winterabend sieht Fußgänger A auf dem Gehweg eine vereiste Stelle und erkennt die Gefahr. Er entschließt sich, seinen Spaziergang einfach fortzusetzen, obwohl ein Behälter mit Streugut in der Nähe wäre, mit dem die Stelle überstreut werden könnte. Kurze Zeit später rutscht B gerade auf dieser Stelle aus und bricht sich den Arm. Bestehen theoretisch Ansprüche des B gegen A? – Eine Haftung des A nach § 823 Abs. 1 scheidet aus. Denn ihn traf hinsichtlich des vereisten Gehwegs keine Streupflicht, auch wenn ihm die Ausführung des Streuvorgangs möglich gewesen wäre. A macht sich selbst dann nicht schadensersatzpflichtig, wenn er vorsätzlich untätig blieb und auf den Verletzungserfolg hoffte[943]. Insoweit kommt hier die Lehre vom Handlungsunrecht mangels Pflichtwidrigkeit zum richtigen Ergebnis. Die Lehre vom Erfolgsunrecht kann im Falle eines Unterlassens nicht angewendet werden.

Bsp. 2: Der Lkw-Fahrer L nimmt den „Wanderburschen" A auf der Ladefläche seines Wagens mit. A fällt während der Fahrt herunter und bricht sich den Fuß (Behandlungskosten 700 Euro). Hat A einen Anspruch auf Ersatz der Heilungskosten nach § 823 Abs. 1? Nach § 21 Abs. 2 StVO ist die Beförderung von Personen auf der Ladefläche verboten. – Hier ist im Fahren des Lkw wohl keine unmittelbare, sondern eine mittelbare Schädigungshandlung zu sehen. Auch könnte daran gedacht werden, dass ein Unterlassen die Rechtsgutverletzung herbeigeführt hat. Jedoch liegt der Schwerpunkt der Vorwerfbarkeit wohl in einem Handeln des L (ebenso nach der Lehre von der Risikoerhöhung). Bei mittelbaren (fahrlässigen) Verletzungshandlungen wird überwiegend die positive Bejahung der Rechtswidrigkeit verlangt, was hier mit Blick auf § 21 Abs. 2 StVO anzunehmen ist. Auch die Voraussetzungen der haftungsbegründenden Kausalität liegen vor. A hat gegen L einen Anspruch gemäß § 823 Abs. 1.

5. Rechtfertigungsgründe

a) Überblick. Nach allgemeiner Ansicht ist für einen Rechtswidrigkeitsvorwurf **256**
kein Raum, wenn der Schädiger sich auf einen **Rechtfertigungsgrund berufen kann**[944]. Darlegungs- und beweispflichtig ist der Anspruchsteller nur für alle anspruchsbegründenden Umstände, während der Nachweis der Rechtfertigungsgründe der Verantwortung des **Schädigers** obliegt. Denn es handelt sich um für ihn günstige, weil entlastende Umstände[945].

Rechtfertigungsgründe
➢ § 227 Abs. 1, § 32 StGB, Notwehr
➢ § 228, 904, § 34 StGB, Notstand
➢ § 229 und § 859, Selbsthilfe
➢ § 193 StGB (Wahrnehmung berechtigter Interessen)
➢ Übergesetzlicher Notstand (Schutz des höherwertigen Rechtsguts beim Konflikt mehrerer Rechtsgüter)
➢ Verkehrsrichtiges Verhalten (strittig)
➢ Berechtigte Geschäftsführung ohne Auftrag

Bsp.[946]: Schaffner S der Straßenbahn hat überprüft, ob noch weitere Fahrgäste einsteigen wollen und ist nach dem Tonsignal angefahren. Der zu spät kommende K versuchte noch in die Straßenbahn zu gelangen und hat sich dabei erheblich verletzt. –

---

942 Fall nach *Raab* JuS 2002, 1041 (1046).
943 *Raab* JuS 2002, 1041 (1046).
944 Dazu im Überblick auch *Wandt*, § 16 Rn. 161; umfassend Soergel/*Spickhoff*, § 823 Rn. 118; *Althammer* JA 2006, 697 (700); *Fuchs/Pauker*, Delikts- und Schadensersatzrecht, S. 81.
945 *Wandt*, § 16 Rn. 155.
946 Fall nach BGHZ 24, 21.

Der BGH hat eine Haftung verneint, weil der Straßenbahnfahrer aufgrund seines verkehrsgerechten Verhaltens gerechtfertigt sei.

257 b) **Einwilligung.** Die Einwilligung als Rechtfertigungsgrund wird vor allem im Zusammenhang mit **ärztlichen Heileingriffen**, aber auch in anderen Fällen relevant (siehe oben Rn. 142)[947]. Die Voraussetzungen einer Rechtfertigung sind hierbei eine **wirksame Einwilligungserklärung** (1), eine vorhergehende umfassende **Aufklärung** (2) und ein sog. **Schutzzweckzusammenhang** (3)[948].

Zu (1) Nur hinsichtlich **disponibler Rechtsgüter**, über die also der Inhaber verfügen kann, ist eine Einwilligung möglich (beachte: § 216 StGB). Wenngleich die Einwilligung des Verletzten eine geschäftsähnliche Handlung darstellt, ist für sie die Einsichts- und Urteilsfähigkeit genügend, sodass auch Minderjährige einwilligen können, ohne dass es des Vorliegens einer Geschäftsfähigkeit (§§ 104 ff.) bedarf. Ein Minderjähriger besitzt auch ein Vetorecht gegenüber der von seinen Eltern gegebenen Zustimmung[949]. Neben einer ausdrücklich erteilten Einwilligung kommt eine **mutmaßliche Einwilligung** in Betracht, sofern erstere etwa aufgrund der Bewusstlosigkeit des Rechtsgutsinhabers nicht möglich ist sowie andere Berechtigte (nahe Verwandte) ebenfalls nicht existieren.

Zu (2) Eine Einwilligung setzt eine **vorhergehende Aufklärung** voraus, was sich gerade im Zusammenhang mit ärztlichen Heileingriffen auswirkt. Nach h. M. beinhaltet der ärztliche Heileingriff eine Gesundheits- und Körperverletzung, kann aber durch die Einwilligung des Patienten legitimiert werden (siehe oben Rn. 142). Die wirksame Einwilligung erfordert dabei eine umfassende Aufklärung des Arztes über das Wesen, die Bedeutung und die Tragweite des ärztlichen Eingriffs[950].

Zu (3): Der Verletzungserfolg muss vom Schutzzweck der verletzten Aufklärungspflicht erfasst sein. Dies ist der Fall, wenn sich das aufklärungspflichtige Risiko in ihm widerspiegelt[951].

258 c) **Handeln auf eigene Gefahr.** Von einem Handeln auf eigene Gefahr spricht man, wenn eine Person sich bewusst einer drohenden **Eigengefährdung** aussetzt und gewichtige Gründe fehlen, welche diesen Entschluss nahelegen[952]. Während die frühere Judikatur des RG[953] hier von einer Einwilligung des Geschädigten ausging, wird aktuell in der Rechtsprechung des BGH nur ein **Mitverschuldenseinwand**, entsprechend § 254 Abs. 1, angenommen, sodass es zu einer Minderung oder sogar zu einem Ausschluss der Schadensersatzpflicht kommt[954]. Damit in Zusammenhang steht der in § 242 verankerte Grundsatz über die Folgen widersprüchlichen Verhaltens, den § 254 für das Schadensersatzrecht näher ausformt[955].

Bsp.[956]: Mitfahrt mit einem PKW in Kenntnis der Tatsache, dass der Fahrer keine Fahrerlaubnis besitzt.

---

947 *Wandt*, § 16 Rn. 162.
948 So auch *Riehm*, JuS Lern-CD Zivilrecht I, Rn. 481.
949 BGH NJW 2007, 217 ff.
950 Vgl. auch BGH NJW 1991, 1541 f.
951 *Larenz/Canaris*, Schuldrecht BT II/2, § 76 II 1 g, S. 383.
952 BGHZ 34, 355 (358); BGH VersR 2009, 693(694); ebenso *Wandt*, § 16 Rn. 163.
953 RGZ 141, 262; krit. BGHZ 34, 355 (358): „gekünstelte und lebensfremde Betrachtung, die unpassende rechtsgeschäftliche Einkleidung und mangelnde Eignung der Konstruktion zur Findung eines sachgemäßen Ergebnisses".
954 BGHZ 34, 355 (358).
955 BGHZ 34, 355 (358).
956 Vgl. etwa BGHZ 34, 355: Bei Minderjährigen ist im Rahmen von § 254 Abs. 1 auch § 828 anwendbar.

Bei **Sportverletzungen** wird dagegen nach h. M. differenziert[957]: So soll bei gefährlichen Kampfsportarten (Boxen, Ringen, Judo) regelmäßig eine **Einwilligung** in die Verletzung anzunehmen sein, während bei bloßen Kampfspielen (Fußball) eine konkludente Einwilligung zwar verneint wird, bei regelgerechtem Verhalten aber im Allgemeinen ein vollständiger Haftungsausschluss stattfindet. Ein Schadensersatzanspruch wird bei Beachtung der Regeln oder einem ganz geringfügigem Verstoß gegen diese unter Rückgriff auf § 242 verneint[958]. Anders ist dies, wenn die gebotene Härte und damit die Grenze zur Unfairness überschritten wird [959]. 259

VII. Verschulden

1. Allgemeines

Neben der Rechtswidrigkeit des Verhaltens verlangt § 823 Abs. 1 auch ein Verschulden, welches die persönliche Verantwortung des Schädigers für den Verletzungserfolg widerspiegelt[960]. Es handelt sich dabei um eines der wichtigsten Haftungsprinzipien[961]. Das Verschulden muss sich nur auf die Verletzungshandlung, die haftungsbegründende Kausalität und den Verletzungserfolg beziehen, nicht jedoch **auf den eingetretenen Schaden und die haftungsausfüllende Kausalität**[962]. Dies wird auch im vorherrschenden Prüfungsaufbau deutlich (siehe oben Rn. 135). 260

Hinweis zum Prüfungsaufbau: Wie bereits erwähnt, bleibt bei **mittelbaren Rechtsgutsverletzungen**, die nur bei Verletzung einer Verhaltenspflicht rechtswidrig sind, für die Ermittlung des Fahrlässigkeitsschuldvorwurfs an sich kein Prüfungsraum. Denn die Verletzung einer Sorgfaltspflicht oder einer Verkehrssicherungspflicht wurde bereits im Rahmen der Rechtswidrigkeit geprüft. Im Falle eines rechtsgutverletzenden **Unterlassens** wurde ein Verstoß gegen eine Handlungspflicht überdies bereits auf Tatbestandsebene erwähnt.

2. Verschuldensformen

a) **Grundsätzliches.** Die beiden relevanten Verschuldensformen sind wie im Vertragsrecht **Vorsatz** und **Fahrlässigkeit,** was sich unmittelbar aus dem Wortlaut von § 823 Abs. 1 ergibt[963]. Hinsichtlich des Vorsatzes muss deswegen auf § 276 Abs. 1 S. 1 nicht rekurriert werden. § 276 Abs. 2 kann sowohl jedoch auch im Deliktsrecht als Legaldefinition der Fahrlässigkeit zu Rate gezogen werden. 261

Vorsatz stellt die stärkste Verschuldensform dar. Der Schädiger kann mit direktem Vorsatz (*dolus directus*) als auch mit bedingtem Vorsatz (*dolus eventualis*) handeln. Im Zivilrecht ist Vorsatz als das Wissen und Wollen des rechtswidrigen Erfolges definiert. Der Vorsatz setzt somit das **Bewusstsein der Rechtswidrigkeit** voraus[964]. Anders als im Strafrecht muss der zivilrechtliche Vorsatz sich damit

957 Dazu auch *Wandt*, § 16 Rn. 164; *Fuchs/Pauker*, Delikts- und Schadensersatzrecht, S. 82.
958 BGHZ 63, 140 (144); *Wandt*, § 16 Rn. 164; vgl. auch zu den sog. „Parallelsportarten" *Fuchs/Pauker*, Delikts- und Schadensersatzrecht, S. 82.
959 OLG Hamm NJW-RR 2005, 1477.
960 *Wandt*, § 16 Rn. 168.
961 *Emmerich*, Schuldrecht BT, § 20 Rn. 7; *Althammer* JA 2006, 697 (700); *Fuchs/Pauker*, Delikts- und Schadensersatzrecht, S. 82 ff.; zum Verschuldensprinzip näher *Medicus/Lorenz*, Schuldrecht AT, Rn. 357 ff.
962 BGHZ 75, 328 (329 f.); *Looschelders*, Schuldrecht BT, § 57 Rn. 1193.
963 *Fuchs/Pauker*, Delikts- und Schadensersatzrecht, S. 89.
964 *Wandt*, § 16 Rn. 171; *Brox/Walker*, Besonderes Schuldrecht, § 45 Rn. 58.

auch auf die Rechtswidrigkeit erstrecken. Grund dafür ist, dass im Zivilrecht noch die (im Strafrecht durch die Schuldtheorie verdrängte) sog. **Vorsatztheorie** gilt[965]. Auch dies kommt im Prüfungsaufbau dadurch zum Ausdruck, dass die Rechtswidrigkeit vorher geprüft wird (siehe oben Rn. 135), wird aber dennoch **in Klausuren häufig übersehen.** Fehlt somit dem Schädiger das Unrechtsbewusstsein, ist nur Raum für eine fahrlässige Verwirklichung des deliktischen Tatbestandes. Tatsachen- und Rechtsirrtümer wirken damit vorsatzausschließend.

262 **Fahrlässigkeit** ist gesetzlich bestimmt als die Außerachtlassung der im Verkehr erforderlichen Sorgfalt, § 276 Abs. 2. Hierfür wird die **Vorhersehbarkeit** und **Vermeidbarkeit** der zurechenbaren Rechtsgutverletzung vorausgesetzt. Mögliche Erscheinungsformen sind dabei die leichte, mittlere und grobe Fahrlässigkeit[966]. Im Gegensatz zum Strafrecht ist kein individueller, sondern ein auf die allgemeinen Verkehrsbedürfnisse ausgerichteter **objektiver Maßstab**[967] zu bilden, womit subjektives Unvermögen sich nicht entlastend auswirkt[968]. Fahrlässigkeit ist zu bejahen, sofern der Schädiger diejenige Sorgfalt außer Acht lässt, welche von einem (durchschnittlichen) Angehörigen seiner Berufs- oder Personengruppe erwartet werden kann[969]. Maßgeblich sind dabei die typischen Kenntnisse und Fähigkeiten. Dabei werden jedoch ausnahmsweise subjektive Fähigkeiten und Kenntnisse des Schädigers, welche über diese typischen Kenntnisse hinausreichen, mit einbezogen. Dies folgt aus dem Sinn und Zweck des objektiven Sorgfaltsmaßstabs, der zu keiner Privilegierung des Detailwissen oder Detailkenntnisse besitzenden Schädigers beitragen will[970].
Beachte: Bei der Ermittlung des Verschuldens ist zu bedenken, dass § 278[971] grundsätzlich im Rahmen von § 823 Abs. 1 keine Anwendung findet. Denn bei der Haftungsbegründung liegt regelmäßig noch keine Sonderverbindung zwischen Schädiger und Geschädigtem vor, welche als Anknüpfungspunkt für eine Zurechnung dienen könnte[972].

263 **b) Veränderungen des Haftungsmaßstabes.** Grundsätzlich hat der Schuldner für Vorsatz und jede Form der Fahrlässigkeit einzustehen. Der Haftungsmaßstab kann jedoch im Einzelfall gemildert sein (§ 276 Abs. 1 S. 1). **Gesetzliche Haftungsbeschränkungen** ergeben sich etwa aus § 1359, § 680, § 521 oder § 599[973]. Dabei ist im Einzelfall zu untersuchen, inwieweit Vorschriften aus dem Vertragsrecht auch für (konkurrierende) deliktische Ansprüche anwendbar sind. Auch vertragliche Haftungsbeschränkungen (§ 276 Abs. 3) sind denkbar. Im Arbeitsrecht hat das BAG in den Grundsätzen des innerbetrieblichen Schadensaus-

---

965 RGZ 72, 4 (6 f.); 84, 188 (194); 119, 265 (267 f.); 159, 211 (227); BGHZ 69, 128 (142) = NJW 1977, 1875 (1878); dazu MüKo/*Wagner*, § 823 Rn. 44 f., der aber für ihre Aufgabe votiert; ähnlich *Larenz/Canaris*, Schuldrecht BT II/2, § 77 IV 2 b, S. 446.

966 *Medicus/Lorenz*, Schuldrecht AT, Rn. 370.

967 *Wandt*, § 16 Rn. 172; *Looschelders*, Schuldrecht BT, § 57 Rn. 1192; *Althammer* JA 2006, 697 (700).

968 BGH NJW 2002, 2232; *Fuchs/Pauker*, Delikts- und Schadensersatzrecht, S. 89 (auch zur Streitfrage, ob zwischen äußerer und innerer Sorgfalt unterschieden werden muss); *Medicus/Lorenz*, Schuldrecht I, Rn. 368; *Althammer* JA 2006, 697 (700).

969 *Looschelders*, Schuldrecht BT, 1192.

970 BGH NJW 1987, 1479; *Wandt*, § 16 Rn. 173.

971 *Musielak/Hau*, Grundkurs BGB, Rn. 1315.

972 *Riehm*, JuS Lern-CD Zivilrecht I, Rn. 482.

973 *Looschelders*, Schuldrecht BT, § 57 Rn. 1192. Nach Auffassung der Rechtsprechung ist jedoch im Straßenverkehr zum Schutze der anderen Verkehrsteilnehmer kein Raum für die Entfaltung eigenüblicher Sorgfalt, BGHZ 53, 352 (355 f.); vgl. auch BGH NJW 2009, 1875.

gleichs eine spezielle Privilegierung der Schadenshaftung des Arbeitnehmers gegenüber dem Arbeitgeber entwickelt[974]. Eine verschärfte Haftung sieht dagegen ausnahmsweise § 848 vor.

3. Verschuldensfähigkeit (§§ 827, 828)

264 Ein Schuldvorwurf ist gegenüber dem Schädiger nur möglich, wenn dieser auch verschuldensfähig ist[975]. Nach § 827 S. 1 sind alle Personen **verschuldensunfähig**, welche sich im Zeitpunkt der Tat im Zustand der Bewusstlosigkeit oder in einem die freie Willensbestimmung ausschließenden Zustand krankhafter Störung der Geistestätigkeit befunden haben. Dabei wird es für den Fall der Bewusstlosigkeit bereits an der Handlungsqualität des deliktischen Verhaltens fehlen (siehe oben Rn. 220). Hat sich der Schädiger aber selbst schuldhaft in einen nach § 827 S. 1 relevanten Zustand versetzt, so kann er ausnahmsweise nach § 827 S. 2 zur Verantwortung gezogen werden (*actio libera in causa*)[976].
Des Weiteren kann dem Schädiger auch nach § 828 die Verschuldensfähigkeit fehlen. Die Vorschrift ist in ihrem Abs. 2 durch das am 1.8.2002 in Kraft getretene **Gesetz zur Änderung schadensersatzrechtlicher Vorschriften** stark verändert worden[977]. Nach § 828 Abs. 1 sind zunächst unabhängig vom Einzelfall verschuldensunfähig alle Personen, welche das siebte Lebensjahr noch nicht vollendet haben.

265 Verschuldensunfähig sind auch Personen, welche zwar das siebte aber noch nicht das zehnte Lebensjahr vollendet haben (§ 828 Abs. 2 S. 1), sofern der Schaden einem anderen bei einem **Unfall mit einem Kraftfahrzeug, einer Schienenbahn oder einer Schwebebahn** zugefügt wurde[978]. Damit wird der typischen Überforderungssituation des Kindes im Straßenverkehr Rechnung getragen[979]. Um die Privilegierung zu rechtfertigen, müssen sich die spezifischen Gefahren des motorisierten Verkehrs realisiert haben[980]. Der Schutzzweck des § 828 Abs. 2 S. 1 ist somit nur betroffen, wenn sich im Fall die besonderen Gefahren des Verkehrs ausgewirkt haben[981]. Eine Ausnahme hierzu normiert § 828 Abs. 2 S. 2, falls der Schädiger vorsätzlich gehandelt haben sollte[982].

266 Sollte keine dieser bisherigen Ausnahmen von der Schuldfähigkeit erfüllt sein, gilt es noch § 828 Abs. 3 zu prüfen[983]. Danach gewinnt stets die **individuelle intellektuelle Einsichtsfähigkeit** an Bedeutung, nicht die individuelle Steuerungsfähigkeit in einer bestimmten Situation. Abzustellen ist bezüglich der Einsichtsfähigkeit auf den Einzelfall[984]. Aufgrund dieses strengen objektiven Maßstabes kann es sein, dass Minderjährige mit hohen Haftungssummen konfrontiert wer-

974 Dazu etwa *Medicus/Lorenz*, Schuldrecht II, Rn. 636.
975 Näher dazu *Fuchs/Pauker*, Delikts- und Schadensersatzrecht, S. 82 ff.; *Medicus/Lorenz*, Schuldrecht, Rn. 361.
976 *Wandt*, § 16 Rn. 169.
977 *Medicus/Lorenz*, Schuldrecht I, Rn. 362.
978 *Oechsler* NJW 2009, 3185.
979 BT-Drucks. 14/7752, S. 27; *Medicus/Lorenz*, Schuldrecht I, Rn. 362.
980 BGHZ 161, 180 (184); BGH NJW 2007, 2113. Das kann u. U. auch im ruhenden Verkehr der Fall sein, BGHZ 161, 180 (185); BGH VersR 2008, 701; BGH NJW 2005, 354; *Petersohn* JA 2005, 324.
981 BGH NJW 2005, 354.
982 *Wandt*, § 16 Rn. 169.
983 Näher *Kötz/Wagner*, Deliktsrecht, Rn. 345
984 *Scheffen*, ZRP 1991, 458; *dies*, DAR 1991, 121.

den. Obgleich die Vorschrift einer verfassungsrechtlichen Kontrolle standgehalten hat, kann es deswegen im Einzelfall erforderlich sein, das Ergebnis nach § 242 zu korrigieren[985].

Bsp.[986]: Der neun Jahre alte A, sein Zwillingsbruder B und ein Klassenkamerad C veranstalten auf der Fahrbahn einer Ortsstraße ein Wettrennen mit Kickboards. Obgleich der A im Umgang mit einem Kickboard geübt ist, stürzt er aus Unachtsamkeit. Sein Kickboard prallt gegen den ordnungsgemäß am rechten Straßenrand geparkten Pkw des D. Es entsteht ein Sachschaden, für den D von A Ersatz begehrt (1.000 Euro). – A ist hier im Ergebnis gemäß § 823 Abs. 1 zu einer Schadensersatzleistung verpflichtet. Auf § 828 Abs. 2 S. 1 kann er sich nicht berufen, vielmehr ist von seiner Verschuldensfähigkeit auszugehen. Aus dem Wortlaut der Vorschrift geht zwar nicht hervor, dass das Haftungsprivileg sich auf Unfälle bezieht, in denen sich das beteiligte Kraftfahrzeug im fließenden Verkehr befinden muss. Insoweit steht es einer Anwendung von § 828 Abs. 2 S. 1 nicht bereits zwingend entgegen, dass der hier geschädigte parkende Pkw sich im ruhenden Verkehr befindet. Aber auch einer teleologischen Reduktion bedarf es deswegen noch nicht. Mit der Einführung der Ausnahmevorschrift wollte der Gesetzgeber aber berücksichtigen, „dass Kinder regelmäßig frühestens ab Vollendung des zehnten Lebensjahres im Stande sind, die besonderen Gefahren des motorisierten Straßenverkehrs zu erkennen, insbesondere Entfernungen und Geschwindigkeiten richtig einzuschätzen, und sich den Gefahren entsprechend zu verhalten.“[987] Entscheidend ist nach dem BGH, „dass der Gesetzgeber nur dann, wenn sich bei einem Schadensfall eine typische Überforderungssituation des Kindes durch die spezifischen Gefahren des motorisierten Verkehrs verwirklicht hat“, die Vorschrift zur Anwendung lassen kommen will[988]. In anderen Situationen seien Kinder nicht generell überfordert und die Deliktsfähigkeit müsse bejaht werden. Für diese Sichtweise spricht, dass im vorliegenden Fall vor allem das Eigentum des D verletzt wurde, wobei es keine größere Rolle spielt, dass es sich dabei um einen Pkw handelt. Auch § 828 Abs. 3 schließt die Verantwortlichkeit des A nicht aus, da A nach seiner individuellen Verstandesentwicklung fähig ist, das Gefährliche seines Tuns zu erkennen. Die individuelle Steuerungsfähigkeit im konkreten Einzelfall ist gerade nicht gefordert. Eine Korrektur dieses Ergebnisses nach § 242 ist nicht gefordert.

267 Des Weiteren muss, wenn die Voraussetzungen von § 828 Abs. 2 oder Abs. 3 erfüllt sein sollten, die Möglichkeit einer **Billigkeitshaftung** (§ 829) erörtert werden (vgl. näher Rn. 353)[989].

Auch bei **Vorliegen eines Entschuldigungsgrundes** (Bsp.: entschuldigender Notstand nach § 35 StGB) ist ein Schadensersatzanspruch aus § 823 Abs. 1 ausgeschlossen[990]. Dann ist aber bei Vorliegen der Normvoraussetzungen ein Schadensersatzanspruch des Geschädigten aus § 904 S. 2 analog denkbar.

VIII. Schaden und haftungsausfüllende Kausalität

268 Weitere Voraussetzung für eine Haftung nach § 823 Abs. 1 ist der **Eintritt eines Schadens** und die **sog. haftungsausfüllende Kausalität** (siehe zum Prüfungsschema oben Rn. 135)[991].

985 BVerfG JuS 1999, 812; *Goecke* NJW 1999, 2305; *Riehm,* JuS Lern-CD Zivilrecht I, Rn. 482.
986 BGH NJW 2005, 354.
987 BGH NJW 2005, 354.
988 Vgl. auch *Brox/Walker*, Besonderes Schuldrecht, § 44 Rn. 7.
989 BGH NJW 1995, 452; dazu ausführlich *Wandt*, § 16 Rn. 178 f.
990 Dazu und vergleichbaren Fällen (Putativnotwehr) *Looschelders*, Schuldrecht BT, § 57 Rn. 1199.
991 Vgl. auch näher *Brox/Walker*, Besonderes Schuldrecht. § 45 Rn. 60.

1. Die haftungsausfüllende Kausalität

Die Funktion der haftungsausfüllenden Kausalität wurde bereits im Rahmen der haftungsbegründenden Kausalität beschrieben (vgl. Rn. 239): Sie stellt den **Ursachenzusammenhang zwischen Rechtsgutverletzung und Schaden** her[992]. Zur Feststellung der haftungsausfüllenden Kausalität dienen im Wesentlichen **dieselben Kriterien wie bei der haftungsbegründenden Kausalität**, nämlich die Äquivalenz- und die Adäquanztheorie sowie die Lehre vom Schutzzweck der Norm[993], sodass auf die obigen Ausführungen verwiesen werden kann (siehe oben Rn. 239 ff.). Aus der Zuordnung zum Schaden folgt, dass die haftungsausfüllende Kausalität **vom Verschuldenserfordernis nicht umfasst** ist. Die schuldhafte Pflichtverletzung des Schädigers braucht sich also nur auf die erste Rechtsgutverletzung zu beziehen und nicht auf alle daraus folgenden weiteren Verletzungen[994]. Dennoch kann natürlich nicht jeder Folgeschaden ersetzt werden und deswegen kommt der haftungsausfüllenden Kausalität eine wichtige Bedeutung zu. 269

Bsp.[995]: B verursachte schuldhaft mit seinem Pkw einen heftigen Zusammenprall mit einem Geldtransporter des Sicherheitsdienstes K. Der Geldtransporter überschlug sich mehrfach und blieb auf dem Dach liegen, wobei sich die Fahrertür einen Spalt öffnete. Da der Fahrer des Geldtransportes behandelt und ins Krankenhaus gebracht werden musste, schleppte die Polizei den Geldtransporter ab und brachte ihn auf den Polizeihof. Erst später stellte sich heraus, dass ein Unbekannter noch aus dem liegenden Fahrzeug zwei Geldkoffer mit Bargeld in Höhe von € 200.000 entwendet hatte. Kann K diesen Schaden von B ersetzt verlangen? – B hat fahrlässig das Eigentum der D, nämlich den Geldtransporter beschädigt. Für diese Rechtsgutsverletzung schuldet er unstreitig Schadensersatz gemäß § 823 Abs. 1. Problematisch ist aber, ob B auch für die Folgeschäden aus der Eigentumsverletzung, nämlich den Verlust der Geldkoffer, einzustehen hat. Dies ist eine Frage der haftungsausfüllenden Kausalität. Hätte B den Unfall nicht verursacht, wären die Geldkoffer nicht gestohlen worden, daher besteht Kausalität im Sinne der Äquivalenztheorie. Dass aus einem verunglückten Geldtransporter Geldkoffer entwendet werden, ist auch kein völlig ungewöhnliches Ereignis, sondern adäquat kausal. Zweifel bestehen aber, ob dieser Schaden vom Schutzzweck der Norm noch umfasst ist, schließlich ist der Schaden erst durch das Hinzutreten eines Dritten eingetreten. Der Dieb hat sich aber gerade die Situation des Unfalls zunutze gemacht, schließlich war die Fahrertür dadurch einen Spalt geöffnet und der Geldtransporter aufgrund der Verletzungen des Fahrers unbewacht. Der BGH sieht daher einen Zurechnungszusammenhang als gegeben an. Anders wäre dies aber, wenn die Geldkoffer erst auf dem Polizeihof entwendet worden wären. Mit Begründung des sicheren hoheitlichen Verwahrungsverhältnisses wäre der Zurechnungszusammenhang unterbrochen worden, sodass sich im Diebstahl nicht mehr das Schadensrisiko der ersten Rechtsgutsverletzung verwirklicht hätte.

Im Rahmen der haftungsausfüllenden Kausalität bereiten häufig auch Fälle Probleme, in denen der Geschädigte an einer **Vordisposition** leidet, die sich auf das Ausmaß des Schadens auswirkt. 270

Bsp.[996]: K ist als Sozius des D auf einem Mofa unterwegs. Infolge einer auf Unachtsamkeit beruhenden Vorfahrtsverletzung durch B kommt es zu einem Unfall zwischen

992 *Grunewald*, Bürgerliches Recht, § 34 Rn. 1.
993 *Althammer* JA 2006, 697 (700).
994 *Kötz/Wagner*, Deliktsrecht, Rn. 210.
995 Vereinfacht nach BGH NJW 1997, 865.
996 Vereinfacht nach OLG Koblenz VersR 1987, 1225; dazu auch *Kötz/Wagner*, Deliktsrecht, Rn. 211.

dem Mofa des D und dem Pkw des B. K erleidet zwar nur Schnittwunden. Da er an der Bluterkrankheit leidet, verursachen die Wunden jedoch erhebliche Gesundheitsschäden, die aufwendig behandelt werden müssen. K verlangt von B Schadensersatz. Dieser wendet ein, er habe nicht damit rechnen können, dass K Bluter ist und überhaupt hätte dieser nicht als Sozius auf einem Mofa am Straßenverkehr teilnehmen dürfen. – Durch eine fahrlässige Handlung des B wurde K an seinem Körper verletzt. Die Schnittwunden stellen die erste Rechtsgutverletzung dar, für die B unstreitig Ersatz leisten muss. Spannend ist aber die Frage, ob er auch für die weiteren schlimmen Verletzungen, die als Folge dieser ersten Rechtsgutverletzung eingetreten sind, einstehen muss. Schließlich wurden die dadurch ausgelöst, dass K an der seltenen Bluterkrankheit leidet, was für B tatsächlich nicht vorhersehbar war. Andererseits kann der Schädiger nicht davon ausgehen, dass das Opfer keine Vorerkrankungen hat. Der Schutzzweck des deliktischen Schutzes von Körper und Gesundheit zielt darauf, die Gesundheit des Opfers in der konkreten Situation zu schützen und aus diesem Grunde dürfen Vorerkrankungen nicht zu Lasten des Opfers gehen. B muss daher auch für die Gesundheitsverletzungen, die durch die Bluterkrankheit des K ausgelöst wurden, Ersatz leisten. Fraglich bleibt, ob Bs Einwand durchgreift, dem K als Mitverschulden gemäß § 254 Abs. 1 anzurechnen, dass er trotz seiner Krankheit auf einem Mofa am Straßenverkehr teilgenommen hat. Die Teilnahme am Straßenverkehr, auch auf einem Mofa, gehört heute aber zur normalen Lebensgestaltung und allein wegen seiner Krankheit darf K davon nicht ausgeschlossen werden. Daher ist kein Mitverschulden gemäß § 254 Abs. 1 anzurechnen.

2. Schaden

271 Zu ersetzen sind grundsätzlich **alle Vermögensschäden** nach §§ 249 ff., 252 und unter den Voraussetzungen von § 253 Abs. 1, Abs. 2 auch der immaterielle Schaden (vgl. für den Sonderfall des Allgemeinen Persönlichkeitsrechts bereits oben Rn. 205). Wichtig ist, dass zwar keine primären Vermögensschäden vom deliktischen Schutz erfasst sind (vgl. zu deliktsrechtlichen Besonderheiten unten 3.). Vermögensschäden, die als Folge einer Rechtsgutsverletzung auftreten, sind aber zu ersetzen[997].

Die Höhe des ersatzfähigen Schadens wird mit Hilfe der **Differenzhypothese** bestimmt. Dabei wird die reale Lage – wie steht das Opfer tatsächlich – mit der hypothetischen Lage – wie stünde das Opfer, wenn das schädigende Ereignis nicht stattgefunden hätte – verglichen[998]. Auf die Einzelheiten der Schadensermittlung wird in diesem Buch nicht eingegangen. Verwiesen wird insoweit auf das Werk von ***Joussen*, Schuldrecht AT, 6. Teil §§ 17, 18, 19** und die dortige umfassende Darstellung des Rechts des Schadensersatzes sowie der haftungsausfüllenden Kausalität. Das Schadensersatzrecht ist in §§ 249 ff. übergreifend für vertragliche und deliktische Schadensersatzansprüche geregelt.

Bsp.: A entspannt sich gerade bei offenem Fenster im 2. Stock seines Hauses, als er versehentlich einen Blumentopf umstößt, der hinunterfällt und den Passanten P verletzt. Dieser zieht sich eine schwere Gehirnerschütterung zu und muss eine Woche lang ärztlich behandelt werden. Dabei erleidet er auch einen Verdienstausfall. Hat P gegen A einen Anspruch auf Ersatz der Behandlungskosten, des Schmerzensgeldes und des Verdienstausfalls? – Anspruchsgrundlage könnte § 823 Abs.1 sein. Zu ersetzen ist zunächst der entstandene Vermögensschaden nach § 249 Abs. 2 S. 1, der die Behandlungskosten und den Verdienstausfall einschließt, sowie als immaterieller Schaden das Schmerzensgeld. Dieses wird jedoch nur in den gesetzlich bestimmten Fällen gewährt (§ 253 Abs. 1). Im Falle einer Körperverletzung ist jedoch nach § 253 Abs. 2

997 *Kötz/Wagner*, Deliktsrecht, Rn. 131.
998 *Wandt*, § 22 Rn. 8.

eine billige Entschädigung in Geld als Schmerzensgeld möglich. Alle entstandenen Schadensposten basieren auch adäquat kausal und zurechenbar auf der Rechtsgutverletzung (haftungsausfüllende Kausalität).

3. Deliktsrechtliche Besonderheiten

§§ 842 ff. beschäftigen sich mit dem Umfang der Schadensersatzpflicht bei Verletzung einer Person. Insoweit werden die allgemeinen schadensersatzrechtlichen Bestimmungen der §§ 249 ff. ergänzt[999]. Die Verpflichtung zum Schadensersatz wegen einer gegen die Person gerichteten unerlaubten Handlung erstreckt sich insoweit nach § 842 auch auf die Nachteile, welche die Handlung für den **Erwerb oder das Fortkommen des Verletzten** herbeiführt. Wird somit infolge einer Verletzung des Körpers oder der Gesundheit die Erwerbsfähigkeit des Verletzten aufgehoben oder gemindert oder tritt eine Vermehrung seiner Bedürfnisse ein, so ist dem Verletzten nach § 843 Abs. 1 durch Entrichtung einer **Geldrente** Schadensersatz zu leisten[1000]. Einen Erwerbsschaden stellt insoweit auch der **Ausfall von Haushaltstätigkeit** dar, welche einer anderen Person zur Erfüllung einer gesetzlichen Unterhaltspflicht geleistet wird[1001]. Ein eigener Anspruch des Unterhaltsberechtigten kann hier nicht auf § 845 gestützt werden. Vielmehr muss der (verletzte) Unterhaltsverpflichtete seinen Ausgleich über §§ 842, 843 suchen (normativer Schaden)[1002]. 272

Wenn durch die Verletzung eines anderen nur das **Vermögen vermindert** wurde, besteht in der Regel kein deliktischer Schadensersatzanspruch. § 844 und § 845 sind jedoch insoweit als Ausnahmen von dem Grundsatz zu verstehen[1003], dass nur derjenige anspruchsberechtigt ist, gegen dessen geschützte Rechtsgüter oder Rechte sich die deliktische Handlung unmittelbar wendet[1004]. Denn beide Vorschriften ordnen **Ersatzansprüche mittelbar Geschädigter** an[1005]. Im Falle der Tötung einer Person sind etwa die **Beerdigungskosten** (§ 844 Abs. 1) zu übernehmen, wenn der Anspruchsteller zur Tragung dieser verpflichtet ist (§ 1968).

Auch **entgangener Unterhalt** (§ 844 Abs. 2) kann zu einer Ersatzpflicht führen, sofern der Getötete dem Anspruchsteller unterhaltsverpflichtet war[1006]. Man spricht im Falle von § 844 Abs. 2 von einem „Stück Sozialrecht im zivilistischen Gewand“[1007]. Es muss sich dabei um **eine gesetzliche Unterhaltspflicht** handeln (für Ehegatten: §§ 1360 ff.; für Geschiedene: § 1569 ff.; für Verwandte in gerader Linie: §§ 1601 ff.; für gleichgeschlechtliche Lebenspartnerschaften: § 5 LPartG)[1008]. Nicht gesetzlich unterhaltsberechtigt sind dagegen Stiefkinder, Verlobte und die Partner nichtehelicher Lebensgemeinschaften[1009]. Der mutmaßliche Unterhaltsanspruch ist dabei durch eine Geldrente auszugleichen[1010]. Von Bedeutung ist wiederum, dass auch die **Haushaltsführung eines Ehegatten** eine Unterhaltsleistung dar- 273

---

999 Näher *Brox/Walker*, Besonderes Schuldrecht, § 52 Rn. 2 ff.
1000 *Brox/Walker*, Besonderes Schuldrecht, § 52 Rn. 3 f.
1001 Grundlegend BGHZ 50, 304; zu einem Fallbeispiel *Armbrüster* JuS 2007, 508.
1002 BGHZ 50, 304.
1003 Instruktiv zu diesen Vorschriften *Diederichsen* NJW 2013, 641.
1004 *Fuchs/Pauker*, Delikts- und Schadensersatzrecht, S. 195.
1005 *Brox/Walker*, Besonderes Schuldrecht, § 52 Rn. 22 f.
1006 *Brox/Walker*, Besonderes Schuldrecht, § 52 Rn. 23.
1007 *Fuchs/Pauker*, Delikts- und Schadensersatzrecht, S. 196.
1008 Kritisch dazu *Diederichsen* NJW 2013, 641 f. Ein gesetzlich geschuldeter Unterhalt kann auch bei Gewährung des Unterhalts als Naturalunterhalt (§ 1612 Abs. 1 Satz 2, Abs. 2) vorliegen, BGH NJW 2006, 2327.
1009 *Diederichsen* NJW 2013, 641.
1010 *Riehm*, JuS Lern-CD Zivilrecht I, Rn. 504.

stellt und nicht als Leistung von Diensten an den erwerbstätigen Partner zu begreifen ist (i. S. d. § 845)[1011]. Nach § 844 Abs. 2 S. 2 wird auch der *nasciturus* als möglicher Anspruchsberechtigter angesehen[1012]. Für die Gefährdungshaftung existieren etwa mit § 10 StVG und § 5 Abs. 2 HaftpflG vergleichbare Vorschriften[1013].

Bsp.: A arbeitet in einem seinem Ehegatten B gehörenden Betrieb mit. Im Falle seiner Tötung durch einen Dritten, kommt für den Hinterbliebenen B zwar kein Anspruch aus § 845, wohl aber ein solcher aus § 844 Abs. 2 in Betracht, sofern die Mitarbeit als Unterhaltsleistung anzusehen ist[1014].

274 In diesem Zusammenhang zu nennen ist schließlich auch **§ 845**. Auch diese Vorschrift ist als eine Ausnahme des Grundsatzes, „dass lediglich der unmittelbar in seinen Rechtsgütern Beeinträchtigte anspruchsberechtigt ist“, zu begreifen[1015]. Die Vorschrift ist beinahe vollständig ihres praktischen Anwendungsbereichs beraubt worden, weil nach der Rechtsprechung und h. M. im Falle der Tötung des Haushaltsführers diese Leistungen als Unterhalt verstanden werden[1016]. Insoweit kann ein Anspruch nur auf § 844 Abs. 2 gegründet werden[1017]. Als relevante eigene Anspruchsgrundlage hat § 845 lediglich bei **Verletzung oder Tötung eines Hauskindes** eigenständige Bedeutung (§ 1619), sofern eine Pflicht zur Erbringung von Leistungen im Gewerbe oder Hauswesen der Eltern existierte[1018]. Insoweit wird die Vorschrift als nicht mehr zeitgemäß bewertet.

Bei den durch § 844 und § 845 verliehenen Berechtigungen handelt es sich um **eigene Ansprüche des betreffenden Angehörigen**[1019]. Im Falle eines Mitverschuldens des Verletzten findet § 254 über § 846 entsprechende Anwendung. § 844 und § 845 dienen lediglich der Kompensation eines Verlusts von Versorgung. Andere Beeinträchtigungen werden regelmäßig nicht ausgeglichen[1020]. Davon zu unterscheiden ist der Fall, dass die Verletzung einer Person dazu führt, dass auch im Verhältnis zu einem Dritten der Tatbestand einer haftungsbegründenden Norm erfüllt ist. Hier hat der **Dritte** (nach den allgemeinen Regeln) **einen eigenen Schadensersatzanspruch** gegen den Schädiger. Ein Beispiel hierfür stellen Schockschäden beim Tod eines nahen Angehörigen dar (siehe oben Rn. 148)[1021].

275 Für bestimmte Fallgruppen ist zudem anerkannt, dass der Inhaber des verletzten Rechts/Rechtsguts den Schaden eines mittelbar betroffenen Dritten geltend machen kann, sog. **Drittschadensliquidation** (siehe dazu ***Joussen*, Schuldrecht AT, Rn. 418 ff.**). Dies wird etwa in den Fällen einer obligatorischen Gefahrentlastung bejaht (Bsp.: § 2174). Bei **Vertragsverletzungen** ist Ersatzberechtigter nur der Vertragspartner. Lediglich beim Vertrag zugunsten Dritter oder beim Vertrag mit Schutzwirkung zugunsten Dritter hat auch der begünstigte Dritte einen Schadensersatzanspruch (siehe dazu ***Joussen*, Schuldrecht AT, Rn. 1147 ff.**).

1011 Grundlegend BGHZ 50, 304 (305) = NJW 1968, 1823.
1012 *Fuchs/Pauker*, Delikts- und Schadensersatzrecht, S. 197.
1013 *Armbrüster* JuS 2007, 508.
1014 BGHZ 77, 157 (160); *Diederichsen* NJW 2013, 641 (645).
1015 Dauner-Lieb/Langen/*Huber*, § 845 Rn. 3 f.
1016 Dazu auch *Fuchs/Pauker*, Delikts- und Schadensersatzrecht, S. 200: Mit dem Gleichberechtigungsgesetz 1957 ist die Pflicht der Ehefrau zur Leistung unentgeltlicher Dienste weggefallen.
1017 Dauner-Lieb/Langen/*Huber*, § 845 Rn. 3 f.; *Armbrüster* JuS 2007, 508.
1018 Ein Beispiel findet sich in BGH NJW 1991, 1226; Dauner-Lieb/Langen/*Huber*, § 845 Rn. 3 f.; *Fuchs/Pauker*, Delikts- und Schadensersatzrecht, S. 202.
1019 *Diederichsen* NJW 2013, 641 (647).
1020 *Diederichsen* NJW 2013, 641 (647).
1021 BGHZ 56, 163 = NJW 1971, 1883.

4. Mitverschulden, § 254

Nach § 254 Abs. 1 muss sich der Geschädigte die betragsmäßige Kürzung seines Schadensersatzanspruchs gefallen lassen, wenn bei der Entstehung des Schadens **sein eigenes Verschulden mitgewirkt** hat[1022]. Dann hängt nach den Worten des Gesetzgebers die Verpflichtung zum Ersatz sowie der Umfang des zu leistenden Ersatzes insbesondere davon ab, inwieweit der Schaden vorwiegend von dem einen oder dem anderen Teil verursacht worden ist. 276

§ 254 kann für sämtliche **Schadensersatzansprüche Geltung beanspruchen.** Ob sie auf Vertrag oder Gesetz beruhen, spielt dabei keine Rolle. Insofern ist die Darstellung des Mitverschuldenseinwands bereits durch ***Joussen*, Schuldrecht AT, Rn. 407 ff.** erfolgt, auf dessen Ausführungen hier verwiesen wird. Deliktische Besonderheiten sind dort zwar bereits berücksichtigt worden. Gleichwohl sollen einige wenige Aspekte nochmals angesprochen werden. So ist im Bereich der Gefährdungshaftung zu bedenken, dass § 254 bereits durch die Spezialvorschriften in §§ 9, 17 StVG erweitert bzw. verdrängt wird[1023]. Der durch § 254 verlangte Obliegenheitsverstoß muss entweder vorsätzlich oder fahrlässig erfolgt sein, wobei die **Verschuldensfähigkeit** (§§ 827, 828) nach richtiger Ansicht eine zwingende Voraussetzung bildet[1024]. Fehlt die Verschuldensfähigkeit, kann aber nach h. M. an eine entsprechende Anwendung von § 829 zu Lasten des Geschädigten gedacht werden, wenn eine Billigkeitsabwägung gerechtfertigt erscheint[1025]. Liegt ein Mitverschulden des Geschädigten vor, ist der Ersatzanspruch des Geschädigten in diesem Umfang entsprechend zu kürzen. Der Grad des jeweiligen Verschuldens ist dabei weniger bedeutsam als die Kausalität des Tatbeitrags für den Verletzungserfolg[1026]. Sollte der Schädiger ein weit überwiegendes Verschulden an den Tag gelegt haben, kann nach h. M. eine Anrechnung des Mitverschuldensbeitrags bei der Höhe des Schadensersatzanspruchs auch vollständig entfallen. Von Bedeutung ist schließlich auch, dass bei der Prüfung eines Mitverschuldens nach § 254 ein Verschulden, das nur gesetzlich vermutet wird, nicht berücksichtigt werden darf. Relevant wird dies im Falle von § 831 und § 832[1027].

Anerkannt durch Rechtsprechung und h. L. ist weiterhin, dass im Rahmen von § 254 (eventuell i. V. m. § 9 StVG) die von einem KfZ ausgehende **Betriebsgefahr** (§ 7 StVG) oder die Gefahr eines Luxustieres nach § 833 S. 1 anzurechnen ist[1028]. Dass § 254 seinem Wortlaut nach nur Verschulden zur Anrechnung bringen will, soll kein Hindernis für eine Berücksichtigung der Betriebs- oder Tiergefahr bedeuten[1029]. Die Anwendung von § 254 ist dabei im Falle der Betriebsgefahr auch möglich, wenn der Schädiger nicht aus Gefährdung, sondern wegen Verschulden haftet[1030]. 277

1022 Umfassend zu dieser Thematik *Looschelders,* Die Mitverantwortlichkeit des Geschädigten im Privatrecht (1999), S. 145 ff.; vgl. auch Kötz/*Wagner,* Deliktsrecht, Rn. 740; *Grunewald,* Bürgerliches Recht, § 34 Rn. 6 f.
1023 *Wandt,* § 21 Rn. 30.
1024 BGH NJW 1957, 1187; Palandt/*Grüneberg,* § 254 Rn. 9.
1025 BGHZ 37, 102.
1026 *Riehm,* JuS Lern-CD Zivilrecht I, Rn. 287.
1027 BGH NJW 2012, 2425.
1028 *Wandt,* § 21 Rn. 30.
1029 MüKo/*Oetker,* § 254 Rn. 12, 14, 114.
1030 BGHZ 6, 319; 12, 124; *Wandt,* § 27 Rn. 7.

§ 8 Die Grundsätze der deliktischen Produzentenhaftung nach § 823 Abs. 1

I. Überblick

278 Die **Produzentenhaftung** beschäftigt sich mit Ansprüchen eines geschädigten Käufer-Konsumenten gegen den Produzenten einer Ware und stellt ein **Sondergebiet der allgemeinen deliktischen Verschuldenshaftung** dar[1031], das eigenständiger Darstellung bedarf. Als Anspruchsgrundlage des Verbrauchers[1032] gegen den Hersteller wegen der durch das Produkt verursachten Schäden kommt vor allem § 823 Abs. 1 in Betracht. Vertragliche Ansprüche gegen den Verkäufer selbst werden meist nicht zielführend sein, da sich dieser regelmäßig – trotz der Beweislastumkehr des § 280 Abs. 1 S. 2 – wird entlasten können[1033]. Denn der Hersteller ist nicht als Erfüllungsgehilfe (§ 278) des Verkäufers anzusehen. Zwischen dem Käufer und dem Hersteller der Ware selbst bestehen dagegen keine vertraglichen Beziehungen. Die Annahme eines **Vertrags mit Schutzwirkung für Dritte**, den Verkäufer und Hersteller im Sinne des Käufers schließen, mag dogmatisch nicht zu überzeugen und erscheint zudem realitätsfern[1034]. Auch die Grundsätze der Drittschadensliquidation können hier nicht weiterhelfen[1035]. Zu erörtern ist bei der **Produzentenhaftung** deswegen vor allem der deliktsrechtliche Grundtatbestand (§ 823 Abs. 1), wobei richterrechtlich entwickelte Besonderheiten zu beachten sind. Dies betrifft vor allem das Erfordernis der Verletzung einer spezifischen Hersteller-Verkehrssicherungspflicht und die Existenz von Beweiserleichterungen zugunsten des Geschädigten (zur Verkehrssicherungspflicht allgemein oben Rn. 225 ff.)[1036]. Daneben kann häufig auch § 831 als Anspruchsgrundlage herangezogen werden, allerdings nur unter modifizierten Vorzeichen[1037].

279 Von dieser Produzentenhaftung abzugrenzen ist die spezifische **Produkthaftung**: Mit dieser ist die Haftung des Herstellers für Folgeschäden aus der Verwendung seines Produktes nach § 1 f. ProduktHG gemeint[1038]. Insoweit wird vom Gesetzgeber eine verschuldensunabhängige Haftung angeordnet, welche sich auf den Willen des europäischen Richtliniengesetzgebers zurückführen lässt[1039]. Ansprüche aus Produkthaftung sind im **Klausuraufbau** wegen der geringeren Voraussetzungen (keine Rechtswidrigkeit, kein Verschulden) vor Ansprüchen aus § 823 Abs. 1 zu prüfen[1040].

1031 *Wandt*, § 21 Rn. 53; *Medicus/Lorenz*, Schuldrecht II, § 86 Rn. 338 ff.

1032 Jedoch ist die Verbrauchereigenschaft kein ausdrückliches Tatbestandsmerkmal; vgl. zur „Verbraucherproblematik“ in diesem Zusammenhang auch *Medicus/Lorenz*, Schuldrecht II, § 86 Rn. 334.

1033 *Looschelders*, Schuldrecht BT, § 61 Rn. 1256; ausführlich *Medicus/Lorenz*, Schuldrecht II, § 86 Rn. 334.

1034 Ebenso *Medicus/Lorenz*, Schuldrecht II, § 86 Rn. 335 f.

1035 Näher *Looschelders*, Schuldrecht BT, § 61 Rn. 1256.

1036 *Grunewald*, Bürgerliches Recht, § 32 Rn. 10.

1037 Auch § 823 Abs. 2 kann Bedeutung erlangen; zu beachten ist hier das Gesetz über technische Arbeitsmittel und Verbraucherprodukte (Geräte- und Produktsicherheitsgesetz – GPSG).

1038 Vgl. zu dieser Doppelgleisigkeit auch *Looschelders*, Schuldrecht BT, § 61 Rn. 1255; umfassend zum Themenkreis auch *Fuchs/Baumgärtner* JuS 2011, 1057 ff.

1039 EG-Produkthaftungsrichtlinie (85/374/EWG, ABl. L 210/29 vom 7.8.1985); dazu *Riehm* EuZW 2010, 567; *Wandt*, § 21 Rn. 49; Bamberger/Roth/*Spindler*, § 823 Rn. 482.

1040 Ebenso *Wandt*, § 21 Rn. 49; *Fuchs/Baumgärtner* JuS 2011, 1057.

II. Die Besonderheiten der Produzentenhaftung

1. Allgemeine Voraussetzungen von § 823 Abs. 1

§ 823 Abs. 1 setzt wie üblich zunächst eine **Rechtsgutverletzung** voraus, die sich in einer Verletzung von Leben, Körper, Gesundheit oder Eigentum des Käufer-Konsumenten äußern kann. Im Hinblick auf eine Verletzung des Eigentums wird hier häufig die bereits geschilderte Thematik der **„Weiterfresserschäden"** relevant[1041]. Überwiegend wird heute angenommen, dass das Inverkehrbringen des fehlerhaften Produkts für eine Zurechnung der Rechtsgutverletzung nicht genügt. Vielmehr spielen an dieser Stelle **Verkehrssicherungspflichten** eine entscheidende Rolle[1042]. Ob man dagegen ein positives Handeln oder Unterlassen des Herstellers für die Tatbestandsrelevanz seines Verhaltens annimmt, wird eher als sekundär betrachtet[1043]. Da Verkehrssicherungspflichten eine Handlungspflicht für das eigentlich gefahrverursachende Unterlassen des Pflichtigen begründen, sind sie in der Klausur bereits im Rahmen des **haftungsbegründenden Verhaltens** und nicht erst bei der Kausalität oder der Rechtswidrigkeit zu prüfen[1044]. Die Rechtswidrigkeit wird regelmäßig durch die **Verletzung einer Verkehrssicherungspflicht indiziert** sein. Für das Verschulden des Herstellers sind die nachfolgend dargestellten **Grundsätze der Beweislastumkehr** zu berücksichtigen[1045]. 280

2. Verletzung einer herstellerspezifischen Verkehrssicherungspflicht

Charakteristisch für die Fälle der Produzentenhaftung ist die Verletzung einer **produktbezogenen Verkehrssicherungspflicht**[1046]. Produktbezogene Verkehrspflichten treffen vornehmlich den Hersteller. Auch ein Unternehmer, der für die von ihm hergestellten Geräte vorgefertigte Einbauteile benutzt, hat im Übrigen die Sorgfaltspflichten eines Herstellers zu beachten[1047]. Der Zulieferer haftet aber u. U. für die Fehlerhaftigkeit der Einzelteile. Im Ergebnis hat derjenige, welcher Waren produziert und in den Verkehr bringt, dafür zu sorgen, dass durch diese Waren Rechtsgüter anderer nicht verletzt werden. Der Hersteller hat dieser Verkehrssicherungspflicht im Rahmen seiner Möglichkeiten und im Rahmen des Zumutbaren Rechnung zu tragen, um produktbedingte Gefahren für andere Personen zu verhindern[1048]. Folgende Klassifizierung von Verkehrssicherungspflichten hat sich in der Rechtsprechung herausgebildet[1049]: 281

a) **Konstruktionspflicht.** Das Produkt muss die notwendige Betriebssicherheit besitzen und sich für den ihm zugedachten Zweck eignen. Der Produzent muss bei der **Konstruktion und Planung** Materialien und Herstellungsverfahren zugrunde legen, welche die Ordnungsmäßigkeit nach dem jeweiligen Stand der Wissenschaft und Technik sicherstellen[1050]. Die Produkte müssen somit so konstruiert sein, dass die Sicherheit für den voraussehbaren Gebrauch gewährleistet wird[1051]. Abzustellen ist auf die Erwartungen des durchschnittlichen Benutzer- 282

1041 *Fuchs/Baumgärtner* JuS 2011, 1057 (1058).
1042 *Medicus/Lorenz*, Schuldrecht II, Rn. 1243 f.; *Wandt*, § 21 Rn. 70.
1043 *Wandt*, § 21 Rn. 56; *Fuchs/Baumgärtner* JuS 2011, 1057 (1058).
1044 Wie hier etwa *Brox/Walker*, Besonderes Schuldrecht, § 45 Rn. 46.
1045 *Wandt*, § 21 Rn. 58.
1046 *Wandt*, § 21 Rn. 53.
1047 BGH NJW 1975, 1827 (Spannkupplungen).
1048 *Wandt*, § 21 Rn. 59; *Fuchs/Baumgärtner* JuS 2011, 1057 (1058 ff.).
1049 Bamberger/Roth/*Spindler*, § 823 Rn. 492 ff.
1050 *Medicus/Lorenz*, Schuldrecht II, Rn. 349.
1051 BGH NJW 1990, 907; BGH NJW 2009, 2953; *Looschelders*, Schuldrecht BT, § 61 Rn. 1262 f.

kreises[1052]. Das Produkt darf die nach dem **Stand von Wissenschaft und Technik zum Zeitpunkt des Inverkehrbringens** maßgeblichen Sicherheitsstandards nicht unterschreiten[1053]. Es besteht auch eine Erprobungspflicht für Neuentwicklungen. Kennzeichnend für eine Verletzung der Konstruktionspflicht ist, dass i. d. R. die gesamte Ware einer Produktserie mangelhaft ist, weil der Fehler den Bauplan des Produktes und seine gesamte Entwicklung betrifft[1054].

283 b) **Fabrikationspflicht.** Darüber hinaus muss der Hersteller einen Fertigungsprozess gewährleisten, in welchem eine fehlerfreie Herstellung des Produkts erfolgen kann[1055]. Er muss somit den **Fertigungsprozess überwachen** und das endgültige Produkt kontrollieren, sodass ein In-Verkehr-Bringen eines fehlerhaften Produkts verhindert wird. Verletzt der Hersteller diese Pflicht, liegt ein Fabrikationsfehler vor[1056]. Typisch hierfür ist, dass sich im Rahmen der Fertigung eines ordnungsgemäß konstruierten Produkts eine planwidrige Abweichung von der Sollbeschaffenheit ereignet[1057].

Bsp.: Beschädigung einer Mehrwegflasche, gefüllt mit einem kohlensäurehaltigen Getränk, in Form von Haar- und Mikrorissen, welche zu einer Explosion der Flasche führen[1058]. Hier besteht eine Überprüfungspflicht des Herstellers, der ein Kontrollverfahren sicherstellen muss, in dem der Zustand jeder Flasche ermittelt wird und gewährleistet wird, dass alle nicht einwandfreien Flaschen von der Wiederverwendung ausgeschlossen werden, soweit dies technisch möglich ist[1059].

Dagegen haftet der Hersteller regelmäßig nicht für sog. **Ausreißer.** Dabei handelt es sich um Fabrikationsfehler, die trotz aller zumutbaren Vorkehrungen unvermeidbar sind, was eine Frage des Verschuldens darstellt[1060].

284 c) **Instruktionspflicht.** Des Weiteren trifft den Hersteller einer Ware nach der Rechtsprechung die Pflicht zur Warnung vor gefahrbringenden Eigenschaften[1061], was in der Regel im Rahmen einer **ausführlichen** und **verständlichen Gebrauchsanleitung** geschehen wird. An diese Pflicht sind strenge Anforderungen anzulegen, wenn die Verwendung der Ware mit erheblichen Gefahren für die Gesundheit von Menschen einhergeht[1062]. Die Verwendung muss sich aber grundsätzlich im Rahmen der allgemeinen Zweckbestimmung des Produkts bewegen, worüber der Erwartungshorizont des durchschnittlichen Verbrauchers entscheidet[1063]. Für einen bestimmungswidrigen Gebrauch durch den Verbraucher haftet der Hersteller nur dann, wenn der Fehlgebrauch naheliegend und vorhersehbar war[1064]. Von einer Verletzung der Instruktionspflicht kann somit nicht gesprochen werden, wenn ein Fehlgebrauch vorliegt, welcher mit dem ordnungsgemäßen Gebrauch keinerlei Zusammenhang besitzt.

1052 BGH NJW 2009, 1669.
1053 *Looschelders*, Schuldrecht BT, § 61 Rn. 1264.
1054 *Wandt*, § 21 Rn. 60.
1055 *Fuchs/Baumgärtner* JuS 2011, 1057 (1058).
1056 *Fuchs/Baumgärtner* JuS 2011, 1057 (1059).
1057 *Wandt*, § 21 Rn. 61; *Fuchs/Baumgärtner* JuS 2011, 1057 (1059).
1058 BGH NJW 1995, 2162 (Mehrwegflaschenfall).
1059 BGH NJW 1995, 2162 (Mehrwegflaschenfall).
1060 BGHZ 129, 53; Palandt/*Sprau*, § 823 Rn. 170; *Wandt*, § 21 Rn. 61; *Fuchs/Baumgärtner* JuS 2011, 1057 (1059 f.).
1061 *Fuchs/Baumgärtner* JuS 2011, 1057 (1059).
1062 BGH NJW 1992, 560 – Milupa; Anm. *von Westphalen* ZIP 1992, 18.
1063 *Fuchs/Baumgärtner* JuS 2011, 1057 (1059).
1064 BGH NJW 1981, 1603 (1604) (Derosal I); 1999, 2815; OLG Köln VersR 1986, 98 (100) (Flugzeugreifen); *Fuchs/Baumgärtner* JuS 2011, 1057 (1059).

Bsp.[1065]: Ein Kälteschutzmittel wird von einem Jugendlichen durch „Schnüffeln" als Rauschgift verwendet. Hier ist eine Verletzung der Instruktionspflicht nicht gegeben, da der Hersteller nicht – jedenfalls nicht von vornherein – mit der Möglichkeit eines derart bewussten und gravierenden Missbrauchs zu rechnen braucht[1066].

d) **Produktbeobachtungs- und Reaktionspflicht.** Schließlich hat sich der Hersteller auch über die nachträglichen Verwendungsfolgen seines Produktes zu informieren. Auch nach In-Verkehr-Bringen der Ware muss er somit seine **Waren auf noch unbekannte schädliche Eigenschaften hin beobachten**[1067]. Gegebenenfalls trifft ihn sogar eine Rückrufpflicht. Eine Pflicht des Herstellers, das Sicherheitsrisiko durch Nachrüstung auf seine Kosten zu beseitigen, wird vom BGH jedoch abgelehnt[1068]. Dabei spielt bei der Ermittlung des Pflichtenkreises insbesondere die Abgrenzung von Vertragsrecht und Deliktsrecht eine Rolle[1069]. 285

3. Die Verteilung der Beweislast

Darüber hinaus hat sich in der Rechtsprechung des BGH zur Produzentenhaftung eine **spezifische Beweislastverteilung** herausgebildet, die sich von den allgemeinen Grundsätzen deutlich unterscheidet[1070]. Denn nach letzteren müsste an sich der Geschädigte das Verschulden des Herstellers, d. h. die Pflichtverletzung, nachweisen (im Gegensatz zu § 280 Abs. 1 S. 2). Da der Geschädigte aber i. d. R. keine fachlichen Kenntnisse besitzt und ihm der Einblick in den Produktionsablauf und die Organisation des Herstellerbetriebes fehlt[1071], hat sich in der Judikatur – ähnlich wie im Arzthaftungsrecht – eine **richterliche Modifikation der Beweislast** herausgebildet, welche den Nachweisproblemen Rechnung tragen will und mit der zudem ein nach § 831 möglicher Entlastungsbeweis (**sog. dezentralisierter Entlastungsbeweis**) ausgeschaltet wird[1072]. Danach genügt der Geschädigte seiner Beweislast grundsätzlich, wenn er nachweist, dass das Produkt in einem objektiv fehlerhaften Zustand den Herstellerbetrieb verlassen hat und das fehlerhafte Produkt den Schaden verursacht hat[1073]. 286

a) **Konstruktions- bzw. Fabrikationsfehler.** Im Falle eines Konstruktions- oder Fabrikationsfehlers gilt nach der Rechtsprechung des BGH die Vermutung, dass ein Verkehrspflichtverstoß des Herstellers (Rechtswidrigkeit und Verschulden) vorliegt[1074]. Der **Hersteller muss** somit **nachweisen,** dass er die ihm obliegenden Pflichten beachtet hat und ihn somit kein Verschulden an der fehlerhaften Kons- 287

1065 BGH NJW 1981, 2514 (2515) („Sniffing").
1066 BGH NJW 1981, 2514 (2515) („Sniffing").
1067 *Fuchs/Baumgärtner* JuS 2011, 1057 (1059).
1068 BGH NJW 2009, 1080 (Pflegebettenentscheidung); dazu *Faust* JuS 2009, 377.
1069 BGH NJW 2009, 1080: „ … der Hersteller auf Grund der deliktischen Produzentenhaftung und damit auch seiner etwaigen Pflichten zum Produktrückruf regelmäßig nur die von dem fehlerhaften Produkt ausgehenden Gefahren für die in § 823 Abs. 1 genannten Rechtsgüter so effektiv wie möglich und zumutbar ausschalten muss, nicht aber dem Erwerber oder Nutzer ein fehlerfreies, in jeder Hinsicht gebrauchstaugliches Produkt zur Verfügung zu stellen und so sein Interesse an dessen ungestörter Nutzung und dessen Wert oder die darauf gerichtete Erwartung des Erwerbers (Nutzungs- und Äquivalenzinteresse) zu schützen hat … Der Schutz solcher Interessen muss vielmehr grundsätzlich, abgesehen etwa von Sonderfällen vorsätzlicher Schädigung i.S. von § 826, der Vertragsordnung vorbehalten bleiben".
1070 *Fuchs/Baumgärtner* JuS 2011, 1057 (1059).
1071 *Looschelders*, Schuldrecht BT, § 61 Rn. 1256 f.
1072 Dazu krit. MüKo/*Wagner*, § 831 Rn. 43 f.
1073 BGHZ 104, 323 (332) (Limonadenflaschenfall).
1074 Grundlegend BGHZ 51, 91 (Hühnerpest); BGHZ 67, 359 (361) = NJW 1977, 379; 116, 60 (72f.) = NJW 1992, 560.

truktion bzw. Fabrikation trifft[1075]. Bei der stattfindenden **Beweislastumkehr** ist zu beachten, dass diese nach der großzügigen Rechtsprechung neben der inneren Sorgfalt (subjektive Seite) auch die äußere Sorgfalt, also den objektiven Pflichtenverstoß, umfasst[1076].

Bsp.[1077]: Das von H hergestellte Impfserum für Hühner ist bakteriell verunreinigt. Die damit geimpften Hühner erkranken und verenden. Ob die Verunreinigung auf Verschulden des H beruht, lässt sich nicht feststellen. – Es liegt eine Verletzung der Fabrikationspflicht vor. Die Beweislast hinsichtlich des Verschuldens wird umgekehrt. H muss den Entlastungsbeweis führen, indem er z. B. nachweist, dass es sich um einen sog. Ausreißer handelt. Ein Verschulden wäre dann nicht gegeben.

Diese Beweislastumkehr findet auch für **Produktionsschäden** Anwendung, welche auf Fehlern zugelieferter Teile beruhen, wenn diese trotz der gebotenen und durchgeführten Kontrollen nicht erkennbar waren[1078].

288 b) **Instruktionsfehler.** Für den Verbraucher besteht im Falle der **schuldhaften Verletzung einer Instruktionspflicht** eine ähnliche Beweisnot wie im Rahmen der beschriebenen Konstruktions- und Fabrikationsfehler[1079]. Verletzt somit der Hersteller durch ein Unterlassen objektiv seine Instruktionspflicht, so trifft ihn die Beweislast für das fehlende Verschulden. Er muss somit den Nachweis führen, dass die mit der Ware verbundenen Gefahren für ihn im Zeitpunkt des In-Verkehr-Bringens nicht erkennbar waren[1080]. Sollte indes erst nach dem In-Verkehr-Bringen aufgrund neuer (technischer) Erkenntnisse ein Hinweis in Betracht kommen, vermag sich der Hersteller bereits dadurch zu entlasten, dass er nachweist, keine entsprechende Erkenntnismöglichkeit gehabt zu haben[1081].

289 c) **Produktbeobachtung.** Bei Verletzung der **Produktbeobachtungspflicht** kommen hingegen hinsichtlich des Verschuldensnachweises die allgemeinen Beweislastregeln zur Anwendung[1082]. Der Geschädigte muss somit den Beweis erbringen, dass der Hersteller die Gefährlichkeit des Produkts nach dem In-Verkehr-Bringen erkennen konnte und zur Warnung verpflichtet war[1083].

1075 *Wandt*, § 21 Rn. 64.
1076 BGHZ 80, 186 (196); BGH NJW 1996, 2507; *Fuchs/Baumgärtner* JuS 2011, 1057 (1059); *Wandt*, § 21 Rn. 64.
1077 BGHZ 51, 91 (Hühnerpest).
1078 BGH NJW 68, 247; Palandt/*Sprau*, § 823 Rn. 170.
1079 *Wandt*, § 21 Rn. 64; *Fuchs/Baumgärtner* JuS 2011, 1057 (1060 f.).
1080 Palandt/*Sprau*, § 823 Rn. 184; *Fuchs/Baumgärtner* JuS 2011, 1057 (1060 f.).
1081 Palandt/*Sprau*, § 823 Rn. 184.
1082 BGHZ 80, 186 (198) (Apfelschorf); *Fuchs/Baumgärtner* JuS 2011, 1057 (1059).
1083 BGHZ 80, 186 (198) (Apfelschorf); *Riehm*, JuS Lern-CD Zivilrecht I, Rn. 496.

§ 9 Haftung für Schutzgesetzverletzung (§ 823 Abs. 2)

I. Prüfungsaufbau

290

Haftung nach § 823 Abs. 2
1. Schutzgesetzverletzung a) Vorliegen einer Gebots- oder Verbotsnorm im materiellen Sinn mit Individualschutzzweck b) Persönlicher Schutzbereich c) Sachlicher Schutzbereich d) Modaler Schutzbereich e) Voraussetzungen des Schutzgesetzes 2. Haftungsbegründende Kausalität zwischen Handlung und Schutzgesetzverletzung 3. Rechtswidrigkeit des Verhaltens des Verletzers 4. Verschulden (§ 823 Abs. 2 S. 2) 5. Schaden 6. Haftungsausfüllende Kausalität zwischen Verletzung und Schaden 7. Mitverschulden, § 254

II. Überblick

§ 823 Abs. 2 stellt den **zweiten Grundtatbestand des Deliktsrechts** dar, welcher ebenso wie § 823 Abs. 1 als kleine Generalklausel (siehe oben Rn. 126) konzipiert ist[1084]. Auch § 823 Abs. 2 schützt im Ergebnis nur bestimmte Rechte, welche sich aber (im Gegensatz zu Abs. 1) aus besonderen, dem Schutz des Einzelnen dienenden Gesetzen ergeben[1085]. § 823 Abs. 2 fungiert als eine **eigenständige Anspruchsgrundlage** und ergänzt den Anspruch aus § 823 Abs. 1. Soweit die Haftung bereits aus § 823 Abs. 1 folgt, besitzt § 823 Abs. 2 eine **Verdeutlichungs- und Präzisierungsfunktion**[1086]. 291

Bsp.: A ohrfeigt den B. Hier ist neben § 823 Abs. 1 auch § 823 Abs. 2 i. V. m. § 223 StGB verwirklicht.

Eine eigenständige Funktion kommt § 823 Abs. 2 dann zu, wenn kein Rechtsgut oder Recht des § 823 Abs. 1 verletzt ist. Dies ist in Fällen **primärer Vermögensschädigung** von Interesse[1087].

Bsp.: A verkauft dem B einen gebrauchten Pkw unter Gewährleistungsausschluss. A sichert dem B wider besseren Wissen zu, dass der Wagen unfallfrei sei. Der Unfallschaden mindert den Wert gegenüber einem unfallfreien Pkw um 2.000 Euro. Dem B steht hier auch ein Schadensersatzanspruch aus § 823 Abs. 2 i. V. m. § 263 StGB zu[1088]. Ein Anspruch aus § 823 Abs. 1 ist nicht gegeben, weil nur das Vermögen des B verletzt ist.

1084 *Althammer* JA 2006, 697 (700).

1085 Etwas anderer Ansatz dagegen bei *Brox/Walker*, Besonderes Schuldrecht, § 46 Rn. 1.

1086 So *Larenz/Canaris*, Schuldrecht BT II/2, § 77 I 1 a, S. 431 (unter Hinweis auf die eigenständige Bedeutung bei abstrakten Gefährdungsdelikten).

1087 *Larenz/Canaris*, Schuldrecht BT II/2, § 77 I 1 a, S. 431; *Brox/Walker*, Besonderes Schuldrecht, § 46 Rn. 1.

1088 Vgl. auch *Brox/Walker*, Besonderes Schuldrecht, § 46 Rn. 1.

III. Tatbestandsvoraussetzungen

1. Verletzung eines Schutzgesetzes

292 § 823 Abs. 2 setzt voraus, dass ein Schutzgesetz verletzt worden ist. Unter einem Schutzgesetz ist hier jede Rechtsnorm, Art. 2 EGBGB, zu verstehen, die nach ihrem Sinn und Zweck zumindest auch dem Individualrechtsschutz dient[1089].

293 a) **Jede Rechtsnorm und Individualschutz.** Nach Art. 2 EGBGB ist Gesetz i. S. d. BGB jede **Rechtsnorm.** Insofern stellen auch Verordnungen (z. B. StVO) und Satzungen Schutznormen dar, wenn sie ein Ge- oder Verbot enthalten. Hingegen besitzen technische Vorschriften (wie DIN-Normen)[1090], Wettkampfregeln von Sportverbänden[1091] und Verwaltungsvorschriften keinen Rechtsnormcharakter[1092]. Das Gesetz muss ein bestimmtes Gebot oder Verbot regeln und sich nicht lediglich in „allgemeinen Grundsätzen" erschöpfen[1093].
Des Weiteren muss der verletzten Norm **Schutzgesetzqualität** zukommen. Das ist zu bejahen, sofern das Gesetz nicht nur dem Schutz der Allgemeinheit, sondern **auch dem Schutz bestimmter Rechtsgüter oder Interessen des Einzelnen** dienen will[1094], was durch Auslegung zu ermitteln ist. Dabei ist besonders die **Entscheidung des BGB-Gesetzgebers gegen eine allgemeine Fahrlässigkeitshaftung für reine Vermögensschäden** zu berücksichtigen, die nicht unterlaufen werden darf[1095]. Von einem Schutzgesetz kann damit nur gesprochen werden, wenn der Individualrechtsschutz in der Intention der Norm liegt und sich nicht nur als bloßer Reflex des Schutzes der Allgemeinheit darstellt. Andererseits muss der Individualschutz nicht der ausschließliche Zweck des Gesetzes sein[1096]. Insoweit können nicht nur zivilrechtliche Vorschriften, sondern auch strafrechtliche bzw. öffentlich-rechtliche Regelungen als Schutzgesetz i. S. v. § 823 Abs. 2 in Betracht kommen[1097]. Streit herrscht darüber, ob auch die **allgemeinen Verkehrssicherungspflichten** ihrer Funktion nach Schutznormen nach § 823 Abs. 2 sind[1098]. Mit der h. M. ist dies jedoch abzulehnen, da andernfalls eine uferlose Haftungsausweitung für Vermögensschäden drohen würde, wenn nicht andere begrenzende Mechanismen gefunden würden[1099].
Schutzgesetze aus dem StGB[1100] stellen etwa §§ 263, 242 und 246 StGB dar[1101]. Demgegenüber ist nach überwiegender Ansicht die nach § 267 StGB bestrafte Ur-

---

1089 BGH ZIP 1991, 1597; Bamberger/Roth/*Spindler*, § 823 Rn. 147; *Althammer* JA 2006, 697 (700).
1090 BGH VersR 1984, 270.
1091 OLG Karlsruhe NJW-RR 2004, 1257.
1092 Vgl. MüKo/*Wagner*, § 823 Rn. 396.
1093 BGH NJW 1965, 2007.
1094 BGHZ 175, 276 = NJW 2008, 1734; BGH ZIP 2012, 318 = JZ 2012, 571; MüKo/*Wagner*, § 823 Rn. 409 f.; Palandt/*Sprau*, § 823 Rn. 57; *Althammer* JA 2006, 697 (700).
1095 MüKo/*Wagner*, § 823 Rn. 386 ff.; *Canaris*, FS Larenz (1983), S. 27, 58 ff.; *Larenz/Canaris*, Schuldrecht BT II/2, § 77 I 1 c, S. 431 f.
1096 BGHZ 12, 146 (148) = NJW 1954, 675; BGHZ 29, 344 (350 f.); *Althammer* JA 2006, 697 (700).
1097 *Coester-Waltjen* Jura 2002, 102 f.; *Althammer* JA 2006, 697 (700).
1098 So etwa *von Bar* JuS 1988, 169; Überblick über die Diskussion bei: Bamberger/Roth/*Spindler*, § 823 Rn. 25.
1099 *Althammer* JA 2006, 697 (700).
1100 Eine Auflistung von Schutzgesetzen findet sich bei Palandt/*Sprau*, § 823 Rn. 61 ff. und bei MüKo/*Wagner*, § 823 Rn. 420 ff.; vgl. auch *Deutsch* VersR 2004, 137 ff.
1101 Vgl. auch *Althammer* JA 2006, 697 (700); zu weiteren Beispielen *Brox/Walker*, Besonderes Schuldrecht, § 46 Rn. 5, 6.

kundenfälschung nicht als Schutzgesetz zu werten. Denn hier soll nur die Sicherheit und Zuverlässigkeit des Rechtsverkehrs geschützt werden, nicht aber das Vermögen des Einzelnen[1102]. Auch die Strafvereitelung nach § 258 StGB stellt kein Schutzgesetz dar[1103]. Als Schutzgesetze zu begreifen sind dagegen die Aussagedelikte nach §§ 153 ff. StGB. Von ihnen wird nicht nur die Rechtspflege, sondern auch das Vermögen des Einzelnen geschützt[1104]. Im Bereich des BGB selbst wird § 858 Abs. 1 bzw. § 906, 909 Schutzgesetzqualität i. S. v. § 823 Abs. 2 zuerkannt[1105].

b) **Persönlicher, sachlicher und modaler Schutzbereich.** Neben der generellen 294
Qualifikation als Schutzgesetz muss in der Fallbearbeitung auch festgestellt werden, dass der Geschädigte in den **Schutzbereich der Norm** fällt[1106]. Hierdurch wird einer Ausuferung der Haftung für Schutzgesetzverletzungen entgegengewirkt[1107]. Unterschieden wird dabei zwischen dem persönlichen, sachlichen und modalen Schutzbereich[1108].

Als erste Voraussetzung muss der Geschädigte in den **persönlichen Schutzbereich** des Gesetzes fallen[1109]. Zum **geschützten Personenkreis** rechnen nur diejenigen Personen, welche die Norm schützen will[1110]. Dieser persönliche Schutzbereich unterliegt bei vielen Schutzgesetzen bereits Beschränkungen[1111].

Bsp.: § 21 Abs. 1 Nr. 2 StVG will nur andere Verkehrsteilnehmer vor Personen schützen, welche im Straßenverkehr ohne Fahrerlaubnis ein Fahrzeug führen, nicht hingegen den Fahrer selbst. § 248 b StGB (unbefugter Gebrauch eines Fahrzeuges) hat nur den Schutz des Eigentümers und des Halters des entwendeten Fahrzeuges im Blick, nicht jedoch den Schutz des Opfers eines vom Entwender verursachten Verkehrsunfalls[1112].

Darüber hinaus muss das verletzte Rechtsgut in den Schutzbereich der jeweiligen 295
Norm fallen (**sachlicher Schutzbereich**)[1113]. Insoweit ist zu ermitteln, ob die verletzte Norm auch vor **Vermögensschäden** bewahren will, wie dies gerade bei Vermögensstraftatbeständen aus dem StGB der Fall ist.[1114] Hingegen wollen Normen, die dem Schutz von Leben und Gesundheit dienen, regelmäßig nicht vor Vermögensschäden schützen.[1115]

Bsp.: So will § 319 StGB (Baugefährdung) dem Schutz von Leib und Leben von Passanten dienen und hat somit nicht den Schutz des Vermögens oder des Eigentums des Bauherrn im Blick[1116]. Vergleichbares gilt etwa für §§ 45 Abs. 1 S. 2 Nr. 1, Abs. 6 StVO (Halteverbote an Baustellen)[1117]. Die Vorschriften des Straßenverkehrsrechts (StVG und StVO)

1102 BGHZ 100, 13; krit. *Looschelders*, Schuldrecht BT, § 62 Rn. 1283; *Larenz/Canaris*, Schuldrecht BT II/2, § 77 II 2 b, S. 434.
1103 BGH NJW 2005, 2546.
1104 BGHZ 62, 54 (57); 100, 13 (15); *Larenz/Canaris*, Schuldrecht BT II/2, § 77 II 2 a, S. 433; *Looschelders*, Schuldrecht BT, § 62 Rn. 1283.
1105 Vgl. zur wichtigen Bedeutung von § 906 als Schutzgesetz insbesondere *H. Roth* JuS 2001, 1161; übersehen von BGH NJW-RR 2001, 1208.
1106 *Looschelders*, Schuldrecht BT, § 62 Rn. 1284.
1107 *Coester-Waltjen* Jura 2002, 102 (103).
1108 Vgl. MüKo/*Wagner*, § 823 Rn. 418; *Althammer* JA 2006, 697 (700).
1109 Vgl. statt vieler *Brox/Walker*, Besonderes Schuldrecht, § 46 Rn. 10, 11.
1110 *Fuchs/Pauker*, Delikts- und Schadensersatzrecht, S. 142.
1111 *Looschelders*, Schuldrecht BT, § 62 Rn. 1284.
1112 BGHZ 222, 293; *Coester-Waltjen* Jura 2002, 102 (103).
1113 BGHZ 122, 1; *Fuchs/Pauker*, Delikts- und Schadensersatzrecht, S. 142.
1114 *Coester-Waltjen* Jura 2002, 102 (103).
1115 *Coester-Waltjen* Jura 2002, 102 (103).
1116 BGHZ 39, 366.
1117 BGH NJW 1983, 1326.

stellen keine Schutzgesetze für reine Vermögensschäden dar. Ihr Schutzbereich ist vielmehr regelmäßig auf die Verkehrsteilnehmer (persönlicher Schutzbereich) und auf die Rechtsgüter Leib, Leben, Eigentum (sachlicher Schutzbereich) beschränkt[1118].

Schließlich muss auch die konkrete Verwirklichung der Rechtsgutverletzung im Schutzbereich der Norm liegen (**modaler Schutzbereich**)[1119]. Die verletzte Vorschrift muss gerade bezwecken, vor Schädigungen der eingetretenen Art zu bewahren[1120].

2. Haftungsbegründende Kausalität

296 Der Feststellung der **haftungsbegründenden Kausalität** bedarf es nur, sofern das jeweilige Schutzgesetz sie, was regelmäßig der Fall sein wird, voraussetzt. Dies trifft vor allem auf Erfolgsdelikte zu, nicht hingegen auf reine Gefährdungsdelikte des StGB.

3. Rechtswidrigkeit

297 Die Rechtswidrigkeit ergibt sich bereits aus der Verletzung des Schutzgesetzes, sofern nicht ein Rechtfertigungsgrund eingreift. Die Rechtswidrigkeit wird mithin durch die Schutzgesetzverletzung regelmäßig indiziert[1121].

4. Subjektive Voraussetzungen der Haftung nach § 823 Abs. 2

298 Des Weiteren bedarf es zur Haftungsauslösung einer schuldhaften Verletzung des Schutzgesetzes (§ 823 Abs. 2 S. 2). Dabei erscheint zunächst der Hinweis bedeutsam, dass das Verschulden sich **nur auf die Verletzung des Schutzgesetzes** selbst beziehen muss und nicht auch auf den daraus resultierenden Schaden[1122]. Bei Vorsatzdelikten ist es folglich ausreichend, dass der Vorsatz sich allein auf das verbotene Verhalten erstreckt[1123].

Die in einem Straftatbestand des StGB vorausgesetzte Schuldform ist dabei auch für die Haftung nach § 823 Abs. 2 heranzuziehen. Wenn somit eine Verletzung des Straftatbestandes nur vorsätzlich verwirklicht werden kann, gilt dies auch für die Haftung nach § 823 Abs. 2[1124]. Eine Haftung für Schadensersatz wegen Sachbeschädigung nach § 823 Abs. 2 i. V. m. § 303 StGB ist nur im Falle einer vorsätzlichen Beschädigung denkbar[1125]. Auch muss für eine Verwirklichung von § 263 StGB als verletztem Schutzgesetz neben dem Vorsatz auch die Bereicherungsabsicht feststellbar sein. Auch gibt das Strafrecht vor, ob ein vorsätzliches Handeln anzunehmen ist. Insoweit kommt richtigerweise auch im Rahmen der Haftung aus einer Schutzgesetzverletzung nach § 823 Abs. 2 die **strafrechtliche Schuldtheorie** und nicht die zivilrechtliche Vorsatztheorie zur Anwendung[1126]. Der Verbotsirrtum schließt somit nur die strafrechtliche Schuld aus, § 17 StGB, wenn er unvermeidbar war[1127]. Hingegen ist bei Fahrlässigkeitsdelikten der objektive Sorgfaltsmaßstab des Zivilrechts maßgeblich[1128].

1118 MüKo/*Wagner*, § 823 Rn. 419; BGH NJW 2005, 2923 (2925).
1119 Zum Begriff und Beispielen auch *Wandt*, § 17 Rn. 19; nur in persönlichen und sachlichen Schutzbereich unterscheiden dagegen *Brox/Walker*, Besonderes Schuldrecht, § 46 Rn. 11 f.
1120 Vgl. auch *Althammer* JA 2006, 697 (700).
1121 BGH NJW 1999, 3206; *Althammer* JA 2006, 697 (700).
1122 Palandt/*Sprau*, § 823 Rn. 60; *Brox/Walker*, Besonderes Schuldrecht, § 46 Rn. 14.
1123 MüKo/*Wagner*, § 823 Rn. 434.
1124 BGH NJW 1985, 134 (Verbotsirrtum); *Fuchs/Pauker*, Delikts- und Schadensersatzrecht, S. 149.
1125 *Althammer* JA 2006, 697 (700).
1126 BGH NJW 1985, 134 (Verbotsirrtum); *Fuchs/Pauker*, Delikts- und Schadensersatzrecht, S. 149.
1127 BGH NJW 1985, 134 ff.; *Wandt*, § 17 Rn. 10 f.
1128 BGH VersR 1968, 378 (379); *Wandt*, § 17 Rn. 10 f.

Auch wenn das jeweilige Schutzgesetz für das Verschulden keine Anforderungen vorsieht (Beispiel: verbotene Eigenmacht nach 858[1129]), verlangt § 823 Abs. 2 S. 2 i. V. m. § 276 Abs. 1 in jedem Fall eine fahrlässige Verletzung, um eine zivilrechtliche Haftung nach § 823 Abs. 2 auszulösen[1130]. Hinsichtlich der **Verschuldensfähigkeit** sind nach wohl h. M. bei der Verletzung von strafrechtlichen Schutznormen nicht die Regelungen der §§ 19, 20 StGB, sondern die §§ 827 f. anzuwenden[1131].

5. Haftungsausfüllender Tatbestand

Für den haftungsausfüllenden Tatbestand kann auf die Erläuterungen zu § 823 Abs. 1 verwiesen werden (siehe oben Rn. 269). Insoweit muss der Schaden kausal durch die Schutzgesetzverletzung versursacht worden sein (sog. haftungsausfüllende Kausalität), wofür wiederum die **Äquivalenztheorie**, **Adäquanztheorie** und die **Lehre vom Schutzzweck der Norm** heranzuziehen sind. Gehaftet wird nur für Schäden, welche an einer durch das Schutzgesetz geschützten Rechtsposition eingetreten sind, deren Eintritt nach Sinn und Zweck des Schutzgesetzes gerade vermieden werden sollte[1132]. Auch eine Kürzung des Schadensersatzanspruches gemäß § 254 ist denkbar. 299

§ 10 Haftung nach § 826 (sittenwidrige vorsätzliche Schädigung)

I. Prüfungsaufbau

300

Haftung nach § 826
1. Tatbestand a) Schaden b) Handlung (Tun oder Unterlassen) c) Sittenwidrigkeit d) Haftungsbegründende Kausalität e) Vorsatz 2. Rechtsfolge

II. Allgemeine Bedeutung

§ 826 fungiert als die **dritte der „drei kleinen Generalklauseln“** des deutschen Deliktsrechts[1133]. Mit dieser Anspruchsgrundlage können insbesondere auch **reine Vermögensschäden** (anders als bei § 823 Abs. 1) erfasst werden, sofern sie vorsätzlich zugefügt wurden[1134]. Maßgebliche Tatbestandsvoraussetzungen sind die Sittenwidrigkeit der Handlung und der sich auf die Schadenszufügung bezie- 301

1129 Dazu *Medicus/Petersen,* Bürgerliches Recht, Rn. 621; *Fuchs/Pauker,* Delikts- und Schadensersatzrecht, S. 149.
1130 *Althammer* JA 2006, 697 (700).
1131 *Dörner* JuS 1987, 522 (526).
1132 *Wandt,* § 17 Rn. 2.
1133 *Fuchs/Pauker,* Delikts- und Schadensersatzrecht, S. 157.
1134 Vgl. oben Rn. 126, 136; *Fuchs/Pauker,* Delikts- und Schadensersatzrecht, S. 157.

hende Vorsatz[1135]. Diese beiden strengen Voraussetzungen tragen dazu bei, eine zu weitgehende Haftung zu vermeiden, die sich aus dem ansonsten unbegrenzten Anwendungsbereich der Norm ergeben könnte[1136]. Insoweit übernimmt § 826 im Hinblick auf die Ersatzfähigkeit der Vermögensschäden eine § 823 Abs. 1 **ergänzende**, durch die strengen Voraussetzungen aber auch eine das gesamte Haftungsrecht **begrenzende** Funktion[1137].

III. Sittenwidrigkeit

302 Als erstes setzt die Anwendung von § 826 voraus, dass die Handlung des Schädigers **gegen die guten Sitten verstößt.** Sittenwidrig handelt nach der bekannten Formel des Reichsgerichts derjenige, dessen Verhalten „**dem Anstandsgefühl aller billig und gerecht Denkenden widerspricht**"[1138]. Im Falle des Unterlassens müsste das geforderte Tun einem sittlichen Gebot entsprechen und seine Nichtvornahme „nach den Maßstäben der allgemeinen Geschäftsmoral und des als anständig Geltenden" verwerflich erscheinen[1139]. Berücksichtigt werden dabei nicht nur allgemeine Ansichten in der Bevölkerung, sondern auch spezifische Auffassungen einschlägiger Verkehrskreise[1140]. Ein einheitliches Sittenverständnis ist jedoch in einer **pluralistischen modernen Gesellschaft** kaum erzielbar. Deswegen wird die Unschärfe der reichsgerichtlichen Formel im Schrifttum seit langem kritisiert[1141]. Vielfach wird diese als nichtssagende „Leerformel" abgelehnt[1142], wobei ihr auch vorgeworfen wird, sie münde in einen Zirkelschluss[1143].

Insoweit wird versucht, die Anforderungen an die Sittenwidrigkeit an objektivere Wertmaßstäbe zu knüpfen[1144], wobei als Anknüpfungspunkt etwa die allgemeinen (gesetzlichen) Grundsätze der Rechtsordnung und insbesondere die verfassungsrechtlichen Grundrechte genannt werden[1145]. Wenngleich diese keine unmittelbare Wirkung zwischen den Bürgern entfalten können, sind gleichwohl mittelbar deren Auswirkungen auf das Privatrecht (insbesondere durch Generalklauseln wie § 826) zu berücksichtigen[1146]. Häufig ist dieser Vorschlag aber auch nicht weiterführend, da § 826 gerade das Verhalten sanktionieren will, das nicht bereits gesetzlich zum Schadensersatz führt (z. B. als Schutzgesetzverletzung i. S. v. § 823 Abs. 2). Auch der Hinweis auf die Grundrechte überzeugt nur

---

1135 Letztere wurde erst durch die zweite Kommission ins BGB eingefügt, u. a. mit der freilich zweifelhaften Begründung, fahrlässige Beeinträchtigungen fremder Interessensphären kämen nur selten vor (Protokolle bei *Mugdan* II, S. 1078 ff.), entgegen dem ersten Entwurf (Motive bei *Mugdan* II, S. 405 f.).

1136 *Wandt*, § 17 Rn. 22.

1137 Ebenso *Fuchs/Pauker*, Delikts- und Schadensersatzrecht, S. 157; *Larenz/Canaris*, Schuldrecht BT II/2, § 78 I 2 a, c, S. 448 f.

1138 Vgl. aber bereits Motive bei *Mugdan* II, S. 406; RGZ 48, 114 (124); BGHZ 10, 228 (232); BGH NJW 2004, 2668 (2670).

1139 BGH MDR 2001, 1166; ähnlich in einem Fall aktiven Tuns BGH NJW 2004, 2668 (2670 Rn. 49).

1140 RGZ 48, 114 (125); BGHZ 67, 119 (124 f.); PWW/*Schaub*, § 826 Rn. 5; *Wandt*, § 17 Rn. 23.

1141 Vgl. etwa *Fuchs/Pauker*, Delikts- und Schadensersatzrecht, S. 159.

1142 Siehe z. B. Jauernig/*Teichmann*, § 826 Rn. 3; MüKo/*Wagner*, § 826 Rn. 9.

1143 *Larenz/Wolf*, BGB AT, § 41 Rn. 7; *Looschelders*, Schuldrecht BT, § 63 Rn. 1290.

1144 *Larenz/Canaris*, Schuldrecht BT II/2, § 78 II 1 a, S. 450; PWW/*Schaub*, § 826 Rn. 5; Dauner-Lieb/Langen/*Katzenmeier*, § 826 Rn. 1; *Fuchs/Pauker*, Delikts- und Schadensersatzrecht, S. 159.

1145 *Emmerich*, Schuldrecht BT, § 24 Rn. 9; *Looschelders*, Schuldrecht BT, § 63 Rn. 1291; siehe auch *Larenz/Canaris*, Schuldrecht BT II/2, S. 450 Fn. 5, die sogar auf *Kant* verweisen.

1146 BVerfGE 7, 198 (205) „Lüth", heute allg. Auffassung.

selten, da im Verhältnis der Bürger untereinander sich regelmäßig beide Parteien auf Grundrechte berufen werden können[1147].

Insoweit erscheint es für die Praxis genügend, wenn die Rechtsprechung in Konkretisierung der reichsgerichtlichen Formel verlangt, dass das Verhalten des Schädigers wegen der Umstände des Einzelfalls (etwa wegen der verfolgten Ziele oder der eingesetzten Mittel) als besonders verwerflich einzuordnen ist[1148] oder Teile der Literatur darauf abstellen, dass durch das Verhalten das **absolute ethische Minimum** verletzt sein muss[1149]. Inzident kann dann auch eine grundrechtliche Abwägung erfolgen, welche eindeutig zu Lasten des Schädigers ausgehen sollte, um den Tatbestand bejahen zu können.

Auch besondere nach außen tretende subjektive Umstände (z. B. Handeln aus Gehässigkeit oder Rachsucht[1150]) können den Vorwurf der Sittenwidrigkeit gerade nach sich ziehen. Ebenfalls ist anerkannt, dass eine grob leichtfertige oder rücksichtslose Verletzung der Berufs- oder Verkehrspflichten den Sittenverstoß begründen kann[1151]. Jedoch vermag allein die Leichtfertigkeit des Handelns keineswegs das **Vorsatzerfordernis** zu beseitigen oder zu ersetzen. Dieses muss zusätzlich geprüft werden[1152]. Im Ergebnis ist somit ein **objektiver und subjektiver Sittenverstoß** notwendig.

IV. Haftungsbegründende Kausalität

Ebenso wie § 823 Abs. 1 verlangt auch § 826 die Kausalität der sittenwidrigen 303
Handlung für den entstandenen Schaden (im Sinne der Äquivalenz- und Adäquanztheorie). Darüber hinaus besteht mittlerweile Einigkeit[1153], dass auch im Rahmen des § 826 der entstandene Schaden vom **Schutzzweck der Norm** erfasst sein muss[1154].

> **Bsp.**[1155]: Bank B erklärt auf Anfrage anderer Banken bezüglich der Solvenz eines eigenen Kunden, „eine liquiditätsmäßige Einengung ist nicht zu erkennen". Gleichwohl ist ihr bekannt, dass der Kunde kurz vor der Insolvenz steht. Kunde K der Fremdbank F akzeptiert als Gegenleistung für eine Lieferung einen Wechsel des Kunden der B und diskontiert (verkauft) ihn an seine Bank F, ohne von der Fehlinformation zu wissen. Kurz darauf wird der Kunde der B insolvent und die Bank F nimmt bei K Rückgriff für den nicht gedeckten Wechsel. – Hier ist das Verhalten der B sittenwidrig, da sie sich selbst an den gewährten Zahlungen der fremden Bankkunden (im Zuge des Insolvenzverfahrens) bereichern will, ebenso handelte sie mit jedenfalls bedingtem Vorsatz. Allerdings fehlt es in der Beziehung zu K am spezifischen Schutzzweckzusammenhang und damit an der Zurechenbarkeit, da diesem die Fehlinformation an seine Bank gar nicht bekannt war.

1147 Vgl. zur mittelbaren Drittwirkung der Grundrechte in diesem Zusammenhang auch *Augsberg/Viellechner* JuS 2008, 406.

1148 Siehe RGZ 130, 89 (91); BGH NJW 2004, 2668 (2670); ebenso Jauernig/*Teichmann*, § 826 Rn. 3.

1149 Erman/*Schiemann*, § 826 Rn. 3; *Larenz/Canaris*, Schuldrecht BT II/2, § 78 II 1 a, S. 450; Soergel/*Hönn*, § 826 Rn. 23; *Fuchs/Pauker*, Delikts- und Schadensersatzrecht, S. 159.

1150 RGZ 74, 224 (230); BGH WM 1984, 906; Erman/*Schiemann*, § 826 Rn. 10.

1151 BGHZ 10, 228 (233); BGH NJW 1992, 2821 (2822), st. Rspr.; Bamberger/Roth/*Spindler*, § 826 Rn. 11.

1152 Vgl. instruktiv hierzu BGH NJW 1991, 32 (33) m. w. N.

1153 Vgl. *M. Wolf* NJW 1967, 709 ff.

1154 BGHZ 57, 137 (142); 96, 231 (236); Erman/*Schiemann*, § 826 Rn. 16; RGRK/*Steffen*, § 826 Rn. 40.

1155 Nach BGH NJW 1979, 1599.

V. Vorsatz

304 § 826 verlangt zur Tatbestandsverwirklichung **vorsätzliches Handeln.** Im Gegensatz zu § 823 Abs. 1 muss der Vorsatz sich jedoch nicht nur auf die Handlung, sondern auch auf **die Schadensentstehung** erstrecken[1156], sodass der Schadenseintritt als erstes Tatbestandsmerkmal geprüft werden sollte. Nicht zwingend ist ein genaues Vorhersehen des Kausalverlaufs oder der Person des Geschädigten[1157]. Mit Blick auf die Vorsatzqualität ist *dolus eventualis* (bedingter Vorsatz), nicht jedoch grobe Fahrlässigkeit ausreichend[1158].

Unter Berücksichtigung des Sittenverstoßes verlangt § 823 Abs. 2 einen **doppelten Vorsatz.** Ein Handeln im Bewusstsein der Sittenwidrigkeit bedarf es zwar nicht, weil ansonsten besonders Gedanken- oder Skrupellose bevorteilt würden[1159]. Jedoch ist, um eine uferlose Haftung zu vermeiden, zu verlangen, dass der Handelnde **Kenntnis der die Sittenwidrigkeit begründenden Umstände** besitzt[1160]. Nach der Rechtsprechung kann es aber genügen, wenn Behauptungen gewissermaßen „ins Blaue hinein" erhoben werden oder der Schädiger vor den die Sittenwidrigkeit begründenden Tatsachen „geradezu die Augen verschließt"[1161].

VI. Wichtige Fallgruppen

305 Ausgehend von den beschriebenen Grundsätzen haben sich in der Rechtsprechung charakteristische Fallgruppen herauskristallisiert, in denen regelmäßig ein Anspruch aus § 826 gegeben sein kann. Unabhängig von den im Folgenden genannten Gruppen sollte § 826 stets dann geprüft werden, wenn eine vorsätzliche Verwirklichung von § 823 in Betracht kommt.

1. Beteiligung am Vertragsbruch

306 In einer häufigen Fallgruppe verleitet der Schädiger aus eigensüchtigen Motiven einen anderen dazu, seinen **Vertrag mit einem Dritten zu brechen**[1162]. Insoweit werden etwa die Voraussetzungen von § 826 nicht durch den bloßen Erwerb eines bereits verkauften Gegenstands erfüllt (bei Kenntnis des Erstverkaufs)[1163], vielmehr müssen für den Vorwurf der Sittenwidrigkeit erschwerende Umstände wie das kollusive Zusammenwirken mit dem Vertragsbrüchigen[1164] oder das Verleiten zum Vertragsbruch durch rechtswidrige Drohung hinzukommen[1165].

1156 BGH NJW 1963, 148 (150); Bamberger/Roth/*Spindler*, § 826 Rn. 10; Soergel/*Hönn*, § 826 Rn. 62; *Fuchs/Pauker*, Delikts- und Schadensersatzrecht, S. 159; *Looschelders*, Schuldrecht BT, § 63 Rn. 1289.

1157 BGH NJW 1991, 634 (636); *Larenz/Canaris*, Schuldrecht BT II/2, § 78 III 1 b, S. 454 m. w. N.; *Wandt*, § 17 Rn. 25.

1158 St. Rspr.: BGH NJW 1987, 3205 (3206); 2004, 446 (448); *Larenz/Canaris*, Schuldrecht BT II/2, § 78 III 1 b, S. 454 m. w. N.; *Kötz/Wagner*, Deliktsrecht, Rn. 268.

1159 RGZ 79, 17 (23); Erman/*Schiemann*, § 826 Rn. 11 m. w. N.; MüKo/*Wagner* § 826 Rn. 28.

1160 RGZ 136, 293 (298); *Larenz/Canaris*, Schuldrecht BT II/2, § 78 III 2 a, S. 455 m. w. N.; *Riehm*, JuS Lern-CD Zivilrecht I, Rn. 485; *Wandt*, § 17 Rn. 25.

1161 BGH NJW 2008, 2245; *Wandt*, § 17 Rn. 25.

1162 *Wandt*, § 17 Rn. 26.

1163 *Larenz/Canaris*, Schuldrecht BT II/2, § 78 IV 1 a, S. 456; PWW/*Schaub*, § 826 Rn. 18.

1164 RGZ 88, 361 (366); BGHZ 12, 308 (318); BGH NJW 1994, 128; *Fuchs/Pauker*, Delikts- und Schadensersatzrecht, S. 167.

1165 Vgl. BGH NJW 1992, 2152 (2153).

2. Erlangung eines unrichtigen Urteils oder Vollstreckungstitels

Eine weitere Fallgruppe betrifft die Frage, ob § 826 auch herangezogen werden kann, um die **Rechtskraft** eines sittenwidrig erlangten, falschen Urteils oder anderen Vollstreckungstitels **zu durchbrechen**[1166]. Bekannt geworden sind Fälle, in denen Vollstreckungsbescheide zur Durchsetzung sittenwidriger Ratenkreditverträge ausgenutzt werden[1167]. Entgegen zahlreicher kritischer Stimmen in der Lehre[1168] hat der BGH diese Möglichkeit in ständiger Rechtsprechung anerkannt[1169], nicht ohne sie allerdings an **strenge Voraussetzungen** zu knüpfen[1170]. Zu bedenken ist dabei jedoch auch, dass **außerordentliche Rechtsbehelfe**, und um einen solchen handelt es sich in der Sache, an sich nach der neueren Rechtsprechung des BVerfG mit Blick auf den Grundsatz der Rechtsmittelklarheit äußerst bedenklich sind[1171]. Das hinsichtlich der außerordentlichen Beschwerde ausgesprochene Verdikt müsste deswegen rein theoretisch auch die hier vorliegende Konstruktion treffen, bei der es sich in der Sache um eine ungeschriebene Erweiterung des zivilprozessualen Rechtsmittelzugs handelt. 307

Nach der Rechtsprechung des BGH muss der gerichtlich erlangte **Titel materiell unrichtig** sein und der Kläger (der spätere Titelgläubiger) hiervon auch Kenntnis haben, wobei es genügt, wenn ihm diese erst nachträglich durch das über die Schadensersatzklage aus § 826 entscheidende Gericht vermittelt wird[1172]. Sodann müssen **besondere Umstände vorliegen**, welche die Berufung auf das falsche Urteil sittenwidrig erscheinen lassen[1173]. Beispielsweise ist diese Voraussetzung gegeben, wenn das Urteil durch unredliches Prozessverhalten, wie z. B. das Leisten eines falschen Eides, erschlichen wurde[1174]. Auf dieses strenge Erfordernis kann nach Auffassung des BGH nur verzichtet werden, wenn die Unrichtigkeit des Titels wegen der Sittenwidrigkeit des vorprozessualen Verhaltens (z. B. Schluss eines sittenwidrigen Vertrages nach § 138) so schwerwiegend und evident ist, dass die Achtung dieses Titels absolut unerträglich wäre[1175]. Das **evident sittenwidrige Vorverhalten** bildet dann gewissermaßen den besonderen Umstand, der die Anwendung des § 826 rechtfertigt.

3. Gläubigerbenachteiligung

Eine dritte, größere Fallgruppe betrifft schließlich unterschiedliche Konstellationen der Gläubigerbenachteiligung[1176].

a) Insolvenzverschleppung/Sanierungsvereitelung. So liegt eine Gläubigerbenachteiligung vor, wenn ein Gläubiger (zumeist die Hauptbank eines Schuldners) die **Stellung eines notwendigen Insolvenzantrags bewusst verzögert**, um sich aus der da- 308

1166 Dazu auch *Wandt*, § 17 Rn. 29; *Fuchs/Pauker*, Delikts- und Schadensersatzrecht, S. 167.
1167 *Fuchs/Pauker*, Delikts- und Schadensersatzrecht, S. 168.
1168 Bamberger/Roth/*Spindler*, § 826 Rn. 113 m. w. N.; *Musielak/Voit*, Grundkurs ZPO, § 7 Rn. 601 f. m. w. N.
1169 RGZ 61, 359 (365): „Die Wirkung der Rechtskraft muss da zessieren, wo sie bewusst rechtswidrig zu dem Zwecke herbeigeführt ist, dem, was nicht Recht ist, den Stempel des Rechts zu geben"; grundlegend BGHZ 50, 115; Überblick über die weitere Rechtsprechung bei MüKo/*Wagner*, § 826 Fn. 623.
1170 *Fuchs/Pauker*, Delikts- und Schadensersatzrecht, S. 168.
1171 BVerfG NJW 2003, 1924.
1172 BGHZ 40, 130 (132); 101, 380 (384 f.).
1173 BGHZ 101, 380 (385); BGH VersR 1982, 975 (977).
1174 BGH VersR 1982, 975 (977); vgl. bereits RGZ 46, 75 (79); 61, 359 (365); zu weiteren Umständen (etwa Bestechen eines Zeugen) *Fuchs/Pauker*, Delikts- und Schadensersatzrecht, S. 168.
1175 BGHZ 101, 380 (386).
1176 Vgl. etwa *Fuchs/Pauker*, Delikts- und Schadensersatzrecht, S. 162.

raus entstehenden Situation (verzögerte Insolvenz) zu bereichern. Dabei muss ihm auch klar sein, dass dadurch die Sanierung eines Unternehmens erschwert oder verhindert wird[1177]. Da die Bank aber bei der Beurteilung der weiteren Kreditwürdigkeit einen gewissen Spielraum haben muss, stellt die Rechtsprechung an die Bejahung des Tatbestandes hohe Anforderungen [1178]. Denn es ist ex ante schwer zu prognostizieren, ob ein Unternehmen in die Insolvenz fallen wird[1179].

Bsp.[1180]**:** Die Hausbank B gewährt Mitte 1977 dem damals bereits erkannt insolvenzreifen Unternehmen U einen Überbrückungskredit zur kurzfristigen Erhaltung des Betriebs und lässt sich umfangreiche Ausstände von U durch Forderungsabtretungen zurückgewähren. Im Jahr 1978 erhält das nach wie vor kriselnde U eine Landesbürgschaft sowie einen umfassenden Kredit eines Bankenkonsortiums und fällt dennoch 1979 in Insolvenz. – In diesem Fall hat der BGH § 826 zu Recht als erfüllt angesehen. Durch die Gewährung des neuen Kredits wollte B einzig darauf hinarbeiten, weitere Geldgeber für U zu gewinnen, um einen Großteil der eigenen Forderungen vor der unvermeidlichen Insolvenz einzutreiben, was ihr zum Nachteil der anderen Gläubiger auch gelang.

309 b) **Kredittäuschung.** Die Voraussetzungen von § 826 können auch im Fall einer **Kredittäuschung** erfüllt sein, bei denen (wie im Beispiel unter IV.) die Bank über die Kreditwürdigkeit eines eigenen Kunden eine andere Bank in die Irre führt, um hieraus selbst einen Vorteil zu ziehen[1181].

310 c) **Vertiefung: „Existenzvernichtungshaftung".** Mit dem Stichwort „Existenzvernichtungshaftung" werden Fälle beschrieben, in denen der Schädiger als Gesellschafter den Gläubigern einer Gesellschaft, an der er selbst beteiligt ist, die Befriedigung ihrer Forderungen verwehrt[1182]. Regelmäßig tritt dieses Fehlverhalten bei Gesellschaftern einer GmbH auf, da bei einer GmbH als Körperschaft gemäß § 13 Abs. 2 GmbHG ausschließlich das Gesellschaftsvermögen für die Verbindlichkeiten der Gesellschaft haftet. Beispielhaft hierfür sind Fälle, in denen Vermögen der Gesellschaft zu diesem Zweck entfernt und in eine andere Gesellschaft, deren Gesellschafter ebenfalls die Schädiger sind, übertragen[1183] oder einem anderen[1184] vermacht wird. Damit einhergehend muss der Ursprungsgesellschaft dasjenige Kapital entzogen werden, das sie zur Bedienung der Verbindlichkeiten ihren Gläubigern gegenüber benötigt[1185]. Um gesellschaftsschädigende Eingriffe der Gesellschafter bei einer GmbH zu vermeiden, regelt das Gesetz in §§ 30, 31 GmbHG eine Kapitalerhaltungspflicht zu Gunsten der Gesellschaft. Da diese jedoch lückenhaft ist[1186], versuchte die Judikatur auf andere Weise einen Ausgleich herzustellen. Zunächst erreichte sie dies mit der Rechtsfigur des **„qualifizierten faktischen Konzerns"** über §§ 302, 303 AktG analog[1187], wandte sich von dieser Begrifflichkeit später ab, behielt aber bei Versagen der §§ 30, 31

1177 MüKo/*Wagner,* § 826 Rn. 91 f., 98 f.; PWW/*Schaub,* § 826 Rn. 34 f.
1178 Bamberger/Roth/*Spindler,* § 826 Rn. 42 ff.
1179 MüKo/*Wagner,* § 826 Rn. 92: Die Rechtsprechung bewegt sich auf einem schmalen Grat.
1180 Nach BGH NJW 1984, 1893.
1181 *Larenz/Canaris,* Schuldrecht BT II/2, § 78 IV 2 c, S. 459 m. w. N.; *Fuchs/Pauker,* Delikts- und Schadensersatzrecht, S. 162.
1182 Ausführliche Darstellung bei *Fuchs/Pauker,* Delikts- und Schadensersatzrecht, S. 162 ff.
1183 BGHZ 151, 181 (185); BGH NJW 2005, 145.
1184 OLG Dresden NJW-RR 2001, 1690 (1691); *Fuchs/Pauker,* Delikts- und Schadensersatzrecht, S. 162.
1185 BGHZ 151, 181 (185); 173, 246 (258 f.); PWW/*Schaub,* § 826 Rn. 35 a m. w. N.
1186 BGHZ 150, 61 (66) m. w. N.; *Dauner-Lieb* DStR 2006, 2034 (2038); *Fuchs/Pauker,* Delikts- und Schadensersatzrecht, S. 163.
1187 BGHZ 107, 7 (15 ff.); 122, 123 (126 f.); eingehend hierzu *K. Schmidt,* Gesellschaftsrecht, § 39 III 3.

GmbHG (entgegen § 13 Abs. 2 GmbHG) die Durchgriffshaftung der Gesellschafter gegenüber den GmbH-Gläubigern bei[1188]. Mit der **„Trihotel"-Entscheidung**[1189] hat der BGH jedoch einen erneuten Wechsel in der Rechtsprechung vorgenommen und diese Durchgriffshaftung aufgegeben[1190]. Nunmehr kann allein der Gesellschaft (bzw. ihrem Insolvenzverwalter[1191]) der Anspruch aus § 826 gegenüber dem schädigenden Gesellschafter zustehen[1192].

4. Haftung für Fehlinformationen

Auch die Haftung für Schäden, die durch die Verbreitung von Falschinformationen **311** entstehen, ist in diesem Zusammenhang zu nennen. Geeignet für eine Haftung nach § 826 sind z. B. falsche Angaben über die wirtschaftliche Lage einer Person oder eines Unternehmens durch Wirtschaftsprüfer oder Sachverständige[1193]. Im Zusammenhang mit dem Zusammenbruch des „neuen Markts" im Jahr 2000 spielt die Haftung von Unternehmern eine Rolle, die unrichtige Informationen über den Zustand ihres Betriebs veröffentlicht hatten, um neue Aktionäre zu gewinnen[1194]. Obwohl unrichtige „Ad-hoc-Mitteilungen" (§ 15 WpHG) gemäß §§ 37b, c WpHG an sich nur das Unternehmen zum Schadensersatz verpflichten[1195], hat der BGH eine Haftung der Vorstandsmitglieder angenommen, sofern ihnen die wirkliche Lage bewusst war und sie die Veröffentlichung forciert hatten[1196]. Für einen Anspruch aus § 826 ist es aber auch in diesen Fällen für den Geschädigten unverzichtbar, die Kausalbeziehung zwischen der Veröffentlichung und dem eigenen Schaden nachzuweisen[1197].

§ 11 Haftung nach § 824 (Kreditgefährdung)

I. Prüfungsaufbau

312

Haftung nach § 824
1. Tatbestand
a) Tatsache (P: Abgrenzung zum Werturteil, P: Mischfälle)
b) Unwahrheit der Tatsache
c) Behaupten oder Verbreiten
d) Unmittelbare Gefährdung
2. Rechtswidrigkeit
3. Verschulden
Ausschluss durch Wahrnehmung berechtigter Interessen (§ 824 Abs. 2)
4. Schaden

1188 BGHZ 149, 10 (16 ff.) – Bremer Vulkan; ferner z. B. BGHZ 151, 181 (186 ff.).
1189 BGHZ 173, 246 ff.
1190 *Fuchs/Pauker*, Delikts- und Schadensersatzrecht, S. 164 f.
1191 BGHZ 173, 246 (261).
1192 BGH NJW-RR 2008, 629 ff., 918 ff.
1193 Regelmäßig ergibt sich hierbei eine Haftung auch aus Vertrag mit Schutzwirkung für Dritte, vgl. MüKo/*Wagner*, § 826 Rn. 63, 66 m. zahlr. N. aus der Rspr.; für gerichtlich bestellte Sachverständige gilt indes ausschließlich § 839a, vgl. BT-Drucks. 14/7752, S. 28.
1194 BGHZ 160, 134 (Infomatec I); BGH NJW 2005, 2450 (EM.TV); ZIP 2007, 681 (ComROAD I).
1195 *Buck-Heeb*, Kapitalmarktrecht, Rn. 350; MüKo/*Wagner*, § 826 Rn. 73.
1196 BGHZ 160, 149 (157 f.) (Infomatec II); *Fuchs/Pauker*, Delikts- und Schadensersatzrecht, S. 160 f.
1197 BGH ZIP 2007, 681 (682); NJW-RR 2008, 1004; zustimmend *Leuschner* ZIP 2008, 1050 (1052); ablehnend z. B. *Fleischer* DB 2004, 2031 (2034) m. w. N.

II. Funktion und Tatbestandsvoraussetzungen

313 § 824 schützt die **wirtschaftliche Wertschätzung von Personen und Unternehmen** vor unmittelbaren Beeinträchtigungen, die durch die Verbreitung unwahrer Behauptungen über sie herbeigeführt werden. § 824 Abs. 1 schließt eine Regelungslücke, welche daraus resultiert, dass nicht jede geschäftsschädigende Tatsachenbehauptung durch § 823 Abs. 2 i. V. m. §§ 186, 187 StGB sanktioniert werden kann[1198]. Denn im Unterschied zu § 824 Abs. 1 setzt § 187 StGB ein Handeln wider besseres Wissen voraus. Da überdies nicht jede kreditgefährdende Aussage zugleich ehrenrührig i. S. v. § 186 StGB ist[1199], greift auch diese Vorschrift häufig nicht ein. § 824 schützt aber nur die Geschäftsehre[1200], nicht hingegen die persönliche Ehre des von der Äußerung Betroffenen[1201].
Der Tatbestand von § 824 verlangt vor allem die **Behauptung einer unwahren Tatsache**[1202]. Diese Tatsachenbehauptung ist vom Werturteil abzugrenzen, welches nicht in den Schutzbereich des § 824 fällt[1203]. Denn unwahre Tatsachen sind für die Geschäftsehre weitaus gefährlicher als Werturteile. Eine Tatsachenbehauptung ist immer dann anzunehmen, wenn ein objektiver Bezug zwischen der Äußerung und der Wirklichkeit existiert und die **Überprüfung der Aussage dem Beweis zugänglich** ist[1204]. Letzteres Kriterium wird in der Literatur teilweise abgelehnt, da die Beweisbarkeit ihrerseits das Vorliegen einer Tatsache erfordere[1205]. Richtigerweise gilt aber, dass Tatsachen alle konkreten Geschehnisse oder konkreten Zustände der Gegenwart oder der Vergangenheit darstellen, die einem Wahrheitsbeweis zugänglich sind.

> **Bsp.:** Die Behauptung, ein Kunstwerk sei kitschig, erfüllt diese Voraussetzung jedenfalls nicht[1206].

Ein **Werturteil** kann dagegen nur als falsch abgelehnt oder als richtig akzeptiert werden, ohne dass dies beweisbar wäre. Hier ist nur ein Eingreifen von §§ 823 Abs. 2 i. V. m. einem Schutzgesetz bzw. von § 823 Abs. 1 im Hinblick auf das Persönlichkeitsrecht denkbar.

314 Nicht immer ist die Abgrenzung jedoch eindeutig. Manche Äußerung lässt sich nicht von vornherein als reine Tatsachenbehauptung oder Werturteil qualifizieren, sehr oft handelt es sich vielmehr um **Mischformen**[1207]. Notwendig ist dann eine funktionale

---

1198 Protokolle II bei *Mugdan*, S. 1117 f.; *Larenz/Canaris*, Schuldrecht BT II/2, § 79 I 1 a, S. 463 f.; MüKo/*Wagner*, § 824 Rn. 1.

1199 RGZ 56, 271 (282); *Larenz/Canaris*, Schuldrecht BT II/2, § 79 I 1 a, S. 463 f.; MüKo/*Wagner*, § 824 Rn. 1; vgl. auch RGSt 44, 158 (159 f.); zur Konkurrenz auch *Wandt*, § 17 Rn. 34.

1200 *Medicus/Lorenz*, Schuldrecht II, Rn. 1295.

1201 *Fuchs/Pauker*, Delikts- und Schadensersatzrecht, S. 151.

1202 *Fuchs/Pauker*, Delikts- und Schadensersatzrecht, S. 151.

1203 BGH NJW 2006, 830 (836 Rn. 62); *Medicus/Lorenz*, Schuldrecht II, Rn. 1295; *Wandt*, § 17 Rn. 35: Mit Hinweis auf die bekannte Abgrenzung bei Art. 5 GG.

1204 BVerfGE 90, 241 (247); BGH NJW 1993, 930 (931); 2006, 830 (836 Rn. 63); *Emmerich*, Schuldrecht BT, § 25 Rn. 14; *Medicus/Lorenz*, Schuldrecht II, Rn. 1295.

1205 *Kübler* AcP 172 (1972), 177 (199); *Larenz/Canaris*, Schuldrecht BT II/2, § 79 I 2 a, S. 464 f. m. w. N.

1206 Anders argumentiert dagegen *Larenz/Canaris*, Schuldrecht BT II/2, § 79 I 2 a, S. 464 f.; ähnlich wie hier: MüKo/*Wagner*, § 824 Rn. 16. Vgl. auch BGHZ 65, 325 („Stiftung Warentest"), wobei Warentests regelmäßig nur zu Werturteilen führen; dazu *Fuchs/Pauker*, Delikts- und Schadensersatzrecht, S. 151 ff. Dann kann subsidiär ein Eingriff in den eingerichteten und ausgeübten Gewerbebetrieb geprüft werden. Vgl. zu negativen eBay-Bewertungen ausführlich *Dörre/Kochmann* ZUM 2007, 30 ff.

1207 BVerfGE 93, 266 (295); BGHZ 139, 95 (102); BGH WM 2002, 937 (938); *Emmerich*, Schuldrecht BT, § 25 Rn. 15.

Auslegung der Vorschrift, welche den Schutzzweck von § 824 Abs. 1 im Blick hat[1208]. In diesem Fall wird von der Rechtsprechung darauf abgestellt, worin der Schwerpunkt einer solchen „gemischten" Aussage liegt und wie sie insgesamt auf einen unvoreingenommenen, verständigen Dritten wirken muss[1209]. Entscheidend ist, ob der Kern des Berichts zu einem falschen Bild über die betroffene Person führt[1210].

Bsp.[1211]: Bankmanager M erklärt auf die Frage, ob man einem angeschlagenen Konzern weitere Kredite einräumen werde: „Das halte ich für relativ fraglich. Bei allem, was man so hört, stellt ihm der Finanzsektor keine weiteren Mittel zur Verfügung. Es können also nur Dritte sein, die Interesse an einer weiteren Stützung haben." – Nach dem BGH enthält der erste Satz lediglich eine persönliche Meinungsäußerung und somit keine Tatsachenbehauptung. Der zweite Satz hingegen beinhalte durchaus beweisbare Tatsachen, da es ermittelbar sei, ob die Branche einen Kredit gewähren werde. Der dritte Aussagesatz schließlich sei eine nicht überprüfbare persönliche Schlussfolgerung. Somit liegt der Schwerpunkt der Aussage auf dem persönlichen Werturteil des Managers in den Sätzen 1 und 3, sodass sie insgesamt nicht als Tatsachenbehauptung eingestuft wird[1212].

Abweichende Stimmen in der Literatur nehmen hingegen an, dass es für die Qualifikation einer Äußerung nicht auf deren inhaltlichen Schwerpunkt, sondern auf den Grund für ihre (fälschliche) Aufstellung ankomme.[1213] Zu überzeugen vermag diese Ansicht aber deswegen nicht, weil für die Einordnung als Tatsache oder Werturteil nicht die Motivation des Äußernden maßgeblich sein kann. Denn § 824 will vor Aussagen schützen, die in der Öffentlichkeit ihre Gefährdungswirkung entfalten. Die **entscheidende Abgrenzungsfrage** ist daher vielmehr, ob bei einem objektiven Dritten der Eindruck entsteht, es werde etwas **Tatsächliches mit Wahrheitsanspruch geäußert**[1214]. Gleichfalls aus der Sicht eines objektiven Dritten ist zu beurteilen, ob die Aussage unwahr ist[1215]. 315

Als weitere Voraussetzung muss die Aussage schließlich noch behauptet oder verbreitet werden. Ein **Behaupten** liegt vor, wenn der Äußernde eine eigene Überzeugung kundgibt; ein **Verbreiten** hingegen, wenn eine fremde Aussage wiedergegeben wird[1216].

Die behauptete oder verbreitete Tatsache muss die objektive Eignung besitzen, die **Kreditwürdigkeit** des Betroffenen **zu gefährden** oder **sonstige Nachteile für** dessen **Erwerb** oder **Fortkommen** eintreten zu lassen (§ 824 Abs. 1). Die Tatbestandshandlung muss also geeignet sein, das Vertrauen des Rechtsverkehrs in die Solvenz des Geschädigten[1217] zu gefährden oder sonstige Nachteile für seinen Erwerb oder sein Fortkommen verursachen können. Hierbei ist – ähnlich wie bei einem Eingriff in das Recht am Gewerbebetrieb (siehe oben Rn. 214) – zu fordern, dass die **Beeinträchtigung unmittelbar** erfolgen muss[1218]. Dabei muss 316

1208 *Fuchs/Pauker*, Delikts- und Schadensersatzrecht, S. 151 f.
1209 *Wandt*, § 17 Rn. 35.
1210 Ebenso *Fuchs/Pauker*, Delikts- und Schadensersatzrecht, S. 151 f.
1211 Vgl. BGH NJW 2006, 830 (Kirch/Deutsche Bank); Sachverhalt leicht verändert.
1212 BGH NJW 2006, 830 (836 f.).
1213 Dauner-Lieb/Langen/*Katzenmeier*, § 824 Rn. 8; *Larenz/Canaris*, Schuldrecht BT II/2, § 79 I 2 b, S. 466 f.
1214 Zum Ganzen: MüKo/*Wagner*, § 824 Rn. 15 ff.
1215 RGZ 75, 61 (63); BGH NJW 1985, 1621 (1622 f.); PWW/*Schaub*, § 824 Rn. 7 m. w. N.
1216 BGH NJW 1970, 187 (189); Erman/*Schiemann*, § 824 Rn. 5; MüKo/*Wagner*, § 824 Rn. 30.
1217 RG JW 1933, 254; OLG Frankfurt ZIP 1989, 89 (92); Staudinger/*Hager*, § 824 Rn. 5.
1218 BGHZ 90, 113 (120); *Looschelders*, Schuldrecht BT, § 64 Rn. 1309 f.; RGRK/*Steffen*, § 824 Rn. 29 m. w. N.

eine erkennbare Beziehung zur Person des Geschädigten, seinem Betrieb, seinen Geschäftsmethoden oder wenigstens seinen gewerblichen Erzeugnissen hergestellt werden. Nicht ausreichend ist daher ein sog. **allgemeiner Systemvergleich**[1219]. Die Ehrenrührigkeit der Tatsache ist keine Voraussetzung, wohl aber eine Beeinträchtigung der wirtschaftlichen Wertschätzung[1220].
Die Äußerung muss auch **rechtswidrig** erfolgt sein. Bei Erfüllung der eben geschilderten Tatbestandsvoraussetzungen ist diese grundsätzlich indiziert (zur Bedeutung von § 824 Abs. 2 siehe sogleich unter III.). Die Kreditgefährdung liegt nach § 824 Abs. 1 nur vor, wenn sie **vorsätzlich** oder **fahrlässig** begangen wird. Dabei ist gemäß § 824 die bereits fahrlässige Unkenntnis der Unwahrheit der Tatsache genügend[1221].Vom Verschulden umfasst sein muss sowohl die Unwahrheit der Tatsache als auch die Möglichkeit der Kreditgefährdung.

III. Ausschluss durch Wahrnehmung berechtigter Interessen (§ 824 Abs. 2)

317 Einem Anspruch nach § 824 Abs. 1 kann überdies der Ausschlussgrund nach § 824 Abs. 2 entgegenstehen, wenn die Tatsachenbehauptung zur Wahrnehmung berechtigter Interessen erfolgt. Das Gesetz stellt hier sowohl auf **die Interessen des Empfängers der Mitteilung** als auch **des Mitteilenden** selbst ab. Darüber hinaus kann § 824 Abs. 2 aber auch bei der Wahrnehmung allgemeiner Interessen eingreifen (z. B. bei Presse- oder Fernsehberichterstattung)[1222], wobei dann das Spannungsverhältnis von Art. 2, 14 und 5 GG aufzulösen ist.
Allgemein gesprochen ist somit bei der „Berechtigung" des Interesses eine Abwägung zwischen den widerstreitenden Interessenlagen vorzunehmen[1223]. Das Abwägungsergebnis beeinflusst dabei auch den **Grad der erforderlichen Sorgfalt,** die § 824 Abs. 2 entgegen dem Wortlaut anerkanntermaßen voraussetzt[1224]: Je höher die Gefährdung des Betroffenen und die Bekanntheit und Glaubwürdigkeit des Mitteilenden und je geringer z. B. das wahrgenommene öffentliche oder eigene Interesse ist, desto eher hat die Aussage zu unterbleiben oder müssen jedenfalls die geäußerten Behauptungen sorgfältig überprüft werden[1225]. Klausurrelevant ist der Hinweis, dass **mit Erlangung besseren Wissens** auch der Grund für eine Privilegierung entfällt, sodass die Behauptung nicht wiederholt werden darf.
Umstritten ist die **dogmatische Einordnung von § 824 Abs. 2** im Deliktsaufbau. Die heute herrschende Meinung vertritt die Auffassung, § 824 Abs. 2 sei, wie

1219 Grundlegend BGH NJW 1963, 1871: „Die verbreitete Behauptung muß sich mit dem Kläger befassen oder doch in enger Beziehung zu seinen Verhältnissen, seiner Betätigung oder seiner gewerblichen Leistung stehen. Es genügt nicht, daß die spezifische Eignung des Systems eines u. a. auch vom Kläger hergestellten Erzeugnisses kritisch gewürdigt wird".

1220 BGH NJW 1965, 36, 37; Bamberger/Roth/*Spindler*, § 824 Rn. 18.

1221 *Medicus/Lorenz*, Schuldrecht II, Rn. 1295; *Fuchs/Pauker*, Delikts- und Schadensersatzrecht, S. 155 f.

1222 *Emmerich*, Schuldrecht BT, § 25 Rn. 16; *Larenz/Canaris*, Schuldrecht BT II/2, § 79 I 4 a, S. 471; PWW/*Schaub* § 824 Rn. 14.

1223 BGH NJW 1986, 981 (982); *Looschelders*, Schuldrecht BT, § 64 Rn. 1313.

1224 BGH NJW 1966, 2010 (2011); *Deutsch/Ahrens*, Deliktsrecht, Rn. 424; *Larenz/Canaris*, Schuldrecht BT II/2, § 79 I 4 b, S. 471.

1225 So i. E. auch BGH NJW 1966, 2010 (2011); *Deutsch/Ahrens*, Deliktsrecht, Rn. 424; Erman/*Schiemann*, § 824 Rn. 11; *Looschelders*, Schuldrecht BT, § 64 Rn. 1313.

§ 193 StGB im Strafrecht[1226], als Rechtfertigungsgrund einzuordnen[1227]. Eine a. A. sieht § 824 Abs. 2 dagegen mit Recht als Entschuldigungsgrund an[1228]. Von Bedeutung ist dabei auch, dass nur bei der Einordnung als Entschuldigungsgrund dem Betroffenen das Notwehrrecht[1229] und die negatorischen Ansprüche[1230] zustehen.

IV. Rechtsfolgen

Neben dem Anspruch auf Schadensersatz aus § 824 i. V. m. §§ 249 ff. kann der **318** Geschädigte analog § 1004 i. V. m. § 824 auch Unterlassungs- und Widerrufsansprüche erheben[1231]. Diese greifen unabhängig davon ein, ob dem Schädiger ein Verschulden zur Last fällt[1232]. Unter Umständen können auch vom Geschädigten selbst unternommene Gegenmaßnahmen (wie Zeitungsanzeigen) erstattungsfähig sein[1233].

V. Verhältnis zu anderen Anspruchsgrundlagen

§ 824 stellt gegenüber §§ 823 Abs. 1, 826, 823 Abs. 2 i. V. m. §§ 185 ff. StGB **319** nicht in jedem Fall eine Spezialregelung dar, vielmehr muss dies situativ entschieden werden. Eine vorsätzliche Kreditgefährdung kann zugleich einen **Eingriff in das allgemeine Persönlichkeitsrecht** beinhalten, der eigenständig über § 823 Abs. 1 sanktioniert wird. Das Konkurrenzverhältnis zum Recht am eingerichteten und ausgeübten Gewerbebetrieb aus § 823 Abs. 1 gestaltet sich jedoch so, dass § 824 bei Vorliegen seiner Anwendungsvoraussetzungen *lex specialis* ist[1234]. Liegen die Voraussetzungen von § 824 hingegen nicht vor, muss auch das allgemeinere Rahmenrecht geprüft werden[1235].

2. Abschnitt: **Die Haftung aus vermutetem Verschulden**

Literatur: *Coester-Waltjen* Beweiserleichterungen und Gefährdungshaftung, Jura 1996, 608; *Oberheim,* Beweiserleichterungen im Zivilprozess, JuS 1996, 636; 729; 918; 1111; 1997, 61; 358; *Stück,* Der Anscheinsbeweis, JuS 1996, 153.

1226 Dort ganz h. M., siehe z. B.: BGHSt 18, 182 (184 f.); *Fischer,* § 193 StGB Rn. 1.
1227 BGHZ 3, 270 (280 f.); *Deutsch/Ahrens,* Deliktsrecht, Rn. 424; Staudinger/*Hager,* § 823 Rn. C 95; *Fuchs/Pauker,* Delikts- und Schadensersatzrecht, S. 155 f.
1228 *Larenz/Canaris,* Schuldrecht BT II/2, § 79 I 4 b, S. 473 m. w. N.; PWW/*Schaub,* § 824 Rn. 13 f.; Soergel/*Beater,* § 824 Rn. 50.
1229 *Erdsiek* JZ 1969, 311 (315); *Larenz/Canaris,* Schuldrecht BT II/2, § 79 I 4 b, S. 473; PWW/*Schaub,* § 824 Rn. 13.
1230 PWW/*Schaub,* § 824 Rn. 13; a. A. Erman/*Schiemann,* § 824 Rn. 10; *Fuchs/Pauker,* Delikts- und Schadensersatzrecht, S. 144, die dies auch mit der Einordnung als Rechtfertigungsgrund für möglich halten.
1231 RGZ 60, 6 (7); 148, 114 (123); BGH NJW 1993, 930 (931).
1232 RGZ 60, 6 (7 f.); *Deutsch/Ahrens,* Deliktsrecht, Rn. 427; MüKo/*Wagner,* § 824 Rn. 58.
1233 BGHZ 70, 39 (42) (Zahnpasta); Erman/*Schiemann,* § 824 Rn. 8; *Kötz/Wagner,* Deliktsrecht, Rn. 454.
1234 BGHZ 138, 311 (315); Erman/*Schiemann,* § 824 Rn. 1.
1235 BGH NJW 1983, 2195 (2196); 2006, 830 (839); *Brox/Walker,* Besonderes Schuldrecht, § 42 Rn. 54; MüKo/*Wagner,* § 824 Rn. 5.

320 In einer zweiten großen „Kategorie“ des deutschen Deliktsrechts werden die Tatbestände zusammengefasst, bei denen für **vermutetes Verschulden** gehaftet wird (§§ 831 bis 838 und § 18 StVG)[1236]. Von den „gewöhnlichen“ verschuldensabhängigen Delikten unterscheiden sich die nachfolgend besprochenen Tatbestände dadurch, dass bei ihnen die (objektive und subjektive) Beweislast umgekehrt ist, sie also für die Frage des Verschuldens nicht mehr beim Geschädigten, sondern beim Schädiger liegt[1237]. Im Gegensatz dazu stehen die verschuldensunabhängigen Tatbestände der **Gefährdungshaftung**[1238].
Grundsätzlich ist zwar allein der Anspruchsteller (also im Deliktsrecht der Geschädigte) beweispflichtig[1239]. Bei der **Haftung für vermutetes Verschulden** wird jedoch das Verschulden des Schädigers bei Vorliegen eines Schadens und einer (rechtswidrigen) Handlung, wofür weiter der Geschädigte darlegungs- und beweispflichtig ist, unterstellt. Dem Schädiger bleibt nur die Möglichkeit, den sog. Entlastungsbeweis anzutreten und sich zu exkulpieren[1240]. Eine Haftung für vermutetes Verschulden statuiert vor allem § 831 Abs. 1, wobei Abs. 1 S. 1 die Vermutung des Verschuldens beinhaltet und § 831 Abs. 1 S. 2 die Möglichkeit der Entlastung erläutert. Entsprechend strukturiert sind auch die in § 832 ff. sowie in § 18 StVG enthaltenen Tatbestände. In diesen und vergleichbaren Fällen sieht der Gesetzgeber die Umkehr der Beweislast als geboten an, weil der Geschädigte von den Haftungsgründen, für welche ihm die Beweislast genommen wird, keine Kenntnis haben kann[1241]. Sie liegen regelmäßig außerhalb seiner Einflusssphäre.

§ 12 Haftung nach § 831 (Geschäftsherrnhaftung)

Literatur: *Emmert/Baumann*, Haftungsfalle Internet – Verantwortlichkeit des Arbeitgebers für Urheberrechtsverstöße seiner Mitarbeiter?, DB 2008, 526; *Helm*, Rechtsfortbildung und Reform bei der Haftung für Verrichtungsgehilfen, AcP 166 (1966), 389; *Kupisch*, Die Haftung für Verrichtungsgehilfen, JuS 1984, 250; *Seiler*, Die deliktische Gehilfenhaftung in historischer Sicht, JZ 1967, 525; *Sellert*, Zur Anwendung der §§ 831, 31 BGB auf die Gesellschaft bürgerlichen Rechts, AcP 175 (1975), 77; *Steindorff*, Repräsentanten- und Gehilfenversagen und Qualitätsregelungen in der Industrie, AcP 170 (1970), 93.

I. Prüfungsaufbau

321

Haftung nach § 831
1. Verrichtungsgehilfe
2. In Ausführung der Verrichtung
3. Widerrechtliche Schadenszufügung
4. Exkulpationsmöglichkeit, § 831 Abs. 1 S. 2
5. Rechtsfolge

1236 Dazu statt vieler auch *Wandt*, § 18 Rn. 1; *Fuchs/Pauker*, Delikts- und Schadensersatzrecht, S. 171.
1237 *Riehm*, JuS Lern-CD Zivilrecht I, Rn. 486; *Fuchs/Pauker*, Delikts- und Schadensersatzrecht, S. 171.
1238 Hierzu bereits oben Rn. 120, 121.
1239 *Medicus/Lorenz*, Schuldrecht II, Rn. 1339. In einigen Fällen hilft die Judikatur dem Geschädigten jedoch durch Beweiserleichterungen, etwa dem Beweis des ersten Anscheins.
1240 *Wandt*, § 18 Rn. 1.
1241 *Medicus/Lorenz*, Schuldrecht II, Rn. 1339.

II. Normzweck

§ 831 übernimmt im Recht der unerlaubten Handlungen die Aufgabe, eine Person haften zu lassen, die eine andere für sich tätig werden lässt, ohne sich ausreichend über deren Eignung zu informieren[1242]. Ansonsten bestünde die Gefahr, dass sich der anderer Hilfskräfte Bedienende auf einfache Weise einer Haftung entziehen könnte, weil ihm keine unmittelbare Verletzungshandlung i. S. v. § 823 nachzuweisen ist[1243]. Durch § 831 kommt es jedoch zu keiner unbegrenzten Garantiehaftung für Fehler der eingesetzten Personen (wie etwa bei § 278). Vielmehr bildet bei § 831 ein **eigenes (Auswahl-)Verschulden** des Geschäftsherrn den Haftungsgrund[1244], womit die Vorschrift auch als eine **eigenständige Anspruchsgrundlage** angesehen wird[1245]. § 831 beinhaltet eine gesetzlich niedergelegte Ausprägung einer Verkehrspflichtverletzung[1246], wobei § 831 auch die bloß fahrlässige Vermögensverletzung erfasst[1247]. 322

III. Tatbestandsvoraussetzungen

1. Bestellen eines Verrichtungsgehilfen

Erstes Tatbestandsmerkmal ist die **Bestellung eines Verrichtungsgehilfen.** Verrichtungsgehilfe ist derjenige, welchem von einem anderem, in dessen Einflussbereich er steht und gegenüber dem er weisungsgebunden ist, eine Tätigkeit übertragen worden ist[1248]. Maßgeblich ist somit (in Abgrenzung zum **Erfüllungsgehilfen nach § 278**) die Weisungsgebundenheit des Handelnen. 323

> **Bsp.:** Weisungsabhängig ist bereits kraft Definition der Arbeitnehmer gegenüber dem Arbeitgeber, da er dessen Direktionsrecht untersteht[1249]. Ist der Arbeitnehmer mehreren Personen gegenüber weisungsabhängig (wie etwa in der Leiharbeit), ist entscheidend, wem die Weisungsbefugnis über die konkrete Betätigung des Arbeitnehmers oblag[1250].

Bei der **Einschaltung betriebsfremder Personen** (wie etwa Subunternehmern) wird es hingegen in der Regel an der Weisungsgebundenheit fehlen, wenn keine abweichenden Abreden existieren[1251]. Kein Verrichtungsgehilfe ist etwa der Hotelier im Verhältnis zum Reiseveranstalter, da hier keine ausreichende Abhängigkeit vorliegt. Denkbar ist in diesem Fall bei falscher Auswahl des Vertragshotels aber die Verletzung einer Verkehrssicherungspflicht durch den Reiseveranstal-

---

1242 *Fuchs/Pauker,* Delikts- und Schadensersatzrecht, S. 171, sprechen plastisch von einer „Antwort auf Haftungsfragen, die einer arbeitsteiligen Welt entstammen".

1243 Zur Einordnung der Vorschrift vor ihrem historischen Hintergrund ausführlich MüKo/*Wagner,* § 831 Rn. 1 f.

1244 *Fuchs/Pauker,* Delikts- und Schadensersatzrecht, S. 172.

1245 *Wandt,* § 18 Rn. 4.

1246 Erman/*Schiemann,* § 831 Rn. 2; PWW/*Schaub,* § 831 Rn. 2; MüKo/*Wagner,* § 831 Rn. 11; *Fuchs/Pauker,* Delikts- und Schadensersatzrecht, S. 172; zu den Verkehrspflichten oben Rn. 225 ff.

1247 *Larenz/Canaris,* Schuldrecht BT II/2, §79 III 1 c, S. 476 f.; Bamberger/Roth/*Spindler,* § 831 Rn. 2.

1248 BGH NJW-RR 1998, 250 (251 f.); Bamberger/Roth/*Spindler,* § 831 Rn. 10; PWW/*Schaub,* § 831 Rn. 7; *Wandt,* § 18 Rn. 5; *Fuchs/Pauker,* Delikts- und Schadensersatzrecht, S. 172.

1249 *Brox/Rüthers/Henssler,* Arbeitsrecht, Rn. 139 ff.; *Fuchs/Pauker,* Delikts- und Schadensersatzrecht, S. 172.

1250 Siehe hierzu: BGH NJW-RR 1995, 659 f.; Bamberger/Roth/*Spindler,* § 831 Rn. 13 m. w. N.

1251 RGZ 86, 424 (432); BGH NJW 1980, 941; *Larenz/Canaris,* Schuldrecht BT II/2, § 79 III 2 a, S. 478.

ter[1252]. Ärzte und Krankenschwestern sind üblicherweise Verrichtungsgehilfen[1253], während hingegen Chefärzte als Organe des Krankenhauses angesehen werden (Haftung der Klinik gemäß § 31)[1254].
Der Geschäftsherr muss seinen Gehilfen entweder **durch Rechtsgeschäft** oder **durch tatsächlichen Akt bestellt haben**[1255]. Fehlt es daran, wird der Bestellungsakt auch nicht durch das bloße Tätigwerden im mutmaßlichen Willen oder Interesse des Geschäftsherrn oder eine nachträgliche Genehmigung ersetzt. Denn gerade für den Zeitpunkt der Ausführung des Geschäfts bedarf es einer Weisungsmöglichkeit des Geschäftsherrn.

2. In Ausführung der Verrichtung

324 Des Weiteren hat der Gehilfe, um eine Haftung des Geschäftsherrn zu begründen, **in Ausführung** seiner Verrichtung zu handeln[1256]. Nach Auffassung des BGH fordert dies einen „inneren Zusammenhang" des Handelns mit der übertragenen Verrichtung, um ein bloßes Handeln **bei Gelegenheit** der Verrichtung auszuschließen[1257]. Richtigerweise dürfen die Voraussetzungen hierfür aber nicht vorschnell mit der Intention verneint werden, eine ungewollte Verantwortlichkeit des Geschäftsherrn zu verhindern[1258]. Folglich sollte nur ein rein privates Handeln des Gehilfen aus dem Anwendungsbereich ausgeschlossen werden[1259]. Im Ergebnis ist somit die Formel der Rechtsprechung, wonach es auf einen nahen, inneren Zusammenhang zwischen der übertragenen Verrichtung und der schädigenden Handlung ankommt, zu begrüßen[1260].

Bsp.: Lkw-Fahrer F der Spedition S sieht bei einem Diensthalt an einer Raststätte seinen verhassten Kollegen R. Im Rahmen eines Streits verpasst er ihm einige Schläge. – Hier liegt nur ein Handeln bei Gelegenheit vor, das die Voraussetzungen von § 831 nicht erfüllt. Denn die Tat stand in keinem inneren Zusammenhang mit seinen Aufgaben als Lkw-Fahrer.

3. Widerrechtliche Schadenszufügung

325 Des Weiteren muss der Gehilfe eine unerlaubte Handlung (etwa gemäß §§ 823 ff.) begangen haben. Jedoch setzt § 831 **kein Verschulden des Gehilfen** voraus[1261] und ermöglicht somit eine Haftung des Geschäftsherrn dort, wo sie bei seinem Helfer ausgeschlossen ist. Denkbar ist somit auch eine Haftung des Geschäftsherrn für eine lediglich fahrlässige Vermögensschädigung[1262]. Mitunter

---

1252 BGH NJW 2006, 2918.
1253 BGHZ 96, 360 (369); OLG Köln VersR 1999, 624 (626).
1254 BGHZ 77, 74 (79) unter Aufgabe von BGHZ 4, 138 (152); 101, 215 (218).
1255 Dauner-Lieb/Langen/*Katzenmeier,* § 831 Rn. 18; PWW/*Schaub,* § 831 Rn. 8.
1256 *Wandt,* § 18 Rn. 11.
1257 BGHZ 11, 151 (152 f.); BGH NJW-RR 1989, 723 (725); *Wandt,* § 18 Rn. 11; *Fuchs/Pauker,* Delikts- und Schadensersatzrecht, S. 173 f.
1258 Für die Fallbearbeitung ist es sinnvoller, das Merkmal der Ausführung eher weit zu fassen und die Verantwortlichkeit des Geschäftsherrn im Rahmen seines Entlastungsbeweises zu erörtern; vgl. auch BGHZ 11, 151 (153 ff.); anders Bamberger/Roth/*Spindler,* § 831 Rn. 22; Erman/*Schiemann,* § 831 Rn. 11.
1259 So auch *Larenz/Canaris,* Schuldrecht BT II/2, § 79 III 1 d, S. 480 f.
1260 BGH NJW 1971, 31 (32); OLG Naumburg NJW-RR 2009, 1032; *Fuchs/Pauker,* Delikts- und Schadensersatzrecht, S. 173 f.; Staudinger/*Belling,* § 831 Rn. 124.
1261 *Fuchs/Pauker,* Delikts- und Schadensersatzrecht, S. 173.
1262 Dies soll auch dann gelten, wenn der Tatbestand nur vorsätzliche Begehung sanktioniert (§§ 826, 823 Abs. 2 i. V. m. Vorsatzstraftat), *Larenz/Canaris,* Schuldrecht BT II/2, § 79 III 1 c, S. 477; *Fuchs/Pauker,* Delikts- und Schadensersatzrecht, S. 173; a. A. scheinbar *Wandt,* § 18 Rn. 9.

wird auch angenommen, dass (entgegen dem Wortlaut der Vorschrift) nicht der Geschäftsherr, sondern der Geschädigte die Beweislast für die Verantwortlichkeit des Gehilfen tragen solle, damit der Geschäftsherr nicht schlechter stehe, als hätte er selbst gehandelt[1263]. Abgesehen vom Wortlautargument erscheint diese Sichtweise nicht überzeugend. Denn es ist § 831 gerade immanent, denjenigen in die Haftung zu nehmen, der andere an seiner Stelle agieren lässt, sofern er nicht seine Schuldlosigkeit nachweisen kann[1264].

Hinweis für den Prüfungsaufbau: Es ist stets die **unerlaubte (rechtswidrige) Handlung des Gehilfen** vor der Verantwortung des Geschäftsherrn zu prüfen. Denn Ersterer steht näher zur Tat.

4. Exkulpationsmöglichkeit, § 831 Abs. 1 S. 2

§ 831 Abs. 1 S. 2 nennt zwei unterschiedliche Exkulpationsmöglichkeiten. Zum **326** einen kann der Geschäftsherr sich durch den Nachweis entlasten, dass er **bei der Auswahl der Hilfskraft bzw. der Gerätschaften die im Verkehr erforderliche Sorgfalt beachtet** (§ 276 Abs. 2) hat[1265]. Die Eignung des Gehilfen ist dabei aus **ex-ante-Sicht** zur Zeit der unerlaubten Handlung zu beurteilen[1266]. Der anzuwendende Sorgfaltsmaßstab ist umso höher, je gefährlicher oder schwieriger die übertragenen Aufgaben sind[1267]. Wichtig ist zudem, dass der Nachweis sorgfältiger Auswahl nicht auf den Zeitpunkt der Einstellung des Verrichtungsgehilfen bezogen werden darf, sondern auf den der schädigenden Handlung. Es ist somit eine aktualisierte Prüfung erforderlich[1268].

Erleichterungen existieren in Gestalt des sogenannten **„dezentralisierten Entlas-** **327** **tungsbeweises“**[1269]. Insoweit erlaubt die Rspr. bei Großbetrieben, die Auswahl und Überwachung einem höheren Angestellten zu übertragen, sodass es genügt, dass sich der Geschäftsherr für diesen höheren Angestellten entlastet. Denn dem Inhaber eines größeren Betriebes sei es unmöglich, all seine Mitarbeiter zu überwachen[1270]. Auf der anderen Seite ist in der jüngeren Rechtsprechung die Tendenz erkennbar, die Haftung des Großunternehmers wieder deutlich zu verschärfen, indem erhöhte Anforderungen an die **betriebliche Organisationspflicht des Unternehmers** gestellt werden, deren Missachtung über § 823 Abs. 1 sanktionierbar ist[1271].

Zum anderen besteht eine **zweite Exkulpationsmöglichkeit** für den Geschäfts- **328** herrn darin, nachzuweisen, dass der Schaden auch durch einen sorgsam ausgewählten Gehilfen entstanden wäre (Widerlegung der Kausalitätsvermutung)[1272] oder auch, dass jeder andere sorgfältige Geschäftsherr denselben Gehilfen gewählt hätte[1273].

1263 Dauner-Lieb/Langen/*Katzenmeier,* § 831 Rn. 32; Erman/*Schiemann,* § 831 Rn. 13; Soergel/*Krause,* § 831 Rn. 36; a. A. mit Recht BGH NJW 1957, 785 (786 f.); NJW 1971, 31 (32); NJW-RR 1992, 533.

1264 So auch BGH NJW-RR 1992, 533.

1265 *Fuchs/Pauker,* Delikts- und Schadensersatzrecht, S. 175.

1266 BGHZ 8, 239 (243); Erman/*Schiemann,* § 831 Rn. 18.

1267 BGH VersR 1983, 668; *Brox/Walker,* Besonderes Schuldrecht, § 42 Rn. 6.

1268 Ähnlich *Fuchs/Pauker,* Delikts- und Schadensersatzrecht, S. 175.

1269 RGZ 89, 136 (137 f.); BGHZ 4, 1 (2 ff.) (Gutsverwalterfall); *Wandt,* § 18 Rn. 15.

1270 BGHZ 4, 1 (2 ff.); kritisch jedoch z. B. *Emmerich,* Schuldrecht BT, § 25 Rn. 26: „Schrecken des dez. Entlastungsbeweises“; *Larenz/Canaris,* Schuldrecht BT II/2, § 79 III 3 b, S. 481 f.

1271 Ausführlich mit zahlreichen Nachweisen: Bamberger/Roth/*Spindler,* § 831 Rn. 33–35; *Fuchs/Pauker,* Delikts- und Schadensersatzrecht, S. 176.

1272 Siehe z. B.: BGHZ 4, 1 (4); 12, 94 (96); *Wandt,* § 18 Rn. 13.

1273 Erman/*Schiemann,* § 831 Rn. 24; PWW/*Schaub,* § 831 Rn. 23.

Bsp.: B will sich im Krankenhaus des Chefarztes K eine funktionsunfähige Niere entfernen lassen. Die Operation wird jedoch nicht von K selbst, sondern seinem Assistenzarzt A vorgenommen, der aus Versehen die gesunde Niere entfernt. B verlangt von K Schmerzensgeld nach § 253 i. V. m. § 831 Abs. 1. Zu Recht? – A ist hier als Verrichtungsgehilfe des K anzusehen. Der misslungene Heileingriff erfüllt die Voraussetzungen einer tatbestandsmäßigen und rechtswidrigen unerlaubten Handlung des Verrichtungsgehilfen (§ 823 Abs. 1), wobei ein Verschuldensvorwurf nicht nötig ist. Ein innerer Zusammenhang zwischen dem schädigenden Verhalten und dem Aufgabenbereich, der dem Verrichtungsgehilfen zugewiesen wurde, ist anzunehmen. Die Ersatzpflicht (§ 831 Abs. 1 S. 2) ist ausgeschlossen, wenn K den A sorgfältig ausgewählt und überwacht hat, was wohl verneint werden muss. Schaden und haftungsausfüllende Kausalität liegen vor. Die Schmerzen des B stellen einen immateriellen Schaden dar, der gemäß § 253 Abs. 2 ersatzfähig ist.

IV. Übernahme durch Vertrag, § 831 Abs. 2

329 § 831 Abs. 2 ordnet die (zusätzliche) Haftung desjenigen an, der sich **vertraglich zur Übernahme** der dem Geschäftsherrn obliegenden Aufgaben verpflichtet[1274]. Bei vertraglicher Übernahme ist zudem eine Abgrenzung von § 831 zu § 31 (i. V. m. § 823, Haftung für Organverschulden) vorzunehmen. Das Organ handelt als verlängerter Arm einer Gesellschaft.

V. Konkurrenzen

330 Der Anspruch gegen den Geschäftsherrn nach § 831 kann in **Anspruchskonkurrenz** zu möglichen Ansprüchen gegen ihn selbst aus § 823 treten[1275]. Ein staatshaftungsrechtlicher Anspruch aus Art. 34 GG i. V. m. § 839 verdrängt jedoch eine Haftung aus § 831[1276]. Eigenständig nebeneinander stehen die Ansprüche gegen den Geschäftsherrn und seinen Gehilfen, z. B. aus § 823. Im Außenverhältnis haften beide gemäß §§ 840 Abs. 1, 421 als Gesamtschuldner. Im Innenverhältnis gilt § 840 Abs. 2, der den Gehilfen zur Freistellung des Geschäftsherrn verpflichtet. Im Arbeitsrecht kommen die spezielleren **Grundsätze über den innerbetrieblichen Schadensausgleich** zur Anwendung[1277].

1274 *Fuchs/Pauker,* Delikts- und Schadensersatzrecht, S. 176 f.
1275 Bamberger/Roth/*Spindler,* § 831 Rn. 49; PWW/*Schaub,* § 831 Rn. 4.
1276 BGH, U. v. 5.2.2009 – IX ZR 36/08, Tz. 14 m. w. N.
1277 Siehe hierzu und zu den Abstufungen im Ausgleichsmaßstab: BAG VersR 2003, 736 (738); *Brox/Rüthers/Henssler,* Arbeitsrecht, Rn. 250 ff., 262.

VI. Abgrenzung

331

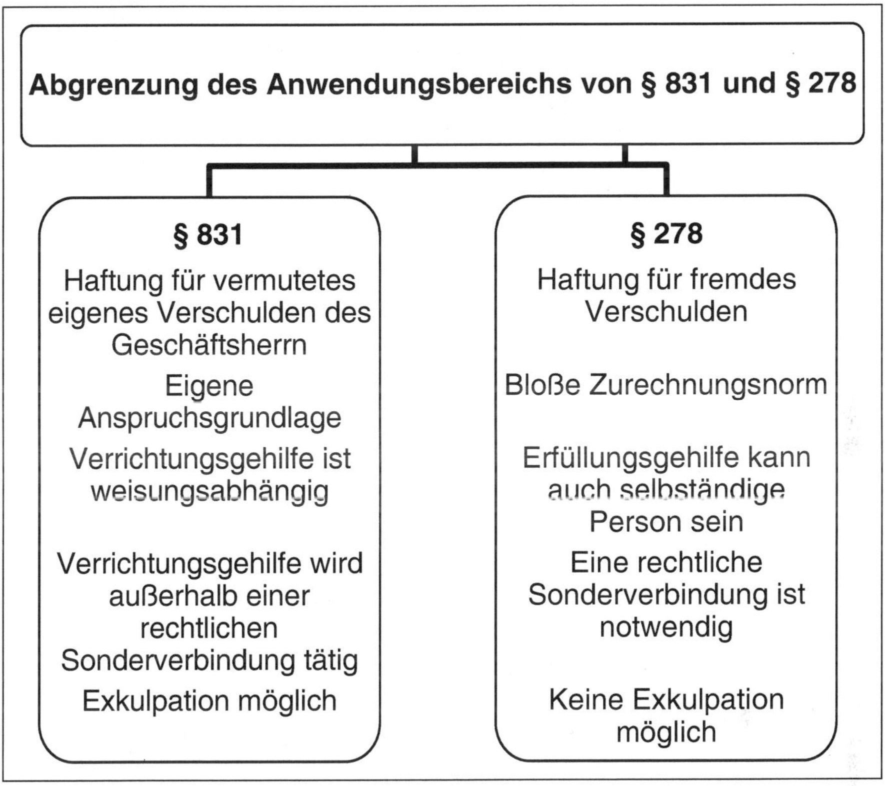

§ 13 Haftung nach § 832 (Haftung des Aufsichtspflichtigen)

Literatur: *Bernau,* Die Haftung des Aufsichtspflichtigen aus § 832 BGB, FamRZ 2013, 1521; *Brand,* Die Haftung des Aufsichtspflichtigen nach § 832 BGB, JuS 2012, 673; *Foerste,* Haftet die Gesellschaft für Erziehungsfehler?, NJW 1995, 2605; *Fuchs,* Die deliktsrechtliche Verantwortung der Eltern für Schäden von und an Kindern im Straßenverkehr, NZV 1998, 7; *Haberstroh,* Haftungsrisiko Kind – Eigenhaftung des Kindes und elterliche Aufsichtspflicht, VersR 2000, 806; *Rauscher,* Haftung der Eltern für ihre Kinder, JuS 1985, 757; *Wolf,* Billigkeitshaftung statt überzogener elterlicher Aufsichtspflicht, VersR 1998, 812.

I. Prüfungsaufbau

332

Haftung nach § 832
1. Tatbestand a) Aufsichtspflicht kraft Gesetzes (§ 832 Abs. 1 S. 1) oder Vertrages (§ 832 Abs. 2) b) Widerrechtliche Schadenszufügung durch den Aufsichtsbedürftigen c) Exkulpationsmöglichkeit, § 832 Abs. 1 S. 2 2. Rechtsfolge: Schadensersatz nach § 832

II. Normzweck

333 Vergleichbar zu § 831 normiert auch § 832 die Haftung für eine im eigenen Einflussbereich existierende „Gefahrenquelle“[1278], welche im Fall von § 832 in dem typischerweise reduzierten Gefahrenbewusstsein der aufsichtsbedürftigen Person zu sehen ist, für deren Wohl der Aufsichtspflichtige verantwortlich ist[1279]. Es handelt sich dabei um eine **Haftung für vermutetes Verschulden**, sodass der im Alltag häufig anzutreffende Ausspruch „Eltern haften für ihre Kinder“ unzutreffend ist[1280]. § 832 hat den Schutz der geschädigten Dritten im Blick und nicht den Schutz der aufsichtsbedürftigen Person[1281]. In rechtspolitischer Hinsicht wird die Vorschrift im Vergleich zu §§ 831, 833 S. 2 teilweise als verfehlt angesehen[1282]. Im Vordergrund steht der Konflikt zwischen den Interessen der Allgemeinheit an der Abwehr von Schäden und dem berechtigten Anliegen der Kinder an der Möglichkeit zur Entfaltung und Entwicklung[1283].

III. Tatbestandliche Voraussetzungen

1. Aufsichtspflicht

334 Voraussetzung der Haftung nach § 832 ist zunächst eine **Rechtsgrundlage, welche eine Aufsichtspflicht statuiert.** Wichtigster Anwendungsfall ist die elterliche Sorge für ihre minderjährigen Kinder (§§ 1626 Abs. 1, 1631 Abs. 1)[1284]. In keinem Fall findet dabei aber eine Verschuldenszurechnung des einen Ehegatten gegenüber dem anderen statt. Vielmehr dürfen diese in legitimer Weise davon ausgehen, dass der jeweils andere Ehegatte die Aufsicht sorgsam ausführt[1285]. Sofern beide Elternteile eine gemeinsame Aufsichtspflicht verletzt haben, sind sie als **Gesamtschuldner** verantwortlich[1286]. Auch Volljährige können (aufgrund ihres **geistigen** und **körperlichen Zustandes**) im Falle der Betreuung als Aufsichtsbedürftige dem Anwendungsbereich von § 832 unterfallen[1287].

1278 Dazu auch *Fuchs/Pauker,* Delikts- und Schadensersatzrecht, S. 178.
1279 MüKo/*Wagner,* § 832 Rn. 2.
1280 MüKo/*Wagner,* § 832 Rn. 1.
1281 BGH NJW 1996, 53; *Brand* JuS 2012, 673 (674).
1282 Zur Diskussion auch *Brand* JuS 2012, 673 (674).
1283 So *Fuchs* NZV 1998, 7 (8).
1284 *Wandt,* § 18 Rn. 21.
1285 OLG Düsseldorf NJW-RR 2002, 235.
1286 *Brand* JuS 2012, 673 (676).
1287 LG Bielefeld NJW 1998, 2682; *Brand* JuS 2012, 673 (675).

Kraft Gesetzes aufsichtspflichtig sind etwa auch gerichtlich bestellte **Vormünder** (§§ 1793 Abs. 1, 1800) oder **Ergänzungspfleger** (§§ 1909, 1915)[1288]. Lehrkräfte an öffentlichen Schulen fallen dagegen nicht in den Anwendungsbereich von § 832: Deren Verantwortlichkeit ist vielmehr als Ausübung staatlicher Gewalt ausschließlich nach Art. 34 GG i.V.m. § 839 zu beurteilen[1289]. Nach § 832 Abs. 2 wird auch die **Übernahme der Aufsichtspflicht** durch Vertrag haftungsrechtlich sanktioniert. Ein derartiger Vertrag kann auch konkludent, etwa durch Überlassen des Aufsichtsbedürftigen an einen Kindergarten oder an einen Babysitter, geschlossen werden[1290]. An der gesetzlichen Aufsichtspflicht ändert sich dadurch jedoch nichts. Diese Pflichten bleiben grundsätzlich bestehen. Sie beschränken sich jedoch auf die ordnungsgemäße Auswahl und Kontrolle des Übernehmenden[1291]. Nicht in den Anwendungsbereich von § 832 Abs. 2 fällt insoweit grundsätzlich ein gelegentliches Gefälligkeitsverhältnis (kurzfristige Obhut über fremde Kinder etc.). Eine Haftung kann sich aber eventuell im Hinblick auf eine Verkehrspflichtverletzung nach § 823 Abs. 1 ergeben[1292]. Im Falle von **Patchworkfamilien** ist § 832 Abs. 2 im Hinblick auf das Kind des Partners analog anzuwenden[1293].

2. Widerrechtliche Schädigung durch den Aufsichtsbedürftigen

Hinsichtlich dieses Tatbestandsmerkmals kann zunächst auf die entsprechenden 335
Ausführungen zu § 831 verwiesen werden. Dies bedeutet, dass der Aufsichtsbedürftige **tatbestandsmäßig** und **rechtswidrig** (aber nicht schuldhaft) **einen deliktischen Tatbestand** verwirklicht haben muss[1294]. Minderjährige, welche eine rechtswidrige deliktische Handlung begangen haben, die zu einer Rechtsgutsverletzung führt, werden sich meist im Hinblick auf ihre fehlende Verschuldensfähigkeit auf § 828 berufen können.

3. Exkulpationsmöglichkeit, § 832 Abs. 1 S. 2

Diffizile Abgrenzungsfragen gehen meist mit den **Exkulpationsmöglichkeiten des** 336
Aufsichtspflichtigen einher. Im Falle von § 832 spricht zunächst die **gesetzliche Vermutung** für das Vorliegen einer Verschuldensform. Der Aufsichtspflichtige muss somit den Nachweis führen, dass er seiner Aufsichtspflicht nachgekommen ist[1295]. Für die Aufsichtspflicht über Kinder existiert mittlerweile eine umfangreiche Kasuistik zur Abstufung der notwendigen Aufsichts- und Vorkehrmaßnahmen[1296]. In die notwendige **Abwägungsentscheidung** fließen dabei das Alter, die Eigenart und der Charakter des Kindes sowie die bisherigen Erziehungserfolge ein[1297]. Berücksichtigt wird auch die konkrete Situation, in der das Kind sich befindet und die Möglichkeiten, diese zu kontrollieren[1298]. Vergleichbare Sorgfaltsmaßstäbe existieren, was die Persönlichkeit und Entwicklung anbetrifft, auch bei anderen Aufsichtsbedürftigen[1299]. Mit Blick auf **Unfälle im Straßenver-**

1288 *Wandt,* § 18 Rn. 21.
1289 So schon BGHZ 13, 25 (28); ferner OLG Düsseldorf NJW-RR 1999, 1620.
1290 Vgl. hierzu BGH NJW 1985, 677 (678).
1291 OLG Düsseldorf VersR 1992, 321; *Brand* JuS 2012, 673 (676); MüKo/*Wagner,* § 832 Rn. 16.
1292 BGH NJW 1968, 1874; bedenklich weit OLG Hamm VersR 2000, 457 (458).
1293 *Brand* JuS 2012, 673 (676).
1294 *Wandt,* § 18 Rn. 21.
1295 *Wandt,* § 18 Rn. 22.
1296 Siehe Übersicht etwa bei PWW/*Schaub,* § 832 Rn. 9 ff.; *Wandt,* § 18 Rn. 23.
1297 So z. B. BGH NJW 1993, 1003; NJW 1998, 1404 (1405); OLG Frankfurt NJW-RR 2005, 1188.
1298 OLG Hamm NJW-RR 2002, 236 (237); MüKo/*Wagner,* § 832 Rn. 23; PWW/*Schaub* ebenda.
1299 BGH NJW 1985, 677 (679); OLG Koblenz NJW-RR 1997, 345.

kehr ist darauf hinzuweisen, dass mit der Neuregelung von § 828 Abs. 2, basierend auf dem **Schadensersatzrechtsmodernisierungsgesetz 2002**, zur Verschuldensunfähigkeit von Kindern von 7 bis zu 9 Jahren keine Verschärfung der Aufsichtspflicht nach § 832 verbunden ist[1300]. Vielmehr haben die Eltern einen (verfassungsrechtlichen) Erziehungsauftrag, ihre Kinder an den Straßenverkehr heranzuführen[1301].

Bsp.[1302]: F und ihre dreijährige Tochter T waren bei der Verwandten V zu Besuch. F bemerkte, dass das Kind versuchte, den Elektroherd einzuschalten, und ermahnte es, dies zu unterlassen. Nach einiger Zeit wickelte V ihren Säugling im Beisein der F. Währenddessen bewegte sich deren Tochter frei in der Wohnung. Anschließend verließen die Frauen mit den Kindern die Wohnung. Bei ihrer Rückkehr bemerkten sie, dass eine Herdplatte rot glühte und durch einen Brand die gesamte Wohnung verrußt war. – Das OLG hat in diesem Fall die Verantwortlichkeit der F für den Schaden – zu Recht – bejaht. Abgesehen davon, dass bei 3-jährigen Kindern ohnehin ein besonders hoher Sorgfaltsmaßstab hinsichtlich des möglichen Kontakts mit gefährlichen Küchengeräten besteht, hatte T bereits versucht, mit dem Herd zu spielen, sodass – trotz Ermahnung – eine erhöhte Wiederholungsgefahr bestand, die F nicht genügend beachtete.

337 Der Aufsichtspflichtige kann sich schließlich auch dadurch entlasten, dass er **die Kausalitätsvermutung** des § 832 Abs. 1 S. 2 **widerlegt**[1303]. Dazu muss er nachweisen, dass der Schaden auch bei gehöriger Aufsichtsführung eingetreten wäre.

IV. Innenverhältnis Aufsichtspflichtiger/Aufsichtsbedürftiger

338 Sind sowohl der Aufsichtsbedürftige als auch der Aufsichtspflichtige für den Schaden eines Dritten verantwortlich, so haften beide zwar im Außenverhältnis als Gesamtschuldner (§§ 840 Abs. 1, 421). Im Innenverhältnis hat indes regelmäßig nur der Aufsichtsbedürftige gemäß § 840 Abs. 2 für den Schaden aufzukommen. Sofern der Aufsichtsbedürftige durch das Verschulden des Aufsichtspflichtigen geschädigt wurde, richtet sich die Haftung nicht nach § 832, sondern nach § 280 i. V. m. § 1664 oder § 823[1304].

Hinzuweisen bleibt noch darauf, dass die Bejahung von § 832 gegenüber dem Aufsichtspflichtigen dazu führt, dass regelmäßig eine **Billigkeitshaftung des zu Beaufsichtigenden** (**§ 829**) ausscheidet (siehe dazu Rn. 353 ff.)[1305]. Insofern kann in der Klausur eine Inzidentprüfung von § 832 angezeigt sein.

1300 *Müller* ZfS 2003, 433 (434); *Friedrich* NZV 2004, 227 f.; *Petersohn* JA 2005, 324; *Bernau* FamRZ 2013, 1532.

1301 *Bernau* FamRZ 2010, 937; *Oechsler* NJW 2009, 3185 (3188); *Brand* JuS 2012, 673 (679).

1302 OLG Düsseldorf NJW-RR 2002, 235.

1303 *Wandt*, § 18 Rn. 22.

1304 Dauner-Lieb/Langen/*Katzenmeier*, § 832 Rn. 21; Bamberger/Roth/*Spindler*, § 832 Rn. 3; PWW/*Schaub*, § 832 Rn. 18.

1305 *Brand* JuS 2012, 673 (680).

§ 14 Haftung nach § 833 S. 2 (Haftung des Nutztierhalters)

I. Prüfungsaufbau

Haftung nach § 833 S. 2	339
1. Rechtsgutsverletzung	
2. Durch ein „Nutzhaustier", P: „Doppelfunktionales Tier"	
3. Tierhaltereigenschaft	
4. Exkulpationsmöglichkeit	
5. Haftungsausschluss/Mitverschulden	

II. Normzweck

§ 833 S. 2 eröffnet im Gegensatz zum Gefährdungshaftungstatbestand nach § 833 S. 1[1306] eine **Exkulpationsmöglichkeit für den Halter eines Tieres.** Insofern statuiert der Tatbestand eine Haftung für vermutetes Verschulden. Das Zusammentreffen von Gefährdungs- und Verschuldenshaftung in § 833 lässt sich aus der Gesetzgebungsgeschichte erklären. Der historische Gesetzgeber des BGB hatte sich ursprünglich dafür entschieden, für durch Tiere verursachte Schäden generell eine verschuldensunabhängige Haftung des Halters anzuordnen[1307]. Allerdings rief die Vorschrift bei den vor allem betroffenen Landwirten und ihrer damaligen Lobby umfangreichen Protest hervor, der im Jahre 1908 zur Einfügung von S. 2 führte[1308], der bis heute vornehmlich für landwirtschaftliche Nutztiere eine Entlastungsmöglichkeit eröffnet[1309]. Die Vorschrift hat auch heute in Zeiten einer weitgehend industrialisierten Landwirtschaft in den Augen des BGH noch ihre Berechtigung[1310]. 340

III. Tatbestandsvoraussetzungen

1. Rechtsgutsverletzung/Haftungsbegründende Kausalität

Zunächst muss eine Rechtsgutsverletzung des Geschädigten gegeben sein, wofür nur **die in § 833 S. 1 enumerativ genannten Rechtsgüter** in Betracht kommen (Leben, Körper, Gesundheit und Eigentum)[1311]. Ferner ist nach den allgemeinen Regeln notwendig, dass die Schädigung auch (adäquat) kausal und zurechenbar auf das Tierverhalten zurückzuführen ist, was eine mittelbare Verursachung beinhaltet[1312]. Der Schaden muss sich auf eine **spezifische Tiergefahr** zurückführen lassen[1313]. Dahinter verbirgt sich der allgemeine Zurechnungsgedanke, dass sich im konkreten Schadensgeschehen der **Schutzzweck der Norm** niedergeschlagen hat. 341

1306 Hierzu siehe unten Rn. 356 ff.
1307 *Jakobs/Schubert,* Die Beratung des Bürgerlichen Gesetzbuchs, Recht der Schuldverhältnisse III, S. 968; *Fuchs/Pauker,* Delikts- und Schadensersatzrecht, S. 181.
1308 RGBl. S. 313; hierzu m. w. N.: MüKo/*Wagner,* § 833 Rn. 3; *Fuchs/Pauker,* Delikts- und Schadensersatzrecht, S. 181.
1309 Kritisch zu dieser Privilegierung z. B.: BGH NJW 1986, 2501 (2502); RGRK/*Kreft,* § 833 Rn. 6.
1310 BGH NJW 2009, 3234.
1311 Vgl. dazu auch unten im Zusammenhang mit § 833 S. 1 Rn. 356 ff.
1312 RGZ 50, 219 (221); BGH NJW-RR 2006, 813 (814); MüKo/*Wagner,* § 833 Rn. 7.
1313 BGHZ 67, 129 (132 f.); BGH VersR 1990, 796; *Wandt,* § 18 Rn. 28.

Bsp.: Anspringen, beißen, ausschlagen.

Die Voraussetzung ist nicht gegeben, wenn das Tier sich (ausschließlich) nach dem Willen eines Menschen richtet.

Bsp.: Hetzen eines Tieres durch den Halter auf einen anderen Menschen[1314].

Auf § 833 können sich auch solche Personen im Falle einer Schädigung berufen, die sich von Berufs wegen in die Nähe von Tieren begeben müssen (Tierarzt oder Hufschmied). Jedoch kommt eine Berücksichtigung der besonderen Situation im Rahmen eines Mitverschuldens nach § 254 in Betracht[1315].

2. Durch ein „Nutzhaustier"

342 § 833 S. 2 setzt voraus, dass das schädigende Tier ein Haustier sein muss, welches zudem dem Beruf, der Erwerbstätigkeit oder dem Unterhalt des Halters dient (**Nutztier**)[1316]. Der **Begriff des Haustiers** ist in Abgrenzung zum wilden Tier zu interpretieren (§ 960). Ein wildes Tier wird auch dann nicht zum Haustier, wenn es ein gezähmtes Tier (§ 960 Abs. 3) ist, vielmehr muss es von Natur aus zahm sein[1317]. Maßgebliches Kriterium dabei ist die **mögliche Beaufsichtigung und Beherrschbarkeit des Tieres** durch den Halter[1318].

Bsp.: Keine Haustiere stellen aus Sicht des Imkers Bienen dar, da diese nicht beherrschbar sind[1319].

Ein Haustier ist aber nur dann als Nutztier anzusehen, wenn seine Haltung einem in § 833 S. 2 genannten, kommerziellen Zweck entspricht[1320]. Das Tier muss dabei überwiegend der Erwerbstätigkeit dienen, sodass diese nicht nur Nebenzweck sein darf [1321]. Bei zur Milch- oder Fleischproduktion gehaltenen Tieren liegen diese Voraussetzungen regelmäßig vor[1322]. Auch bei Polizeipferden und -hunden wäre dies grundsätzlich anzunehmen, jedoch richtet sich hier die Haftung (da die Tiere dem Staat als Halter dienen) nach § 839 i. V. m. Art. 34 GG[1323].

Bsp.: Als Nutztiere gelten etwa ein Jagdhund des Försters oder Schlacht- und Zuchtvieh des Landwirts.

Ob etwa auch ein Blindenhund als Nutztier anzusehen ist[1324], muss für den Einzelfall ermittelt werden. Entscheidend ist, dass der Hund wirklich dem Lebensunterhalt des Halters dient, was häufig zu verneinen sein wird. Grundsätzlich sind die vorgetragenen Zweifel an der Sinnhaftigkeit der Regelung des § 833 S. 2 durchaus berechtigt[1325].

343 Sofern ein Tier nicht ausschließlich kommerziellen bzw. privaten Zwecken dient, sondern zeitweise zu beiden eingesetzt wird, ist für die Haftung maßgeblich,

---

1314 Abweichend etwa MüKo/*Wagner*, § 833 Rn. 13.
1315 BGH VersR 2006, 416; Bamberger/Roth/*Spindler*, § 833 Rn. 19 ff.
1316 Dazu auch *Fuchs/Pauker*, Delikts- und Schadensersatzrecht, S. 182; *Wandt*, § 18 Rn. 32.
1317 Allg. Auffassung, siehe nur: BGH NJW-RR 2005, 1183; *Brox/Walker*, Besonderes Schuldrecht, § 42 Rn. 22; Erman/*Schiemann*, § 833 Rn. 9.
1318 Siehe: RGZ 158, 388 (391) – Bienenfall; Soergel/*Krause*, § 833 Rn. 30; Staudinger/*Belling/Eberl-Borges*, § 833 Rn. 118.
1319 RGZ 158, 388 (391).
1320 MüKo/*Wagner*, § 833 Rn. 40.
1321 *Fuchs/Pauker*, Delikts- und Schadensersatzrecht, S. 182.
1322 RGZ 79, 246 (247); MüKo/*Wagner*, § 833 Rn. 40.
1323 BGH VersR 1972, 1047 (1048); OLG Hamm VersR 1998, 495 (496).
1324 Dafür: *Larenz/Canaris*, Schuldrecht BT II/2, § 79 V 2 b, S. 487; RGRK/*Kreft*, § 833 Rn. 81; dagegen: MüKo/*Wagner*, § 833 Rn. 40.
1325 MüKo/*Wagner*, § 833 Rn. 3 f. m. w. N.

welcher Zweckbestimmung das Tier überwiegend dient[1326]. Es empfiehlt sich dann jedoch nicht, auf die konkrete Bestimmung des Tieres im Zeitpunkt der schädigenden Handlung abzustellen, sondern auf dessen **allgemeine Widmung**[1327]. Denn andernfalls würden nicht nur Tiere, welche aus Altersgründen dem Halter nicht mehr nützlich sein könnten, sondern auch solche, die noch „in der Ausbildung"[1328] sind, von § 833 S. 2 ausgenommen. Im Prozess hat der Beklagte die für ihn günstige Nutztiereigenschaft seines Tieres nachzuweisen[1329].

3. Tierhaltereigenschaft

Die Haftung aus § 833 richtet sich gegen den **Halter des schädigenden Tieres.** 344
Halter ist, wer die Bestimmungsmacht über das Tier ausübt, im eigenen Interesse die Kosten der Haltung und eventuelle Verluste trägt und andererseits den Wert und Nutzen des Tieres für sich in Anspruch nimmt[1330]. Halter ist damit häufig, jedoch nicht zwingend der Eigentümer des Tieres[1331]. Durch die Verleihung oder Vermietung eines Tieres wechselt dieses noch nicht seinen Halter, sondern es kommt auf die Dauer und Intensität der Beziehung des Übernehmenden zu dem Tier an, und insbesondere, ob der Schwerpunkt der Nutzung auf den Entleiher/Mieter übergeht[1332]. Auch die Haltereigenschaft an einem **entlaufenen Tier** bleibt grundsätzlich bestehen. Dies ändert sich erst, wenn eine andere Person die tatsächliche Gewalt über das Tier erlangt und die Voraussetzungen der Haltereigenschaft selbst erfüllt[1333].

4. Exkulpationsmöglichkeit

Für die **Exkulpation des Halters** nach § 833 S. 2, die sich nach ähnlichen Maß- 345
stäben wie im Rahmen von §§ 831 f. richtet[1334], hat dieser diejenigen Vorkehrungsmaßnahmen zu treffen, welche nach den jeweiligen Umständen erforderlich, aber auch zumutbar sind[1335]. So ist vom Halter auch das frühere Verhalten des Tieres zu beachten, sodass beispielsweise einem bissigen Hund ein Maulkorb anzulegen ist[1336]. Wie im Rahmen des § 831 hat der Tierhalter, wenn er eine andere Person (auch einen Tierhüter im Sinne des § 834[1337]) zur Aufsicht über das Tier bestellt, dessen Eignung zu überprüfen und zu überwachen[1338]. Von Bedeutung ist auch, wie bereits gesehen, dass der Tierhalter nicht nur die Beweislast für die Exkulpation im engeren Sinne, sondern auch für die Frage trägt, ob es sich tatsächlich um ein **„Nutzhaustier"** handelt[1339]. Zudem ist eine Exkulpa-

1326 St. Rspr.: BGH NJW 1986, 572 (573); BGH NJW-RR 2005, 1183 (1183 f.); zustimmend u. a. PWW/*Schaub,* § 833 Rn. 14; Staudinger/*Belling/Eberl-Borges,* § 833 Rn. 141.

1327 Wie hier: RGZ 52, 117 (118); OLG Hamm NJW-RR 1994, 1436 (1437); MüKo/*Wagner,* § 833 Rn. 42.

1328 So für diese Fallkonstellationen freilich Staudinger/*Belling/Eberl-Borges,* § 833 Rn. 143.

1329 BGH NJW-RR 2005, 1183 (1184) m. w. N. Auch dies zeigt die Vorzugswürdigkeit der Anknüpfung an die allgemeine Zweckbestimmung des Tieres. Die konkrete Widmung dürfte oft nicht zu belegen sein.

1330 BGH NJW-RR 1988, 655 (656); OLG Schleswig NJW-RR 2006, 893; *Wandt,* § 18 Rn. 31.

1331 RGZ 55, 163 (165) – Preußische Gendarmenpferde; ferner BGH VersR 1956, 574; BGH NJW-RR 1990, 789 (790); Soergel/*Krause,* § 833 Rn. 12.

1332 BGH VersR 1982, 348; BGH NJW-RR 1988, 655 (656).

1333 BGH NJW 1965, 2397; BGH VersR 1978, 515; MüKo/*Wagner,* § 833 Rn. 25.

1334 Vgl. auch die Ausführungen zu § 832.

1335 BGH VersR 1976, 1086 (1087); Erman/*Schiemann,* § 833 Rn. 13 m. w. N.

1336 BGH NJW-RR 2005, 1183; OLG Karlsruhe VersR 2001, 724.

1337 Zu dieser Vorschrift sogleich unter Rn. 347.

1338 RGZ 76, 225 (230); MüKo/*Wagner,* § 833 Rn. 48 m. w. N. und Fallbeispielen.

1339 *Fuchs/Pauker,* Delikts- und Schadensersatzrecht, S. 183.

tion auch dadurch möglich, dass der Tierhalter **die Kausalitätsvermutung** des § 833 S. 2 **widerlegt.**

5. Haftungsausschluss/Mitverschulden

346 Ausnahmsweise kann die Haftung gemäß § 833 ausgeschlossen sein, wenn der Geschädigte die besondere Gefahr, die von einem Tier ausgeht, erkannt und bewusst in Kauf genommen hat (sog. **Handeln auf eigene Gefahr**)[1340]. Hier greift das Verbot widersprüchlichen Verhaltens ein, wenn der sich selbst gefährdende Geschädigte den Tierhalter nachträglich in Haftung nehmen will[1341]. Das Aufstellen von Warnschildern wie „Vorsicht, bissiger Hund!" bewirkt hingegen keinen generellen Haftungsausschluss. Im Einzelfall wird dem Geschädigten, der den Hinweis bemerkt hat, aber ein Mitverschuldensvorwurf nicht zu ersparen sein[1342].

§ 15 Haftung nach § 834 (Haftung des Tierhüters)

I. Tierhüter

347 § 834 ordnet die Schadensersatzpflicht der Person an, die **vertraglich** die **Aufsicht** über ein Tier **übernommen hat** (sog. Tierhüter)[1343]. Auch diese Vorschrift ordnet eine Haftung für vermutetes Verschulden an[1344]. Eine vertragliche Übernahme kann hierbei ähnlich wie i.R.d. § 832 Abs. 2 konkludent erfolgen[1345]. Die **rein tatsächliche Beaufsichtigung** aus reiner Gefälligkeit erfüllt die notwendigen Voraussetzungen dagegen nicht[1346]. Tierhüter ist des Weiteren nur, wer die Aufsicht über das Tier **selbständig ausübt.** Insoweit kommt eine Haftung von Angestellten des Tierhalters nach § 834 nicht in Betracht[1347]. Eine Haftung als Tierhüter ist beispielsweise denkbar, wenn ein Tier in eine „Pension"[1348] oder zur Ausbildung (z. B. als Reitpferd)[1349] gegeben wird. In der Rechtsgutsverletzung des Anspruchstellers muss sich wiederum **eine spezifische Tiergefahr** verwirklicht haben[1350].

II. Entlastungsbeweis

348 § 834 S. 2 sieht eine § 833 S. 2 ähnliche **Entlastungsmöglichkeit für den Tierhüter** (s. zu deren Voraussetzungen oben Rn. 345) vor. Im Gegensatz zu § 833 S. 2 ist der Entlastungsbeweis des § 834 S. 2 aber nicht nur für Nutztiere, sondern auch für Luxustiere i. S. d. § 833 S. 1 vorgesehen[1351], was die Haftung des Tierhüters in zumutbaren Grenzen hält. Des Weiteren ist eine Exkulpation auch wie-

1340 Siehe hierzu etwa Palandt/*Sprau,* § 833 Rn. 8 m. w. N.
1341 BGH NJW-RR 2006, 813 (815).
1342 MüKo/*Wagner,* § 833 Rn. 56.
1343 Vgl. auch *Wandt,* § 18 Rn. 31 mit Fallbeispiel.
1344 *Fuchs/Pauker,* Delikts- und Schadensersatzrecht, S. 183.
1345 Siehe etwa BGH NJW 1987, 949 (950); Palandt/*Sprau,* § 834 Rn. 2.
1346 Palandt/*Sprau,* § 834 Rn. 2; Bamberger/Roth/*Spindler,* § 834 Rn. 2.
1347 OLG München VersR 1984, 1095 (1096); MüKo/*Wagner,* § 834 Rn. 2, der zudem berechtigterweise darauf hinweist, dass dasselbe auch für Organe juristischer Personen gelten müsse.
1348 OLG Frankfurt r+s 1996, 137 (138).
1349 RGZ 58, 410 (413). Vgl. auch BGH NJW 1987, 949: „Wer ein gemietetes Pferd selbständig ausreitet, ist zwar nicht Tierhalter (auch nicht Mithalter) des Reitpferdes i. S. von § 833 BGB, wohl aber in der Regel Tierhüter i. S. von § 834 BGB."
1350 *Fuchs/Pauker,* Delikts- und Schadensersatzrecht, S. 184.
1351 *Fuchs/Pauker,* Delikts- und Schadensersatzrecht, S. 184.

derum dadurch möglich, dass der Tierhüter **die Kausalitätsvermutung** des § 834 S. 2 **widerlegt.**

III. Verhältnis zwischen Tierhüter- und Tierhalterhaftung

Die Haftung des Tierhalters und die Haftung des Tierhüters können nebeneinander zur Anwendung kommen[1352], sodass Tierhüter und Tierhalter als Gesamtschuldner gemäß §§ 840, 421 ff. haften[1353]. **349**

§ 16 Haftung für Gebäude und Werke (§§ 836–838)

I. Normzweck

§§ 836–838 knüpfen die Haftung an die Nutzung eines Grundstücks oder darauf befindlicher Werke durch die Person, welche die Kontrolle über das Gebäude oder Werk ausübt. Im Falle von § 836 und § 837 haftet somit der jeweilige Eigenbesitzer (s. § 836 Abs. 3)[1354] und im Rahmen von § 838 derjenige, welcher vertraglich (bspw. als Wohnungsverwalter, § 27 Abs. 1 Nr. 2 WEG[1355]) oder gesetzlich (bspw. als Nießbraucher, vgl. § 1041) die Unterhaltung schuldet. Es wird wiederum für **vermutetes Verschulden** gehaftet, wie die in § 836 Abs. 1 S. 2 für alle drei Normen aufgestellte **Beweislastumkehr** zeigt. Ihre Grundlage findet die Haftung in dem Umstand, dass der **Geschädigte** in der Regel – im Gegensatz zum Besitzer bzw. Unterhaltsverpflichteten – keine Kenntnisse über den Zustand und die Instandhaltungsbedürftigkeit eines Gebäudes oder Werkes besitzt[1356]. Im Ergebnis stellen §§ 836–838 somit gesetzliche Ausformungen der allgemein in § 823 verordneten Haftung für die Verletzung von Verkehrssicherungspflichten dar (siehe bereits oben Rn. 226)[1357]. Die Anordnung einer Gefährdungshaftung für durch Bauwerke verursachte Schäden schien dem Gesetzgeber dagegen zu weitgehend[1358]. **350**

II. Tatbestandsvoraussetzungen

Der für §§ 836–838 relevante **Begriff des „Gebäudes"** verlangt ein mit dem Erdboden fest verbundenes Bauwerk, das räumlich umfriedet und für das Betreten durch Menschen zugänglich ist[1359], wobei keine Voraussetzung ist, dass diese Nutzung bereits besteht oder noch stattfindet[1360]. **„Werke"** sind dagegen „einem bestimmten Zweck dienende, ihrer Intention nach gemäß den Regeln der Baukunst oder Erfahrung hergestellte Gegenstände, Anlagen oder Einrichtungen"[1361]. **Teile** von Gebäu- **351**

1352 Lesenswert hierzu mit ausführlicher Begründung RGZ 50, 244 (248 ff.).
1353 OLG Hamm NJW-RR 1995, 599.
1354 Nach allg. Meinung gilt die Beschränkung auf den Eigenbesitzer auch i. R. d. § 837: RGZ 59, 8 (10); BGH NJW-RR 1990, 423 (424); Soergel/*Krause*, § 837 Rn. 2.
1355 BGHZ 6, 315 (317 f.).
1356 BGHZ 51, 91 (106); MüKo/*Wagner*, § 836 Rn. 2 m. w. N.
1357 BGH NJW 1985, 1076; *Larenz/Canaris*, Schuldrecht BT II/2, § 79 VI 1 a, S. 488; *Fuchs/Pauker*, Delikts- und Schadensersatzrecht, S. 185; richtig deswegen *Wandt*, § 18 Rn. 35: Die Haftung dürfe auch auf § 823 Abs. 1 gestützt werden, wenn das Verschulden des Verpflichteten bewiesen werden könne.
1358 *Fuchs/Pauker*, Delikts- und Schadensersatzrecht, S. 185.
1359 Vgl. Erman/*Schiemann*, § 836 Rn. 2; Palandt/*Sprau*, § 836 Rn. 4.
1360 MüKo/*Wagner*, § 836 Rn. 7 m. w. N.; *Fuchs/Pauker*, Delikts- und Schadensersatzrecht, S. 186.
1361 RGZ 60, 138 (139); BGH NJW 1961, 1670 (1672); st. Rspr.

den oder Werken sind mit dem Gebäude oder Werk baulich verbundene Sachen[1362], wobei es keiner dauerhaften Verbindung bedarf[1363].
Nach dem Wortlaut von § 836 Abs. 1 S. 1 muss die eingetretene **Rechts(gut)verletzung** des Geschädigten darauf basieren, dass das Gebäude oder Werk einstürzt oder sich ein Teil des Gebäudes oder Werkes ablöst[1364]. Haftungsgrund ist die Mangelhaftigkeit des Werkes, wofür ein **Anscheinsbeweis** gilt[1365]. Mitunter wird aber auch eine erweiternde Anwendung der §§ 836–838 für Fälle befürwortet, in denen die Verletzung zwar in einem Grundstück ihre Ursache hat, aber nicht von einem Einsturz oder einer Ablösung von Teilen herrührt[1366]. Abgelehnt wird eine analoge Anwendung des § 836 jedenfalls für andere Gegenstände als Gebäude und Werke[1367]. Bäume, Felsen oder Erdmassen stellen keine Werke i. S. v. § 836 dar, sodass hier nur eine Haftung nach **§ 823 Abs. 1 i. V. m. der Verletzung einer Verkehrssicherungspflicht** in Betracht kommt[1368]. Die in § 836 verankerten Wertungen zur Beweislastumkehr haben jedoch Einfluss auf die Judikatur zur Produzentenhaftung i.R.d. § 823 genommen[1369], sodass es insoweit einer analogen Anwendung des § 836 nicht bedarf[1370].

III. Haftungsschuldner

352 In Haftung genommen werden kann zunächst der **Eigenbesitzer** (§ 872) des Grundstücks (§ 836 Abs. 3), also der Eigentümer und der Inhaber der tatsächlichen Gewalt. Hinzukommen kann gemäß § 836 Abs. 2 auch die Haftung des früheren Eigenbesitzers des Grundstücks als Gesamtschuldner (§ 840)[1371]. Die Haftung des Eigenbesitzers kann auch mit der Haftung des gemäß § 838 Verpflichteten konkurrieren[1372]. Die Verantwortlichkeit nach § 837 steht jedoch wegen des eindeutigen Wortlauts „… anstelle des Besitzers des Grundstücks…" der Inanspruchnahme aus § 836 entgegen[1373].

3. Abschnitt: **Billigkeitshaftung**

§ 17 Haftung nach § 829

Literatur: *Geilen,* Beschränkte Deliktsfähigkeit, Verschulden und Billigkeitshaftung, FamRZ 1965, 401; *E. Lorenz,* Einfluss der Haftpflichtversicherungen auf die Billigkeitshaf-

1362 Vgl. RGZ 107, 337 (339); Soergel/*Krause,* § 836 Rn. 12.
1363 Erman/*Schiemann,* § 836 Rn. 4; MüKo/*Wagner,* § 836 Rn. 10.
1364 *Wandt,* § 18 Rn. 35.
1365 Vgl. BGH NJW 1999, 2593 (auch zu dessen Erschütterung): „Zwar können Naturereignisse, insbesondere Witterungsverhältnisse besonderer Art die Annahme ausschließen, dass der Einsturz oder die Ablösung von Teilen eines Werkes auf dessen fehlerhafter Errichtung oder Unterhaltung beruht. Das ist aber nur dann der Fall, wenn ein außergewöhnliches Naturereignis vorliegt, dem auch ein fehlerfrei errichtetes und mit der erforderlichen Sorgfalt unterhaltenes Werk nicht standzuhalten vermag. Handelt es sich dagegen um Ereignisse, mit denen nach der Erfahrung des Lebens zu rechnen ist, so muss ein mit einem Grundstück verbundenes Werk so beschaffen sein, dass es auch solchen Einwirkungen standhält".
1366 Vgl. in diesem Kontext auch Staudinger/*Belling,* § 836 Rn. 12 m. w. N.
1367 BGH VersR 1961, 806 (808); offenlassend in NJW-RR 2006, 1098 (1099).
1368 *Larenz/Canaris,* Schuldrecht BT II/2, § 79 VI 2 a.
1369 Siehe hierzu oben Rn. 278 ff.
1370 Soergel/*Krause,* § 836 Rn. 16; unentschieden MüKo/*Wagner,* § 836 Rn. 5.
1371 OLG Frankfurt, VersR 1988, 191.
1372 Soergel/*Krause,* § 838 Rn. 1; RGRK/*Kreft,* § 838 Rn. 1.
1373 RGZ 59, 8 (10); BGH NJW 1977, 1392.

tung nach § 829 BGB, 1. FS Medicus, 1999, S. 353; *M. Wolf*, Billigkeitshaftung statt überzogener elterlicher Aufsichtspflichten, VersR 1998, 812.

I. Normzweck

§ 829 ordnet eine für das deutsche Deliktsrecht seltene **Haftung aus Billigkeitsgründen** an, wobei es sich um eine eigene Anspruchsgrundlage handelt[1374]. Danach muss derjenige, welcher nach §§ **823 bis 826**[1375] für einen von ihm verursachten Schaden gemäß §§ 827, 828 nicht zur Verantwortung gezogen werden kann, für den Schaden aufkommen, wenn Ersatz nicht von einem aufsichtspflichtigen Dritten erlangt werden kann und die Haftung nach den Umständen, insbesondere nach den Verhältnissen der Beteiligten, der Billigkeit entspricht. Insoweit dürfen durch die Billigkeitshaftung dem Schädiger nicht die **Mittel zum angemessenen Unterhalt** oder zur **Erfüllung gesetzlicher Unterhaltspflichten** entzogen werden. Bei § 829 handelt es sich weder um eine Fortschreibung der verschuldensabhängigen Haftung noch um eine Gefährdungshaftung[1376]. Diese **eigenständige Kategorie** der Billigkeitshaftung dient vielmehr einer höheren Verteilungsgerechtigkeit[1377]. 353

II. Voraussetzungen und Haftungsumfang

Der aus Billigkeitsgründen Haftende muss zunächst den **objektiven Tatbestand** einer der genannten unerlaubten Handlungen (§§ 823 bis 826) **rechtswidrig verwirklicht** und einen Schaden verursacht haben[1378]. Des Weiteren müsste, da nur die fehlende Verschuldensfähigkeit (§§ 827 f.) durch § 829 überwunden wird, bei (unterstellter) Zurechnungsfähigkeit das Verhalten des Täters auch als vorsätzlich oder fahrlässig zu qualifizieren sein[1379]. Dies ist erforderlich, weil ansonsten ein Geisteskranker oder Minderjähriger haftungsrechtlich schlechter stünde als ein voll Verantwortlicher, welcher ohne Fahrlässigkeit nicht zur Verantwortung gezogen werden kann[1380]. Insbesondere im Falle von § 826 und § 823 Abs. 2 i. V. m. einem Vorsatzdelikt bedarf es deswegen einer (schwierigen) Parallelwertung im Sinne eines „als-ob-Vorsatzes“[1381]. Auf § 829 kann nur (subsidiär) zurückgegriffen werden, wenn eine **Haftung aufsichtspflichtiger Dritter** 354

1374 Vgl. etwa *Wandt*, § 16 Rn. 178.
1375 § 829 ist jedoch auch auf die abgeleiteten Haftungstatbestände aus vermutetem Verschulden (§§ 831, 833 S. 2, 836) anwendbar, Bamberger/Roth/*Spindler*, § 829 Rn. 10.
1376 Bamberger/Roth/*Spindler*, § 829 Rn. 1; eine Einordnung in die Gefährdungshaftung befürwortet *Larenz/Canaris*, Schuldrecht BT II/2, § 84 VII 2 a, S. 653, was fraglich erscheint. Es sollte nicht die Geisteskrankheit oder Minderjährigkeit einer besonderen Gefahrenquelle, wie sie etwa von einem Tier ausgeht, gleichgesetzt werden. Hier ist ein deutlicher rechtsethischer Unterschied zu den in § 833 S. 1 und § 7 StVG normierten Tatbeständen erkennbar. Auch sprechen gesetzessystematische Gründe gegen eine Gefährdungshaftung.
1377 MüKo/*Wagner*, Rn. 1.
1378 BGHZ 39, 281 (284); RGZ 146, 213 (215 f.); Soergel/*Spickhoff*, § 829 Rn. 9; *Medicus/Lorenz*, Schuldrecht II, Rn. 1263; *Wandt*, § 16 Rn. 179.
1379 BGHZ 39, 281 (284).
1380 *Medicus/Lorenz*, Schuldrecht II, Rn. 1263; problematisch erscheint deswegen die analoge Anwendung von § 829 in BGHZ 23, 90: Denn bei einem Kraftfahrer, der plötzlich eine Gehirnblutung erleidet, und dessen steuerloses Auto in eine Menschengruppe rast, fehlt es bereits an einem menschlichen Handeln im Zeitpunkt der Schädigung; die Entscheidung begrüßend mit Blick auf das Fortwirken der ursprünglichen Handlung *Medicus/Lorenz*, Schuldrecht II, Rn. 1263; Bamberger/Roth/*Spindler*, § 829 Rn. 2.
1381 Bamberger/Roth/*Spindler*, § 829 Rn. 2; MüKo/*Wagner*, § 829 Rn. 7.

(**§ 832 Abs. 1**) ausscheidet[1382]. Der Anwendung von § 829 steht es aber nicht entgegen, wenn der Schädiger zudem als Halter eines Kfz gemäß § 7 StVG haftet[1383].

Die Frage, ob die Billigkeit eine Haftung des nach §§ 827, 828 nicht verantwortlichen Schädigers erfordert, ist im Rahmen einer **Interessenabwägung anhand der „Verhältnisse der Beteiligten"** zu beurteilen[1384]. Dabei kommt es vorrangig auf eine wirtschaftliche Diskrepanz zwischen dem (besser gestellten) Schädiger und dem Geschädigten an[1385]. Dies gilt auch für die Höhe des zu zahlenden Schadensersatzes, solange dem Schädiger nicht die Mittel zum angemessenen Unterhalt (§ 1610) oder zur Erfüllung seiner gesetzlichen Unterhaltspflichten entzogen werden (§§ 1360 ff., 1569 ff., 1601 ff.)[1386]. Dabei stehen zunehmend Versicherungsverhältnisse im Vordergrund und weniger ein simpler Vermögensvergleich: Bedeutung gewinnt dann etwa die Frage, ob der Schädiger aufgrund einer Haftpflichtversicherung leistungsfähig erscheint, wenngleich hier vieles streitig erscheint[1387].

Der Haftungsumfang des Schädigers nach § 829 ist nicht von vornherein beschränkt, sondern kann bis zum **Ersatz des vollständigen Schadens** reichen. Auch ist der Ersatz eines immateriellen Schadens (§ 253 Abs. 2) möglich. Der Rechtsgedanke von § 829 kann im Übrigen auch im Rahmen von § 254 zur Anwendung kommen und zur Kürzung des Schadensersatzes führen.

4. Abschnitt: **Gefährdungshaftung**

Literatur: *Bürge*, Die Entstehung und Begründung der Gefährdungshaftung im 19. Jahrhundert und ihr Verhältnis zur Verschuldenshaftung – eine Skizze, FS Canaris, 2007, Bd. I, S. 59; *Canaris*, Die Gefährdungshaftung im Lichte der neueren Rechtsentwicklung, JBl 1995, 2; *Kötz*, Haftung für besondere Gefahr, AcP 170 (1970), 1; *Laufs*, Deliktische Haftung ohne Verschulden? – eine Skizze, FS Gernhuber, 1993, S. 245; *Medicus*, Gefährdungshaftung im Zivilrecht, Jura 1996, 561.

355 Deliktische Vorschriften beruhen in Deutschland regelmäßig auf dem **Verschuldensprinzip**, das sich aus Gerechtigkeitsüberlegungen speist (vgl. bereits oben Rn. 130)[1388]. Mit dem im 19. Jahrhundert beginnenden technischen Fortschritt wurden jedoch auch die damit einhergehenden besonderen Gefahren deutlicher erkannt und diesen durch die Einführung spezifischer Gefährdungshaftungstatbestände Rechnung getragen[1389]. Das Reichshaftpflichtgesetz von 1871 sah insoweit für Betreiber von Bahnanlagen eine **Gefährdungshaftung** vor, die gewissermaßen als **zweite Säule** neben das Prinzip der Verschuldenshaftung trat (vgl. oben Rn. 131). Diese Gefährdungshaftung wurde in Spezialgesetzen außerhalb des BGB inhaltlich

1382 *Brand* JuS 2012, 673 (680); *Wandt*, § 16 Rn. 179.
1383 BGHZ 23, 90 (98); BGHZ 127, 186 (193) = NJW 1995, 452 (454); *Fuchs/Pauker*, Delikts- und Schadensersatzrecht, S. 193.
1384 Bamberger/Roth/*Spindler*, § 829 Rn. 6 f.
1385 BGHZ 76, 279 (284) = NJW 1980, 1623 (1624); BGH NJW 1979, 2096.
1386 Bamberger/Roth/*Spindler*, § 829 Rn. 6.
1387 *Medicus/Lorenz*, Schuldrecht II, Rn. 1267; Bamberger/Roth/*Spindler*, § 829 Rn. 8; *Fuchs* AcP 191 (1991), 324 ff.
1388 „Als krasse Fehleinschätzung der Herausforderungen seiner Zeit" geißeln *Kötz/Wagner*, Deliktsrecht, Rn. 492 dagegen den Ausspruch *Rudolf v. Iherings*, wonach nicht der Schaden zum Schadensersatz verpflichte, sondern vornehmlich die Schuld.
1389 Dauner-Lieb/Langen/*Katzenmeier*, Vorbem. §§ 823 ff. Rn. 22.

erweitert und verfeinert[1390]. Relevante Tatbestände enthalten § 833 S. 1, § 7 Abs. 1 StVG, §§ 1, 2 HaftpflG, § 1 Abs. 1 ProdHaftG, § 1 UmweltHaftG, § 89 Abs. 2 S. 1 WHG, § 717 Abs. 2 S. 1 ZPO. Größere Prüfungsrelevanz für die Klausur kommt jedoch nur § 833 S. 1, § 7 StVG und § 1 ProdHaftG zu. Die Fälle der Gefährdungshaftung werden dabei vom Gesetzgeber **enumerativ** geregelt[1391].
Die Gefährdungshaftung knüpft an die Verantwortung für die **Unterhaltung einer bestimmten Gefahrenquelle** an[1392]. Denn der Schädiger hat ein spezifisches Schadensrisiko dadurch gesetzt, dass er bspw. eine gefährliche Anlage betreibt oder eine gefährliche Sache benutzt[1393]. In der Rechtsgutsverletzung des Opfers muss sich somit gerade diese spezifische Gefahr realisieren. Anknüpfungspunkt der Gefährdungshaftung ist somit anders als im übrigen Deliktsrecht nicht ein rechtswidriges und schuldhaftes Handeln oder Unterlassen des Verantwortlichen[1394], sondern **ein rechtlich erlaubtes, aber gefährliches Tun**[1395]. Der Gesetzgeber kann sich beispielsweise zur Anordnung einer Gefährdungshaftung entschließen, weil die Schadenswahrscheinlichkeit bei der Tätigkeit des Verantwortlichen signifikant erhöht ist oder der drohende Schadensumfang gewaltig erscheint[1396].
Für die Frage, ob die Deliktsfähigkeit von Minderjährigen im Einzelfall vorliegt, werden jedoch zum Teil §§ 104 f. analog angewandt[1397], andererseits aber auch eine Analogie zu §§ 827 f. bevorzugt[1398]. Dies erscheint zumindest vordergründig als Systembruch.

§ 18 Haftung nach § 833 S. 1 (Haftung des (Luxus-)Tierhalters)

I. Prüfungsaufbau

356

Haftung nach § 833 S. 1	
1.	Rechtsgutsverletzung
2.	Durch ein (Luxus-)Tier (Verwirklichung der spezifischen Tiergefahr)
3.	Tierhaltereigenschaft
4.	Haftungsausschluss/Mitverschulden

II. Normzweck

Der im Vergleich zum römischen Recht weitergehende[1399] Tatbestand des § 833 S. 1 normiert mit der Haftung des Tierhalters **die einzige im BGB enthaltene** 357

1390 *Fuchs/Pauker*, Delikts- und Schadensersatzrecht, S. 6.
1391 BGHZ 55, 229 (234); *Larenz/Canaris*, Schuldrecht BT II/2, § 84 I 1 b, S. 601; *Looschelders*, Schuldrecht BT, § 71 Rn. 1442; zu einer analogen Anwendung der Gefährdungshaftungstatbestände aber *Kötz/Wagner*, Deliktsrecht, Rn. 509 ff.
1392 *Wandt*, § 21 Rn. 1; *Looschelders*, Schuldrecht BT, § 71 Rn. 1439.
1393 Plastisch auch *Fuchs/Pauker*, Delikts- und Schadensersatzrecht, S. 255.
1394 *Kötz/Wagner*, Deliktsrecht, Rn. 492; Dauner-Lieb/Langen/*Katzenmeier*, Vorbem. §§ 823 ff. Rn. 23.
1395 *Looschelders*, Schuldrecht BT, § 71 Rn. 1441.
1396 Vgl. auch *Fuchs/Pauker*, Delikts- und Schadensersatzrecht, S. 257, 259.
1397 *Wandt*, § 21 Rn. 9 (für § 7 StVG).
1398 Vgl. zum Meinungsstand auch *Fuchs/Pauker*, Delikts- und Schadensersatzrecht, S. 256.
1399 Siehe hierzu Staudinger/*Belling/Eberl-Borges*, § 833 Rn. 1 m. w. N.; vgl. zum gemeinen Recht *Schünemann* JuS 1978, 376 f.

Gefährdungshaftung[1400]. Ihre dogmatische Rechtfertigung findet diese im Umstand, dass dem Halter des Tieres einerseits der alleinige Nutzen zukommt, er aber andererseits das Tier nicht vollständig kontrollieren kann, da Tiere „als lebende Organismen eine eigene Kraftquelle darstellen“[1401].

III. Tatbestand

358 Bezüglich der Tatbestandsvoraussetzungen des Haltens eines Tieres und der oft schwierigen Abgrenzung des **„Luxustieres“** (das allein der Gefährdungshaftung des § 833 S. 1 unterfällt) vom Nutztier (für das die Exkulpationsmöglichkeit nach § 833 S. 2 besteht[1402]) s. oben Rn. 339 ff. Gerade für § 833 S. 1 als Gefährdungshaftungstatbestand ist von Bedeutung, dass sich in der eingetretenen Rechtsgutsverletzung eine **spezifische Tiergefahr** verwirklicht haben muss (dazu oben Rn. 341)[1403]. Maßgeblich ist, dass sich die tierische Unberechenbarkeit ausgewirkt hat. Ob § 833 S. 1 etwa auch eine Haftung für Mikroorganismen (wie Bakterien) ermöglicht, wird von der h. M. zu Recht verneint. Eine Haftungslücke wird bei Annahme der Verletzung einer Verkehrssicherungspflicht bereits durch § 823 Abs. 1 verhindert[1404].
Eine Exkulpationsmöglichkeit besteht im Rahmen der Gefährdungshaftung nach § 833 S. 1 naturgemäß nicht. Bereits vor Inkrafttreten des Schadensersatzrechtsmodernisierungsgesetzes 2002 konnte über § 833 S. 1 auch ein **Schmerzensgeldanspruch** geltend gemacht werden (§ 847 BGB a. F.). Nunmehr ergibt sich dieses Ergebnis unproblematisch aus § 253 Abs. 1, 2.

§ 19 Haftung nach § 7 Abs. 1 StVG (Haftung des Fahrzeughalters)

I. Prüfungsaufbau

359

Haftung nach § 7 Abs. 1 StVG
1. Rechtsgutsverletzung (Leben, Gesundheit oder Sache)
2. Bei dem Betrieb eines Kraftfahrzeugs oder Anhängers
3. Halter des Fahrzeugs
4. Schutzzweck der Norm (Verwirklichung der spez. Gefahr)
5. Haftungsausschluss: Höhere Gewalt, § 7 Abs. 2 StVG

II. Normzweck

360 § 7 Abs. 1 StVG normiert eine **Gefährdungshaftung des Kfz-Halters** für Schäden, welche sich beim Betrieb seines Kfz oder Anhängers ereignen. Die Vorschrift will einen möglichst weitgehenden zivilrechtlichen Schutz der anderen Verkehrsteil-

1400 *Fuchs/Pauker*, Delikts- und Schadensersatzrecht, S. 260; *Looschelders*, Schuldrecht BT, § 71 Rn. 1438.
1401 So Staudinger/*Belling/Eberl-Borges*, § 833 Rn. 5, 41 m. w. N.
1402 Diese Unterscheidung schreiben *Kötz/Wagner*, Deliktsrecht, Rn. 493, dem damaligen „Druck der Landwirtschaftslobby“ zu.
1403 *Fuchs/Pauker*, Delikts- und Schadensersatzrecht, S. 262.
1404 *Larenz/Canaris*, Schuldrecht BT II/2, § 84 II 1, S. 613.

nehmer verwirklichen[1405]. Obwohl Unfälle im Straßenverkehr neben Mietrechtsprozessen in der Gerichtspraxis häufig den Alltag bestimmen[1406], wird § 7 StVG und der sachlich zusammenhängenden Vorschrift des § 18 StVG (Haftung für vermutetes Verschulden) in der juristischen Ausbildung bis zum ersten Staatsexamen nur eine untergeordnete Bedeutung beigemessen[1407]. § 7 Abs. 1 StVG ist dabei nicht nur als **Anspruchsnorm** relevant, sondern regelt auch die mit einem Kfz einhergehende **mitwirkende Betriebsgefahr**[1408], welche im Rahmen von § 254 (analog) Beachtung finden kann. Selbst bei der Begründung eines Aufwendungsersatzanspruchs nach §§ 670, 683 im Fall der Selbstaufopferung des Geschäftsführers im Straßenverkehr spielt § 7 StVG eine wichtige Rolle (siehe dazu oben Rn. 49).

III. Tatbestandsvoraussetzungen

1. Rechtsgutsverletzung

Für die Erfüllung des Tatbestandes von § 7 Abs. 1 StVG ist nur die Verletzung bestimmter Rechtsgüter (Tötung eines Menschen, Verletzung des Körpers, der Gesundheit eines Menschen oder die Beschädigung einer Sache) von Interesse. Einen relevanten Sachschaden stellt dabei auch die Beeinträchtigung eines **Besitzrechts** dar[1409]. Ein reiner Vermögensschaden kann dagegen keine Haftung nach § 7 StVG auslösen[1410]. Der BGH hat zudem jüngst in Übereinstimmung mit der h. L. klargestellt, dass das betriebene Kfz selbst, welches beschädigt wird, nicht im **Schutzbereich der Norm** liegt[1411]. Relevant wird dies, wenn Fahrzeughalter und Eigentümer des geführten und zugleich geschädigten Kfz personenverschieden sind. 361

Bsp.[1412]: B hat von A ein neues Kfz der Marke BMW geleast. Dieses wird im Rahmen eines allein durch C verursachten Unfalls beschädigt. – Fraglich ist, ob neben C auch B dem A auf Schadensersatz haftet, wenn B schuldlos gehandelt hat. Ein Anspruch aus § 280 Abs. 1 i. V. m. dem Leasingvertrag oder ein Anspruch aus § 823 Abs. 1 scheidet dann aus. In Betracht kommt allein eine Haftung des B aus § 7 Abs. 1 StVG. Der Leasingnehmer ist, da er das Fahrzeug auf eigene Rechnung unterhält und nutzt, als Halter anzusehen. A wurde auch in seinem Eigentum an dem Kfz, das er immer noch innehat, verletzt. Ein Anspruch aus § 7 Abs. 1 StVG scheidet gleichwohl aus, weil die Beschädigung des Kfz, von dem die Betriebsgefahr ausgeht, nicht im Schutzzweck der Norm liegt[1413].

2. Beim Betrieb eines Kraftfahrzeugs oder Anhängers

a) Begriff des Kfz. § 1 Abs. 2 StVG definiert den **Begriff des Kfz** wie folgt: „Als Kraftfahrzeuge im Sinne dieses Gesetzes gelten Landfahrzeuge, die durch Maschinenkraft bewegt werden, ohne an Bahngleise gebunden zu sein.“ 362

1405 *Fuchs/Pauker*, Delikts- und Schadensersatzrecht, S. 265.
1406 Darauf weist etwa auch *Looschelders*, Schuldrecht BT, § 71 Rn. 1446 hin.
1407 *Garbe/Hagedorn* JuS 2004, 287.
1408 *Riehm*, JuS Lern-CD Zivilrecht I, Rn. 493.
1409 BGH NJW 1981, 749: Anspruch des Mieters eines KfZ, das durch Unfall beschädigt wird; vgl. *Wandt*, § 21 Rn. 7.
1410 *Wandt*, § 21 Rn. 10; *Looschelders*, Schuldrecht BT, § 71 Rn. 1447.
1411 BGH NJW 2011, 996 – „Leasingfall“; dazu *Faust* JuS 2011, 643; *Fuchs/Pauker*, Delikts- und Schadensersatzrecht, S. 265 f.
1412 Fall nach BGH NJW 2011, 996.
1413 BGH NJW 2011, 996.

Bsp.: Nicht dazurechnen somit also etwa Motorboote, Fahrräder und Straßenbahnen.

Außerdem ist ein Ausschluss der Gefährdungshaftung bei Fahrzeugen vorgesehen, welche nicht schneller als 20 km/h fahren (§ 8 Nr. 1 StVG)[1414].

Der **Begriff des Anhängers** verlangt, dass dieser dazu bestimmt ist, von einem Kfz mitgeführt zu werden[1415]. Auch der abgestellte Anhänger ist jedoch erfasst.

363 b) **Betrieb.** Die strenge verschuldensunabhängige Haftung des § 7 Abs. 1 StVG setzt den Eintritt eines Schadens voraus, der „bei dem Betrieb eines Kraftfahrzeugs oder eines Anhängers“ entstanden ist. Zudem muss der Schaden seine Ursache in der **spezifischen Gefahr** des Kraftfahrzeugs haben (zu diesem Schutzzweckzusammenhang näher Rn. 366).

Seit langem herrscht Streit darüber, wann ein Kfz oder ein Anhänger **betrieben** wird. Problematisch sind insbesondere Fälle, in denen das Kfz des Halters geparkt wurde oder auf andere Weise zum Stillstand gekommen ist[1416]. Überwiegend vertreten wird heute der **weite verkehrstechnische Betriebsbegriff:** Danach beginnt der Betrieb mit dem Ingangsetzen des Motors und endet erst mit dem Motorstillstand außerhalb des öffentlichen Verkehrsbereichs[1417]. Wesentlich restriktiver ist dagegen die **maschinentechnische Auffassung:** Nach deren Vertreter befindet sich ein Kfz nur dann in Betrieb, wenn seine Motorkräfte auf dieses einwirken[1418]. Damit würde eine Haftung gemäß § 7 Abs. 1 StVG nach Abschalten des Motors ausscheiden.

Nach h. M. befindet sich ein Kfz dagegen auf öffentlichen Straßen und Plätzen immer in Betrieb[1419]. Dies ist auch für einen **am Straßenrand oder auf einem öffentlichen Parkplatz (ordnungsgemäß) abgestellten Pkw oder Anhänger** anzunehmen[1420]. Auch ein wegen Benzinmangels liegengebliebenes Kfz befindet sich noch in Betrieb[1421]. Als Korrektiv gegen eine ausufernde Haftung dient dabei der Schutzzweck der Norm (siehe näher unter Rn. 366)[1422]. Denn für eine Haftung muss sich stets die Betriebsgefahr des parkenden Fahrzeugs ausgewirkt haben.

Bsp.: Die Betriebsgefahr verwirklicht sich nicht (in Gestalt des Mitverschuldenseinwands analog § 254), wenn ein Kind mit seinem Fahrrad oder Kickboard stürzt und gegen ein parkendes Auto stößt[1423]. Denn hier besteht aus Wertungsgründen kein Unterschied zum Fall, dass ein Kind gegen einen Baum oder ein sonstiges Hindernis stößt.

Einer Berührung mit dem Kfz oder dem Anhänger bedarf es zur Haftungsauslösung grundsätzlich nicht[1424].

1414 Vgl. auch *Looschelders*, Schuldrecht BT, § 71 Rn. 1448.
1415 BT-Drucks. 14/7752, S. 50, 56; *Wandt*, § 8 Rn. 7.
1416 Dazu auch *Fuchs/Pauker*, Delikts- und Schadensersatzrecht, S. 265 f.
1417 BGHZ 29, 163 f. = NJW 1959, 627; BGH NJW 1991, 2568; NJW 2005, 2081; NJW 2010, 3713; *Garbe/Hagedorn* JuS 2004, 287 (288 f.); *Wandt*, § 21 Rn. 12; *Looschelders*, Schuldrecht BT, § 71 Rn. 1451.
1418 BGH NJW 1975, 1886.
1419 *Looschelders*, Schuldrecht BT, § 71 Rn. 1451; *Wandt*, § 21 Rn. 12. Auf einem Privatgelände wird dies aber nur angenommen, wenn das Kfz noch bewegt wird.
1420 *Garbe/Hagedorn* JuS 2004, 287 (288); *Fuchs/Pauker*, Delikts- und Schadensersatzrecht, S. 267.
1421 BGHZ 29, 163 f. = NJW 1959, 627; *Fuchs/Pauker*, Delikts- und Schadensersatzrecht, S. 267.
1422 BGH NJW 2005, 354 (355).
1423 So BGH NJW 2005, 354 (355).
1424 BGH NJW 1988, 2802.

Bsp: A wird durch ein plötzlich in die Straße einfahrendes Kfz des B zum Ausweichen gezwungen und fährt gegen einen Baum. Auch hier liegt eine Schädigung durch den Betrieb eines Kfz (des B) vor[1425].

Jedoch wird eine Haftung nach § 7 Abs. 1 StVG von der Judikatur verneint, wenn nicht der Einsatz des **Kfz** als Beförderungsmittel, sondern **als Arbeitsgerät** im Vordergrund steht[1426].

Auch im Zusammenhang mit dem **Betrieb eines Anhängers** können sich Zweifelsfragen ergeben. Dabei ist es von Bedeutung, sich den Sinn der Erstreckung der Gefährdungshaftung auf Anhänger durch das **Schadensersatzrechtsänderungsgesetz von 2002**[1427] vor Augen zu führen. Die Verwendung von Anhängern beinhaltet eine Erhöhung der von einem Kfz ausgehenden Betriebsgefahr[1428], der der Gesetzgeber mit einer erweiterten Haftungspflicht gerecht werden will. **364**

Bsp.: Lkw-Anhänger, der nach links und rechts schwenkt.

Zudem sieht der Geschädigte häufig nur das Kennzeichen des Anhängers[1429]. Wenn dieser einem Dritten und nicht dem Fahrer des Kfz gehörte, waren vor der Gesetzesreform Ansprüche gegen den Schädiger kaum zu realisieren. Denn der Halter des Anhängers musste die Identität des Fahrers nicht preisgeben[1430].

Bsp.: Anhänger in diesem Sinne sind auch Wohnwagen[1431]. Anderes gilt hingegen für ein abgeschlepptes Kfz, da dieses nicht dafür vorgesehen ist, von einem Kraftfahrzeug mitgeführt zu werden[1432].

3. Halter

Als Halter ist anzusehen, „wer das Fahrzeug für eigene Rechnung nicht nur kurzfristig in Gebrauch hat und die tatsächliche Verfügungsgewalt darüber besitzt, die ein solcher Gebrauch voraussetzt“[1433]. Die Verfügungsgewalt äußert sich darin, Anlass, Zeit und Zeitpunkt der Fahrt selbst bestimmen zu können. Halter kann aber im Einzelfall auch der nur mittelbare Besitzer sein[1434]. **Mehrere Personen** können zugleich Halter sein, z. B. Mieter und Vermieter oder Eheleute[1435]. Die Frage, auf wen das Auto zugelassen ist (im Hinblick auf Kfz-Steuer und Versicherung) und wer Eigentümer ist, ist keineswegs allein entschei- **365**

1425 Dies soll nach einer sehr extensiven Entscheidung des BGH auch im Falle einer voreiligen Ausweichaktion in einer Tiefgarage gelten, vgl. BGH NJW 2005, 2081.

1426 BGH NJW 1975, 1887; *Fuchs/Pauker*, Delikts- und Schadensersatzrecht, S. 267.

1427 Zweites Gesetz zur Änderung schadensersatzrechtlicher Vorschriften vom 19. Juli 2002, BGBl I, S. 2674; vgl. auch *Looschelders*, Schuldrecht BT, § 71 Rn. 1446; ausführlich *Fuchs/Pauker*, Delikts- und Schadensersatzrecht, S. 268 f.

1428 Eingehend BT-Drucks. 14/7752, S. 29: „Die schweren Unfälle, an denen LKW- oder Wohnwagengespanne beteiligt sind, machen deutlich, dass mit der Verwendung von Anhängern häufig eine Erhöhung der von einem Kraftfahrzeug ausgehenden Betriebsgefahr verbunden ist.“

1429 *Looschelders*, Schuldrecht BT, § 71 Rn. 1446.

1430 BT-Drucks. 14/7752, S. 29: „In zunehmendem Maße sind zudem Kraftfahrzeugunfälle von Zugfahrzeugen mit Anhängern zu beobachten, bei denen den Geschädigten zur Identifizierung des Schädigers nur das Kennzeichen des Anhängers bekannt ist, das sich vom Kennzeichen des Zugfahrzeugs jedoch unterscheidet.“

1431 Vgl. zu einem abgestellten Anhänger auch OLG Saarbrücken NJW 2010, 945.

1432 BGH NJW 1963, 251; abweichend dagegen OLG Hamm NJW-RR 2009, 1031 (und die neuere Judikatur); dazu *Fuchs/Pauker*, Delikts- und Schadensersatzrecht, S. 269.

1433 BGHZ 13, 351 (354); *Burmann/Heß/Jahnke/Janker*, StVR, § 7 StVG Rn. 5; *Riehm*, JuS Lern-CD Zivilrecht I, Rn. 493; *Wandt*, § 21 Rn. 8; *Fuchs/Pauker*, Delikts- und Schadensersatzrecht, S. 272 f.; *Looschelders*, Schuldrecht BT, § 71 Rn. 1449.

1434 *Wandt*, § 21 Rn. 8.

1435 *Wandt*, § 21 Rn. 8.

dend[1436]. So ist der Leasingnehmer Halter des Kfz, obwohl der Leasinggeber noch die Eigentümerstellung innehat[1437]. Kein Halter ist hingegen ein Mieter, welcher das Kfz nur kurzzeitig nutzt[1438]. Auch die Polizei, die das Kfz eines Betrunkenen in Verwahrung nimmt, ist nicht als Halter anzusehen. Der **Minderjährigenschutz** wirkt sich auch bei Begründung der Haltereigenschaft aus, sodass es analog §§ 104 ff. regelmäßig des Einverständnisses der gesetzlichen Vertreter bedarf[1439]. Aus Sicht des Geschädigten erscheinen in der Praxis Abgrenzungsfragen hinsichtlich der Haltereigenschaft weniger bedeutsam, da er einen Direktanspruch gegen die Haftpflichtversicherung besitzt, § 3 PflVG.

4. Einschränkungen der Haftung nach dem Schutzzweck der Norm

366 Bei dem eingetretenen Schaden muss sich gerade eine Gefahr realisieren, die mit dem Fahrzeug als Verkehrsmittel in Zusammenhang steht (**Realisierung der Betriebsgefahr**)[1440]. Hierher gehören etwa die Entfaltung von Geschwindigkeit und der Bremsweg. In anderen Fällen scheidet dagegen eine Haftung infolge eines kausal durch den Unfall verursachten Schadens aufgrund des **Schutzzwecks der Norm** aus[1441]. Der im Rahmen von § 7 Abs. 1 StVG erforderliche Zurechnungszusammenhang fehlt, „wenn die Schädigung nicht mehr eine spezifische Auswirkung derjenigen Gefahren ist, für die die Haftungsvorschrift den Verkehr schadlos halten will“[1442]. Eine Zurechnung scheidet insbesondere bei Schäden aus, die trotz des Unfallgeschehens die **Verwirklichung eines eigenständigen Gefahrenkreises** erkennen lassen[1443]. Kein Zusammenhang mit dem Betrieb eines Kfz besteht etwa, wenn der in seinem Eigentum Geschädigte vor Aufregung über das betrügerische Verhalten des Unfallverursachers eine Gehirnblutung erleidet[1444]. Im Übrigen würde wohl auch eine Haftung aus § 823 Abs. 1 an der fehlenden Zurechenbarkeit scheitern[1445].

Bsp.: Keine Haftung nach § 7 Abs. 1 StVG soll eintreten, wenn aufgrund einer durch einen Unfallknall erzeugten Panikreaktion Zuchtschweine in Intensivtierhaltung verenden[1446]. Gleiches gilt nach Landung eines Rettungshubschraubers nahe der Unfallstelle[1447]. Hingegen kommt nach Ansicht des BGH sehr wohl eine Haftung des Halters nach § 7 Abs. 1 StVG in Betracht, wenn das Fahrzeug als Mordwerkzeug benutzt wird[1448]. Eine Haftungsbefreiung tritt nur bei einer Schwarzfahrt ein[1449].

5. Haftungsausschluss

367 **a) Höhere Gewalt.** Im Falle **höherer Gewalt** kommt dem Fahrzeughalter nach § 7 Abs. 2 StVG ein Haftungsausschluss zugute. Die (strengen) Voraussetzun-

1436 *Wandt*, § 21 Rn. 8.
1437 BGHZ 173, 182 = NJW 2007, 3120; *Fuchs/Pauker*, Delikts- und Schadensersatzrecht, S. 272 f.
1438 BGHZ 32, 332 (334).
1439 Dafür etwa *Larenz/Canaris*, Schuldrecht BT II/2, § 84 I 2 g, S. 609. Nach a. A. ist dafür § 828 Abs. 3 heranzuziehen.
1440 Vgl. etwa auch *Wandt*, § 21 Rn. 11; vgl. auch *Fuchs/Pauker*, Delikts- und Schadensersatzrecht, S. 270: Das Merkmal der Adäquanz besitzt demgegenüber keine eigene Bedeutung; *Coester-Waltjen* Jura 2004, 173, 175.
1441 *Fuchs/Pauker*, Delikts- und Schadensersatzrecht, S. 270.
1442 BGH NJW 2005, 2081; dazu auch *Wandt*, § 21 Rn. 13.
1443 BGH NJW 2004, 1375; OLG Frankfurt NJW-RR 2004, 172; *Looschelders*, Schuldrecht BT, § 72 Rn. 1452.
1444 BGH NJW 1989, 2616; dazu auch *Wandt*, § 21 Rn. 14.
1445 BGH NJW 1976, 1143.
1446 BGH NJW 1991, 2568; *Wandt*, § 21 Rn. 14.
1447 BGHZ 115, 84.
1448 BGHZ 37, 311 ff.; *Larenz/Canaris*, Schuldrecht BT II/2, § 84 III 1 d.
1449 *Wandt*, § 21 Rn. 24.

gen hierfür sind aber nur erfüllt, „wenn es um ein **außergewöhnliches, betriebsfremdes,** von außen durch elementare Naturkräfte oder durch Handlungen dritter (betriebsfremder) Personen herbeigeführtes und nach menschlicher Einsicht und Erfahrung unvorhersehbares **Ereignis** geht, das mit wirtschaftlich erträglichen Mitteln und auch durch **äußerste, vernünftigerweise zu erwartende Sorgfalt** nicht verhindert werden kann und das auch nicht im Hinblick auf seine Häufigkeit in Kauf genommen zu werden braucht“[1450]. Eine Entlastung des Halters erfolgt also nicht bereits deswegen, weil dieser geltend macht, dass das Ereignis auch bei Anwendung äußerster Sorgfalt nicht abzuwenden gewesen wäre.

> **Bsp.:** Höhere Gewalt liegt im Falle unvorhersehbarer Naturereignisse (Blitz, Erdbeben, Erdrutsch, Lawinen, Überflutungen) oder bei Attentaten sowie einer Selbsttötung durch Überfahrenlassen vor[1451]. Keine höhere Gewalt wird dagegen angenommen, wenn der Fahrer plötzlich bewusstlos wird, plötzlich Glatteis auftritt oder ein Reifen platzt.

Anders als unter der Geltung von § 7 Abs. 2 StVG a. F. („unabwendbares Ereignis“) ist es somit nicht mehr für die Entlastung des Halters ausreichend, dass auch der sog. Idealfahrer die Gefahr nicht erkennen und vermeiden konnte[1452].

Auswirkungen hat die seit dem **Schadensersatzrechtsänderungsgesetz** 2002 gel- 368
tende neue Fassung von § 7 Abs. 2 StVG[1453], welche nur noch Umstände höherer Gewalt für entlastend erklärt, vor allem mit Blick auf die Teilnahme von **Kindern im Straßenverkehr** (§ 828 Abs. 1, 2). Kinder, die plötzlich die Fahrbahn betreten und einen Kfz-Fahrer zu einem schädigenden Ausweichmanöver zwingen oder einen Zusammenstoß verursachen, rechtfertigen die Annahme höherer Gewalt nicht. Dies ergibt sich auch unmittelbar aus den Materialien des Reformgesetzgebers[1454]: „Der Kraftfahrzeughalter wird künftig auch gegenüber Kindern bis zum vollendeten 10. Lebensjahr einer Haftung nicht mehr durch den Nachweis eines unabwendbaren Ereignisses entgehen können.“ Damit kann ein Fehlverhalten nicht schuldfähiger Kinder keine höhere Gewalt darstellen[1455].

> **Bsp.[1456]:** Als A mit seinem Pkw gerade im Nebel die S-Straße befährt, springt plötzlich ein siebenjähriges Kind zwischen geparkten Pkw auf die Straße und wird von ihm verletzt. – Eine Haftung des A nach § 7 Abs. 1 StVG ist nicht nach § 7 Abs. 2 StVG ausgeschlossen. Es handelt sich um kein verkehrsfremdes Verhalten.

Unter Umständen kann in diesen Fällen jedoch eine Billigkeitshaftung nach § 829 in Betracht kommen, sofern die Eltern nicht vorrangig nach § 832 wegen einer Aufsichtspflichtverletzung zur Verantwortung zu ziehen sind.

b) Schwarzfahrten, § 7 Abs. 3 StVG. Ein Haftungsausschluss ist nach § 7 Abs. 3 369
S. 1 StVG zudem für den Fall vorgesehen, dass dem Halter das Kfz ohne sein

---

1450 BGHZ 7, 338 (339); 62, 351 (354); BGH NJW 1986, 2312; vergleichbar *Wandt*, § 21 Rn. 16; *Brox/Walker*, Besonderes Schuldrecht, § 54 Rn. 11.

1451 *Looschelders*, Schuldrecht BT, § 72 Rn. 1455.

1452 *Wandt*, § 21 Rn. 17 (unter Hinweis auf § 17 Abs. 3 StVG, der dieses Merkmal noch kennt); *Fuchs/Pauker*, Delikts- und Schadensersatzrecht, S. 272.

1453 Dazu auch *Wandt*, § 21 Rn. 18; *Fuchs/Pauker*, Delikts- und Schadensersatzrecht, S. 272; *Friedrich* NZV 2004, 227 (229 f.).

1454 BT-Drucks. 14/7752, S. 30.

1455 LG Bielefeld NJW 2004, 2245 (2246); *Friedrich* NZV 2004, 227 (229 f.).

1456 Nach *Garbe/Hagedorn* JuS 2004, 287 (289).

Wissen und Willen das Fahrzeug entzogen wird und der Fahrzeughalter dem Schwarzfahrer die Benutzung **nicht schuldhaft ermöglicht** hat[1457]. Andernfalls (z. B. unverschlossenes Abstellen des Kfz) ist er neben dem Fahrer verantwortlich[1458]. Ein Haftungsausschluss kommt zudem nicht in Betracht, wenn der Schwarzfahrer für den Betrieb des Kfz angestellt wurde (§ 7 Abs. 3 S. 2 StVG).

Bsp.: Eine Schwarzfahrt stellt die eigenmächtige private Nutzung eines Geschäftswagens ohne Genehmigung des Halters dar. Anders ist dies zu beurteilen, wenn geringfügige Abweichungen im Hinblick auf Zweck, Ziel und Dauer der Fahrt vorliegen.

370 c) **Vertraglicher Haftungsausschluss, § 8a StVG.** Nach § 8a StVG ist zudem ein vertraglicher Haftungsausschluss möglich.

6. Mitverschulden

371 Mitverschulden des Geschädigten wird im Bereich des StVG nach § 9 StVG, § 254 zugerechnet[1459], wobei § 17 Abs. 2 StVG (vgl. sogleich 7.) im Falle der Beteiligung mehrerer Kfz eine *lex specialis* zu § 254 normiert. Im Rahmen von § 17 StVG sind insbesondere sog. Haftungsquoten zu bilden[1460].

Bsp.[1461]: Der 11-jährige Radfahrer D fährt plötzlich in die Straße ein und stößt mit dem aus einer Grundstücksausfahrt fahrenden Lkw des Halters H zusammen. Hat D gegen H einen Anspruch nach § 7 Abs. 1 StVG? – Der Zusammenstoß beruhte aus Sicht des H nicht auf höherer Gewalt nach § 7 Abs. 2 StVG. Dagegen spricht bereits der Verstoß gegen § 10 StVO. Jedoch ist D ein Mitverschulden anzulasten, da er die Gefahr voraussehen hätte können. D besitzt auch nach § 828 Abs. 3 die notwendige Einsichtsfähigkeit. Auf die Steuerungsfähigkeit kommt es dagegen nicht an. Insoweit kann eine Mithaftung des D von ⅓ angenommen werden, welche nach § 9 StVG i. V. m. § 254 berücksichtigt wird.

Auch die von jedem Kfz ausgehende **mitwirkende Betriebsgefahr** wird nach überwiegender Auffassung im Rahmen von § 254 (analog) berücksichtigt. Dass § 254 seinem Wortlaut nach nur Verschulden erfasst, soll dafür kein Hindernis darstellen[1462]. Die Betriebsgefahr wird dem Geschädigten auch dann angerechnet, wenn der Schädiger nicht aus Gefährdung (§ 7 Abs. 1 StVG), sondern aus Verschulden (§ 823 Abs. 1) haftet[1463].

7. Zusammentreffen von mehreren Haltern oder Fahrern

372 Für die Haftung mehrerer unfallbeteiligter Halter (oder Fahrer, § 18 Abs. 3 StVG) gegeneinander sind die Spezialregelungen in § 17 StVG zu beachten. § 17 Abs. 1 StVG thematisiert dabei den Fall der **Schädigung eines Dritten** und enthält eine **Sonderregelung zu § 426**[1464]. § 17 Abs. 2 StVG regelt hingegen das Haftungsverhältnis zwischen mehreren Kfz-Haltern für deren eigene Schäden und sieht Abweichungen zu § 254 vor[1465]. Nach § 17 Abs. 3 bewirkt das Vorliegen eines **unabwendbaren Ereignisses** in den genannten Konstellationen einen Haftungsausschluss. Ansonsten hätte auch ein Idealfahrer stets die Betriebsgefahr seines Kfz zu tragen[1466].

1457 *Wandt*, § 21 Rn. 24.
1458 *Looschelders*, Schuldrecht BT, § 72 Rn. 1456.
1459 BGH NJW 1990, 1483; *Wandt*, § 21 Rn. 30.
1460 Dazu auch *Looschelders*, Schuldrecht BT, § 72 Rn. 1468.
1461 Ähnliches Beispiel bei *Garbe/Hagedorn* JuS 2004, 287 (291).
1462 MüKo/*Oetker*, § 254 Rn. 12, 14, 114.
1463 BGHZ 6, 319; 12, 124; *Wandt*, § 27 Rn. 7.
1464 *Looschelders*, Schuldrecht BT, § 72 Rn. 1468.
1465 *Looschelders*, Schuldrecht BT, § 72 Rn. 1469.
1466 Dazu auch *Wandt*, § 21 Rn. 19 f.

8. Konkurrenzen

Eine **Anspruchskonkurrenz** ergibt sich im Verhältnis zu den verschuldensabhängigen Ansprüchen nach §§ 823 ff., wie auch aus § 16 StVG folgt, und außerdem zu § 18 StVG, wenn Halter und Fahrer personenidentisch sein sollten[1467]. Mehrere Kfz-Halter oder Kfz-Fahrer sind als Gesamtschuldner verantwortlich, § 421. 373

9. Umfang der Haftung

Die Haftung aus § 7 StVG ist auf feste Höchstbeträge beschränkt (§ 12 StVG)[1468], also 5 Mio. Euro für Personenschäden und 1 Mio. Euro bei Sachbeschädigungen (siehe außerdem § 12a StVG für Gefahrguttransporte). 374

Aus der Sicht der Praxis ist zudem von großer Bedeutung, dass der Geschädigte im Rahmen der Haftpflichtversicherung einen **direkten Ersatzanspruch** gegen den Kfz-Versicherer (§ 3 PflVG) besitzt.

§ 20 Produkthaftung nach § 1 Abs. 1 ProdHaftG

I. Allgemeines

Im sachlichen Zusammenhang mit der sog. Produzentenhaftung (siehe oben Rn. 278 ff.), welche sich nach den allgemeinen, aber im Hinblick auf die Beweislast modifizierten deliktischen Regeln richtet, wurde bereits auf die **Produkthaftung** hingewiesen. Diese betrifft die Haftung des Herstellers für Folgeschäden aus der Verwendung eines Produktes, vgl. §§ 1 f. ProdHaftG[1469]. § 1 ProdHaftG stellt somit ein weiteres wichtiges Beispiel einer **Gefährdungshaftung** im deutschen Recht dar, welche auf europäischem Richtlinienrecht beruht[1470]. Im Klausuraufbau sollte diese Anspruchsgrundlage aufgrund der geringeren Prüfungsanforderungen einem Anspruch aus § 823 Abs. 1 vorangestellt werden[1471]. 375

II. Voraussetzungen

1. Rechtsgutverletzung

§ 1 Abs. 1 ProdHaftG normiert eine verschuldensunabhängige Gefährdungshaftung des Herstellers eines Produkts. Die Anwendbarkeit des ProdHaftG unterstellt (§ 16 und § 15 ProdHaftG), verlangt die Vorschrift zunächst eine **Rechtsgutsverletzung** i. S. v. § 1 Abs. 1 ProdHaftG[1472]. Von der Vorschrift geschützt sind das Leben, der Körper und die Gesundheit sowie das Eigentum. Dabei ist von Bedeutung, dass tatbestandsmäßig nur Schäden an **anderen** Sachen als dem fehlerhaften Produkt erfasst werden[1473]. Die im Rahmen von § 823 Abs. 1 beschriebene Problematik der Weiterfresserschäden kann somit im Rahmen von § 1 Abs. 1 ProdHaftG (richtigerweise) von Anfang an nicht 376

1467 *Looschelders*, Schuldrecht BT, § 72 Rn. 1471.
1468 *Wandt*, § 21 Rn. 28.
1469 Vgl. zu dieser Doppelgleisigkeit auch *Looschelders*, Schuldrecht BT, § 61 Rn. 1255; umfassend zum Themenkreis auch *Fuchs/Baumgärtner* JuS 2011, 1057 ff.
1470 EG-Produkthaftungsrichtlinie (85/374/EWG, ABl. L 210/29 vom 7.8.1985); dazu *Riehm* EuZW 2010, 567; *Wandt*, § 21 Rn. 49; Bamberger/Roth/*Spindler*, § 823 Rn. 482; *Looschelders*, Schuldrecht BT, § 61 Rn. 1268, 1479.
1471 Ebenso *Wandt*, § 21 Rn. 49; *Fuchs/Baumgärtner* JuS 2011, 1057.
1472 *Looschelders*, Schuldrecht BT, § 61 Rn. 1268.
1473 *Fuchs/Pauker*, Delikts- und Schadensersatzrecht, S. 303.

zur Entfaltung kommen[1474]. Dies gilt richtigerweise auch dann, wenn ein Mangel eines zugelieferten Teils zur Beschädigung des Endprodukts beiträgt[1475]. Aus § 2 ProdHaftG kann kein sinnvoller Gegenschluss gezogen werden, ohne die Grenzen des Gewährleistungsrechts durch einen Gefährdungshaftungstatbestand aufzuweichen[1476]. § 1 ProdHaftG bietet im Übrigen keinen Schutz gegen reine Vermögensverletzungen.

2. Produkt für den privaten Ge- oder Verbrauch bestimmt

377 Schließlich scheidet eine Haftung nach § 1 ProduktHaftG aus, wenn die beschädigte Sache nicht für den **privaten Ge-** oder **Verbrauch** bestimmt ist[1477]. Zudem muss diese von dem Geschädigten hauptsächlich dazu verwendet worden sein.

3. Produkt i. S. v. § 2 ProdHaftG

Produkte sind industriell oder handwerklich gefertigte bewegliche Sachen (§ 2 ProdHaftG) unabhängig vom Aggregatzustand[1478]. Erfasst sind somit auch Wasser, Dampf, Gas und andere Energieträger sowie **Elektrizität**[1479]. Auch einzeln hergestellte Sachen eines Handwerkers erfüllen dabei den Produktbegriff i. S. v. § 2 ProdHaftG[1480].

4. Produktfehler (§ 3 Abs. 1 ProdHaftG)

378 Nach § 3 Abs. 1 ProdHaftG liegt ein Produktfehler vor, sofern jenes hinsichtlich Konstruktion, Fabrikation und erforderlicher Instruktion nicht die Sicherheit für die von § 1 Abs. 1 ProdHaftG geschützten Güter bietet, die unter Berücksichtigung aller Umstände berechtigterweise erwartet werden. Gemäß § 3 Abs. 1 ProdHaftG gelten somit dieselben Maßstäbe wie bei der Beurteilung der Verkehrssicherungspflichten des Herstellers nach § 823 Abs. 1 (Produzentenhaftung)[1481]. Hingegen ist die Verletzung einer **Produktbeobachtungspflicht** wegen § 3 Abs. 1 lit. c ProdHaftG **nicht tatbestandsrelevant**[1482]. Wichtig erscheint der Hinweis, dass im Rahmen des ProdHaftG auch für „Ausreißer" gehaftet wird. Denn die individuelle Unvermeidbarkeit eines Produktfehlers spielt keine Rolle[1483].

5. Haftungsbegründende Kausalität

379 Im Rahmen von § 1 Abs. 1 ProdHaftG kann lediglich die Äquivalenz-, nicht aber die Adäquanztheorie als Filter herangezogen werden. Denn die strenge Produkthaftung soll gerade auch vor nicht erwartbaren Schäden schützen[1484]. Allenfalls

---

1474 Zum Streitstand MüKo/*Wagner*, § 1 ProdHaftG Rn. 9 ff.; *Larenz/Canaris*, Schuldrecht BT II/2, § 84 VI 1 c; abweichend *Katzenmeier* NJW 1997, 486 (492).

1475 *Larenz/Canaris*, Schuldrecht BT II/2, § 84 VI 1 c.

1476 Vgl. etwa auch *Riehm*, JuS Lern-CD Zivilrecht I, Rn. 495; im Ergebnis ebenso unter Hinweis auf die Entstehungsgeschichte der Vorschrift (BT-Drucks. 11/2447, S. 13) *Fuchs/Pauker*, Delikts- und Schadensersatzrecht, S. 303.

1477 *Fuchs/Pauker*, Delikts- und Schadensersatzrecht, S. 303.

1478 *Riehm*, JuS Lern-CD Zivilrecht I, Rn. 495; zu einzelnen kleineren Streitfragen, etwa ob auch verkörperte geistige Leistungen hierher gehören, *Fuchs/Pauker*, Delikts- und Schadensersatzrecht, S. 304.

1479 *Looschelders*, Schuldrecht BT, § 61 Rn. 1270.

1480 BGH NJW 1992, 1039.

1481 BGH NJW 2009, 1669 (1670); NJW 2009, 2952 (2953); *Looschelders*, Schuldrecht BT, § 61 Rn. 1270; *Riehm*, JuS Lern-CD Zivilrecht I, Rn. 495; *Fuchs/Pauker*, Delikts- und Schadensersatzrecht, S. 304.

1482 *Looschelders*, Schuldrecht BT, § 61 Rn. 1270.

1483 OLG Koblenz NJW-RR 1999, 1624; *Riehm*, JuS Lern-CD Zivilrecht I, Rn. 495.

1484 *Riehm*, JuS Lern-CD Zivilrecht I, Rn. 495.

auf das Korrektiv der höheren Gewalt (vgl. auch oben zu § 7 Abs. 2 StVG) wird vereinzelt als Korrektiv einer ausufernden Haftung zurückgegriffen[1485].

6. Hersteller i. S. v. § 4 ProdHaftG

Als Hersteller verantwortlich ist derjenige, welcher als **Unternehmer** das Endpro- 380
dukt, einen Grundstoff dazu oder ein Teilprodukt hergestellt hat. Auch die sog. **Quasi-Hersteller** (§ 4 Abs. 1 S. 2 ProdHaftG), welche ihren Namen oder ihre Marke auf der Ware, die ein anderer hergestellt hat, anbringen, sind verantwortlich[1486]. Des Weiteren sind die **Importeure** (§ 4 Abs. 2 ProdHaftG) und subsidiär die **Lieferanten** (vgl. näher § 4 Abs. 3 ProdHaftG) in die Haftung miteinbezogen. Mehrere Hersteller sind als Gesamtschuldner haftbar (§ 5 ProdHaftG).

7. Ausschluss der Produkthaftung nach § 1 Abs. 2 ProdHaftG und Haftungsumfang

Zu beachten ist schließlich, dass die Haftung des Herstellers nach § 1 Abs. 2, 3 381
ProdHaftG ausgeschlossen ist, wofür (weil für ihn günstig) der Hersteller nach § 1 Abs. 4 S. 2 ProdHaftG die Beweislast trägt (abweichend von § 1 Abs. 4 S. 1 ProdHaftG)[1487]. Weitere Bedeutung haben die **Selbstbeteiligung** nach § 11 ProdHaftG und das **Mitverschulden** nach § 6 ProdHaftG i.V.m § 254. Für Personenschäden ist die **Haftungshöchstgrenze** nach § 10 ProdHaftG (85 Mio. Euro) zu berücksichtigen[1488].

5. Abschnitt: **Personenmehrheiten auf Schädigerseite**

§ 21 Die Haftung mehrerer Schädiger – §§ 830, 840

Lit.: *Benicke,* Deliktische Haftung mehrerer nach § 830 BGB, Jura 1996, 127; *Eberl-Borges,* § 830 BGB und die Gefährdungshaftung, AcP 196 (1996), 491; *Hager,* Kausalität bei Massenschäden, FS Canaris, Bd I, 2007, S. 403; *v. Hein,* Neutrale Beihilfe im Zivilrecht, AcP 204 (2004), 761; *Kornblum,* Die folgenreiche Großdemonstration, JuS 1986, 600; *Kruse,* Haftung bei alternativer Kausalität, ZGS 2007, 135.

I. Gesamtschuldnerische Haftung nach § 830 Abs. 1 S. 1, Abs. 2 i. V. m. § 840

In § 830 Abs. 1 S. 1 und Abs. 2 ist **die Verantwortlichkeit** derjenigen Personen gere- 382
gelt, welche aufgrund einer **gemeinschaftlichen unerlaubten Handlung** einem anderen Schadensersatz zu leisten haben. § 830 Abs. 1 S. 1, Abs. 2 entsprechen in funktionaler Hinsicht den §§ 25 ff. StGB im Strafrecht[1489]. Die Begrifflichkeiten „Mittäter“, „Anstifter“ und „Gehilfe“ sind deswegen im strafrechtlichen Kontext zu interpretieren und auf vergleichbare Weise voneinander abzugrenzen[1490]. Gleichwohl fühlen sich Zivilgerichte durch vorangegangene strafgerichtliche Feststellungen nicht formell gebunden[1491]. Gemäß § 830 Abs. 2 haftet der Gehilfe im Zivilrecht

---

1485 *Larenz/Canaris,* Schuldrecht BT II/2, § 84 VI 1 e.
1486 *Riehm,* JuS Lern-CD Zivilrecht I, Rn. 495; *Looschelders,* Schuldrecht BT, § 61 Rn. 1271.
1487 *Fuchs/Pauker,* Delikts- und Schadensersatzrecht, S. 311.
1488 *Riehm,* JuS Lern-CD Zivilrecht I, Rn. 495.
1489 MüKo/*Wagner,* § 830 Rn. 2.
1490 BGHZ 63, 124 (126); 164, 50 (57); Erman/*Schiemann,* § 830 Rn. 3.
1491 BGHZ 8, 288 (293); MüKo/*Wagner,* § 830 Rn. 7.

überdies in gleicher Weise wie der Mittäter und Anstifter, während im Strafrecht seine Strafe gemäß § 27 Abs. 2 S. 2 StGB zwingend zu mildern ist.

383 § 830 bringt aber einen **allgemeinen Rechtsgedanken** zum Ausdruck, der vor allem aus dem Strafrecht bekannt ist: Die Feststellung der eigenen deliktischen Verantwortlichkeit tritt „zugunsten einer gemeinschaftlichen Haftung ... bei willentlichem Zusammenwirken" zurück[1492]. Die Funktion des § 830 Abs. 1 S. 1, Abs. 2 zeigt sich in der Zurechnung gegenseitiger Tatbeiträge[1493]. Es finden sich jedoch in der Literatur auch **Abweichungen von der strafrechtlichen Dogmatik**, etwa wenn die Möglichkeit einer fahrlässigen Mittäterschaft bejaht wird[1494], etwa wenn zwei Bauarbeiter gemeinsam einen Balken auf die Straße fallen lassen[1495]. Richtigerweise kann diese auch dem Strafrecht fremde Konstruktion[1496] für § 830 vernachlässigt werden, da der „Bauarbeiterfall" sich unproblematisch (zivil- wie strafrechtlich) als fahrlässige Nebentäterschaft begreifen lässt[1497].

Bsp.[1498]: A und B schießen im Wald auf eine aufgestellte Pappfigur, verfehlen aber jeweils das Ziel, wobei versehentlich eine Kugel den Spaziergänger S trifft, der verletzt zusammenbricht. Es lässt sich nicht ermitteln, von welchem Schützen die entscheidende Kugel stammte. – Im Rahmen des § 830 stellt sich dieses strafrechtliche Beweisproblem nicht, da für einen solchen Fall § 830 Abs. 1 S. 2 eingreift, der den Geschädigten gerade von dieser Beweisführung der Kausalität befreit, wenn die sonstigen Haftungsvoraussetzungen bei den Beteiligten vorliegen[1499]. Ein Bedarf für die Anerkennung der fahrlässigen Mittäterschaft ist im Zivilrecht somit nicht erkennbar[1500].

II. Haftung von Alternativtätern nach §§ 830 Abs. 1 S. 2, 840

1. Normzweck

384 Durch § 830 Abs. 1 S. 2 soll Geschädigten, für deren Rechtsgutsverletzung mehrere potenzielle Schädiger in Betracht kamen, sodass der wahre Pflichtige nicht oder nur schwer ermittelt werden kann, die Anspruchsdurchsetzung erleichtert werden[1501]. § 830 Abs. 1 S. 2 regelt somit die **Haftung bei alternativer oder kumulativer Kausalität**[1502].

2. Voraussetzungen

385 Hierbei wurden die Voraussetzungen der Anwendung des § 830 Abs. 1 S. 2 durch die Judikatur wie folgt konkretisiert[1503]: Die Vorschrift kann danach zur Anwendung kommen, wenn

---

1492 Bamberger/Roth/*Spindler*, § 830 Rn. 1.
1493 BGHZ 8, 288 (294); 111, 282 (284); i. E. auch *Larenz/Canaris*, Schuldrecht BT II/2, § 82 I 1 a, S. 564 f., die § 830 Abs. 1 Satz 1, Abs. 2 vor dem Hintergrund des erschwerten Kausalitätsnachweises beim einzelnen Beteiligten als Beweiserleichterung sehen, letztlich aber auch Tatbeiträge unabhängig hiervon zurechnen wollen, a. a. O., S. 565.
1494 Siehe insb. *Deutsch/Ahrens*, Deliktsrecht, Rn. 187 f.; in diese Richtung auch RGZ 58, 357 (359).
1495 *Deutsch/Ahrens*, Deliktsrecht, Rn. 188.
1496 *Lackner/Kühl*, StGB, § 25 Rn. 13.
1497 So auch MüKo/*Wagner*, § 830 Rn. 22; für das Strafrecht vgl. *Heinrich*, Strafrecht AT, Rn. 992 ff. m. w. N.
1498 *Heinrich*, Strafrecht AT, Rn. 998.
1499 Siehe hierzu sogleich Rn. 386.
1500 Vgl. dagegen aus strafrechtlicher Sicht *Hilgendorf* NStZ 1995, 561 (563).
1501 Protokolle bei Mugdan II, S. 606.
1502 PWW/*Schaub*, § 830 Rn. 7; Bamberger/Roth/*Spindler*, § 830 Rn. 18.
1503 BGHZ 72, 355 (358); vgl. auch RGZ 58, 357 (360 f.); BGHZ 33, 286 (292).

(1) unter Verzicht des Nachweises der Kausalität bei jedem Beteiligten ein anspruchsbegründendes Verhalten gegeben war,
(2) eine der handelnden Personen den Schaden verursacht haben muss und
(3) jedoch nicht feststellbar ist, welcher von ihnen den Schaden tatsächlich verursacht hat.

Die **Beteiligung im Sinne von § 830 Abs. 1 S. 2** verlangt dabei nicht, dass die Personen subjektiv gewollt gemeinsam handeln[1504]. Denn wirken sie bereits als Täter oder Teilnehmer einer gemeinsamen Tat zusammen, greift bereits § 830 Abs. 1 S. 1, Abs. 2 ein. In der früheren Rechtsprechung des BGH wurde überdies verlangt, dass die Handlungen in einem **engen räumlichen und zeitlichen Näheverhältnis** stehen[1505]. Auch auf diese Voraussetzung wird heute mit Recht verzichtet, weil Beweisprobleme des Geschädigten auch in zeitlich oder räumlich divergierenden Situationen auftreten können[1506]. 386
Entscheidend ist, wie erwähnt, dass alle Beteiligten in ihrer Person jeweils die **Haftungsvoraussetzungen einer „unerlaubten Handlung"** (vom Kausalitätsnachweis abgesehen) erfüllen: Dafür kommen alle Tatbestände der Verschuldens- wie Gefährdungshaftung[1507] in Betracht. § 830 ist auch analog auf Ansprüche aus § 906 Abs. 2 S. 2[1508] und auf vertragliche Schadensersatzansprüche wegen Schutzpflichtverletzung (§§ 280 Abs. 1, 241 Abs. 2)[1509] anwendbar. Der einzelne Schädiger kann also nur deswegen nicht in Haftung genommen werden, weil dem Geschädigten der **Beweis der (haftungsbegründenden) Kausalität** nicht gelingt[1510]. Nur hierüber kann § 830 Abs. 1 S. 2 hinweghelfen[1511].
Nach der Judikatur des BGH muss des Weiteren einer der Beteiligten den Schaden mit Sicherheit verursacht haben.

Bsp.: Nach dem entscheidungserheblichen Sachverhalt ist es denkbar, dass neben den beteiligten A und B auch der Geschädigte D selbst vollständig für den Eintritt des schädigenden Ereignisses verantwortlich ist. – Hier kann § 830 Abs. 1 S. 2 nicht über das Beweisproblem hinweghelfen[1512].

In ihrer **Quintessenz** hilft die Vorschrift somit dem Geschädigten über das Beweisproblem hinweg, dass mehrere Personen die Haftungsvoraussetzungen erfüllen und der Schädiger nur auf Grund der Mehrzahl der potenziellen Schädiger den Kausalitätsbeweis gegen keinen von ihnen führen kann[1513]. § 830 Abs. 1 S. 2 ist auch für die Fälle anwendbar, in denen nur die Verantwortlichkeit Dritter für einen Teil des entstandenen Schadens zweifelhaft ist[1514]. § 830 Abs. 1 S. 2 kommt auch dann zur Anwendung, wenn die einzelnen Haftungsanteile unge-

---

1504 BGHZ 33, 286 (292); Bamberger/Roth/*Spindler,* § 830 Rn. 16.
1505 BGHZ 25, 271 (274); 55, 86 (95), offenlassend BGHZ 101, 106 (112).
1506 So MüKo/*Wagner,* § 830 Rn. 52 m. w. N. Im Übrigen ist der in BGHZ 25, 271 (274) gebrachte Verweis auf die Rechtsprechung des RG in RGZ 58, 357 (361) insofern nicht weiterführend, als das RG diese Nähebeziehung nicht als Anspruchsvoraussetzung, sondern lediglich als typische Folge der Tatbestandsverwirklichung ansah.
1507 BGHZ 142, 227 (239); Palandt/*Sprau,* § 830 Rn. 13.
1508 BGHZ 101, 106 (111).
1509 So (noch zum alten Schuldrecht) BGH NJW 2001, 2538 (2539); ferner Staudinger/*Belling/Eberl-Borges,* § 830 Rn. 77; PWW/*Schaub,* § 830 Rn. 3.
1510 BGHZ 72, 355 (358); BGH NJW 1994, 932 (934).
1511 BGH VersR 1968, 493 (494); Palandt/*Sprau,* § 830 Rn. 7.
1512 So mit Recht die h. M.: BGHZ 60, 177 (181); 67, 14 (20); Soergel/*Krause,* § 830 Rn. 22 f.; Bamberger/Roth/*Spindler,* § 830 Rn. 21 m. w. N. auch für die Gegenmeinung.
1513 Erman/*Schiemann,* § 830 Rn. 7.
1514 BGHZ 72, 355 (363); Erman/*Schiemann,* § 830 Rn. 7.

wiss sind (**Anteilszweifel**)[1515]. Die Verantwortlichkeit der nach § 830 Abs. 1 S. 2 Verpflichteten wird nur widerlegbar vermutet. Ein Entlastungsbeweis für die Kausalitätsfrage ist also möglich[1516].

1515 BGH NJW 1992, 932 (934); PWW/*Schaub*, § 830 Rn. 10; Bamberger/Roth/*Spindler*, § 830 Rn. 24.

1516 BGHZ 33, 286 (292); Bamberger/Roth/*Spindler*, § 830 Rn. 25; Palandt/*Sprau*, § 830 Rn. 11.

Teil 3: **Bereicherungsrecht**

Literatur (Auswahl): *Armgardt,* Der Kondiktionsausschluss des § 817 S. 2 BGB im Licht der neuesten Rechtsprechung des BGH, NJW 2006, 2070; *Batsch,* Vermögensverschiebung und Bereicherungsherausgabe in den Fällen unbefugten Gebrauchens bzw. sonstigen Nutzens von Gegenständen, 1968; *Beuthien,* Zuwendender und Leistender, JZ 1968, 323; *Beuthien/Weber,* Ungerechtfertigte Bereicherung und Geschäftsführung ohne Auftrag, 2. Aufl. 1987; *v. Caemmerer,* Bereicherung und unerlaubte Handlung, FS Rabel I, 1954, S. 333; *Canaris,* Atypische faktische Arbeitsverhältnisse, BB 1967, 165; *ders.*, Der Bereicherungsausgleich im Dreipersonenverhältnis, FS Larenz, 1973, S. 799; *ders.*, Der Vorrang außerbereicherungsrechtlicher, insbesondere dinglicher Wertungen gegenüber der Saldotheorie und dem Subsidiaritätsdogma, JZ 1992, 1114; *ders.*, Das Verhältnis der §§ 994 ff. BGB zur Aufwendungskondiktion nach § 812 BGB, JZ 1996, 344; *Ehmann,* Die Funktion der Zweckvereinbarung bei der Erfüllung, JZ 1968, 549; *Giesen,* Grundsätze der Konfliktlösung im Besonderen Schuldrecht: Die ungerechtfertigte Bereicherung (Teil 1: Leistungskondiktionen), Jura 1995, 169; (Teil 2: Nichtleistungskondiktionen), Jura 1995, 234; (Teil 3: Der Bereicherungsumfang), Jura 1995, 281; *Gerlach,* Ungerechtfertigte Zwangsvollstreckung und ungerechtfertigte Bereicherung, 1986; *Hadding,* Der Bereicherungsausgleich beim Vertrag zu Rechten Dritter, 1970; *Halfmeier,* Inhalt des Kondiktionsanspruchs und Wegfall der Bereicherung, JA 2007, 492; *Hassold,* Zur Leistung im Dreipersonenverhältnis, 1981; *Herrmann,* Bereicherungsrechtliche Umwelthaftung und Prävention, 2005; *Hombrecher,* Bereicherungshaftung nach gesetzlichem Eigentumserwerb im Mehrpersonenverhältnis – Der Jungbullenfall (BGHZ 55, 176), Jura 2003, 333; *Hüffer,* Die Eingriffskondiktion, JuS 1981, 263; *Koppensteiner/Kramer,* Ungerechtfertigte Bereicherung, 2. Aufl. 1988; *Kupisch,* Ungerechtfertigte Bereicherung: geschichtliche Entwicklungen, 1987; *Langenbucher,* Die Risikozuordnung im bargeldlosen Zahlungsverkehr, 2001; *Lorenz/Cziupka,* JuS 2012, 777; *v. Lübtow,* Beiträge zur Lehre von der Condictio nach römischem und geltendem Recht, 1952; *Medicus, D.*, Die verschärfte Haftung des Bereicherungsschuldners, JuS 1993, 705; *ders.*, Gesetzliche Schuldverhältnisse (JuS-Schriftenreihe), 5. Aufl. 2007; *Möller,* Leistungskondiktion trotz beiderseitiger Sittenwidrigkeit? – Die Einschränkung des § 817 S. 2 BGB durch den BGH, NJW 2006, 268; *Roth,* Ist eine Genehmigung bei § 816 II BGB möglich?, JZ 1972, 150; *Schildt,* Konkurrenzprobleme im Bereicherungsrecht, JuS 1995, 953; *Schmidt-Recla,* Von Schneebällen und Drehkrankheiten – Vergleichende Überlegungen zur Restitutionssperre des § 817 S. 2 BGB, JZ 2008, 60; *Schwarz,* Zum Schuldnerschutz bei der Aufrechnung abgetretener Forderungen, AcP 203 (2003), 241; *Welker,* Bereicherungsausgleich wegen Zweckverfehlung?, 1974; *Thier,* Rücktrittsrecht und Bereicherungshaftung: Zur Reichweite von § 346 Abs. 3 S. 1 Nr. 3 BGB und seinen Wirkungen für die bereicherungsrechtliche Rückabwicklung gegenseitiger Verträge, FS Heldrich, 2005, S. 339; *Tommaso/Weinbrenner,* Bereicherungsrechtliche Mehrpersonenverhältnisse nach § 822 BGB, Jura 2004, 649; *Weyer,* Leistungskondiktion und Normzweck des Verbotsgesetzes, WM 2002, 627; *Winkelhaus,* Der Bereicherungsausgleich bei fehlerhafter Überweisung nach Umsetzung des neuen Zahlungsdiensterechts, 2012.

Rechtsprechung: BGHZ 1, 75 = NJW 1951, 270 (Saldo der vom Bereicherungsempfänger erlittenen Vor- und Nachteile); **BGHZ 55, 128** (Entreicherung bei einem Minderjährigen, sofern er die Leistung durch eine vorsätzliche unerlaubte Handlung erlangt hat); **BGHZ 55, 176** (Kaufpreis als Entreicherung gem. § 818 Abs. 3); **BGHZ 111, 308 = NJW 1990, 2542** (Wertersatz bei Schwarzarbeit und die Anwendung von § 817 S. 2); **BGH NJW 2014, 1805** (Schwarzarbeit); **BGH NJW 2005, 1490** (sittenwidriger Kauf eines Radarwarngeräts und § 817 S. 2); **BGH NJW 2006, 45** (Rückzahlung von im Rahmen eines „Schenkkreises“ gezahltem Geld und

§ 817 S. 2); **BGHZ 44, 321** (Zweckverfehlungskondiktion nach § 812 Abs. 1 S. 2); **BGHZ 131, 297** (unberechtigte Untervermietung: kein Anspruch auf Herausgabe des erzielten Mehrerlöses); **BGHZ 83, 293** (nach §§ 818 Abs. 4, 819 verschärft haftender Bereicherungsschuldner); **BGH NJW 2001, 1127 = BGHZ 146, 298** (Saldotheorie zum Nachteil der durch ein wucherähnliches sittenwidriges Geschäft benachteiligten Partei).

§ 22 Einführung

I. Aufgabe bereicherungsrechtlicher Ansprüche

387 Ansprüche aus Bereicherungsrecht haben in §§ 812 ff. ihren Standort gefunden. Der Begriff „Kondiktion", abgeleitet von *condictio* (lat.), ist dabei gleichzusetzen mit „Bereicherungsanspruch"[1517]. Die Aufgabe dieses Rechtsgebiets dient dem **Ausgleich ungerechtfertigter Vermögensverschiebungen**[1518] und somit der Abschöpfung eines ungerechtfertigten Vorteils[1519]. Darin zeigt sich auch ein markanter Unterschied zum Schadensersatzrecht[1520]. Die bereicherungsrechtlichen (gesetzlichen) Ansprüche treten insoweit ergänzend an die Seite vertraglicher, deliktischer und anderer gesetzlicher Ausgleichsmechanismen[1521].

II. Die Unterscheidung zwischen Leistungs- und Nichtleistungskondiktion

388 Der Normtext von § 812 Abs. 1 S. 1 legt bereits eine Differenzierung zwischen der Bereicherung durch die Leistung eines anderen und der Bereicherung in sonstiger Weise nahe. Gleichwohl wurde im früheren Schrifttum vertreten, dass § 812 Abs. 1 S. 1 nur einen einzigen einheitlichen Grundtatbestand enthalte und die Leistungskondiktion nur exemplarisch in der 1. Alt. von Satz 1 hervorgehoben wird (sog. **Einheitstheorie**)[1522]. Diese Auffassung hätte etwa zur Folge, dass das Tatbestandsmerkmal „auf Kosten" auch für die Leistungskondiktion zur Anwendung käme[1523].
Die heute **herrschende Trennungstheorie**, welche sich ab der Mitte des 20. Jahrhunderts im Schrifttum durchsetzen konnte, stellt hingegen die Verschiedenheit der beiden Alternativen von § 812 Abs. 1 S. 1 heraus[1524] und unterscheidet strikt zwischen der Leistungskondiktion („Wer durch die Leistung eines anderen ...", § 812 Abs. 1 S. 1 Alt. 1) und der Nichtleistungskondiktion („... oder in sonstiger Weise auf dessen Kosten ...", § 812 Abs. 1 S. 1 Alt. 2)[1525]. Ein Argument für diese Trennung ist u. a., dass sich die ergänzenden Tatbestände in §§ 813, 814, 815, 817, 819 Abs. 2 und 820 Abs. 1 lediglich der Leistungskondiktion widmen[1526]. Die Leis-

---

1517 *Reuter/Martinek*, Ungerechtfertigte Bereicherung, S. 6. Zu den Anfängen des Bereicherungsrechts auch *Wesel* NJW 1994, 2594. Dabei stammt die Bezeichnung *condictio* von lat. *condicere* = ansagen, vgl. näher *Kaser/Hackl*, Das römische Zivilprozeßrecht, § 16 I; *Medicus/Lorenz*, Schuldrecht II, Rn. 1125.
1518 *Wandt*, § 9 Rn. 1; *Looschelders*, Schuldrecht BT, § 51 Rn. 1010; *Lorenz/Cziupka* JuS 2012, 777.
1519 So *Larenz/Canaris*, Schuldrecht BT II/2, § 67, S. 128.
1520 *Larenz/Canaris*, Schuldrecht BT II/2, § 67, S. 128.
1521 Ähnlich *Grigoleit/Auer*, Schuldrecht III Bereicherungsrecht, Rn. 1.
1522 Dazu auch *Wesel* NJW 1994, 2594; MüKo/*Lieb*, 4. Aufl, § 812 Rn. 2 ff.
1523 *Medicus/Lorenz*, Schuldrecht II, Rn. 1124; *Larenz/Canaris*, Schuldrecht BT II/2, § 67 II 1 a.
1524 *Medicus/Petersen*, Bürgerliches Recht, Rn. 665; *Larenz/Canaris*, Schuldrecht BT II/2, § 67 I 2; *Reuter/Martinek*, Ungerechtfertigte Bereicherung, S. 26 ff., 32; Palandt/*Sprau*, Einf. v. § 812 Rn. 1 f., § 812 Rn. 1; Staudinger/*Lorenz*, § 812 Rn. 1; *Lorenz/Cziupka* JuS 2012, 777 (778).
1525 *Grigoleit/Auer*, Schuldrecht III Bereicherungsrecht, Rn. 5.
1526 Dauner-Lieb/Langen/*von Sachsen Gessaphe*, § 812 Rn. 16; *Wandt*, § 9 Rn. 8.

tungskondiktion bezweckt die Rückabwicklung fehlgeschlagener Vertragsbeziehungen. Die Nichtleistungskondiktion ahndet dagegen Eingriffe in fremdes Eigentum sowie sonstige Rechtspositionen und kommt damit deliktsrechtlichen Ansprüchen zumindest nahe, wenngleich sie auf das Erfordernis des Schadenseintritts verzichtet (vgl. zur genauen Abgrenzung Rn. 391)[1527]. Nach der Trennungslehre kommt dem Tatbestandselement „auf dessen Kosten“ somit für die Leistungskondiktion keine Aufgabe zu. Denn Gläubiger und Schuldner des Kondiktionsanspruchs werden bereits durch den Leistungsbegriff identifiziert[1528]. Des Weiteren wird das Element „ohne rechtlichen Grund“ bei beiden Kondiktionen unterschiedlich ausgelegt[1529].

III. Schematischer Überblick

389

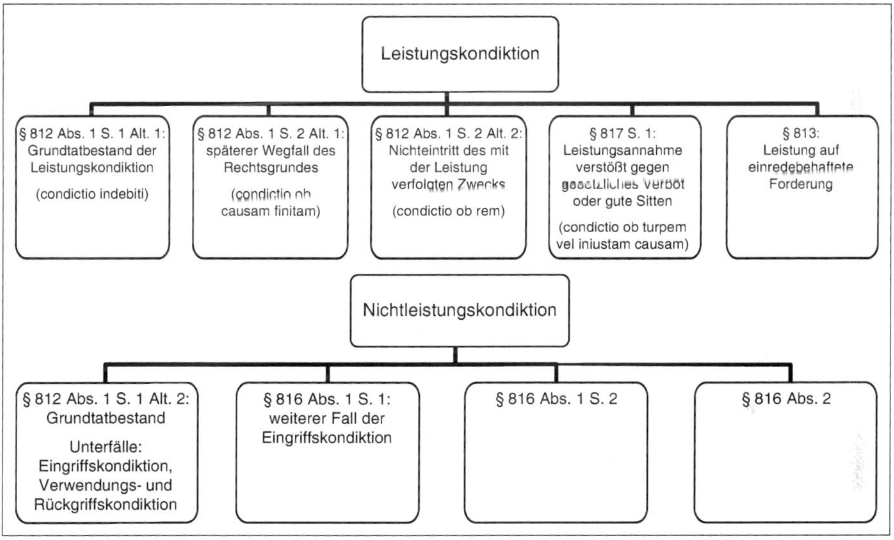

Beachte: Die Untergliederung der verschiedenen Arten der Leistungskondiktionen hat insbesondere praktische Relevanz für die Anwendbarkeit der sog. Kondiktionssperren, d. h. dem Ausschluss von Bereicherungsansprüchen.

IV. Rechtsfolgen des Bereicherungsrechts: §§ 818 ff.

Die Rechtsfolgen des Bereicherungsrechts sind gesetzlich geregelt in §§ 818 ff. 390
(siehe dazu ausführlich Rn. 521 ff.). Gleichwohl werden diese Regelungen auch

1527 *Peifer,* Gesetzliche Schuldverhältnisse, S. 209 f.; *Wandt,* § 9 Rn. 8; *Wesel* NJW 1994, 2594 f.: „Es sind nämlich zwei völlig verschiedene Sachverhalte, vereinigt in einem einzigen Tatbestand. Die Rückgabe des gekauften Autos ist ein Fall der Rückabwicklung des fehlgeschlagenen Vertrages, gehört zum Vertragsrecht, wie der Rücktritt. Der Ersatz des verarbeiteten Goldes in den Bereich des Güterschutzes gegenüber jedermann, letztlich also zum Deliktsrecht. Beides mit verschiedenen Voraussetzungen und Folgen.“.

1528 *Peifer,* Gesetzliche Schuldverhältnisse, S. 209 f.; *Larenz/Canaris,* Schuldrecht BT II/2, § 67 II; *Giesen* Jura 1995, 169.

1529 *Wandt,* § 9 Rn. 8; *Larenz/Canaris,* Schuldrecht BT II/2, § 67 I 2 a; *Looschelders,* Schuldrecht BT, § 52 Rn. 1013; *Medicus/Lorenz,* Schuldrecht II, Rn. 1124.

von anderen Vorschriften des BGB in Bezug genommen. Gesetzestechnisch möglich ist dies entweder als reine **Rechtsfolgenverweisung**, aber auch, verbunden mit der Vorprüfung von § 812, als **Rechtsgrundverweisung**[1530]. Beispiele für eine Rechtsgrundverweisung stellen §§ 682, 951 Abs. 1, 531 Abs. 2 dar, Beispiele für eine Rechtsfolgenverweisung etwa §§ 684 S. 1, 547 Abs. 1 S. 2, 988, 993 Abs. 1.

§ 23 Konkurrenzen

I. Abgrenzung zur Aufgabe deliktsrechtlicher Ansprüche

391 Während das Deliktsrecht eine Einbuße im Vermögen des Gläubigers ungeschehen machen will, sieht das **Kondiktionenrecht** seine Aufgabe umgekehrt darin, eine als ungerecht empfundene Vermehrung des Schuldnervermögens zu beseitigen[1531]. Das Bereicherungsrecht hat somit die Person des Schuldners im Blick, das Deliktsrecht hingegen die Person des Gläubigers. Darüber besteht weitgehend Einigkeit. Ein Bereicherungsanspruch ist deswegen grundsätzlich ausgeschlossen, wenn sich im Vermögen des Bereicherten keine Bereicherung mehr findet, vgl. § 818 Abs. 3[1532].
Der BGH bringt dies in Anlehnung an Stimmen in der Literatur wie folgt zum Ausdruck: „Die Schadensersatzleistung soll einen Vermögensverlust des Gläubigers ausgleichen; die Bereicherungshaftung erfasst die für den Schuldner vorteilhafte Vermögensänderung. Der Schadensersatzberechtigte wälzt seinen Verlust auf den Verantwortlichen ab; dieser hat den Schaden ohne Rücksicht auf den Bestand seines Vermögens zu ersetzen. Beim Bereicherungsausgleich ist nur der Vorteil herauszugeben, der dem Schuldner erwachsen ist; der Zugriff auf das ‚Stammvermögen' des Bereicherungsschuldners ist nur gestattet, wenn der Vermögensvorteil in der Ersparnis eigener Aufwendungen liegt oder die Voraussetzungen der §§ 819, 818 Abs. 4 gegeben sind. Das Schadensersatzrecht sanktioniert und gleicht aus; die Bereicherungshaftung beruht allein auf dem Prinzip der verteilenden Gerechtigkeit."[1533]

> **Bsp.:** A verwendet zu Werbezwecken unbefugt das Foto des prominenten Tennisspielers C und verkauft dadurch eine größere Zahl an Sportartikeln. – Ein Bereicherungsanspruch des C gegen den A aus Eingriffskondiktion (§ 812 Abs. 1 S. 1 Alt. 2) kommt hier auch in Betracht, wenn dem C durch das Verhalten des A kein Schaden entstanden ist[1534].

Gleichwohl ist nicht zu verkennen, dass die Nichtleistungskondiktion (§ 812 Abs. 1 S. 1 Alt. 2), insbesondere in Gestalt der **Eingriffskondiktion**, eine Nähe zum Deliktsrecht aufweist[1535].

II. Abgrenzung zu vertraglichen Ansprüchen

392 Vertragliche und quasivertragliche Ansprüche sind im Allgemeinen **vorrangig** gegenüber kondiktionsrechtlichen Ansprüchen zu prüfen[1536]. Denn ein Vertrag

---

1530 *Brox/Walker*, Besonderes Schuldrecht, § 39 Rn. 6.
1531 *Wandt*, § 9 Rn. 1; *Larenz/Canaris*, Schuldrecht BT II/2, § 67 I 1, S. 128; *Lorenz/Cziupka* JuS 2012, 777; Staudinger/*Martinek*, Eckpfeiler des Zivilrechts, Ungerechtfertigte Bereicherung, Rn. 2; Bamberger/Roth/*Wendehorst*, § 812 Rn. 3; *Grigoleit/Auer*, Schuldrecht III Bereicherungsrecht, Rn. 3.
1532 *Larenz/Canaris*, Schuldrecht BT II/2, § 67 I 1, S. 127 f.; BGHZ 1, 75 (81).
1533 BGH NJW 1977, 1194.
1534 BGH NJW 2007, 689; *Lorenz/Cziupka* JuS 2012, 777.
1535 Vgl. etwa *Wesel* NJW 1994, 2594; Bamberger/Roth/*Wendehorst*, § 812 Rn. 119.
1536 *Larenz/Canaris*, Schuldrecht BT II/2, § 68 II 1a, b, S. 158.

stellt regelmäßig einen Rechtsgrund i. S. v. § 812 Abs. 1 S. 1 Alt. 1 dar, sodass zumindest die Leistungskondiktion tatbestandlich ausgeschlossen ist. Bei der Rückabwicklung eines Vertrages nach wirksamem Rücktritt (§ 349) sind für die Rückabwicklung der Leistungsbeziehungen aufgrund des entstandenen Rückgewährschuldverhältnisses allein §§ 346 ff. maßgeblich[1537].

III. Weitere Konkurrenzverhältnisse

Ansprüche aus Geschäftsführung ohne Auftrag, §§ 677 f., sind gewöhnlich vorrangig vor Ansprüchen aus ungerechtfertigter Bereicherung zu prüfen. Dies hat seinen Grund darin, dass zumindest die **berechtigte GoA** einen Rechtsgrund im Sinne von § 812 Abs. 1 S. 1 Alt. 1 zum Behaltendürfen einer Bereicherung darstellt[1538]. Liegen nur die Voraussetzungen einer **unberechtigten GoA** vor, kommt das Bereicherungsrecht mittels Verweisung zur Anwendung (§ 684 S. 1). Ob es sich dabei um eine Rechtsgrund- oder Rechtsfolgenverweisung handelt, ist umstritten (siehe oben Rn. 97). Unterschiedlich beantwortet wird des Weiteren die Frage, ob bei Leistungen im Falle eines nichtigen Vertrages neben Kondiktionsansprüchen **auch Ansprüche aus Geschäftsführung ohne Auftrag** zur Anwendung kommen. Die Literatur tritt hier überwiegend zu Recht für den Vorrang des Bereicherungsrechts ein, da ansonsten durch die Anwendung der GoA die speziellen Ausschlussgründe des Kondiktionenrechts umgangen werden könnten (§§ 814, 817 S. 2, 818 Abs. 3)[1539]. Vgl. zu dieser Fragestellung ausführlich oben Rn. 51.

Ebenfalls vorrangig zu prüfen ist, ob ein **Eigentümer-Besitzer-Verhältnis** (§§ 985 f.) besteht[1540]. Denn die in § 993 Abs. 1 Hs. 2 angeordnete Sperrwirkung verhindert, sofern keine gesetzliche oder durch die Rechtsprechung entwickelte Ausnahme vorliegt (Bsp.: „Fremdbesitzerexzess"), einen Rückgriff auf andere Anspruchsgrundlagen, mit denen Schadensersatz, Nutzungs- oder Verwendungsersatz geltend gemacht wird[1541]. Hingegen kommen, soweit die Veräußerung oder der Verbrauch einer Sache im Vordergrund steht, §§ 812 ff. zur Anwendung. Zu beachten ist weiter, dass im Falle einer rechtsgrundlosen Leistung nach einer Auffassung der Literatur Nutzungen (§§ 99, 100) gleichwohl nach §§ 812 ff. herauszugeben sind, da die Vorschriften des Eigentümer-Besitzer-Verhältnisses insoweit eine Regelungslücke enthalten[1542]. Nach der Rechtsprechung wird diese Regelungslücke jedoch durch eine entsprechende Anwendung von §§ 988, 818 Abs. 1, 2 geschlossen, mit der Begründung, der rechtsgrundlose Erwerb stehe dem unentgeltlichen Erwerb gleich[1543]. Dies kann richtigerweise

---

1537 Nach *Larenz/Canaris*, Schuldrecht BT II/2, § 68 II 1a, b, S. 158, verdrängen dagegen vertragliche Rückgewähransprüche wie § 546 Abs. 1, 2 und § 604 Abs. 1, 4 Ansprüche aus §§ 812 f. nicht, da sie die Stellung des Rückgewährgläubigers nicht beschränken wollen.

1538 BGH NJW 1969, 1205 (1207); BGH NJW 1993, 3196; MüKo/*Seiler*, Vorbem. §§ 677 ff. Rn. 15; *Grigoleit/Auer*, Schuldrecht III Bereicherungsrecht, Rn. 20; Erman/Westermann/*Buck-Heeb*, § 812 Rn. 10.

1539 *Lorenz* NJW 1996, 883; *Einsele* JuS 1998, 401; *Schildt* JuS 1995, 953 (957); *Reuter/Martinek*, Ungerechtfertigte Bereicherung, S. 707; a. A. BGH NJW 1962, 2010 (2011); BGHZ 39, 87 (90); 101, 393 (399 f.); BGH NJW 2000, 72 (73).

1540 Vgl. statt vieler *Grigoleit/Auer*, Schuldrecht III Bereicherungsrecht, Rn. 15.

1541 MüKo/*Baldus*, § 993 Rn. 2 ff.; Näheres Erman/Westermann/*Buck-Heeb*, § 812 Rn. 11 ff.

1542 Vgl. *Medicus/Petersen*, Bürgerliches Recht, Rn. 600; *Baur/Stürner*, § 11 Rn. 38; *Wilhem*, Sachenrecht, Rn. 1176 ff.; Bamberger/Roth/*Fritzsche*, § 988 Rn. 18 f.

1543 RGZ 163, 348; BGH NJW 1960, 1105 (1107); BGH NJW 2008, 221 (222); Näheres dazu *Schildt* JuS 1995, 954 f.

aber nur in dem Fall gelten, dass für den Erwerb kein Vermögensopfer erbracht wurde. Beide Auffassungen wollen dem Wertungswiderspruch entgegenwirken, dass der die Nutzungen ziehende Besitzer im Falle einer nichtigen Vertragsbeziehung besser steht als bei ihrer Wirksamkeit.

§ 24 Die Leistungskondiktion

393 Die Klassifizierung in verschiedene Arten der Leistungskondiktionen gewinnt vor allem bei den verschiedenen Kondiktionssperren Bedeutung (siehe sogleich unten V.) und ist auch historisch bedingt[1544].

I. Condictio indebiti (§ 812 Abs. 1 S. 1 Alt. 1)

1. Prüfungsschema

394

Anspruch aus § 812 Abs. 1 S. 1 Alt. 1
1. Etwas erlangt
2. Durch Leistung
3. Ohne Rechtsgrund (fehlt von Anfang an)
4. Ausschlusstatbestände (§§ 814, 817 S. 2)
Rechtsfolge: Herausgabe des Erlangten (ergänzend §§ 818 f.)

2. Allgemeines

395 Wer durch die Leistung eines anderen etwas ohne Rechtsgrund erlangt, ist diesem gemäß § 812 Abs. 1 S. 1 Alt. 1 zur Herausgabe verpflichtet. Die *condictio indebiti* stellt die Grundform der Leistungskondiktion dar, von der die anderen Erscheinungsformen abzugrenzen sind. Entscheidend für sie ist, dass die Leistung auf eine im Zeitpunkt ihrer Vornahme **nicht bestehende Schuld** erfolgt[1545]. Die Gründe hierfür können sehr verschieden sein. So ist es sowohl denkbar, dass zwischen Leistendem und Leistungsempfänger niemals eine vertragliche Abrede stattfand, als auch, dass es zum Vertragsschluss kam, dieser aber aufgrund einer **rechtshindernden Einwendung** (Bsp.: §§ 125, 134, 138) unwirksam oder zumindest anfechtbar ist[1546]. Regelmäßig wird der Leistende sich hier über das Fehlen einer Leistungspflicht im Unklaren sein, da ansonsten § 814 der Kondiktion entgegensteht. Auch ist es denkbar, dass der Leistende eine Leistung versehentlich zweimal erbringt („Doppelleistung“) oder an den falschen Leistungsempfänger. Nach § 813 Abs. 1 erstreckt sich der Anwendungsbereich der *condictio indebiti* auch auf die Situation, dass auf eine mit einer dauerhaften Einrede belastete Forderung geleistet wird[1547].

Die Bedeutung dieser gesetzlichen Anspruchsgrundlage (§ 812 Abs. 1 S. 1 Alt. 1) zeigt sich vor allem mit Blick auf das **sachenrechtliche Abstraktionsprinzip**[1548].

1544 *Lorenz/Cziupka* JuS 2012, 777 (778); *Medicus/Lorenz*, Schuldrecht II, Rn. 1124.

1545 Dauner-Lieb/Langen/*von Sachsen Gessaphe*, § 812 Rn. 22 f.

1546 Dauner-Lieb/Langen/*von Sachsen Gessaphe*, § 812 Rn. 22 f.; vgl. auch *Looschelders*, Schuldrecht BT, § 52 Rn. 1032 ff.

1547 Dauner-Lieb/Langen/*von Sachsen Gessaphe*, § 812 Rn. 22 f.; *Giesen* JuS 1995, 169 (170); *Brox/Walker*, Besonderes Schuldrecht, § 40 Rn. 25.

1548 Vgl. statt vieler *Grigoleit/Auer*, Schuldrecht III Bereicherungsrecht, Rn. 6.

Bsp.: A übereignet aufgrund eines unerkannt nichtigen Vertrages ein Hausgrundstück an B. – Infolge des deutschen Abstraktionsprinzips ist die Übereignung zwar wirksam, jedoch befindet das Bereicherungsrecht darüber, ob der Erwerb des B Bestand haben kann. Aus § 812 Abs. 1 S. 1 Alt. 1 ergibt sich hier ein Anspruch des A auf Rückübereignung (Rückauflassung und Eintragung im Grundbuch, §§ 925, 873), der das dingliche Abstraktionsprinzip auf schuldrechtlicher Ebene im Ergebnis korrigiert.

Bekannt geworden in diesem Zusammenhang ist die Aussage ***Heinrich Dernburgs***, wonach das Bereicherungsrecht die „Wunden notdürftig heilen" soll, welche das Abstraktionsprinzip bewusst verursacht habe[1549]. Ist somit das Kausalgeschäft unwirksam, muss der Übereignungsvorgang, von wenigen Ausnahmen abgesehen (vgl. § 814), regelmäßig wieder rückgängig gemacht werden.

Bsp.: A verkauft dem B ein Fahrrad aus seinem Laden, ohne zu erkennen, dass der B noch minderjährig ist. Der Vertrag wird von den Eltern des B nicht genehmigt (vgl. §§ 107, 108 Abs. 1). – Das Fahrrad befindet sich somit bei dem B ohne rechtlichen Grund, da der Kaufvertrag, der eigentlich die Grundlage hätte sein sollen, nach §§ 107, 108 Abs. 1 unwirksam ist. Das Fahrrad muss daher nach § 812 Abs. 1 S. 1 Alt. 1 an A zurückgegeben werden. Gleiches gilt im Hinblick auf den gezahlten Kaufpreis, der an B (bzw. dessen Eltern) zurückzuzahlen ist.

3. Die Tatbestandsvoraussetzungen im Einzelnen

a) Gegenstand des Bereicherungsanspruches: „etwas erlangt". Tatbestandliche 396
Voraussetzung von § 812 Abs. 1 S. 1 ist zunächst, dass der Bereicherungsschuldner durch die Leistung des Bereicherungsgläubigers **„etwas erlangt"** hat. Anders als nach der älteren Rechtsprechung des BGH ist es nicht erforderlich, dass das Vermögen des Bereicherungsschuldners in einem *ex-ante* – Vergleich vermehrt worden wäre[1550]. Diese rein vermögensorientierte Sichtweise wird inzwischen immer mehr in Frage gestellt[1551]. Bereicherungsgegenstand kann vielmehr grundsätzlich alles sein, was dem Empfänger durch Leistung zugewandt werden kann. **Jede vorteilhafte Rechtsposition** erfüllt diese Voraussetzungen, ohne dass ein messbarer Vermögenswert notwendig wäre (sog. gegenständliche Betrachtungsweise)[1552]. Einer abstrakten Vermögensbilanz bedarf es somit an dieser Stelle nicht (anderes gilt für Rückgriffs- und Verwendungskondiktion). Diese gegenständliche Betrachtungsweise bedeutet jedoch nicht, dass der Fokus allein auf körperliche Gegenstände im Sinne von § 90 gerichtet wäre. Selbstverständlich erfasst werden somit beispielsweise auch entnommener Strom, Dienstleistungen aller Art oder das Unterlassen einer Handlung, wenngleich die Einzelheiten durchaus umstritten sind[1553]. Fraglich erscheint auch, wie die **Überlassung von Informationen** zu bewerten ist.

Bsp.[1554]: A schließt mit dem Makler B einen entgeltlichen Maklervertrag nach dem Leitbild von § 652, der jedoch unerkannter Weise einen Nichtigkeitsgrund enthält. –

1549 *Dernburg*, Das bürgerliche Recht, Die Schuldverhältnisse, Bd II/2 (4. Aufl 1915) § 374, S. 722; zur Rechtsnatur der Leistungskondiktion eingehend *Kötter* AcP 153 (1954) 193 ff., 224 ff.

1550 Dauner-Lieb/Langen/*von Sachsen Gessaphe,* § 812 Rn. 8; BGH NJW 1951, 270 (271); BGH NJW 1971, 609 (610).

1551 MüKo/*Schwab,* § 812 Rn. 2 f.

1552 *Looschelders,* Schuldrecht BT, § 52 Rn. 1018; *Medicus/Lorenz,* Schuldrecht II, Rn. 1126; *Wandt,* § 10 Rn. 4; Bamberger/Roth/*Wendehorst,* § 812 Rn. 38, 53 f.; MüKo/*Schwab,* § 812 Rn. 2 f.; a. A. Palandt/*Sprau,* § 812 Rn. 8, 12, 15; Näheres *Flume*, Studien zur Lehre von der ungerechtfertigten Bereicherung, S. 102 ff.

1553 *Kohler* AcP 190 (1990), 496 (531 f.); MüKo/*Schwab,* § 812 Rn. 19; *Grigoleit/Auer,* Schuldrecht III Bereicherungsrecht, Rn. 21.

1554 Fall nach BGH NJW-RR 2005, 1572.

Wird A nun durch den Makler B trotz des nichtigen Maklervertrags die Möglichkeit eines Grundstückskaufvertrages (mit Verkäufer C) unterbreitet, so hat Ersterer eine wirtschaftlich vorteilhafte Information erlangt. Richtigerweise hat er dafür nach § 812 Abs. 1 S. 1 Alt. 1 i. V. m. § 818 Abs. 2 Wertersatz zu leisten. Voraussetzung hierfür ist jedoch, dass A den Hauptvertrag mit C (den Grundstückskaufvertrag) auch wirksam abschließt (§§ 433, 311b Abs. 1). Denn der bereicherungsrechtliche Anspruch des Maklers muss ebenso wie der Anspruch aus § 652 Abs. 1 richtigerweise erfolgsbedingt ausgestaltet sein. Andernfalls stünde der Makler bei nichtigem Vertrag besser als im Falle seiner Wirksamkeit[1555].

397 Fehlt es jedoch in dem obigen Beispiel (Rn. 396) an einer Abrede des Käufers mit dem Makler über die Provisionspflichtigkeit, scheiden Kondiktionsansprüche von vornherein aus: Zwischen Käufer und Makler besteht kein Leistungsverhältnis, da Ersterem die Tätigkeit des Maklers als Leistung an den Verkäufer erscheinen musste (vgl. zum maßgeblichen Empfängerhorizont auch Rn. 402). Sollte der Hauptvertrag gleichwohl aufgrund des Nachweises des Maklers, aber ohne Provisionsabrede zum Abschluss kommen, so liegt darin keine nicht gerechtfertigte Ausbeutung der Information. Der Käufer nutzt „lediglich in berechtigter Weise sein eigenes Wissen, ohne Rechtspositionen des Maklers zu berühren."[1556]

Bsp.: A, der Erbe von E ist, wird durch einen Erbensucher, der dafür keinen Auftrag hatte, über den Erbfall aufgeklärt. – Diese Information wurde zwar „erlangt", jedoch entsteht dadurch nach h. M. noch kein Kondiktionsanspruch[1557].

Beachte: Die Frage nach dem Gegenstand des Bereicherungsanspruchs darf nicht mit der Problematik, ob nachträglich eine Entreicherung eingetreten ist, verwechselt werden[1558]. Hierüber gibt allein § 818 Abs. 3 Auskunft (Einwendung des Bereicherungsschuldners).

398 aa) **Rechte aller Art.** Als Gegenstand der Bereicherung kommen grundsätzlich Rechte aller Art in Betracht. Dies sind zunächst sämtliche dinglichen Rechte wie das Eigentumsrecht (§ 903) oder das Pfandrecht (§ 1204)[1559]. Hierher gehören aber auch persönliche Rechte wie schuldrechtliche Forderungen jeglicher Art. Das **abstrakte Schuldanerkenntnis** wird von § 812 Abs. 2 ausdrücklich genannt, obwohl die Regelung nur deklaratorischen Inhalt hat[1560]. Bei der Vorschrift handelt es sich um keine eigene Anspruchsgrundlage, sondern um eine Konkretisierung des Inhalts des Leistungsgegenstandes.

399 **bb) Vorteilhafte Rechtsposition.** Weitere vorteilhafte Rechtspositionen in diesem Sinne stellen das Anwartschaftsrecht, der Besitz an einer beweglichen Sache[1561] und die Buchposition im Falle eines Grundstücks dar[1562]. Im letzten Fall lässt

---

1555 Ebenso MüKo/*Schwab*, § 812 Rn. 19; *Weishaupt* JuS 2003, 1171; einen Anspruch ablehnend *Martinek* JZ 1994, 1048 (1053 f.); BGH NJW-RR 2005, 1572 sieht es zumindest als erforderlich an, dass über die Entgeltlichkeit der Maklertätigkeit eine Willensübereinstimmung getroffen wurde.

1556 BGHZ 95, 393 (399).

1557 *Pfeifer* JA 2008, 17 (20); MüKo/*Schwab*, § 812 Rn. 19.

1558 Anders noch BGHZ 55, 128 („Flugreisefall"); ausführlich dazu *Hombrecher* Jura 2004, 250.

1559 MüKo/*Schwab*, § 812 Rn. 23 ff.; *Looschelders*, Schuldrecht BT, § 52 Rn. 1018.

1560 BGH VersR 2009, 226; dazu MüKo/*Schwab*, § 812 Rn. 23 ff.; *Looschelders*, Schuldrecht BT, § 52 Rn. 1019; *Grigoleit/Auer*, Schuldrecht III Bereicherungsrecht, Rn. 21.

1561 BGH NJW 1953, 58; RGZ 129, 307 (311); *Baur/Stürner*, § 9 Rn. 38 f.

1562 BGH NJW 1971, 613; NJW 1991, 1736 (1738); MDR 2002, 877; RGZ 119, 332 (335); Bamberger/Roth/*Wendehorst*, § 812 Rn. 38, 52 f.

sich dieser Vorteil mit der Rechtsscheinwirkung der Grundbucheintragung, an welche die Möglichkeit des gutgläubigen Erwerbs geknüpft ist (§§ 891, 892), begründen[1563].

cc) **Befreiung von Schulden und Lasten.** Von besonderer praktischer Bedeutung sind weiter der Schulderlass (§ 397 Abs. 1), das negative Schuldanerkenntnis (§ 397 Abs. 2) sowie die Befreiung des Schuldners von einer Verbindlichkeit (z. B. im Fall von § 267)[1564].

dd) **Gebrauchsvorteile.** Bei Gebrauchsvorteilen nahm die ältere Rechtsprechung an, dass der (Vermögens-)vorteil nur dann vorliegen würde, wenn der Bereicherte ohne die Leistung des anderen Aufwendungen tätigen hätte müssen, um den gleichen Erfolg zu erreichen[1565]. Deswegen wurde bereits eine Bereicherung für den Fall verneint, dass der Bereicherungsschuldner sich im Falle sog. Luxusaufwendungen keine Aufwendungen erspart hatte. Nach heute h. M. sind dagegen Gebrauchsvorteile und geleistete Dienste stets als (Vermögens-)vorteil anzusehen[1566]. Die Ersparnis von Aufwendungen fungiert dagegen lediglich als Kriterium der Entreicherung, § 818 Abs. 3. Darauf kommt es indes nur an, wenn der Bereicherungsgläubiger nach §§ 818 Abs. 4, 819 keiner verschärften Haftung unterfällt. 400

Bsp.[1567]: Der 17-jährige Schüler A besteigt ohne gültigen Flugschein das Linienflugzeug der Fluggesellschaft L, welche von München nach New York fliegt. In New York scheitert seine Einreise in die USA am fehlenden Visum. L befördert ihn daraufhin nach München zurück und fordert die Erstattung eines dem geltenden Tarif entsprechenden Preises für den Hin- und Rückflug. Wie ist die Rechtslage hinsichtlich des Hinfluges? – A hat nach heute h. M. in jedem Fall einen relevanten Vorteil i. S. v. § 812 Abs. 1 in Gestalt der Flugbeförderung erlangt. Die Frage der Entreicherung ist dagegen eigenständig anhand von § 818 Abs. 3 zu beurteilen.

b) **Leistung des Gläubigers. – aa) Definition: Bewusste und zweckgerichtete Mehrung fremden Vermögens.** Der Begriff der Leistung soll der Ermittlung der Parteien des Bereicherungsanspruchs dienen. Rspr. und Schrifttum definieren dabei als Leistung im Sinne von § 812 Abs. 1 S. 1 Alt. 1 jede **bewusste und zweckgerichtete Mehrung fremden Vermögens**[1568]. In den meisten Fallbearbeitungen wird diese Formel ohne eigene gedankliche Reflektion übernommen. Bedenkt man jedoch, dass die h. M. mit Blick auf den Bereicherungsgegenstand auf eine tatsächliche Vermögensmehrung verzichtet (siehe oben Rn. 396)[1569], ist offensichtlich, dass die genannte Definition insoweit nicht dem gegenwärtigen Erkenntnisstand angepasst wurde. Gleichwohl wird im Rahmen dieser Darstellung weitgehend daran festgehalten, weil der Erwartungshorizont der meis- 401

1563 Anspruchskonkurrenz zu § 894; *Wilhelm*, Sachenrecht, Rn. 606.

1564 BGH NJW 2000, 3492; MüKo/*Schwab*, § 812 Rn. 14; Dauner-Lieb/Langen/*von Sachsen Gessaphe*, § 812 Rn. 10.

1565 BGHZ 55, 128 („Flugreisefall"); dazu MüKo/*Schwab*, § 812 Rn. 16; *Grigoleit/Auer*, Schuldrecht III Bereicherungsrecht, Rn. 21.

1566 Vgl. statt vieler MüKo/*Schwab*, § 812 Rn. 16; *Grigoleit/Auer*, Schuldrecht III Bereicherungsrecht, Rn. 21.

1567 Vergleichbar BGHZ 55, 128 („Flugreisefall").

1568 St. Rspr. BGHZ 40, 272 (277) = NJW 1964, 399; BGHZ 58, 184 (188); BGH NJW 1999, 1393 (1394); NJW 2004, 1169; NJW 2005, 60; Palandt/*Sprau*, § 812 Rn. 3; *Grigoleit/Auer*, Schuldrecht III Bereicherungsrecht, Rn. 22; zur Kritik siehe *Harder* JuS 1979, 76.

1569 Dauner-Lieb/Langen/*von Sachsen Gessaphe*, § 812 Rn. 14; Staudinger/*Lorenz*, § 812 Rn. 65; Erman/Westermann/*Buck-Heeb*, § 812 Rn. 6, 9.

ten Klausurersteller und Korrektoren diese Definition verlangt. Alternativ dazu wird in mancher Kommentierung auch eine abgewandelte Formel vorgeschlagen: Leistung i. S. v. § 812 Abs. 1 S. 1 Alt. 1 sei danach jede „zurechenbare Verschaffung eines Vorteils, die der Empfänger auf ein Kausalverhältnis zum anderen beziehen dürfe"[1570].

402 bb) **Maßgebender Empfängerhorizont.** Das Vorliegen einer Leistungsbeziehung wird richtigerweise grundsätzlich vom **objektiven Empfängerhorizont** aus bestimmt. Dieser Standpunkt entspricht der herrschenden Rechtsprechung und Literatur[1571]. Relevant wird dies, wenn die Vorstellungen des Zuwendenden und des Zuwendungsempfängers sich nicht decken. Als Leistender wird nur der verstanden, welchen der Empfänger des Leistungsgegenstandes nach objektiver Sichtweise als solchen ansehen konnte[1572]. Es kommt somit darauf an, wie eine vernünftige Person in der Lage des Empfängers die Zuwendung nach Treu und Glauben unter Berücksichtigung der Verkehrsanschauung verstehen durfte[1573]. Relevant wird diese Fragestellung vor allem bei der Bestimmung der Leistungsverhältnisse in bereicherungsrechtlichen Mehrpersonenbeziehungen.

403 cc) **Leistungsbewusstsein.** Der Leistende muss das Bewusstsein haben, das Vermögen **eines anderen** zu mehren (oder präziser ausgedrückt: einem anderen einen Vorteil zu verschaffen). Nimmt der Handelnde dagegen irrig an, seinem eigenen Vermögen einen Vorteil zuzuführen, scheidet eine Leistungskondiktion aus[1574]. Hier wäre nur Raum für eine sog. Aufwendungskondiktion als Sonderform der allgemeinen Nichtleistungskondiktion (§ 812 Abs. 1 S. 1 Alt. 2)[1575].

(1) **Individuelles Leistungsbewusstsein.** Nicht in allen Fällen ist das Vorliegen eines **individuellen Leistungsbewusstseins** gegenüber einem konkret bestimmten Empfänger erforderlich.

(2) **Generelles Leistungsbewusstsein ebenfalls ausreichend.** Das Bewusstsein, an einen noch nicht festgelegten Personenkreis zu leisten, kann im Einzelfall genügen[1576]. Man spricht von einem **generellen Leistungsbewusstsein.** Von Interesse ist diese Fragestellung insbesondere in Zusammenhang mit Beförderungsleistungen im öffentlichen Nahverkehr (Mitfahrt als „blinder Passagier"; „Schwarzfahrt" in der Straßenbahn bzw. in der U-Bahn) sowie bei der Beförderung durch Flugzeuge[1577].

Bsp.: So sollte nach BGHZ 55, 128 im bekannten Flugreisefall beim Hinflug nach New York (siehe bereits oben Rn. 400) das generelle Leistungsbewusstsein einer Fluggesellschaft gegenüber allen an Bord befindlichen Passagieren für die Annahme einer Leistung genügen, was folglich auch „blinde Passagiere" mit einschließen würde. – Richtigerweise ist dies im konkreten Fall abzulehnen, da die beförderten Passagiere gerade durch Flugtickets individualisiert werden sollen, sodass der Fluggesellschaft kein generelles Leistungsbewusstsein unterstellt werden kann. Für diese spielt die ex-

1570 Bamberger/Roth/*Wendehorst,* § 812 Rn. 37 f.
1571 BGHZ 1905, 365 (369); *Looschelders*, Schuldrecht BT, § 52 Rn. 1024.
1572 BGHZ 105, 365 = NJW 1989, 900; BGHZ 122, 46 (50 f.); BGH NJW 1999, 1393; differenzierend *Medicus/Petersen,* Bürgerliches Recht, Rn. 687 f.
1573 BGH NJW 2005, 60 = JuS 2005, 179 m. Anm. *Schmidt* („Dirnenlohnfall").
1574 *Grigoleit/Auer,* Schuldrecht III Bereicherungsrecht, Rn. 23.
1575 Ebenso *Grigoleit/Auer,* Schuldrecht III Bereicherungsrecht, Rn. 23.
1576 *Wandt,* § 10 Rn. 21; MüKo/*Schwab,* § 812 Rn. 41 will auf das Leistungsbewusstsein vollkommen verzichten, da das alles Entscheidende die Zweckrichtung sei.
1577 *Grigoleit/Auer,* Schuldrecht III Bereicherungsrecht, Rn. 23.

akte Anzahl der Beförderten und die jeweilige Personenidentität sehr wohl eine Rolle (vor allem im Hinblick auf Sicherheitsgesichtspunkte), sodass eine individualisierte Einlasskontrolle durchgeführt wird. Deswegen ist im Falle der Beförderung eines „blinden Passagiers" vorwiegend an die Eingriffskondiktion zu denken.

Ein generelles Leistungsbewusstsein wird jedoch im Rahmen der Personenbeförderung durch Züge und Straßenbahnen als ausreichend angesehen.
Fazit: Fehlt es am notwendigen Leistungsbewusstsein, so liegt eine bloße **Zuwendung** vor, die nicht den Anforderungen des Leistungsbegriffs genügt[1578]. Dann sind regelmäßig die Voraussetzungen einer Nichtleistungskondiktion zu ermitteln.

Bsp.: A möchte seinen Zaun neu streichen. Völlig in Gedanken streicht er dabei auch noch ein Stück des Zauns seines Nachbarn B mit neu an. Es handelt sich nicht um eine Leistung an B, da A sich beim Vorgang nicht bewusst war, den Zaun des B zu streichen[1579]. Daher kommt nur eine Nichtleistungskondiktion (Aufwendungskondiktion) in Betracht[1580].

dd) Zweckrichtung. Der Leistende muss mit der Leistung einen konkreten Zweck erstreben, wobei diese Zwecksetzung nach überwiegender Auffassung selbst rechtsgeschaftsähnlichen Charakter trägt[1581]. Dieses Merkmal dient (vor allem in Mehrpersonenverhältnissen) dazu, Gläubiger und Schuldner des Bereicherungsanspruchs trennscharf zu bestimmen[1582]. Mit seiner Leistung kann der Zuwendende etwa eine Schuld tilgen wollen (**datio solvendi causa**) oder eine Schenkung vornehmen (**datio donandi causa**)[1583]. In der Mehrzahl aller Fälle steht die Erfüllung einer vertraglichen Verpflichtung im Vordergrund[1584]. Jedoch ist auch ein völlig anderer Leistungserfolg denkbar, wie die Existenz der Zweckkondiktion nach § 812 Abs. 1 S. 2 Alt. 2 (*datio ut res sequatur* oder *datio ob rem*) zeigt[1585]. Zur Abgrenzung der Kondiktionstypen siehe oben Rn. 389. 404

(1) Unterschied der Leistung zur bloßen Zuwendung. Der Leistungsbegriff verlangt, dass über eine bewusste Vermögensmehrung hinaus mit der Zuwendung ein **konkreter Zweck verfolgt** wird (Bsp.: Tilgung einer Werklohnschuld)[1586]. Andernfalls liegt wie im Fall fehlenden Leistungsbewusstseins wiederum nur eine **bloße Zuwendung** vor[1587]. Diese Differenzierung erlangt gerade in bereicherungsrechtlichen Mehrpersonenverhältnissen große Bedeutung.

Bsp.: Die S-Bank hat auf Anweisung des B, der bei ihr ein Konto hat, an die C-Bank, bei der A, der vermeintliche Gläubiger des B, ein Konto besitzt, 1000 Euro überwiesen. – Die S-Bank vermehrt hier zwar bewusst das Vermögen des A, ohne

1578 *Wandt,* § 10 Rn. 10; *Reuter/Martinek*, Ungerechtfertigte Bereicherung, S. 82; *Medicus/Lorenz,* Schuldrecht II, Rn. 1127.
1579 Vgl. auch *Brox/Walker,* Besonderes Schuldrecht, § 37 Rn. 8.
1580 *Grigoleit/Auer,* Schuldrecht III Bereicherungsrecht, Rn. 23.
1581 BGHZ 106, 163 (166); 111, 382 (386); juris-Pk/*Martinek*, § 812 Rn. 25; *Grigoleit/Auer,* Schuldrecht III Bereicherungsrecht, Rn. 24.
1582 *Brox/Walker,* Besonderes Schuldrecht, § 40 Rn. 7; *Looschelders,* Schuldrecht BT, § 52 Rn. 1026; Jauernig/*Stadler,* § 812 Rn. 4; Erman/Westermann/*Buck-Heeb*, § 812 Rn. 12.
1583 Dauner-Lieb/Langen/*von Sachsen Gessaphe*, § 812 Rn. 16; juris-Pk/*Martinek*, § 812 Rn. 28; *Reuter/Martinek*, Ungerechtfertigte Bereicherung, S. 89 ff.; *Grigoleit/Auer,* Schuldrecht III Bereicherungsrecht, Rn. 23 f., 25.
1584 *Peifer,* Gesetzliche Schuldverhältnisse, § 9; BGH NJW 2007, 3127 (3130); Dauner-Lieb/Langen/*von Sachsen Gessaphe*, § 812 Rn. 16.
1585 *Grigoleit/Auer,* Schuldrecht III Bereicherungsrecht, Rn. 25.
1586 *Brox/Walker,* Besonderes Schuldrecht, § 40 Rn. 6 f.; Bamberger/Roth/*Wendehorst,* § 812 Rn. 46; *Grigoleit/Auer,* Schuldrecht III Bereicherungsrecht, Rn. 22.
1587 Bamberger/Roth/*Wendehorst,* § 812 Rn. 46.

jedoch eine Leistung an A vorzunehmen. Denn die S-Bank will gegenüber A keinen eigenen Leistungszweck setzen, sondern ihrer Verpflichtung aus dem Girovertrag mit B nachkommen. Eine Leistung liegt somit im Ergebnis vor zwischen S-Bank und B sowie zwischen B und seinem (Putativ-)gläubiger A.

(2) **Bedeutung der Tilgungsbestimmung.** Diese Zweckgerichtetheit folgt in der Regel aus der sog. Tilgungsbestimmung, die vom Schuldner gesetzt wird: Im Vordergrund steht dabei die Tilgung einer vermeintlich bestehenden Verbindlichkeit (z. B. Erfüllung einer Kaufpreisschuld).

(3) **Rechtsnatur der Zweckrichtung.** Die Rechtsnatur der Zweckrichtung wird dabei durchaus unterschiedlich beurteilt. So soll nach einer (großzügigen) Auffassung allein der natürliche Wille entscheidend sein: Auch Geschäftsunfähige könnten danach „leisten". Akzeptabel erscheint dies allenfalls, wenn die Leistungshandlung in einen bloßen Realakt mündet. Nach herrschender Ansicht bedarf es hingegen eines **rechtsgeschäftlichen Willens**[1588]. Diskutabel erscheint in dogmatischer Hinsicht, ob die Zweckbestimmung als ein einseitiges Rechtsgeschäft oder als eine geschäftsähnliche Handlung zu begreifen ist. Die Rechtsfolgen sind dagegen eindeutig und bestehen in der Heranziehung von §§ 104 ff., sodass bei Minderjährigen die Zustimmung des gesetzlichen Vertreters geboten ist[1589]. Die Zweckbestimmung ist nach h. M. auch anfechtbar[1590].

(4) **Bedeutung des Leistungszwecks.** Bedeutung erlangt die **Bestimmung des Leistungszwecks**, wie bereits erwähnt, wenn es gilt, in **Mehrpersonenverhältnissen** eine Zuordnung der getätigten Zuwendungen vorzunehmen und die bestehenden Leistungsverhältnisse konkret zu bestimmen. Denn was durch Leistung erlangt wurde, kann nicht zugleich den Gegenstand einer Nichtleistungskondiktion bilden (Subsidiarität der Nichtleistungskondiktion)[1591]. So werden etwa bei der sog. „Leistungskette" Schuldner und Gläubiger gerade mit Hilfe des Leistungszwecks bestimmt (näher zur Leistungskette Rn. 565)[1592]. Indes kann die oben (Rn. 401) genannte Definition in Dreipersonen- oder Mehrpersonenverhältnissen oftmals keine eindeutige Zuordnung gewährleisten, sodass sie der Ergänzung durch Wertungskriterien bedarf[1593]. Jedoch ficht dies die Existenzberechtigung des Leistungsbegriffes selbst nicht an, der als erster Parameter fungiert, jedoch im Einzelfall korrigiert werden kann[1594].

(5) **Vorrang der Leistungskondiktion.** Soweit eine Leistung vorliegt, scheidet im Hinblick auf den jeweiligen Leistungsgegenstand eine Nichtleistungskondiktion aus. Insoweit gelten der Vorrang der Leistungskondiktion und der **Grundsatz**

1588 BGHZ 106, 163 (166); 111, 382 (386); zum Meinungsstand vgl. *Reuter/Martinek*, Ungerechtfertigte Bereicherung, S. 92 m. w. N.; *Grigoleit/Auer*, Schuldrecht III Bereicherungsrecht, Rn. 24.

1589 Vgl. BGHZ 106, 163; 111, 382.

1590 *Peifer*, Gesetzliche Schuldverhältnisse, § 9; *Larenz/Canaris*, Schuldrecht BT II/2, § 70 III 3, S. 218 f.; Erman/Westermann/*Buck-Heeb*, § 812 Rn. 13; BGH NJW 1989, 1792.

1591 *Brox/Walker*, Besonderes Schuldrecht, § 40 Rn. 7; Dauner-Lieb/Langen/*von Sachsen Gessaphe*, § 812 Rn. 17.

1592 *Brox/Walker*, Besonderes Schuldrecht, § 40 Rn. 7; Dauner-Lieb/Langen/*von Sachsen Gessaphe*, § 812 Rn. 17.

1593 *Looschelders*, Schuldrecht BT, § 52 Rn. 1026; BGH NJW 1989, 900 (901); BGH NJW 1984, 483; vgl. *Larenz/Canaris*, Schuldrecht BT II/2, § 70 VI 1; juris-Pk/*Martinek*, § 812 Rn. 105.

1594 *Looschelders*, Schuldrecht BT, § 52 Rn. 1027; *Medicus/Petersen*, Bürgerliches Recht, Rn. 686; Dauner-Lieb/Langen/*von Sachsen Gessaphe*, § 812 Rn. 13; wohl auch *Giesen* Jura 1995, 169 (173).

der Subsidiarität der Nichtleistungskondiktion[1595]. Die Bestimmung des Leistungszwecks hat somit auch große Bedeutung für die Abgrenzung zur Nichtleistungskondiktion[1596].

c) **Ohne rechtlichen Grund.** Die Bereicherung ist „ungerechtfertigt“, wenn sie 405
„ohne rechtlichen Grund“ erlangt wurde. Wie dieses Tatbestandsmerkmal bei der *condictio indebiti* (§ 812 Abs. 1 S. 1 Alt. 1) zu verstehen ist, ist zwischen **objektiver** und **subjektiver Rechtsgrundtheorie** streitig. Obgleich dieser Auseinandersetzung heute kaum noch größere praktische Bedeutung zukommt[1597], soll kurz darauf eingegangen werden. Nach der ersten Auffassung ist Rechtsgrund allein das **Bestehen eines Schuldverhältnisses,** welches zum Behalten des Leistungsgegenstandes berechtigt[1598]. So ist etwa eine Werklohnzahlung an den Unternehmer mit Rechtsgrund erfolgt, wenn der entsprechende Werkvertrag wirksam ist. Nach der anderen, mehr subjektiv orientierten Auffassung fehlt es an dem rechtlichen Grund, wenn der vom Leistenden intendierte Zweck der Leistung (genauer: die Erfüllung der Verbindlichkeit) nicht erreicht wird[1599]. Maßgeblich wäre somit der Nichteintritt der bezweckten Befreiung von einer durchsetzbaren Forderung. Im Folgenden wird der überwiegend vertretenen objektiven Theorie gefolgt, weil sie die komplizierte „doppelstöckige Argumentation“ der Gegenauffassung vermeidet. Nach der subjektiven Theorie ist die objektive Wirksamkeit des Rechtsgrundes nämlich gleichwohl inzident für die Ermittlung der Zweckverfehlung maßgeblich[1600]. Nach der Rechtsprechung des BGH muss im Falle von § 812 Abs. 1 S. 1 der Anspruchsteller „die einzelnen Tatbestandsmerkmale, und damit auch das Fehlen eines Rechtsgrundes, darlegen und im Bestreitensfalle beweisen“[1601]. Problematisch erscheint, dass es sich bei der Rechtsgrundlosigkeit der Leistung um eine negative Tatsache handelt, sodass der Beweis nicht direkt, sondern nur indirekt geführt werden kann. Dies bedeutet, dass der Anspruchsteller alle **Umstände zu entkräften** hat, welche **einen Rechtsgrund nahe legen,** ohne „darüber hinaus … alle theoretisch denkbaren Behaltensgründe ausschließen“[1602] zu müssen. Das „abstrakt-theoretische“ Risiko, dass ein Rechtsgrund existiert, welcher zum Prozessstoff keine nähere Verbindung aufweist, wird ihm somit nicht auferlegt.

aa) **Anspruch besteht von Anfang an nicht.**

Bsp.: Der 16jährige A hat dem B sein iPhone verkauft. Wenn die Eltern des A das 406
Geschäft nicht genehmigen (vgl. §§ 107, 108), war der Kaufvertrag von Anfang an unwirksam und B muss das iPhone im Rahmen der *condictio indebiti* wieder herausgeben.

Im Gegensatz zur *condictio ob causam finitam* (§ 812 Abs. 1 S. 2 Alt. 1) **fehlt** bei der *condictio indebiti* der **Rechtsgrund von Anfang an.** Die *condictio indebiti* ermöglicht die Rückabwicklung nichtiger Schuldverhältnisse und gewinnt insbe-

1595 BGHZ 40, 272 (278); BGH NJW 2005, 60; *Looschelders,* Schuldrecht BT, § 53 Rn. 1060.
1596 *Looschelders,* Schuldrecht BT, § 52 Rn. 1028.
1597 Ebenso statt vieler *Grigoleit/Auer,* Schuldrecht III Bereicherungsrecht, Rn. 29.
1598 Bamberger/Roth/*Wendehorst,* § 812 Rn. 59; *Larenz/Canaris,* Schuldrecht BT II/2, § 67 III 1; *Looschelders,* Schuldrecht BT, § 52 Rn. 1030.
1599 *Hadding,* FS Kroeschell, 1997, 293 (297); *Medicus/Lorenz,* Schuldrecht BT, Rn. 1128, 1131 f.; *Reuter/Martinek,* Ungerechtfertigte Bereicherung, § 4 II, S. 106 ff.
1600 Zutreffend *Looschelders,* Schuldrecht BT, § 52 Rn. 1031; *Harke,* Schuldrecht BT, Rn. 487.
1601 BGH NJW 2003, 1039; so auch MüKo/*Schwab,* § 812 Rn. 363; Erman/Westermann/*Buck-Heeb,* § 812 Rn. 90.
1602 BGH NJW 2003, 1039; vgl. auch BGH NJW-RR 1996, 1211; NJW-RR 1995, 916.

sondere im Zusammenhang mit dem sachenrechtlichen Abstraktionsprinzip Bedeutung[1603]. Strittig wird insoweit die Frage beantwortet[1604], ob bei einer **Anfechtung wegen Willensmängeln** ein Fall anfänglichen Fehlens oder ein solcher nachträglichen Wegfalls des Rechtsgrundes vorliegt. Nach einer Auffassung kommt die *condictio ob causam finitam* zur Anwendung, weil bis zur Anfechtungserklärung der Rechtsgrund tatsächlich vorlag. Die wohl h. A. favorisiert die Heranziehung der *condictio indebiti*, weil nach § 142 Abs. 1 die Anfechtung *ex tunc* wirkt[1605].

Die Streitfrage hat keine große praktische Bedeutung, da § 812 beide Fälle einem Bereicherungsausgleich zuführen will[1606]. Unterschiede in der weiteren Lösung existieren nur vordergründig: Zwar ist nach überwiegender Auffassung § 814 im Rahmen von § 812 Abs. 1 S. 2 Alt. 1 nicht anwendbar. Denn der Leistende schuldete diese zum Zeitpunkt seiner Leistungshandlung tatsächlich[1607]. Aber auch bei Anwendung der *condictio indebiti* ergeben sich mit Blick auf § 814 im Ergebnis kaum Unterschiede, da der Leistende trotz Kenntnis der Anfechtbarkeit im konkreten Fall zunächst zur Leistung verpflichtet ist (vgl. näher Rn. 432)[1608]. Somit ist es unerheblich, dass § 142 Abs. 2 die Kenntnis der Anfechtbarkeit mit der Kenntnis der Nichtigkeit gleichsetzt[1609]. Auf § 815 kann mangels treuwidrigen Verhaltens ebenfalls nicht abgestellt werden.

> **Bsp.:** A verkauft B einen gebrauchten Porsche Carrera 911. Als sich herausstellt, dass es sich um einen Unfallwagen handelt und A dies vorher gewusst hat, ficht B den Kaufvertrag nach § 123 Abs. 1 Alt. 1 an und verlangt Rückzahlung des Kaufpreises nach § 812 Abs. 1, da der Kaufvertrag wegen der Anfechtung nicht mehr Rechtsgrund für das Behaltendürfen des Kaufpreises ist. – Zwar hatte A Kenntnis von der Unfalleigenschaft. Gleichwohl ist mit Blick auf § 814 eine Streitentscheidung zwischen der *condictio indebiti* und der *condictio ob causam finitam* mehr aus dogmatisch-theoretischen Gründen als aus praktischen Gründen erforderlich.

407 **bb) Exkurs: Fälle des § 434 Abs. 3.** Im Falle einer *aliud*-Lieferung oder der Überlassung einer qualitativ minderwertigen Kaufsache durch den Verkäufer vermag der Käufer nicht den gezahlten Kaufpreis nach § 812 Abs. 1 S. 1 Alt. 1 zu kondizieren. Denn die Leistung ist nicht ohne rechtlichen Grund erfolgt. Die Wirksamkeit des Kaufvertrages wird von der vertragswidrigen Beschaffenheit der gelieferten Kaufsache, sei es auch eine *aliud*-Lieferung (§ 434 Abs. 3), nicht tangiert[1610]. Der Käufer kann lediglich gemäß §§ 434 Abs. 3, 437 Nr. 1, 439 Nacherfüllung verlangen und unter den gesetzlichen Voraussetzungen weitere Gewährleistungsrechte geltend machen[1611]. Im Übrigen kommt den vertraglichen Ausgleichsmechanismen in der Prüfung ohnehin der Vorrang gegenüber Bereicherungsansprüchen zu.

1603 *Looschelders*, Schuldrecht BT, § 52 Rn. 1032; *Lorenz* JuS 2009, 489; Dauner-Lieb/Langen/*von Sachsen Gessaphe*, § 812 Rn. 24; Erman/Westermann/*Buck-HeebK*, § 812 Rn. 2.

1604 Offen gelassen aber von BGH NJW 2008, 1878.

1605 *Larenz/Canaris*, Schuldrecht BT II/2, § 68 I 1; Staudinger/*Lorenz*, § 812 Rn. 88; juris-Pk/*Martinek*, § 812 Rn. 35; a. A. Palandt/*Sprau*, § 812 Rn. 26; *Conrad* JuS 2009, 397 (398).

1606 Brox/Walker, Besonderes Schuldrecht, § 40 Rn. 30; Bamberger/Roth/*Wendehorst*, § 812 Rn. 63; Staudinger/*Lorenz*, § 812 Rn. 88.

1607 *Looschelders*, Schuldrecht BT, § 52 Rn. 1040; Bamberger/Roth/*Wendehorst*, § 812 Rn. 3.

1608 Brox/Walker, Besonderes Schuldrecht, § 40 Rn. 30.

1609 BGH NJW 2008, 1878; *Lorenz/Cziupka* JuS 2012, 777.

1610 Umstritten ist aber, ob der Verkäufer die falsch gelieferte Sache nach § 812 herausverlangen kann, vgl. *Lorenz* JuS 2003, 36 (39).

1611 Palandt/*Weidenkaff*, § 434 Rn. 54.

d) **Sonderfall des § 813 Abs. 1.** § 813 Abs. 1 S. 1 setzt zwar den **Rechtsgedanken der *condictio indebiti*** fort, bildet aber richtigerweise eine selbständige Anspruchsgrundlage[1612]. Danach kann das zum Zwecke der Erfüllung einer Verbindlichkeit Geleistete auch dann zurückgefordert werden, wenn dem Anspruch eine **dauernde Einrede** entgegenstand, durch welche die Geltendmachung des Anspruchs dauernd ausgeschlossen wurde. Man kann von einem Spezialfall der *condictio indebiti* sprechen[1613]. Hier bezweckt der Bereicherungsgläubiger die Tilgung eines Anspruchs, dessen Durchsetzbarkeit in Wahrheit wegen einer peremptorischen Einrede ausgeschlossen ist[1614]. In Frage kommen insoweit die Einrede der Bereicherung (§ 821) und die Einrede der unerlaubten Handlung (Arglisteinrede: § 853) bzw. die Tatbestände von §§ 1973, 1990[1615]. Auch der Einwand der Verwirkung (§ 242) lässt sich hier anführen. Anderes gilt dagegen nach § 813 Abs. 1 S. 2 hinsichtlich der **Verjährungseinrede** (§ 214 Abs. 2). Denn die Verjährungsvorschriften dienen gerade der Rechtssicherheit und dem Rechtsfrieden, sodass eine Rückforderung des Leistungsgegenstandes damit nicht vereinbar wäre[1616]. Gleiches ist für die Einrede des Sach- oder Rechtsmangels im Kaufrecht (§ 438 Abs. 4 S. 2 i. V. m. § 218) anzunehmen, denn die Überlegungen zur Verjährung kommen hier mittelbar im Rahmen von § 218 zum Tragen. 408

Aus dem klaren Wortlaut des § 813 Abs. 1 ergibt sich, dass zum **Zeitpunkt der Leistungserbringung** die Einrede schon bestanden haben muss[1617]. Ausnahmen können sich aber aus Billigkeitsgründen ergeben (Bsp. § 242)[1618]. Problematisch kann die Anwendung von § 813 auch im Zusammenhang mit § 359 werden. Die zentrale Frage ist hierbei, ob im Falle der erfolgreichen Lösung von einem verbundenen Geschäft der durch § 359 erlaubte Einwendungsdurchgriff auch für einen Rückforderungsdurchgriff gegenüber dem Kreditgeber benutzt werden kann[1619]. Erlaubt ist dies, wenn der verbundene Vertrag von Anfang an **nichtig** war, sodass das Leistungsverweigerungsrecht gemäß § 359 Abs. 1 S. 1 ebenfalls von Anfang an existierte[1620]. Im Falle einer *ex-nunc* wirkenden Kündigung oder eines Rücktritts sind die Voraussetzungen von § 813 Abs. 1 S. 1 dagegen richtigerweise zu verneinen[1621]. Der Verbraucher muss sich deswegen für die Rückforderung, soweit er die Raten bereits an den Kreditgeber bezahlt hat, an den Vertragspartner des verbundenen Geschäfts halten[1622]. Richtigerweise nicht als Einreden i. S. v. § 813 Abs. 1 S. 1 gelten das Zurückbehaltungsrecht nach § 273 und die Einrede des nichterfüllten Vertrages[1623]. 409

Bsp.[1624]: K schließt mit V einen notariellen Kaufvertrag über ein Grundstück des V. Darin wird vereinbart, dass der K einen Kaufpreisteilbetrag von 15.000 Euro solange

1612 Bamberger/Roth/*Wendehorst*, § 813 Rn. 2.
1613 *Lorenz/Cziupka* JuS 2012, 777; *Wandt*, § 10 Rn. 41; Bamberger/Roth/*Wendehorst*, § 813 Rn. 2.
1614 *Looschelders*, Schuldrecht BT, § 52 Rn. 1034; *Lorenz/Cziupka* JuS 2012, 777.
1615 Vgl. statt vieler *Grigoleit/Auer*, Schuldrecht III Bereicherungsrecht, Rn. 32.
1616 BGH NJW-RR 2006, 1277 (1280): Unerheblich ist danach auch, ob die Verjährung rechtlich zweifelhaft ist.
1617 So auch Bamberger/Roth/*Wendehorst*, § 813 Rn. 7. Dies verkennend OLG Zweibrücken NJW 2009, 2221.
1618 *Reuter/Martinek*, Ungerechtfertigte Bereicherung, S. 173; Staudinger/*Lorenz*, § 813 Rn. 7; BGH MDR 1954, 286.
1619 Dazu etwa *Riehm*, JuS Lern-CD Zivilrecht I, Rn. 184.
1620 BGH NJW 2008, 845; OLG Dresden JuS 2000, 602; Palandt/*Grüneberg*, § 359 Rn. 7.
1621 Palandt/*Grüneberg*, § 359 Rn. 7.
1622 *Riehm*, JuS Lern-CD Zivilrecht I, Rn. 184.
1623 *Grigoleit/Auer*, Schuldrecht III Bereicherungsrecht, Rn. 32.
1624 OLG Zweibrücken NJW 2009, 2221.

zurückbehalten kann, bis der V auf eigene Kosten in das Grundstück ragende Tannen und Gestrüpp so entfernt hat, dass das Grundstück uneingeschränkt genutzt werden kann. Obwohl der V dem nicht nachgekommen ist, überweist der K dem V den gesamten vereinbarten Kaufpreis von 145.000 Euro, um die Eintragung des Eigentumswechsels im Grundbuch zu erreichen und eine mögliche Zwangsvollstreckung aus der Notarurkunde zu vermeiden. Gleichzeitig erklärt er aber, der Betrag von 15.000 Euro werde nur unter Vorbehalt bezahlt und fordert den V auf, diesen Betrag in einem Zeitraum von einer Woche wieder zurückzuzahlen. Zugleich wird V zur Beseitigung des Gestrüpps eine Frist von drei Wochen gesetzt. Nach Ablauf von drei Wochen hat V weder die 15.000 Euro zurückgezahlt noch das Gestrüpp entfernt. Daher klagt der K nun auf Rückzahlung des nach seiner Auffassung zu viel gezahlten Betrags in Höhe von 15.000 Euro. – Ein Anspruch des K auf Rückzahlung könnte sich hier nur aus § 813 ergeben. Nach dieser Vorschrift kann das zum Zweck der Erfüllung einer Verbindlichkeit Geleistete jedoch dann nicht aus ungerechtfertigter Bereicherung zurückgefordert werden, wenn dem Anspruch im Zeitpunkt der Leistung eine nur vorübergehende, die Geltendmachung des Anspruchs nicht dauernd ausschließende Einrede entgegenstand. Ausgehend hiervon begründen nur dauernde Einreden einen Bereicherungsanspruch, sofern sie dem Anspruch schon zur Zeit der Leistung entgegengesetzt werden konnten. Die Ausübung eines Zurückbehaltungsrechts setzt jedoch voraus, dass die Gegenleistung noch nicht erbracht ist und damit der Schuldner noch etwas hat, was er zurückhalten könnte. Daran fehlt es hier. Ein „Zurückbehalten" ist bereits begrifflich ausgeschlossen. Denn der K hat den Kaufpreis und damit die Gegenleistung in vollem Umfang gezahlt. Demnach stünde ihm kein Zurückbehaltungsrecht mehr zu. Der K hat daher keinen Anspruch auf Rückzahlung der 15.000 Euro aus § 813 Abs. 1 S. 1. Das OLG Zweibrücken[1625] berücksichtigt in seiner nur im Ergebnis richtigen Lösung nicht ausreichend, dass das Zurückbehaltungsrecht von vornherein keine peremptorische, sondern eine lediglich dilatorische Einrede darstellt.

II. Leistungskondiktion gem. § 812 Abs. 1 S. 2 Alt. 1 (condictio ob causam finitam)

1. Prüfungsschema

410

Anspruch aus § 812 Abs. 1 S. 2 Alt. 1
1. Etwas erlangt
2. Durch Leistung
3. Der rechtliche Grund ist nachträglich weggefallen
4. Keine Anwendung von § 814
5. Rechtsfolge: Herausgabe des Erlangten (ergänzend §§ 818 f.)

2. Voraussetzungen

411 Im Unterschied zum Anspruch aus § 812 Abs. 1 S. 1 Alt. 1 besteht bei § 812 Abs. 1 S. 2 Alt. 1 im Zeitpunkt der Leistung zunächst ein Rechtsgrund, der erst später wegfällt. Der praktische Anwendungsbereich dieser Vorschrift ist aber gering[1626].

Bsp.: Die Versicherung V zahlt an A, weil dessen neuer Pkw gestohlen wurde. Später fällt dieser Schaden weg, weil der gestohlene Wagen wieder aufgefunden wird und

1625 OLG Zweibrücken NJW 2009, 2221.
1626 Vgl. auch *Grigoleit/Auer*, Schuldrecht III Bereicherungsrecht, Rn. 31.

damit auch der Versicherungsfall entfällt. – Damit kann V die Versicherungssumme nach § 812 Abs. 1 S. 2 Alt. 1 kondizieren[1627].

Bsp.: Eigentümer E erhält eine Sache wieder, wegen deren Verlust er bereits von A Schadensersatz erhalten hatte. Hier fällt mit dem Schaden nachträglich auch der Rechtsgrund für die Leistung des A weg[1628].

Ebenfalls Anwendungsfälle von § 812 Abs. 1 S. 2 Alt. 1 stellen **Befristungen** und **aufschiebende Bedingungen** dar, bei welchen gemäß § 158 Abs. 2 der Rechtsgrund *ex nunc* entfällt[1629]. Zu nennen sind weiter der Eintritt eines Endtermins (§§ 163, 158 Abs. 2) oder die einverständliche Vertragsaufhebung (§ 311)[1630]. Gleiches gilt für den Schenkungswiderruf (beachte: Bei §§ 530, 531 Abs. 2 handelt es sich um eine Rechtsgrundverweisung).

Nicht in Betracht kommt ein Rückgriff auf die *condictio ob causam finitam* jedoch bei einem (konkludent) vereinbarten **Vorrang vertraglicher Rückgewähransprüche**[1631]. Relevant wird dies vor allem im Zusammenhang mit der Einräumung nicht akzessorischer Sicherheiten (z. B. Sicherungseigentum). 412

Bsp.: Firmeninhaber A übereignet (unbedingt) zur Sicherheit mehrere Fräsmaschinen an die B-Bank. Nach Rückzahlung der Kreditraten und bei Erledigung des Sicherungszwecks muss die B-Bank diese Maschinen an A zurückübereignen. – Der Anspruch ergibt sich regelmäßig bereits aus dem Sicherungsvertrag, sodass auf § 812 Abs. 1 S. 2 Alt. 1 nicht zurückgegriffen werden kann[1632].

Auch im Falle rechtsgeschäftlich vereinbarter oder gesetzlicher Rücktrittsrechte ist § 812 Abs. 1 S. 2 Alt. 1 nicht einschlägig. Vielmehr liegt dann ein vorrangiges **Rückabwicklungsschuldverhältnis** vor (vgl. §§ 346 ff.), welches in modifizierter Gestalt weiter einen Rechtsgrund darstellt[1633]. Dies gilt auch, wenn wie im Fall von § 346 Abs. 3 S. 2 auf die Rechtsfolgen des Bereicherungsrechts verwiesen wird (vgl. auch zu den Konkurrenzen oben Rn. 392). 413
Ein Anwendungsfeld der *condictio ob causam finitam* kann sich dagegen im Zusammenhang mit der Beendigung von Dauerschuldverhältnissen ergeben: **Vorleistungen einer Vertragsseite** sind hier nach § 812 Abs. 1 S. 2 Alt. 1 kondizierbar[1634]. Vorrangig zu berücksichtigen sind jedoch auch hier stets speziellere vertraglich vereinbarte oder gesetzliche Rechtsfolgen. So hat der Mieter im Falle eines voraus entrichteten Mietzinses bereits nach § 547 Abs. 1 S. 1 einen Rückerstattungs- und Verzinsungsanspruch gegen den Vermieter (im Falle von § 547 Abs. 1 S. 2 in Gestalt einer Rechtsfolgenverweisung auf das Bereicherungsrecht)[1635].

Im Zusammenhang mit der **Rückzahlung eines Disagios** (= Betrag, der bei der Auszahlung des Kredites durch die Bank einbehalten wurde), welcher von der 414

1627 RGZ 108, 110.
1628 Vgl. auch *Riehm,* JuS Lern-CD Zivilrecht I, Rn. 436.
1629 *Grigoleit/Auer*, Schuldrecht III Bereicherungsrecht, Rn. 31.
1630 *Wandt,* § 10 Rn. 50; *Brox/Walker*, Besonderes Schuldrecht, § 40 Rn. 29; *Giesen* Jura 1995, 169 (179); *Looschelders*, Schuldrecht BT, Rn. 1040.
1631 *Medicus/Lorenz*, Schuldrecht II, Rn. 1141; *Flume,* AT II, § 40 2 d; BGH NJW 1966, 540 (541); BGH NJW 1967, 1905.
1632 *Medicus/Lorenz*, Schuldrecht II, Rn. 1141; *Riehm,* JuS Lern-CD Zivilrecht I, Rn. 436.
1633 BGH NJW 2008, 911; Palandt/*Grüneberg*, Einf. v. § 346 Rn. 8 f.; MüKo/*Gaier*, Vorbem. § 346 Rn. 3 f.; Dauner-Lieb/Langen/*von Sachsen Gessaphe*, § 812 Rn. 38.
1634 Staudinger/*Lorenz*, § 812 Rn. 79.
1635 Vgl. dazu etwa *Grigoleit/Auer*, Schuldrecht III Bereicherungsrecht, Rn. 32 Fn. 38; Staudinger/*Lorenz*, § 812 Rn. 79. Anders ist der Fall, wenn es um die Rückforderung überzahlter Miete nach Minderung geht, vgl. hierzu *Lögering* NZM 2010, 113.

Rechtsprechung des BGH als laufzeitabhängiger Zinsersatz interpretiert wird, kann bei vorzeitiger Vertragsbeendigung vom Darlehensnehmer eine anteilige Rückzahlung nach den Grundsätzen von § 812 Abs. 1 S. 2 Alt. 1 verlangt werden, sofern keine abweichenden vertraglichen Vereinbarungen feststellbar sind[1636].

415 Bedeutung hat die *condictio ob causam finitam* auch im **Familienrecht**, und hier insbesondere im **vermögensrechtlichen Nebengüterrecht von Eheleuten**, erlangt.

Bsp.: Ehemann A hat auf dem Grundstück der Ehefrau F mit seinen eigenen finanziellen Mitteln ein Haus als Familienwohnung gebaut. Jahre später wird die Ehe geschieden, sodass der Ehemann Wertersatz für seine Leistung verlangt[1637]. – In einer älteren Entscheidung hat der BGH einen Anspruch aus § 812 Abs. 1 S. 2 Alt. 1 bejaht, wobei er die Ehe als Rechtsgrund für die Zahlungen einstufte, der aufgrund der Scheidung weggefallen sei. Richtigerweise bildet die Ehe aber nur das Motiv dafür, aber keinen Rechtsgrund im technischen Sinne. Weiter diskutiert werden ein Ausgleich nach den Grundsätzen des Wegfalls der Geschäftsgrundlage (§ 313) sowie eine *condictio ob rem* (§ 812 Abs. 1 S. 2 Alt. 2)[1638].

416 Vergleichbare Fragestellungen ergeben sich auch im Fall der **nichtehelichen Lebensgemeinschaft:** Eine *condictio ob causam finitam* kommt richtigerweise jedoch deswegen nicht in Betracht, weil die Lebenspartner durch das bloße tatsächliche Zusammenleben rechtlich zu keinen konkreten Leistungen angehalten sind, sodass sich auf diese Weise kein weggefallener Rechtsgrund konstruieren lässt[1639].

Denkbar erscheint, auf die *condictio ob causam finitam* im Falle einer wirksamen Irrtumsanfechtung zurückzugreifen. Richtigerweise ist § 812 Abs. 1 S. 2 Alt. 1, wie bereits oben erwähnt (siehe Rn. 406), hier nicht einschlägig. Die Anfechtung hat nach § 142 Abs. 1 Rückwirkung, sodass ein Anwendungsfall der *condictio indebiti* vorliegt, wenngleich die Gegenauffassung weiter vertreten wird. Nicht anwendbar nach allgemeiner Meinung sind im Rahmen von § 812 Abs. 1 S. 2 Alt. 1 die **Ausschlussgründe nach §§ 814 und 815** (siehe näher unten Rn. 431 ff.). § 814 gilt vielmehr nur für die *condictio indebiti*[1640]. Als Einwendung in Betracht kommt lediglich § 817 S. 2.

III. Die Zweckverfehlungskondiktion (§ 812 Abs. 1 S. 2 Alt. 2)

Literatur: *Leitmeier*, Die Zweckkondiktion – eigentlich Treu und Glauben?, NJW 2010, 2006.

1636 BGH NJW 1990, 2250; NJW 1996, 3337 = JZ 1997, 513 (m. Anm. *Einsele); Riehm,* JuS Lern-CD Zivilrecht I, Rn. 436.

1637 Fall nach BGH JZ 1968, 381; dazu *Medicus/Lorenz*, Schuldrecht II, Rn. 1140.

1638 Vgl. zum Ganzen auch *Soergel/Gaul/Althammer,* Vor § 1408 Rn. 37, § 1414 Rn. 17 f.; *Henke* JuS 2011, 583; *Grigoleit/Auer*, Schuldrecht III Bereicherungsrecht, Rn. 14; ein ähnliches Problem stellt sich bei der Mitarbeit des Ehegatten im Betrieb eines anderen, vgl. *Gergen* FPR 2010, 298.

1639 *Dethloff*, Familienrecht, § 8 Rn. 26; *Sorge* JZ 2011, 661 (662).

1640 *Wandt,* § 10 Rn. 51; *Reuter/Martinek*, Ungerechtfertigte Bereicherung, S. 183; Dauner-Lieb/Langen/*von Sachsen Gessaphe*, § 814 Rn. 1; Bamberger/Roth/*Wendehorst,* § 814 Rn. 7.

1. Prüfungsschema

Zweckverfehlungskondiktion, § 812 Abs. 1 S. 2 Alt. 2
1. Etwas erlangt 2. Durch Leistung 3. Der mit der Leistung verfolgte Zweck tritt nicht ein 4. Kein Ausschluss nach § 815 oder § 817 S. 2 5. Rechtsfolge: Herausgabe des Erlangten

417

2. Voraussetzungen

Kondizierbar ist ein Bereicherungsgegenstand auch dann, wenn der nach dem Inhalt des Rechtsgeschäfts bezweckte Erfolg nicht eintritt, § 812 Abs. 1 S. 2 Alt. 2 (*condictio ob rem* oder *condictio causa data causa non secuta*)[1641]. Anders als im Fall von § 812 Abs. 1 S. 1 Alt. 1 steht bei dem bezweckten Erfolg nach § 812 Abs. 1 S. 2 Alt. 2 **kein (nach dem Inhalt des Rechtsgeschäfts) geschuldetes Verhalten** im Mittelpunkt[1642]. Vielmehr ist der Rechtsgrund bei der *condictio ob rem* in einer Zweckvereinbarung eigener Art zu sehen, die einem anderen Zweck gilt, wenngleich hier vieles streitig ist[1643]. Bei einer Leistung zur Erfüllung einer Schuld (*solvendi causa*) ist dagegen vorrangig an § 812 Abs. 1 S. 1 Alt. 1 (*condictio indebiti*) oder § 812 Abs. 1 S. 2 Alt. 1 (*condictio ob causam finitam*) zu denken[1644]. 418

a) Veranlasser- und Vorleistungsfälle. Zum einen ist denkbar, dass der Leistende im vollen Bewusstsein, dass eine Verpflichtung nicht besteht, geleistet hat, um den Leistungsempfänger dadurch zu einem ebenfalls nicht geschuldeten Tun oder Unterlassen zu bewegen (sog. **Veranlasserfälle**)[1645]. 419

> **Bsp.:** A hat gegenüber seinem Arbeitgeber C eine noch nicht entdeckte Straftat begangen. Sein Bekannter B, der davon zufällig Kenntnis erlangt hat, will gegenüber der Staatsanwaltschaft Anzeige erstatten, lässt sich aber zunächst von A durch die Zahlung einer Geldsumme umstimmen. Einen Monat später zeigt B den A gleichwohl an. – Dem A steht gegenüber B ein Anspruch aus § 812 Abs. 1 S. 2 Alt. 2 zu[1646].

An eine *condictio ob rem* ist also insbesondere zu denken, sofern die Leistung ein Verhalten honorieren soll, das für eine (wirksame) rechtsgeschäftliche Vereinbarung von vornherein nicht in Betracht kommt[1647].

In den sog. **Vorleistungsfällen** besteht ebenfalls kein vertraglicher Rechtsgrund, jedoch wird immerhin in der Hoffnung (vor-)geleistet, den Empfänger dadurch 420

1641 Zur Entwicklung im römischen Recht *Reuter/Martinek*, Ungerechtfertigte Bereicherung, S. 147; vgl. auch *Giesen* Jura 1995, 169 (179).

1642 Palandt/*Sprau*, § 812 Rn. 30; *Wandt*, § 812 Rn. 57; *Grigoleit/Auer*, Schuldrecht III Bereicherungsrecht, Rn. 33.

1643 *Riehm*, JuS Lern-CD Zivilrecht I, Rn. 438; *Medicus/Petersen*, Bürgerliches Recht, Rn. 691 m. w. N.; siehe auch *Köhler/Lorenz*, PDW Schuldrecht II, Fall 201.

1644 *Looschelders*, Schuldrecht BT, § 52 Rn. 1041; *Medicus/Petersen*, Bürgerliches Recht, Rn. 691; *Brox/Walker*, Besonderes Schuldrecht, § 40 Rn. 32; *Wandt* § 10 Rn. 56.

1645 *Lorenz/Cziupka* JuS 2012, 777 (778); *Wandt* § 10 Rn. 55; *Giesen* Jura 1995, 169 (179); *Grigoleit/Auer*, Schuldrecht III Bereicherungsrecht, Rn. 34. Eine *condictio indebiti* würde hier an § 814 scheitern.

1646 Vergleichbar BGH NJW-RR 1990, 827.

1647 Vgl. auch den in OLG Düsseldorf NJW-RR 1998, 1517 entschiedenen Fall (Freikauf einer Prostituierten); dazu auch *Looschelders*, Schuldrecht BT, § 52 Rn. 1042; *v. Caemmerer*, FS E. Rabel, 1954, 333 (347).

zur (wirksam möglichen) Vereinbarung des entsprechenden Kausalgeschäftes und/oder zur erwünschten Gegenleistung veranlassen zu können[1648].

Bsp.: A weiß, dass B nur schwer zum Verkauf seines Hausgrundstücks zu bewegen ist. Aus diesem Grund zahlt er an diesen, ohne dass ein Kaufvertrag bisher geschlossen worden wäre, einen Teil des von ihm gebotenen Kaufpreises, um B zum Abschluss des Grundstücksgeschäfts zu bewegen.

Bsp.: A hat von B durch notariellen Grundstückskaufvertrag ein Grundstück gekauft. Aufgrund einer Falschbeurkundung des zu gering angegebenen Kaufpreises ist dieser jedoch nach § 117 nichtig und das dissimulierte Geschäft formnichtig. A zahlt nun den Kaufpreis an B, um diesen zur Auflassung und Grundbucheintragung zu veranlassen und dadurch die Heilungswirkung des § 311b Abs. 1 S. 2 eintreten zu lassen.

Beachte: In allen Beispielsfällen steht § 814 einer Rückforderung nach § 812 Abs. 1 S. 2 Alt. 2 nicht entgegen, weil dieser Ausschlusstatbestand nur im Falle der *condictio indebiti*, nicht aber im Fall der *condictio ob rem* greift[1649]. Die Tatsache, dass der Leistende in Kenntnis der Nichtschuld geleistet hat, ist also insoweit unerheblich[1650].

421 b) **Zweckanstaffelung.** Zum anderen kann zwar eine vertragliche Verpflichtung des Leistenden existieren, jedoch mit der Leistung (auch) ein über die Erfüllung dieser Verbindlichkeit hinausgehender Zweck verfolgt werden[1651]. Auch in dieser Situation einer **Zweckanstaffelung** wird mitunter ein Anwendungsfall der *condictio ob rem* erkannt[1652]. Jedoch weisen abweichende Stimmen darauf hin, dass dieser weitergehende Zweck kondiktionsrechtlich nur im Fall einer vereinbarten Bedingung (§ 158) beachtlich sei. Sei eine solche nicht feststellbar, könne über eine ergänzende Vertragsauslegung oder die Grundsätze des Wegfalls der Geschäftsgrundlage (§ 313) geholfen werden[1653].
Eine *condictio ob rem* kommt auch mit Blick auf Dienstleistungen in Betracht, welche in Erwartung einer Erbeinsetzung durch den Empfänger der Leistungen vollführt werden[1654]. Wird diese Erwartung nicht erfüllt, soll der Leistende von den Erben Ausgleich nach § 812 Abs. 1 S. 2 Alt. 2 verlangen können.

Bsp.: A hat jahrelang dem alleinstehenden Rentner B bei der Aufrechterhaltung seines Haushalts geholfen und dafür nur eine geringfügige Aufwandsentschädigung von 100 Euro im Monat erhalten. Für B offensichtlich geschah dies in der Erwartung der A, ihn später einmal beerben zu können. B setzt jedoch seinen alten Studienfreund C zum Erben ein. – Trotz der dienstvertraglichen Vereinbarung kann hier aufgrund der Zweckanstaffelung ein Anspruch aus § 812 Abs. 1 S. 2 Alt. 2 begründet sein. Nach a. A. ist ein Ausgleich über die Grundsätze des Wegfalls der Geschäftsgrundlage zu suchen.

1648 *Wandt,* § 10 Rn. 58; *Reuter/Martinek,* Ungerechtfertigte Bereicherung, S. 151 ff.; Bamberger/Roth/*Wendehorst,* § 812 Rn. 88; Dauner-Lieb/Langen/*von Sachsen Gessaphe,* § 812 Rn. 55; *Grigoleit/Auer,* Schuldrecht III Bereicherungsrecht, Rn. 34.

1649 BGH NJW 2005, 3213.

1650 *Lorenz/Cziupka* JuS 2012, 777 (779); Dauner-Lieb/Langen/*von Sachsen Gessaphe,* § 814 Rn. 2, 9; Staudinger/*Lorenz,* § 814 Rn. 3.

1651 BGH NJW 1984, 233; *Wandt,* § 10 Rn. 55.

1652 *Wandt,* § 10 Rn. 55; *Medicus/Petersen,* Bürgerliches Recht, Rn. 691; a. A. *Brox/Walker,* Besonderes Schuldrecht, § 37 Rn. 34; *Larenz/Canaris* § 68 I 3 d, S. 153 f.; *v. Caemmerer,* FS E. Rabel, 333 (345 f.).

1653 *Larenz/Canaris,* Schuldrecht BT II/2, § 68 I 3 d, S. 153 f.; *Riehm,* JuS Lern-CD Zivilrecht I, Rn. 438; *Grigoleit/Auer,* Schuldrecht III Bereicherungsrecht, Rn. 35.

1654 Vgl. etwa *Looschelders,* Schuldrecht BT, § 52 Rn. 1043; *Medicus/Petersen,* Bürgerliches Recht, Rn. 693.

Bsp.[1655]**:** Im „Erbtantenfall" des BGH hatte eine Tante ihrem Neffen versprochen, ihm ein von diesem gepachtetes Grundstück in ihrem Testament zu vermachen. In Folge wurde von dem Neffen auf dem Grundstück ein Haus errichtet. Das Testament wurde jedoch nachträglich zu Lasten des Neffen geändert. – Der BGH hat eine Zweckverfehlungskondiktion bejaht, obgleich die Leistung des Neffen an die Tante aus mehreren Gründen zweifelhaft erscheint. Richtigerweise dürfte eine Nichtleistungskondiktion (Verwendungskondiktion) vorliegen (§§ 951 Abs. 1 i. V. m. § 812 Abs. 1 S. 1 2. Alt.)[1656].

Bsp.[1657]**:** B baut in der Erwartung einer späteren Erbeinsetzung die Wohnung ihrer Mutter M aus, welche beide zusammen bewohnen. B verstirbt vor ihrer Mutter. Die Erben von B sind der Ansicht, sie könnten Ausgleich für diese Vermögensaufwendungen verlangen. – Aufwendungsersatzansprüche nach § 601 Abs. 2 BGB (Leihe) wurden vom BGH mit Recht verneint. Weil B als Geschäftsführerin nicht die Absicht hatte, Ersatz zu verlangen, kam ein solcher Ausgleich nicht in Betracht. Es liegen jedoch die Voraussetzungen der Zweckverfehlungskondiktion (§ 812 Abs. 1 S. 2 Alt. 2) vor. Zweck der Zuwendung der B war der spätere Erwerb der Wohnung, was durch deren Tod nicht erreicht werden konnte. § 815 kommt als Ausschlussgrund nicht in Betracht. Da der Anspruch vor dem Tod der M als „verhaltener Anspruch" existierte, konnte dieser nach § 1922 auf die Erben der B übergehen.

Die *condictio ob rem* folgt grundsätzlich dem Prüfungsaufbau der *condictio indebiti* (§ 812 Abs. 1 S. 1 Alt. 1). Anstelle der (herkömmlichen) Prüfung des Rechtsgrundes tritt jedoch die Frage nach einer **wirksamen Zweckvereinbarung**[1658]. Diese verlangt – im Unterschied zur *condictio indebiti* – zwar keine vertragliche Übereinkunft. Gleichwohl muss über den verfolgten Zweck eine Übereinstimmung zwischen Leistungsempfänger und Leistendem erzielt worden sein. Ein vom Leistenden einseitig gesetzter Zweck genügt den Anforderungen somit nicht[1659], vielmehr ist wenigstens eine konkludente **Zweckvereinbarung** zwischen Leistendem und Leistungsempfänger erforderlich[1660]. Für eine konkludente Willensübereinkunft soll es nach der Rechtsprechung aber genügen, „wenn der eine Teil mit seiner Leistung einen bestimmten Erfolg bezweckt und der andere Teil dies erkennt und die Leistung entgegennimmt, ohne zu widersprechen"[1661]. Insoweit ist der Anwendungsbereich der *condictio ob rem,* welche eine Nähe zu synallagmatischen Rechtsverhältnissen besitzt[1662], von der bloßen (einseitigen) **Geschäftsgrundlage** zu unterscheiden[1663]. 422

An die *condictio ob rem* ist in der Klausur insbesondere zu denken, wenn Leistender und Leistungsempfänger sich auf einen gemeinsamen Zweck ausdrücklich

1655 Fall nach BGHZ 44, 321; vgl. auch BGH NJW 1965, 1224; BAG NJW 1970, 1701; BGH NJW 2013, 2025.

1656 Ebenso *Looschelders,* Schuldrecht BT, § 52 Rn. 1043; *Medicus/Petersen*, Bürgerliches Recht, Rn. 693; *Larenz/Canaris,* Schuldrecht BT II/2, § 68 I 3 e; vgl. im Übrigen auch BGHZ 108, 256; BGH NJW 2001, 3119; BGHZ 115, 261 = NJW 1992, 427.

1657 BGH NJW 2013, 2025.

1658 BGH NJW-RR 2009, 1142; *Brox/Walker,* Besonderes Schuldrecht, § 40 Rn. 33.

1659 *Grigoleit/Auer*, Schuldrecht III Bereicherungsrecht, Rn. 33.

1660 *Riehm*, JuS Lern-CD Zivilrecht I, Rn. 438; *Brox/Walker,* Besonderes Schuldrecht, § 40 Rn. 33.

1661 St. Rspr.: BGHZ 115, 261 = NJW 1992, 427; NJW-RR 2009, 1142; NJW 2013, 2025; NJW 2013, 3364.

1662 Von der h. M. wird deswegen ausdrücklich verlangt, dass dem bezweckten Erfolg der Charakter einer Gegenleistung zukommt, *Larenz/Canaris,* Schuldrecht BT II/2, § 68 I 3 b, S. 152.

1663 BGH NJW 1992, 2690 = JuS 1993, 159; *Riehm*, JuS Lern-CD Zivilrecht I, Rn. 438; Dauner-Lieb/Langen/*von Sachsen Gessaphe*, § 812 Rn. 62; *Grigoleit/Auer,* Schuldrecht III Bereicherungsrecht, Rn. 33.

oder konkludent geeinigt haben, **ohne** dass dadurch eine rechtsgeschäftliche **Verpflichtung begründet wird**[1664].

423 Die Zweckverfehlungskondiktion findet auch **im Familienrecht** als Ausgleichsinstrument Verwendung.

Bsp.: Die Eheleute A und B wollen eine gemeinsame Familienwohnung auf dem im Eigentum des A stehenden Grundstück in München errichten. Zu diesem Zweck erhalten sie von den Eltern der Ehefrau B einen „Geldzuschuss" von 50.000 Euro, wobei der Betrag unmittelbar an A ausbezahlt wird. Nach dem Scheitern der Ehe verlangen die Schwiegereltern von A diesen Betrag zurückerstattet. – Während der BGH in seiner früheren Judikatur einen Rückzahlungsanspruch der Schwiegereltern für Zuwendungen im Falle der Scheidung der Ehe aufgrund des angeblichen Vorrangs des Güterrechts verneinte, hat er im Jahre 2010 seine Rechtsprechung überraschend geändert[1665]. Neben den Grundsätzen des Wegfalls der Geschäftsgrundlage hält der BGH auch eine Anwendung der Zweckverfehlungskondiktion für möglich (§ 812 Abs. 1 S. 2 Alt. 2)[1666]. Es seien Situationen denkbar, „in denen (künftige) Schwiegereltern mit ihrer Schenkung ehebezogene Zwecke verfolgen, hierüber mit dem Empfänger der Leistung eine Willensübereinstimmung erzielen, und in denen dieser Zweck infolge des Scheiterns der Ehe nicht erreicht wird." Der verfolgte Zweck sei darin zu sehen, dass der Zuwendungsgegenstand dem eigenen Kind der Schwiegereltern dauerhaft zugutekomme, wenn dessen Ehe fortbestehe. Freilich wird, wie der BGH selbst konzediert, eine entsprechende Zweckvereinbarung vielfach nicht festgestellt werden können, da diese die positive Kenntnis von der Zweckvorstellung des anderen Teils verlangt und ein bloßes Kennenmüssen nicht genügt[1667].

424 Die *condictio ob rem* findet neuerdings auch im Falle des Scheiterns einer nichtehelichen Lebensgemeinschaft ein neues Anwendungsfeld.

Bsp.: F und M führten über viele Jahre eine Beziehung[1668]. Nach einigen Jahren erwarb die F ein Grundstück als Alleineigentümerin, das mit einem Einfamilienhaus bebaut wurde, welches F und M als gemeinsame Wohnung dienen sollte. Zur Fertigstellung des Hauses trugen F und M jeweils sowohl durch hohe finanzielle Leistungen als auch durch erhebliche Arbeitsleistungen bei. Nachdem F und M das Haus ca. drei Jahre gemeinsam bewohnt hatten, zerbrach ihre Beziehung, woraufhin die F den M aufforderte, das Haus zu räumen und an sie herauszugeben. Seinerseits verlangt er aber nun von der F Ausgleich für die von ihm für den Hausbau aufgewendeten finanziellen Mittel und Arbeitsleistungen. Wegen der finanziellen Mittel habe er auch auf seine Anlagen und Ersparnisse zurückgegriffen, nachdem ihm die F die Einräumung eines lebenslangen Wohnrechts versprochen habe. – Für die Frage, ob sich ein Anspruch des M auf Ausgleich aus § 812 Abs. 1 S. 2 Alt. 2 ergibt, ist erforderlich, dass die von M erbrachten Leistungen final auf einen nicht erzwingbaren Erfolg ausgerichtet waren und die F dies zumindest widerspruchslos erkannt hat. Eine solche Situation wird sich innerhalb einer nichtehelichen Lebensgemeinschaft allerdings nur bezüglich solcher Zuwendungen oder Arbeitsleistungen feststellen lassen, die deutlich über das hinausgehen, was die Gemeinschaft Tag für Tag benötigt. Von entscheidender Bedeutung ist daher die Frage, ob die F dem M tatsächlich die Einräumung eines lebenslangen Wohnrechts versprochen hatte[1669]. Denn in der so gewährleisteten dauerhaften

1664 Dies kommt, wie bereits erwähnt, insbesondere in Betracht, wenn sich eine Partei zur Gegenleistung nicht verpflichten kann (z. B. im Falle von §§ 1297 Abs. 1, 2302; auch an den Verzicht auf eine Strafanzeige wäre hier zu denken, vgl. BGH NJW-RR 1990, 827 = JuS 1990, 761).

1665 *Langenfeld*, Eheverträge, Rn. 872–877; vgl. auch *Henke/Keßler* JuS 2011, 686.

1666 BGH NJW 2010, 2202; *Wellenhofer* LMK 2010, 304950; *Koch* DNotZ 2010, 852; a. A. MüKo/*Schwab*, § 812 Rn. 420d.

1667 BGH NJW 2010, 2202; abweichend noch BGHZ 115, 261 = NJW 1992, 427.

1668 BGH NJW 2008, 3277 und NJW 2008, 3283.

1669 BGH NJW 2008, 3277 und NJW 2008, 3283.

Mitbenutzung des Hauses durch M, auch über eine eventuelle Trennung hinaus, wäre die erforderliche konkrete Zweckabrede zu sehen und ein Anspruch des M aus § 812 Abs. 1 S. 2 Alt. 2 gegeben.

IV. Die Leistungskondiktion gem. § 817 S. 1

1. Prüfungsschema

425

Kondiktion bei Gesetzes- oder Sittenverstoß
1. Etwas erlangt 2. Durch Leistung 3. Mit Annahme der Leistung hat der Empfänger gegen ein Gesetz oder gegen die guten Sitten verstoßen (vgl. § 817 S. 1) 4. Kein Ausschluss gem. § 817 S. 2 5. Rechtsfolge: Herausgabe des Erlangten

2. Voraussetzungen

§ 817 S. 1 verpflichtet den Empfänger einer Leistung zur Rückgewähr, wenn er durch die Annahme gegen ein **gesetzliches Verbot oder gegen die guten Sitten** verstoßen hat. Man spricht von der *condictio ob turpem vel iniustam causam*[1670]. Insofern handelt es sich um eine spezielle Ausprägung der Leistungskondiktion, die jedoch als **eine eigenständige Anspruchsgrundlage** konzipiert ist[1671]. Hingegen enthält § 817 S. 2 einen als Einwendung fungierenden Ausschlusstatbestand für den Fall, dass der Leistende selbst einen Gesetzes- oder Sittenverstoß begangen hat. Sollten die Voraussetzungen von § 817 S. 1 erfüllt sein, wird häufig auch das schuldrechtliche Kausalgeschäft nichtig sein (§§ 134, 138), sodass daneben ein Anspruch aus § 812 Abs. 1 S. 1 Alt. 1 zu prüfen ist[1672]. Die Rechtsfolge der Nichtigkeit wird aber regelmäßig nur bei einem beiderseitigen Sitten- oder Gesetzesverstoß angenommen, sodass sich die praktische Bedeutung von § 817 S. 1 nach h. M. gerade bei einseitigen Verstößen zeigt[1673]. 426

Bsp.: erpresste Leistungen (§§ 253, 255 StGB), Schutzgelderpressung, Hehlerei (§§ 259 ff. StGB) sowie Vorteilsannahme und Bestechlichkeit (§§ 331 ff. StGB)[1674].

An die selbständige Anspruchsgrundlage des § 817 S. 1 sollte des Weiteren gedacht werden, sofern andere Kondiktionsansprüche an den speziellen Ausschlusstatbeständen der §§ 814, 815 scheitern[1675]. Denn für die *condictio ob turpem vel iniustam causam* finden diese Einwendungen keine Anwendung. 427
Das Verhältnis von § 817 S. 1 zur *condictio indebiti* (§ 812 Abs. 1 S. 1 Alt. 1) wird z.T. auch abweichend beurteilt. So soll nach a. A. der Vertrag auch bei einseitigem Verstoß unwirksam und die *condictio indebiti* vorrangig sein[1676].

1670 *Giesen* Jura 1995, 169 (180); *Medicus/Lorenz*, Schuldrecht II, Rn. 1137; *Riehm*, JuS Lern-CD Zivilrecht I, Rn. 439.
1671 Bamberger/Roth/*Wendehorst*, § 817 Rn. 1 f.
1672 Bamberger/Roth/*Wendehorst*, § 817 Rn. 1 f.
1673 *Klöhn* AcP 210 (2010), 804; *Lorenz/Cziupka* JuS 2012, 777 (779); *Grigoleit/Auer*, Schuldrecht III Bereicherungsrecht, Rn. 26 gehen von einer geringen eigenständigen Bedeutung aus.
1674 *Giesen* Jura 1995, 169 (180); *Wandt*, § 10 Rn. 81.
1675 Palandt/*Sprau*, § 817 Rn. 7; *Medicus/Petersen*, Bürgerliches Recht, Rn. 694; auch *Grigoleit/Auer*, Schuldrecht III Bereicherungsrecht, Rn. 36.
1676 *Larenz/Canaris*, Schuldrecht BT II/2, § 68 I 6; MüKo/*Schwab*, § 817 Rn. 4.

Dabei wird § 817 S. 1 als Sonderregel zur Zweckverfehlungskondiktion (§ 812 Abs. 1 S. 2 Alt. 2) verstanden: Sei der vereinbarte Zweck eingetreten, aber sittenwidrig, so könne die Leistung nach § 817 S. 1 zurückgefordert werden[1677]. Die besseren Argumente dürften für die h. M. sprechen.

428 Nach überwiegender Auffassung verlangt § 817 S. 1 das **Bewusstsein, sittenwidrig zu handeln.** Die Rechtsprechung lässt es jedoch genügen, dass sich der Empfänger der Einsicht in den Gesetzes- oder Sittenverstoß leichtfertig verschlossen hat[1678]. Hingegen wollen einige Stimmen aus der Literatur auf diese subjektive Voraussetzung vollständig verzichten, da § 817 S. 1 lediglich der Wiederherstellung der objektiven Güterzuordnung dienen wolle[1679].

V. Ausschlusstatbestände im Fall der Leistungskondiktion

Literatur: *Dauner*, Der Kondiktionsausschluß gemäß § 817 S. 2 BGB, JZ 1980, 495; *Klöhn*, Die Kondiktionssperre gem. § 817 S. 2 BGB, AcP 210 (2010) 804; *Medicus*, Vergütungspflicht des Bewucherten, GS Dietz, 1973, S. 61; *ders.*, Der Rückforderungsausschluß nach § 817 S. 2 BGB im Konkurs des Leistenden, Jura 1989, 349; *Michalski*, Die analoge Anwendbarkeit des § 817 S. 2 außerhalb des § 817 S. 1 BGB, Jura 1994, 113; *Schmidt-Recla*, Von Schneebällen und Drehkrankheiten – Zu § 817 S. 2 BGB, JZ 2008, 60; *Wambach*, Die bereicherungsrechtliche Rückabwicklung gesetzes- oder sittenwidriger Verträge, 2004; *Wazlawik*, § 817 S. 2 BGB – Eine systemwidrige Vorschrift, ZGS 2007, 336.

429 Die bereicherungsrechtlichen Ausschlusstatbestände finden ausschließlich im Rahmen der Leistungskondiktion Anwendung, wobei es zwischen den verschiedenen Kondiktionstypen zu differenzieren gilt.

1. § 813 Abs. 2

430 § 813 Abs. 2 statuiert einen speziellen, auf § 813 Abs. 1 gemünzten Ausschlusstatbestand. Danach kann eine Leistung, die auf eine betagte (= zwar entstandene, aber noch nicht fällige) Schuld erbracht wird, nicht nach § 813 Abs. 1 kondiziert werden. Die Einrede der fehlenden Fälligkeit ist somit nicht dauerhafter Natur[1680]. Nicht erfasst werden dagegen aufschiebend bedingte Forderungen (§ 158 Abs. 1), weil diese bis zum Eintritt der fraglichen Bedingung nicht existent sind[1681].

1677 MüKo/*Schwab*, § 817 Rn. 5; Bamberger/Roth/*Wendehorst*, § 817 Rn. 7: Der „an § 812 Abs. 1 S. 2 Alt. 2 angelehnte Gesetzeswortlaut sowie die Betonung der „Annahme" der Leistung deuten vielmehr darauf hin, dass § 817 S. 1 ausschließlich den Fall betrifft, dass die Parteien einen verpflichtungsfeindlichen, weil gesetzes- oder sittenwidrigen Zweck als Erfolg i. S. der condictio ob rem vereinbart haben"; ebenso *Reuter/Martinek*, Ungerechtfertigte Bereicherung, S. 181; MüKo/*Schwab*, § 817 Rn. 4 ff.; Dauner-Lieb/Langen//*v. Sachsen Gessaphe*, § 817 Rn. 6 f.; Staudinger/*Lorenz*, § 817 Rn. 7. Der Anspruch sei erforderlich, da er auch Fälle erfasst, in denen der gesetzes- oder sittenwidrige Zweck erreicht wurde.

1678 BGH NJW 1980, 452; NJW 1989, 3217; OLG Celle NJW 1996, 2660; OLG Koblenz MDR 1999, 537; OLG München DNotZ 2011, 929; Palandt/*Sprau*, § 817 Rn. 8; Erman/*Buck-Heeb*, § 817 Rn. 8.

1679 MüKo/*Schwab*, § 812 Rn. 67; Staudinger/*Lorenz*, § 812 Rn. 9; PWW/*Leupertz*, § 812 Rn. 6; Bamberger/Roth/*Wendehorst*, § 812 Rn. 7; *Grigoleit/Auer*, Schuldrecht III Bereicherungsrecht, Rn. 36.

1680 *Medicus/Lorenz*, Schuldrecht II, Rn. 1147; MüKo/*Schwab*, § 813 Rn. 15.

1681 *Medicus/Lorenz*, Schuldrecht II, Rn. 1147; *Palandt/Sprau*, § 813 Rn. 7; MüKo/*Schwab*, § 813 Rn. 16.

2. Kenntnis vom Fehlen des Rechtsgrundes (§ 814)

Nach § 814 Alt. 1 kann das „zum Zwecke der Erfüllung einer Verbindlichkeit Geleistete ... nicht zurückgefordert werden, wenn der Leistende gewusst hat, dass er zur Leistung nicht verpflichtet war". Dies gilt gerade auch, wenn alle übrigen Voraussetzungen der *condictio indebiti* (§ 812 Abs. 1 S. 1 Alt. 1) vorlagen[1682]. Bezugspunkt für die Kenntnis ist dabei allein der Zeitpunkt der Leistung. Bei dieser Einwendung handelt es sich um eine Ausprägung des Verbots widersprüchlichen Verhaltens (*venire contra factum proprium*)[1683]. Voraussetzung ist die **positive Kenntnis** des Fehlens des Rechtsgrundes, wobei eine „Parallelwertung in der Laiensphäre" genügt[1684]. Ein **grob fahrlässiges Nichtwissen** erfüllt den Tatbestand dagegen nicht[1685]. Trotz Kenntnis der tatsächlichen Umstände kann somit ein Rechtsirrtum entlastend wirken[1686]. Dem Grundsatz, nur widersprüchliches Verhalten des Leistenden zu verhindern, entspricht es im Übrigen, dass der Ausschlusstatbestand trotz Kenntnis vom Fehlen des Grundes nicht greift, sofern die Leistung unter Vorbehalt erfolgte[1687]. Gleiches gilt, wenn (wie im Falle der *condictio ob rem*) ganz bewusst auf ein unwirksames Rechtsgeschäft geleistet wird, um seine Heilung herbeizuführen (vgl. § 311b Abs. 1 S. 2)[1688]. Bei einer Leistungshandlung durch den Vertreter kommt es dem Rechtsgedanken von § 166 Abs. 1 nach auf dessen Kenntnis an[1689]. Da der **Orientierungspunkt** für die Kenntnis vom fehlenden Rechtsgrund nach dem Wortlaut von § 814 Alt. 1 der **Zeitpunkt der Leistung** ist, findet die Vorschrift nur für die *condictio indebiti* (§ 812 Abs. 1 S. 1 Alt. 1 sowie im Fall von § 813 Abs. 1 S. 1 und § 817 S. 1), nicht aber für die *condictio ob causam finitam* und die *condictio ob rem* Anwendung[1690]. Denn sofern der Rechtsgrund erst nachträglich entfällt, kann zum Zeitpunkt der Leistung noch keine Kenntnis von seinem Fehlen vorliegen[1691]. Dem Bereicherungsanspruch aus § 812 Abs. 1 S. 2 Alt. 1 steht es somit nicht entgegen, wenn der Leistende lediglich annahm, dass seine Verpflichtung später entfallen kann. § 814 findet zudem keine Anwendung auf die *condictio ob rem* (§ 812 Abs. 1 S. 2 Alt. 2), da hier der Spezialtatbestand § 815 zu prüfen ist. § 814 kommt des Weiteren nicht in Betracht, wenn ein Gesetzes- oder Sittenverstoß nach § 817 S. 1 vorliegt[1692]. In den Fällen der 431

1682 Vgl. auch BGHZ 73, 202 (205); *Larenz/Canaris*, Schuldrecht BT II/2, § 68 III 1 a, S. 160; *Medicus/Lorenz*, Schuldrecht II, Rn. 1148.

1683 BGHZ 73, 202 (205); *Langenbucher*, FS U. Huber, 2006, 861 (868); *Larenz/Canaris*, Schuldrecht BT II/2, § 68 III 1 a, S. 160; *Medicus/Lorenz*, Schuldrecht II, Rn. 1148; Bamberger/Roth/*Wendehorst*, § 814 Rn. 8.

1684 OLG Köln, U. v. 7.5.2010 – 19 U 106/09; Bamberger/Roth/*Wendehorst*, § 814 Rn. 8; Dauner-Lieb/Langen/*von Sachsen Gessaphe*, § 814 Rn. 5; *Grigoleit/Auer*, Schuldrecht III Bereicherungsrecht, Rn. 39.

1685 BGH NJW 2008, 1878.

1686 *Musielak/Hau*, Grundkurs BGB, Rn. 1104 f.; *Lorenz/Cziupka* JuS 2012, 777 (779); Palandt/*Sprau*, § 814 Rn. 3.

1687 BGH NJW 1982, 1147 (1148); *Medicus/Lorenz*, Schuldrecht II, Rn. 1148; Bamberger/Roth/*Wendehorst*, § 814 Rn. 10; *Grigoleit/Auer*, Schuldrecht III Bereicherungsrecht, Rn. 39.

1688 BGH NJW 1999, 2892 (2893) m. w. N.: „Die Vorschrift greift dann nicht ein, wenn die Leistung zwar in Kenntnis der Formungültigkeit, aber in der beiderseitigen Erwartung erbracht wird, das Rechtsgeschäft werde vollzogen und der Formmangel damit geheilt"; OLG Hamm NJW-RR 2003, 971 (974); MüKo/*Schwab*, § 812 Rn. 4.

1689 BGH NJW 1999, 1024.

1690 Vgl. etwa *Grigoleit/Auer*, Schuldrecht III Bereicherungsrecht, Rn. 38.

1691 Bamberger/Roth/*Wendehorst*, § 814 Rn. 7; *Reuter/Martinek*, Ungerechtfertigte Bereicherung, S. 183; BGHZ 111, 125 (130).

1692 BGH WM 1961, 530; BGH NJW-RR 2001, 1044 (1046); Dauner-Lieb/Langen/*von Sachsen Gessaphe*, § 814 Rn. 2.

Nichtleistungskondiktion kann, wie erwähnt, von vornherein nicht auf § 814 zurückgegriffen werden[1693].

Bsp.: Beide Kaufvertragsparteien gehen davon aus, dass der beurkundete Kaufvertrag formnichtig ist (§ 311b Abs. 1). Gleichwohl werden die vertraglichen Leistungen in der Erwartung erbracht, der Formmangel werde dadurch geheilt. Nur die *condictio indebiti*, jedoch nicht die Zweckkondiktion (§ 812 Abs. 1 S. 2 Alt. 2) ist hier nach § 814 ausgeschlossen[1694].

432 Folgt man hinsichtlich der Streitfrage, ob im Falle einer Irrtumsanfechtung nach § 142 Abs. 1 der *condictio indebiti* oder der *condictio ob rem* der Vorzug zu geben ist, wegen der gesetzlichen Rückwirkungsfiktion der ersten Auffassung, so kann § 814 im Ausgangspunkt zur Anwendung kommen. § 142 Abs. 2 stellt zudem die Kenntnis der Anfechtbarkeit des Rechtsgeschäfts der Kenntnis seiner späteren Nichtigkeit gleich, wenn die Anfechtung erfolgt (siehe auch oben Rn. 406). Auf § 814 kann der Leistungsempfänger sich jedoch nur berufen, wenn **der Leistende selbst ein Anfechtungsrecht** besaß[1695]. In diesem Fall ist dieser zwar bis zur Anfechtung zur Leistung gehalten, hätte sich jedoch durch die Ausübung des Gestaltungsrechts davon befreien können[1696]. Auch in dieser Situation liegt ein *venire contra factum proprium* vor. Hingegen steht § 814 der Kondiktion nicht entgegen, wenn **nur der Empfänger der Leistung anfechtungsberechtigt** war.

Bsp.[1697]: V verkauft und übergibt an K ein Pferd zu einem Kaufpreis von 3400 Euro. Dabei täuscht sie K arglistig über den schlechten Gesundheitszustand des Pferdes. Wenig später wird K über den wahren Zustand des Pferdes von dritter Seite informiert. Daraufhin erklärt K gegenüber V die Anfechtung des Kaufvertrages gemäß § 123 Abs. 1 und verlangt die Rückzahlung des Kaufpreises von 3400 Euro nebst Zinsen. V wendet ein, zur Rückzahlung des Kaufpreises nur Zug-um-Zug gegen Herausgabe des Pferdes verpflichtet zu sein. – K kann aufgrund wirksamer Anfechtung die Rückzahlung des Kaufpreises aus § 812 Abs. 1 S. 1 Alt. 1 bzw. § 812 Abs. 1 S. 2 Alt. 1 nur Zug-um-Zug gegen Herausgabe des Pferdes verlangen. Denn auch V hat einen bereicherungsrechtlichen Anspruch auf Herausgabe des Pferdes aus § 812 Abs. 1 S. 1 Alt. 1 bzw. § 812 Abs. 1 S. 2 Alt. 1, der nicht durch § 814 ausgeschlossen ist. § 814 setzt voraus, dass der Leistende, hier also die V, in dem Zeitpunkt der Leistung nicht zur Leistung verpflichtet war. Nach § 142 Abs. 2 ist dieser Situation der Fall gleichgestellt, dass der zur Leistung verpflichtende Vertrag zwar noch besteht, der Leistende aber weiß, dass er diesen anfechten kann. Denn der Leistende soll nicht kondizieren dürfen, wenn er geleistet hat, obwohl er wusste, dass er sich selbst von seiner Leistungspflicht wegen eines Anfechtungsrechts hätte befreien können (Verbot des *venire contra factum proprium*). Hier aber war die V zum Zeitpunkt der Leistung zur Übergabe des Pferdes noch verpflichtet und konnte sich auch nicht selbst durch Anfechtung von dieser Pflicht befreien. Denn allein die getäuschte Leistungsempfängerin K konnte den Kaufvertrag anfechten, hatte dies zum Zeitpunkt der Leistung aber noch nicht getan. Die rechtshindernde Einwendung des § 814 steht einem Bereicherungsanspruch der V auf Rückübereignung des Pferdes nach Ausübung des Anfechtungsrechts durch K daher nicht entgegen.

433 In der Literatur wird zudem vereinzelt die Auffassung vertreten, dass § 814 bei der Rückabwicklung gegenseitiger Verträge von vornherein (kraft teleologischer

---

1693 BGH NJW 2005, 3213 (3215); OLG Zweibrücken ZMR 2012, 716; OLG Stuttgart WM 2013, 1118; Bamberger/Roth/*Wendehorst*, § 814 Rn. 2.

1694 *Medicus/Lorenz*, Schuldrecht II, Rn. 1148; MüKo/*Schwab*, § 814 Rn. 4 m. w. N.

1695 BGH NJW 2008, 1879.

1696 BGH NJW 2008, 1879; dazu Bamberger/Roth/*Wendehorst*, § 814 Rn. 8; *Musielak/Hau*, Grundkurs BGB, Rn. 729; *Lorenz/Cziupka* JuS 2012, 777 (778).

1697 BGH NJW 2008, 1879.

Reduktion) nicht zur Anwendung gelangen dürfe. Denn wer „auf einen erkanntermaßen nichtigen Vertrag leistet, der tut dies in der Regel, weil er hofft, die Nichtigkeit werde vom anderen Teil nicht geltend gemacht, und verstößt daher nicht gegen das Verbot vom *venire contra factum proprium.*“[1698] Insoweit zeigt sich eine Parallele zu den sog. „Veranlasserfällen“ bei der *condictio ob rem* (siehe oben Rn. 419)[1699].

§ 814 Alt. 2 erweitert den Ausschluss auf Fälle, in denen die Leistung **einer sittlichen Pflicht oder einer auf den Anstand zu nehmenden Rücksicht** entsprach. Der Tatbestand bildet ein Einfallstor für das Sozialstaatsprinzip und den Gedanken gegenseitiger Solidarität[1700]. Die sittliche Pflicht generiert zugunsten des Empfängers einen Rechtsgrund, um das Erlangte im eigenen Vermögensbestand belassen zu dürfen[1701]. 434

Bsp.: A leistet auf eine vermeintliche, aber in Wahrheit nicht existierende Unterhaltspflicht gegenüber seiner Schwester B[1702]. Gleiches gilt für Leistungen unter Verschwägerten[1703].

Für die Anwendung von § 814 Alt. 2 sind alleine die objektiven Umstände entscheidend, sodass die subjektive Motivationslage des Leistenden außer Acht bleiben kann[1704]. Auf die rein subjektive Anstandspflicht kommt es somit nicht an.

3. Vereitelung des bezweckten Erfolges (§ 815)

§ 815 ist als Einwendungstatbestand zur *condictio ob rem* (§ 812 Abs. 1 S. 2 Alt. 2) konzipiert. Der Tatbestand greift, wenn der Leistende positiv wusste, dass der bezweckte Erfolg unmöglich eintreten konnte, oder er den Eintritt des bezweckten Erfolges wider Treu und Glauben verhindert hat[1705]. § 815 Alt. 1 stellt insoweit die Entsprechung zu § 814 Alt. 1 dar[1706]. Das Verbot des *venire contra factum proprium* gilt also auch im Fall der Zweckkondiktion. In der zweiten Alternative von § 815 kommen dagegen vergleichbare Überlegungen zum Tragen wie im Rahmen von § 162 Abs. 1[1707]. Jedoch sind nach dem BGH „an das Vorliegen eines Verstoßes gegen Treu und Glauben ... strenge Anforderungen zu stellen“[1708]. 435

Bsp.: So sind die Voraussetzungen von § 814 Alt. 2 nicht erfüllt, wenn der Käufer sich vom formnichtigen Grundstückskaufvertrag tatsächlich lossagt. Er ist nach § 242 nicht gehindert, diese Formnichtigkeit geltend zu machen. Eine Rückforderung des Kaufpreises bleibt dann weiterhin möglich[1709]. Andernfalls würden die (strengen) Voraussetzungen von § 311b Abs. 1 S. 2 umgangen.

1698 *Wendehorst* LMK 2008, 260222.
1699 *Wendehorst* LMK 2008, 260222.
1700 Bamberger/Roth/*Wendehorst,* § 812 Rn. 1; *Medicus/Lorenz*, Schuldrecht II, Rn. 1149.
1701 MüKo/*Schwab*, § 814 Rn. 1; *Reuter/Martinek*, Ungerechtfertigte Bereicherung, S. 193.
1702 Vgl. etwa *Musielak/Hau*, Grundkurs BGB, Rn. 1107; Palandt/*Sprau*, § 814 Rn. 8; *Grigoleit/Auer*, Schuldrecht III Bereicherungsrecht, Rn. 40.
1703 OLG München NJW-RR 2004, 1442 (1444).
1704 So Palandt/*Sprau*, § 814 Rn. 8; MüKo/*Schwab*, § 814 Rn. 17; Bamberger/Roth/*Wendehorst*, § 814 Rn. 13; *Wandt*, § 10 Rn. 32.
1705 BGH NJW 1999, 2892 (2893) = JuS 2000, 190.
1706 *Lorenz/Cziupka* JuS 2012, 777 (779); *Wandt,* § 10 Rn. 74; Dauner-Lieb/Langen/*von Sachsen Gessaphe*, § 815 Rn. 1.
1707 *Musielak/Hau*, Grundkurs BGB, Rn. 1108; *Giesen* Jura 1995, 169 (180); *Reuter/Martinek*, Ungerechtfertigte Bereicherung, S. 196.
1708 BGH NJW 1999, 2893.
1709 BGH NJW 1999, 2893.

Keine Anwendungsmöglichkeit für § 815 besteht hingegen mit Blick auf die *condictio ob causam finitam*, weil hier die Leistung nur der zunächst noch bestehenden Verpflichtung entspricht[1710].

4. Einwendung aus § 817 S. 2

436 Gemäß § 817 S. 2 ist die Rückforderung der Leistung ausgeschlossen, wenn der Leistende durch sie gegen ein **gesetzliches Verbot** oder gegen die **guten Sitten** verstoßen hat. Der Anwendungsbereich dieser Einwendung ist wesentlich weiter gezogen als der der vorher genannten Ausschlusstatbestände.

437 a) **Anwendungsbereich.** Seiner gesetzlichen Stellung nach dient § 817 S. 2 lediglich als Einwendung gegenüber der *condictio ob turpem vel iniustam causam* (§ 817 S. 1)[1711]. Richtigerweise kann der Ausschlusstatbestand bei Vorliegen seiner Voraussetzungen jedoch (in analoger Anwendung) für **alle Leistungskondiktionen Geltung beanspruchen**[1712]. Ausgeschlossen ist somit auch die *condictio indebiti* (§ 812 Abs. 1 S. 1 Alt. 1), wenn das jeweilige Rechtsgeschäft nach §§ 134 oder 138 nichtig ist. Andernfalls hätte § 817 S. 2 zum einen kaum praktische Bedeutung und zum anderen würde der Schutzzweck der Vorschrift konterkariert, wenn trotz verbots- oder sittenwidriger Leistung zumeist die *condictio indebiti* einschlägig wäre[1713].

> **Bsp.:** C, der in eine Verkehrskontrolle geraten ist, gibt dem Polizeibeamten A 500 Euro dafür, dass er ihn trotz seines angetrunkenen Zustandes weiterfahren lässt. Einen Monat später verlangt er das Geld zurück. – Die Rückforderung könnte zum einen auf § 817 S. 1 gestützt werden, jedoch scheitert der Anspruch an § 817 S. 2, weil neben dem Empfänger auch der Leistende (§§ 331, 332 StGB) gegen ein gesetzliches Verbot verstoßen hat. Daneben kommt auch ein Anspruch aus § 812 Abs.1 S. 1 Alt. 1 in Betracht, da der Schenkungsvertrag nichtig ist. Auch die *condictio indebiti* scheitert aber letztlich an § 817 S. 2[1714].

438 b) **Voraussetzungen.** § 817 S. 2 scheint nach seinem Normtext einen **beiderseitigen Gesetzes- oder Sittenverstoß** zu verlangen. Gleichwohl greift die Vorschrift auch dann ein, wenn lediglich der Leistende gegen das Gesetz oder die guten Sitten verstoßen haben sollte (z. B. im Falle des Wuchers)[1715]. Die Rückforderung muss bei Vorliegen der Voraussetzungen auch dann ausgeschlossen sein, wenn dem Empfänger keinerlei Vorwurf zu machen ist[1716]. Nach § 817 S. 2 ist die Kondiktionssperre zudem nicht anwendbar, wenn der Bereicherungsgegenstand lediglich in der Eingehung einer Verbindlichkeit zu sehen ist. Denn der Schuldner könnte sich in diesem Fall auf § 821 berufen[1717].

1710 Treffend MüKo/*Schwab*, § 815 Rn. 3; *Medicus/Lorenz*, Schuldrecht II, Rn. 1150; a. A. *Soergel/Schmidt-Kessel/Hadding*, § 815 Rn. 1.

1711 *Medicus/Petersen*, Bürgerliches Recht, Rn. 696; *Dauner* JZ 1980, 495 (499 f.).

1712 *Riehm*, JuS Lern-CD Zivilrecht I, Rn. 440; *Medicus/Petersen*, Bürgerliches Recht, Rn. 696; *Dauner* JZ 1980, 495 (499 f.); Palandt/*Sprau*, § 817 Rn. 12; *Grigoleit/Auer*, Schuldrecht III Bereicherungsrecht, Rn. 43.

1713 *Lorenz/Cziupka* JuS 2012, 777 (779); *Medicus/Lorenz*, Schuldrecht II, Rn. 1152; Dauner-Lieb/Langen/*von Sachsen Gessaphe*, § 817 Rn. 10.

1714 *Brox/Walker*, Besonderes Schuldrecht, § 41 Rn. 3, 6.

1715 BGH NJW 1963, 1329; BGH NJW-RR 1993, 1457; *Peifer*, Gesetzliche Schuldverhältnisse, § 9 Rn. 21.

1716 BGH NJW 1963, 1329; BGH NJW-RR 1993, 1457; *Medicus/Lorenz*, Schuldrecht II, Rn. 1152; Bamberger/Roth/*Wendehorst*, § 817 Rn. 11; für eine analoge Anwendung des § 817 Satz 2 in diesem Fall: *Brox/Walker*, Besonderes Schuldrecht, § 41 Rn. 10.

1717 BGH NJW 1994, 187 = JuS 1994, 255; *Riehm*, JuS Lern-CD Zivilrecht I, Rn. 440; Palandt/*Sprau*, § 817 Rn. 14.

Der Ausschluss nach § 817 S. 2 gilt nach überwiegender Auffassung in der Rechtsprechung **allein** für **bereicherungsrechtliche Ansprüche**[1718]. Lediglich in der Literatur wird z.T. eine Erstreckung des Tatbestandes auf den **dinglichen Herausgabeanspruch nach § 985** erwogen, sofern der Sittenverstoß so bedeutsam erscheint, dass auch die dingliche Einigung von § 138 erfasst wird (sog. Doppelnichtigkeit)[1719]. Andernfalls würde man eine Vindikation gestatten, während ein Bereicherungsanspruch bei einem weniger gravierenden Verstoß, der lediglich das schuldrechtliche Kausalgeschäft betrifft, ausgeschlossen ist[1720]. Dies erscheint in der Tat widersprüchlich, wenn man nicht von vornherein die dingliche Ebene (als sittlich neutral) dem Sittenwidrigkeitsverdikt entziehen will. Auch für den Grundbuchberichtigungsanspruch nach § 894 wird die Frage der Anwendbarkeit von § 817 S. 2 virulent und unterschiedlich beurteilt. Keine Anwendung findet § 817 S. 2 jedoch auf den Schadensersatzanspruch nach § 826[1721]. § 817 S. 2 ist somit grundsätzlich eng auszulegen und kommt nur in seltenen Fällen außerhalb des Bereicherungsrechts zum Einsatz[1722]. 439

Zu bedenken ist dabei, dass die Vorschrift in rechtspolitischer Hinsicht angreifbar erscheint[1723]. Ihr Regelungsgrund wird deswegen heute kaum noch in einer Bestrafung des gesetz- oder sittenwidrig Handelnden erkannt[1724]. Denn **Vorschriften mit Strafcharakter** werden im Zivilrecht als Fremdkörper empfunden[1725]. Im Vordergrund steht bei der Bewertung des Normcharakters heute vielmehr der Redlichkeitscharakter einer Leistungshandlung. Niemand soll „sich [deswegen] zur Anspruchsbegründung … auf eigene Unlauterkeit … berufen dürfen“[1726]. Auch der Aspekt der Risikotragung spielt dabei eine Rolle. Insofern handelt derjenige, der „außerhalb der Rechts- oder Sittenordnung Geschäfte macht, … gemäß § 817 S. 2 auf eigenes Risiko …“[1727]. Bedenklich ist aber, dass die Regelung im Konfliktfall, also bei beiderseitigem Gesetzes- oder Sittenverstoß, stets den Empfänger der Leistung begünstigt. 440

Überwiegender Ansicht nach verlangt die Anwendung von § 817 S. 2 die **Kenntnis des Leistenden vom Gesetzes- oder Sittenverstoß**. Will man dies nicht mit dem abzulehnenden **Strafcharakter** der Norm rechtfertigen[1728], lässt sich dafür die mit dem Kondiktionsausschluss einhergehende schwere Folge des Anspruchsverlusts anführen, welche eine hohe tatbestandliche Eingriffsschwelle voraussetzen

1718 BGH JZ 1964, 558; BGHZ 63, 365; BGH NJW 1992, 310; zur Fragestellung auch MüKo/*Schwab*, § 817 Rn. 14 ff.

1719 *Larenz/Canaris*, Schuldrecht BT II/2, § 68 III 3 e; *Grigoleit/Auer*, Schuldrecht III Bereicherungsrecht, Rn. 43; weitergehend *Medicus/Petersen*, Bürgerliches Recht, Rn. 697; *Baur/Stürner*, Sachenrecht, § 5 Rn. 52.

1720 *Grigoleit/Auer*, Schuldrecht III Bereicherungsrecht, Rn. 43 sprechen sich für einen Erst-Recht-Schluss aus; vgl. auch *Peifer*, Gesetzliche Schuldverhältnisse, § 9 Rn. 22.

1721 BGH NJW 1992, 310; *Medicus/Lorenz*, Schuldrecht II, Rn. 1160.

1722 BGH NJW 2003, 1860; BGH NJW 2006, 45; Palandt/*Sprau*, § 817 Rn. 12.

1723 *Medicus/Lorenz*, Schuldrecht II, Rn. 1151; hierzu auch *Klöhn* AcP (210) 2010, 804 (815 f.).

1724 Zu Recht ablehnend *Medicus/Petersen*, Bürgerliches Recht, Rn. 697; *Larenz/Canaris*, Schuldrecht BT II/2, § 68 III 3 a, S. 162 f.; *Reuter/Martinek*, Ungerechtfertigte Bereicherung, S. 204.

1725 *Brox/Walker*, Besonderes Schuldrecht, § 41 Rn. 6 f.; für einen bloßen Präventionszweck der Vorschrift, welcher aus privatrechtlicher Sicht keineswegs ungewöhnlich sei, spricht sich *Larenz/Canaris*, Schuldrecht BT II/2, § 68 III 3 a, S. 162 f. aus.

1726 *Medicus/Lorenz*, Schuldrecht II, Rn. 1156.

1727 BGHZ 41, 341 (344); dazu *Medicus/Lorenz*, Schuldrecht II, Rn. 1156.

1728 BGH NJW 1992, 310; *Larenz/Canaris*, Schuldrecht BT II/2, § 68 III 3 b; *Riehm*, JuS Lern-CD Zivilrecht I, Rn. 440.

zen sollte[1729]. Es wird jedoch für die Anwendung von § 817 S. 2 in der Praxis bereits für ausreichend erachtet, dass sich der Kondiktionsgläubiger leichtfertig der Einsicht seines sittenwidrigen Verhaltens entzieht[1730].

Bsp.: Rechtsanwalt A und Anwaltsnotar B sind Kollegen in einer Sozietät. A vermittelt als Gelegenheitsmakler dem C (§ 652) ein Grundstück, das C von D erwirbt. Der Grundstückskaufvertrag zwischen C und D wird, wie von Anfang an geplant, durch den Anwaltsnotar B notariell beurkundet. A hatte von Anfang an Bedenken an der Rechtmäßigkeit seines Handelns. – Zu Recht: Dieses Procedere verstößt gegen § 14 Abs. 4 BNotO, sodass der Maklervertrag nichtig ist[1731]. Ein Courtageanspruch des A könnte aber aus § 812 Abs. 1 S. 1 Alt. 1 folgen, wenn man in der Vermittlungsleistung einen relevanten Vorteil erkennen will. A wollte an C auch in Erfüllung des Maklerauftrags eine Leistung erbringen. Dass nach § 652 keine echte Verpflichtung des Maklers zum Tätigwerden besteht, ändert daran nichts. Da kein wirksamer Maklervertrag bestand, fehlt es am Rechtsgrund. Der Kondiktionsanspruch könnte jedoch an § 817 S. 2 scheitern. Für die Anwendbarkeit der Vorschrift genügt nach überwiegender Ansicht bereits der einseitige Gesetzesverstoß des Leistenden, wobei A sich dabei bewusst über § 14 Abs. 4 BNotO i. V. m. § 134 hinweggesetzt haben müsste[1732]. Die Abwicklung nach Bereicherungsrecht soll nicht demjenigen, der eine gesetzwidrige Geschäftsbesorgung vornimmt, auf einem Umweg doch eine Vergütung verschaffen, sondern nur verhindern, dass der Empfänger der Leistungen daraus einen ungerechtfertigten Vorteil zieht[1733]. Einer Umgehung von § 134 soll insbesondere § 817 S. 2 vorbeugen. Hängt man die subjektiven Voraussetzungen an die Anwendung von § 817 S. 2 nicht zu hoch, dürften die Voraussetzungen vorliegen. Damit scheidet ein Anspruch aus § 812 Abs. 1 S. 1 Alt. 1 aus.

441 Nach überwiegender Auffassung kommt § 817 S. 2 nicht zur Anwendung, wenn die Versagung der Kondiktion den **gesetzes- oder sittenwidrigen Zustand auf Dauer festigen** würde, dieser also gewissermaßen legalisiert würde[1734]. Die Nichtanwendung des Ausschlusstatbestandes wird dann in methodologischer Hinsicht mit einer teleologischen Reduktion gerechtfertigt[1735] oder auf § 242 gestützt. Besondere Aufmerksamkeit ist auf Fälle zu legen, in denen ein sog. **Wucherdarlehen** (oder auch eine Wuchermiete) den Kondiktionsgegenstand bildet (§ 138 Abs. 1, Abs. 2). So ist offensichtlich, dass die Rückzahlung des bewucherten Darlehens nicht der Kondiktionssperre unterfallen darf[1736]. Der Wucherer erhält somit jedenfalls die ausgegebenen Darlehensvaluta vollständig nach § 812 Abs. 1 S. 1 Alt. 1 zurück, jedoch nicht vor der vereinbarten Zeit. Nach Rechtsprechung und Literatur würde einem früheren Rückzahlungsverlangen § 817 S. 2 entgegenstehen[1737]. Nicht unstreitig beantwortet wird dagegen die

---

1729 *Grigoleit/Auer*, Schuldrecht III Bereicherungsrecht, Rn. 45, argumentieren stattdessen, ähnlich wie *Canaris*, mit einer „Rechtsschutzverweigerung durch Generalprävention", welche den Grund für die hohen subjektiven Voraussetzungen bilde.

1730 BGH NJW 1992, 310 (312); NJW 1997, 2314 (2315); OLG Köln NJW 2005, 3290 (3291); a. A. *Reuter/Martinek*, Ungerechtfertigte Bereicherung, S. 212 und *Kollhosser* JZ 1986, 446 (447), die einen objektiven Verstoß für ausreichend erachten.

1731 So BGH NJW 2000, 1561.

1732 BGH NJW 2000, 1561 f.; MüKo/*Schwab*, § 817 Rn. 68 f.

1733 BGHZ 70, 12 (18).

1734 BGHZ 41, 341; *Grigoleit/Auer*, Schuldrecht III Bereicherungsrecht, Rn. 47; *Riehm*, JuS Lern-CD Zivilrecht I, Rn. 440.

1735 So *Grigoleit/Auer*, Schuldrecht III Bereicherungsrecht, Rn. 47.

1736 BGH NJW 1983, 1420; *Larenz/Canaris*, Schuldrecht BT II/2, § 68 III 3 c, S. 163 f.

1737 RGZ 161, 52 (53); BGH NJW 1983, 1420 = JuS 1983, 801; *Larenz/Canaris*, Schuldrecht BT II/2, § 68 III 3 c; MüKo/*Schwab* § 817 Rn. 16; *Wandt*, § 10 Rn. 37; *Riehm*, JuS Lern-CD Zivilrecht I, Rn. 440.

Frage, ob und wenn ja, in welcher Höhe, der Wucherer für die Zurverfügungstellung des Geldbetrages **Zinsen** verlangen kann. Überwiegend wird ein solcher Zinsanspruch mit Hinweis auf § 817 S. 2 verneint[1738]. Denn es würde dem Gedanken der Vorschrift widersprechen, dem Wucherer zumindest den marktüblichen Zinsansatz für die Geldüberlassung zuzugestehen. Andernfalls wäre die Vereinbarung eines Wucherdarlehens für ihn ohne jegliches Risiko. Allerdings ist dabei der Hinweis nicht berechtigt, dass diese herrschende Sichtweise doch über die Hintertür den eigentlich abgelehnten Strafgedanken wieder ins Spiel bringt[1739]. Im Ergebnis erscheint es aber nicht sinnvoll, die Rechtsfolge des § 138 einer geltungserhaltenden Reduktion zu unterziehen mit der Folge, dass sich ein Anspruch auf einen angemessenen Zinssatz aus dem teilweise wirksamen Vertrag ergeben würde[1740].

In einigen Fällen schränken Rechtsprechung und Schrifttum die Anwendung von § 817 S. 2 aus Billigkeitsgründen durch § 242 ein. Standardfall war hier bisher die **Schwarzarbeiter-Entscheidung** des BGH: **442**

Bsp.[1741]**:** A beauftragt den H, größere Handwerksarbeiten für ihn zu erledigen. H ist weder in der Handwerksrolle eingetragen noch hat er ein Gewerbebetrieb angemeldet. A leistet eine Anzahlung an H, der keine Steuern und Sozialversicherungsbeiträge abführt. Nach ordnungsgemäßer Fertigstellung der Arbeiten weigert sich A, die restliche Lohnforderung zu zahlen. – Ein Anspruch des H aus § 631 Abs. 1 scheidet aus, da die vertragliche Abrede zwischen A und H gegen § 1 Abs. 2 SchwArbG verstößt und somit nichtig ist (§ 134)[1742]. Einem Kondiktionsanspruch aus § 812 Abs. 1 S. 1 Alt. 1 könnte § 817 S. 2 entgegenstehen, denn H hat gegen ein gesetzliches Verbot verstoßen. Nach der früheren Auffassung des BGH sollte § 817 S. 2 jedoch im Ergebnis nicht angewendet werden, da die Vorschrift aus Billigkeitsgründen (§ 242) teleologisch zu reduzieren sei[1743]. Andernfalls würden die mit der Schwarzarbeit verbundenen Sanktionen einseitig den Vorleistenden (hier also H) treffen. Zudem erschiene es nicht gerechtfertigt, den durch die Vorleistung erlangten Vorteil beim meist wirtschaftlich stärkeren Auftraggeber unentgeltlich zu belassen. Im Jahr 2014 hat der BGH jedoch, veranlasst durch die Neufassung des SchwArbG 2004, eine Kehrtwende vollzogen: Denn die Eindämmung der Schwarzarbeit fordere mittlerweile eine strikte Anwendung von § 817 S. 2, sodass ein Anspruch von H ausgeschlossen bleibt[1744].

Kritisch anzumerken bleibt, dass diese Judikatur der Rechtssicherheit abträglich ist, da deren Ergebnisse sich im Vorhinein kaum prognostizieren lassen. Zudem wird § 817 S. 2 durch vorschnelle Korrekturen **seiner Präventionsfunktion beraubt**[1745]. **443**

Bsp.: Privatmann A kauft von Händler B über das Internet ein Radarwarngerät, das in Deutschland aufgrund entsprechender Codierung verwendbar ist, und zahlt den Kaufpreis. Da lediglich das Mitführen und Verwenden eines Radarwarngeräts im

---

1738 BGH NJW 1989, 3217; NJW 1995, 1152 (1153); *Larenz/Canaris*, Schuldrecht BT II/2, § 68 III 3 c, S. 163 f.; *Giesen* Jura 1995, 169 (181); Bamberger/Roth/*Wendtland*, § 138 Rn. 60.

1739 So *Medicus/Petersen*, Bürgerliches Recht, Rn. 700.

1740 Vgl. zum Ganzen MüKo/*Schwab*, § 817 Rn. 35; *Riehm*, JuS Lern-CD Zivilrecht I, Rn. 440.

1741 BGHZ 111, 308 = NJW 1990, 2542 = JuS 1991, 73; BGH NJW 2013, 3167; krit. *Grigoleit/Auer*, Schuldrecht III Bereicherungsrecht, Rn. 49; ebenso bereits *Larenz/Canaris*, Schuldrecht BT II/2, § 68 III 3 g, S. 167.

1742 Dazu auch näher *S. Lorenz* NJW 2013, 3132 (auch zu nachträglichen „Ohne-Rechnung-Abreden").

1743 BGHZ 111, 308 = NJW 1990, 2542 = JuS 1991, 73.

1744 BGH, U. v. 10.4.2014 – VII ZR 241/13.

1745 *Larenz/Canaris*, Schuldrecht BT II/2, § 68 III 3 g aE m. w. N.; eingehend zur Schwarzarbeiterproblematik *Stamm* NZBau 2009, 78.

Auto nach § 23 Abs. 1b StVO verboten ist, folgt nach Auffassung des BGH aus § 134 keine Nichtigkeit des Vertrages. Nach überwiegender Auffassung[1746] ist der Kaufvertrag über den Erwerb eines Radarwarngeräts jedoch sittenwidrig und damit nach § 138 Abs. 1 nichtig, wenn dieser nach dem für beide Seiten erkennbaren Vertragszweck auf eine Verwendung des Radarwarngeräts im Geltungsbereich der deutschen Straßenverkehrsordnung gerichtet ist[1747]. Der Anspruch des A auf Rückzahlung des Kaufpreises lässt sich zunächst auf § 812 Abs. 1 S. 1 Alt. 1 stützen. Wegen § 138 Abs. 1 liegt von Anfang an kein Rechtsgrund vor. Für das Vorliegen der Voraussetzungen von § 814 bietet der Sachverhalt keine Hinweise. § 817 S. 2 bezieht sich systematisch gesehen nur auf S. 1, jedoch findet diese Kondiktionssperre nach allgemeiner Ansicht auch auf die *condictio indebiti* Anwendung. Die analoge Anwendung der Vorschrift verlangt, dass dem Leistenden ein sittenwidriges Verhalten zur Last fällt. Das ist ohnehin bei beiden Parteien der Fall. A ist nicht schutzwürdig, da er das Gerät bewusst sittenwidrig einsetzen wollte. Die Rechtsschutzverweigerung nach § 817 S. 2 ist darum auch nicht nach § 242 zu korrigieren. Im Fall eines Kaufvertrags über ein Radarwarngerät verstößt es nach der zutreffenden Auffassung des BGH nicht gegen Treu und Glauben, wenn dem Käufer, der dem sittenwidrigen Handeln durch die beabsichtigte Verwendung des Geräts besonders nahe steht, die Rückforderung der erbrachten Zahlung verwehrt wird[1748].

444 In jüngerer Zeit hat hier insbesondere die **Rechtsprechung zu sog. „Schenkkreisen“** für Diskussion gesorgt:

Bsp.[1749]**:** K beteiligt sich an einem sog. „Schenkkreis“. „Schenkkreise“ sind nach Art einer Pyramide organisiert. Die an der Spitze stehenden Mitglieder des „Empfängerkreises“ erhalten von ihnen nachgeordneten und zahlenmäßig größeren „Geberkreisen“ bestimmte Geldbeträge. Darauf scheiden die „Beschenkten“ aus dem „Spiel“ aus; an ihre Stelle treten die Mitglieder der nächsten Ebene, die nunmehr die Empfängerposition einnehmen. Es gilt dann, genügend Teilnehmer für neu zu bildende „Geberkreise“ zu finden, die bereit sind, den festgelegten Betrag an die in den „Empfängerkreis“ aufgerückten Personen zu zahlen. Nachdem K in Kenntnis dieses Systems einen höheren Betrag zur Teilnahme an einen Schenkkreis gezahlt hatte, verlangt er sein Geld nun nach § 812 Abs. 1 S. 1 Alt. 1 bzw. § 817 S. 1 zurück. – Bei den Schenkkreisen handelt es sich um ein Schneeballsystem, welches gegen die guten Sitten verstößt, sodass die entsprechenden Vereinbarungen wegen § 138 Abs. 1 nichtig sind. Einem Bereicherungsanspruch des K scheint jedoch die Kondiktionssperre des § 817 S. 2 (analog) entgegenzustehen, zumal K bei seiner Einzahlung Kenntnis des gesamten sittenwidrigen Systems hatte. Innerhalb der Leistungskondiktion ist aber der Schutzzweck der jeweiligen nichtigkeitsbegründenden Norm maßgebend, welcher durch den Kondiktionsausschluss nicht dadurch konterkariert werden darf, dass der durch sie zu verhindernde sittenwidrige Zustand perpetuiert oder weiterem sittenwidrigen Handeln Vorschub geleistet wird. Daher muss die Kondiktionssperre des § 817 S. 2 hier entfallen, und zwar – um Wertungswidersprüche zu verhindern – zu Lasten aller Bereicherungsschuldner.

Beachte: Sollte trotz vorliegendem Gesetzes- oder Sittenverstoß wegen § 242 nicht auf § 817 S. 2 zurückgegriffen werden können, bestimmt sich die Haftung des Bereicherungsschuldners nach § 819 Abs. 2, sodass dieser verschärft haftet[1750].

1746 BGH NJW 2005, 1490 (1491); NJW 2010, 610; vgl. dazu auch *Timme/Dirbach* JA 2006, 344.

1747 Vgl. auch BGH NJW 2005, 1490; *Emmerich* JuS 2005, 746 f.; *Hufnagel* NJW 2008, 621 (624).

1748 Dem im Fall aufgrund der Bestimmungen des Fernabsatzrechts tangierten Verbraucherschutz wird nach der (nicht selbstverständlichen) Auffassung des BGH NJW 2010, 610 durch die Möglichkeit eines Widerrufs Genüge getan, woran die Nichtigkeit des Vertrags nichts ändern soll (Lehre von der Doppelnichtigkeit).

1749 BGH NJW 2008, 1942 in Fortführung von BGH NJW 2006, 45; vgl. dazu auch *Grigoleit/Auer*, Schuldrecht III Bereicherungsrecht, Rn. 335.

1750 OLG München NJW 2000, 2592; Palandt/*Sprau*, § 819 Rn. 7; *Peifer*, Gesetzliche Schuldverhältnisse, § 9 Rn. 20.

§ 25 Die (allgemeine) Nichtleistungskondiktion (§ 812 Abs. 1 S. 1 Alt. 2)

Literatur: *Bayreuther/Arnold,* Der praktische Fall – Bürgerliches Recht: Rückabwicklung einer rechtsgrundlosen Verfügung durch einen minderjährigen Nichtberechtigten, JuS 2003, 769; *Balthasar,* Eingriffskondiktion bei unerlaubter Nutzung von Persönlichkeitsmerkmalen – Lafontaine in Werbeannonce, NJW 2007, 664; *Canaris,* Das Verhältnis der §§ 994 ff. BGB zur Aufwendungskondiktion nach § 812 BGB, JZ 1996, 344; *Jülch,* Obligatorische Schwäche dinglichen Rechts am Beispiel des § 816 I 2 BGB, JA 2012, 326; *Loyal,* Der fremdnützige Leistungszweck, JZ 2012, 1102; *Petersen,* Die Leistung an den Nichtberechtigten, Jura 2010, 281; *Tommaso/Weinbrenner,* Bereicherungsrechtliche Mehrpersonenverhältnisse nach § 822 BGB, Jura 2004, 649; *Würdinger,* Die bereicherungsrechtliche Rückabwicklung bei einem Widerspruch des Zahlenden im Einzugsermächtigungsverfahren, JuS 2007, 418.

I. Prüfungsschema

Voraussetzungen der Nichtleistungskondiktion		445
1.	Anwendbarkeit	
2.	Etwas erlangt	
3.	In sonstiger Weise (nicht durch Leistung)	
4.	Wird konkretisiert durch spezielle Fallgruppen: Eingriffs-, Verwendungs- und Rückgriffskondiktion	
5.	Ohne Rechtsgrund	

II. Allgemeine Grundsätze

Erfolgt die Bereicherung nicht durch Leistung, sondern „in sonstiger Weise auf Kosten eines anderen" (vgl. § 812 Abs. 1 S. 1 Alt. 2.), so ist der Anwendungsbereich der **Nichtleistungskondiktion** betroffen[1751]. Mit ihr werden Sachverhalte erfasst, welche nicht die Voraussetzungen einer Leistungskondiktion erfüllen[1752]. Dem Bereicherungsschuldner muss somit ein Vermögenswert zugeflossen sein, welchen der Bereicherungsgläubiger ihm nicht mittels einer Leistung verschafft hat[1753]. Insoweit handelt es sich um einen bereicherungsrechtlichen Auffangtatbestand[1754]. 446

1. Der Grundsatz der Subsidiarität der Nichtleistungskondiktion

Insbesondere die allgemeine Nichtleistungskondiktion (§ 812 Abs. 1 S. 1 Alt. 2) 447 ist **gegenüber der Leistungskondiktion subsidiär**[1755]. Liegen die tatbestandlichen Voraussetzungen für eine Leistung des fraglichen Bereicherungsgegenstandes vor,

1751 *Lorenz/Cziupka* JuS 2012, 777 (780); *Medicus/Lorenz,* Schuldrecht II, Rn. 1129; *Giesen* Jura 1995, 234.

1752 Vgl. etwa *Brox/Walker,* Besonderes Schuldrecht, § 42 Rn. 1; *Wandt,* § 11 Rn. 1; *Grigoleit/Auer,* Schuldrecht III Bereicherungsrecht, Rn. 50.

1753 Staudinger/*Lorenz,* § 812 Rn. 3; *Hüffer* JuS 1981, 263; Dauner-Lieb/Langen/*von Sachsen Gessaphe* § 812 Rn. 190; zu einer detaillierten Untergliederung auch *Wandt,* § 11 Rn. 3, die aber für die Klausur keinen weiteren Nutzen verspricht.

1754 *Grigoleit/Auer,* Schuldrecht III Bereicherungsrecht, Rn. 50.

1755 BGH NJW 2005, 60; *Looschelders,* Schuldrecht BT, § 53 Rn. 1060; kritisch *Musielak/Hau,* Examenskurs BGB, Rn. 320, der nur von „Alternativität" sprechen will.

ist die Nichtleistungskondiktion automatisch ausgeschlossen[1756]. Ein wichtiger allgemeiner Grundsatz des Bereicherungsrechts besagt, dass Leistungen anhand der zugrunde liegenden Leistungsbeziehungen rückabzuwickeln sind. Denn die **Leistungskondiktion** ist insoweit ein **Abbild der (gescheiterten) vertraglichen Beziehung.** Probleme ergeben sich insoweit vor allem im Dreipersonenverhältnis (vgl. dazu Rn. 563 ff.).

Bsp.: A verleiht sein Motorboot an B, der es abredewidrig weiter an den gutgläubigen C veräußert. A fordert daraufhin von C sein Motorboot nach § 812 Abs. 1 S. 1 Alt. 2 (Nichtleistungskondiktion) heraus. – Hier sind an sich die Voraussetzungen einer Nichtleistungskondiktion (§ 812 Abs. 1 S. 1 Alt. 2) in Form der Eingriffskondiktion gegeben: C hat das Eigentum an dem Motorboot (nach §§ 929 S. 1, 932) von B auf Kosten des A übertragen bekommen. Auch liegt im Verhältnis zwischen A und C kein Rechtsgrund vor, weil der Kaufvertrag nur mit B geschlossen wurde. Jedoch steht der Eingriffskondiktion des A entgegen, dass C das Motorboot durch eine Leistung des B erhalten hat. Denn derselbe Bereicherungsgegenstand kann nicht zugleich in sonstiger Weise auf Kosten des A erlangt worden sein.

448 Die Nichtleistungskondiktion besitzt gegenüber der Leistungskondiktion somit nur ein subsidiäres Aufgabenfeld. Die Nichtleistungskondiktion ist bereits ausgeschlossen, wenn der **jeweilige Bereicherungsgegenstand** durch irgendeine Person geleistet wurde[1757]. Der Vorrang der Leistungskondiktion gilt jedoch nicht, wenn die Wertungen von §§ 932, 935, 816 dies nahelegen. Denn ein redlicher Erwerb vom Nichtberechtigten wäre dann (nicht) möglich gewesen[1758].

2. Die Erscheinungsformen der (allgemeinen) Nichtleistungskondiktion

449 Beim Anspruch aus § 812 Abs. 1 S. 1 Alt. 2 kann zwischen Eingriffs-, Verwendungs- und Rückgriffskondiktion differenziert werden, ohne dass diese Klassifizierung abschließend wäre[1759]. Im Falle der **Eingriffskondiktion** hat der Bereicherungsschuldner durch sein eigenes Verhalten in das Recht eines anderen eingegriffen und rechtsgrundlos einen Vorteil erlangt[1760]. Überwiegend werden darunter aber auch Fälle subsumiert, in denen der Eingriff durch einen Dritten oder durch Naturereignisse sowie höhere Gewalt erfolgt ist. Gegenüber dieser allgemeinen Eingriffskondiktion haben die Spezialtatbestände in §§ 816 Abs. 1 S. 1, 816 Abs. 1 S. 2 und 822 Vorrang[1761]. Als weitere Ausprägung der allgemeinen Nichtleistungskondiktion existiert die **Aufwendungs- bzw. Verwendungskondiktion.** Bei der Verwendungskondiktion wird auf ein fremdes Gut eine Verwendung auf Kosten des Bereicherungsgläubigers vorgenommen, ohne dass die Voraussetzungen des Leistungsbegriffes vorliegen würden[1762]. Verwendungen i.d.S. sind freiwillige Vermögensopfer (z. B. Streichen eines Teils des Gartenzaunes des Nachbarn mit eigener Farbe). Vorrangig sind aber stets die Leistungskondiktion, wenn der Verwendung ausnahmsweise ein nichtiger Vertrag zugrunde liegen sollte, oder bestehende vertragliche Verwendungsersatzansprüche[1763].

1756 *Wandt*, § 13 Rn. 6, § 9 Rn. 18.
1757 *Wandt*, § 9 Rn. 18.
1758 Vgl. zum sog. Jungbullenfall Rn. 569.
1759 *Musielak/Hau*, Grundkurs BGB, Rn. 1119 f.; *Wandt*, § 11 Rn. 2; *Grigoleit/Auer*, Schuldrecht III Bereicherungsrecht, Rn. 50.
1760 *Brox/Walker*, Besonderes Schuldrecht, § 42 Rn. 3; *Medicus/Petersen*, Bürgerliches Recht, Rn. 703.
1761 *Grigoleit/Auer*, Schuldrecht III Bereicherungsrecht, Rn. 50.
1762 *Lorenz/Cziupka* JuS 2012, 777 (780); *Giesen* Jura 1995, 234 (240).
1763 *Giesen* Jura 1995, 234 (240).

Die **Rückgriffskondiktion** setzt voraus, dass der Anspruchsteller an einen Gläubiger des Anspruchsgegners geleistet hat, sodass dieser von seiner Schuld frei 450
wird (§§ 267, 362)[1764]. Eine Leistung wird dadurch jedoch nicht erbracht, weil der Anspruchsteller hier nicht als Leistungsmittler des Anspruchsgegners tätig geworden ist, sondern einen selbständigen Tilgungszweck gesetzt hat. Der Rückgriff über das Bereicherungsrecht ist aber gegenüber anderen Ausgleichsmechanismen streng subsidiär[1765]: Fälle der Legalzession (§§ 268 Abs. 3, 426 Abs. 2, 774 Abs. 1), gesetzliche Ansprüche des Dritten (§§ 426 Abs. 1, 670 ggf. i. V. m. §§ 683, 677) und Fälle der Leistungskondiktion (Leistung auf eine vermeintlich eigene Schuld).

III. Übersicht

451

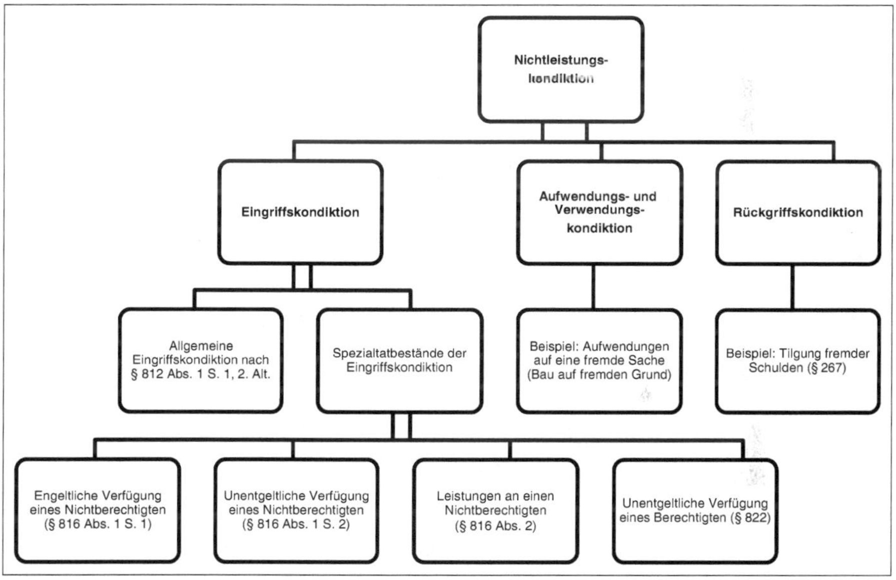

IV. Die (allgemeine) Eingriffskondiktion

1. Allgemeines

Für die Eingriffskondiktion wird zwischen der **allgemeinen Eingriffskondiktion,** 452
die in § 812 Abs. 1 S. 1 Alt. 2 normiert ist, und den in § 816 und § 822 enthaltenen **Spezialtatbeständen** differenziert, welche in der Fallanwendung vorrangig zu prüfen sind[1766], sofern Anhaltspunkte dafür bestehen, dass deren Voraussetzungen erfüllt sein könnten. Zu beachten ist weiterhin, dass die allgemeine Eingriffskondiktion auch durch andere gesetzliche Regelungskomplexe verdrängt

---

1764 *Lorenz/Cziupka* JuS 2012, 777 (780); *Musielak/Hau*, Grundkurs BGB, Rn. 1121; *Hüffer* JuS 1981, 263 (265).

1765 *Medicus/Lorenz,* Schuldrecht II, Rn. 1130; *Wandt,* § 11 Rn. 69; Hk-BGB/*Schulze*, § 812 Rn. 18.

1766 *Wandt,* § 11 Rn. 3; *Looschelders*, Schuldrecht BT, § 53 Rn. 1090; *Brox/Walker*, Besonderes Schuldrecht, § 42 Rn. 3, 16; *Giesen* Jura 1995, 234; *Grigoleit/Auer*, Schuldrecht III Bereicherungsrecht, Rn. 84.

sein kann. So sind etwa die Vorschriften des Eigentümer-Besitzer-Verhältnisses (§§ 987 ff. und §§ 994 ff.) im Hinblick auf Nutzungs- und Verwendungsersatz vorrangig zu berücksichtigen[1767].

Die allgemeine Eingriffskondiktion soll eine Vermögensverschiebung ausgleichen, welche durch den Eingriff in fremdes Vermögen (i. d. R. ohne Wissen des Berechtigten) erfolgt ist. Im Vordergrund stehen dabei **Konstellationen des gesetzlichen Eigentumsverlustes** nach §§ 946 ff. oder auch der **Verbrauch einer Sache**[1768]. Wird dagegen eine Sache beschädigt oder vernichtet, fehlt es regelmäßig an einer Bereicherung. Hier kommen allein deliktische Ansprüche in Betracht.

Bsp.: A hat eine Fernsehzeitschrift abonniert. Aufgrund einer Verwechslung des Aushilfsbriefträgers in den Sommerferien erhält diese aber B zugestellt, der sich über das unerwartete „Geschenk" freut. Nach dem Ende der Programmzeit wirft er sie bei A in den Briefkasten, dessen Adresse auf der Zeitschrift steht. – A hat gegenüber B einen Anspruch aus der allgemeinen Eingriffskondiktion (§ 812 Abs. 1 S. 1 Alt. 2), sodass dieser für die Nutzung der (nun unbrauchbaren) Zeitschrift Wertersatz zu leisten hat (§ 818 Abs. 2).

Im Fallbeispiel wird deutlich, dass bei einem Eingriff in die Rechtsposition des Bereicherungsgläubigers neben dem Bereicherungsschuldner auch Dritte kausal beteiligt sein können. So ist auch denkbar, dass ein Dritter zugunsten des Bereicherten den Eingriff vollführt[1769]. Überdies werden von der Eingriffskondiktion auch Fälle erfasst, in denen die Bereicherung auf einem Verhalten des insoweit irrenden Entreicherten selbst beruht[1770].

2. Tatbestandsvoraussetzungen der Eingriffskondiktion

453 **a) Bereicherungsgegenstand „etwas erlangt".** „Erlangtes Etwas" kann bei der Eingriffskondiktion (ähnlich wie bei der Leistungskondiktion) grundsätzlich jeder Vorteil sein. Dieser manifestiert sich etwa in einem Verwendungs-, Nutzungs- oder Eingriffserfolg an einem fremden Recht[1771]. Nicht entscheidend ist, dass dieser Erfolg einen Vermögenswert besitzt, wenngleich dies regelmäßig der Fall sein wird (vgl. ebenso zum Bereicherungsgegenstand bei der Leistungskondiktion oben Rn. 396).

454 **b) Erwerb „in sonstiger Weise". – aa) Abgrenzung zur Leistungskondiktion.** Der Bereicherungsschuldner muss den Bereicherungsgegenstand nach § 812 Abs. 1 S. 1 Alt. 2 in anderer Weise als durch Leistung und auf Kosten des Bereicherungsgläubigers (= **durch Eingriff**) erlangt haben. In dem Merkmal **„in sonstiger Weise"** kommt zunächst die bereits erwähnte Subsidiarität der Nichtleistungskondiktion, insbesondere der Eingriffskondiktion, gegenüber der Leistungskondiktion zum Aus-

1767 *Grigoleit/Auer*, Schuldrecht III Bereicherungsrecht, Rn. 85.

1768 Zu weiteren Fallgruppen *Wandt*, § 11 Rn. 4.

1769 Ebenso *Wandt*, § 11 Rn. 4.

1770 *Wandt*, § 11 Rn. 4. Zum Teil wird hier aber auch von einer Aufwendungs- oder Verwendungskondiktion auszugehen sein.

1771 Vgl. dazu BGH NJW 2012, 2034 (2036 f.): „Als erlangtes Etwas im Sinne der allgemeinen Eingriffskondiktion des § 812 Abs. 1 S. 1 Alt. 2 kommt jeder vermögensrechtlich nutzbare Vorteil in Betracht, der von der Rechtsordnung einer bestimmten Person zugewiesen sein kann. Hierzu zählen nicht nur alle absoluten Rechte, der Besitz sowie Nutzungs- und Verwertungsmöglichkeiten, sondern ebenso vorteilhafte Rechtsstellungen sonstiger Art, wie beispielsweise unrichtige Eintragungen im Grundbuch, ein Erbschein, ein Testamentsvollstreckerzeugnis und Urkunden, denen gewisse Rechtswirkungen zukommen oder aber unter ungünstigen Umständen zukommen können, aber auch die Stellung eines Forderungsprätendenten bezüglich eines hinterlegten Geldbetrags".

druck[1772]. Eine Eingriffskondiktion bleibt dem Bereicherungsgläubiger somit verwehrt, wenn der in Anspruch genommene Bereicherte den Kondiktionsgegenstand durch Leistung (nicht notwendigerweise des Gläubigers) erlangt hat[1773]. Problematisch ist diese Abgrenzung vor allem in bereicherungsrechtlichen Mehrpersonenverhältnissen (siehe dazu Rn. 563 ff.). Hier lässt sich derselbe Bereicherungsgegenstand rein äußerlich mehreren Bereicherungsvorgängen zuordnen[1774].

bb) Beispielsfälle. Besonders häufig sind Fallgestaltungen, in denen der Bereicherte selbst die „Bereicherungshandlung" ausgeführt hat[1775]. Von § 812 Abs. 1 S. 1 Alt. 2 nicht erfasst werden aber die von der speziellen Eingriffskondiktion des § 816 Abs. 1 S. 1 geregelten Konstellationen (Verfügungen eines Nichtberechtigten über dingliche Rechte). **455**

Bsp.: Nach ständiger Rechtsprechung des BGH kann sich bei vorzeitiger Beendigung des Mietverhältnisses durch die fristlose Kündigung des Vermieters ein Bereicherungsanspruch des Mieters gegen den Vermieter aus Eingriffskondiktion ergeben[1776]. Das wird angenommen, wenn in einem auf längere Zeit fest abgeschlossenen Mietvertrag vorgesehen war, dass der Mieter entschädigungslos Leistungen für das Mietobjekt zu erbringen hat und diese nunmehr dem Vermieter vorzeitig zugutekommen und er in den Genuss des Ertragswertes kommt[1777].

Wie erwähnt (oben Rn. 452), muss sich der Eingriff in fremde Rechtspositionen **nicht auf eine Verletzungshandlung des Bereicherungsschuldners** selbst **zurückführen** lassen, sondern kann seine Ursache auch in anderen Umständen haben. In Betracht kommen somit auch die Handlung eines Dritten (Benutzung fremder Waren zugunsten des Bereicherten), ein staatlicher Hoheitsakt (Pfändung und Versteigerung von schuldnerfremden Sachen)[1778] und Natureinwirkungen[1779]. Im Falle einer bewussten Handlung des Bereicherungsgläubigers kommt aber auch eine Aufwendungs- oder Verwendungskondiktion in Betracht. **456**

Bsp.: Die benachbarten Grundstücke der Landwirte A und B werden beide in derselben Nutzungsart mit demselben Getreide bewirtschaftet. Nach einem Dauerregen von zwei Tagen gelangen Düngemittel, die auf dem Grundstück des A verteilt worden waren, auf das Grundstück des B, der dadurch auf den Kauf eigener Düngemittel verzichten kann. – A kann gegen B mit der Eingriffskondiktion vorgehen, welche auf Wertersatz (§ 818 Abs. 2) abzielt.

Bsp.: A, der Sohn von E, nimmt am Haus der E Verbesserungsarbeiten vor, weil er glaubt, im Erbfall einen entsprechenden Anteil an diesem Haus zu erhalten. Dabei weiß er nicht, dass das Haus bereits seiner Tante T zu Alleineigentum übertragen worden war. – A hat gegen T im Hinblick auf die Werterhöhung einen Anspruch aus § 812 Abs. 1 S. 1 Alt. 2 (Verwendungskondiktion), weil diese „in sonstiger Weise" bereichert ist[1780].

1772 BGHZ 40, 272 (278); BGH NJW 2005, 60; *Medicus/Petersen*, Bürgerliches Recht, Rn. 727.
1773 BGHZ 40, 272 (278); BGH NJW 2005, 60; *Medicus/Petersen*, Bürgerliches Recht, Rn. 727; *Riehm*, JuS Lern-CD Zivilrecht I, Rn. 446; *Giesen* Jura 1995, 234; *Grigoleit/Auer*, Schuldrecht III Bereicherungsrecht, Rn. 90.
1774 Ähnlich *Grigoleit/Auer*, Schuldrecht III Bereicherungsrecht, Rn. 90.
1775 Staudinger/*Lorenz*, § 812 Rn. 25; *Looschelders*, Schuldrecht BT, § 53 Rn. 1061.
1776 BGH NJWE-MietR 1996, 33; NZM 2009, 514; *Walker* LMK 2009, 284366.
1777 BGH NJW-RR 2006, 294; *Arzt* LMK 2006, 172089.
1778 BGHZ 100, 95 (98); Erman/Westermann/*Buck-Heeb*, § 812 Rn. 74.
1779 BGHZ 107, 117 (118); *Brox/Walker*, Besonderes Schuldrecht, § 42 Rn. 3; Dauner-Lieb/Langen/*von Sachsen Gessaphe*, § 812 Rn. 75.
1780 OLG Koblenz NJW 1990, 126; BGH NJW 2001, 3118; Staudinger/*Lorenz*, § 812 Rn. 29; zu einem anderen Beispiel *Wandt*, § 11 Rn. 61.

457 c) **Auf Kosten des Anspruchstellers.** Das Tatbestandsmerkmal „auf dessen Kosten" will eine trennscharfe **Bestimmung** des richtigen **Bereicherungsschuldners** und des richtigen **Bereicherungsgläubigers** ermöglichen helfen[1781]. Es gewinnt richtigerweise nur für die Nichtleistungs-, nicht jedoch für die Leistungskondiktion an Bedeutung[1782]. Über seine Interpretation existiert ein seit langem entschiedener Theorienstreit. Nach der sog. **Rechtswidrigkeitstheorie** besteht das den Bereicherungsausgleich rechtfertigende Element in der Rechtswidrigkeit des Eingriffs, sodass für das Merkmal „auf Kosten" eine rechtswidrige Verhaltensweise des Bereicherungsschuldners erforderlich sei[1783]. In Betracht kommt dies etwa bei einer Verletzung von Gebots- und Verbotsnormen[1784]. Die Tatsache, dass ein Eingriff rechtswidrig ist, besagt aber noch nichts darüber, wem der wirtschaftliche Vorteil positiv zusteht[1785]. Aus diesem Grund fordert die **herrschende Zuweisungstheorie** mit Recht, dass in den (wirtschaftlichen) Zuweisungsgehalt eines Rechts eingegriffen wird, dessen Ausübung dem Bereicherungsgläubiger überlassen ist[1786]. Die relevante Vermögensverschiebung muss somit im Widerspruch zum Zuweisungsgehalt einer geschützten Rechtsposition erfolgen[1787].

458 Praktisch bedeutsam sind u. a. Eingriffe in **absolute oder beschränkt dingliche Rechte** wie etwa in das Eigentumsrecht, das Pfandrecht oder den Nießbrauch. Für die Bestimmung des Zuweisungsgehalts gelten dabei vergleichbare Kriterien wie im Rahmen von § 823 Abs. 1, sodass auf die **Ausschluss- und Nutzungsfunktion** des Eigentums (als Modellvorstellung) abzustellen ist[1788]. Der deliktische Schutz von Rechten erfährt somit im Rahmen der Eingriffskondiktion (§ 812 Abs. 1 S. 1 Alt. 2) eine gewisse Fortsetzung[1789]. Hierher gehören auch Eingriffe in Immaterialgüterrechte, deren wirtschaftliche Verwertung dem Gläubiger vorbehalten ist (Patente, Gebrauchsmuster), Eingriffe in das Recht am eigenen Bild (§ 22 KunstUrhG)[1790] oder das Namensrecht (§ 12)[1791]. Für die Höhe des Kondiktionsanspruchs wird auch insoweit als Maßstab die Höhe einer fiktiven Lizenzgebühr genannt. Entscheidend für einen Anspruch aus Eingriffskondiktion ist somit, dass die jeweilige Rechtsposition **entgeltfähig** ist[1792]. Auch der **berechtigte Besitz** kann mit Blick auf seine Ausschluss- und Nutzungsfunktion

---

1781 BGHZ 94, 160 (165); 99, 385 (390); *Larenz/Canaris*, Schuldrecht BT II/2, § 67 II 2, S. 135; MüKo/*Schwab*, § 812 Rn. 237; nach *Hüffer* JuS 1981, 263 (264) hat „auf dessen Kosten" keine eigenständige Bedeutung als Tatbestandsmerkmal.

1782 MüKo/*Schwab*, § 812 Rn. 237.

1783 Grundlegend *Schulz* AcP 105 (1909), 1 ff.

1784 *Wandt*, § 11 Rn. 10 Fn. 7.

1785 BGHZ 131, 297 = NJW 1996, 838 = JuS 1996, 648; *Medicus/Lorenz*, Schuldrecht II, Rn. 1205; *Brox/Walker*, Besonderes Schuldrecht, § 42 Rn. 3.

1786 BGHZ 107, 117, 120; *Wilburg*, Die Lehre von der ungerechtfertigten Bereicherung nach österreichischem und deutschem Recht, 1934, S. 34; *v. Caemmerer*, FS Rabel, 1954, 333 (353); *König*, Ungerechtfertigte Bereicherung, 1985, S. 162; *Ullmann* GRUR 1978, 619; *Kleinheyer* JZ 1970, 475.

1787 *Riehm*, JuS Lern-CD Zivilrecht I, Rn. 446; *Medicus/Lorenz*, Schuldrecht II, Rn. 1205; *Larenz/Canaris*, Schuldrecht BT II/2, § 69 I 1 b, S. 169; *Looschelders*, Schuldrecht BT, § 53 Rn. 1064; Bamberger/Roth/*Wendehorst*, § 812 Rn. 122 ff.; *Grigoleit/Auer*, Schuldrecht III Bereicherungsrecht, Rn. 91.

1788 Statt vieler *Grigoleit/Auer*, Schuldrecht III Bereicherungsrecht, Rn. 91.

1789 *Larenz/Canaris*, Schuldrecht BT II/2, § 69 I 1 c, S. 170; Dauner-Lieb/Langen/*von Sachsen Gessaphe*, § 812 Rn. 82; *Medicus/Lorenz*, Schuldrecht II, Rn. 1205.

1790 BGHZ 68, 90 (98) = NJW 1977, 1194; BGHZ 81, 75 (80 f.); BGHZ 99, 244 = NJW 1987, 2869; siehe auch *Giesen* Jura 1995, 234 (237 f.).

1791 BGHZ 110, 196; 81, 75 = NJW 1981, 2402.

1792 *Larenz/Canaris*, Schuldrecht BT II/2, § 69 I 1 d, S. 171.

Gegenstand einer Eingriffskondiktion sein[1793]. Hat der Erwerber (etwa durch Diebstahl) aber lediglich den **unberechtigten Besitz** an einer Sache erlangt, erscheint dies zweifelhaft. Nach h. M. scheidet eine Eingriffskondiktion bereits deswegen aus, weil den Vorschriften über den Besitzschutz (§ 861) und die verbotene Eigenmacht (§ 858) als *leges speciales* der Vorrang eingeräumt wird und diese nicht ausgehöhlt werden sollen[1794]. Zum anderen kommt dem rein tatsächlichen Besitz aber auch keine Zuweisungswirkung zu. Einen Zuweisungsgehalt kann er ausschließlich aufgrund einer schuldrechtlichen oder dinglichen Berechtigung erhalten[1795].

Überwiegend verneint wird dagegen der positive Zuweisungsgehalt des **Rechts am eingerichteten und ausgeübten Gewerbebetrieb**[1796]. Dieses Rahmenrecht genießt nur deliktischen Schutz. Dafür spricht, dass der Schutzbereich nicht scharf konturiert erscheint und dem Inhaber des Rechts keine bestimmten Erwerbschancen gebühren[1797]. Im Hinblick auf das allgemeine Persönlichkeitsrecht wird von einer Auffassung ein fester Zuweisungsgehalt verneint, sodass es als Rahmenrecht nicht den Tatbestand der Eingriffskondiktion eröffnen soll[1798]. Nach Auffassung der Rechtsprechung kann dagegen eine unbefugte Nutzung der vermögenswerten Bestandteile des **allgemeinen Persönlichkeitsrechts** ebenso wie im Falle der (oben genannten) besonderen Persönlichkeitsrechte (des Namens und des Rechts am eigenen Bild) sehr wohl die Voraussetzungen einer Eingriffskondiktion erfüllen[1799]. Die Höhe des Wertersatzes nach § 818 Abs. 2 darf sich dabei an den bei der Verletzung von Immaterialrechtsgütern geltenden Grundsätzen (übliche Lizenzgebühr) orientieren[1800]. 459
Allgemein gesprochen, erfasst die Eingriffskondiktion (nur) einen solchen vermögensrechtlichen Vorteil, „den der Erwerber ... unter Verletzung einer geschützten Rechtsposition und der alleinigen Verwertungsbefugnis des Rechtsinhabers erlangen konnte.“[1801] Der Gläubiger muss dazu nach der Rechtsordnung verhindern können, dass die Nutzung der fraglichen Rechtsposition durch Dritte ohne seine Zustimmung stattfindet[1802]. Deswegen zieht nach der Entscheidung des BGH in der Rechtssache „Forschungskosten“ auch die **bloße Beeinträchtigung einer Verwertungschance** keine bereicherungsrechtliche Ausgleichspflicht nach sich[1803].

1793 BGH NJW 1987, 771 (772); BGH NJW 2006, 2323 (2325); *Gies* JuS 2013, 12 ff.; *Baur/Stürner*, Sachenrecht, § 9 Rn. 39.

1794 *Wandt*, § 11 Rn. 7; *Wilhelm*, Sachenrecht, Rn. 480; Palandt/*Bassenge*, § 861 Rn. 2.

1795 *Gies* JuS 2013, 12 ff.; *Baur/Stürner*, Sachenrecht, § 9 Rn. 39.

1796 BGH NJW 1978, 1377 (1379); Staudinger/*Lorenz*, § 812 Rn. 23; MüKo/*Schwab*, § 812 Rn. 269; Bamberger/Roth/*Wendehorst*, § 812 Rn. 128.

1797 Ähnlich *Grigoleit/Auer*, Schuldrecht III Bereicherungsrecht, Rn. 91.

1798 So die ältere Literatur *Mestmäcker* JZ 1958, 521 (523); *v. Caemmerer*, FS Rabel, 1954, 333 (397).

1799 BGH NJW 2008, 3782; *Larenz/Canaris*, Schuldrecht BT II/2, § 69 I 2 a ff., S. 172 ff.

1800 BGH NJW 2008, 3782; Erman/Westermann/*Buck-Heeb*, § 812 Rn. 69; näheres *Balthasar* NJW 2007, 664.

1801 BGHZ 107, 117 (121) = NJW 1990, 52.

1802 Hier ist das Bestehen eines Unterlassungsanspruchs, den der Gläubiger gegen den Schuldner hat, von Interesse.

1803 BGHZ 107, 117 (121) = NJW 1990, 52: „... reicht es deshalb für die bereicherungsrechtliche Betrachtung nicht aus, dass Erstanmelder vielfach ihre Unterlagen für das Zulassungsverfahren dem Nachanmelder gegen Entgelt überlassen, wenn sie aufgrund ihrer Rechtsposition nicht in der Lage sind, den Vertrieb entsprechender Produkte zu verhindern“; Staudinger/*Lorenz*, § 812 Rn. 23.

460 Folgende „Standardbeispiele“ aus der Rechtsprechung des BGH sollen die Bedeutung einer exakten Bestimmung des Zuweisungsgehalts einer Rechtsposition nochmals verdeutlichen helfen:

Bsp. (unberechtigte Untervermietung)[1804]**:** A hat von B eine Wohnung gemietet, wobei ihm eine Untervermietung untersagt wurde. Gleichwohl vermietet A die Wohnung weiter an C. B fordert daraufhin von A die Wertdifferenz zwischen der von A gezahlten Miete und dem höheren Mietzins, den C bezahlt. – Ein Anspruch des B gegen A folgt jedenfalls nicht aus § 816 Abs. 1 S. 1 (analog). Die Untervermietung einer Sache beinhaltet keine Verfügung über das Eigentum des Vermieters[1805]. In Betracht kommen könnte jedoch eine allgemeine Eingriffskondiktion nach § 812 Abs. 1 S. 1 Alt. 2. Eine Mindermeinung in der Literatur bejaht hierfür die Voraussetzungen, weil der Mieter die Sache über den vertraglich vereinbarten Inhalt hinaus nutze. Die h. M. verneint dies zu Recht, da dem Vermieter mit der vertragswidrigen Untervermietung keine diesem noch zugewiesene Rechtsposition entzogen wird. Danach hat der Vermieter aufgrund der Gebrauchsüberlassung keine im Sinne der Eingriffskondiktion relevante Position zurückbehalten. Vielmehr übt der Mieter mit der abredewidrigen Untervermietung nur sein Besitzrecht aus[1806]. Auch die unberechtigte Untervermietung stellt ein allein dem Mieter zugewiesenes Geschäft dar, sodass dem Vermieter hierdurch keine Verwertungs- oder Gebrauchsmöglichkeiten genommen werden[1807]. Somit scheidet ein Anspruch aus § 812 Abs. 1 S. 1 Alt. 2 aus.

Bsp. (unberechtigte Doppelvermietung)[1808]**:** A hat an B einen größeren Parkplatz zum gewerblichen Gebrauch vermietet. Später hat er eine Teilfläche davon ohne Einverständnis des B an C zum Betrieb von Verkaufsständen vermietet. Hat B gegenüber A einen kondiktionsrechtlichen Anspruch auf Auskehr des Erlöses aus der Zweitvermietung? – Folgt man der Judikatur, so liegen die Voraussetzungen der Eingriffskondiktion ebenso wenig vor wie im obigen Fall der unberechtigten Untervermietung[1809]. Nur im Ausgangspunkt bedeutet der rechtmäßige Besitz des B eine geschützte Rechtsposition, welche Grundlage für eine Eingriffskondiktion sein kann. Nach Ansicht des BGH habe er diese Rechtsposition aber nicht durch einen Eingriff des A verloren. Denn die „bloße erneute Vermietung von Teilen der Mietfläche ... an die Markthändler hatte auf den Besitz... keine Auswirkung“[1810]. Seinen rechtmäßigen Besitz hatte B vielmehr gegen seinen Willen durch die verbotene Eigenmacht der Markthändler verloren, wobei er es versäumt hatte, sich mit Besitzschutzansprüchen zu wehren. A hat somit nach Auffassung des BGH die aus der Doppelvermietung erzielte Miete nicht unmittelbar durch einen Eingriff in eine geschützte Rechtsposition des B erlangt. Im Übrigen, so der BGH mit Recht, sei ein Anspruch auf Herausgabe des Mieterlöses bereits deswegen abzulehnen, weil sich die Verpflichtung zur Herausgabe des Erlangten nach h. M. nicht auf das erstreckt, was der Bereicherungsschuldner durch besonderen Vertrag an Stelle des ursprünglichen Gegenstandes erlangt[1811].

Bsp. (Sicherungseigentum an Bowlinganlage)[1812]**:** Die B-Bank ist Sicherungseigentümerin einer Bowlinganlage, welche der Sicherungsgeber A in von ihm angemieteten

---

1804 BGH NJW 1996, 838 (840).

1805 RGZ 105, 408 (409); RGZ 106, 109; *Reuter/Martinek*, Ungerechtfertige Bereicherung, S. 307 ff.; MüKo/*Schwab*, § 816 Rn. 12 f.

1806 BGH NJW 1996, 838; *Musielak/Hau*, Examenskurs BGB, Rn. 305 f.; *Reuter/Martinek*, Ungerechtfertigte Bereicherung, S. 310 f.; *Giesen* Jura 1995, 234 (239); a. A. Bamberger/Roth/*Wendehorst*, §812 Rn. 127; *Larenz/Canaris*, Schuldrecht BT II/2, § 69 I 2 a.

1807 *Mutter* MDR 1993, 304.

1808 BGH NJW 2006, 2323 (2325 f.).

1809 BGH NJW 2006, 2323 (2325 f.) = JuS 2006, 935 (*Emmerich*) = JA 2007, 226 (*Looschelders*); *Musielak*, Examenskurs BGB, Rn. 139.

1810 BGH NJW 2006, 2323 (2325 f.).

1811 BGH NJW 2006, 2323 (2325 f.).

1812 BGH NJW 2007, 216 m Anm *Lorenz* LMK 2006, 204400.

Räumen installiert hatte. Der V ist Eigentümer und Vermieter dieser Räume, wobei die Bowlingbahn mit dem Einbau in die angemieteten Räume nicht gem. § 94 deren wesentlicher Bestandteil geworden ist. Nach Ende des Mietverhältnisses mit dem Sicherungsgeber A vermietet V die Räume einschließlich der Bowlinganlage an einen Dritten. Die B-Bank verlangt als Sicherungseigentümerin der Bowlingbahn von V Herausgabe der gezogenen Nutzungen in Gestalt der durch die Vermietung der Bowlingbahn an den Dritten erzielten Einnahmen aus § 812 Abs. 1 S. 1 Alt. 2 (Eingriffskondiktion). – Die Einnahmen aus der Vermietung der Bowlingbahn an einen Dritten stellen Nutzungen i. S. v. § 100 dar, um deren Wert der V bereichert ist. Ein Anspruch aus Eingriffskondiktion setzt aber neben der Bereicherung des Eingreifenden auch voraus, dass diese Bereicherung gerade auf Kosten des Bereicherungsgläubigers, hier also der B-Bank, erlangt wird. Auf Kosten der B-Bank hätte der V die Nutzungen hier aber nur dann erlangt, wenn er zu ihrer Erlangung in den Zuweisungsgehalt eines Rechtsgutes der B-Bank eingegriffen hätte, dessen wirtschaftliche Verwertung allein ihr vorbehalten ist. Erforderlich ist demnach, dass der B-Bank aufgrund ihres Sicherungseigentums an der Bowlingbahn die Einnahmen aus der Vermietung des Sicherungsgegenstandes zustehen. Das Sicherungseigentum ist aber kein volles, ungebundenes Eigentum[1813]. Es gewährleistet dem Sicherungsnehmer für den Fall der Nichterfüllung seiner Forderung die Befriedigung aus der Veräußerung des Sicherungsguts, belässt den sicherungsübereigneten Gegenstand aber regelmäßig zunächst dem Sicherungsgeber zur Nutzung, um ihm die Fortführung seines Betriebs zu ermöglichen[1814]. Deshalb gehört neben dem Veräußerungsrecht ein Recht auf die gezogenen Nutzungen nur dann zum Inhalt der Verwertungsbefugnis, wenn die Parteien der Sicherungsabrede dies vereinbart haben. Andernfalls mag der V ungerechtfertigt bereichert sein, aber eben nicht auf Kosten der B-Bank, sondern allenfalls auf Kosten des Sicherungsgebers.

Nach der Rechtsprechung des BGH begründen z.T. auch **schuldrechtliche Ansprüche** einen im Sinne der Eingriffskondiktion maßgeblichen rechtlichen Zuweisungsgehalt[1815]. Dabei ist die Frage, inwieweit relative Rechte einen relevanten Zuweisungsgehalt vermitteln, aber im Einzelfall zu entscheiden. Auch die Judikatur hat sich hier nicht generell festgelegt[1816]. 461

Bsp. (**Architektenpläne**): A will als Bauträger auf einem Grundstück, welches zur Zeit noch im Eigentum des E steht, nach Erwerb ein Altenwohnheim errichten. Zu diesem Zweck hat er dem Architekten B den Auftrag für die Detailplanung erteilt. E verkauft jedoch das Grundstück an den Bauträger K, der das Altenwohnheim schließlich errichtet. Dabei standen ihm die Pläne des Architekten B zur Verfügung, für welche K an B das geforderte Honorar bezahlt hat. A verlangt nun von dem Architekten das Honorar mit der Begründung, dieser habe sich angemaßt, die Pläne, welche bereits ihm vertraglich zugesichert waren, gegen Entgelt an K weiterzugeben. – Der BGH erachtete die Voraussetzungen für eine Eingriffskondiktion nicht als gegeben. Entscheidend hierfür sei, dass es zur

---

1813 BGH NJW 2007, 216.

1814 BGH NJW 2007, 216.

1815 Vgl. BGH NJW 2012, 2034 ff.: „Domainnamen kann ebenso wenig wie anderen schuldrechtlichen Rechtspositionen die Zuordnungsfunktion zu ihrem Inhaber abgesprochen werden ... Dem steht nicht entgegen, dass schuldrechtliche Ansprüche die beanspruchten Rechtsgüter vor ihrer Erfüllung dem Gläubiger noch nicht zuweisen ... Der Gegenstand des einen Bereicherungsanspruch auslösenden Eingriffs ist im Falle der Forderungsanmaßung nicht der zur Erfüllung beanspruchte Gegenstand. Der bereicherungsrechtlich relevante Eingriff erfolgt vielmehr in die Stellung des Forderungsinhabers als solche. Auf Grund der unterschiedlichen tatbestandlichen Voraussetzungen und Rechtsfolgen zwischen der bereicherungsrechtlichen Eingriffshaftung auf der einen und dem Deliktsschutz auf der anderen Seite führt die Einbeziehung schuldrechtlicher Positionen auch nicht zu einer dem Deliktsschutz vergleichbaren Haftung für die Verletzung solcher Rechtsgüter, die gerade nicht dem Deliktsschutz unterliegen."

1816 Vgl. BGH NJW 2012, 2034 ff.

Verletzung einer Rechtsposition, welche nach der Rechtsordnung dem Berechtigten zu dessen ausschließlicher Verfügung und Verwertung zugewiesen sei, nicht gekommen ist. Der Zuweisungsgehalt der geschützten Rechtsposition entspreche einem Verbotsanspruch des Rechtsinhabers, „in dessen Macht es steht, die Nutzung des Rechtsguts einem sonst ausgeschlossenen Dritten zur wirtschaftlichen Verwertung zu überlassen". A hatte lediglich einen vertraglichen Anspruch gegen den Architekten B auf Unterlassung einer Zweitverwertung der Pläne. Nach Auffassung des BGH hätten solche schuldrechtlich begründeten Ansprüche keinen bereicherungsrechtlich relevanten Zuweisungsgehalt[1817]. Sie gäben dem Anspruchsinhaber im Verhältnis zu Dritten keine alleinige Verwertungsbefugnis. Die Nicht- oder Schlechterfüllung eines schuldrechtlich begründeten Anspruchs könne lediglich Rechtsfolgen nach dem Recht der Leistungsstörungen nach sich ziehen, bedeute aber „auch im Verhältnis der Vertragsparteien zueinander keinen Eingriff in eine Rechtsposition des Anspruchsinhabers mit Zuweisungsgehalt"[1818]. Insoweit ist die Nutzung der Pläne durch B nicht „auf Kosten" des A erfolgt.

462 **Beachte:** Zu den Tatbestandsvoraussetzungen der Eingriffskondiktion gehört nicht, dass mit **der Bereicherung des Eingreifenden** ein entsprechender Nachteil des Rechtsträgers korrespondiert. Vielmehr hat das Bereicherungsrecht (anders als das Recht der unerlaubten Handlung) die Rückgängigmachung eines ungerechtfertigten Vermögensvorteils im Blick, nicht jedoch den Ausgleich eines eingetretenen Schadens[1819]. Die ***European Principles of Unjustified Enrichment Law*** verlangen dagegen (anders als das deutsche Recht) eine dem Vermögensnachteil (disadvantage) des Gläubigers zurechenbare Bereicherung (enrichment) zur Anspruchsbegründung (Art 4:101 lit c)[1820].

Bsp.[1821]**:** Die Firma A nutzt unberechtigt die Gleisanlage des Grundstückeigentümers B. – Für einen Anspruch aus § 812 Abs. 1 S. 1 Alt. 2 ist unerheblich, dass B infolge dieser Beanspruchung seiner Gleisanlage keinen Schaden erleidet.

3. Unmittelbarkeit der Vermögensverschiebung

463 Wie gesehen, trägt die Lehre vom Zuweisungsgehalt dazu bei, Bereicherungsschuldner und Bereicherungsgläubiger trennscharf von anderen beteiligten Personen abzugrenzen. Gleichwohl sieht die Judikatur und ein Teil der Literatur es zusätzlich für erforderlich an, dass der Bereicherungsgegenstand **unmittelbar** aus dem Vermögen des Bereicherungsgläubigers in das Vermögen des Bereicherungsschuldners gelangt ist[1822]. Diese Voraussetzung soll etwa bei einem **Durchgangserwerb** über den Weg eines Drittvermögens nicht vorliegen[1823]. Schuldner wäre nur der durch den Eingriff unmittelbar Begünstigte, welcher nicht mit dem Eingreifenden identisch sein muss[1824].

Bsp.: Hausmeister H der Schule S schürt im Winter den Ofen (versehentlich) mit der Kohle des Nachbarn N. – Als Bereicherungsschuldner kann hier allein der Träger der Schule angesehen werden, der hier auf Kosten des N bereichert ist[1825].

1817 BGH NJW 1987, 771; BGH NJW 2012, 2034; *Ellger*, Bereicherung durch Eingriff, S. 861 f.
1818 BGH NJW 2013, 781 (783); kritisch *Schwab* NJW 2013, 1135.
1819 BGHZ 17, 236 (239); 20, 345 (355); 36, 232 (233); *Larenz/Canaris*, Schuldrecht BT II/2, § 69 I 1 d, S. 171; *Mugdan* II, S. 1170 f.; a. A. noch *Savigny*, System des heutigen römischen Rechts, Bd V (1841), S. 525 ff.
1820 Staudinger/*Lorenz*, § 812 Rn. 23.
1821 Vgl. ebenso Staudinger/*Lorenz*, § 812 Rn. 23.
1822 BGHZ 71, 86 (99); einschränkend *Larenz/Canaris*, Schuldrecht BT II/2, § 67 II 2 b, S. 135.
1823 *Larenz/Canaris*, Schuldrecht BT II/2, § 67 II 2 b, S. 135.
1824 BGHZ 94, 160 = NJW 1985, 1952; *Larenz/Canaris*, Schuldrecht BT II/2, § 67 II 2 b, S. 135; a. A. *Hüffer* JuS 1981, 264; *Riehm*, JuS Lern-CD Zivilrecht I, Rn. 446.
1825 Zu diesem Beispiel auch Dauner-Lieb/Langen/*von Sachsen Gessaphe*, § 812 Rn. 88.

Im Schrifttum wird dieses **Kriterium der „Unmittelbarkeit"** entweder als überflüssig erachtet[1826] oder allenfalls als Ergänzung bemüht[1827]. Lediglich in Ausnahmefällen wird deswegen darauf zurückzugreifen sein.

4. Ohne Rechtsgrund

464 Anders als bei der Leistungskondiktion steht hier nicht eine von ihrem Zweck her gescheiterte Kausalbeziehung im Vordergrund (objektiver Rechtsgrundbegriff)[1828]. Stattdessen muss Ausgangspunkt für die Überlegung, wie das Tatbestandsmerkmal des fehlenden Rechtsgrundes bei der Eingriffskondiktion auf sinnvolle Art und Weise interpretiert werden kann, die Lehre vom Zuweisungsgehalt sein. Danach liegt ein Rechtsgrund für den Eingriff vor, wenn die **Rechtsordnung den jeweiligen Kondiktionsgegenstand** dem in Anspruch genommenen Kondiktionsschuldner **endgültig zuordnen will**[1829]. Umgekehrt zieht ein Verstoß gegen die Güterzuordnung regelmäßig die Rechtsgrundlosigkeit der Bereicherung nach sich, sofern nicht ausnahmsweise ein Behaltensgrund feststellbar ist, welcher gesetzlicher, aber auch vertraglicher Natur sein kann[1830]. Anders als die frühere Rechtswidrigkeitstheorie glauben machen wollte, spielt es dagegen keine Rolle, ob der Eingriff selbst rechtswidrig erfolgte.

465 **Prüfungsaufbau:** Sofern der herrschenden Zuweisungslehre gefolgt wird, wurde bereits zuvor beim Prüfungspunkt „auf dessen Kosten" erörtert, dass der Gegenstand dem Kondiktionsgläubiger zusteht, sodass die **Rechtsgrundlosigkeit** des Erwerbs **vermutet** wird. An dieser Stelle ist folglich nur zu ermitteln, ob (ausnahmsweise) ein Rechtsgrund zum Behaltendürfen in Betracht kommt[1831].
Ein Behaltensgrund kann auch im Fall der Eingriffskondiktion aus einer schuldrechtlichen Sonderbeziehung (etwa einem Kaufvertrag) resultieren:

> **Bsp:** B hat dem A seinen 30 Jahre alten Traktor der Marke „Lanz" verkauft. Jedoch verweigert er inzwischen die Herausgabe, da er seinen Entschluss bereut. Deswegen bemächtigt sich A selbst eines Tages des Traktors. – Nach h. M. folgt hier ein Behaltensgrund aus der schuldrechtlichen Sonderverbindung, sodass eine Eingriffskondiktion nicht in Betracht kommt. Nach a. A. scheitert der Anspruch aus § 812 Abs. 1 S. 1 Alt. 2 hier an § 242 (*dolo agit, qui petit, quod statim redditurus est*) [1832].

Ebenso liegt es im Fall einer nachträglichen Genehmigung des zunächst rechtsgrundlosen Eingriffs[1833].

1826 So etwa Erman/Westermann/*Buck-Heeb*, § 812 Rn. 64.
1827 *Larenz/Canaris*, Schuldrecht BT II/2, § 67 II 2 b, c, S. 135 f.; *Grigoleit/Auer*, Schuldrecht III Bereicherungsrecht, Rn. 91; MüKo/*Schwab*, § 812 Rn. 18 f.; Dauer-Lieb/Langen/*von Sachsen Gessaphe*, § 812 Rn. 88; *Looschelders*, Schuldrecht BT, § 53 Rn. 1070;.
1828 *Wandt*, § 11 Rn. 18 f.; Staudinger/*Lorenz*, § 812 Rn. 1; *Larenz/Canaris*, Schuldrecht BT II/2, § 67 III, S. 136 f.; Palandt/*Sprau*, § 812 Rn. 44.
1829 BGH NJW 1990, 52; *Riehm*, JuS Lern-CD Zivilrecht I, Rn. 446; Palandt/*Sprau*, § 812 Rn. 44; MüKo/*Schwab*, § 812 Rn. 338; Staudinger/*Lorenz*, § 812 Rn. 28.
1830 *Hüffer* JuS 1981, 263 (264); *Giesen* Jura 1995, 234 (239); *Wandt*, § 11 Rn. 18; a. A. Dauner-Lieb/Langen/*von Sachsen Gessaphe*, § 812 Rn. 90; *Looschelders*, Schuldrecht BT, § 53 Rn. 1071, der bei einem vertraglichen Behaltensgrund bereits den Eingriff verneint.
1831 *Riehm*, JuS Lern-CD Zivilrecht I, Rn. 446; Bamberger/Roth/*Wendehorst*, § 812 Rn. 137; MüKo/*Schwab*, § 812 Rn. 346; *Giesen* Jura 1995, 234 (239).
1832 *Larenz/Canaris*, Schulrecht BT II/2, § 67 III 2 g, S. 141; Dauner-Lieb/Langen/*von Sachsen Gessaphe*, § 812 Rn. 90.
1833 *Giesen* Jura 1995, 234 (239); *Riehm*, JuS Lern-CD Zivilrecht I, Rn. 446.

466 Einen **gesetzlichen Behaltensgrund** geben hingegen die Vorschriften über den Gutglaubenserwerb (§§ 932 ff., 892 ff., 1207, 2366)[1834]. Der durch diese Vorschriften bewirkte Rechtserwerb darf durch die Eingriffskondiktion nicht außer Kraft gesetzt werden[1835]. Für den Schutz des gutgläubigen Erwerbers lassen sich im Übrigen auch aus § 816 Abs. 1 und § 816 Abs. 2 entsprechende Wertungen ziehen. Lediglich der unentgeltliche Erwerb ist nicht kondiktionsfest, wie § 816 Abs. 1 S. 2 zeigt[1836].

467 Hingegen lässt sich aus den Vorschriften über den **gesetzlichen Erwerb nach §§ 946–950** richtigerweise kein Behaltensgrund ableiten, da dort keine endgültige wirtschaftliche Güterzuordnung vorgenommen wird, wie § 951 Abs. 1 zeigt[1837]. Dagegen soll der Tatbestand der **Ersitzung** nach § 937 dem eingreifenden Erwerber durchaus einen Rechtsgrund verleihen[1838]. Argumentativ kann hier auf das Fehlen einer § 951 Abs. 1 vergleichbaren Ausgleichsregelung verwiesen werden[1839]. § 879 wird überwiegend ebenfalls als ein materiell-rechtlicher Behaltensgrund gedeutet. Auswirkungen hat dies etwa im Falle einer fehlerhaft erlangten besseren Rangstelle im Grundbuch. Anstelle der dann ausgeschlossenen Eingriffskondiktion ist jedoch bei entsprechendem Verschuldensnachweis ein Amtshaftungsanspruch nach § 839 i. V. m. Art. 34 GG denkbar[1840]. Nach a. A. kann dagegen auf die Eingriffskondiktion rekurriert werden, da § 879 nur allgemeine Aufgaben der Rechtssicherheit übernehme, aber keine dauerhafte Rechtszuordnung vornehmen wolle[1841].

468 Die Eingriffskondiktion gewinnt auch im **staatlichen Zwangsvollstreckungsrecht** Bedeutung. Mangels einer rechtsgeschäftlichen Verfügung durch den Gerichtsvollzieher wird hier die allgemeine Eingriffskondiktion (§ 812 Abs. 1 S. 1 Alt. 2) nicht durch § 816 Abs. 1 S. 1 verdrängt[1842]. Denn im Rahmen der öffentlichen Versteigerung erwirbt der Ersteigerer Eigentum kraft staatlichen Hoheitsaktes. § 817 ZPO führt zunächst dazu, dass die Ablieferung der versteigerten Sache an den Ersteigerer durch den Gerichtsvollzieher nicht mehr durch das Kondiktionenrecht rückgängig gemacht werden darf[1843]. Die Vorschrift garantiert somit nach einigen Stimmen (auch) die **Funktionsfähigkeit öffentlicher Versteigerungen**[1844]. Richtigerweise ist dies aber nur die (mittelbare) Konsequenz daraus, dass man sich bewusst für die Kondiktionsfestigkeit der Zuordnung des Eigentums an den Ersteigerer entscheidet.

1834 *Grigoleit/Auer*, Schuldrecht III Bereicherungsrecht, Rn. 95.
1835 Für die Leistungskondiktion gelten hingegen andere Gesichtspunkte.
1836 *Grigoleit/Auer*, Schuldrecht III Bereicherungsrecht, Rn. 95.
1837 RGZ 130, 69 (73); *Riehm*, JuS Lern-CD Zivilrecht I, Rn. 446; *Brox/Walker*, Besonderes Schuldrecht, § 42 Rn. 7; *Hüffer* JuS 1981, 263 (264); *Giesen* Jura 1995, 234 (239); *Grigoleit/Auer*, Schuldrecht III Bereicherungsrecht, Rn. 99.
1838 So *Larenz/Canaris*, Schuldrecht BT II/2, § 67 III 2 a, b, S. 139 und IV 2 b, S. 143; Staudinger/*Lorenz*, Vor § 812 ff. Rn. 38.
1839 Dass die Situation bei der Leistungskondiktion eine andere ist, zeigt der bekannte „Menzelbild-Fall" in RGZ 130, 69.
1840 BGHZ 21, 98; Palandt/*Bassenge*, § 879 Rn. 13; MüKo/*Kohler*, § 879 Rn. 41.
1841 Näher *Larenz/Canaris*, Schuldrecht BT II/2, § 69 I 3 d; *Baur/Stürner*, Sachenrecht, § 17 Rn. 18; *Riehm*, JuS Lern-CD Zivilrecht I, Rn. 446.
1842 *Büchler* JuS 2011, 691.
1843 *Grigoleit/Auer*, Schuldrecht III Bereicherungsrecht, Rn. 97.
1844 *Riehm*, JuS Lern-CD Zivilrecht I, Rn. 446; *Grigoleit/Auer*, Schuldrecht III Bereicherungsrecht, Rn. 97.

Bsp.: Gläubiger G will unter Vorlage des Vollstreckungstitels durch den Gerichtsvollzieher GV bei dem Schuldner S werthaltige Gegenstände pfänden lassen. In dessen Wohnung befinden sich jedoch auch zur Aufbewahrung Möbelstücke des C. Ein wertvoller Schrank, der im Eigentum des C steht, wird gepfändet und öffentlich versteigert. – Ersteigerer I, der um das Eigentum des C weiß, erwirbt gleichwohl Eigentum kraft Hoheitsakts (§ 817 Abs. 1, 2 ZPO). Auf seine Bösgläubigkeit kommt es somit nicht an. Es müssen lediglich die Voraussetzungen einer wirksamen Verstrickung erfüllt und die wichtigsten Verfahrensvorschriften (Barzahlung bei Ablieferung) eingehalten worden sein. Der Zuschlag gemäß § 817 Abs. 1 ZPO iVm § 156 fungiert zudem als Rechtsgrund für den Eigentumserwerb des I. C steht somit gegen I kein Herausgabeanspruch gemäß § 985 und kein Kondiktionsanspruch nach § 812 Abs. 1 S. 1 Alt. 2 zu.

Jedoch darf der an den Vollstreckungsgläubiger **ausgekehrte Versteigerungserlös** im Wege der Eingriffskondiktion abgeschöpft werden, wenn eine schuldnerfremde Sache versteigert wurde[1845]. Einen Rechtsgrund zum Behalten des Erlöses vermag lediglich das **„Pfändungspfandrecht“** zu gewähren, das bei der Versteigerung einer schuldnerfremden Sache nach der h. M. (sog. gemischt öffentlich-privatrechtliche Theorie) jedoch nicht entsteht[1846]. Im Übrigen kann sogar gegen den die Sache ersteigernden Vollstreckungsgläubiger erfolgreich mit der Eingriffskondiktion vorgegangen werden (§ 817 Abs. 4 ZPO). Denn Bereicherungsgegenstand ist hier die Befreiung von der Barzahlungspflicht. **469**

Merke: Sofern eine Rechtsveränderung auf gesetzlicher Anordnung beruht, entscheidet sich im jeweiligen Einzelfall, ob diese Rechtsfolgen „kondiktionsfest“ sein sollen. Bei der Beurteilung kommt **gesetzesteleologischen Gesichtspunkten** entscheidende Bedeutung zu.

V. Aufwendungs- und Verwendungskondiktion (§ 812 Abs. 1 S. 1 Alt. 2)

1. Allgemeines

Der Anwendungsbereich der **Aufwendungskondiktion** als Spezialfall der Nichtleistungskondiktion erfasst Fallgruppen, in denen die handelnde Person unter **(freiwilligem) Einsatz des eigenen Vermögens** bewirkt, dass einer anderen Person ein (wirtschaftlicher) Vorteil zufällt, ohne dass die Voraussetzungen einer Leistung vorliegen[1847]. Eine spezielle Erscheinungsform stellt dabei die **Verwendungskondiktion** dar, bei der die Aufwendungen einer fremden Sache gelten, etwa um den Zustand der betreffenden Sache zu erhalten oder zu verbessern[1848]. **470**

1845 *Büchler* JuS 2011, 691 und 779; MüKo/*Gruber*, § 804 Rn. 4 ff., 40 ff.

1846 Vgl. zum Ganzen *Büchler* JuS 2011, 691 und 779; MüKo/*Gruber*, § 804 Rn. 4 ff., 40 ff.; *Grigoleit/Auer*, Schuldrecht III Bereicherungsrecht, Rn. 97.

1847 *Grigoleit/Auer*, Schuldrecht III Bereicherungsrecht, Rn. 102.

1848 MüKo/*Schwab*, § 812 Rn. 296; *Looschelders*, Schuldrecht BT, § 53 Rn. 1095; *Hüffer* JuS 1981, 263 (266); Dauner-Lieb/Langen/*von Sachsen Gessaphe*, § 812 Rn. 102; *Wandt*, § 11 Rn. 59.

2. Prüfungsschema

471

Voraussetzungen der Aufwendungs- und Verwendungskondiktion
1. **Anwendungsbereich** (Vorrang vertraglicher Ansprüche und der Leistungskondiktion sowie Vorrang der §§ 994 ff.)
2. **Etwas erlangt in sonstiger Weise:** durch Aufwendung (= freiwilliges Vermögensopfer) oder Verwendung (= Aufwendung auf eine fremde Sache)
3. Auf Kosten des Bereicherungsgläubigers (Unmittelbarkeitszusammenhang)
4. **Ohne Rechtsgrund**
5. **Rechtsfolge** (Problem der aufgedrängten Bereicherung)

3. Subsidiarität der Aufwendungs- und Verwendungskondiktion

472 In der Rechtsanwendung kommt der Aufwendungs- und Verwendungskondiktion häufig nur ein **eingeschränkter (subsidiärer) Anwendungsbereich** zu[1849]. Dabei ist zu berücksichtigen, dass sie aus Sicht des Handelnden ohnehin nur eine „suboptimale Anspruchsgrundlage" darstellt. Denn sie will nicht den Wert der tatsächlich getätigten Aufwendung zum Ausgleich bringen, sondern nimmt lediglich den Wert der noch beim Empfänger vorhandenen Bereicherung in den Blick[1850]. Im Übrigen gilt auch hier der **Vorrang der Leistungskondiktion:** Bei bewusst und zweckgerichtet getätigten Aufwendungen auf eine fremde Sache wird die Verwendungskondiktion verdrängt[1851]. Charakteristisch für die Aufwendungskondiktion ist somit gerade, dass der Aufwendende keinen Leistungszweck gesetzt hat[1852]. In anderen Fällen ist der Weg in das Bereicherungsrecht von vornherein versperrt: Ein Rückgriff auf die Verwendungskondiktion verbietet sich, wenn der **Verwendungsersatz im Vertragsrecht** ausdrücklich gesetzlich festgeschrieben wurde, wie etwa in §§ 536a Abs. 2, 539 Abs. 1, 601, 670[1853]. Unproblematisch ist das Konkurrenzverhältnis dagegen im Falle der unberechtigten GoA, da diese eine Rechtsfolgenverweisung auf das Bereicherungsrecht enthält[1854].

473 Die Aufwendungskondiktion kommt häufig in Betracht, wenn der Bereicherungsgläubiger Aufwendungen wie Arbeitsleistungen oder Reparaturen zugunsten eines anderen in der irrtümlichen Annahme vollführt hat, diese würden ihm selbst nutzen[1855].

1849 *Looschelders*, Schuldrecht BT, § 53 Rn. 1098; *Medicus/Lorenz*, Schuldrecht II, Rn. 1209; juris-Pk/*Martinek*, § 812 Rn. 99; *Esser/Weyers*, Schuldrecht BT II, § 50 III 1.

1850 Nach h. M. gilt dies auch, wenn dieser den Wert der tatsächlich getätigten Aufwendungen übersteigt, *Larenz/Canaris*, Schuldrecht BT II/2, § 69 III 1 c, S. 190; *Reuter/Martinek*, Ungerechtfertigte Bereicherung, S. 548 f.; *Grigoleit/Auer*, Schuldrecht III Bereicherungsrecht, Rn. 102; a. A. *Medicus/Petersen*, Bürgerliches Recht, Rn. 900: Begrenzung auf den Wert der Aufwendungen.

1851 *Riehm*, JuS Lern-CD Zivilrecht I, Rn. 447; *Looschelders*, Schuldrecht BT, § 53 Rn. 1096; Palandt/*Sprau*, § 812 Rn. 48; *Brox/Walker*, Besonderes Schuldrecht, § 42 Rn. 12; *Giesen* Jura 1995, 234 (240).

1852 MüKo/*Schwab*, § 812 Rn. 295 f.; *Larenz/Canaris*, Schuldrecht BT II/2, § 67 II 1 d; *Wandt*, § 11 Rn. 61.

1853 *Riehm*, JuS Lern-CD Zivilrecht I, Rn. 447; Dauner-Lieb/Langen/*von Sachsen Gessaphe*, § 812 Rn. 97; Bamberger/Roth/*Wendehorst*, § 812 Rn. 35.

1854 *Grigoleit/Auer*, Schuldrecht III Bereicherungsrecht, Rn. 105.

1855 *Lorenz/Cziupka* JuS 2012, 777 (780); *Giesen* Jura 1995, 234 (240); *Medicus/Lorenz*, Schuldrecht II, Rn. 1209; Bamberger/Roth/*Wendehorst*, § 812 Rn. 148; Dauner-Lieb/Langen/*von Sachsen Gessaphe*, § 812 Rn. 96; OLG Koblenz NJW 1990, 126.

Bsp.: A repariert mittels eigener Materialien das Modellflugzeug des B, wobei er davon ausgeht, es handle sich um sein eigenes.

In diesem Fall liegt keine bewusste Vermehrung fremden Vermögens vor, sodass die Leistungskondiktion nicht greift[1856].
Auch die **Vorschriften des Eigentümer-Besitzer-Verhältnisses** enthalten spezielle Regelungen zum Verwendungsersatz (§§ 994 ff.), welche der Verwendungskondiktion vorgehen. Dabei stehen vor allem Fälle im Vordergrund, in denen Bauleistungen auf fremdem Grund und Boden vorgenommen werden[1857]. Baut der nichtberechtigte Besitzer in eine später herauszugebende Sache eigenes Material ein, ist somit auch ein bereicherungsrechtlicher Anspruch nach §§ 951 Abs. 1, 812 denkbar. Nach Auffassung des BGH kommt §§ 994 ff. aber ein absoluter Vorrang gegenüber §§ 951 Abs. 1, 812 zu, und dies auch im Fall wesensverändernder Umgestaltungsaufwendungen[1858]. Eine Verwendung kann nach dem engen Verwendungsbegriff des BGH nämlich nur gegeben sein, soweit sie der Erhaltung, Wiederherstellung oder Verbesserung dient, ohne eine grundsätzliche Veränderung der Sache zu bewirken[1859].
Nach a. A. werden dagegen §§ 951 Abs. 1, 812 nicht durch die Bestimmungen in §§ 994 ff. verdrängt[1860]. Zur Begründung werden u. a. die unterschiedlichen Regelungsziele des Bereicherungsrechts und des Eigentümer-Besitzer-Verhältnisses genannt. Zutreffend dürfte es dagegen mit einer dritten Auffassung sein, die §§ 994 ff. nur in ihrem unmittelbaren Anwendungsbereich als abschließende Spezialvorschriften anzusehen[1861], nicht aber, soweit die Voraussetzungen einer Verwendung nicht vorliegen. Im Übrigen muss bei einer Anwendung von §§ 951 Abs. 1, 812 regelmäßig die **Problematik der aufgedrängten Bereicherung** thematisiert werden[1862]. Dies betrifft Fälle, in denen durch die Baumaßnahme objektiv eine Wertsteigerung eingetreten ist, diese aber für den Eigentümer der Sache subjektiv nutzlos bleibt, weil er beispielsweise die Sache ohnehin veräußern oder zerstören will. Hier wird von der h. M. der Wert der erlangten Bereicherung nicht objektiv (§ 818 Abs. 2), sondern subjektiv bestimmt, wobei auch der Rechtsgedanke von § 818 Abs. 3 bemüht wird[1863].

Bsp.[1864]**:** A ist unrechtmäßiger Besitzer eines Grundstücks in München, geht aber davon aus, dass er Eigentümer sei. In Wahrheit gehört dieses Grundstück dem B. Nach einiger Zeit errichtet A auf dem Grundstück ein Wohnhaus. Wegen §§ 94, 946 wird B auch Eigentümer des Bauwerks. – Ansprüche aus Geschäftsführung ohne Auftrag (§ 670) kommen mangels Fremdgeschäftsführungswillens des A nicht in Betracht.
Nach Auffassung des BGH stellen §§ 994 ff. abschließende Sonderregelungen dar,

---

1856 *Lorenz/Cziupka* JuS 2012, 777 (780); *Giesen* Jura 1995, 234 (240).
1857 *Schildt* JuS 1995, 953 (956 f.).
1858 BGHZ 39, 186 (188); 41, 157 (158); 87, 296 (301); BGH NJW 1986, 2643 (2645); BGH NJW 1996, 52.
1859 Grundlegend BGHZ 10, 171 (177); BGH NJW 1964, 1125 (1127); a. A. Staudinger/*Grunsky*, Vorbem. zu §§ 994 ff. Rn. 8; Palandt/*Bassenge*, § 994 Rn. 4; MüKo/*Baldus*, § 994 Rn. 19 m. w. N.
1860 *Medicus/Petersen*, Bürgerliches Recht, Rn. 896 ff.; *Canaris* JZ 1996, 344 (346 ff.); *Schildt* JuS 1995, 953 (956 f.); a. A. Palandt/*Bassenge*, Vor §§ 994 ff. Rn. 15; Staudinger/*Grunsky*, Vorbem. zu §§ 994 ff. Rn. 43.
1861 *Baur/Stürner*, Sachenrecht, § 11 Rn. 55. Zum Meinungsspektrum siehe auch *Giesen* Jura 1995, 234 (241 f.).
1862 *Lorenz/Cziupka* JuS 2012, 777 (780).
1863 *Lorenz/Cziupka* JuS 2012, 777 (780); *Lorenz* JuS 2013, 495 (496).
1864 Ähnliches Beispiel bei *Lorenz/Cziupka* JuS 2012, 777 (780); *Lorenz* JuS 2013, 495 (496); vgl. zur Thematik auch die von *Stürner/Heggen* JuS 2000, 328 besprochenen „Einbau-Fälle“.

welche einer Anwendung von §§ 951 Abs. 1, 812 Abs. 1 S. 1 Alt. 2 entgegenstehen. Nach Auffassung des BGH ist dabei unerheblich, dass die Errichtung eines Bauwerks nicht die Voraussetzungen des von ihm favorisierten engen Verwendungsbegriffs erfüllt. Insoweit kommt im Fall nur ein Wegnahmerecht nach § 997 in Betracht. Nach einem Großteil der Stimmen im Schrifttum dagegen kann hier ungehindert §§ 951 Abs. 1, 812 Abs. 1 S. 1 Alt. 2 zur Anwendung gebracht werden. Es stellt sich dann jedoch die Frage der aufgedrängten Bereicherung.

474 Im Übrigen ist für die **Verwendungskondiktion regelmäßig Raum**, wenn der Bereicherungsgläubiger Verwendungen auf Gegenstände tätigt, die er nicht unrechtmäßig im Besitz hat. Um überdies zu verhindern, dass die vorrangigen Vorschriften der Geschäftsführung ohne Auftrag eingreifen, muss zudem eine Situation vorliegen, in welcher der Verwendende von seiner (baldigen) Eigentümerstellung ausgeht (vgl. oben Rn. 421 zum „Erbtantenfall")[1865]. Andernfalls handelt er mit Fremdgeschäftsführungswillen.

4. Voraussetzungen der Verwendungskondiktion im Einzelnen

475 **a) Bereicherung in sonstiger Weise.** Der Bereicherungsschuldner muss **in sonstiger Weise (hier: durch Aufwendung/Verwendung)** etwas erlangt haben. Auf den auch hier stets geltenden Vorrang der Leistungskondiktion wurde bereits hingewiesen.

476 **b) Auf Kosten des Bereicherungsgläubigers.** Weitere Voraussetzung ist, dass die Aufwendungen aus dem Vermögen des Anspruchstellers **unmittelbar** in das Vermögen des Anspruchsgegners gelangt sind[1866]. Diesem Aspekt kommt anders als im Fall der Eingriffskondiktion nun besondere Bedeutung zu, um den Kreis der Anspruchsberechtigten überschaubar zu halten[1867]. Es genügt somit nicht, dass der Bereicherungsgläubiger Gegenstände, die im **Eigentum eines Dritten** stehen, mit der Sache des Bereicherungsschuldners verbunden hat[1868]. In diesem Fall erwirbt lediglich der Dritte einen Anspruch aus Eingriffskondiktion, wobei es nicht stört, dass der Bereicherungsschuldner selbst nicht in den fremden Rechtskreis eingegriffen hat[1869].

477 **c) Ohne Rechtsgrund.** Ebenso wie im Falle der allgemeinen Eingriffskondiktion muss der **fehlende Rechtsgrund** vom Bereicherungsgläubiger **nicht** positiv **nachgewiesen werden.** Vielmehr trägt eine nicht leistungsbedingte Vermögensverschiebung auf Kosten des Anspruchstellers die Vermutung der Rechtsgrundlosigkeit in sich[1870]. Bei diesem Prüfungspunkt steht somit im Vordergrund, ob sich der Bereicherungsschuldner auf einen **vertraglichen oder gesetzlichen Behaltensgrund** berufen kann[1871].

1865 *Lorenz/Cziupka* JuS 2012, 777 (780); vgl. OLG Koblenz NJW 1990, 126.

1866 *Larenz/Canaris*, Schuldrecht BT II/2, § 69 III 1 b, S. 189; Palandt/*Sprau*, § 812 Rn. 50; Dauner-Lieb/Langen/*von Sachsen Gessaphe*, § 812 Rn. 103; juris-Pk/*Martinek*, § 812 Rn. 189; Bamberger/Roth/*Wendehorst*, § 812 Rn. 151.

1867 Vgl. auch *Grigoleit/Auer*, Schuldrecht III Bereicherungsrecht, Rn. 111.

1868 MüKo/*Schwab*, § 812 Rn. 297; zu weiteren Beispielen Dauner-Lieb/Langen/*von Sachsen Gessaphe*, § 812 Rn. 103.

1869 MüKo/*Schwab*, § 812 Rn. 297.

1870 Bamberger/Roth/*Wendehorst*, § 812 Rn. 158; Erman/Westermann/*Buck-Heeb*, § 812 Rn. 64.

1871 *Riehm*, JuS Lern-CD Zivilrecht I, Rn. 447; Bamberger/Roth/*Wendehorst*, § 812 Rn. 158; Erman/Westermann/*Buck-Heeb*, § 812 Rn. 64; Dauer-Lieb/Langen/*von Sachsen Gessaphe*, § 812 Rn. 104.

VI. Die Rückgriffskondiktion (§ 812 Abs. 1 S. 1 Alt. 2)

1. Prüfungsschema

Voraussetzungen der Rückgriffskondiktion	478
1. Anwendungsbereich 2. Etwas erlangt 3. In sonstiger Weise 4. Auf Kosten des Bereicherungsgläubigers 5. Ohne Rechtsgrund (z.B. Auftrag, Geschäftsbesorgung, Geschäftsführung ohne Auftrag) 6. Rechtsfolge (Wertersatz nach § 818 Abs. 2)	

2. Einführung

Der Anwendungsbereich der Rückgriffskondiktion als Unterfall der Nichtleistungskondiktion ist grundsätzlich eröffnet, wenn eine **dritte Person auf eine fremde Schuld leistet** (§ 267 Abs. 1), sodass der wahre Schuldner gegenüber dem Gläubiger von der Verbindlichkeit frei wird[1872]. Entscheidend ist, dass der Dritte tatsächlich den Willen besitzt, eine fremde Schuld zu tilgen. Die Rückgriffskondiktion kann des Weiteren nur dann greifen, wenn die **Schuld tatsächlich** existiert hat[1873]. Zu bedenken ist schließlich auch, ob vorrangige Ausgleichsmechanismen eingreifen[1874]. 479

3. Typische Fallgruppen

a) **Beabsichtigte Zahlung auf fremde Schuld.** Zahlt ein Dritter auf eine fremde Schuld, wird er dies meist im Hinblick auf einen bestimmten Rechtsgrund tun. Neben einem Auftrag kommt hier vor allem eine berechtigte Geschäftsführung ohne Auftrag in Betracht[1875]. Vorrang gegenüber der insoweit **subsidiären Rückgriffskondiktion** hat dann ein Aufwendungsersatzanspruch des Dritten gegen den Schuldner nach § 670[1876]. Auch im Falle einer *cessio legis* (z.B. §§ 268 Abs. 3, 426 Abs. 2, 774 Abs. 1, 1143 Abs. 1) kommt sie nicht zum Zuge, da der gegen den Schuldner gerichtete Anspruch nicht durch Erfüllung erlischt, sondern lediglich den Gläubiger wechselt. Hier ist die Rückgriffskondiktion bereits aus tatbestandlichen Gründen ausgeschlossen, weil der Bereicherungsschuldner aufgrund des Forderungsübergangs nicht von seiner Schuld befreit wurde[1877]. Denn der Leistende erwirbt mit der Leistung den Anspruch des Gläubigers gegen den Schuldner, was den Vorteil hat, dass beim Regress die Tücken von § 818 Abs. 3 vermieden werden[1878]. Auch ein Anspruch auf Abtretung der Forderung nach § 285 Abs. 1 genießt Vorrang. Gleiches gilt für die Vorschriften über den Ge- 480

1872 Dauner-Lieb/Langen/*von Sachsen Gessaphe*, § 812 Rn. 110.
1873 *Wandt*, § 11 Rn. 68; Dauner-Lieb/Langen/*von Sachsen Gessaphe*, § 812 Rn. 110; *Medicus/Petersen*, Bürgerliches Recht, Rn. 950; *Grigoleit/Auer*, Schuldrecht III Bereicherungsrecht, Rn. 115 (der die Rückgriffskondiktionen zur Gruppe der Aufwendungskondiktionen rechnet).
1874 *Medicus/Petersen*, Bürgerliches Recht, Rn. 945 ff.; *Medicus/Lorenz*, Schuldrecht II, Rn. 1211; *Looschelders*, Schuldrecht BT, § 53 Rn. 1099.
1875 *Lorenz/Cziupka* JuS 2012, 777 (780); *Brox/Walker*, Besonderes Schuldrecht, § 42 Rn. 9; *Giesen* Jura 1995, 234 (239).
1876 *Grigoleit/Auer*, Schuldrecht III Bereicherungsrecht, Rn. 117.
1877 *Medicus/Lorenz*, Schuldrecht II, Rn. 1211.
1878 Treffend *Medicus/Lorenz*, Schuldrecht II, Rn. 1211.

samtschuldnerausgleich, da hier ein selbständiger Ausgleichsanspruch entsteht (§ 426 Abs. 1)[1879].

481 Liegen lediglich die Voraussetzungen einer **unberechtigten Geschäftsführung ohne Auftrag** vor, kommen über die Rechtsfolgenverweisung in § 684 S. 1 immerhin bereicherungsrechtliche Vorschriften zur Anwendung (§ 818 Abs. 2, 3). Ist nun kein vorrangiger Ausgleichsmechanismus erkennbar[1880], kann auch von der Rückgriffskondiktion Gebrauch gemacht werden. Solche Konstellationen sind jedoch höchst selten. Im Übrigen ist dann dem Umstand Rechnung zu tragen, dass die Schuldbefreiung aufgedrängt wurde. Besonders umstritten ist die Anwendbarkeit der Rückgriffskondiktion im Falle der eigenmächtigen Beseitigung eines Sachmangels einer Kaufsache durch den Käufer (Problem der Selbstvornahme im Kaufrecht)[1881]. Richtigerweise ist mit Blick auf das Fristsetzungserfordernis in § 281 Abs. 1 und § 323 Abs. 1 sowie das Recht des Verkäufers zur zweiten Andienung ein Anspruch auf Ersatz der vom Verkäufer ersparten Aufwendungen in Gestalt einer Rückgriffskondiktion abzulehnen[1882].

482 b) **Irrtümliche Zahlung auf fremde Schuld.** Leistet jemand irrtümlicherweise auf eine vermeintlich eigene Schuld, kommt die Rückgriffskondiktion gegen den realen Schuldner an sich nicht in Betracht. Dieser Fall gehört vielmehr in den **Anwendungsbereich der *condictio indebiti*** (§ 812 Abs. 1 S. 1 Alt. 1), sodass der Leistende gegen den Empfänger vorgehen muss[1883]. Eine Rückgriffskondiktion scheint von vornherein nicht einschlägig zu sein, weil der tatsächliche Schuldner von seiner Verpflichtung nicht befreit wurde. §§ 267, 362 greifen mangels Fremdtilgungswillens nicht. Obgleich diese Sichtweise der h. M. entspricht, gibt und gab es in Judikatur und Schrifttum Stimmen, die durch eine Art „juristischen Kunstgriff" der Rückgriffskondiktion gegenüber dem Schuldner zum Durchbruch verhelfen wollen. Man erlaubt es dem Leistenden, der seinen Irrtum erkannt hat, **nachträglich die Tilgungsbestimmung** für seine Leistung **zu ändern** und einen Bezug auf die existente Verpflichtung herzustellen[1884]. Auf diese Weise ist es ihm nun möglich den wirklichen Schuldner, der durch die Änderung der Tilgungsbestimmung von seiner Verpflichtung befreit wird, in Regress zu nehmen[1885]. Davon wird der Leistende insbesondere Gebrauch machen wollen, wenn der Empfänger der Leistung inzwischen zahlungsunfähig geworden ist. Gleichwohl darf die rechtliche Situation des wirklichen Schuldners dadurch nicht beeinträchtigt werden (§ 242)[1886]. Die Änderung der Tilgungsbestimmung soll

---

1879 *Brox/Walker*, Besonderes Schuldrecht, § 42 Rn. 8; Dauner-Lieb/Langen/*von Sachsen Gessaphe*, § 812 Rn. 113; Schulze/*Schulze*, § 812 Rn. 18; juris-Pk/*Martinek*, § 812 Rn. 98.

1880 *Medicus/Petersen*, Bürgerliches Recht, Rn. 945 ff.; *Looschelders*, Schuldrecht BT, § 53 Rn. 1099.

1881 Grundlegend BGH NJW 2006, 988.

1882 Ebenso BGH NJW 2006, 988; *Dauner-Lieb/Arnold* ZGS 2005, 10; a. A. *Herresthal/Riehm* NJW 2005, 1457.

1883 *Medicus/Petersen*, Bürgerliches Recht, Rn. 948; *Medicus/Lorenz*, Schuldrecht II, Rn. 1213; *Brox/Walker*, Besonderes Schuldrecht, § 42 Rn. 11; Staudinger/*Lorenz*, § 812 Rn. 60; Erman/Westermann/*Buck-Heeb*, § 812 Rn. 32; MüKo/*Schwab*, § 812 Rn. 230.

1884 So BGH NJW 1986, 2700 = JuS 1987, 142; Palandt/*Grüneberg*, § 267 Rn. 3; *Larenz/Canaris*, Schuldrecht BT II/2, § 69 III 2 c, S. 193; *Lorenz/Cziupka* JuS 2012, 777 (781); *Giesen* Jura 1995, 234 (240); Bamberger/Roth/*Wendehorst*, § 812 Rn. 249; *Grigoleit/Auer*, Schuldrecht III Bereicherungsrecht, Rn. 118.

1885 BGH NJW 1986, 2700 = JuS 1987, 142; Palandt/*Grüneberg*, § 267 Rn. 3; *Larenz/Canaris*, Schuldrecht BT II/2, § 69 III 2 c, S. 193.

1886 BGH NJW 1986, 2700 (2701); *Looschelders*, Schuldrecht BT, § 53 Rn. 1103; Palandt/*Grüneberg*, § 267 Rn. 3.

deswegen unter dem Vorbehalt stehen, dass der Dritte nicht lediglich einem von ihm selbst zu tragenden Insolvenzrisiko entgehen will. Gegenüber der aufgedrängten Schuldtilgung kann überdies zu Gunsten des richtigen Schuldners auf §§ 404 ff. (analog) zurückgegriffen werden[1887], was gegenüber der Rückgriffskondiktion in systematischer Hinsicht im Rahmen von § 818 Abs. 3 zu berücksichtigen wäre. Soweit der Schuldner also gegenüber dem Gläubiger zur Leistungsverweigerung berechtigt wäre, kann er sich gegenüber der Rückgriffskondiktion auf den Entreicherungseinwand berufen.

§ 26 Sondertatbestände der Eingriffskondiktion

I. Überblick

Die Tatbestände des § 816	
1.	Entgeltliche Verfügung eines Nichtberechtigten § 816 Abs. 1 S. 1
2.	Unentgeltliche Verfügung eines Nichtberechtigten § 816 Abs. 1 S. 2
3.	Leistung an einen Nichtberechtigten § 816 Abs. 2

483

In § 816 hat der Gesetzgeber mehrere **Spezialtatbestände der Eingriffskondiktion** normiert, sodass diese Vorschrift aus systematischen Gründen (*lex specialis*) stets vor dem allgemeinen Eingriffstatbestand (§ 812 Abs. 1 S. 1 Alt. 2) zu prüfen ist[1888]. § 816 Abs. 1 regelt zunächst die Konstellation, dass der Berechtigte aufgrund einer ihm gegenüber **wirksamen Verfügung eines Nichtberechtigten** einen Rechtsverlust hinnehmen muss. § 816 Abs. 1 S. 1 möchte verhindern, dass der Nichtberechtigte einen Vermögensvorteil zurückbehält. § 816 Abs. 1 S. 2 gestattet ausnahmsweise eine **Direktkondiktion** gegen denjenigen, der im Falle einer **unentgeltlichen Verfügung** einen rechtlichen Vorteil erlangt. Die Vorschrift zeigt (neben § 822), dass der unentgeltliche Erwerb von der Rechtsordnung weniger Schutz erwarten kann[1889]. In der durch § 816 Abs. 2 geregelten Situation tritt der Rechtsverlust hingegen aufgrund der **Annahme der geschuldeten Leistung** ein. Bei § 816 handelt es sich in allen Fällen um einen sog. Rechtsfortwirkungsanspruch als Ersatz für die entfallende Vindikation (§ 985)[1890]. **484**

II. Entgeltliche Verfügung eines Nichtberechtigten (§ 816 Abs. 1 S. 1)

Literatur: *Jülch*, § 816 I 1 BGB beim Kommissionsgeschäft – Versuch einer Systematisierung der Rechtsfragen und der Risikoallokation, JA 2011, 407.

1887 *Grigoleit/Auer*, Schuldrecht III Bereicherungsrecht, Rn. 118.

1888 *Larenz/Canaris*, Schuldrecht BT II/2, § 69 II 1 a; *Brox/Walker*, Besonderes Schuldrecht, § 42 Rn. 16; *Looschelders*, Schuldrecht BT, § 53 Rn. 1076; *Wandt*, § 11 Rn. 24; *Reuter/Martinek*, Ungerechtfertigte Bereicherung, S. 282.

1889 *Larenz/Canaris*, Schuldrecht BT II/2, § 69 II 1 a; *Brox/Walker*, Besonderes Schuldrecht, § 42 Rn. 16; *Looschelders*, Schuldrecht BT, § 53 Rn. 1076.

1890 *Medicus/Lorenz*, Schuldrecht II, Rn. 1190; Dauner-Lieb/Langen/*von Sachsen Gessaphe*, § 816 Rn. 4; Erman/Westermann/*Buck-Heeb*, § 816 Rn. 1; vgl. auch BGH NJW 1971, 1452.

1. Prüfungsschema

485

Voraussetzungen von § 816 Abs. 1 S. 1 BGB
1. Verfügung 2. Durch Nichtberechtigten 3. Wirksamkeit der Verfügung gegenüber dem Berechtigten 4. Entgeltlichkeit 5. Rechtsfolge: Herausgabe des erlangten Entgelts (h.M.)

2. Allgemeines

486 § 816 Abs. 1 S. 1 widmet sich der Herausgabepflicht eines Nichtberechtigten, welcher eine dem Berechtigten gegenüber wirksame Verfügung vornimmt. In dieser Situation will § 816 Abs. 1 S. 1 einen **Ausgleich für den eingetretenen Rechtsverlust** herstellen, sodass die Vorschrift anstelle des nicht mehr gegebenen Vindikationsanspruchs (§ 985) tritt (Rechtsfortwirkungsanspruch)[1891]. § 816 Abs. 1 S. 1 ist regelmäßig unproblematisch neben anderen Anspruchsgrundlagen anwendbar, sodass hier in der Fallbearbeitung auf keine Sperrwirkung zu achten ist[1892]. So kann auf § 816 Abs. 1 S. 1 ohne Weiteres neben §§ 989, 990 zurückgegriffen werden, da § 993 Abs. 1 Hs. 2 keine Sperrwirkung entfaltet. Freie Konkurrenz besteht auch zu § 687 Abs. 2 (angemaßte Eigengeschäftsführung).

Bsp.: B veräußert ein seltenes Mediävistikbuch an C, welches er von A nur geliehen hatte. – Ein Anspruch des A gegen C auf Herausgabe (§ 985) kommt nicht in Betracht, weil dieser nach §§ 932, 935 Eigentümer wurde. Eine allgemeine Nichtleistungskondiktion (§ 812 Abs. 1 S. 1 Alt. 2) des A scheitert an dem Schutz des guten Glaubens des C an die Eigentümerstellung des B. Überdies ist der Vorrang der Leistungsbeziehung zu beachten. A steht aber ein Anspruch aus § 816 Abs. 1 S. 1 gegen B zu.

3. Tatbestandsvoraussetzungen

487 **a) Der Begriff der Verfügung.** Erste Tatbestandsvoraussetzung ist die **Verfügung eines Nichtberechtigten.** Unter einer Verfügung ist jedes Rechtsgeschäft zu verstehen, durch das ein bestehendes Recht unmittelbar aufgehoben, belastet oder inhaltlich geändert wird[1893]. Der BGH äußert sich dazu in Übereinstimmung mit der h. L. wie folgt: „Der Begriff der Verfügung ist – ebenso wie der der Berechtigung zu einer solchen – im vorliegenden Zusammenhang nicht anders zu verstehen als sonst im BGB: Wesentliches Merkmal ist die unmittelbare Einwirkung auf den Bestand eines Rechts durch dessen Übertragung, Belastung, Änderung oder Aufhebung – im Gegensatz zu den bloßen Verpflichtungsgeschäften, durch welche nur die Rechtslage einer Person im Verhältnis zu einer anderen geändert wird“[1894].

Als Beispiele lassen sich nennen die Übertragung des Eigentums nach §§ 929 ff., die Abtretung einer Forderung nach §§ 398 ff., die Belastung einer beweglichen Sache mit einem Pfandrecht (§§ 1204 ff.) oder die Belastung eines Grundstücks mit Grundpfandrechten (§§ 1113 ff., 1191 f., 1199, 873). Hierher gehört auch die mit der Auswechselung einer durch eine Hypothek gesicherten Forderung

1891 *Grigoleit/Auer*, Schuldrecht III Bereicherungsrecht, Rn. 55.
1892 Statt aller *Grigoleit/Auer*, Schuldrecht III Bereicherungsrecht, Rn. 55.
1893 Vgl. dazu etwa *Grigoleit/Auer*, Schuldrecht III Bereicherungsrecht, Rn. 55.
1894 Vgl. BGH NJW 1999, 1026.

(§§ 1180 Abs. 1, 877) einhergehende Inhaltsänderung[1895]. § 816 Abs. 1 kommt ausnahmsweise auch dann zur Anwendung, wenn ein **gutgläubiger lastenfreier Erwerb** stattgefunden hat (§ 936)[1896]. Die Besonderheit liegt darin, dass in diesem Fall der lastenfreie Erwerb aufgrund gesetzlicher Anordnung erfolgt, während die Verfügung im eigentlichen Sinne das Eigentum betrifft, welches auch der berechtigte Eigentümer übertragen kann[1897].

Die Voraussetzungen einer Verfügung liegen dagegen im Falle des **Einbaus fremder Sachen** durch einen Nichtberechtigten an sich nicht vor. Der Eigentumsübergang beruht hier auf der Anordnung des Gesetzgebers (§§ 946 ff.) und ist nicht die unmittelbare Folge eines Rechtsgeschäfts. Jedoch muss der Umstand Berücksichtigung erfahren, dass ein gutgläubiger Erwerb theoretisch möglich gewesen wäre, wenn der Nichtberechtigte nicht nur den tatsächlichen Einbau vollzogen hätte, sondern zuvor die Sachen an den Erwerber übereignet hätte[1898]. Dann sollte eine **analoge Anwendung von § 816 Abs. 1** erwogen werden[1899]. Ein Anspruch aus allgemeiner Eingriffskondiktion (§ 812 Abs. 1 S. 1 Alt. 2) i. V. m. der Rechtsgrundverweisung des § 951 Abs. 1 S. 1 kommt gegen den Erwerber aufgrund der Wertung von § 932 Abs. 2 nicht in Betracht, wenn dieser redlich war und somit die Voraussetzungen für einen gutgläubigen Erwerb (hypothetisch betrachtet) vorlagen[1900]. **488**

Bsp.: Schreinermeister A hat dem Bauunternehmer C ökologische Holzfenster unter Eigentumsvorbehalt geliefert. Die Zahlung der letzten Kaufpreisrate steht noch aus. C verwendet diese Fenster im Rahmen der Modernisierung eines Kindergartens. A verlangt von dem Träger des Kindergartens T Wertersatz in Höhe von 10.000 Euro. – Zwischen A und T liegt keine Leistungsbeziehung vor (§ 812 Abs. 1 S. 1 Alt. 1), da T aus der Sicht eines objektiven Empfängers davon ausgehen konnte, dass C an ihn eine Leistung erbringen will. In Betracht kommt aber ein Anspruch des A gegen T aus §§ 812 Abs. 1 S. 1 Alt. 2, 818 Abs. 2 (Eingriffskondiktion) i. V. m. § 951 Abs. 1 S. 1. T hat an den Fenstern gemäß § 946 Eigentum erlangt. Dies geschah auch in sonstiger Weise und ohne Rechtsgrund. Gleichwohl sind die Voraussetzungen einer Eingriffskondiktion im Ergebnis nicht erfüllt. Zum einen spricht gegen eine Direktkondiktion des A gegen T, dass zwei wirksame Leistungsbeziehungen (zwischen A und C sowie zwischen C und T) vorliegen, denen Vorrang zukommt. Zum anderen ist zu bedenken, dass C auch eine wirksame rechtsgeschäftliche Übertragung der Fenster an T nach §§ 929, 932 möglich gewesen wäre. Der Erwerb durch T wäre in diesem Fall kondiktionsfest gewesen, was nicht anders beurteilt werden darf, wenn C ohne rechtsgeschäftliche Übertragung die Fenster unmittelbar in das Gebäude eingebaut hätte. A könnte jedoch gegenüber C aus § 816 Abs. 1 S. 1 (analog) vorgehen.

Eine Verfügung scheidet auch bei einer **vertraglichen Besitzüberlassung** wie im Falle der **unberechtigten Untervermietung** aus. Nach der zutreffenden Auffassung der Rechtsprechung und der h. L. wird nicht unmittelbar auf das Eigen- **489**

1895 *Wandt*, § 11 Rn. 26; MüKo/*Eickmann*, § 1180 Rn. 1; Jauernig/*Berger*, § 1180 Rn. 1.
1896 MüKo/*Quack*, § 936 Rn. 20.
1897 Treffend auch *Riehm*, JuS Lern-CD Zivilrecht I, Rn. 442.
1898 Die Frage wird von *Grigoleit/Auer*, Schuldrecht III Bereicherungsrecht, Rn. 55 nicht aufgegriffen.
1899 *Wandt*, § 11 Rn. 37; *Larenz/Canaris*, Schuldrecht BT II/2, § 70 III 2 b, S. 214; Staudinger/*Lorenz*, § 816 Rn. 5; Dauner-Lieb/Langen/*von Sachsen Gessaphe*, § 816 Rn. 8; Bamberger/Roth/*Wendehorst*, § 816 Rn. 7; a. A. *Reuter/Martinek*, Ungerechtfertigte Bereicherung, S. 404 ff.; wohl auch *Riehm*, JuS Lern-CD Zivilrecht I, Rn. 442.
1900 *Wandt*, § 11 Rn. 37; *Larenz/Canaris*, Schuldrecht BT II/2, § 70 III 2 b, S. 214.

tumsrecht eingewirkt[1901]. Der BGH hat hierzu ausgeführt: „Eine unmittelbare Anwendung des § 816 Abs. 1 Satz 1 BGB scheitert bereits daran, dass die Untervermietung einer Sache keine Verfügung (im Sinne einer Übertragung, Belastung, Änderung oder Aufhebung) über das Eigentum des Vermieters darstellt. Auch eine entsprechende Anwendung des § 816 Abs. 1 Satz 1 BGB scheidet aus, weil der Untermietzins keinen Gegenwert darstellt, den der Mieter anstelle des Eigentümers erzielt. Dieser hätte die bereits an den Mieter vermietete Sache nicht mehr selbst an einen Dritten untervermieten können. Hinzu kommt, dass der Untermieter dem Vermieter gegenüber kein Recht zum Besitz erlangt, die Untervermietung also nicht wirksam in dessen Rechtsposition eingreift.“[1902] Entscheidend ist somit, dass sich der Vermieter bereits der Befugnisse entledigt hatte, in welche der Mieter durch die Untervermietung noch eingreifen hätte können.

490 Auch Handlungen des Gerichtsvollziehers im Rahmen der **staatlichen Zwangsvollstreckung** stellen keine Verfügungen dar. Anstelle eines Anspruchs aus § 816 Abs. 1 ist jedoch die allgemeine Eingriffskondiktion in Betracht zu ziehen (siehe oben Rn. 468)[1903].

491 b) **Verfügung durch einen Nichtberechtigten.** Voraussetzung ist weiter, dass der vom Bereicherungsgläubiger in Anspruch Genommene als **Nichtberechtigter** verfügt hat[1904]. Dies ist grundsätzlich derjenige, welcher sich ohne Berechtigung eine Rechtsposition anmaßt[1905]. Der Verfügende darf also weder der verfügungsbefugte Rechtsinhaber sein, noch durch gesetzliche Anordnung oder rechtsgeschäftliche Vereinbarung (z. B. weil eine Einwilligung vorliegt) zur Verfügung befugt gewesen sein[1906]. Von der vorherigen Ermächtigung ist jedoch die nachträgliche Genehmigung zu unterscheiden, welche den Nichtberechtigten nicht rückwirkend zum Berechtigten werden lässt (siehe Rn. 492)[1907].

492 c) **Dem Berechtigten gegenüber wirksam.** Diese **Verfügung** muss **gegenüber dem Berechtigten wirksam** sein. Dies ist der **Rechtsinhaber.** Auch wenn dieser aktuell nicht verfügungsbefugt sein sollte[1908], ist es erforderlich, dass er dies zumindest zum Zeitpunkt der Verfügung durch den Nichtberechtigten gewesen ist. Eine Besonderheit von § 816 Abs. 1 S. 1 besteht darin, dass „Berechtigter“ und „Nichtberechtigter“ nicht vollständig (im umgekehrten Sinne) deckungsgleich interpretiert werden[1909].

1901 BGHZ 131, 297 = NJW 1996, 838 = JuS 1996, 648; BGH NJW 2002, 60 = JuS 2002, 291; *Riehm*, JuS Lern-CD Zivilrecht I, Rn. 442; *Larenz/Canaris*, Schuldrecht BT II/2, § 69 II 1 d, S. 182; Staudinger/*Lorenz*, § 816 Rn. 6; *Grigoleit/Auer*, Schuldrecht III Bereicherungsrecht, Rn. 55; *Looschelders*, Schuldrecht BT, § 53 Rn. 1077; a. A. *v. Caemmerer*, FS Rabel, 1954, 333 (358); *Diederichsen* NJW 1964, 2296; *Esser/Weyers*, Schuldrecht BT II, § 50 II 2 a.

1902 BGHZ 131, 297 = NJW 1996, 838.

1903 *Riehm*, JuS Lern-CD Zivilrecht I, Rn. 442; Dauner-Lieb/Langen/*von Sachsen Gessaphe*, § 816 Rn. 6; Palandt/*Sprau*, § 816 Rn. 7; *Looschelders*, Schuldrecht BT, § 53 Rn. 1077; *Büchler* JuS 2011, 779; ausführlich dazu Staudinger/*Lorenz*, § 812 Rn. 12; *Grigoleit/Auer*, Schuldrecht III Bereicherungsrecht, Rn. 55.

1904 Dazu auch *Grigoleit/Auer*, Schuldrecht III Bereicherungsrecht, Rn. 56.

1905 *Brox/Walker*, Besonderes Schuldrecht, § 42 Rn. 18; *Wandt*, § 11 Rn. 28; Palandt/*Sprau*, § 816 Rn. 7a; *Giesen* Jura 1995, 234 (243).

1906 *Riehm*, JuS Lern-CD Zivilrecht I, Rn. 442; MüKo/*Schwab*, § 816 Rn. 24 ff.; Bamberger/Roth/*Wendehorst*, § 816 Rn. 9; Dauner-Lieb/Langen/*von Sachsen Gessaphe*, § 816 Rn. 10.

1907 BGHZ 56, 131 (133).

1908 *Wandt*, § 11 Rn. 27; Bamberger/Roth/*Wendehorst*, § 816 Rn. 10; *Brox/Walker*, Besonderes Schuldrecht, § 42 Rn. 18; Palandt/*Sprau*, § 816 Rn. 10; Hk-BGB/*Schulze*, § 816 Rn. 3.

1909 Ebenso *Wandt*, § 11 Rn. 27.

Die Wirksamkeit der Verfügung ergibt sich insbesondere aus den **Vorschriften über den gutgläubigen Erwerb vom Nichtberechtigten** (§§ 932 ff., 891 ff.). Weitere Tatbestände, die eine Verfügung dem Berechtigten gegenüber legitimieren können, sind etwa §§ 1138, 1155 (Grundpfandrechte), 2366 (Erbschein) sowie § 366 HGB[1910]. Im Falle von §§ 932 Abs. 2, 935 ist die Verfügung des Nichtberechtigten hinsichtlich des Eigentums an einer beweglichen Sache an sich unwirksam. Denkbar ist dann aber, dass die Verfügung durch die **nachträgliche Genehmigung des Berechtigten** Wirksamkeit erlangt (§§ 185 Abs. 2 S. 1 Alt. 1, 184 Abs. 1). Insoweit ist entscheidend, dass der Genehmigende im Zeitpunkt der Verfügung selbst zur Verfügung berechtigt war[1911]. Die Genehmigung der Verfügung ist dem Berechtigten selbst nach Untergang der Sache noch möglich, um über § 816 Abs. 1 S. 1 an den Veräußerungserlös zu gelangen[1912]. Dabei ist in der Fallbearbeitung darauf zu achten, dass die wirksame Genehmigung den verfügenden Nichtberechtigten keinesfalls zum Berechtigten macht, sondern lediglich die Folgen der Verfügung betrifft. Von der Genehmigungsmöglichkeit wird der Rechtsinhaber auch Gebrauch machen wollen, wenn beispielsweise der Anspruch aus § 985 wegen Unauffindbarkeit des Verfügungsgegenstandes nicht realisierbar ist. Ähnliches gilt bei der Insolvenz des Dritten[1913]. Die Möglichkeit, eine (bestimmte) Verfügung zu genehmigen, erlangt zudem im **Fall der Veräußerungskette** Bedeutung, wenn die Höhe des jeweils erzielten Erlöses stark divergiert[1914]. Zum Teil wird in der uneingeschränkten Klage auf Erlösherausgabe gegen den nichtberechtigt Verfügenden eine **konkludente Genehmigung** gesehen.[1915] Die Literatur rät dagegen dem Rechteinhaber, um die Möglichkeit der Vindikation nicht voreilig aufzugeben, dazu, auf Erlösherausgabe Zug um Zug gegen Erteilung der Genehmigung zu klagen[1916]. In konstruktiver Hinsicht erscheint auch denkbar, die Wirksamkeit der konkludenten Genehmigung mit der auflösenden Bedingung der Nichtzahlung zu versehen[1917].

d) Entgeltlichkeit der Verfügung. Die Verfügung muss **entgeltlicher Natur** sein, sodass der Erwerber für den fremden Gegenstand eine Gegenleistung entrichten muss, wie dies etwa bei einem zugrundeliegenden Kauf- oder Tauschvertrag anzunehmen ist[1918]. Dies ergibt sich bereits daraus, dass durch eine nicht ent- **493**

1910 *Medicus/Lorenz*, Schuldrecht II, Rn. 1192; Dauner-Lieb/Langen/*von Sachsen Gessaphe*, § 816 Rn. 11; Staudinger/*Lorenz*, § 816 Rn. 8; *Hüffer* JuS 1981, 263 (266); *Brox/Walker*, Besonderes Schuldrecht, § 42 Rn. 20.

1911 *Grigoleit/Auer*, Schuldrecht III Bereicherungsrecht, Rn. 57. Insoweit spielt es auch keine Rolle, ob der Berechtigte das Eigentum bereits vor der Genehmigung durch einen Verarbeitungsvorgang verloren hat. § 816 Abs. 1 Satz 1 bleibt gleichwohl anwendbar, vgl. dazu BGHZ 56, 131; Erman/Westermann/*Buck-Heeb*, § 816 Rn. 8; Dauner-Lieb/Langen/*von Sachsen Gessaphe*, § 816 Rn. 12; abweichend BGH NJW 1989, 2049.

1912 *Giesen* Jura 1995, 234 (243); BGH NJW 1971, 1452 (1453).

1913 *Medicus/Lorenz*, Schuldrecht II, Rn. 1193.

1914 *Medicus/Lorenz*, Schuldrecht II, Rn. 1193; Dauner-Lieb/Langen/*von Sachsen Gessaphe*, § 816 Rn. 12 f.; Staudinger/*Lorenz*, § 816 Rn. 9; Erman/Westermann/*Buck-Heeb*, § 816 Rn. 7.

1915 BGH LM Nr. 6 zu § 816 BGB; BGH NJW 1972, 1197 (1199); NJW 1989, 2622 (2624); Palandt/*Sprau*, § 816 Rn. 9.

1916 *Larenz/Canaris*, Schuldrecht BT II/2, § 69 II 1 c, S. 182; Dauner-Lieb/Langen/*von Sachsen Gessaphe*, § 816 Rn. 14; *Reuter/Martinek*, Ungerechtfertigte Bereicherung, S. 304 ff.; vgl. auch *Giesen* Jura 1995, 234 (242 f.).

1917 *Medicus/Lorenz*, Schuldrecht II, Rn. 1193; *Wilkens* AcP 157 (1958), 339 (401 ff.); *Merle* AcP 183 (1983), 81 (90 ff.); MüKo/*Schwab*, § 816 Rn. 34.

1918 Kein selbständiges Tatbestandsmerkmal sehen darin *Grigoleit/Auer*, Schuldrecht III Bereicherungsrecht, Rn. 55 Fn. 88. Zwar handelt es sich bei der Entgeltlichkeit in der Tat um eine logische Selbstverständlichkeit des Tatbestandes, gleichwohl sollte aus Klarstellungsgründen darauf eingegangen werden.

geltliche Verfügung nichts „erlangt" wurde, was herausgegeben werden könnte[1919]. Zudem zeigt der Umkehrschluss aus § 816 Abs. 1 S. 2, dass die Entgeltlichkeit bei S. 1 Tatbestandsmerkmal sein muss[1920]. Ob für die Beurteilung des Entgeltcharakters das subjektive Verständnis der Vertragsparteien maßgeblich ist oder auf die (objektive) Würdigung der Einzelumstände abzustellen ist, wird dagegen durchaus unterschiedlich beurteilt, wobei (im Gegensatz zum Schenkungsrecht) richtigerweise der objektiven Sichtweise der Vorzug zu gewähren ist[1921]. Grundsätzlich ist hier eine großzügige Beurteilung angebracht, sodass eine **synallagmatische Gegenleistung** des Erwerbers im strengen Sinne **nicht vorliegen muss.** Auch spielt die Gleichwertigkeit keine Rolle. Jedoch kann bei großer Divergenz von Leistung und Gegenleistung eine **gemischte Schenkung** anzunehmen sein[1922].

Bsp.: Die Einräumung von Sicherheiten, wie die Verpfändung einer Sache (§§ 1024 ff.), ist regelmäßig entgeltlicher Natur, wenn dadurch die Ausbezahlung eines Darlehens gewährleistet wird[1923]. Anderes gilt jedoch, wenn es sich bei der zu sichernden Forderung um eine solche aus einem Schenkungsvertrag handelt.

494 **e) Rechtsfolge des § 816 Abs. 1 S. 1: Umfang des Herausgabeanspruchs. – aa) Wortlaut der Vorschrift: das durch die Verfügung Erlangte.** Aus § 816 Abs. 1 S. 1 folgt die Pflicht zur Herausgabe des „durch die Verfügung Erlangten". Die **Formulierung des Gesetzgebers ist** insofern **nicht präzise**, als durch die Verfügung selbst nichts erlangt wird. Durch die Verfügung erfährt der Nichtberechtigte lediglich die Befreiung von seiner schuldrechtlichen Verbindlichkeit gegenüber dem Erwerber[1924]. Der Wortlaut des Gesetzes wird deswegen von der h. M. dahingehend interpretiert, dass die vom Erwerber aufgrund des Kausalgeschäfts zu erbringende **Gegenleistung** herauszugeben ist[1925]. Insoweit ist es unerheblich, dass der (als Nichtberechtigter) verfügende Verkäufer vom Käufer zur Erfüllung des Kaufvertrages den Kaufpreis erhält, jedoch nicht durch seine Verfügung über die Kaufsache. Nach a. A. sei hingegen die **Befreiung von der Verbindlichkeit** aus dem Kausalgeschäft als das „durch die Verfügung Erlangte" anzusehen[1926]. In diesem Fall ist konsequenterweise immer der objektive Verkehrswert zu ersetzen.

495 **bb) Höhe der Herausgabepflicht.** Der durch § 816 Abs. 1 S. 1 vorgegebene **Umfang der Herausgabepflicht** bedarf einer weiteren Konkretisierung. Von Relevanz ist dies in Fällen, in welchen die vom Erwerber zu erbringende Gegenleistung

---

1919 Bamberger/Roth/*Wendehorst*, § 816 Rn. 8; *Medicus/Lorenz*, Schuldrecht II, Rn. 1194; *Brox/Walker*, Besonderes Schuldrecht, § 42 Rn. 23.

1920 Bamberger/Roth/*Wendehorst*, § 816 Rn. 8; *Medicus/Lorenz*, Schuldrecht II, Rn. 1194.

1921 Bamberger/Roth/*Wendehorst*, § 816 Rn. 8; Dauner-Lieb/Langen/*von Sachsen Gessaphe*, § 816 Rn. 28; a. A. Palandt/*Sprau*, § 816 Rn. 14; Erman/Westermann/*Buck-Heeb*, § 816 Rn. 12: Sicht der Vertragsparteien maßgeblich; BGH JZ 1954, 360: Sicht des Empfängers ist maßgeblich für den Fall der Abtretung einer Hypothek erfüllungshalber zur Tilgung der Schuld eines Dritten.

1922 Näher dazu *Larenz/Canaris*, Schuldrecht BT II/2, § 69 II 2 b, S. 184.

1923 RG WarnR 1933 Nr. 158; *v. Caemmerer*, FS Lewald, 1953, S. 443 (454 ff.); Staudinger/*Lorenz*, § 816 Rn. 29.

1924 Bamberger/Roth/*Wendehorst*, § 816 Rn. 15; Erman/Westermann/*Buck-Heeb*, § 816 Rn. 19; *Looschelders*, Schuldrecht BT, § 53 Rn. 1083.

1925 BGH NJW 1997, 190 (191); *Brox/Walker*, Besonderes Schuldrecht, § 42 Rn. 22; *Musielak/Hau*, Examenskurs BGB, Rn. 300 f.; *Hüffer* JuS 1981, 263 (266); Hk-BGB/*Schulze*, § 816 Rn. 9; *Grigoleit/Auer*, Schuldrecht III Bereicherungsrecht, Rn. 59 f.; *Stegmüller* JuS 2010, 332 (338).

1926 *Medicus/Petersen*, Bürgerliches Recht, Rn. 723 und MüKo/*Schwab*, § 816 Rn. 42; kritisch etwa *Grigoleit/Auer*, Schuldrecht III Bereicherungsrecht, Rn. 59 f.

den objektiven Wert des Verfügungsgegenstands unter- oder überschreitet. Dann stellt sich die Frage, ob sich die Herausgabepflicht an diesem objektiven Wert oder dem „tatsächlich Erlangten“ orientiert[1927].
Erreicht das vom Verfügenden erzielte Entgelt nicht den Wert des veräußerten Gegenstandes, ergeben sich kaum Streitpunkte[1928]. Hier bezieht sich die Herausgabepflicht nach überwiegender Auffassung allein auf den **geringeren Veräußerungserlös**[1929]. Nach a. A. wäre zwar an sich der objektive Wert anzusetzen (siehe oben aa)[1930]. Jedoch könne sich der redliche Veräußerer hinsichtlich der Mindereinnahmen auf § 818 Abs. 3 berufen. Im Falle seiner Bösgläubigkeit führen dagegen §§ 819, 818 Abs. 4, 292, 989 zu einer Haftungsverschärfung[1931].

Sehr umstritten ist aber, ob im **Falle eines Mehrerlöses** der erzielte Gewinn mit herauszugeben ist. So wird dem Bereicherungsgläubiger auch in dieser Situation von Stimmen, welche das „durch die Verfügung Erlangte“ in der **Befreiung von der Verbindlichkeit** erkennen, nur der objektive Wert des veräußerten Gegenstandes zugestanden[1932], da der Gewinn der Geschäftstüchtigkeit des Nichtberechtigten zuzurechnen sei. Überzeugender erscheint es dagegen, mit der h. M. den Anspruch aus § 816 Abs. 1 S. 1 auch auf die Gewinnherausgabe zu richten (*commodum ex negotiatione*)[1933]. Hierfür spricht neben dem Wortlaut von § 816 Abs. 1 S. 1 (vgl. den Unterschied zu § 818 Abs. 1) die Überlegung, dass das Recht, eine Sache gewinnbringend zu verwerten, einzig dem Berechtigten zusteht. Insoweit tritt der Aspekt, dass der Nichtberechtigte besonderes Verhandlungsgeschick an den Tag gelegt hat, dahinter zurück[1934]. Zu bedenken ist umgekehrt auch, dass sich im Fall eines zu geringen Erlöses die Herausgabepflicht zu Gunsten des Verfügenden darauf beschränkt. Für das Ergebnis spricht auch der Gleichlauf in der Rechtsfolge mit §§ 687 Abs. 2, 681 S. 2, 667. Diese Anspruchsgrundlage ist unstreitig auf Herausgabe des gesamten Veräußerungserlöses gerichtet[1935]. Dem Nichtberechtigten wird man jedoch im Falle von § 816 Abs. 1 S. 1 gemäß § 818 Abs. 3 zumindest den Abzug der Aufwendungen erlauben können, welche zur Gewinnerzielung getätigt wurden[1936]. **Nicht abziehen** darf der Nichtberechtige jedoch nach allgemeiner Meinung die sog. **Erwerbskos-** 496

1927 Ausführlich zu dieser Streitfrage auch *Wandt*, § 11 Rn. 37.
1928 *Medicus/Lorenz*, Schuldrecht II, Rn. 1197; so auch *Reuter/Martinek*, Ungerechtfertigte Bereicherung, S. 314.
1929 *Brox/Walker*, Besonderes Schuldrecht, § 42 Rn. 22; Bamberger/Roth/*Wendehorst*, § 816 Rn. 16. Bei Unredlichkeit kommt eine Haftung auf Schadensersatz in Betracht (§§ 990 Abs. 1, 989, 823 Abs. 1); so auch Staudinger/*Lorenz*, § 816 Rn. 23.
1930 *v. Caemmerer*, FS Fabel, 1954, 333 (356); *ders.*, FS Lewald, 1953, 443 (447); Staudinger/*Lorenz*, § 816 Rn. 23.
1931 *Medicus/Lorenz*, Schuldrecht II, Rn. 1197; Bamberger/Roth/*Wendehorst*, § 816 Rn. 17; Palandt/*Sprau*, § 816 Rn. 21.
1932 *v. Caemmerer*, FS Rabel, 1954, 333 (356); *ders.*, FS Lewald, 1953, 443 (447); *Römer* AcP 119 (1919), 293, 354; *Medicus/Petersen*, Bürgerliches Recht, Rn. 723; MüKo/*Schwab*, Rn. 43.
1933 BGH NJW 1997, 190 (191); NZM 2005, 837; Dauner-Lieb/Langen/*von Sachsen Gessaphe*, § 816 Rn. 19; Bamberger/Roth/*Wendehorst*, § 816 Rn. 16; Erman/Westermann/*Buck-Heeb*, § 816 Rn. 20; *Ettinger/Reiff* NZG 2004, 258 (260); *Röthel* Jura 2012, 844 (847 f.); *Stegmüller* JuS 2010, 332 (338); *Thomale* JuS 2013, 43 (47 f.); *Grigoleit/Auer*, Schuldrecht III Bereicherungsrecht, Rn. 60; dazu auch *Riehm*, JuS Lern-CD Zivilrecht I, Rn. 442.
1934 BGH NJW 1997, 190 (191); NZM 2005, 837; Dauner-Lieb/Langen/*von Sachsen Gessaphe*, § 816 Rn. 19; Bamberger/Roth/*Wendehorst*, § 816 Rn. 16.
1935 Gerade umgekehrt in der Begründung Müko/*Schwab*, § 816 Rn. 42 f.
1936 *Larenz/Canaris* Schuldrecht BT II/2, § 72 I 2 c, S. 269; Palandt/*Sprau*, § 816 Rn. 21; Erman/Westermann/*Buck-Heeb*, § 816 Rn. 21.

ten[1937]. Eine Berufung auf § 818 Abs. 3 scheidet insoweit aus. Denn der Nichtberechtigte hätte diesen Erwerbspreis auch gegen den Vindikationsanspruch (§ 985) des Berechtigten nicht einwenden können[1938], sodass für den **Rechtsfortwirkungsanspruch** des § 816 Abs. 1 S. 1 nichts anderes gelten kann. Überdies stehen dem nichtberechtigt Verfügenden regelmäßig Ansprüche aus Rechtsmängelhaftung (§§ 433 Abs. 1, 437 ff.) gegen den Vorbesitzer zu, der ihm die Sache verkauft hat[1939]. Richtig erscheint es somit mit der h. M., sowohl bei einem Unter- als auch bei einem Überschreiten des Wertes des Verfügungsgegenstandes, eine Haftung auf die Gegenleistung anzunehmen.

497 **Konkurrenzen:** § 816 Abs. 1 wird durch andere Ansprüche regelmäßig nicht gesperrt und kommt sowohl neben Ansprüchen aus §§ 989, 990 als auch neben § 687 Abs. 2 zur Anwendung[1940].

III. Unentgeltliche Verfügung eines Nichtberechtigten (§ 816 Abs. 1 S. 2)

Literatur: *Jülch*, Obligatorische Schwäche dinglichen Rechts am Beispiel von § 816 I 2 BGB, JA 2012, 326.

1. Prüfungsschema

498

Voraussetzungen des Anspruchs aus § 816 Abs. 1 S. 2
1. Verfügung
2. Fehlende Berechtigung des Verfügenden
3. Wirksamkeit gegenüber dem Berechtigten (Anspruchsgläubiger)
4. Unentgeltlichkeit der Verfügung (nicht: rechtsgrundlose Leistungen)
5. Rechtsfolge: Herausgabe des unmittelbar Erlangten durch den Erwerber

2. Allgemeines

499 Verfügt der Nichtberechtigte **unentgeltlich** (das Kausalgeschäft ist beispielsweise eine Schenkung), so scheidet ein Anspruch aus § 816 Abs. 1 S. 1 gegen den Nichtberechtigten aus, da dieser nichts erlangt hat[1941]. Auch die Voraussetzungen eines Anspruchs aus § 812 Abs. 1 S. 1 Alt. 2 (allgemeine Eingriffskondiktion) liegen nicht vor. Hatte die Verfügung über eine Sache deren gutgläubigen Erwerb zur Folge, ist dem früheren Eigentümer zudem der Vindikationsanspruch (§ 985) verwehrt[1942]. § 816 Abs. 1 S. 2 statuiert aber für diesen Fall eine **Direktkondiktion unmittelbar gegen den Erwerber**, der mangels erbrachter Gegenleistung weniger schutzwürdig erscheint als der frühere Berech-

---

1937 *Medicus/Lorenz*, Schuldrecht II, Rn. 1198; *Looschelders*, Schuldrecht BT, § 53 Rn. 1085; Erman/Westermann/*Buck-Heeb*, § 816 Rn. 21; BGH NJW 1970, 2059 (2060); *Riehm*, JuS Lern-CD Zivilrecht I, Rn. 442.

1938 BGHZ 55, 176 – Jungbullenfall; *Grigoleit/Auer*, Schuldrecht III Bereicherungsrecht, Rn. 61.

1939 Verwendungen des Nichtberechtigten sind dagegen abweichend von § 818 Abs. 3 nur insoweit abzugsfähig, als dies auch unter Berücksichtigung der Wertungen von §§ 994 ff. der Fall wäre, BGHZ 100, 95 = NJW 1987, 1880; *Canaris* JZ 1992, 1126; *Grigoleit/Auer*, Schuldrecht III Bereicherungsrecht, Rn. 61.

1940 *Riehm*, JuS Lern-CD Zivilrecht I, Rn. 442; Dauner-Lieb/Langen/*von Sachsen Gessaphe*, § 816 Rn. 5; Palandt/*Sprau*, § 816 Rn. 5; Jauernig/*Stadler*, § 816 Rn. 1.

1941 *Wandt*, § 11 Rn. 39; *Brox/Walker*, Besonderes Schuldrecht, § 42 Rn. 23.

1942 *Wandt*, § 11 Rn. 39.

tigte (vgl. auch die rechtsähnlichen Tatbestände § 822 und § 988)[1943]. Hier zeigt sich die Schwäche des unentgeltlichen Erwerbs[1944]. Daran können selbst die Vorschriften über den gutgläubigen Erwerb (§ 932) zu Gunsten des Erwerbers nichts ändern.

Bsp.: B hat sich von A ein Buch geliehen. B verschenkt und übereignet es an den gutgläubigen C. A möchte das Buch von C zurück. – In Betracht kommt hier die Direktkondiktion nach § 816 Abs. 1 S. 2.

3. Unentgeltlichkeit der Verfügung

Von einer **unentgeltlichen Verfügung** spricht man, wenn dieser keine Gegenleistung gegenübersteht, sei es eine synallagmatische, eine aufschiebend bedingte (§ 158 Abs. 1) oder eine zweckverknüpfte (§ 812 Abs. 1 S. 2 Alt. 2)[1945]. Eingehender Betrachtung bedarf dagegen der Fall der **gemischten Schenkung.** Die Rechtsprechung nimmt hier eine Schwerpunktbetrachtung vor, sodass bei Überwiegen des entgeltlichen Charakters § 816 Abs. 1 S. 1 eingreift und im umgekehrten Fall § 816 Abs. 1 S. 2[1946]. Dagegen schlägt die Literatur im Ergebnis eine kombinierte Lösung vor, sodass dem früheren Rechtsinhaber hinsichtlich des entgeltlichen Teils ein Anspruch aus § 816 Abs. 1 S. 1 gegen den Verfügenden zukommt und andererseits hinsichtlich des überschießenden Wertes die Kondiktion gegen den Erwerber aus § 816 Abs. 1 S. 2 zugestanden wird. Davon soll sich dieser jedoch durch die Herausgabe des überlassenen Gegenstandes befreien können[1947]. **500**

Im Unterschied zu § 816 Abs. 1 S. 1 ist bei § 816 Abs. 1 S. 2 Anspruchsgegner derjenige, welcher durch die Verfügung **unmittelbar ein Recht erlangt** hat. Dafür ist erforderlich, dass dieser Erwerb durch dieselbe Verfügung herbeigeführt wird wie der Rechtsverlust des Berechtigten[1948]. Problematisch ist damit der Fall, dass der Gegenstand durch eine Verfügung wirksam in das Vermögen des Nichtberechtigten gelangt und später durch einen weiteren selbständigen Verfügungsakt einer dritten Person unentgeltlich überlassen wird[1949]. **501**

Bsp.: Die Voraussetzungen von § 816 Abs. 1 S. 2 liegen aufgrund fehlender Unmittelbarkeit des Erwerbs nicht vor, sofern der Nichtberechtigte unterschlagenes Geld auf ein eigenes Konto einzahlt und später einem Dritten unentgeltlich überlässt[1950]. Dann sieht sich nur der Nichtberechtigte einem Kondiktionsanspruch aus § 816 Abs. 1 S. 1 auf Abtretung seiner Forderung gegen die kontoführende Bank ausgesetzt.

1943 *Looschelders*, Schuldrecht BT, § 53 Rn. 1086; Erman/Westermann/*Buck-Heeb*, § 816 Rn. 12; juris-Pk/*Martinek*, § 816 Rn. 29; MüKo/*Schwab*, § 816 Rn. 61; *Reuter/Martinek*, Ungerechtfertigte Bereicherung, S. 330; *Hüffer* JuS 1981, 263 (267); *Medicus/Petersen*, Bürgerliches Recht, Rn. 382 f.

1944 *Jülch* JA 2012, 326 (327).

1945 *Riehm*, JuS Lern-CD Zivilrecht I, Rn. 443; so auch Palandt/*Weidenkaff*, § 516 Rn. 8 f.; *Grigoleit/Auer*, Schuldrecht III Bereicherungsrecht, Rn. 64.

1946 BGH WM 1964, 614; Erman/Westermann/*Buck-Heeb*, § 816 Rn. 12.

1947 *Medicus/Lorenz*, Schuldrecht II, Rn. 1196; *Larenz/Canaris*, Schuldrecht BT II/2, § 69 II 2 c, S. 184 f.; *Grigoleit/Auer*, Schuldrecht III Bereicherungsrecht, Rn. 64; MüKo/*Schwab*, § 816 Rn. 48; Staudinger/*Lorenz*, § 816 Rn. 28; *Reuter/Martinek*, Ungerechtfertigte Bereicherung, S. 336 f.; Dauner-Lieb/Langen/*von Sachsen Gessaphe*, § 816 Rn. 29; Bamberger/Roth/*Wendehorst*, § 816 Rn. 24; *Jülch* JA 2012, 326 (327 f.).

1948 *Wandt*, § 11 Rn. 41 f.; *Reuter/Martinek*, Ungerechtfertigte Bereicherung, S. 332; Bamberger/Roth/*Wendehorst*, § 816 Rn. 22; Staudinger/*Lorenz*, § 816 Rn. 22; MüKo/*Schwab*, § 816 Rn. 69; krit. Erman/Westermann/*Buck-Heeb*, § 816 Rn. 13.

1949 Bamberger/Roth/*Wendehorst*, § 816 Rn. 22; Staudinger/*Lorenz*, § 816 Rn. 22.

1950 BGH LM Nr. 19 = NJW 1969, 605; dazu *Jülch* JA 2012, 326 (331).

502 Nicht nur im Hinblick auf die unentgeltliche Übertragung des Eigentums an einer fremden Sache ist § 816 Abs. 1 S. 2 in Betracht zu ziehen. Die Direktkondiktion kommt vielmehr auch hinsichtlich der Bestellung von Sicherheiten in Betracht, beispielsweise wenn ein **Pfandrecht an einer beweglichen Sache** ohne unmittelbare Gegenleistung bestellt wurde.

Bsp.: A will seinem Bruder B finanziell „unter die Arme greifen". Er schließt deswegen mit B einen notariell beurkundeten Schenkungsvertrag, in welchem er ihm eine sofort fällige Forderung gegen sich über 10.000 Euro einräumt. Zur Sicherung der Forderung bestellt A zugleich durch Einigung und Übergabe ein Pfandrecht für B an einem wertvollen Gemälde mit dem Namen „Roter Stier". Dieses gehört aber tatsächlich E, dem früheren Nachbarn des A, was A und B jedoch nicht wissen. Das Gemälde war E nicht abhandengekommen, sondern auf anderem Wege in den Besitz des gutgläubigen A gekommen. Nachdem sich die Vermögenslage des A aufgrund der „Euro-Krise" dramatisch verschlechtert hat und dieser deshalb die 10.000 Euro nicht zahlt, will B das Gemälde verwerten. E, der von der ganzen Angelegenheit erfahren hat, fragt sich, welche Ansprüche er gegen B hat. – Ein Anspruch des E gegen B auf Herausgabe des Gemäldes aus § 985 scheitert daran, dass B durch gutgläubigen Erwerb nach §§ 1207, 932 ein Pfandrecht an dem Gemälde erworben hat (§ 935 kommt nach dem Sachverhalt nicht in Betracht) und deswegen ein (dingliches) Recht zum Besitz innehat (§ 986). Jedoch ist zu bedenken, dass sich aus § 816 Abs. 1 S. 2 ein Anspruch auf Aufhebung des Pfandrechts und infolge auf Herausgabe des Gemäldes aus § 985 ergeben könnte. Die Voraussetzungen von § 816 Abs. 1 S. 2 hinsichtlich des Pfandrechts liegen im Ergebnis auch vor. Zweifelhaft erscheint dabei allenfalls die Unentgeltlichkeit des Erwerbs. Zwar erfolgt die Einräumung von Sicherheiten i. d. R. nicht unentgeltlich, weil damit beispielsweise die Auszahlung eines Darlehensbetrages oder die Übereignung einer Kaufsache erreicht werden soll. Anderes gilt aber, wenn die gesicherte Forderung (hier: aus § 518 Abs. 1 S. 1 oder aus § 780 S. 1) selbst unentgeltlich erlangt wurde. Nach einer Mindermeinung soll § 816 Abs. 1 S. 2 gleichwohl gegen den unentgeltlichen Erwerber nicht anwendbar sein, wenn der Verfügende die Befreiung von einer Verbindlichkeit erlangt hat, weil dieser Wert dann von diesem nach § 818 Abs. 2 auszugleichen sei. Die besseren Argumente sprechen aber für die Anwendung von § 816 Abs. 1 S. 2. Die Herausgabe des durch die Verfügung Erlangten besteht in der Aufhebung des Pfandrechts sowie der Herausgabe des Besitzes. Die Aufhebung erfolgt gem. § 1255 Abs. 1 durch Erklärung des B gegenüber E, dass er das Pfandrecht aufgebe. Dann greift überdies der Anspruch aus § 985.

4. Rechtsgrundlose Leistungen

503 Eine altbekannte Streitfrage ist, ob § 816 Abs. 1 S. 2 auch eine **rechtsgrundlose Verfügung** (z. B. der zugrundeliegende Kaufvertrag ist nichtig) zu erfassen vermag, sodass diese einer unentgeltlichen Verfügung gleichzusetzen ist[1951]. Hintergrund ist dabei die Überlegung, dass der rechtsgrundlose Erwerber für seinen Erwerb häufig in tatsächlicher Hinsicht kein Entgelt entrichtet[1952]. Vergleichbare Überlegungen stellen sich auch im Zusammenhang mit dem Nutzungsersatz nach § 988.

Bsp.: A leiht B sein Sportfahrrad. B veräußert das Rad jedoch dem minderjährigen C, der hierfür 200 Euro bezahlen soll. Die Eltern des C verweigern die Genehmigung des Geschäfts, sodass B kein Entgelt erhält. Welche Ansprüche hat A gegen C?
Im Falle des gutgläubigen Erwerbs des C scheidet ein Herausgabeanspruch des A gemäß § 985 aus. Nach Auffassung der Rechtsprechung sei jedoch (ähnlich wie im Zusammenhang mit § 988) eine analoge Anwendung von § 816 Abs. 1 S. 2 gerecht-

---

1951 Dazu *Giesen* Jura 1995, 234 (243 f.).
1952 *Giesen* Jura 1995, 234 (243 f.).

fertigt[1953]. A könnte im Beispielsfall also unmittelbar von C die Herausgabe des Sportrades verlangen.

Die **herrschende Lehre von der Doppelkondiktion** befürwortet dagegen die Gleichsetzung von unentgeltlicher und rechtsgrundloser Verfügung nicht. Diese führe nämlich dazu, dass dem Erwerber gegenüber dem Nichtberechtigten mögliche Einwendungen verloren gingen[1954]. Dieser h.A. sollte gefolgt werden. Richtigerweise hat der Nichtberechtigte gegen den Erwerber einen Anspruch aus § 812 Abs. 1 S. 1 Alt. 1. Das „erlangte Etwas“ besteht somit nicht im Entgelt, sondern in einem Kondiktionsanspruch des Nichtberechtigten gegenüber dem Erwerber, da rechtsgrundlos geleistet wurde[1955]. Der Berechtigte kann vom Nichtberechtigten nach § 816 Abs. 1 S. 1 die Abtretung dieses Anspruchs verlangen. Die Folge ist eine **„Kondiktion der Kondiktion“**[1956]. Nach § 404 vermag sich der Erwerber aber auf etwaige Einwendungen bei Inanspruchnahme im Wege der Doppelkondiktion weiter zu berufen. Es kommt damit zu einer **Häufung von Einwendungen** aus beiden Rechtsverhältnissen[1957].

Ein sehr spezielles Problem stellt sich dabei, wenn der Erwerber der Sache die bereicherungsrechtliche Rückabwicklung selbst anstrengt (sog. **Rückerwerb einer Sache durch den Nichtberechtigten**)[1958]. Sollte der Letzterwerber inzwischen gutgläubig Eigentum erworben haben, könnte der Nichtberechtigte nunmehr bei einer Rückübertragung an ihn nach §§ 929 ff. Eigentum erwerben. Dies wird als unbillig empfunden, da der ehemals Nichtberechtigte nach der Rückübertragung der Sache besser stehen würde als vor der Verfügung[1959]. Überwiegend wird deswegen davon ausgegangen, dass das Eigentum automatisch an den früheren Eigentümer zurückfallen soll[1960]. Dieses wertungsmäßig richtige Ergebnis kann konstruktiv unterschiedlich begründet werden[1961]. 504

IV. Abgrenzung: Unentgeltliche Verfügung eines Berechtigten (§ 822)

Literatur: *Bockholdt,* Die Haftung des unentgeltlichen Erwerbers gem. § 822 BGB, 2004.

1953 BGHZ 37, 363; 47, 393; so auch *Grunsky* JZ 1962, 207.

1954 *Reuter/Martinek*, Bereicherungsrecht, S. 337 ff.; *Giesen* Jura 1995, 234 (243 f.); *Larenz/Canaris*, Schuldrecht BT II/2, § 70 II 2 a; *Brox/Walker*, Besonderes Schuldrecht, § 42 Rn. 27; *Medicus/Petersen*, Bürgerliches Recht, Rn. 390; Staudinger/*Martinek*, Eckpfeiler des Zivilrechts, Ungerechtfertigte Bereicherung, Rn. 38.

1955 *Giesen* Jura 1995, 234 (243 f.); *Medicus/Petersen*, Bürgerliches Recht, Rn. 390.

1956 Vgl. statt vieler *Grigoleit/Auer*, Schuldrecht III Bereicherungsrecht, Rn. 65.

1957 So vor allem *Larenz/Canaris*, Schuldrecht BT II/2, § 70 II 2 b; zur Fragestellung ausführlich *Jülch* JA 2012, 326 (329).

1958 Staudinger/*Lorenz*, § 816 Rn. 22; *Looschelders*, Schuldrecht BT, § 53 Rn. 1087; *Baur/Stürner*, Sachenrecht, § 52 Rn. 34; a. A. MüKo/*Oechsler*, § 932 Rn. 24, der die Lösung für nicht vereinbar mit dem Abstraktionsprinzip hält; Bamberger/Roth/*Kindl*, § 932 Rn. 7; Palandt/*Bassenge*, § 932 Rn. 17.

1959 *Jülch* JA 2012, 326 (331).

1960 *Musielak* JuS 2010, 377; Staudinger/*Wiegand*, § 932 Rn. 115 ff.

1961 Ausführlich zum Ganzen *Musielak* JuS 2010, 377; Staudinger/*Wiegand*, § 932 Rn. 115 ff.; *Jülch* JA 2012, 326 (331).

1. Prüfungsschema

505

Voraussetzungen des Anspruchs aus § 822
1. Kondiktionsanspruch des Gläubigers gegen den Ersterwerber
2. Unentgeltliche Zuwendung an einen Dritten
3. Kondiktionsanspruch gegenüber dem Ersterwerber nicht durchsetzbar (§ 818 Abs. 3; keine analoge Anwendung in der Insolvenz des Ersterwerbers)
4. Rechtsfolge: Haftung des Dritten gegenüber dem Gläubiger nach §§ 818 ff. (Direktkondiktion)

2. Grundgedanke

506 In § 822 kommt wiederum der das Bürgerliche Gesetzbuch durchziehende Gedanke zum Ausdruck, dass der unentgeltliche Erwerb weniger Schutz verdient als der entgeltliche und deswegen auf weniger Beständigkeit hoffen darf[1962]. Im Gegensatz zu § 816 Abs. 1 S. 2 regelt § 822 den Fall, dass ein **Berechtigter unentgeltlich verfügt** hat, aber dessen eigener früherer Erwerb nicht kondiktionsfest war[1963]. Die Vorschrift gewährt eine selbständige Anspruchsgrundlage. Dabei wird der übliche Vorrang der Leistungskondiktion zu Gunsten einer Direktkondiktion aufgegeben[1964]. Die Vorschrift ist (anders als § 816 Abs. 1 S. 2) nicht als Rechtsfortwirkungsanspruch zu § 985 zu begreifen, sondern stellt lediglich einen „Kondiktionsersatzanspruch" dar[1965]. Nicht zurückgegriffen werden kann auf diese Vorschrift grundsätzlich, wenn der Erwerb auf gesetzliche Erwerbstatbestände zurückzuführen ist (§§ 937, 946 ff.).

> **Bsp.:** A veräußert sein Motorrad an B, wobei der Vertrag jedoch unwirksam ist. B verschenkt sein Motorrad später an seinen Freund C. Kann A von C direkt kondizieren? – A hat gegen B keinen durchsetzbaren Anspruch aus § 812 Abs. 1 S. 1 Alt. 1, weil dieser gemäß § 818 Abs. 3 entreichert ist. § 822 statuiert hier aber ausnahmsweise eine Direktkondiktion gegen den Letzterwerber, sodass A von C kondizieren kann.

507 Nach Auffassung der Rechtsprechung erfüllen auch sog. **„unbenannte Zuwendungen"** zwischen Ehegatten die Voraussetzungen für eine unentgeltliche Leistung i. S. v. § 822[1966]. Allerdings gilt dies nicht in der Innenbeziehung der Eheleute, sondern nur in dem Fall, dass ein Gläubiger einen der beiden Ehegatten in Anspruch nimmt.

3. Primärer Kondiktionsanspruch ist nicht durchsetzbar

508 § 822 verlangt also, dass die **Primärkondiktion** gegen den ursprünglichen Empfänger des Bereicherungsgegenstandes nicht durchsetzbar ist. Die Vorschrift er-

1962 Vgl. auch *Looschelders*, Schuldrecht BT, § 53 Rn. 1090; *Giesen* Jura 1995, 234 (245); juris-Pk/*Martinek*, § 822 Rn. 1; *Röthel* Jura 2012, 844 (848); *Brox/Walker*, Besonderes Schuldrecht, § 42 Rn. 24.

1963 *Hüffer* JuS 1981, 263 (267); vgl. zu dieser Vorschrift BGH NJW 2000, 134; NJW 1999, 1026; NJW 2003, 1445.

1964 *Medicus/Lorenz*, Schuldrecht II, Rn. 1182; *Wandt*, § 11 Rn. 48; Schulze/*Schulze*, § 822 Rn. 1; *Looschelders*, Schuldrecht BT, § 53 Rn. 1092; *Giesen* Jura 1995, 234 (245); *Larenz/Canaris*, Schuldrecht BT II/2, § 69 IV 1 a, sehen in § 822 die Durchbrechung des Unmittelbarkeitsprinzips.

1965 Ähnlich *Grigoleit/Auer*, Schuldrecht III Bereicherungsrecht, Rn. 73.

1966 BGH NJW 2000, 134; NJW-RR 2001, 6; krit. Staudinger/*Lorenz*, § 822 Rn. 8.

laubt grundsätzlich die Anknüpfung an jeglichen bereicherungsrechtlichen Typus, sodass neben der *condictio indebiti* auch alle anderen Formen der Leistungs-, aber auch Nichtleistungskondiktion in Betracht kommen[1967]. Auch ein Anspruch aus § 816 Abs. 1 und selbst aus § 822 können insoweit den primären Anknüpfungspunkt bilden[1968]. Der Tatbestand von § 822 verlangt weiter, dass dieser primäre Bereicherungsanspruch (der Anspruch des Rechtsinhabers gegen den Verfügenden) gerade aufgrund der unentgeltlichen Zuwendung an einen Dritten **nach § 818 Abs. 3 nicht durchsetzbar** ist[1969]. Daran fehlt es, wenn den primären Bereicherungsschuldner (den Verfügenden) aufgrund seiner Bösgläubigkeit die Vorschriften über die verschärfte Haftung nach §§ 819, 818 Abs. 4 treffen[1970]. In diesem Fall ist § 822 nicht anwendbar.

An diesem Grundsatz ändert sich nach h. M. auch nichts, wenn der primäre Bereicherungsanspruch wegen der **Zahlungsunfähigkeit des Schuldners** nicht zu verwirklichen ist[1971]. Die Rechtsprechung weist hierzu auf den Wortlaut, den Regelungszusammenhang und die Entstehungsgeschichte von § 822 hin, wonach Rechtsgründe zum Erlöschen des primären Kondiktionsanspruchs gegen den Erstempfänger geführt haben müssen[1972]. **Rein tatsächliche Umstände**, welche die Undurchsetzbarkeit bedingen, rechtfertigen die subsidiäre Durchgriffshaftung des Dritten dagegen nicht[1973]. Der ursprüngliche Rechtsinhaber kann jedoch (immerhin) versuchen, gegen den Erstempfänger nach den Regeln des Anfechtungsgesetzes vorzugehen (§§ 1 ff. AnfG)[1974]. Diese Auffassung hat aber zur Folge, dass sich die verschärfte Bereicherungshaftung bei Vermögensverfall des Primärschuldners letztlich zu Lasten des Gläubigers auswirkt[1975]. Um diesen Wertungswiderspruch zu vermeiden – der Bereicherungsgläubiger steht bei Bösgläubigkeit des Primärschuldners schlechter als bei dessen Gutgläubigkeit – wird in der Literatur mitunter eine analoge Anwendung von § 822 befürwortet[1976]. Im Ergebnis ist dies im Hinblick auf die klare Aussage von § 822 aber abzulehnen. Damit kann derjenige, welcher von einem verschärft haftenden Bereicherungsschuldner eine unentgeltliche Zuwendung erfährt, den Gegenstand auf Dauer beanspruchen. Ist der primäre Kondiktionsschuldner hingegen gutgläubig, ist der Empfänger regelmäßig zur Herausgabe nach § 822 verpflichtet. 509

Fraglich ist, ob die Voraussetzungen von § 822 auch in der Situation, dass der primäre Bereicherungsschuldner einem anderen nicht „das Erlangte" (etwa: 510

1967 *Looschelders*, Schuldrecht BT, § 53 Rn. 1093; Palandt/*Sprau*, § 822 Rn. 2.
1968 *Looschelders*, Schuldrecht BT, § 53 Rn. 1093; Palandt/*Sprau*, § 822 Rn. 2; Erman/Westermann/*Buck-Heeb*, § 822 Rn. 2; Staudinger/*Lorenz*, § 822 Rn. 5.
1969 *Wandt*, § 11 Rn. 49; *Giesen* Jura 1995, 234 (245); Dauner-Lieb/Langen/*von Sachsen Gessaphe*, § 882 Rn. 6; juris-Pk/*Martinek*, § 822 Rn. 5.
1970 *Looschelders*, Schuldrecht BT, § 53 Rn. 1094; *Medicus/Petersen*, Bürgerliches Recht, Rn. 384; BGH NJW 1969, 605 (606); NJW 1999, 1026 (1028).
1971 Staudinger/*Lorenz*, § 822 Rn. 10; *Kornblum* JuS 1970, 437; Dauner-Lieb/Langen/*von Sachsen Gessaphe*, § 822 Rn. 7; *Giesen* Jura 1995, 234 (245); MüKo/*Schwab*, § 822 Rn. 17; juris-Pk/*Martinek*, § 822 Rn. 6; *Reuter/Martinek*, Ungerechtfertigte Bereicherung, S. 366 f.
1972 BGH NJW 1969, 605 (606); NJW 1999, 1026 (1028).
1973 BGH NJW 1999, 1026; Bamberger/Roth/*Wendehorst*, § 822 Rn. 10; Dauner-Lieb/Langen/*von Sachsen Gessaphe*, 822 Rn. 7.
1974 Ebenso *Wandt*, § 11 Rn. 49.
1975 Dazu auch *Looschelders*, Schuldrecht BT, § 53 Rn. 1094.
1976 *Canaris*, FS Larenz, 1973, 798 (833); *Larenz/Canaris*, Schuldrecht BT II/2, § 69 IV 1 a, S. 195; *Knütel* NJW 1989, 2504; *Medicus/Lorenz*, Schuldrecht II, Rn. 1183.

das Sparguthaben), sondern ein aus Mitteln des Erlangten erworbenes **Surrogat** (etwa: den damit erworbenen Pkw) zugewendet hat und erst dadurch nach § 818 Abs. 3 entreichert ist, zu bejahen sind[1977]. Von der h. M. wird dies zu Recht angenommen, um eine Rechtsschutzlücke zu Lasten des Bereicherungsgläubigers zu vermeiden[1978]. Richtigerweise kann es dagegen kaum genügen, dass der Empfänger den ursprünglichen Bereicherungsgegenstand selbst behält und sich dadurch lediglich mittelbar veranlasst sieht, einer anderen Person aus seinem **sonstigen Vermögen** unentgeltlich eine Vermögenszuwendung zu gewähren[1979].

511 Obgleich es sich bei § 822 um eine eigenständige Anspruchsgrundlage handeln soll, wird die Vorschrift auch im Rahmen der **schenkungsrechtlichen Rechtsfolgenverweisung des § 528** Abs. 1 S. 1 angewendet[1980]. Stimmen aus der Literatur werten die Vorschrift deswegen z.T. nicht als eigenständige Anspruchsgrundlage, „sondern als Erstreckung eines Bereicherungsanspruchs gegen den primären Bereicherungsschuldner auf den Dritten“[1981]. Auch wenn die h. M. auf den ersten Blick nicht konsequent erscheint, kann sich die Anwendbarkeit von § 822 durchaus aus einer speziellen Auslegung von § 528 ergeben, ohne den Anspruchscharakter von § 822 in Frage stellen zu müssen[1982].

4. Rechtsfolgen

512 Rechtsfolge nach dem Wortlaut von § 822 ist es, dass der Dritte so haftet, wie wenn er die Zuwendung von dem Gläubiger ohne rechtlichen Grund erlangt hätte (§§ 812 Abs. 1, 818 bis 821). Schwierigkeiten können sich im Hinblick auf die Rechtsfolge ergeben, wenn der Empfänger den Bereicherungsgegenstand (vor allem Geldbeträge) zur **Anschaffung eines anderen Gegenstandes** verwendet hat und diesen unentgeltlich an einen Dritten weitergegeben hat[1983]. Richtigerweise beschränkt sich die Haftung des Dritten auf Wertersatz. Ihn trifft dagegen keine unmittelbare Verpflichtung, den Gegenstand herauszugeben. Auch der BGH teilt diese Auffassung, erlaubt es dem Dritten jedoch, sich durch die Herausgabe des Gegenstandes von der Wertersatzpflicht zu befreien[1984]. Nach der Gegenauffassung, welche sich auf den Wortlaut von § 822 stützen kann, bezieht sich die Verpflichtung des Dritten primär auf den unentgeltlich zugewendeten Gegenstand („...Zuwendung von dem Gläubiger ohne rechtlichen Grund erhalten hätte.“)[1985].

1977 BGH NJW 1999, 1026; Staudinger/*Lorenz*, § 822 Rn. 6.

1978 BGH NJW 1999, 1026; Staudinger/*Lorenz*, § 822 Rn. 6; zum Inhalt des Kondiktionsanspruchs in diesem Fall ausführlich *Lorenz* LMK 2004, 98: „Gegenstand dieser Zuwendung ist aber ganz unzweifelhaft das Surrogat selbst und nicht das vom primären Bereicherungsschuldner Erlangte bzw. dessen Wert. Der Dritte schuldet grundsätzlich Herausgabe des erhaltenen Surrogats einschließlich gezogener Nutzungen, wobei insoweit im Rahmen von § 818 Abs. 3 der Wert der Nutzungen u. U. nach den Grundsätzen der „aufgedrängten Bereicherung“ zu relativieren ist.“.

1979 Staudinger/*Lorenz*, § 822 Rn. 6; a. A. für eine analoge Anwendung des § 822: MüKo/*Schwab*, § 822 Rn. 15; *Reuter/Martinek*, Ungerechtfertigte Bereicherung, S. 370; *Bockholdt* JZ 2004, 796 (798).

1980 So BGH NJW 1989, 1478; Palandt/*Weidenkaff*, § 528 Rn. 6; MüKo/*Koch*, § 528 Rn. 8 m. w. N.

1981 So *Lorenz* LMK 2004, 98; *Knütel* NJW 1989, 2504 ff.; *Bockholdt*, Die Haftung des unentgeltlichen Erwerbers gem § 822 BGB, S. 69 ff.

1982 So mit Recht *Lorenz* LMK 2004, 98.

1983 Dazu *Musielak/Hau*, Grundkurs BGB, Rn. 1154; Bamberger/Roth/*Wendehorst*, § 822 Rn. 11.

1984 BGH NJW 2004, 1314; Bamberger/Roth/*Wendehorst*, § 822 Rn. 11.

1985 So etwa *Lorenz* LMK 2004, 98 (99); Staudinger/*Lorenz*, § 822 Rn. 6; Dauner-Lieb/Langen/*von Sachsen Gessaphe*, § 822 Rn. 9.

V. Wirksame Leistung an einen Nichtberechtigten (§ 816 Abs. 2)

Literatur: *Jülch,* Der Bereicherungsausgleich im 3-Personen-Verhältnis nach § 816 II, JA 2013, 324.

1. Prüfungsschema

Voraussetzungen von § 816 Abs. 2	513
1. Leistung an einen Nichtberechtigten	
2. Wirksamkeit der Leistung gegenüber dem Berechtigten (z.B. §§ 407, 408; nachträgliche Genehmigung gem. § 185)	
3. Rechtsfolge: Herausgabe des Erlangten durch den Leistungsempfänger	

2. Allgemeines

§ 816 Abs. 2 normiert einen weiteren speziellen Fall der **Eingriffskondiktion**[1986]. 514
Gemäß dieser Vorschrift ist zur Herausgabe verpflichtet, wer als Nichtberechtigter eine Leistung empfangen hat, die dem Berechtigten gegenüber wirksam ist. Während in dieser Situation der wahre Gläubiger seinen Anspruch infolge Erfüllung gemäß § 362 Abs. 1 verliert, wird der Schuldner von seiner Verbindlichkeit befreit[1987]. Wirksam ist die Leistungsannahme aufgrund schuldbefreiender Vorschriften wie §§ 370, 407, 408[1988]. Die Direktkondiktion, welche § 816 Abs. 2 dem wahren Gläubiger gegenüber dem Nichtberechtigten zuspricht, trägt dabei dem durch §§ 407, 408 verbürgten Schuldnerschutz Rechnung[1989]. Denn es erschiene wenig überzeugend, den Schuldner zu zwingen, die Leistung zunächst vom falschen Gläubiger zurückzuverlangen, um sie in Folge dem wahren Gläubiger zukommen zu lassen[1990]. § 816 Abs. 2 schließt als **Spezialvorschrift** einen Rückgriff auf die allgemeine Eingriffskondiktion (§ 812 Abs. 1 S. 1 Alt. 2) gegen den Leistungsempfänger aus[1991]. Der Bereicherungsanspruch nach § 816 Abs. 2 verlangt dabei nicht, dass der Berechtigte das Fehlen eines Rechtsgrundes darlegt und beweist. Die Tatbestandsvoraussetzungen sind bereits durch den Rechtsverlust erfüllt, den der Berechtigte durch den Eingriff des dinglich Nichtberechtigten erfährt[1992].

Bsp.: Gl. 1 besitzt gegenüber S eine Forderung in Höhe von 100 Euro, welche er wirksam an Gl. 2 abtritt. Weil Gl. 1 aber kurzfristig nicht mehr liquide ist, verlangt er zwei Tage später von S die gesamte Summe, die dieser tatsächlich zahlt. S wusste dabei nicht, dass Gl. 2 inzwischen neuer Inhaber der Forderung war. – Die Zahlung

1986 Juris-Pk/*Martinek*, § 816 Rn. 42; Bamberger/Roth/*Wendehorst*, § 816 Rn. 25; Schulze/*Schulze*, § 816 Rn. 1; *Giesen* Jura 1995, 234 (242); *Larenz/Canaris*, Schuldrecht BT II/2, § 69 II 3 a, S. 185; *Medicus/Lorenz*, Schuldrecht II, Rn. 1190; BGH NJW-RR 1998, 1171 (1172).

1987 MüKo/*Schwab*, § 816 Rn. 70; *Looschelders*, Schuldrecht BT, § 53 Rn. 1088; *Wandt*, § 11 Rn. 54; *Reuter/Martinek*, Ungerechtfertigte Bereicherung, S. 349; Dauner-Lieb/Langen/*von Sachsen Gessaphe*, § 816 Rn. 33.

1988 *Medicus/Lorenz*, Schuldrecht II, Rn. 1199; vgl. auch Staudinger/*Lorenz*, § 816 Rn. 31 m. Hinweis auf weitere schuldbefreiende Vorschriften; *Grigoleit/Auer*, Schuldrecht III Bereicherungsrecht, Rn. 67.

1989 Zum Teil wird die Notwendigkeit einer eigenständigen Anspruchsgrundlage verneint, *Kornblum* JZ 1965, 203; ihm folgend auch *Reeb*, Grundprobleme des Bereicherungsrechts, 1975, 71 f.; *Reuter/Martinek*, Ungerechtfertigte Bereicherung, S. 349.

1990 MüKo/*Schwab*, § 816 Rn. 70.

1991 *Grigoleit/Auer*, Schuldrecht III Bereicherungsrecht, Rn. 68.

1992 BGH NJW 1995, 1668; *Jülch* JA 2013, 324 (325); *Reuter/Martinek*, Ungerechtfertigte Bereicherung, S. 349.

des S ist Gl. 2 gegenüber wegen § 407 Abs. 1 wirksam. Gl. 2 kann somit nach § 816 Abs. 2 von Gl. 1 die Herausgabe der von S erhaltenen 100 Euro verlangen.

3. Leistung an einen Nichtberechtigten

515 a) **Leistung.** Als erstes Tatbestandsmerkmal muss einem Nichtberechtigten gegenüber eine **Leistung erbracht** werden. Darunter ist ebenso wie im Rahmen von § 812 Abs. 1 S. 1 Alt. 1 eine ziel- und zweckgerichtete Mehrung fremden Vermögens zur Erfüllung einer Verbindlichkeit zu verstehen[1993]. Diese Leistung kann nach § 267 Abs. 1 auch durch einen Dritten erfolgen. Wer Leistungsempfänger ist, ergibt sich regelmäßig aus der jeweiligen Tilgungsbestimmung[1994].

516 b) **Gegenüber einem Nichtberechtigten.** Die Nichtberechtigung des Leistungsempfängers ist auf die **Inhaberschaft** des in Rede stehenden Anspruchs bezogen. Nichtberechtigter ist, wer weder Inhaber des Anspruchs noch durch Rechtsgeschäft oder Gesetz zur Einziehung (z. B.: konkludente Einziehungsermächtigung des Sicherungsgebers bei der Sicherungszession) berechtigt ist[1995]. Diese Voraussetzung liegt etwa vor, wenn an einen Altgläubiger oder an einen Scheinzessionar geleistet wird. Nicht ausreichend ist es dagegen, wenn der Empfänger eines Geldbetrages dabei nur als Zahlstelle fungiert und die Zahlung an einen anderen weiterleitet[1996].

4. Wirksamkeit der Leistung gegenüber dem Berechtigten

517 Die Leistung muss nach § 816 Abs. 2 **dem Berechtigten**, also dem Anspruchsinhaber oder dem zur Einziehung Ermächtigten, gegenüber wirksam sein. Sollte die Fallprüfung ergeben, dass keine Forderung existiert (beachte aber: § 405), der Schuldner aber nach „Zession“ in Unkenntnis der Rechtslage dennoch geleistet hat, kann § 816 Abs. 2 nicht zur Anwendung gelangen, da es keinen „wahren Rechtsinhaber“ gibt[1997]. Wird eine **Forderung gepfändet** und zur Einziehung überwiesen, ist wahrer Rechtsinhaber gemäß § 836 ZPO der Vollstreckungsgläubiger. Keine Voraussetzung für § 816 Abs. 2 ist, dass der Berechtigte auch die Geschäftsfähigkeit besitzt; denn die Einziehung kann auch Dritten überlassen werden[1998].

Die Wirksamkeit der Leistung ist in der Regel das Resultat gesetzlich verbürgter Schuldnerschutzvorschriften wie §§ 406 ff., 808 Abs. 1 S. 1, 893, 1158 f., 2367 Alt. 1, 2368 Abs. 3[1999]. Zu nennen sind hier als besonders häufige Fälle die Zahlung an einen Zedenten (§ 407 Abs. 1) oder die Auszahlung einer Bank an den Inhaber eines Sparbuches (§ 808). Da hier häufig Spezialvorschriften relevant werden, die nicht von jedem Bearbeiter beherrscht werden, empfiehlt es sich, ein „allgemeines Gespür“ für die Situation zu entwickeln, in der § 816

1993 *Jülch* JA 2013, 324 (327); Bamberger/Roth/*Wendehorst*, § 816 Rn. 26; Dauner-Lieb/Langen/*von Sachsen Gessaphe*, § 816 Rn. 35.

1994 *Grigoleit/Auer*, Schuldrecht III Bereicherungsrecht, Rn. 70.

1995 Bamberger/Roth/*Wendehorst*, § 816 Rn. 28; Palandt/*Sprau*, § 816 Rn. 17; *Riehm*, JuS Lern-CD Zivilrecht I, Rn. 444; Schulze/*Schulze*, § 816 Rn. 13; *Grigoleit/Auer*, Schuldrecht III Bereicherungsrecht, Rn. 71.

1996 Palandt/*Sprau*, § 816 Rn. 17; Schulze/*Schulze*, § 816 Rn. 13.

1997 *Jülch* JA 2013, 324 (326); MüKo/*Schwab*, § 816 Rn. 76. Umstritten ist dann, ob die Rückabwicklung zwischen Scheinschuldner und Zedent oder Scheinschuldner und Zessionar erfolgt, wobei der erste Weg vorzugswürdig erscheint, vgl. dazu *Lorenz* JuS 2003, 839 (842).

1998 *Jülch* JA 2013, 324 (326).

1999 *Jülch* JA 2013, 324 (326); *Lorenz* JuS 2003, 839 (842).

Abs. 2 einschlägig sein könnte. Entscheidend ist, dass „das Vertrauen des Schuldners in die Person des Leistungsempfängers und der damit verknüpfte redliche Glaube, an den Berechtigten zu leisten, schutzwürdig sind“[2000].

Bsp.: Zumeist spielt § 816 Abs. 2 in Zessionsfällen eine Rolle; denkbar ist auch, dass der Schuldner wegen der Publizitätswirkung eines Registers an die Rechtsinhaberschaft des Leistungsempfängers glaubt; ein Thema kann auch die Kollision eines verlängerten Eigentumsvorbehalts mit einer kreditsichernden Globalzession sein, da letztere hier häufig an § 138 Abs. 1 scheitert.

Es existieren indes auch zahlreiche Zweifelsfälle, die in Judikatur und Schrifttum streitig behandelt werden. **518**

Bsp.[2001] (etw. vereinfacht): V verkauft K mit notariellem Vertrag ein ihm gehörendes Grundstück nebst Gebäude. Im Gegenzug verpflichtet sich K unter anderem eine monatliche Rente an V zu zahlen. Des Weiteren vereinbaren sie, dass K das Grundstück an V zurückübertragen muss, wenn er mit drei geschuldeten Rentenleistungen im Verzug ist. Im Grundbuch wird eine Auflassungsvormerkung zugunsten des V zur Sicherung des Anspruchs auf Rückübertragung des Eigentums eingetragen. Ein paar Jahre später wird zugunsten des K eine (nachrangige) Grundschuld i.H.v. 50.000 € ins Grundbuch eingetragen. Durch einen Brand wird das auf dem Grundstück befindliche Anwesen zerstört. Der Feuerversicherer zahlt K auf die Grundschulden daraufhin einen Betrag von 50.000 €. Da K die monatlichen Zahlungen einstellt, verklagt V erfolgreich K auf Rückübertragung des Grundstücks und wird daraufhin ins Grundbuch als Eigentümer eingetragen. Er verlangt darüber hinaus von K die Zahlung der 50.000 € aufgrund der zu seinen Gunsten vorrangig bestehenden Auflassungsvormerkung. Zu Recht? – V könnte gegen K einen Anspruch aus § 816 Abs. 2 haben. Hierzu müsste eine Leistung des Versicherers an einen Nichtberechtigten stattgefunden haben. Dies ist vorliegend problematisch, da aus Sicht des Versicherers K der Berechtigte ist (vgl. §§ 1192, 1127, 1128), denn K ist allen Dritten gegenüber Inhaber der Grundschuld geworden (sog. relative Unwirksamkeit der Vormerkung, § 883 Abs. 2). In der Literatur wurde daher die analoge Anwendung des § 816 Abs. 2 befürwortet[2002]. Der BGH hat vorliegend eine allgemeine Eingriffskondiktion (§ 812 Abs. 1 S. 1 Alt. 2) des V gegen K bejaht. V sei gegenüber dem Versicherer Nichtberechtigter gewesen, sodass ein Anspruch aus § 816 Abs. 2 ausscheide, woran auch § 883 nichts ändere. Der BGH kommt aber zu dem Ergebnis, dass V als Vormerkungsberechtigter vor Zerstörung des Anwesens die Rückübertragung von Grundstück und Gebäude hätte von K verlangen können. Anstelle des Gebäudes würde nun die Versicherungssumme treten (§ 285). Indem K die Versicherungssumme eingezogen habe, habe er also in den Zuweisungsgehalt des Forderungsrechts des V eingegriffen[2003].

Die Wirksamkeit kann (ähnlich wie bei § 816 Abs. 1) auch die Folge einer **Genehmigung des Berechtigten** sein. Diese Konsequenz ergibt sich aus §§ 362 Abs. 2, 185 Abs. 2 S. 1 Alt. 1[2004]. Der Scheingläubiger bleibt gleichwohl (ähnlich wie im Fall von § 816 Abs. 1 der Verfügende) Nichtberechtigter[2005]. Verlangt **519**

2000 So plastisch *Jülch* JA 2013, 324 (327).

2001 BGH NJW 1987, 1631.

2002 *Larenz/Canaris*, Schuldrecht BT II/2, § 69 I 2 d, Fn. 18.

2003 Hiergegen MüKo/*Schwab*, § 816 Rn. 83, der einen Bereicherungsanspruch ablehnt; *Jülch* JA 2013, 326 (328) gewährt § 812 Abs. 1 Satz 1 Alt. 2 mit anderer Begründung.

2004 BGH NJW 1972, 1197 (1199); BGHZ 85, 267 (272); Bamberger/Roth/*Wendehorst*, § 816 Rn. 30; Schulze/*Schulze*, § 816 Rn. 13; Dauner-Lieb/Langen/*von Sachsen Gessaphe*, § 816 Rn. 39; a. A. *Reuter/Martinek*, Ungerechtfertigte Bereicherung, S. 353 ff.; Staudinger/*Lorenz*, § 816 Rn. 32; MüKo/*Schwab*, § 816 Rn. 93; die Genehmigungsmöglichkeit einschränkend Erman/Westermann/*Buck-Heeb*, § 816 Rn. 17.

2005 Palandt/*Sprau*, § 816 Rn. 9; *Jülch* JA 2013, 324 (327 f.).

der wahre Rechtsinhaber vom Scheingläubiger Herausgabe des Empfangenen, wird darin eine konkludente Genehmigung der zunächst unwirksamen Leistung des Schuldners liegen. Insbesondere mag auch in der Klageerhebung eine derartige Genehmigung liegen.

5. Rechtsfolge

520 Die Rechtsfolge des Anspruchs aus § 816 Abs. 2, welcher der Nichtberechtigte unterliegt, besteht in der Herausgabe des Empfangenen.
Beachte: Nach überwiegender Auffassung vermag der Schuldner aber auch den gewährten Schutz außer Acht zu lassen. Dann tritt keine Erfüllungswirkung ein, sodass er die Leistung vom Nichtberechtigten nach § 812 Abs. 1 S. 1 Alt. 1 kondizieren kann, aber dem wahren Rechtsinhaber zugleich weiter verpflichtet bleibt[2006].

§ 27 Die Rechtsfolgen bereicherungsrechtlicher Ansprüche

Literatur: *Beuthien,* Das Rätsel Saldotheorie, Jura 1979, 532; *Büdenbender,* Die Berücksichtigung der Gegenleistung bei der Rückabwicklung gegenseitiger Verträge, AcP 200 (2000), 627; *Canaris,* Der Vorrang außerbereicherungsrechtlicher, insbesondere dinglicher Wertungen gegenüber der Saldotheorie und dem Subsidiaritätsdogma, JZ 1992, 1114; *Conrad*, Die bereicherungsrechtliche Rückabwicklung nach Anfechtung wegen arglistiger Täuschung, JuS 2009, 397; *Finkenauer,* Das faktische Synallagma und die Lehre von der Gesamtabrechnung, JuS 1998, 986; *ders.,*Vindikation, Saldotheorie und Arglisteinwand, NJW 2004, 1704; *Flume,* Die Saldotheorie und die ungerechtfertigte Bereicherung, AcP 194 (1994), 423; *ders.,* Aufwendungen und Erträge bei der Rückabwicklung nichtiger gegenseitiger Verträge, GS Knobbe-Keuk, 1997, S. 111; *Giesen*, Grundsätze der Konfliktlösung im Besonderen Schuldrecht – Die ungerechtfertigte Bereicherung (Teil 3: Der Umfang der Bereicherung), Jura 1995, 281; *Halfmeier,* Inhalt des Kondiktionsanspruchs und Wegfall der Bereicherung, JA 2007, 492; *Hoffmann,* Die Saldotheorie im Bereicherungsrecht, Jura 1997, 416; *Konzen*, Schuldrechtsreform, Rücktritt und Wegfall der Bereicherung bei gesichertem Austauschverhältnis, FS Canaris, 2007, Bd. 1, S. 605; *Lieb*, Werner Flume und das Bereicherungsrecht, AcP 209 (2009), 164; *W. Lorenz*, Die bereicherungsrechtliche Rückabwicklung gegenseitiger Verträge, FS Canaris, 2007, Bd. 1, S. 793; *Mossler,* Bereicherung aus Leistung und Gegenleistung, 2006; *Thier,* Grundprobleme der bereicherungsrechtlichen Abwicklung gegenseitiger Verträge, JuS-L 1999, 9; *H. Roth*, Rücktrittsrecht und Leistungskondiktion, FS Canaris, 2007, Bd. 1, S. 1131.

I. Überblick

521 Im Folgenden sollen Rechtsfolgen und Inhalte des Kondiktionenrechts nähere Darstellung erfahren. Kondiktionsansprüche verfolgen im Unterschied zu deliktsrechtlichen Ansprüchen grundsätzlich allein die **Abschöpfung des** vom Bereicherungsschuldner **vereinnahmten Vorteils**[2007] und sind damit sehr schuldnerschonend ausgestaltet[2008]. Insoweit rückt der Bereicherungsgegenstand („das Erlangte") in das Blickfeld des Bearbeiters entsprechender Fälle. Problemtisch ist

2006 BGH NJW 1969, 1479; NJW 2001, 231 (232); MüKo/*Schwab*, § 816 Rn. 70; *Larenz/Canaris*, Schuldrecht BT II/2, § 69 II 3 c; *Wandt*, § 11 Rn. 57; Bamberger/Roth/*Rohe*, § 407 Rn. 19; Schulze/*Schulze*, § 407 Rn. 6.

2007 *Halfmeier* JA 2007, 492; Palandt/*Sprau*, Einf. v. § 812 Rn. 1; *Giesen* Jura 1995, 169; *Larenz/Canaris*, Schuldrecht BT II/2, § 67 I 1 a; *Wandt*, § 9 Rn. 3; *Lorenz/Czipuka* JuS 2012, 777; juris-Pk/*Martinek*, § 818 Rn. 1.

2008 *Grigoleit/Auer*, Schuldrecht III Bereicherungsrecht, Rn. 129.

die Rechtslage aber immer dann, wenn der ursprüngliche Bereicherungsgegenstand im Vermögen des Bereicherungsschuldners nicht mehr vorhanden ist. Darüber geben §§ 818 ff. Auskunft, die eine Art kondiktionsrechtliches Leistungsstörungsrecht regeln[2009].

II. Herausgabe des Erlangten

522 **Primär** schuldet der Kondiktionsverpflichtete nach § 812 Abs. 1 die **Herausgabe des Erlangten.** Der im Vermögen des Kondiktionsschuldners noch existente Bereicherungsgegenstand muss also zurückgegeben werden. Diese Rechtsfolge folgt bereits aus der jeweiligen einschlägigen Anspruchsgrundlage des Kondiktionenrechts (§§ 812, 813, 816, 817, 822)[2010]. Für den Inhalt der Herausgabepflicht sind die Charakteristika des erlangten Gegenstandes maßgebend[2011]. Der ursprüngliche Übertragungsakt ist somit durch einen *actus contrarius* rückgängig zu machen[2012].

Bsp.: Rückübereignung des erlangten Eigentums (§§ 929; 873 Abs. 1, 925); Zurückabtretung einer erlangten Forderung (§§ 398 ff.); Rückübertragung des Besitzes[2013].

Für die Herausgabepflicht hinsichtlich des ursprünglichen Bereicherungsgegenstandes muss und darf § 818 Abs. 1 somit nicht bemüht werden[2014]. § 818 Abs. 1 erweitert lediglich die Rechtsfolge von § 812 Abs. 1 auf die dort genannten Inhalte (Nutzungen, Surrogate).

523 In der früheren Judikatur[2015] wurde im Zusammenhang mit **Dienstleistungen und unkörperlichen Vorteilen**, die als solche nicht *in natura* zurückgegeben werden konnten, davon ausgegangen, dass der Bereicherungsschuldner sich Aufwendungen erspart haben müsste. Andernfalls hätte er nichts erlangt. Richtigerweise ist das „erlangte Etwas" schon in diesem Genuss oder Vorteil selbst zu sehen (vgl. oben Rn. 400). Ob Aufwendungen erspart wurden, ist hingegen eine Frage des § 818 Abs. 2, 3. Eine andere Sichtweise käme auch in Konflikt mit §§ 819 Abs. 1, 818 Abs. 4, da der bösgläubige Bereicherungsschuldner, der bewusst eine Luxusdienstleistung genießt, mit keiner Haftung rechnen müsste: Er hätte zu keinem Zeitpunkt „etwas erlangt"[2016].

Bsp. (Flugreisefall)[2017]: B flog wenige Tage vor Vollendung seines 18. Lebensjahres nach Erwerb eines entsprechenden Tickets mit einer Linienmaschine der K-AG von München nach Hamburg. Dort gelang es ihm, mit den Transitpassagieren das Flug-

2009 Treffend *Grigoleit/Auer*, Schuldrecht III Bereicherungsrecht, Rn. 129.
2010 Bamberger/Roth/*Wendehorst*, § 818 Rn. 20.
2011 *Riehm*, Jus Lern-CD Zivilrecht I, Rn. 458; *Lorenz* LMK 2006, 189641; Bamberger/Roth/*Wendehorst*, § 818 Rn. 20; *Esser/Weyers*, Schuldrecht BT II, § 51 I 3 c; Jauernig/*Stadler*, § 818 Rn. 3.
2012 *Halfmeier* JA 2007, 492 (493).
2013 *Wandt*, § 12 Rn. 2; *Giesen* Jura 1995, 281; *Brox/Walker*, Besonderes Schuldrecht, § 43 Rn. 1; *Medicus/Lorenz*, Schuldrecht II, Rn. 1165.
2014 *Giesen* Jura 1995, 281; Dauner-Lieb/Langen/*von Sachsen Gesspahe*, § 818 Rn. 1; Bamberger/Roth/*Wendehorst*, § 818 Rn. 2; Staudinger/*Lorenz*, § 818 Rn. 3. Eine Mindermeinung in der Literatur sieht den Inhalt des Kondiktionsanspruchs allerdings nicht im konkret erlangten Gegenstand, sondern in der übrig gebliebenen Vermögensmehrung beim Anspruchsgegner, so vor allem *Flume*, FS Niedermeyer, 1953, 103 (153).
2015 Insbesondere BGHZ 55, 128: Flugreisefall; dazu etwa *Grigoleit/Auer*, Schuldrecht III Bereicherungsrecht, Rn. 131.
2016 Treffend *Halfmeier* JA 2007, 492 (493); *Brox/Walker*, Besonderes Schuldrecht, § 40 Rn. 5; *Batsch* NJW 1972, 611; *Reuter/Martinek*, Ungerechtfertigte Bereicherung, S. 528.
2017 Fall nach BGHZ 55, 128.

zeug wieder zu besteigen und an dem Weiterflug nach New York teilzunehmen, ohne dass er im Besitz eines Tickets für diese Strecke gewesen wäre. In New York wurde ihm die Einreise in die USA verweigert, weil er kein Visum besaß. Die Klägerin beförderte ihn daraufhin noch am selben Tag zurück nach München. Sie verlangt von ihm unter anderem die Zahlung des tariflichen Flugpreises für die Strecke Hamburg/New York. B beruft sich darauf, den Flug nur zum „Spaß" unternommen zu haben. – Ein Anspruch der K-AG gegen B bezüglich des Hinflugs nach New York könnte sich aus §§ 812 Abs. 1 S. 1 Alt. 1, 818 Abs. 2 ergeben. Richtigerweise kommt es für die Frage des Bereicherungsgegenstandes nicht darauf an, ob B sich hinsichtlich der Flugleistung eigene Aufwendungen erspart hat, oder eine sog. Luxusaufwendung vorliegt. Erlangt hat B bereits die „Beförderungsleistung" als solche.

524 Hat der Kondiktionsschuldner rechtsgrundlos einen **bestimmten Geldbetrag** erhalten, so ist der Kondiktionsanspruch nach h. M. richtigerweise auf Wertersatz (§ 818 Abs. 2) gerichtet, da die ursprünglich erlangten Geldzeichen in der Regel nicht mehr herausgegeben werden können[2018]. Andere Stimmen nehmen dagegen an, dass von Anfang an eine Geldwertkondiktion vorliege, Gegenstand der Kondiktion also der Wert des überlassenen Geldbetrages sei. Diese Annahme wirkt etwas konstruiert und ist in praktischer Hinsicht nicht erforderlich[2019].

Die **Herausgabe** des ursprünglichen Kondiktionsgegenstandes **muss noch möglich sein.** Dies folgt aus dem Umkehrschluss zu § 818 Abs. 2, der lediglich als subsidiäre Rechtsfolge die Wertersatzpflicht vorsieht.

Bsp.: Auch der Kundenstamm eines Unternehmens kann insoweit einen selbständigen Kondiktionsgegenstand bilden. Nach Auffassung des BGH ist jedoch die „Erfüllbarkeit des Bereicherungsanspruchs auf Herausgabe eines bereits in das Unternehmen des Bereicherungsschuldners eingegliederten Kundenstamms … davon abhängig, dass die Kunden den Wechsel vom Bereicherungsschuldner zum Gläubiger mit vollziehen" wollen[2020]. Andernfalls ist nur Raum für eine Wertersatzpflicht.

525 **Beachte:** Die Herausgabe des (noch vorhandenen) Kondiktionsgegenstandes hat in dem Zustand zu erfolgen, in dem er sich befindet. Eine **Pflicht zur Wiederherstellung oder Wiederbeschaffung** trifft den Kondiktionsschuldner im Grundsatz nicht[2021]. Anders als im Schadensersatzrecht muss keine Naturalrestitution geleistet werden (§ 249 Abs. 1) [2022]. Verschärfte Rechtsfolgen ergeben sich im Bereicherungsrecht lediglich unter den Voraussetzungen von §§ 819 Abs. 1, 818 Abs. 4, 292, 989.

III. Herausgabe gezogener Nutzungen, § 818 Abs. 1 BGB

526 Die Pflicht des Kondiktionsschuldners zur Herausgabe bezieht sich auch auf die von ihm gezogenen Nutzungen, § 818 Abs. 1. Hierfür ist die in § 100 enthaltene Definition zu Grunde zu legen, sodass Früchte (§ 99) und Gebrauchsvorteile

---

2018 *Riehm,* JuS Lern-CD Zivilrecht I, Rn. 458; Staudinger/*Lorenz*, § 818 Rn. 25; juris-Pk/*Martinek*, § 818 Rn. 43; Bamberger/Roth/*Wendehorst*, § 818 Rn. 23; *Grigoleit/Auer*, Schuldrecht III Bereicherungsrecht, Rn. 131.

2019 Staudinger/*Lorenz*, § 818 Rn. 25; juris-Pk/*Martinek*, § 818 Rn. 43.

2020 BGH NJW 2002, 1340 = LM H. 6/2002 § 812 BGB Nr. 286 m. Anm. *Lorenz*.

2021 *Lorenz* LMK 2006, 189641; Dauner-Lieb/Langen/*von Sachsen Gessaphe*, § 818 Rn. 20; Bamberger/Roth/*Wendehorst*, § 818 Rn. 19; juris-Pk/*Martinek*, § 818 Rn. 20; vgl. auch BGH NJW 1991, 917 (918).

2022 Bamberger/Roth/*Wendehorst*, § 818 Rn. 19; juris-Pk/*Martinek*, § 818 Rn. 20.

erfasst werden[2023]. Jedoch stimmt dies nur für **tatsächlich gezogene Nutzungen**[2024]. Werden dagegen Gebrauchsvorteile nicht gezogen, ergibt sich jedenfalls aus § 818 Abs. 1 keine Ersatzmöglichkeit. Hingegen existieren nach §§ 819 Abs. 1, 818 Abs. 4, 292, 987 verschärfte Pflichten.

Bsp.: A hat von B einen neuen Pkw gekauft, der ihm in Folge übereignet wurde. Der Kaufvertrag ist jedoch aufgrund eines Dissenses nichtig. – A schuldet dem B nicht nur die Rückgabe und Rückübereignung des Wagens nach § 812 Abs. 1 S. 1 Alt. 1, sondern auch nach § 818 Abs. 1 Nutzungsersatz für die damit zurückgelegten Kilometer. Insoweit ist nach § 818 Abs. 2 Wertersatz zu leisten, weil diese nicht in Natur zurückübertragen werden können.

Bsp.: Nutzungen stellen auch die Zinsen für rechtsgrundlos erlangtes Geld dar[2025] oder die Mieteinnahmen (§ 99 Abs. 3) für ein erlangtes Gebäude.

Wie bereits im Zusammenhang mit § 817 erwähnt (siehe oben Rn. 441), kann der Darlehensgeber im Falle eines **sittenwidrigen Kredits** keinesfalls die marktüblichen Zinsen aus §§ 812 Abs. 1, 818 Abs. 1, 2 BGB verlangen. Denn dann bliebe mangels Sanktionen der Sittenverstoß (§ 138) praktisch ungeahndet[2026].

Der **Verbrauch** oder die **Veräußerung einer Sache** stellt keine Nutzung dar[2027]. **527**
Zu beachten ist, dass der Begriff der Nutzung überbeansprucht und künstlich erweitert würde, wenn man darunter Erträge subsumieren würde, die vor allem Folge einer persönlichen Anstrengung des Besitzers einer Sache sind[2028]. Die Nutzung muss sich mehr oder weniger selbstverständlich aus dem Bereicherungsgegenstand selbst ergeben.

Bsp.[2029]**:** Die Einnahmen, welche aus einem rechtsgrundlos erworbenen Filmtheater resultieren, sind keine Nutzung der Substanz der Sache selbst.

Nach der ausdrücklichen Judikatur des BGH sind indes die mit einem rechts- **528**
grundlos erlangten **Unternehmen** erzielten Gewinne als Nutzungen (§ 100) herauszugeben, soweit nicht der Gewinn ausschließlich auf den persönlichen Leistungen oder Fähigkeiten desjenigen beruht, der die gewinnbringenden Einnahmen erzielt hat[2030]. Ein geeigneter Mittelweg, um nicht allzu sehr mit der gerade formulierten restriktiven Linie in Konflikt zu kommen, wäre es deswegen,

---

2023 Vgl. zur Bemessung im Rahmen von § 818 Abs. 2 BGH NJW 2006, 1583: „Für die Berechnung des Vorteils ist grundsätzlich der objektive Wert der gezogenen Nutzungen maßgeblich. ... Bei der ... Eigennutzung eines bebauten Grundstücks entspricht der Wert der Vorteile, welcher der Gebrauch der Sache gewährt, in der Regel dem objektiven Mietwert, also dem für das genutzte oder für ein vergleichbares Objekt üblichen Mietzins“.

2024 BGHZ 35, 356 (360) = NJW 1961, 2205 (2206); *Giesen* Jura 1995, 281; *Wandt*, § 12 Rn. 4; *Larenz/Canaris*, Schuldrecht BT II/2, § 72 II 1; *Esser/Weyers*, Schuldrecht BT II, § 51 I 3 e; *Grigoleit/Auer*, Schuldrecht III Bereicherungsrecht, Rn. 131, 132.

2025 BGHZ 138, 160; BGH NJW 1997, 933 (935); NJW 2000, 1637 (1638); Erman/Westermann/*Buck-Heeb*, § 818 Rn. 11; MüKo/*Schwab*, § 818 Rn. 11; Staudinger/*Lorenz*, § 818 Rn. 11; Palandt/*Sprau*, § 818 Rn. 11; *Musielak/Hau*, Examenskurs BGB, Rn. 331.

2026 BGH NJW 1995, 1152; NJW 1993, 2108; *Larenz/Canaris*, Schuldrecht BT II/2, § 68 III 3 c; a. A. *Medicus/Petersen*, Bürgerliches Recht, Rn. 700 mit Verweis auf den unpassenden Strafcharakter von § 817 Satz 2; vgl. zum Ganzen *Bondenbenner* JuS 2001, 1172 (1174 f.).

2027 *Halfmeier* JA 2007, 492 (493); Bamberger/Roth/*Fritzsche*, § 100 Rn. 9; MüKo/*Stresemann*, § 100 Rn. 5; Erman/Westermann/*Michalski*, § 100 Rn. 3.

2028 *Larenz/Canaris*, Schuldrecht BT II/2, § 72 II 3 c, S. 272; *Wandt*, § 12 Rn. 4.

2029 BGHZ 7, 208 (217).

2030 BGH NJW 2006, 2847 (2853); dazu *Lorenz* LMK 2006, 189641; dem BGH zustimmend Erman/Westermann/*Buck-Heeb*, § 818 Rn. 10; juris-Pk/*Martinek*, § 818 Rn. 13; MüKo/*Schwab*, § 818 Rn. 33 ff.

beim Unternehmen nur den objektiven Ertragswert (= Pachtwert) anzusetzen[2031].

529 **Beachte:** Bildet die Nutzung (etwa im Sinne einer Gebrauchsüberlassung oder des Eingriffs in eine Nutzungsmöglichkeit) bereits den originären Kondiktionsgegenstand, ist dies ein unmittelbarer Anwendungsfall von § 812 Abs. 1 (vgl. oben II) und nicht von § 818 Abs. 1. Für § 818 Abs. 1 sind die Nutzungen nur ein **Annex**, während der eigentliche Kondiktionsgegenstand ein anderer ist[2032].

IV. Herausgabe der Surrogate, § 818 Abs. 1

530 Surrogate sind Gegenstände, die an die Stelle des Erlangten, also des nicht mehr existenten ursprünglichen Bereicherungsgegenstandes, getreten sind (***commodum ex re***). Darunter fällt z. B. die erhaltene Versicherungssumme wegen **Zerstörung, Beschädigung oder Entziehung** der Sache[2033]. Dabei kann die Anwendbarkeit von § 818 Abs. 1 für den Bereicherungsgläubiger auch nachteilig sein, wenn die Versicherungssumme geringer als der objektive Wert des Bereicherungsgegenstandes ausfällt. Denn auf § 818 Abs. 2 kann in dieser Situation nicht subsidiär zurückgegriffen werden[2034].
Die Verpflichtung zur Herausgabe erstreckt sich nach § 818 Abs. 1 auch auf dasjenige, was der Empfänger **aufgrund eines erlangten Rechts** erwirbt. Jedoch umfasst dies nur die bestimmungsgemäße Rechtsausübung.

> **Bsp.:** Erlös aus der Verwertung eines Pfandrechts[2035]; Gewinn, der sich aus einem rechtsgrundlos erworbenen Lotterielos ergibt (nicht jedoch, wenn eine rechtsgrundlos erlangte Geldsumme zum Kauf eines Loses verwendet wird)[2036].

531 Keine Surrogate i. S. v. § 818 Abs. 1 stellen hingegen nach h. M. Vermögenswerte dar, welche der Bereicherungsschuldner durch ein Rechtsgeschäft als Gegenleistung für die Veräußerung des ursprünglichen Gegenstandes erlangt (sog. ***commodum ex negotiatione***: z. B. der Veräußerungserlös)[2037]. Insoweit gilt ausschließlich die Wertersatzpflicht nach § 818 Abs. 2. § 818 Abs. 1 wird damit restriktiver interpretiert als etwa die Verpflichtung im Falle von § 285 Abs. 1[2038]. Dies erscheint richtig, weil der Schuldner im Rahmen von § 285 Abs. 1 seine Leistungspflicht hinsichtlich des veräußerten Gegenstands von Anfang an kennt, während der Schuldner bei § 818

2031 So Staudinger/*Lorenz*, § 818 Rn. 12; differenzierend und kritisch *Larenz/Canaris*, Schuldrecht BT II/2, § 72 II 3 c, S. 272; Dauner-Lieb/Langen/*von Sachsen Gessaphe*, § 818 Rn. 12.

2032 Instruktiv auch *Wandt*, § 12 Rn. 5, 6; hierzu ausführlich MüKo/*Schwab*, § 818 Rn. 20 f.

2033 Bamberger/Roth/*Wendehorst*, § 818 Rn. 8; *Looschelders*, Schuldrecht BT, § 54 Rn. 1106; *Larenz/Canaris*, Schuldrecht BT II/2, § 72 I 1 a; *Medicus/Lorenz*, Schuldrecht II, Rn. 1168; *Brox/Walker*, Besonderes Schuldrecht, § 43 Rn. 4.

2034 So auch allgemein BGH NJW 2002, 1340 (1341); *Giesen* Jura 1995, 281 (282); *Reuter/Martinek*, Ungerechtfertigte Bereicherung, S. 563.

2035 *Giesen* Jura 1995, 281; Palandt/*Sprau*, § 818 Rn. 15; *Larenz/Canaris*, Schuldrecht BT II/2, § 72 I 1 a; MüKo/*Schwab*, § 818 Rn. 39; Staudinger/*Lorenz*, § 818 Rn. 17.

2036 *Wandt*, § 12 Rn. 8 f.; *Larenz/Canaris*, Schuldrecht BT II/2, § 72 I 1 a; Erman/Westermann/*Buck-Heeb*, § 818 Rn. 14; Jauernig/*Stadler*, § 818 Rn. 10; *Röthel* Jura 2012, 844 (847).

2037 BGHZ 24, 110 f.; 75, 203 (206); BGH NJW 2004, 1314; *Giesen* Jura 1995, 281; *Larenz/Canaris*, Schuldrecht BT II/2, § 72 I 1 c; Bamberger/Roth/*Wendehorst*, § 818 Rn. 9; MüKo/*Schwab*, § 818 Rn. 41 ff.; *Reuter/Martinek*, Ungerechtfertigte Bereicherung, S. 550 f.; *Grigoleit/Auer*, Schuldrecht III Bereicherungsrecht, Rn. 133; a. A. MüKo/*Lieb*, 4. Auflage, § 818 Rn. 31.

2038 *Wandt*, § 12 Rn. 8; Erman/Westermann/*Buck-Heeb*, § 818 Rn. 14; juris-Pk/*Martinek*, § 818 Rn. 18 f.

Abs. 1 häufig gutgläubig handelt[2039]. Anders als § 285 Abs. 1 ist § 818 Abs. 1 im Wortlaut auch enger gefasst. Eine autonome Verkaufshandlung stellt im natürlichen Sprachgebrauch keine „Zerstörung, Beschädigung oder Entziehung" des Gegenstands dar[2040]. § 285 Abs. 1 kann jedoch im Rahmen der „verschärften Bereicherungshaftung" über die Verweisung in §§ 819 Abs. 1, 818 Abs. 4 zur Anwendung gebracht werden.

Beachte: Eine Pflicht zur Herausgabe eines rechtsgeschäftlichen Surrogats folgt lediglich aus § 816 Abs. 1 S. 1. Gleiches gilt unter den Voraussetzungen von §§ 819 Abs. 1, 818 Abs. 4, 285, wenn der Bereicherungsschuldner verschärft haftet.

V. Wertersatz gemäß § 818 Abs. 2

Der Kondiktionsschuldner haftet auf Wertersatz (§ 818 Abs. 2), wenn die He- 532
rausgabe des Erlangten wegen seiner Beschaffenheit nicht möglich oder der Empfänger aus einem anderen Grunde zur Herausgabe außerstande ist. Es handelt sich somit um **eine subsidiäre Verpflichtung**[2041]. Die Herausgabe wegen der Beschaffenheit ist etwa im Zusammenhang mit Dienstleistungen oder der Überlassung des Gebrauchs an einer Sache unmöglich[2042]. Aus einem anderen Grund scheitert die Herausgabe im Falle der objektiven und subjektiven Unmöglichkeit. Gleiches gilt für die Teilunmöglichkeit.

Nach überwiegender Auffassung muss der Wert im Rahmen von § 818 Abs. 2 objektiv bestimmt werden. Insoweit kommt es auf den **objektiven Marktwert** an, soweit er feststellbar ist[2043].

> **Bsp.:** Bei einem rechtsgrundlos erlangten Darlehen ist somit der marktübliche Zinsersatz der Maßstab für die Wertersatzpflicht, nicht aber die tatsächlich erhaltenen Zinsen.

> **Bsp.**[2044]**:** Nach Auffassung des BGH kann der vorleistende Schwarzarbeiter bei einem nach § 134 nichtigen Schwarzarbeitsvertrag Wertersatz verlangen, ohne dass dem Begehren § 817 S. 2 entgegenstünde; der Wert der Arbeit sei jedoch mangels vertraglicher Gewährleistungsansprüche geringer anzusetzen und dürfe das vereinbarte Entgelt nicht übersteigen.

Anders als im Rahmen von § 816 Abs. 1 ist eine Gewinnhaftung bei der allge- 533
meinen Eingriffskondiktion ausgeschlossen[2045]. Der vom Kondiktionsschuldner

---

2039 *Halfmeier* JA 2007, 492 (493); *Larenz/Canaris*, Schuldrecht BT II/2, § 72 I 1 c, S. 267; juris-Pk/*Martinek*, § 818 Rn. 18.

2040 *Halfmeier* JA 2007, 492 (493); noch nicht hinreichend begründet sehen *Medicus/Lorenz* den unterschiedlichen Umfang der Surrogation bei § 285 und § 818, *Medicus/Lorenz*, Schuldrecht II, Rn. 1168; in diese Richtung auch *Musielak/Hau*, Examenskurs BGB, Rn. 334.

2041 BGH NJW 2002, 1340 (1341); Staudinger/*Lorenz*, § 818 Rn. 21; juris-Pk/*Martinek*, § 818 Rn. 39; *Giesen* Jura 1995, 281.

2042 *Halfmeier* JA 2007, 492 (494); *Looschelders*, Schuldrecht BT, § 54 Rn. 1107; *Medicus/Lorenz*, Schuldrecht II, Rn. 1169; Palandt/*Sprau*, § 818 Rn. 18; Bamberger/Roth/*Wendehorst*, § 818 Rn. 21.

2043 BGH NJW 2006, 2847 (2852); BGHZ 132, 198 (207) = NJW 1996, 3409; *Larenz/Canaris*, Schuldrecht BT II/2, § 71 I 2 b; *Grigoleit/Auer*, Schuldrecht III Bereicherungsrecht, Rn. 134; *Medicus/Lorenz*, Schuldrecht II, Rn. 1170. Bei Verletzung eines Warenzeichens entscheidet der Verkehrswert des Gebrauchs dieses Warenzeichens durch Dritte, vgl. auch *Halfmeier* JA 2007, 492 (495); für eine subjektive Betrachtung vor allem *Koppensteiner* NJW 1971, 588; *Esser/Weyers*, Schuldrecht BT II, § 51 I 1 4; Erman/Westermann/*Buck-Heeb*, § 818 Rn. 16 ff.

2044 BGHZ 111, 308 = NJW 1990, 2542; vgl. aber nunmehr BGH NJW 2014, 1805 (gegensätzlich).

2045 *Wandt*, § 12 Rn. 11; *Brox/Walker*, Besonderes Schuldrecht, § 43 Rn. 5; Palandt/*Sprau*, § 818 Rn. 19; *Giesen* Jura 1995, 281 (282); Schulze/*Schulze*, § 818 Rn. 8.

erzielte Veräußerungserlös bleibt somit bei § 818 Abs. 2 außen vor. Jedoch wird häufig der vereinnahmte Veräußerungserlös ein Indikator für den objektiven Marktwert sein. Maßgeblich für die Bemessung ist richtigerweise der **Zeitpunkt der Entstehung des Kondiktionsanspruchs**, der somit bei den verschiedenen Kondiktionstypen divergiert[2046]. Sofern der Bereicherungsschuldner den Wert der Sache aus seiner subjektiven Interessenlage her geringer achtet, ist dies eine Frage von § 818 Abs. 3 (**aufgedrängte Bereicherung**)[2047].

Bsp.[2048]**:** A verkauft und übereignet ein Grundstück an B, das von diesem mit einer Grundschuld belastet wird. Nachträglich stellt sich heraus, dass der notarielle Kaufvertrag von Anfang an nichtig war. – A hat gegenüber B grundsätzlich einen Anspruch auf Rückübereignung des Grundstücks aus § 812 Abs. 1 S. 1 Alt. 1 (Auflassung und Grundbuchumschreibung). Fraglich ist, ob auch eine Pflicht des Kondiktionsschuldners zur Beseitigung der Grundschuld besteht. Der BGH verneint dies. Der Anspruch sei nur auf Herausgabe der rechtsgrundlosen Bereicherung in Natur gerichtet, beinhalte aber nicht die Pflicht, Veränderungen, die der Bereicherungsgegenstand zwischenzeitlich erfahren hat, wieder zu beseitigen. Dementsprechend werde im Falle der Zerstörung und Beschädigung der Sache im Rahmen von §§ 812 ff. nicht Wiederherstellung oder Reparatur oder bei Entziehung Wiederbeschaffung geschuldet (§ 818 Abs. 1)[2049]. Der Kondiktionsschuldner muss lediglich gemäß § 818 Abs. 2 Wertersatz in Höhe des Nennbetrages der Belastung leisten, wobei er sich aufgrund seiner persönlichen Darlehensverbindlichkeit auf Entreicherung (§ 818 Abs. 3) berufen kann. Die Entscheidung des BGH wird z.T. vehement kritisiert[2050]. Zum einen liege kein Unvermögen zur Herausgabe vor[2051], was § 818 Abs. 2 voraussetzt, zum anderen wird darauf hingewiesen, dass die Annahme, der Bereicherungsschuldner könne dem Bereicherungsgläubiger Wertersatz leisten, damit dieser die Grundschuld ablösen könne, wirklichkeitsfremd sei[2052].

VI. Der Entreicherungseinwand (§ 818 Abs. 3)

1. Telos der Vorschrift

534 Nach § 818 Abs. 3 ist die Verpflichtung zur Herausgabe oder zum Ersatz des Wertes ausgeschlossen, soweit der Empfänger des Kondiktionsgegenstandes nicht mehr bereichert ist. Dem Rechtsgedanken des Kondiktionenrechts nach sollen (anders als im Deliktsrecht) nur beim Bereicherungsschuldner vorhandene Vorteile herausgegeben werden müssen[2053]. Das sog. **Stammvermögen**

2046 Ebenso *Wandt*, § 12 Rn. 11. Nach einer Gegenauffassung sei der Zeitpunkt der Entstehung des Wertersatzanspruchs maßgeblich, vgl. Bamberger/Roth/*Wendehorst*, § 818 Rn. 33; Staudinger/*Lorenz*, § 818 Rn. 31; *Larenz/Canaris*, Schuldrecht BT II/2, § 72 III 5 a; *Grigoleit/Auer*, Schuldrecht III Bereicherungsrecht, Rn. 134; so auch BGH NJW 2006, 2847 (2851 f.) für den Fall, dass die Entstehung des Bereicherungsanspruchs nicht mit der Wertersatzpflicht zusammenfällt; *Brox/Walker*, Besonderes Schuldrecht, § 43 Rn. 5.

2047 *Larenz/Canaris*, Schuldrecht BT II/2, § 72 III 2 d; *Grigoleit/Auer*, Schuldrecht III Bereicherungsrecht, Rn. 134; a. A. *Koppensteiner/Kramer*, § 16 II 4.

2048 Fall nach BGHZ 112, 376 = JZ 1991, 871; *Giesen* Jura 1995, 282; umfassend MüKo/*Schwab*, § 818 Rn. 62 ff.

2049 BGHZ 112, 376 = JZ 1991, 871.

2050 *Kohler* NJW 1991, 1999 (2000); einschränkend zur früheren Entscheidung auch BGH NJW 2002, 1872: Die Aufhebung oder Übertragung der Grundschuld könne jedenfalls dann verlangt werden, wenn der Gläubiger zu deren Ablösung bereit sei, sodass dann ein Anspruch auf Wertersatz ausgeschlossen sei.

2051 Davon könne erst die Rede sein, wenn es zur Zwangsversteigerung kommt, *Giesen* Jura 1995, 281 (282); vgl. zu einem anderen Lösungsweg *Canaris* NJW 1991, 2513 und JA 1992, 272.

2052 *Kohler* NJW 1991, 1999 (2000).

2053 BGHZ 1, 75 (81); 55, 128 (131 ff.); *Looschelders*, Schuldrecht BT, § 54 Rn. 1110; *Wandt*, § 12 Rn. 14.

wird dagegen nicht geschmälert[2054]. Die Vorschrift greift somit, sofern der Gegenstand zerstört, verschenkt oder verloren worden ist und dem Empfänger keine Bereicherung verblieben ist. § 818 Abs. 3 fungiert als eine von Amts wegen zu beachtende **rechtsvernichtende bzw. rechtshindernde Einwendung**, welche den Interessen und dem Vertrauensschutz des Empfängers Rechnung trägt[2055]. Für den Umfang der Entreicherung ist dieser darlegungs- und beweispflichtig.
Im Falle synallagmatischer Verträge wird § 818 Abs. 3 häufig zu Lasten des Kondiktionsschuldners durch Anwendung der Saldotheorie oder der modifizierten Zweikondiktionentheorie außer Kraft gesetzt. Keine Beachtung findet der Bereicherungseinwand schließlich, wenn §§ 818 Abs. 4, 819 Abs. 1 zu Lasten des Bereicherungsschuldners eine **verschärfte Kondiktionshaftung** anordnen.

2. Voraussetzungen

a) Der ursprüngliche Bereicherungsgegenstand existiert nicht mehr.

Bsp.: Tante T hat ihrem 14 Jahre alten Neffen N 100 Euro geschenkt. T war jedoch bereits seit Längerem unerkannt geisteskrank. Betreuer B verlangt von N die 100 Euro zurück. Dieser hat sich davon jedoch bereits eine neue Jeanshose gekauft. Fraglich ist, ob N sich hier auf § 818 Abs. 3 berufen kann. – Die Anwendung von § 818 Abs. 3 setzt voraus, dass sich im Vermögen des Kondiktionsschuldners weder der ursprüngliche Bereicherungsgegenstand selbst, noch Nutzungen oder Surrogate (§ 818 Abs. 1) noch andere Gegenwerte irgendwelcher Art wiederfinden (etwa ein Veräußerungserlös; Ansprüche gegen Dritte)[2056]. Eine Entreicherung nach § 818 Abs. 3 scheidet hingegen aus, wenn der Bereicherungsschuldner sich durch den Verbrauch des Gegenstandes **Aufwendungen erspart** haben sollte[2057]. Vergleichbares ist für die Nutzung eines rechtsgrundlos erlangten Gegenstandes anzunehmen. Im konkreten Sachverhalt ist N nicht entreichert, weil hinsichtlich der gekauften Jeanshose ersparte Aufwendungen vorliegen. 535

Bsp.: Ersparte Aufwendungen liegen auch vor, sofern ein rechtsgrundlos erlangter Geldbetrag (z. B.: Überzahlung von Unterhalt) zur Schuldentilgung eingesetzt wird. Gegenteilig zu entscheiden ist wiederum, wenn dieser Mehrbetrag für den Vermögensvorteil nicht kausal geworden ist, etwa weil auch eine Reduzierung der Lebenshaltungskosten die Schuldentilgung erlaubt hätte[2058].

Im Falle sog. **Luxusaufwendungen** ist eine Berufung auf § 818 Abs. 3 dagegen weiter möglich. In dieser Situation wird der erlangte Vorteil dazu benutzt, 536

2054 *Riehm*, JuS Lern-CD Zivilrecht I, Rn. 451: „Abschöpfungsfunktion“; *Halfmeier* JA 2007, 492 (494): Dem Bereicherungsschuldner dürfe nicht mehr genommen werden, als er durch den Bereicherungsvorgang erhalten habe. Vgl. auch *Grigoleit/Auer*, Schuldrecht III Bereicherungsrecht, Rn. 135: Die Vorschrift sei „Ausdruck der besonderen ‚Milde‘ der Bereicherungshaftung“.

2055 *Looschelders*, Schuldrecht BT, § 54 Rn. 1110; *Larenz/Canaris*, Schuldrecht BT II/2, § 73 I 1 b; *Grigoleit/Auer*, Schuldrecht III Bereicherungsrecht, Rn. 135. Vgl. zur abweichenden (früheren) dogmatischen Einordnung von § 818 Abs. 3 als „Zentralnorm des Bereicherungsrechts“ *Wandt*, § 12 Rn. 14.

2056 *Giesen* Jura 1995, 281 (282); Erman/Westermann/*Buck-Heeb*, § 818 Rn. 35. Im Fall des Veräußerungserlöses ist anders als bei § 816 Abs. 1 nicht dieser herauszugeben, sondern der objektive Wert zu ersetzen.

2057 BGHZ 118, 383 (386); BGH NJW 2003, 3271; *Giesen* Jura 1995, 281 (282 f.); *Wandt*, § 12 Rn. 17; *Grigoleit/Auer*, Schuldrecht III Bereicherungsrecht, Rn. 136. Hinsichtlich der Höhe der ersparten Aufwendungen ist für § 818 Abs. 3 der Betrag entscheidend, welchen der Schuldner selbst hätte aufwenden müssen.

2058 BGHZ 118, 383 (386); vgl. hierzu Bamberger/Roth/*Wendehorst*, § 818 Rn. 55.

Dienste in Anspruch zu nehmen oder Aufwendungen zu tätigen, welche den üblichen Lebensstandard deutlich übersteigen[2059].

Bsp.: Im bereits mehrfach erwähnten Flugreisefall[2060] ist die erlangte Flugreise nach New York nicht mehr im Vermögen des B vorhanden. Dies führt zum Wegfall der Bereicherung nach § 818 Abs. 3, wenn das Gesamtvermögen keinen Überschuss mehr aufweist. Hier liegt kein solcher vor, weil es sich bei dem Flug nach New York aus Sicht des Minderjährigen B um eine reine „Luxusaufwendung" handelt. B hätte bei Zahlung des vollen Ticketpreises den Flug nicht angetreten[2061].

537 b) **Ursprünglicher Bereicherungsgegenstand existiert noch.** Sollte der ursprüngliche Gegenstand zwar noch existent sein, der Bereicherungsschuldner aber **im Zusammenhang mit dem Bereicherungsvorgang andere Vermögensminderungen** zu verzeichnen haben, kann ebenfalls eine Entreicherung vorliegen[2062]. Die Einzelheiten sind dabei aber durchaus umstritten. Während die ältere Judikatur die Berufung auf § 818 Abs. 3 bei jedem **adäquat kausalen Zusammenhang** zwischen dem Bereicherungsvorgang und Vermögensnachteil erlaubte[2063], wird dies in der neueren Rechtsprechung und im Schrifttum weniger großzügig gehandhabt. So werden neben dem Aspekt der **Risikozurechnung**[2064] auch **Vertrauensschutzüberlegungen**[2065] als Kriterien bemüht, um die Abzugsfähigkeit auf sinnvolle Art und Weise in Grenzen zu halten. Nach heute wohl h. M. ist für die Berücksichtigung der Aufwendung nach § 818 Abs. 3 somit nicht ausreichend, dass diese mit der Bereicherung kausal verbunden ist. Vielmehr muss sie gerade im Vertrauen auf den Fortbestand des Rechtsgrundes erfolgt sein (Rechtsgedanke von § 818 Abs. 4, 819 Abs. 1, 820)[2066].

538 Aufwendungen hinsichtlich des Bereicherungsgegenstandes sind abzugsfähig, wenn sie im Vertrauen auf die **Beständigkeit des Erwerbs** unternommen wurden. Ein selbständiger Aufwendungsersatzanspruch entsteht hier zwar nicht, aber der Kondiktionsschuldner hat das Recht, die Herausgabe des (noch vorhandenen) Gegenstandes zu verweigern, bis diese Kosten erstattet sind. Im Falle der Wertersatzpflicht nach § 818 Abs. 2 kommt es dagegen zu einer automatischen Verrechnung mit den getätigten Aufwendungen[2067].
Unproblematisch abzugsfähig sind Aufwendungen, die zum Erhalt der Sache getätigt wurden.

2059 *Halfmeier* JA 2007, 492 (494); *Wandt*, § 12 Rn. 18; Dauner-Lieb/Langen/*von Sachsen Gessaphe*, § 818 Rn. 45; juris-Pk/*Martinek*, § 818 Rn. 74; Jauernig/*Stadler*, § 818 Rn. 30 f.; *Grigoleit/Auer*, Schuldrecht III Bereicherungsrecht, Rn. 136; abweichend etwa *Mestmäcker* JZ 1958, 521 (524).

2060 BGHZ 55, 128 (oben Rn. 400).

2061 Vgl. auch *Giesen* Jura 1995, 281 (283); *Brox/Walker*, Besonderes Schuldrecht, § 43 Rn. 7; *Looschelders*, Schuldrecht BT, § 42 Rn. 1112.

2062 *Wandt*, § 12 Rn. 14; Dauner-Lieb/Langen/*von Sachsen Gessaphe*, § 818 Rn. 39; MüKo/*Schwab*, § 818 Rn. 122; *Brox/Walker*, Besonderes Schuldrecht, § 43 Rn. 9; *Giesen* Jura 1995, 281 (283); *Grigoleit/Auer*, Schuldrecht III Bereicherungsrecht, Rn. 136, 137.

2063 BGHZ 1, 75 (81); BGH NJW 1981, 277 = JuS 1981, 609; dazu *Halfmeier* JA 2007, 492 (494).

2064 BGHZ 109, 139 (145): Entscheidend sei, welche Partei des Bereicherungsverhältnisses das Risiko für bestimmte Kosten tragen müsse; BGHZ 116, 251 (255 f.).

2065 BGH NJW 1996, 3409 (3412); *Larenz/Canaris*, Schuldrecht BT II/2, § 73 I 2, S. 297 ff.; MüKo/*Schwab*, § 818 Rn. 148; *Wandt*, § 12 Rn. 20; Erman/Westermann/*Buck-Heeb*, § 818 Rn. 32; Palandt/*Sprau*, § 818 Rn. 35; *Halfmeier* JA 2007, 492 (497): wertende Kriterien.

2066 *Giesen* Jura 1995, 281 (283); *Beuthien* Jura 1979, 533.

2067 *Wandt*, § 12 Rn. 21; Palandt/*Sprau*, § 818 Rn. 50; Erman/Westermann/*Buck-Heeb*, § 818 Rn. 22.

Bsp.: Fütterungskosten für ein Tier, das herauszugeben ist; Garagenkosten für ein Auto.

Auch jegliche Art von Verwendung auf den Bereicherungsgegenstand kann im Rahmen von § 818 Abs. 3 geltend gemacht werden. Ob sie notwendig war, also der Sacherhaltung diente, oder nur nützlich erschien, spielt dabei keine Rolle[2068]. Allerdings gilt dies nur, wenn die Vorschriften des Eigentümer-Besitzer-Verhältnisses im konkreten Fall keine Sperrwirkung entfalten (§§ 994 ff.).

Abzugsfähig sollen auch **Erwerbskosten** (wie anfallende Notargebühren, Kosten der Grundbuchumschreibung oder Provisionen) sein. Nicht berücksichtigt wird dagegen im Rahmen von § 818 Abs. 3 der **an einen Dritten bezahlte Kaufpreis,** weil dieser Einwand auch gegenüber einer (fiktiven) Vindikation nach § 985 nicht möglich gewesen wäre[2069]. Dieser Aspekt der Rechtsfortwirkung kann sowohl für die allgemeine Nichtleistungskondiktion als auch für § 816 Abs. 1 Geltung beanspruchen[2070]. Die Rückerlangung des an einen Dritten gezahlten Kaufpreises rechnet ausschließlich zur Risikosphäre des Bereicherungsschuldners und kann nicht dem Bereicherungsgläubiger angelastet werden[2071]. **539**

Besonders umstritten ist die Berücksichtigungsfähigkeit von **Schäden** (unfreiwillige Vermögensnachteile), welche im Kausalzusammenhang mit dem Bereicherungsvorgang eingetreten sind. Von der großzügigen älteren Rechtsprechung, welche die reine Kausalbeziehung genügen ließ, wurde die Abzugsfähigkeit bejaht[2072]. Nach der v. a. im Schrifttum vertretenen Gegenauffassung wird sie dagegen verneint, weil derartige Folgeschäden keine adäquate Folge der Rechtsgrundlosigkeit und des Vertrauens in die Rechtsbeständigkeit des Erwerbs seien[2073]. Eine Ausnahme wird lediglich für **Mangelfolgeschäden** anerkannt, da das Bereicherungsrecht hier funktionell an Stelle des ausgeschlossenen vertraglichen Gewährleistungsrechts rücken müsse[2074]. **540**

Bsp.: Nicht abzugsfähig ist folglich der Zufallsschaden an Wohnungsgegenständen, der durch die Bisse eines rechtsgrundlos erlangten Hundes entstanden ist, denn diese Kosten beruhen hier nicht auf dem Vertrauen in die Beständigkeit des Erwerbs[2075].

Nicht möglich ist die Berufung auf § 818 Abs. 3 auch im Zusammenhang mit sittenwidrigen Darlehensverträgen, wenn der Inhalt des Kondiktionsanspruchs auf die **Rückzahlung der Darlehensvaluta** gerichtet ist[2076]. Denn hier gilt: „Geld **541**

2068 Ebenso *Halfmeier* JA 2007, 492 (494); Bamberger/Roth/*Wendehorst,* § 818 Rn. 71; Staudinger/*Lorenz*, § 818 Rn. 37; juris-Pk/*Martinek*, § 818 Rn. 102; *Grigoleit/Auer*, Schuldrecht III Bereicherungsrecht, Rn. 136, 137.

2069 BGHZ 55, 176 (179 f.): „Jungbullen-Fall"; *Halfmeier* JA 2007, 492 (494); MüKo/*Schwab*, § 818 Rn. 136.

2070 *Halfmeier* JA 2007, 492 (494); MüKo/*Schwab*, § 818 Rn. 136; so im Ergebnis auch Dauner-Lieb/Langen/*von Sachsen Gessaphe*, § 818 Rn. 58; Bamberger/Roth/*Wendehorst*, § 818 Rn. 59.

2071 *Wandt*, § 12 Rn. 25 f.

2072 RGZ 106, 4 ff.; BGHZ 1, 75 (81); *Halfmeier* JA 2007, 492 (494).

2073 Dauner-Lieb/Langen/*von Sachsen Gessaphe*, § 818 Rn. 60; *Flume* NJW 1970, 1161 (1163); Bamberger/Roth/*Wendehorst*, § 818 Rn. 78.

2074 *Palandt/Sprau*, § 818 Rn. 44; Dauner-Lieb/Langen/*von Sachsen Gessaphe*, § 818 Rn. 60; *Flume* NJW 1970, 1161 (1163); einschränkend MüKo/*Schwab*, § 818 Rn. 157.

2075 BGHZ 47, 130; *Halfmeier* JA 2007, 492 (494); MüKo/*Schwab*, § 818 Rn. 57; *Larenz/Canaris*, Schuldrecht BT II/2, § 73 I 2 g.

2076 BGH NJW 1995, 1152; *Bodenbrenner* JuS 2001, 1172 (1174); Erman/Westermann/*Buck-Heeb*, § 818 Rn. 34; MüKo/*Schwab*, § 818 Rn. 191.

muss man haben". Dies ist deswegen geboten, weil auch bei Wirksamkeit des Darlehensvertrages eine Rückzahlungspflicht bestanden hätte. Die Pflicht zur Rückgewähr der Darlehensvaluta besteht nach dem Rechtsgedanken von § 819 Abs. 1 deswegen auch, wenn der Empfänger den Mangel des Rechtsgrundes beim Darlehensempfang nicht ausdrücklich kannte[2077].

VII. Die Rückabwicklung synallagmatischer Austauschverhältnisse

1. Einführung

542 Die bereicherungsrechtliche **Rückabwicklung gegenseitiger Verträge** bereitet mit Blick auf § 818 Abs. 3 besondere Schwierigkeiten. Denn sind im Falle der Vertragsnichtigkeit beide Leistungen erbracht worden, existieren zwei Kondiktionsverhältnisse (§ 812 Abs. 1 S. 1 Alt. 1), welche inhaltlich miteinander verknüpft sind und sich gedanklich kaum trennen lassen[2078]. Unproblematisch ist die Rechtslage meist, wenn die jeweilige Gegenleistung beim Empfänger noch vorhanden ist. Die beiden Kondiktionsansprüche sind dann nach § 273 Abs. 1 nur Zug um Zug durchsetzbar.

Bsp.: A verkauft an B ein Motorboot zum Preis von 50.000 Euro. Es kommt zum Vollzug der Leistungen. Der Kaufvertrag ist jedoch von Anfang an nichtig. – A besitzt einen Anspruch aus § 812 Abs. 1 S. 1 Alt.1 gegen B auf Herausgabe und Rückübereignung des Motorboots (§§ 929, 854) und B gegen A einen Anspruch auf Rückzahlung des Kaufpreises nach § 812 Abs. 1 S. 1 Alt. 1.

2. (Modifizierte) Zweikondiktionen- und Saldotheorie

543 Von wesentlich größerem Interesse für die Fallbearbeitung sind jedoch Fallkonstellationen, in denen einer der beiden Kondiktionsschuldner den empfangenen Gegenstand nicht mehr zurückgeben kann (§ 818 Abs. 3).
Nach der heute nicht mehr vertretenen **strengen Zweikondiktionentheorie**[2079] existierten freilich zwei selbständige Bereicherungsansprüche der Vertragspartner, die im Wesentlichen voneinander unabhängig betrachtet werden sollten[2080]. Bei Gleichartigkeit der Leistungen bestand zwar die Möglichkeit der Aufrechnung und bei Ungleichartigkeit der Anspruchsinhalte konnten beide nach §§ 273, 274 nur Zug um Zug geltend gemacht werden. Ansonsten existierte aber keine Verknüpfung. Konnte etwa der Käufer bei Nichtigkeit des Vertrages den erlangten Kaufgegenstand nicht zurückgeben, so durfte er sich hinsichtlich dieser Kondiktionsverpflichtung auf § 818 Abs. 3 berufen. Andererseits vermochte er seinen eigenen Anspruch weiter durchzusetzen[2081]. Damit fiel das Risiko des Untergangs des Kondiktionsgegenstandes stets dem Bereicherungsgläubiger der Sachleistung anheim[2082]. Der Bereicherungsgläubiger der Geldleistung war automatisch privilegiert[2083]. Die Gefahrtragungs-

---

2077 BGH NJW 1995, 1152; Staudinger/*Lorenz*, § 818 Rn. 35.
2078 Bamberger/Roth/*Wendehorst*, § 818 Rn. 112; *Giesen* Jura 1995, 281 (284); nach *Looschelders*, Schuldrecht BT, § 54 Rn. 1129 dürfe der Kondiktionsschuldner zudem nicht besser stehen als im Fall der Vertragswirksamkeit.
2079 Insbesondere *Oertmann* DJZ 1915, 1063.
2080 Vgl. auch die Darstellung bei *Looschelders*, Schuldrecht BT, § 54 Rn. 1128, 1129; Bamberger/Roth/*Wendehorst*, § 818 Rn. 112; *Giesen* Jura 1995, 281 (284).
2081 Zu dieser Konsequenz etwa *Looschelders*, Schuldrecht BT, § 54 Rn. 1128, 1129; Palandt/*Sprau*, § 818 Rn. 47.
2082 *Wandt*, § 12 Rn. 31; MüKo/*Schwab*, § 818 Rn. 209; *Giesen* Jura 1995, 281 (284).
2083 Kritisch auch *Grigoleit/Auer*, Schuldrecht III Bereicherungsrecht, Rn. 144.

regel des § 446, welche dem Verkäufer der Sachleistung zugutekommen will, würde in ihr Gegenteil verkehrt[2084]. Auch entstünde eine offensichtliche Diskrepanz zu den Vorschriften über die Risikotragung im Rücktrittsrecht, die im Grundsatz nach § 346 Abs. 2 eine Wertersatzpflicht im Falle des Untergangs oder der Zerstörung des nach § 346 Abs. 1 zurückzugebenden Gegenstandes vorsehen.

Bsp.: Im vorigen Beispiel ist das nicht versicherte Motorboot (Wert: 50.000 Euro) durch einen Sturm vollständig zerstört worden. – B kann sich nach der (reinen) Zweikondiktionentheorie dem Kondiktionsanspruch des A gegenüber auf Entreicherung berufen (§ 818 Abs. 3) und dennoch weiter Rückzahlung des Kaufpreises verlangen. Gegen diese Lehre spricht, dass sie ohne Differenzierung dem Bereicherungsgläubiger der Sachleistung automatisch das Risiko des (zufälligen) Untergangs aufbürdet.

Überwiegend ist man sich heute deswegen darüber einig, dass im Falle nichtiger Vertragsbeziehungen die **beiden Kondiktionsverhältnisse nicht voneinander unabhängig betrachtet** werden können.

Über die Einzelheiten besteht gleichwohl Streit. Nach den **Vertretern der Saldotheorie**, welche nur bei bereits erbrachten Leistungen Anwendung findet[2085], existiert zwischen beiden Bereicherungsansprüchen eine Verknüpfung in Gestalt eines **faktischen Synallagmas**[2086]. Selbst bei einem unwirksamen Vertragsverhältnis muss somit bei der Rückabwicklung dem wirtschaftlichen Austauschzweck, der beide Leistungen miteinander verknüpft, Tribut gezollt werden[2087]. In der Sache wird damit bei **gleichartigen Leistungen** lediglich **ein Kondiktionsanspruch** gebildet, und zwar zu Gunsten desjenigen Vertragspartners, der einen positiven Saldo für sich verbuchen kann[2088]. Insoweit werden die wechselseitigen Hauptleistungen und Nebenleistungen im Rahmen des Saldierungsverhältnisses miteinander verrechnet, ohne dass eine Aufrechnungserklärung notwendig wäre. Kann eine Vertragspartei die empfangene Leistung nicht mehr zurückgewähren (§ 818 Abs. 3), ist der **Wert dieser Entreicherung** bei der Rückforderung der eigenen Leistung als **„Abzugsposten"** zu berücksichtigen[2089]. Damit wird grundsätzlich dem Empfänger der Sachleistung die Verschlechterung und der (zufällige) Untergang der erhaltenen Sache angelastet. Insoweit wird § 818 Abs. 3 eingeschränkt[2090]. Jedoch wird durch die Saldotheorie in keinem Fall ein Forde- 544

2084 *Giesen* Jura 1995, 281 (284); Dauner-Lieb/Langen/*von Sachsen Gessaphe*, § 818 Rn. 64; Bamberger/Roth/*Wendehorst*, § 818 Rn. 103; Staudinger/*Martinek*, Eckpfeiler des Zivilrechts, Ungerechtfertigte Bereicherung, Rn. 63.

2085 Bei einseitig ausgeführten Austauschverträgen soll die Saldotheorie dagegen nicht zur Anwendung kommen, vgl. *Medicus/Petersen*, Bürgerliches Recht, Rn. 226; kritisch *Flume* JZ 2002, 321, 324.

2086 BGHZ 57, 137 ff.; 72, 254; BGH NJW 2009, 2886; *Musielak/Hau*, Examenskurs BGB, Rn. 353; *Halfmeier* JA 2007, 492 (497); Erman/Westermann/*Buck-Heeb*, § 818 Rn. 41; Dauner-Lieb/Langen/*von Sachsen Gessaphe*, § 818 Rn. 66; Staudinger/*Martinek*, Eckpfeiler des Zivilrechts, Ungerechtfertigte Bereicherung, Rn. 64.

2087 BGH NJW 1951, 270; NJW 1995, 454; NJW 2000, 3064; NJW 2001, 1127 (1131); NJW 2001, 1863 (1864); *Brox/Walker*, Besonderes Schuldrecht, § 43 Rn. 12; *Giesen* Jura 1995, 281 (284).

2088 *Grigoleit/Auer*, Schuldrecht III Bereicherungsrecht, Rn. 146.

2089 *Musielak/Hau*, Examenskurs BGB, Rn. 353; Palandt/*Sprau*, § 818 Rn. 48; *Medicus/Lorenz*, Schuldrecht II, Rn. 1185; juris-Pk/*Martinek*, § 818 Rn. 78; *Brox/Walker*, Besonderes Schuldrecht, § 43 Rn. 12; *Giesen* Jura 1995, 281 (284).

2090 *Giesen* Jura 1995, 281 (284); Jauernig/*Stadler*, § 818 Rn. 41; Staudinger/*Martinek*, Eckpfeiler des Zivilrechts, Ungerechtfertigte Bereicherung, Rn. 64; *Medicus/Lorenz*, Schuldrecht II, Rn. 1185.

rungsrecht gegenüber dem Entreicherten begründet[2091]. Das gilt auch für den Fall, dass ein deutlich unter Wert verkaufter Gegenstand beim Käufer untergeht.

545 Die **wichtigste Grundaussage der Saldotheorie** lautet damit: Der Wert der Entreicherung wird zum Abzugsposten beim Bereicherungsanspruch des nach § 818 Abs. 3 Entreicherten[2092]. Insoweit vermag sich zur Aufrechterhaltung des faktischen Synallagmas auch der andere Kondiktionsschuldner auf den Rechtsgedanken von § 818 Abs. 3 zu stützen, wenngleich dessen Vermögen noch den herauszugebenden Gegenstand (in der Regel: die Geldleistung) aufweist[2093]. Im Falle **ungleichartiger Leistungen** bleibt es dagegen bei der Rückabwicklung Zug um Zug, ohne dass ein Zurückbehaltungsrecht ausdrücklich auszuüben wäre.
Die Saldotheorie setzt denklogisch einen (theoretisch) möglichen Rückgriff auf § 818 Abs. 3 voraus[2094]. Kommt diese Vorschrift aber wegen der verschärften Haftung nach § 818 Abs. 4 (Rechtshängigkeit) oder § 819 Abs. 1 (Bösgläubigkeit) nicht zum Tragen, ist selbstverständlich auch kein Raum für die Saldotheorie[2095].

Lösung des Beispiels nach der Saldotheorie: Bei der Annahme, dass das Motorboot den Kaufpreis von 50.000 Euro wert war, wird dieser Betrag zum Abzugsposten bei dem eigenen Kondiktionsanspruch des Empfängers der Sachleistung. Damit kann B gegen A keinen Kondiktionsanspruch auf Rückzahlung des Kaufpreises für sich geltend machen.
Abwandlung: Bei der Annahme, dass das Motorboot (Wert: 50.000 Euro) für 60.000 Euro an B verkauft wurde, kann sich B gegenüber dem Kondiktionsanspruch des A auf Entreicherung (§ 818 Abs. 3) berufen. Der Wert dieser Entreicherung ist nach der Saldotheorie wiederum bei dem eigenen Kondiktionsanspruch des B in Abzug zu bringen, sodass B lediglich einen Anspruch aus § 812 Abs. 1 S. 1 Alt. 1 in Höhe von (60.000 Euro – 50.000 Euro =) 10.000 Euro hat.

546 Rechtsprechung und Literatur kennen jedoch auch **Ausnahmen**, in denen sie von der Saldotheorie keinen Gebrauch machen wollen: So wird diese anerkanntermaßen **nicht zu Lasten Minderjähriger** angewandt[2096]. Hier zeigt sich wiederum, dass die Saldotheorie das Vertragsrecht mit anderen Mitteln fortsetzt. Andernfalls würde der durch §§ 104–108 sichergestellte vertragliche Minderjährigenschutz auf der Ebene des Kondiktionsrechts in sein Gegenteil verkehrt. Denn bei Verlust des Bereicherungsgegenstandes würde der Minderjährige, der seine Kaufpreisrückzahlung auf Grund der Saldotheorie nicht realisieren könnte, in faktischer Hinsicht dauerhaft an den Vertrag gebunden[2097]. Die Saldotheorie findet allerdings von vornherein keine Anwendung, wenn der dann nicht schutzbedürftige Minderjährige die Voraussetzungen der verschärften Haftung nach § 819 Abs. 1 erfüllt (zum Maßstab der Bösgläubigkeit in diesem Fall siehe Rn. 554)[2098].

2091 *Medicus/Petersen*, Bürgerliches Recht, Rn. 225.
2092 Statt vieler *Halfmeier* JA 2007, 492 (497).
2093 Ähnlich *Wandt*, § 12 Rn. 33; *Medicus/Lorenz*, Schuldrecht II, Rn. 1185.
2094 Palandt/*Sprau*, § 818 Rn. 49; MüKo/*Schwab*, § 818 Rn. 216.
2095 BGH NJW 2001, 1127 (1130); *Wandt*, § 12 Rn. 36; Palandt/*Sprau*, § 818 Rn. 49; MüKo/*Schwab*, § 818 Rn. 216; Dauner-Lieb/Langen/*von Sachsen Gessaphe*, § 818 Rn. 73.
2096 BGHZ 126, 105 (108); BGH NJW 2003, 3271; *Grigoleit/Auer*, Schuldrecht III Bereicherungsrecht, Rn. 148; *Wandt*, § 12 Rn. 36, 37.
2097 BGHZ 126, 105 (108); BGH NJW 2003, 3271; *Grigoleit/Auer*, Schuldrecht III Bereicherungsrecht, Rn. 148.
2098 Palandt/*Sprau*, § 818 Rn. 49.

Die Saldotheorie soll auch **keine Anwendung zu Lasten arglistig getäuschter Personen** finden[2099]. Im Einzelfall kann dann aber eine Abwägung erforderlich werden:

> **Bsp.**[2100]: Hat etwa der Käufer einer Sache den Untergang dieser verschuldet, so scheint es unbillig, ihn völlig von seiner Verantwortung freizustellen, wenn sich herausstellt, dass er vom Verkäufer arglistig getäuscht wurde und der Vertrag deswegen angefochten wird. Nach Auffassung des BGH dürfe sich der Verkäufer dem Käufer gegenüber hier zwar nicht auf die Saldotheorie stützen, sodass der Käufer an sich seinen gezahlten Kaufpreis kondizieren könne. Jedoch will der BGH den Anspruch zumindest der Höhe nach mindern (§ 242)[2101].

Folglich bleibt der Kondiktionsanspruch des Käufers auf Kaufpreisrückzahlung nur dann in voller Höhe erhalten, wenn ein **unverschuldeter Untergang der erhaltenen Kaufsache** vorlag. In diesem Fall erscheint der Täuschende nicht schutzwürdig. **547**
Gleiches gilt, wenn der Untergang des Kondiktionsgegenstandes durch einen **Sachmangel** verursacht wird, für welchen der Verkäufer bei Wirksamkeit des Vertragsverhältnisses nach §§ 437 ff. verantwortlich wäre[2102]. Auch hier scheint es trotz des nichtigen Rechtsgeschäfts geboten, eine Parallelwertung zum Vertragsrecht anzustellen[2103]. Die Saldotheorie darf hier folglich nicht zu einer unbilligen Besserstellung des Verkäufers führen.
Die Saldotheorie ist weiter nicht zu Lasten einer von einem **wucherähnlichen Geschäft** betroffenen Person anwendbar (§ 138 Abs. 1)[2104], wenngleich diese Judikatur z.T. heftig kritisiert wird[2105]. Die Saldotheorie soll im Übrigen nicht gelten, wenn eine Partei **vorgeleistet** hat[2106]. Hier fehle es von vornherein an der Möglichkeit, die Kondiktionsansprüche in ein übergreifendes Abrechnungsverhältnis einzustellen[2107].

> **Bsp.**: Verkäufer A liefert ein Fernsehgerät an B, bevor er den Kaufpreis dafür erhalten hat. Wird das Gerät beim Empfänger zerstört, so könnte A bei Unwirksamkeit des Kaufvertrags weder die Rückgewähr des Geräts erreichen noch deren Bezahlung ver-

---

2099 *Grigoleit/Auer*, Schuldrecht III Bereicherungsrecht, Rn. 148; *Wandt*, § 12 Rn. 37.

2100 BGHZ 57, 137 (146); BGH JuS 2001, 706 (zu § 138 Abs. 1, Abs. 2); vgl. auch BGH NJW 2009, 1266: nicht zu Gunsten des Täuschenden.

2101 § 254 kann dagegen nach Auffassung des BGH im Bereicherungsrecht nicht herangezogen werden, vgl. *Conrad* JuS 2009, 397 (400). Ablehnend dazu *Giesen* Jura 1995, 281 (285); *Medicus/Petersen*, Bürgerliches Recht, Rn. 229 f. Dies führt mitunter zu einem Wertungswiderspruch mit den gesetzlichen Rücktrittsfolgen (§ 346 Abs. 3 Satz 1 Nr. 3), da der Getäuschte bei einem Rücktritt schlechter stünde als nach einer Anfechtung. Demnach soll der Getäuschte nur bis zur Grenze der eigenüblichen Sorgfalt (§ 277) entlastet werden, Staudinger/*Lorenz*, § 818 Rn. 41. So i. E. auch *Fest*, Der Einfluss der rücktrittsrechtlichen Wertungen auf die bereicherungsrechtliche Rückabwicklung nichtiger Verträge, S. 152; zur Fragestellung ausführlich *H. Roth*, FS Canaris, 2007, S. 1131 ff.

2102 BGHZ 78, 216 (222 ff.); *Larenz/Canaris*, Schuldrecht BT II/2, § 73 III 7 b; *Wandt*, § 12 Rn. 37.

2103 BGHZ 78, 216 (222 ff.); *Larenz/Canaris*, Schuldrecht BT II/2, § 73 III 7 b; Dauner-Lieb/Langen/*von Sachsen Gessaphe*, § 818 Rn. 74; juris-Pk/*Martinek*, § 818 Rn. 84; im Ergebnis auch *Grigoleit/Auer*, Schuldrecht III Bereicherungsrecht, Rn. 148.

2104 BGHZ 146, 298; dazu *Emmerich* JuS 2001, 706; *Wandt*, § 12 Rn. 37; *Halfmeier* JA 2007, 492 (497); dem BGH im Grundsatz zustimmend *Bork* JZ 2001, 1138; *Looschelders*, Schuldrecht BT, § 54 Rn. 1138.

2105 *Flume* JZ 2002, 321 (324); *ders.* ZIP 2001, 1621; *Bodenbrenner* JZ 2002, 186.

2106 BGH LM § 818 BGB Nr. 2.

2107 Kritisch deswegen *Larenz/Canaris*, Schuldrecht BT II/2, § 73 III 7 a, S. 335: „dogmatischer Geburtsfehler"; Staudinger/*Lorenz*, § 818 Rn. 41; Dauner-Lieb/Langen/*von Sachsen Gessaphe*, § 818 Rn. 75.

langen. Im Ergebnis erscheint es jedoch unbillig, die Vorleistungsfälle aus dem Anwendungsbereich der Saldotheorie zu eliminieren[2108].

Liegt eine dieser beschriebenen Ausnahmen vor, ist anstelle der nicht anwendbaren Saldotheorie die (reine) Zweikondiktionenlehre heranzuziehen. Aufgrund der Vielzahl der Ausnahmen wird auch überlegt, die Saldotheorie aufzugeben[2109]. Dies erscheint indes voreilig, weil sie weiterhin eine große Zahl von Fällen einer interessengerechten Lösung zuführen kann[2110].

548 Problematisch an der Saldotheorie ist jedoch die fehlende **Synchronisation mit den gesetzlichen Rücktrittsfolgen** (§§ 346 ff.)[2111]. Die Äußerungen des Gesetzgebers des Schuldrechtsmodernisierungsgesetzes legen es durchaus nahe, bei der Rückabwicklung nach der Saldotheorie eine Parallele zum gesetzlichen Rücktrittsrecht zu ziehen[2112]. Hierdurch soll eine Harmonisierung der Rückabwicklungsmodi stattfinden. Dies erscheint aber nur möglich, soweit die Interessenlage tatsächlich übereinstimmt. Ähnlich wie bei § 346 Abs. 2 S. 1 Nr. 3 derjenige Wertersatz leisten muss, bei dem die Sache untergegangen ist, hat der Kondiktionsgläubiger sich nach der Saldotheorie den Wert der bei ihm untergegangenen Sache bei seinem Bereicherungsanspruch anrechnen zu lassen[2113]. Insoweit wird die Saldotheorie bestätigt. Weniger überzeugend ist es dagegen, auch die in § 346 Abs. 3 S. 1 Nr. 3 vorgesehene Privilegierung des Rücktrittsschuldners zur Anwendung zu bringen[2114]. Dann würde für den Kondiktionsschuldner, der die eigenübliche Sorgfalt gewahrt hat, der zufällige Verlust des Kondiktionsgegenstandes keinen Abzug gemäß der Saldotheorie nach sich ziehen. Damit würde übersehen, dass § 346 Abs. 3 S. 1 Nr. 3 im Falle des gesetzlichen Rücktrittsrechts eine **vorangegangene Pflichtverletzung** des Rücktrittsgegners voraussetzt, weshalb der Rücktrittsberechtigte besonders schützenswert erscheint[2115]. Eine andere Wertung kann sich lediglich aufgrund der Umstände des Einzelfalls ergeben[2116].

549 In der jüngeren Literatur wird auch eine **modifizierte Form der Zweikondiktionentheorie** vertreten, deren Ergebnisse sich der Saldotheorie vielfach annähern (vielfach auch als **Lehre von der Gegenleistungskondiktion** bezeichnet)[2117]. Da-

---

2108 Ebenso *Riehm*, JuS Lern-CD Zivilrecht I, Rn. 462; *Brox/Walker*, Besonderes Schuldrecht, § 43 Rn. 17; *Looschelders*, Schuldrecht BT, § 54 Rn. 1131, 1133; MüKo/*Schwab*, § 818 Rn. 230 ff.

2109 So *Medicus/Lorenz*, Schuldrecht II, Rn. 1188; Erman/Westermann/*Buck-Heeb*, § 818 Rn. 44; Bamberger/Roth/*Wendehorst*, § 818 Rn. 121. Vgl. in diesem Zusammenhang die von *Canaris* entwickelte Gegenleistungskondiktion: *Canaris*, FS W. Lorenz, 1991, S. 19 ff. und *Larenz/Canaris*, Schuldrecht BT II/2, § 73 III 2 ff.; ebenso *Grigoleit/Auer*, Schuldrecht III Bereicherungsrecht, Rn. 148 f., 150; vermittelnd *Looschelders*, Schuldrecht BT, § 54 Rn. 1131.

2110 Allzu kritisch dagegen *Grigoleit/Auer*, Schuldrecht III Bereicherungsrecht, Rn. 148 f.

2111 Ausführlich und grundlegend für die Zeit nach der Schuldrechtsmodernisierung *H. Roth*, FS Canaris, 2007, Bd. 1, S. 1131 ff.

2112 BT-Drucks. 14/6040, 194 f.; begrüßend Bamberger/Roth/*Wendehorst*, § 818 Rn. 122; *Singer*, FS Medicus, 2009, 487 (496 ff.); *Bockholdt* AcP 206 (2006), 769; vgl. auch Erman/Westermann/*Buck-Heeb*, § 818 Rn. 45.

2113 Bamberger/Roth/*Wendehorst*, § 818 Rn. 122; *Singer*, FS Medicus, 2009, 487 (496 ff.).

2114 Differenzierend auch *Medicus/Petersen*, Bürgerliches Recht, Rn. 231 a ff. (zumindest für die Zeit zwischen der Entdeckung des Mangels und der Erklärung des Rücktritts habe die Vorschrift eine Berechtigung).

2115 Dazu etwa *G. Wagner*, FS Huber, 2006, S. 591 ff.

2116 *Riehm*, JuS Lern-CD Zivilrecht I, Rn. 462; *Lorenz/Riehm*, Lehrbuch zum neuen Schuldrecht, Rn. 432; Bamberger/Roth/*Wendehorst*, § 818 Rn. 122.

2117 Grundlegend *Larenz/Canaris*, Schuldrecht BT II/2, § 73 III 2 b ff., S. 325 ff.; dazu *Grigoleit/Auer*, Schuldrecht III Bereicherungsrecht, Rn. 150 f.

nach existieren zwar grundsätzlich **zwei Kondiktionsansprüche**, jedoch wird § 818 Abs. 3 unter veränderten normativen Vorzeichen (restriktiv) angewendet, sodass der Empfänger der Sachleistung häufig bereicherungsunabhängig zum Wertersatz (§ 818 Abs. 2) verpflichtet ist (allerdings nur bis zur Höhe der eigenen Gegenleistung als Opfergrenze)[2118]. Der Kondiktionsschuldner der Sachleistung vermag sich folglich nicht auf § 818 Abs. 3 zu berufen, wenn ihm nach **Risikogesichtspunkten die „Verantwortung" am Verlust** trifft. Dabei wird meist argumentativ unterstützend auf die Wertungen des Rücktrittsrechts abgestellt (§§ 346 ff.). In methodologischer Hinsicht handelt es sich aber um eine teleologische Restriktion von § 818 Abs. 3[2119].

Danach ist eine Anwendung von § 818 Abs. 3 zu Gunsten des Bereicherungsschuldners der Sachleistung ausgeschlossen, wenn er deren Untergang oder Verlust schuldhaft verursacht hat[2120]. Denn hier wäre auch der Rücktrittsschuldner zum Wertersatz verpflichtet (§ 346 Abs. 2 S. 1 Nr. 3). Dagegen haftet er nicht auf Wertersatz (§ 818 Abs. 2), wenn der Untergang der Sache zufälliger Natur war oder der Empfänger der Sache die eigenübliche Sorgfalt (§ 277) gewahrt hat (Rechtsgedanke von § 346 Abs. 2 S. 1 Nr. 3, Abs. 3 S. 1 Nr. 3)[2121]. Insoweit soll er nicht bereits deswegen Wertersatz leisten müssen, weil er die Sache willentlich in sein Vermögen überführt und sie auch benutzt hat[2122]. Minderjährige und Geschäftsunfähige werden ähnlich wie bei der Saldotheorie privilegiert. Somit ist für sie weiter eine Berufung auf § 818 Abs. 3 möglich[2123]. Anders als nach der Saldotheorie soll der Schutz eines arglistig Getäuschten dagegen für die (eingeschränkte) Zweikondiktionenlehre keine Rolle spielen[2124].

Kritisch anzumerken ist, dass die Parallele zu § 346 Abs. 3 S. 1 Nr. 3 gerade im Fall des zufälligen Untergangs des Kondiktionsgegenstandes, wie bereits erwähnt, auf tönernen Füßen steht. Die Vorschrift setzt eine Pflichtverletzung voraus, welche bei der Rückabwicklung wegen Vertragsnichtigkeit (§§ 812 ff.) keineswegs stattgefunden haben muss.

VIII. Aufgedrängte Bereicherung

Bsp.: Handwerker A repariert rechtsgrundlos das Haus des B, obwohl dieses alsbald abgerissen werden soll. 550

Hinter der Begrifflichkeit „aufgedrängte Bereicherung" verbirgt sich die Problematik, dass die beim Bereicherungsschuldner objektiv eingetretene Bereicherung *subjektiv* von ihm **nicht als solche empfunden** werden kann[2125]. Eine Pflicht zur Nutzung oder Realisierung der objektiven Bereicherung wird überwiegend kritisch gesehen[2126]. Auch müsste durch den Ausgleich des Wertes

2118 MüKo/*Schwab*, § 818 Rn. 241 ff.; *Larenz/Canaris*, Schuldrecht BT II/2, § 73 III 7 d, S. 337; *Grigoleit/Auer*, Schuldrecht III Bereicherungsrecht, Rn. 150; dazu auch *Wandt*, § 12 Rn. 38.
2119 MüKo/*Schwab*, § 818 Rn. 241 ff.; *Wandt*, § 12 Rn. 38.
2120 Ausführlich dazu *Wandt*, § 12 Rn. 39.
2121 *Lorenz/Riehm*, Lehrbuch zum neuen Schuldrecht, Rn. 432 f.; *Wandt*, § 12 Rn. 39.
2122 So aber *Flume* AcP 194 (1994), 427; *ders.* JZ 2002, 321 (324); *Canaris*, WM 1981, 979.
2123 MüKo/*Schwab*, § 818 Rn. 272.
2124 *Wandt*, § 12 Rn. 39, 40; einschränkend *Grigoleit/Auer*, Schuldrecht III Bereicherungsrecht, Rn. 150 f.
2125 Vgl. dazu auch *Grigoleit/Auer*, Schuldrecht III Bereicherungsrecht, Rn. 154 f.
2126 *Riehm*, JuS Lern-CD Zivilrecht I, Rn. 461; *Grigoleit/Auer*, Schuldrecht III Bereicherungsrecht, Rn. 154; größere Anforderungen an den Bereicherungsschuldner stellt *Larenz/Canaris*, Schuldrecht BT II/2, § 72 IV 3, S. 288 f.

u. U. das Stammvermögen des Schuldners angetastet werden[2127]. Zur Lösung wird von einer Ansicht vorgeschlagen, mittels einer ausnahmsweise am subjektiven Wert orientierten Auslegung von § 818 Abs. 2 den Bereicherungsanspruch von vornherein auf den für den Bereicherungsschuldner tatsächlichen Nutzen zu beschränken[2128]. Dies hätte indes den Nachteil, dass sich dann auch der nach § 818 Abs. 4 verschärft haftende Kondiktionsschuldner darauf berufen könnte. Nach anderen Stimmen wird deswegen versucht, diese **subjektive Wertbemessung** erst **im Rahmen von § 818 Abs. 3** zur Geltung zu bringen[2129]. Ein bösgläubiger oder verklagter Kondiktionsschuldner kann dann nicht in deren Genuss kommen. Auch darf sich der Kondiktionsschuldner selbstverständlich nach Realisierung der objektiven Bereicherung nicht mehr auf § 818 Abs. 3 berufen[2130].

Bsp.: Der durch Verwendungen erhöhte Wert des Hausgrundstücks wird vom Kondiktionsschuldner durch den Verkauf realisiert. In diesem Fall muss er für die Verwendungen Wertersatz leisten (§§ 951 Abs. 1, 812 Abs. 1 S. 1 Alt. 2)[2131].

IX. Die verschärfte Haftung des Kondiktionsschuldners – §§ 818 Abs. 4, 819 Abs. 1, 820

1. Allgemeines

551 Die aus § 818 Abs. 3 resultierende **Privilegierung des Bereicherungsschuldners,** die einen wesentlichen Unterschied zu Wertersatzansprüchen nach §§ 346 ff. markiert, ist in einigen gesetzlich bestimmten Fällen von vornherein ausgeschlossen[2132]. Dies gilt zum einen, wenn der Bereicherungsschuldner bereits verklagt wurde (§ 818 Abs. 4), zum anderen, wenn er gemäß § 819 Abs. 1 positive Kenntnis vom Fehlen des rechtlichen Grundes besaß[2133]. Praktisch kaum relevante Fälle sind schließlich in § 819 Abs. 2 und § 820 Abs. 1 normiert. Daneben kommt es hier häufig zu einer **verschärften Haftung** des Bereicherungsschuldners nach den **„allgemeinen Vorschriften“** (§ 818 Abs. 4).

Fallgruppen der verschärften Haftung des Bereicherungsschuldners
1. Rechtshängigkeit des Kondiktionsanspruchs (§ 818 Abs. 4)
2. Kenntnis vom Fehlen des rechtlichen Grundes (§ 819 Abs. 1)
3. Verstoß gegen gesetzliches Verbot oder die guten Sitten (§ 819 Abs. 2)
4. Ungewisser Leistungserfolg (§ 820 Abs. 1 S. 1) oder Möglichkeit des Wegfalls des Rechtsgrundes (§ 820 Abs. 1 S. 2)

2. Rechtshängigkeit nach § 818 Abs. 4

552 Nach § 818 Abs. 4 knüpft die verschärfte Haftung des Bereicherungsschuldners an die **Rechtshängigkeit der Klage** des Bereicherungsgläubigers gegen

2127 Mit Recht *Grigoleit/Auer*, Schuldrecht III Bereicherungsrecht, Rn. 155.
2128 Staudinger/*Lorenz*, Vor §§ 812 ff. Rn. 46; Bamberger/Roth/*Wendehorst*, § 818 Rn. 145; Palandt/*Bassenge*, § 951 Rn. 21.
2129 MüKo/*Schwab*, § 818 Rn. 202; *Goetze* AcP 173 (1973), 289.
2130 *Larenz/Canaris*, Schuldrecht BT II/2, § 72 IV 2, S. 287 f.
2131 *Larenz/Canaris*, Schuldrecht BT II/2, § 72 IV 2 a, S. 287; *Medicus/Petersen*, Bürgerliches Recht, Rn. 899; *Halfmeier* JA 2007, 492 (495); *Riehm*, JuS Lern-CD Zivilrecht, Rn. 461.
2132 Ausführlich zur Thematik auch *Giesen* Jura 1995, 281 (285 ff.).
2133 *Giesen* Jura 1995, 281 (285 ff.).

den Bereicherungsschuldner auf Herausgabe des Erlangten oder auf Wertersatz an[2134]. Auch andere gesetzliche Vorschriften verbinden den Eintritt der Rechtshängigkeit mit der Anordnung einer höheren Verantwortlichkeit des Schuldners (§§ 987, 989). Nach §§ 261 Abs. 1, 253 Abs. 1 ZPO wird die Klage mit der Zustellung der Klageschrift an den Beklagten rechtshängig. Für das **Mahnverfahren** sieht § 696 Abs. 3 ZPO eine wichtige zeitliche Erweiterung vor[2135]. Mit der Klageerhebung weiß der Bereicherungsschuldner (grundsätzlich), dass er nicht auf die Beständigkeit des Erwerbs vertrauen darf. Insoweit muss er mit dem erlangten Kondiktionsgegenstand besonders sorgsam umgehen[2136]. Indes wird dies nur für die Rechtshängigkeit der Leistungsklage, nicht aber der negativen Feststellungsklage angenommen[2137]. Nur erstere soll den bereicherungsrechtlichen Rückgewähranspruch rechtshängig werden lassen. Für § 818 Abs. 4 ist es schließlich unerheblich, dass der Bereicherungsschuldner von der eingetretenen Rechtshängigkeit keine Kenntnis erlangt hat.

3. § 819 Abs. 1 – positive Kenntnis des fehlenden Rechtsgrundes

§ 819 Abs. 1 stellt der Rechtshängigkeit der Bereicherungsklage die **Kenntnis vom fehlenden Rechtsgrund** gleich. Wusste demnach der (insoweit bösgläubige) Bereicherungsschuldner bei dem Empfang des Gegenstandes um den Mangel des rechtlichen Grundes oder erfährt er ihn später, so wird er wie ein verklagter Bereicherungsschuldner angesehen und ihn trifft die verschärfte Haftung nach den allgemeinen Vorschriften (§ 818 Abs. 4)[2138]. Nach überwiegender Auffassung verlangt dies die **positive Kenntnis der Tatsachen und der sich daraus ergebenden rechtlichen Konsequenzen**[2139]. Grob fahrlässige Unkenntnis wird zumindest in der Theorie nicht als ausreichend angesehen. Vielmehr wird grundsätzlich neben der Kenntnis des Sachstandes auch eine Rechtsfolgenbewertung erwartet. Allerdings hat die Rechtspraxis die Anforderungen an die Rechtskenntnis im Einzelfall deutlich abgemildert, ohne damit in jedem Fall überzeugen zu können[2140]. So nimmt die Judikatur im bargeldlosen Zahlungsverkehr eine Prüfpflicht des Girokunden hinsichtlich seiner Kontoauszüge an, was im Falle von Doppelüberweisungen relevant wird und bei Verletzung nach § 280 Abs. 1 ge- 553

2134 *Wandt*, § 12 Rn. 44; *Medicus/Lorenz*, Schuldrecht II, Rn. 1177; Bamberger/Roth/*Wendehorst*, § 818 Rn. 81; Schulze/*Schulze*, § 818 Rn. 17; Dauner-Lieb/Langen/*von Sachsen Gessaphe*, § 818 Rn. 86; juris-Pk/*Martinek*, § 818 Rn. 116; zur Frage, ob stets der Anspruchsberechtigte klagen muss, näher *Althammer* NJW 2011, 2172 f.

2135 *Wandt*, § 12 Rn. 44; MüKo/*Schwab*, § 818 Rn. 277; juris-Pk/*Martinek*, § 818 Rn. 116; Erman/Westermann/*Buck-Heeb*, § 818 Rn. 49.

2136 BGHZ 93, 183 (186 f.) = BGH NJW 1985, 1074; OLG Brandenburg OLGR 2007, 237 (239).

2137 BGHZ 93, 183 (186 f.) = BGH NJW 1985, 1074; ebenso OLG Brandenburg OLGR 2007, 237 (239); Bamberger/Roth/*Wendehorst*, § 818 Rn. 81; juris-Pk/*Martinek*, § 818 Rn. 117; a. A. OLG Hamm FamRZ 1984, 297 (298); OLG München FamRZ 1983, 1043; MüKo/*Schwab*, § 818 Rn. 279. Diese Streitfrage zur negativen Feststellungsklage wird in vergleichbarer Weise im Zusammenhang mit der Verjährungshemmung nach § 204 Abs. 1 Nr. 1 virulent.

2138 Bei beiderseitiger Kenntnis greift die h. M. trotz an sich vorliegender Voraussetzungen nicht auf § 819 zurück, *Wandt*, § 12 Rn. 51; Erman/Westermann/*Buck-Heeb*, § 819 Rn. 1; MüKo/*Schwab*, § 819 Rn. 5.

2139 BGH NJW 1992, 2417; *Wandt*, § 12 Rn. 45; *Giesen* Jura 1995, 281 (286); Dauner-Lieb/Langen/*von Sachsen Gessaphe*, § 819 Rn. 2; MüKo/*Schwab*, § 819 Rn. 2; *Grigoleit/Auer*, Schuldrecht III Bereicherungsrecht, Rn. 139.

2140 Erleichterungen ergeben sich nach BGHZ 72, 9 (14) und BGH NJW 1987, 185 im Falle besonders eindeutiger Tatsachen, welche eine objektiv denkende Person von der Rechtsgrundlosigkeit des Erwerbs ausgehen lassen; MüKo/*Schwab*, § 819 Rn. 11 ff.

ahndet werden kann[2141]. Eine sehr klausurrelevante Weiterung sieht zudem § 142 Abs. 2 vor: Im Falle der Anfechtung steht die **Kenntnis der Anfechtbarkeit** der Kenntnis der Nichtigkeit gleich.

554 Bei der rechtsgeschäftlichen Stellvertretung kommt der **Kenntnis des Vertreters** entscheidende Bedeutung zu, wenn er es ist, der den Gegenstand in Empfang nimmt. Diese Kenntnis wird dem Vertretenen zugerechnet (§ 166 Abs. 1 analog)[2142]. Differenzierter wird diese Frage im Falle der gesetzlichen Stellvertretung eines **Minderjährigen** bewertet. Ausgangspunkt der Überlegung ist die Situation, dass ein minderjähriger Kondiktionsschuldner den Gegenstand in Empfang genommen hat und ihn nicht mehr herauszugeben vermag (§ 818 Abs. 3). Hier wird nach Auffassung der Rechtsprechung und h. L. zwischen Leistungs- und Eingriffskondiktion differenziert[2143]. Im Fall der **Leistungskondiktion** soll es analog § 166 Abs. 1 allein auf die Kenntnis des gesetzlichen Vertreters (Eltern) ankommen. Andernfalls käme es über § 819 Abs. 1 allzu leicht zu einer Haftung, welche einer vertraglichen Verpflichtung gleichkäme. Insoweit könnten wesentliche **Wertungen des Minderjährigenschutzes** ausgehebelt werden[2144]. Damit wird zutreffend die Nähe der Leistungskondiktion zum Vertragsrecht betont. Hingegen wird für die **Eingriffskondiktion** ihr **deliktsrechtlicher Charakter** hervorgehoben, was dazu führt, dass hinsichtlich der Bösgläubigkeit auf die Person des Minderjährigen selbst und seine Einsichtsfähigkeit abgestellt wird (§ 828 Abs. 3 analog)[2145].
Zwar lässt sich an dieser Unterscheidung kritisieren, dass sie in keiner Weise im Gesetz selbst angelegt ist und die Grenzen zwischen Leistungs- und Eingriffskondiktion durchaus nicht immer trennscharf gezogen werden können[2146]. Deswegen wird z.T. auch dafür geworben, stets die Kenntnis des gesetzlichen Vertreters, § 166 Abs. 1 analog, ausschlaggebend sein zu lassen[2147]. Richtigerweise ist aber eine Privilegierung des Minderjährigen in eindeutigen Fällen eines deliktischen Verhaltens, das bereicherungsrechtlich als Eingriff zu werten ist, unangebracht. Sie kann falsche Anreize setzen. In Zweifelsfällen der Abgrenzung von Leistungs- und Eingriffskondiktion mag man zudem im Sinne des Minderjährigenschutzes der ersten Option den Vorzug einräumen.

4. Gesetzes- oder Sittenverstoß (§ 819 Abs. 2)

555 Auch wenn der Empfänger durch die Annahme der Leistung gegen ein gesetzliches Verbot oder gegen die guten Sitten verstößt, soll er nach § 819 Abs. 2 von dem Empfang der Leistung an in der gleichen Weise haften wie nach Abs. 1. Das bedeutet, dass auch hier mittels Verweisung die „allgemeinen Vorschriften" nach § 818 Abs. 4 zur Anwendung kommen (vgl. näher 6.)[2148]. Voraussetzung ist allerdings, dass der Kondiktionsanspruch nicht bereits an § 817 S. 2 scheitert.

2141 BGHZ 72, 9 (14); dazu mit Recht kritisch MüKo/*Schwab*, § 819 Rn. 13; *Reuter/Martinek*, Ungerechtfertigte Bereicherung, S. 649.

2142 BGHZ 83, 293; *Wandt* MDR 1984, 535 (538); Palant/*Sprau*, § 819 Rn. 3; *Reuter/Martinek*, Ungerechtfertigte Bereicherung, S. 645 f.; Erman/Westermann/*Buck-Heeb*, § 819 Rn. 3.

2143 Schulbeispiel ist wiederum der Flugreisefall: BGHZ 55, 128.

2144 *Rüthers/Stadler*, § 23 Rn. 35; *Brox/Walker*, Besonderes Schuldrecht, § 43 Rn. 19; Dauner-Lieb/Langen/*von Sachsen Gessaphe*, § 819 Rn. 5; Staudinger/*Lorenz*, § 819 Rn. 10.

2145 BGHZ 55, 128 (137); OLG Nürnberg NJW-RR 1989, 1137; *Wandt*, § 12 Rn. 47; *Medicus/Petersen*, Bürgerliches Recht, Rn. 176; *Rüthers/Stadler*, § 23 Rn. 35.

2146 *Giesen* Jura 1995, 281 (286 f.); *Looschelders*, Schuldrecht BT, § 54 Rn. 1120.

2147 *Giesen* Jura 1995, 281 (286 f.); *Looschelders*, Schuldrecht BT, § 54 Rn. 1120; *Brox/Walker*, Besonderes Schuldrecht, § 43 Rn. 19.

2148 Siehe dazu auch *Wandt*, § 12 Rn. 48.

5. Ungewisser Leistungserfolg bei Zweckverfehlungskondiktion (§ 820 Abs. 1 S. 1) und möglicher späterer Wegfall des Rechtsgrundes (§ 820 Abs. 1 S. 2)

§ 820 Abs. 1 S. 1 enthält eine speziell auf die **Zweckkondiktion** (*condictio ob* 556
rem; § 812 Abs. 1 S. 2 Alt. 2) gemünzte Haftungsverschärfung. War danach mit der Leistung ein Erfolg bezweckt, dessen Eintritt nach dem Inhalt des Rechtsgeschäfts als ungewiss angesehen wurde, so ist der Empfänger, falls der Erfolg nicht eintritt, zur Herausgabe so verpflichtet, wie wenn der Anspruch auf Herausgabe zur Zeit des Empfangs rechtshängig geworden wäre (§ 818 Abs. 4). Sowohl der Bereicherungsgläubiger als auch der Bereicherungsschuldner müssen sich dabei **über den Erfolgseintritt subjektiv im Ungewissen** befinden[2149]. Maßgeblich ist allein der Zeitpunkt der Leistung, sodass die Voraussetzungen für eine verschärfte Haftung bei späterer Kenntnis nicht mehr eintreten können[2150]. Eine vergleichbare Vorschrift enthält § 820 Abs. 1 S. 2 für die *condictio ob causam finitam* (812 Abs. 1 S. 2 Alt. 1). Danach trifft den Empfänger der Leistung ebenfalls die verschärfte Haftung (§ 818 Abs. 4), wenn er den Wegfall des Rechtsgrunds als möglich angesehen hat.

6. Folgen der Haftungsverschärfung

Die wichtigsten Folgen der verschärften Haftung seien im Folgenden kurz genannt.

a) **Haftung nach den allgemeinen Vorschriften** (**§ 818 Abs. 4**). In allen Fällen 557
der verschärften Bereicherungshaftung kann aufgrund der Verweisung von § 818 Abs. 4 auf die sog. „allgemeinen Vorschriften" zurückgegriffen werden[2151]. Dies sind zwar vorwiegend § 291 und § 292[2152]. Im Grundsatz wird aber mit den „allgemeinen Vorschriften" auch auf §§ 275 ff. verwiesen[2153]. So hat der Bereicherungsschuldner etwa **eine Geldschuld** nach § 291 zu verzinsen.
Muss der Kondiktionsschuldner **einen Gegenstand herausgeben**, gilt es § 292 zu beachten, der eine (eingeschränkte) Rechtsgrundverweisung hinsichtlich der Vorschriften des Eigentümer-Besitzer-Verhältnisses anordnet (§§ 987 ff.) [2154]. So hat der Kondiktionsschuldner nach § 989 Ersatz zu leisten, sofern der Gegenstand **durch sein Verschulden** verschlechtert wird, untergeht oder nicht herausgegeben werden kann. Im Falle des Schuldnerverzugs gilt eine Zufallshaftung (§ 287 S. 2)[2155]. Bei der Verantwortlichkeit nach §§ 989, 990 wird dem Bereicherungsschuldner nach § 278 auch das Verschulden eines **Erfüllungsgehilfen zugerechnet.** Ein gesetzliches Schuldverhältnis, das den Anknüpfungspunkt für § 278 bildet, ist der Bereicherungsanspruch[2156]. Eine Ersatzpflicht für **schuldhaft nicht gezogene Nutzungen** ergibt sich häufig aus § 292 Abs. 2 i. V. m. § 987

2149 *Wandt*, § 12 Rn. 49.
2150 *Wandt*, § 12 Rn. 50; MüKo/*Schwab*, § 820 Rn. 13.
2151 Zu Einzelheiten auch *Riehm*, JuS Lern-CD Zivilrecht I, Rn. 462.
2152 *Grigoleit/Auer*, Schuldrecht III Bereicherungsrecht, Rn. 141.
2153 BGHZ 83, 293 (298 f.); *Medicus* JuS 1993, 705 f.: Nach seiner Meinung seien nur §§ 291 f. anwendbar, und §§ 275 ff. nur insoweit, als sie von §§ 987 ff. ausdrücklich in Bezug genommen würden; vgl. dazu auch *Wandt*, § 12 Rn. 44; Staudinger/*Lorenz*, § 818 Rn. 50.
2154 MüKo/*Schwab*, § 818 Rn. 285; Dauner-Lieb/Langen/*von Sachsen Gessaphe*, § 819 Rn. 90.
2155 MüKo/*Schwab*, § 818 Rn. 285; Dauner-Lieb/Langen/*von Sachsen Gessaphe*, § 819 Rn. 90; *Brox/Walker*, Besonderes Schuldrecht, § 43 Rn. 23; *Wandt*, § 12 Rn. 56; juris-Pk/*Martinek*, § 818 Rn. 121.
2156 *Riehm*, JuS Lern-CD Zivilrecht I, Rn. 462; MüKo/*Schwab*, § 818 Rn. 284; *Weiss* JuS 2012, 965 (969).

Abs. 2[2157], wobei jedoch die Einschränkung des § 820 Abs. 2 zu beachten ist. Aus Sicht des Bereicherungsschuldners selbst sind dagegen in Konsequenz seiner höheren Verantwortlichkeit nur notwendige Verwendungen ersatzfähig, § 994 Abs. 2 (und dies nur nach Maßgabe der §§ 677 ff.)[2158].

558 Umstritten ist, ob auch § 285 von der Verweisung des § 292 erfasst wird[2159]. Zum Teil wird dies verneint, weil die Verweisungsvorschrift nach ihrem Wortlaut nur Vorschriften erfasse, welche an die Rechtshängigkeit einer Klage verschärfende Rechtsfolgen knüpfen[2160]. Nach Auffassung der großzügigeren Judikatur und der wohl h. L. ist § 285 dagegen anwendbar[2161]. Denn § 818 Abs. 4 verweist auf sämtliche Vorschriften des allgemeinen Teils des Schuldrechts[2162]. Es erscheint somit in der Tat gerechtfertigt, dass der bösgläubige Bereicherungsschuldner nach § 285 (über § 818 Abs. 1 hinaus) auch **das rechtsgeschäftliche Surrogat** herausgeben muss, welches ansonsten nur im Rahmen von § 816 Abs. 1 geschuldet ist.

559 Vor Inkrafttreten des Schuldrechtsmodernisierungsgesetzes im Jahr 2002 sollte nach h. M. von der Verweisung des § 292 auch § 279 a. F. erfasst sein[2163]. Die Vorschrift sah eine **Garantiehaftung bei Geldschulden** vor. Der Schuldner durfte folglich nicht einwenden, er sei finanziell nicht mehr leistungsfähig, um § 818 Abs. 3 zur Anwendung zu bringen[2164]. Obwohl § 279 a. F. durch das Schuldrechtsmodernisierungsgesetz gestrichen wurde, soll der darin zum Ausdruck kommende Grundsatz „Geld muss man haben“ weiter gelten[2165], weil es sich um ein allgemeines Rechtsprinzip handle, auch wenn § 276 Abs. 1, der sich mit Garantien und Beschaffungsrisiken befasst, dazu keine eindeutige Aussage trifft. Dies legen immerhin auch die Gesetzesmaterialien nahe[2166]. Gleichwohl wird zum Teil darauf hingewiesen, dass eine unbeschränkte Einstandspflicht nur in Betracht komme, wenn sich die ursprüngliche Speziesschuld (der erlangte Geldbetrag ist herauszugeben) bereits in eine Geldwertschuld umgewandelt habe[2167]. Doch erscheint diese Differenzierung wenig wirklichkeitsnah und praxisgerecht.

560 b) **Wertersatzpflicht nach § 818 Abs. 2.** Unabhängig von der Verweisung auf die allgemeinen Vorschriften, welche eigenständige Anspruchsgrundlagen (etwa

2157 *Grigoleit/Auer*, Schuldrecht III Bereicherungsrecht, Rn. 141.

2158 *Brox/Walker*, Besonderes Schuldrecht, § 43 Rn. 21, 23; *Giesen* Jura 1995, 281 (285); Dauner-Lieb/Langen/*von Sachsen Gessaphe*, § 818 Rn. 91; Schulze/*Schulze*, § 818 Rn. 18; *Esser/Weyers*, Schuldrecht BT II, § 51 III 2 b.

2159 Zur Streitdarstellung auch MüKo/*Schwab*, § 818 Rn. 299 f.

2160 *Medicus* JuS 1993, 705 (706 ff.); *Riehm*, JuS Lern-CD Zivilrecht I, Rn. 462; MüKo/*Schwab*, § 818 Rn. 301.

2161 BGHZ 75, 203; Erman/Westermann/*Buck-Heeb*, § 818 Rn. 50; Bamberger/Roth/*Wendehorst*, § 818 Rn. 84; juris-Pk/*Martinek*, § 818 Rn. 123; *Larenz/Canaris*, Schuldrecht BT II/2, § 73 II 3 b; *Weiss* JuS 2012, 965 (969).

2162 Palandt/*Sprau*, § 818 Rn. 52; *Musielak/Hau*, Examenskurs BGB, Rn. 334.

2163 BGHZ 83, 293 m. w. N.

2164 BGH NJW 1982, 1585 (1587); *Giesen* Jura 1995, 281 (286); *Wandt*, § 12 Rn. 57.

2165 *Brox/Walker*, Besonderes Schuldrecht, § 43 Rn. 23; *Wandt*, § 12 Rn. 57; kritisch *Looschelders*, Schuldrecht BT, § 54 Rn. 1127.

2166 BT-Drucks. 14/7052, S. 183: „Dass der Schuldner sich auf finanzielles Unvermögen nicht berufen kann, ist auch im geltenden BGB nicht geregelt, sondern folgt aus allgemeinen Grundsätzen sowie der Existenz der Insolvenzordnung, die ansonsten überflüssig wäre ... An dieser Rechtslage will der Entwurf nichts ändern.“ Vgl. auch *Wandt*, § 12 Rn. 56.

2167 *Larenz/Canaris*, Schuldrecht BT II/2, § 73 II 3 c; *Riehm*, JuS Lern-CD Zivilrecht I, Rn. 462; MüKo/*Schwab*, § 818 Rn. 299 f.

§§ 292, 989) gewähren, sind die Vorschriften über die Haftungsverschärfung (Rechtshängigkeit, § 818 Abs. 4 und Bösgläubigkeit, § 819 Abs. 1) auch im Rahmen der **bereicherungsrechtlichen Wertersatzhaftung** nach § 818 Abs. 2 zu prüfen[2168]. Obwohl dies nicht ausdrücklich geregelt ist, darf sich der Bereicherungsschuldner nicht mehr auf § 818 Abs. 3 und die bei ihm eingetretene Entreicherung berufen[2169]. Die Vorschriften verwehren es dem Bereicherungsschuldner, über § 818 Abs. 3 einer Haftung zu entgehen. Obwohl dieser also tatsächlich entreichert ist, darf er diesen Aspekt zu seiner Entlastung nicht einführen[2170]. Von Interesse ist diese Wertersatzpflicht aus Sicht des Bereicherungsgläubigers insbesondere, wenn bei ihm **kein unmittelbarer Schaden** eingetreten ist, was aber Voraussetzung für eine Haftung nach §§ 818 Abs. 4, 819 Abs. 1, 292, 989 wäre[2171].

X. § 821 – Die Bereicherungseinrede

Nach der selten anwendbaren Regelung in § 821 kann derjenige, welcher ohne rechtlichen Grund eine Verbindlichkeit eingeht, die Erfüllung auch dann verweigern, wenn der Anspruch auf Befreiung von der Verbindlichkeit verjährt ist (§§ 195 Abs. 1, 199 Abs. 1, 4: die Verjährung tritt spätestens in zehn Jahren ein)[2172]. Der Anspruch auf Befreiung von der Verbindlichkeit ergibt sich dabei aus § 812 Abs. 1, Abs. 2[2173]. 561

Bsp.[2174]: Die Sparkasse S schrieb, weil sie von einer nicht existenten Verpflichtung gegenüber dem Bankkunden A ausging, diesem einen Betrag von 1.000 Euro auf dessen Konto gut. Dieses abstrakte Schuldversprechen (§ 781) könnte die Sparkasse gemäß §§ 812 Abs. 1 S. 1 Alt. 1, 818 Abs. 2 von A kondizieren. Ist der Bereicherungsanspruch bereits verjährt, vermag die Sparkasse wegen § 821 dennoch die Erfüllung des abstrakten Schuldversprechens zu verweigern.

Die Vorschrift wird jedoch über ihren Wortlaut hinaus analog angewendet: 562 § 821 (analog) erlaubt es dem Schuldner insoweit auch, unabhängig vom Eintritt der Verjährung die Erfüllung einer rechtsgrundlos eingegangenen Verpflichtung zu verweigern und den Gegenstand nicht erst nach erfolgter Leistung zu kondizieren[2175]. Diese Rechtsfolge lässt sich an sich bereits aus dem allgemeinen Grundsatz *dolo facit, qui petit, quod statim redditurus est* (§ 242) ableiten[2176].

2168 *Giesen* Jura 1995, 281 (285 ff.); *Looschelders*, Schuldrecht BT, § 54 Rn. 1123.

2169 *Giesen* Jura 1995, 281 (285 ff.); *Looschelders*, Schuldrecht BT, § 54 Rn. 1123; juris-Pk/*Martinek*, § 818 Rn. 119; *Larenz/Canaris*, Schuldrecht BT II/2, § 73 II, S. 309; differenzierend Staudinger/*Lorenz*, § 819 Rn. 52.

2170 Zum Prüfungsstandort näher *Riehm*, JuS Lern-CD Zivilrecht I, Rn. 462; *Wandt*, § 12 Rn. 58; *Looschelders*, Schuldrecht BT, § 54 Rn. 1123.

2171 Ähnlich MüKo/*Schwab*, § 818 Rn. 288; *Halfmeier* JA 2007, 492 (496).

2172 Vgl. zur Bereicherungseinrede etwa auch *Wandt*, § 12 Rn. 63.

2173 *Giesen* Jura 1995, 281 (287 f.); juris-Pk/*Martinek*, § 821 Rn. 2; Dauner-Lieb/Langen/*von Sachsen Gessaphe*, § 821 Rn. 1; Jauernig/*Stadler*, § 821 Rn. 1.

2174 BGH NJW 1991, 2140.

2175 BGH NJW 1991, 2140 (2141); Staudinger/*Lorenz*, § 821 Rn. 3; *Looschelders*, Schuldrecht BT, § 54 Rn. 1140; Bamberger/Roth/*Wendehorst*, § 821 Rn. 3.

2176 *Wandt*, § 12 Rn. 63; Bamberger/Roth/*Wendehorst*, § 821 Rn. 3; vgl. auch Erman/Westermann/*Buck-Heeb*, § 821 Rn. 1a; juris-Pk/*Martinek*, § 821 Rn. 1.

§ 28 Bereicherungsausgleich in Dreiecks- und Mehrpersonenverhältnissen

Literatur: *Bayer,* Bereicherungsausgleich nach Zession einer unwirksamen Forderung, JuS 1990, 883; *Beuthien,* Leistung und Aufwendungen im Dreiecksverhältnis, JuS 1987, 841; *Böckmann/Kluth,* Direktkondiktion bei irrtümlicher Doppelausführung eines Überweisungsauftrags?, ZIP 2003, 656; *Canaris,* Der Bereicherungsausgleich im Dreipersonenverhältnis, 1. FS Larenz, 1973, S. 799; *Flume,* Der Bereicherungsausgleich in Mehrpersonenverhältnissen, AcP 199 (1999), 1; *ders.,* Zum Bereicherungsausgleich bei Zahlungen in Drei-Personen-Verhältnissen, NJW 1991, 2521; *Harke,* Zur Beweislastverteilung beim Bereicherungsausgleich im Dreiecksverhältnis, JZ 2002, 179; *Hassold,* Zur Leistung im Dreipersonenverhältnis, 1981 (dazu *Harder,* AcP 182 (1982), 372); *Jakobs,* Die Rückkehr der Praxis zur Regelanwendung und der Beruf der Theorie im Recht der Leistungskondiktion, NJW 1992, 2524; *Joost-Dikomey,* Bereicherungsanspruch bei fehlgeleiteter Überweisung auf ein überschuldetes Konto des Gläubigers, JuS 1988, 104; *S. Lorenz,* Bereicherungsrechtliche Drittbeziehungen, JuS 2003, 729; *Martinek,* Der Bereicherungsausgleich bei veranlaßter Drittleistung auf fremde nichtbestehende Schuld, JZ 1991, 395; *Neef,* Die bereicherungsrechtliche Rückabwicklung bei fehlerhafter Anweisung, JA 2006, 458; *Schall,* Leistungskondiktion und „Sonstige Kondiktionen" auf der Grundlage eines einheitlichen gesetzlichen Kondiktionsprinzips, 2003; *ders.,* Abrüstung der Bereicherungsdogmatik im Dreipersonenverhältnis, JZ 2013, 753; *Schmidt-Recla,* Deutsche Dogmen und englisches leapfrogging bei der Restitution im Dreiecksverhältnis, JZ 2010, 1150; *Schnauder,* Grundfragen zur Leistungskondiktion bei Drittbeziehungen, 1981; *ders.,* Wider das Dogma vom Empfängerhorizont, NJW 1999, 2841; *K. Schreiber,* Der Bereicherungsausgleich im Mehrpersonenverhältnis, Jura 1986, 539; *Tommaso/Weinbrenner,* Bereicherungsrechtliche Mehrpersonenverhältnisse bei § 822 BGB, Jura 2004, 649; *Wertheimer,* Bereicherungsanspruch des Haftpflichtversicherers wegen Zahlung an vermeintlichen Zessionar, JuS 1992, 284; *Wilhelm,* „Upon the cases" bei der Leistungskondiktion im Dreiecksverhältnis, JZ 1994, 585.

I. Allgemeine Problemstellung

563 Große Prüfungsrelevanz besitzen nicht zuletzt aufgrund ihrer Komplexität bereicherungsrechtliche Konstellationen, in denen der Leistungsaustausch zwischen mehreren Personen stattgefunden hat, aber es sich aufgrund besonderer Wertungen im Einzelfall als fraglich darstellt, wie die Rückabwicklung vonstattengehen soll[2177]. Solche **bereicherungsrechtlichen Dreiecks- oder Mehrpersonenverhältnisse** gelten allgemein als schwierig und manchem Studenten als „Schreckgespenst"[2178]. Auch der BGH erkennt deren Komplexität und weist in ständiger Rechtsprechung darauf hin, dass sich jede „schematische Lösung" verbiete[2179].

564 **Grundsätzlich gilt,** dass die bereicherungsrechtliche Rückabwicklung gescheiterter Leistungsbeziehungen (§ 812 Abs. 1 S. 1 Alt. 1) stets in den Leistungsverhältnissen zu erfolgen hat. Dies hat den Vorteil, dass die Vertragsparteien ihre Einwendungen gegen ihre jeweiligen Vertragspartner behalten und sie sich andererseits nicht mit Einwendungen dritter Personen auseinandersetzen müssen[2180]. Auch das Insolvenzrisiko bleibt auf die früheren Vertragsbeziehungen begrenzt[2181]. Dagegen

2177 *S. Lorenz* JuS 2003, 729.
2178 So etwa *S. Lorenz* JuS 2003, 729.
2179 BGHZ 89, 376 (378); 105, 365 (369); 111, 382 (385).
2180 *Wandt,* § 13 Rn. 10; Staudinger/*Lorenz,* § 812 Rn. 5.
2181 *Wandt,* § 13 Rn. 10.

scheidet eine **Direktkondiktion in Form der Nichtleistungskondiktion**, welche die Leistungsbeziehungen ausblendet und unmittelbar einen Zugriff gegen den Letztempfänger des Kondiktionsgegenstandes ermöglicht, regelmäßig bereits aufgrund des Subsidiaritätsgrundsatzes aus[2182]. Im Ergebnis können die meisten Fälle bereits durch eine ordnungsgemäße Handhabung **des Leistungsbegriffs** einer richtigen Lösung zugeführt werden (vgl. dazu bereits oben Rn. 404)[2183], sodass sein Stellenwert trotz der daran geübten Kritik nicht zu vernachlässigen ist. Was durch Leistung erlangt wurde, kann aber nicht zugleich den Gegenstand einer Nichtleistungskondiktion bilden (**Subsidiarität der Nichtleistungskondiktion**) [2184]. Dass die gefundenen Ergebnisse in bereicherungsrechtlichen Mehrpersonenverhältnissen mitunter einer Ergänzung durch Wertungskriterien bedürfen[2185], steht der Bedeutung des Leistungsbegriffes nicht entgegen[2186]. Es ist somit weiter zutreffend, den Bereicherungsausgleich im Dreiecksverhältnis als „Domäne des so genannten bereicherungsrechtlichen Leistungsbegriffs" zu bezeichnen[2187], ohne dass deswegen teleologische Wertungen ausgeblendet bleiben. Nicht zu empfehlen aus Sicht des Klausurbearbeiters ist der umgekehrte Weg, bereicherungsrechtliche Mehrpersonenverhältnisse gelöst vom Leistungsbegriff allein anhand (variabler) Wertungskriterien zu bearbeiten. Hier fehlt trotz aller, z.T. berechtigter Kritik, der feste dogmatische Anker[2188].

II. Leistungskette und Durchlieferung

1. Leistungskette

Unproblematisch gestaltet sich die Rückabwicklung in der Regel im Rahmen einer sog. **Leistungskette**, der wohl einfachsten Konstellation, bei der eine Mehrheit von Leistungsbeziehungen eine Rolle spielt[2189]. 565

Bsp.: A verkauft und übereignet an B ein Motorboot, welches von diesem weiter an C veräußert wird. Alle Kaufverträge sind jedoch nichtig (sog. Doppelmangel).
Im Ausgangspunkt ist die Rechtslage im Beispiel einer Leistungskette folgende: A könnte einen Anspruch auf Rückübereignung aus § 812 Abs. 1 S. 1 Alt. 1 gegen B haben, während dieser wiederum von C Rückübereignung des Motorboots aus § 812 Abs. 1 S. 1 Alt. 1 fordern könnte. Denkbar wäre jedoch auch, dass A seinen Bereicherungsanspruch unmittelbar gegenüber C durchsetzen kann. Diese Direktkondiktion zwischen dem ehemaligen und dem gegenwärtigen Eigentümer wird von der überwiegenden Ansicht jedoch

2182 *Grigoleit/Auer*, Schuldrecht III Bereicherungsrecht, Rn. 390; Palandt/*Sprau*, § 812 Rn. 7; hierzu auch Bamberger/Roth/*Wendehorst*, § 812 Rn. 169.

2183 *Looschelders*, Schuldrecht BT, § 52 Rn. 1027; *Medicus/Petersen*, Bürgerliches Recht, Rn. 686; *Brox/Walker*, Besonderes Schuldrecht, § 40 Rn. 7; Dauner-Lieb/Langen/*von Sachsen Gessaphe*, § 812 Rn. 17.

2184 *Looschelders*, Schuldrecht BT, § 52 Rn. 1027; *Medicus/Petersen*, Bürgerliches Recht, Rn. 686.

2185 *Larenz/Canaris*, Schuldrecht BT II/2, § 70 VI 1, S. 247; *Wilhelm* JZ 1994, 585; *Brox/Walker*, Besonderes Schuldrecht, § 40 Rn. 12.

2186 *Looschelders*, Schuldrecht BT, § 52 Rn. 1027; *Medicus/Petersen*, Bürgerliches Recht, Rn. 686; Dauner-Lieb/Langen/ *von Sachsen Gessaphe*, § 812 Rn. 13; wohl auch *Giesen* Jura 1995, 169 (173).

2187 *K. Schmidt* JuS 2008, 1029 (1030 f.). Kritisch dagegen im Hinblick auf den Leistungsbegriff *Larenz/Canaris*, Schuldrecht BT II/2, § 70 VI 2 a, S. 248 f.: „als dogmatisches Zentralkriterium ungeeignet, da er bei nahezu allen Zweifels- und Streitfragen versagt".

2188 Dies erkennen im Ergebnis auch *Larenz/Canaris*, Schuldrecht BT II/2, § 70 VI 5, S. 252 f., im Rahmen der „Pragmatischen Ratschläge an den Studenten" an.

2189 Vgl. dazu etwa *Giesen* Jura 1995, 169 (173); *S. Lorenz* JuS 2003, 729 (730); vgl. dazu auch *Peifer*, Gesetzliche Schuldverhältnisse, § 11 Rn. 3.

abgelehnt. Der Leistungsaustausch soll sich stattdessen innerhalb der zwischen den Parteien bereits bestehenden Leistungsbeziehungen vollziehen[2190]. Der Austausch findet somit „über das Dreieck“ statt[2191]. Eine Nichtleistungskondiktion zwischen A und C ist bereits deswegen nicht einschlägig, weil C das Motorboot durch eine Leistung des B erhalten hat[2192]. Dies entspricht dem Subsidiaritätsgrundsatz[2193]. Ein Durchgriff des A auf C wäre allenfalls unter den Voraussetzungen von § 822 denkbar[2194]. Bei dieser Vorgehensweise „über das Dreieck“ sind Einwendungen und das bestehende Insolvenzrisiko für den Rückgewährgläubiger (im Bsp. A) besser kalkulierbar[2195]. A genießt insbesondere gegen einen Entreicherungseinwand des B (§ 818 Abs. 3) Schutz durch die Saldotheorie[2196].

2. Durchlieferung

566 Vom Grundfall der Leistungskette zu unterscheiden, ist die sog. **Durchlieferung** (auch **„Streckengeschäft“** genannt)[2197].

Bsp.: A verkauft an B ein Motorboot, welches von diesem weiter an C veräußert wird. Um den Leistungsweg abzukürzen, weist jedoch B den A an, das Motorboot direkt an C zu liefern. Alle Kaufverträge sind wiederum nichtig.

Anders als im Fall der Leistungskette ist die Zuwendung des Motorbootes direkt von A an C erfolgt, wobei in dinglicher Hinsicht ein doppelter Geheißerwerb stattgefunden hat[2198]. Dennoch hat nach ganz h. M. die **Rückabwicklung innerhalb der bestehenden Leistungsbeziehungen** zwischen A und B bzw. zwischen B und C, also wiederum im Dreieck, zu erfolgen[2199]. Ebenso wie im Fall der Leistungskette werden die Beteiligten vor der Aufdrängung eines nicht selbst gewählten Vertragspartners bewahrt.

3. Kondiktion der Kondiktion

567 **Bsp.:** Was hat in dem vorhergehenden Beispielsfall B von A erlangt?

Fraglich bleibt aber, auf welche Art und Weise in dem unter 1. und 2. soeben dargestellten Leistungsdreieck die Rückabwicklung erfolgen soll. B steht im Falle des Doppelmangels der Kausalbeziehungen ein bereicherungsrechtlicher Anspruch gegen den Endkäufer C zu. An sich erschiene es konsequent, anzunehmen, dass A von B dessen Bereicherungsanspruch gegen C im Wege der Abtretung herausverlangen kann[2200]. Tatsächlich halten die Judikatur und ein Teil der Lehre eine derartige **„Kondiktion der Kondiktion“** für richtig[2201]. Dies führt jedoch dazu, dass die Herausgabe des

2190 MüKo/*Schwab*, § 812 Rn. 39; Bamberger/Roth/*Wendehorst*, § 812 Rn. 174; *Giesen* Jura 1995, 169 (173).

2191 *S. Lorenz* JuS 2003, 729 (731 f.); Erman/Westermann/*Buck-Heeb*, § 812 Rn. 37; *Brox/Walker*, Besonderes Schuldrecht, § 40 Rn. 12.

2192 Etwas anderes wäre nur dann anzunehmen, wenn B als selbständiger Gehilfe bzw. Leistungsmittler des A auftreten würde, sodass aus Sicht des C der B auf Geheiß des A handeln würde, vgl. dazu *Peifer*, Gesetzliche Schuldverhältnisse, § 11 Rn. 3.

2193 MüKo/*Schwab*, § 812 Rn. 57 f.; *Grigoleit/Auer*, Schuldrecht III Bereicherungsrecht, Rn. 392: Dabei stehen Effizienz- und Gerechtigkeitserwägungen im Vordergrund.

2194 *Medicus/Lorenz*, Schuldrecht II, Rn. 1216; juris-Pk/*Martinek*, § 812 Rn. 107; Jauernig/*Stadler*, § 812 Rn. 25; Bamberger/Roth/*Wendehorst*, § 812 Rn. 176.

2195 *Medicus/Lorenz*, Schuldrecht II, Rn. 1218; *Brox/Walker*, Besonderes Schuldrecht, § 40 Rn. 12; zu den maßgeblichen Wertungskriterien grundlegend *Canaris*, FS Larenz, 1973, S. 799 ff.

2196 *S. Lorenz* JuS 2003, 729 (731 f.); vgl. *Schall* JZ 2013, 753 (757).

2197 *Giesen* Jura 1995, 169 (173); *Peifer*, Gesetzliche Schuldverhältnisse, § 11 Rn. 7 f.; *Medicus/Petersen*, Bürgerliches Recht, Rn. 671.

2198 Näher BGH NJW 1986, 1167.

2199 *S. Lorenz* JuS 2003, 729 (732); *Wandt*, § 13 Rn. 9; *Giesen* Jura 1995, 169 (173); juris-Pk/*Martinek*, § 812 Rn. 106, 111; MüKo/*Schwab*, § 812 Rn. 72.

2200 Palandt/*Sprau*, § 812 Rn. 74; *Medicus/Lorenz*, Schuldrecht II, Rn. 1218.

2201 BGH ZIP 1989, 1180 (1184); 1990, 915 (918); *Esser/Weyers*, Schuldrecht BT II, § 48 III 3 c; juris-Pk/*Martinek*, § 812 Rn. 110.

Leistungsgegenstandes dann zwischen A und C erfolgen muss. A steht also wiederum einem nicht selbst gewählten Vertragspartner gegenüber. Weiterhin bewirkt dies eine Kumulation von Haftungsrisiken beim Bereicherungsgläubiger A[2202]; schließlich trägt dieser nun sowohl das Insolvenzrisiko von B als auch von C. Damit würden die beschriebenen Vorteile einer Rückabwicklung „über das Dreieck“ gegenüber einer Direktkondiktion nicht mehr überwiegen.

Nach richtiger Auffassung bildet deswegen in der Situation, dass ein Dritter Eigentümer und Besitzer des gewünschten Leistungsobjekts geworden ist, nur ein **Wertersatzanspruch nach § 818 Abs. 2** den Gegenstand des Bereicherungsausgleichs[2203]. Denn im konkreten Beispiel hat B auf sachenrechtlicher Ebene durch doppelten Geheißerwerb zunächst selbst (für eine juristische Sekunde) das Eigentum an der Kaufsache erlangt. A kann somit von B Wertersatz verlangen (§ 812 Abs. 1 S. 1 Alt. 1, § 818 Abs. 2), gestützt auf die Unmöglichkeit der Herausgabe des Erlangten[2204]. § 818 Abs. 1 kann dagegen nicht zur Begründung der Abtretung der Kondiktionsforderung des B gegen C herangezogen werden. Denn die Vorschrift erfasst keine rechtsgeschäftlichen Surrogate (siehe oben Rn. 531)[2205].

III. Das Verhältnis von Leistungs- und Eingriffskondiktion im Falle gesetzlicher Erwerbsvorschriften

1. Allgemeine Grundsätze

Allerdings lässt auch die h. M. trotz des **Subsidiaritätsdogmas** (siehe bereits oben 568
Rn. 448) in einigen Fällen einen Direktdurchgriff in Gestalt der Nichtleistungskondiktion zu. Dies gilt, wenn der Inhaber (und Letzterwerber) des Leistungsgegenstandes nach Abwägung aller Umstände nicht schutzwürdig erscheint[2206]. Ein solcher Ausnahmefall wird etwa angenommen, wenn der Leistungsempfänger das **Leistungsobjekt unentgeltlich**, z. B. durch Schenkung, **erworben** hat, vgl. §§ 822, 816 Abs. 1 S. 2. Beide Vorschriften machen unmissverständlich deutlich, dass der unentgeltliche Erwerb nach den Vorstellungen des Gesetzgebers weniger Anspruch auf Beständigkeit besitzt[2207].

Gleiches gilt, wenn die Bereicherung auf das **Abhandenkommen einer Sache** 569
(§ 935 Abs. 1) zurückzuführen ist und ein **Eigentumserwerb** beim Erwerber nur **aufgrund gesetzlicher Vorschriften (§§ 946 ff.)** stattfinden konnte. Denn nur der gutgläubige rechtsgeschäftliche Erwerb (§§ 932 ff.) soll dauerhaft Bestand gegenüber bereicherungsrechtlichen Ansprüchen finden (siehe oben Rn. 448)[2208]. Dies ergibt sich auch aus der Wertung des § 951 Abs. 1. § 951 ist als **Rechtsfortwirkung der Vindikation** (§ 985) zu begreifen.

2202 *Larenz/Canaris*, Schuldrecht BT II/2, § 70 II 2 b, S. 205; *Wandt*, § 13 Rn. 39; Dauner-Lieb/Langen/*von Sachsen Gessaphe*, § 812 Rn. 142; *Brox/Walker*, Besonderes Schuldrecht, § 40 Rn. 12.

2203 *Larenz/Canaris*, Schuldrecht BT II/2, § 70 II 2 b, S. 205; Dauner-Lieb/Langen/*von Sachsen Gessaphe*, § 812 Rn. 142; *S. Lorenz* JuS 2003, 729 (732 f.); *Looschelders*, Schuldrecht BT, § 55 Rn. 1145.

2204 *Larenz/Canaris*, Schuldrecht BT II/2, § 70 II 2 b, S. 205; *S. Lorenz* JuS 2003, 729 (732); Jauernig/*Stadler*, § 812 Rn. 29.

2205 A. A. *Peifer*, Gesetzliche Schuldverhältnisse, § 11 Rn. 8.

2206 Palandt/*Sprau*, § 812 Rn. 56.

2207 Palandt/*Sprau*, § 812 Rn. 56.

2208 Palandt/*Sprau*, § 812 Rn. 56.

Bsp.[2209]: A stiehlt dem B einen Jungbullen von der Weide und veräußert ihn an den gutgläubigen C, der daraus Konservenwurst herstellt. C erwirbt kein Eigentum an dem Jungbullen gemäß § 932, da es sich um eine abhandengekommene Sache handelt (§ 935). C wird aber gem. § 950 Eigentümer der von ihm hergestellten Konservenwurst. B könnte deswegen gemäß §§ 951, 812 ff. von C Wertersatz fordern, da dieser die Konservendosen zwar aufgrund, nicht aber durch eine Leistung des A erworben hat. Da es sich bei dem Jungbullen um eine gemäß § 935 abhandengekommene Sache handelte, konnte A nur den (unrechtmäßigen) Besitz an C leisten. Insoweit ist eine Direktkondiktion des B gegen C in Gestalt der Nichtleistungskondiktion (§§ 951 Abs. 1, 812 Abs. 1 S. 1 Alt. 2) möglich, ohne dass das Subsidiaritätsdogma entgegen stünde.

In gleicher Weise wird man aber eine Direktkondiktion gegen den Empfänger einer fremden Sache dann zulassen müssen, wenn diese zwar dem Eigentümer nicht abhandengekommen ist, ein gutgläubiger Erwerb aber aufgrund der Bösgläubigkeit des Empfängers nicht möglich ist und dieser wiederum nur aufgrund gesetzlicher Anordnung (§§ 946–950) Eigentümer wird[2210].

570 **Merke:** Ein Direktdurchgriff in Form der Nichtleistungskondiktion ist grundsätzlich ausgeschlossen, wenn der Leistungsempfänger die Sache nach §§ 932 ff. oder § 892 gutgläubig erworben hat. Der gutgläubige Erwerb ist „kondiktionsfest", vgl. § 816 Abs. 1 S. 1[2211], sodass dem früheren Eigentümer nur die Möglichkeit verbleibt, gegen den als Nichtberechtigter Verfügenden vorzugehen[2212]. Ein wichtiges Kriterium ist somit die „sachenrechtliche Parallelwertung"[2213]. Bei Mehrpersonenverhältnissen verbietet sich, wie erwähnt, nach dem BGH[2214] jede schematische Lösung. Vielmehr ist der Einzelfall unter Berücksichtigung der Interessenlage der Parteien zu beurteilen. In einer Klausur mit bereicherungsrechtlichen Problemen ist deshalb eine genaue Auswertung des Sachverhalts nötig.

2. Im Speziellen: Einbaufälle

571 **Bsp.**[2215]: A liefert an den Bauunternehmer B Baustoffe unter Eigentumsvorbehalt (§§ 929, 158). B baut diese noch vor Zahlung des Kaufpreises aufgrund eines Werkvertrages mit C in dessen Haus ein. Da B insolvent wird, will A von C den Wert der eingebauten Stoffe ersetzt haben. – Eine Kondiktion des A gegen C in Gestalt der Nichtleistungskondiktion (§§ 951 Abs. 1, 812 Abs. 1 S. 1 Alt. 2) scheidet aufgrund des Subsidiaritätsgrundsatzes aus. Denn aus der Sicht des C hat B an ihn geleistet. Die Baustoffe waren überdies nicht abhandengekommen, womit der gutgläubige C das Eigentum im Falle einer rechtsgeschäftlichen Übertragung nach §§ 929, 932 erlangt hätte. 816 Abs. 1 S. 1 zeigt aber, dass der gutgläubige Erwerb kondiktionsfest ist[2216]. Daran ändert sich nichts dadurch, dass die Baustoffe ohne rechtsgeschäftliche

2209 BGHZ 55, 176 – Jungbullenfall; dazu auch *S. Lorenz* JuS 2003, 839 (844).

2210 *Grigoleit/Auer*, Schuldrecht III Bereicherungsrecht, Rn. 394; Bamberger/Roth/*Wendehorst*, § 812 Rn. 264; Dauner-Lieb/Langen/*von Sachsen Gessaphe*, § 812 Rn. 201; Staudinger/*Lorenz*, § 812 Rn. 63.

2211 *Grigoleit/Auer*, Schuldrecht III Bereicherungsrecht, Rn. 393; *Medicus/Lorenz*, Schuldrecht II, Rn. 1224; juris-Pk/*Martinek*, § 816 Rn. 2; Dauner-Lieb/Langen/*von Sachsen Gessaphe*, § 816 Rn. 4.

2212 *Larenz/Canaris*, Schuldrecht BT II/2, § 67 III 2 a, S. 138; Palandt/*Sprau*, § 816 Rn. 1; Erman/Westermann/*Buck-Heeb*, § 816 Rn. 1.

2213 *Wandt*, § 13 Rn. 18; *Larenz/Canaris*, Schuldrecht BT II/2, § 70 III 2 a; *S. Lorenz* JuS 2003, 839 (844); Dauner-Lieb/Langen/*von Sachsen Gessaphe*, § 812 Rn. 207.

2214 BGHZ 61, 291; 87, 395; 122, 46.

2215 Zu einem vergleichbaren Fall *Wandt*, § 13 Rn. 16.

2216 *Wandt*, § 13 Rn. 16.

Übereignung sofort eingebaut wurden. Hierbei hilft wiederum ein Vergleich zu § 985: Wäre vor dem Einbau mangels gutgläubigen Erwerbs ein Anspruch nach § 985 gegeben gewesen, kommt nach dem Einbau die Eingriffskondiktion als Rechtsfortwirkungsanspruch zum Zuge. Wäre dagegen ein Gutglaubenserwerb möglich gewesen, scheidet ein Anspruch aus § 951 Abs. 1 ebenso aus, wie eine Vindikation gescheitert wäre.

IV. Anweisungsfälle

1. Grundsatz

Eine Leistung im Dreieck haben auch die sog. **Anweisungsfälle** zum Gegenstand. 572
Hier stehen Fallsituationen im Vordergrund, in denen der Anweisende den Angewiesenen ersucht, dem Anweisungsempfänger eine Leistung zu Lasten des Anweisenden zu erbringen[2217]. Der Begriff der Anweisung reicht somit über den durch § 783 beschriebenen Inhalt hinaus[2218]. In der Praxis stehen hier v. a. **Konstellationen des bargeldlosen Zahlungsverkehrs** im Vordergrund[2219]. Die Banküberweisung stellt dabei das Paradebeispiel der Anweisung im weiteren Sinne dar.

Bsp.: A schuldet dem G angeblich 1.000 Euro aus einem Kaufvertrag. Er weist seine Bank B im Rahmen seines Girovertrages an, die entsprechende Summe auf ein Konto des G zu überweisen. – Das Verhältnis zwischen A und der Bank B wird **Deckungsverhältnis** genannt, das Verhältnis zwischen A und G trägt die Bezeichnung **Valutaverhältnis.** Das Verhältnis der Bank B zum Zahlungsempfänger G schließlich bezeichnet man als **Zuwendungsverhältnis**[2220]. Als Resultat sind hier zwei „Leistungen" i.S. der „bewussten und zweckgerichteten Vermehrung fremden Vermögens" gegeben[2221]. Der Angewiesene (hier: die Bank) leistet im Deckungsverhältnis zum Anweisenden (dem Bankkunden A). Der Anweisende A wiederum leistet zugleich durch den Angewiesenen (die Bank B) als Leistungsmittler (Zuwendender) im Valutaverhältnis zum Anweisungsempfänger G[2222]. Hingegen sind die Voraussetzungen einer Leistung im Zuwendungsverhältnis zwischen dem Angewiesenen und dem Anweisungsempfänger nicht gegeben. Denn der Zuwendende setzt gegenüber dem Anweisungsempfänger erkennbar keinen eigenständigen Leistungszweck [2223].

Nach h. M. richtet sich deswegen die **bereicherungsrechtliche Rückabwicklung** 573
einer Überweisung **grundsätzlich nach den Leistungsbeziehungen im Deckungs- und Valutaverhältnis**[2224], „also zum einen zwischen dem Anweisenden und dem Angewiesenen ... und zum anderen zwischen dem Anweisenden und dem Anweisungsempfänger [Zahlungsempfänger] ..."[2225]. Damit wird der jeweilige Berei-

2217 Dazu auch *Grigoleit/Auer*, Schuldrecht III Bereicherungsrecht, Rn. 407; Erman/Westermann/*Buck-Heeb*, § 812 Rn. 19; *S. Lorenz* JuS 2003, 729 (730).

2218 Vgl. etwa auch *Neef* JA 2006, 458 Fn. 2. Bei der Anweisung im bereicherungsrechtlichen Sinne erhält der Anweisungsempfänger, anders als im Fall von § 783, keine schriftliche Leistungsermächtigung; *Peifer*, Gesetzliche Schuldverhältnisse, § 11 Rn. 9; *Giesen* Jura 1995, 169 (174).

2219 Zu den modernen Varianten des bargeldlosen Zahlungsverkehrs, in denen eine Anweisung eine Rolle spielt vgl. etwa BGH NJW 2002, 2234; *Schnauder* NJW 2003, 849 ff.

2220 *Neef* JA 2006, 458 (459); *Riehm*, JuS Lern-CD Zivilrecht Rn. 452; Bamberger/Roth/*Wendehorst*, § 812 Rn. 180; *Giesen* Jura 1995, 169 (174).

2221 BGHZ 61, 289 (291); 88, 232 (234); 89, 376 (378); 111, 382 (385); BGH WM 2008, 1118.

2222 BGH WM 2008, 1118; *S. Lorenz* JuS 2008, 1029 ff.; *Giesen* Jura 1995, 169 (174).

2223 BGH NJW 1994, 2358; *Grigoleit/Auer*, Schuldrecht III Bereicherungsrecht, Rn. 408; *Giesen* Jura 1995, 169 (174).

2224 *Schall* JZ 2013, 753 (754); Jauernig/*Stadler*, § 812 Rn. 23; MüKo/*Schwab*, § 812 Rn. 63; *S. Lorenz* JuS 2003, 729 (732).

2225 BGH WM 2008, 1118 f. = NJW 2008, 2331 ff.

cherungsgläubiger lediglich mit den Einwendungen desjenigen konfrontiert, welchen er sich als Vertragspartner ausgesucht hat[2226].

Lösung des Bsp.: Fehlt es im Valutaverhältnis zwischen A und G an einem Rechtsgrund, muss auch die Rückabwicklung zwischen A und G stattfinden, ohne dass die Bank B beteiligt wäre.

2. Ausnahmen

574 Eine **Direktkondiktion der angewiesenen Bank** gegen den Zahlungsempfänger ist im Regelfall ausgeschlossen. Eine Leistungskondiktion (§ 812 Abs. 1 S. 1 Alt. 1) scheidet vom objektiven Empfängerstandpunkt mangels eigenem Leistungszweck aus. Die Nichtleistungskondiktion (§ 812 Abs. 1 S. 1 Alt. 2) scheitert regelmäßig am Subsidiaritätsdogma, sofern die Zuwendung aus Sicht des Zahlungsempfängers als die Leistung einer anderen Person anzusehen ist[2227]. Die entscheidende Frage ist somit in der vorliegenden Konstellation, ob sich der Kontoinhaber die Zuwendung der Bank an den Zahlungsempfänger im Sinne einer von ihm erteilten Anweisung zurechnen lassen muss[2228]. In einigen Fällen kommt eine solche Zurechnung nicht in Betracht, sodass Raum für eine Nichtleistungskondiktion verbleibt.

575 Nach der Judikatur und der h. L. ist **eine Direktkondiktion** des Angewiesenen gegen den Anweisungsempfänger **möglich**, wenn

Möglichkeit der Direktkondiktion, wenn	
1.	eine Anweisung der Bank von vornherein fehlt, also ein **irrtümlich** von der Bank angenommener Überweisungsauftrag vorliegt[2230].
2.	eine Anweisung an die Bank **gefälscht** oder **verfälscht** wurde[2231].
3.	die Anweisung eines **Geschäftsunfähigen** oder beschränkt Geschäftsfähigen vorliegt[2232].
4.	die **Vertretungsmacht** des Anweisenden fehlte[2233].

576 a) **Vollständiges Fehlen der Anweisung.** Für die Rechtsprechung und die h. L. ist die Schutzbedürftigkeit der jeweils Beteiligten maßgeblich: Beim **vollständigen Fehlen der Anweisung** erscheint der vermeintlich „Anweisende" schützenswert, weil er **keinen Verursachungsbeitrag gesetzt** hat und keine Zurechnungsgrundlage besteht[2229], sodass die Bank selbst im Wege der Nichtleistungskondiktion tätig werden muss, um ihr Defizit auszugleichen. Nach § 675 u verfügt der Kontoinhaber über einen gegen die Bank gerichteten Anspruch auf Rückgängigmachung der Kontobelastung[2230].

2226 BGH WM 2008, 1118 f.: „Der tiefere Grund für die bereicherungsrechtliche Abwicklung im jeweils fehlerhaften Leistungsverhältnis liegt in der von den Beteiligten im Rahmen der Privatautonomie getroffenen Auswahl ihres Geschäftspartners, an den sie sich auch bei rechtsfehlerhaften Beziehungen grundsätzlich halten."

2227 Vgl. zur Maßgeblichkeit des Empfängerhorizonts bei der Ermittlung einer Leistungsbeziehung bereits oben Rn. 402.

2228 Vgl. auch *Neef* JA 2006, 458 (460) (mit Überlegungen zum richtigen Klausuraufbau); juris-Pk/*Martinek*, § 812 Rn. 104.

2229 *Neef* JA 2006, 458 (463); *Looschelders*, Schuldrecht BT, § 55 Rn. 1152; *Medicus/Lorenz*, Schuldrecht II, Rn. 1221; juris-Pk/*Martinek*, § 812 Rn. 120; Dauner-Lieb/Langen/*von Sachsen Gessaphe*, § 812 Rn. 152; MüKo/*Schwab*, § 812 Rn. 82.

2230 *Looschelders*, Schuldrecht BT, § 55 Rn. 1152 f.; siehe *Winkelhaus* BKR 2010, 441 zu den Auswirkungen des neuen Zahlungsdiensterechtes im Bereicherungsrecht.

Bsp.: Die Bank B überweist versehentlich die Miete des M doppelt an dessen Vermieter V. Hier ist es allein Sache der Bank, das Geld von V nach § 812 Abs. 1 S. 1 Alt. 2 zu kondizieren[2231].

Der BGH ordnet den für den Überweisungsempfänger entstandenen Rechtsschein in dieser Situation nicht dem angeblich Anweisenden zu[2232]: „Da der gutgläubige Vertragspartner nur geschützt werden kann, wenn der andere Vertragsteil in zurechenbarer Weise einen Rechtsschein hervorgerufen hat, vermag der ... Empfängerhorizont des Zahlungsempfängers die fehlende Leistung des vermeintlich Anweisenden selbst dann nicht zu ersetzen, wenn dieser den gezahlten Betrag dem Zahlungsempfänger tatsächlich schuldete."[2233] Die Frage der Rechtsscheinzurechnung wird somit richtigerweise im Verfahren der Auslegung mitberücksichtigt[2234].

Fehlt es an einer zurechenbaren Anweisung, spielt es somit richtigerweise keine Rolle, dass dem Zuwendungsempfänger eine Forderung in relevanter Höhe tatsächlich zustand[2235]. Unerheblich ist dabei, ob der Zuwendungsempfänger das Fehlen einer wirksamen Anweisung kennt[2236]. Auch wenn er diesen Mangel nicht kennt, wird er nicht geschützt[2237]. Die Berufung **allein auf den Empfängerhorizont** des Zahlungsempfängers kann die fehlende Tilgungs- und Zweckbestimmung des Kontoinhabers nicht substituieren (kein Vertrauensschutz des Zuwendungsempfängers)[2238]. Vielmehr wird der Zuwendungsempfänger in den Augen des BGH bereits ausreichend durch § 818 Abs. 3 gegenüber einer Direktkondiktion der Bank geschützt. 577

In diesen Kontext gehören, wie bereits überblicksartig dargestellt, auch Fallgestaltungen, in denen eine Anweisung gefälscht wurde[2239]. In gleicher Weise beurteilt werden Situationen, in denen die Anweisung durch einen geschäftsunfähigen oder beschränkt geschäftsfähigen Kontoinhaber[2240] erfolgt ist. Ebenso scheidet eine Zurechnung der Anweisung bei einem vollmachtlosen Vertreter aus[2241]. 578

2231 Vgl. auch BGH JuS 2010, 918: „Eine Bank, die eine Anweisung versehentlich doppelt ausführt, erwirbt damit keinen Bereicherungsanspruch gegen den Anweisenden, sondern kann die irrtümliche Zuwendung nur von dem Anweisungsempfänger im Wege der Nichtleistungskondiktion (§ 812 Abs. 1 Satz 1 Alt. 2) herausverlangen".

2232 BGH WM 2008, 1118 f. = NJW 2008, 2331 ff.; *Canaris* JZ 1987, 201; Staudinger/*Lorenz*, § 812 Rn. 51.

2233 BGH WM 2008, 1118 f. = NJW 2008, 2331 ff. Rn. 10 f.

2234 Zutreffend *Neef* JA 2006, 458 (461); Staudinger/*Lorenz*, § 812 Rn. 61.

2235 BGHZ 152, 307 = NJW 2003, 582; dazu auch *K. Schmidt* JuS 2003, 499.

2236 A. A. etwa *Wieling* JuS 1978, 808, der darauf hinweist, dass es vom objektiven Empfängerstandpunkt unerheblich sei, ob der Kontoinhaber einen zurechenbaren Rechtsschein gesetzt habe, solange nur der Zahlungsempfänger an dessen Leistung glauben dürfe. Es komme nur auf seine subjektive Wahrnehmung an. Die Rückabwicklung müsse folglich auch hier „über das Dreieck" erfolgen. Eine Direktkondiktion der Bank sei nur gegenüber einem bösgläubigen Zahlungsempfänger zulässig.

2237 BGH NJW 2001, 1855; *K. Schmidt* JuS 2008, 1029 (1031); Palandt/*Sprau*, § 812 Rn. 58.

2238 BGH NJW 2001, 1855 (1856); *S. Lorenz* JuS 2003, 839; *Looschelders*, Schuldrecht BT, § 55 Rn. 1152 f.; zu den entscheidenden Wertungsgesichtspunkten *Larenz/Canaris*, Schuldrecht BT II/2, § 70 II, S. 204 f.

2239 BGH WM 1990, 1280 (1281); BGH NJW 2003, 582 m. Anm. *S. Lorenz* LMK 2003, 23; BGH NJW 2005, 3213 (3214); *S. Lorenz* JuS 2003, 839; *Looschelders*, Schuldrecht BT, § 55 Rn. 1152.

2240 BGHZ 111, 382 (383 ff.); 158, 1 (2 ff.); *Neef* JA 2006, 458 (460).

2241 BGHZ 147, 145 (147 ff.); *Looschelders*, Schuldrecht BT, § 55 Rn. 1152; Palandt/*Sprau*, § 812 Rn. 58.

579 b) **Fehlerhafte oder widerrufene Anweisung.** Liegt jedoch ein **fehlerhafter Überweisungsauftrag** vor, scheidet eine Direktkondiktion der Bank nach dem Veranlassungsprinzip aus[2242]. Widerruft der Anweisende eine von ihm erteilte **Überweisung** (oder einen Dauerauftrag bzw. einen Scheck), hat die Abwicklung nach Rechtsprechung und h. L. „über das Dreieck" zu erfolgen. Denn der Anweisende hat die Zahlung initiiert, sodass sie ihm als Leistung analog §§ 170–173 zugerechnet werden kann[2243]. Unproblematisch ist dies, wenn der Empfänger der Leistung gutgläubig war[2244]. Eine Leistung der Bank an den Zahlungsempfänger liegt dann vom Standpunkt eines objektiven Empfängers nicht vor, sodass eine Leistungskondiktion ausscheidet[2245]. Eine Nichtleistungskondiktion der Bank kommt aufgrund ihrer Subsidiarität nicht in Betracht, weil die Zuwendung dem Anweisenden zuzurechnen ist. Die erfolgte Anweisung bildet dafür einen ausreichenden Anknüpfungspunkt. Das Risiko eines verspäteten Widerrufs hat der Anweisende zu tragen[2246]. Die Bank muss sich hier an den anweisenden Kontoinhaber wenden, „da der Fehler, die weisungswidrige Behandlung des Kundenauftrags, im Deckungsverhältnis wurzelt und deshalb in diesem Verhältnis zu bereinigen ist"[2247]. Der Bank steht jedoch wegen § 675 u kein vertraglicher Anspruch auf Erstattung ihrer Aufwendungen zu. Sie verfügt aber gegenüber dem Kontoinhaber über einen Anspruch aus § 812 Abs. 1 S. 1 Alt. 2 (Nichtleistungskondiktion), und dies auch, wenn es im Valutaverhältnis zwischen Kontoinhaber und Zahlungsempfänger an einer bestehenden Verbindlichkeit fehlte[2248].

580 Weiß der **Empfänger der Leistung** jedoch um den Widerruf der Überweisung, vermag die Bank ihn im Wege der Direktkondiktion (§ 812 Abs. 1 S. 1 Alt. 2) in Anspruch zu nehmen[2249]. Der Empfänger vertraut in dieser Situation nicht auf eine Leistung seines Vertragspartners. Ebenso liegt es, wenn der Empfänger die Leistung unentgeltlich erhalten haben sollte (Wertung der §§ 816 Abs. 1 S. 2, 822).

Bsp.: A übergibt dem F für Reparaturarbeiten einen Scheck. Einige Minuten später ruft er bei seiner Hausbank S an und lässt den Scheck sperren. Auch informiert er F über die Sperrung des Schecks. – Falls die Bank S den Scheck des F versehentlich einlöst, findet keine Abwicklung über das Dreieck statt. Die Bank S kann sich somit nicht an ihren Kunden A halten, sondern muss die Schecksumme selbst von F kondizieren. F erscheint hingegen gegenüber einer Kondiktion der Bank nicht schutzwürdig, weil er um die Sperrung des Schecks wusste.

581 Hingegen macht die Judikatur bei einer **„Zuvielüberweisung"** der Bank keine Ausnahme vom Verbot des Direktdurchgriffs [2250]. Denn im Falle einer Zuviel-

2242 BGHZ 61, 289 (293 f.); 87, 246, (249 f.); 87, 393 (397 f.); BGH WM 2008, 1118 f. = NJW 2008, 2331 ff.
2243 BGHZ 61, 289 (293 f.); 87, 246, (249 f.); 87, 393 (397 f.); BGH WM 2008, 1118 f. = NJW 2008, 2331 ff.
2244 BGH NJW 1976, 1449; BGHZ 67, 75 (79 f.) = NJW 1976, 1845; BGH NJW 1987, 185; *Looschelders*, Schuldrecht BT, § 55 Rn. 1152 ff.; dazu krit. *Flume* NJW 1987, 635; nach *Larenz/Canaris*, Schuldrecht BT II/2, § 70 IV 3 b, soll auch fahrlässige Unkenntnis in das Gewicht fallen.
2245 *K. Schmidt* JuS 2008, 1029 (1031).
2246 *K. Schmidt* JuS 2008, 1029 (1031); MüKo/*Schwab*, § 812 Rn. 115; krit. *Canaris* BB 1972, 778.
2247 BGHZ 61, 289 (293 f.) = NJW 1974, 39; BGHZ 89, 376 (381) = NJW 1984, 1348; BGH WM 2008, 1118 f. = NJW 2008, 2332.
2248 *Looschelders*, Schuldrecht BT, § 55 Rn. 1154.
2249 BGH WM 2008, 1118 f. = NJW 2008, 2332; *Brox/Walker*, Besonderes Schuldrecht, § 40 Rn. 15a; MüKo/*Schwab*, § 812 Rn. 119.
2250 BGH WM 2008, 1118 f. = NJW 2008, 2331; BGH NJW 2011, 66 (69); dazu *K. Schmidt* JuS 2008, 1029 (1030).

überweisung hat zunächst eine ordnungsgemäße Anweisung des Kontoinhabers stattgefunden. Auch wenn das Geldinstitut diese irrtümlich fehlerhaft ausführt, führt dies zu keiner abweichenden Bewertung[2251]. Für dieses vom BGH favorisierte **Veranlassungsprinzip** spricht, dass auch bei einer Zuvielüberweisung der Schuldner mit seiner Anweisung zum Ausdruck bringt, dass ein bestimmter Geldbetrag an den Zahlungsempfänger überwiesen werden soll. Überweist die Bank fehlerhaft mehr als die angegebene Summe, so steht dies einer im Ausgangspunkt wirksamen Tilgungsbestimmung nicht entgegen[2252].
Gegen eine Nichtleistungskondiktion der Bank soll nach Auffassung des BGH auch die Abwägung der Interessen des Anweisenden und des gutgläubigen Empfängers streiten[2253]: Habe letzterer hinsichtlich des irrtümlich überwiesenen Zuvielbetrages einen durchsetzbaren Anspruch und musste er den Fehler der Überweisungsbank bei Anwendung der im Rechtsverkehr erforderlichen Sorgfalt nicht erkennen, so könne er darauf vertrauen, dass er den überwiesenen Betrag behalten darf[2254]. Der Anweisende kann somit von der Bank die Wiedergutschrift des irrtümlich zu viel überwiesenen Betrages gegen Abtretung seines Bereicherungsanspruchs gegen den Überweisungsempfänger beanspruchen[2255]. Anders liegt der Fall nur, wenn der Zahlungsempfänger **aufgrund der besonderen Umstände des Einzelfalles** von vornherein hinsichtlich des irrtümlich von der Bank überwiesenen Mehrbetrags keine Leistung des Anweisenden an ihn annehmen konnte[2256].

Nach **a. A.** steht in den Fällen der irrtümlichen Zuvielüberweisung seitens der Bank dieser nur hinsichtlich des Mehrbetrages ein unmittelbarer Bereicherungsanspruch gegen den Zahlungsempfänger zu, da insoweit weder eine tatsächliche Anweisung vorliege noch der Anweisende in ihm zurechenbarer Weise den Rechtsschein einer solchen Anweisung gesetzt habe[2257]. **582**

Bsp.[2258]: V und K schließen einen notariellen „Kaufvertrag" über ein Wohnungserbbaurecht. Der Kaufpreis soll in Abhängigkeit vom Bautenstand in mehreren Raten fällig werden. Die letzte Rate soll 7.000 Euro betragen. Einer Aufforderung des V auf Zahlung dieser Schlussrate kommt K unter Hinweis auf Mängel zunächst nicht nach. Später teilt V die Beseitigung der Mängel mit und wiederholt sein Zahlungsverlangen. Daraufhin weist K seine Hausbank – die B-Bank – per Telefax an, einen Teilbetrag der Schlussrate in Höhe von 4.000 Euro zu überweisen. Der zuständige

2251 BGH NJW 1987, 185 f.; WM 2008, 1118 f. = NJW 2008, 2331; dies ablehnend MüKo/*Schwab*, § 812 Rn. 90; Staudinger/*Lorenz*, § 812 Rn. 51.
2252 BGH NJW 1987, 185 f.; BGH WM 2008, 1118 f. = NJW 2008, 2332: „Im Falle der Gutgläubigkeit des Überweisungsempfängers steht der Überweisungsbank, die irrtümlich eine Zuvielüberweisung vornimmt, ebenso wie in Fällen der Nichtbeachtung des Widerrufs eines Schecks oder eines Überweisungs- oder Dauerauftrags kein unmittelbarer Bereicherungsanspruch gegen den Überweisungsempfänger zu."
2253 BGH WM 2008, 1118 f. = NJW 2008, 2332; dazu (auch krit.) *K. Schmidt* JuS 2008, 1029 (1032).
2254 BGH WM 2008, 1118 f. = NJW 2008, 2332.
2255 BGH WM 2008, 1118 f. = NJW 2008, 2332.
2256 So BGH NJW 1987, 186 unter Berufung auf § 242. Im Fall war von der Überweisungsbank der zehnfache Betrag der angewiesenen Summe an den Gläubiger überwiesen worden; zur Entscheidung gleichwohl krit. *Flume* NJW 1987, 635, der eine Leistungskondiktion der Bank gegenüber dem Zahlungsempfänger befürwortet.
2257 OLG Hamburg WM 1982, 249 (251); MüKo/*Schwab*, § 812 Rn. 90; *Canaris* JZ 1987, 201 (202 f.); *v. Caemmerer* JZ 1962, 385 (387); *Schnauder* JZ 2009, 1092 (1101 f.).
2258 Fall nach BGH WM 2008, 1118 f. = NJW 2008, 2331 (etwas vereinfacht; im Originalsachverhalt stand der Streit um die Kosten im Vordergrund); dazu *Hager* JA 2008, 733.

Mitarbeiter der B-Bank übersieht jedoch die Beschränkung der Anweisung und überweist die Schlussrate in voller Höhe von 7.000 Euro auf das Konto des V. Erst nach der Gutschrift dieses Betrages auf seinem Konto erhält der V ein Schreiben des K, in dem dieser ankündigt, bei der Schlussrate einen Betrag von 3.000 Euro wegen angeblicher Gegenansprüche in Abzug zu bringen. Nachdem die B-Bank die Zuvielüberweisung bemerkt hat, verlangt sie nun Rückzahlung des zu viel gezahlten Betrages von V aus § 812 Abs. 1 S. 1 Alt. 2. – Ein Bereicherungsanspruch der B-Bank aus Eingriffskondiktion kommt nur dann in Betracht, wenn der zu viel bezahlte Betrag nicht als von K an V geleistet anzusehen ist. Denn in den Fällen einer Leistung auf Anweisung vollzieht sich der Bereicherungsausgleich grundsätzlich innerhalb der jeweiligen Leistungsbeziehung. Eine Leistungsbeziehung besteht aber zwischen der B-Bank und V nicht. Der vermeintlich Angewiesene hat deshalb grundsätzlich nur dann einen unmittelbaren Bereicherungsanspruch gegen den Zahlungsempfänger, wenn es an einer Anweisung ganz fehlt oder diese unwirksam ist, denn in diesen Fällen kann die Zuwendung dem Anweisenden nicht als Leistung zugerechnet werden, da er sie weder veranlasst, noch einen Anschein dafür gesetzt hat, die Zahlung sei seine Leistung. Hier aber hat die B-Bank lediglich die wirksame Anweisung des K fehlerhaft ausgeführt[2259]. K hat also mit seiner Anweisung selbst eine Ursache für den Anschein einer Leistung gesetzt. Auch wenn er außer der Veranlassung der Zahlung nichts zu dem Fehler der B-Bank beigetragen hat, reicht dies nach dem sog. „Veranlassungsprinzip" aus, um gegenüber dem zum Zeitpunkt des Zahlungseingangs noch gutgläubigen V den Rechtsschein einer Leistung in Höhe von 7.000 Euro zu erzeugen. Dies rechtfertigt es, den gutgläubigen Empfänger grundsätzlich von den Störungsfolgen freizuhalten. Andernfalls könnte sich auch ein gewissenhafter und redlicher Gläubiger nie darauf verlassen, den überwiesenen Betrag tatsächlich behalten zu dürfen. V hat daher den gesamten Betrag durch Leistung des K erhalten, eine Direktkondiktion der B-Bank in Gestalt der Eingriffskondiktion scheidet damit aus.

583 **Hinweis:** Das neue Recht der Zahlungsdienste im BGB dürfte an den vorstehenden Grundsätzen des Bereicherungsausgleichs in Anweisungsfällen nichts geändert haben, da diese neuen Vorschriften lediglich die vertraglichen Rechte der Parteien betreffen[2260]. Aus §§ 675 u, 675 z folgt also nicht, dass sich die Bank in bereicherungsrechtlicher Hinsicht im Falle einer fehlerhaften Anweisung nicht mehr an den Kontoinhaber, sondern primär an den Zahlungsempfänger wenden müsste[2261]. Allerdings existiert zu dieser Fragestellung bisher noch keine höchstrichterliche Rechtsprechung.

V. Bereicherungsausgleich bei der Leistung auf fremde Schuld, § 267

1. Problemstellung

584 Eine inhaltliche Nähe zu den Anweisungsfällen besteht jedenfalls partiell auch im Fall rechtsgrundloser Drittleistungen[2262]. Die Ausgangskonstellation von

2259 BGH WM 2008, 1118 f. = NJW 2008, 2331; dazu *Hager* JA 2008, 733.

2260 So auch *Kiehnle* Jura 2012, 895 (900); ebenso *Looschelders*, Schuldrecht BT, § 55 Rn. 1154 a; MüKo/*Schwab*, § 812 Rn. 123 b; *Reymann* JuS 2012, 781 (786 f.).

2261 *Looschelders*, Schuldrecht BT, § 55 Rn. 1154 a; a. A. Palandt/*Sprau*, § 812 Rn. 107 a; *Belling/Belling* JZ 2010, 708 (710 f.); *Winkelhaus* BKR 2010, 441 (449); Dauner-Lieb/Langen/*von Sachsen Gessaphe*, § 812 Rn. 157.

2262 *Grigoleit/Auer*, Schuldrecht III Bereicherungsrecht, Rn. 434; differenzierend *Larenz/Canaris*, Schuldrecht BT II/2, § 70 V 3 a; *Giesen* Jura 1995, 169 (177).

§ 267 stellt sich wie folgt dar: Ein Dritter leistet auf eine fremde Schuld, welche zwischen zwei anderen Parteien (Schuldner und Gläubiger) besteht[2263]. Die Leistung des Dritten soll der Erfüllung nach § 362 dienen, wobei der Dritte willentlich auf eine fremde Schuld leistet. Dabei muss der Wille vom Empfängerhorizont her auch feststellbar sein[2264].

Bsp.: A hat bei B eine noch teilweise offene Kaufpreisschuld, die er nicht bezahlen kann. Jedoch will seine Schwester C ihm einen Gefallen erweisen und begleicht den noch offenen Betrag. – Die Dritte (C) kann sich hier, abhängig davon, ob andere vorrangige Ausgleichsmechanismen (wie GoA) in Betracht kommen, nur im Wege der (subsidiären) Rückgriffskondiktion (§ 812 Abs. 1 S. 1 Alt. 2) an A halten[2265]. Die Rückgriffskondiktion kommt vor allem in Betracht, wenn C zur Drittleistung nicht veranlasst wurde, sondern aus eigenem Antrieb handelte[2266]. A hat hier die Befreiung von seiner Verbindlichkeit gegenüber B erlangt (§§ 362, 267)[2267]. Ein bereicherungsrechtlicher Anspruch der C gegenüber B scheidet von vornherein aus[2268]. Eine bereicherungsrechtliche Rückabwicklung zwischen C und A kommt im Beispiel jedoch in Betracht, wenn zwischen dem Schuldner und dem Gläubiger in Wahrheit keine Schuld (mehr) bestand, also die Zahlung des Dritten nur einem Putativschuldner zugutekam. Hier liegt ein mangelhaftes Valutaverhältnis vor.

Bsp.: Wie oben will C ihrem Bruder A einen Gefallen erweisen, hat dabei jedoch keine Kenntnis von dem Umstand, dass der Anspruchsrest des Gläubigers B aufgrund einer Aufrechnungslage (§ 389) und einer entsprechenden Gestaltungserklärung nicht mehr besteht.

In dieser Situation ist von entscheidender Bedeutung, ob der Dritte auf Veranlassung des Schuldners oder aus eigenem Antrieb handelt[2269].

2. Leistung auf Veranlassung des Putativschuldners

Bsp.: A bittet seine Schwester C, den restlichen Kaufpreis für ihn bei B zu bezahlen.

Die Leistung auf Veranlassung kommt der Situation der Anweisung gleich. 585
Ebenso wie dort **leistet** auch hier eine Partei **auf Veranlassung**[2270]. Anders ist lediglich, dass bei § 267 eine eigene Tilgungsbestimmung, gerichtet auf die fremde Schuld, gegeben ist[2271]. Im Falle der Anweisung übermittelt aber der Angewiesene die Tilgungsbestimmung des Anweisenden als Bote oder Stellvertreter[2272]. Bei einem Mangel im Verhältnis von Putativschuldner und -gläubiger muss die Rückabwicklung „über das Eck", also zwischen dem Dritten (C) und dem Putativschuldner (A), bzw. Putativschuldner und -gläubiger (B), erfolgen

---

2263 *Giesen* Jura 1995, 169 (177); Bamberger/Roth/*Unberath*, § 267 Rn. 1.
2264 *Wandt*, § 13 Rn. 60; juris-Pk/*Martinek*, § 812 Rn. 145; Staudinger/*Lorenz*, § 812 Rn. 42; *Medicus/Lorenz*, Schuldrecht I, Rn. 164.
2265 Zu dieser Konstellation auch *Wandt*, § 13 Rn. 62; *Medicus/Petersen*, Bürgerliches Recht, Rn. 684.
2266 *Wandt*, § 13 Rn. 62; Dauner-Lieb/Langen/*von Sachsen Gessaphe*, § 812 Rn. 177.
2267 Jedoch sollen dem Schuldner die bisherigen Einwendungen analog §§ 404 ff. zustehen, näher *Larenz/Canaris*, Schuldrecht BT II/2, § 69 III 2 b, S. 192.
2268 Vgl. auch *Peifer*, Gesetzliche Schuldverhältnisse, § 11 Rn. 17; *S. Lorenz* JuS 2003, 839 (841); Bamberger/Roth/*Wendehorst*, § 812 Rn. 240.
2269 *Wandt*, § 13 Rn. 62; Dauner-Lieb/Langen/*von Sachsen Gessaphe*, § 812 Rn. 178; *Larenz/Canaris*, Schuldrecht BT II/2, § 70 V 3.
2270 *S. Lorenz* JuS 2003, 839 (841, 844); *Larenz/Canaris*, Schuldrecht BT II/2, § 70 V 3 a; juris-Pk/*Martinek*, § 812 Rn. 148.
2271 *Grigoleit/Auer*, Schuldrecht III Bereicherungsrecht, Rn. 434; *Larenz/Canaris*, Schuldrecht BT II/2, § 70 V 3 a, S. 242.
2272 BGHZ 113, 62 (68 ff.); *Wandt*, § 13 Rn. 62 ff.

(vergleichbar zu den Anweisungsfällen)[2273]. Häufig sind aber in dieser Konstellation andere Ausgleichsmechanismen vorrangig zu berücksichtigen (GoA oder gesetzlicher Forderungsübergang)[2274].

3. Leistung aus eigenem Antrieb

586 Anders ist die Rechtslage zu bewerten, sofern die Leistung nicht auf Veranlassung des Putativschuldners erfolgte. In diesem Fall besteht auch **keine signifikante Nähe zu den Anweisungsfällen**[2275]. Der Putativschuldner hat keinen zurechenbaren Anlass für die Leistung des Dritten an den Putativgläubiger gegeben. Er hat im Übrigen in kondiktionsrechtlicher Hinsicht auch nicht „etwas erlangt" (keine Befreiung von einer Verbindlichkeit)[2276]. Insoweit erscheint es gerechtfertigt, dass der Dritte das Geleistete im Wege der Leistungskondiktion unmittelbar vom Putativgläubiger zurückerhält (§ 812 Abs. 1 S. 1 Alt. 1)[2277]. Denn dieser hat eine **eigene Zweck- und Tilgungsbestimmung** gegenüber dem Putativgläubiger getroffen und nicht lediglich eine fremde überbracht. Auch die durch die Inanspruchnahme des Scheingläubigers für diesen entstehende Belastung erscheint durchaus hinnehmbar. Ein Rechtsgrund zum Behaltendürfen des Leistungsgegenstandes besteht nicht. Nach h. M. ist hier eine Direktkondiktion zwischen dem Dritten und dem Putativgläubiger möglich[2278].

VI. Bereicherungsausgleich beim Vertrag zugunsten Dritter

1. Problemstellung

587 Der bereicherungsrechtliche Rückabwicklungsmodus bereitet auch im Zusammenhang mit einem Vertrag zu Gunsten Dritter Schwierigkeiten[2279]. Dieser zeichnet sich dadurch aus, dass sich der Versprechende gegenüber dem Versprechensempfänger verpflichtet, an einen Dritten eine Leistung zu erbringen. Während beim **echten Vertrag zugunsten Dritter** dieser Dritte ein eigenes Forderungsrecht gegen den Versprechenden (§ 328 Abs. 1) eingeräumt erhält, fehlt diese eigenständige Berechtigung **beim unechten Vertrag zugunsten Dritter**[2280].

Bsp.: A (Versprechensempfänger) legt für ihre Tochter B (Dritte) bei der Sparkasse (Versprechende) ein Sparbuch an, über welches B ab ihrem 18. Geburtstag verfügen können soll. Ab diesem Zeitpunkt steht ihr ein eigener Auszahlungsanspruch gegen die Sparkasse zu. – Das Verhältnis zwischen dem Versprechenden und dem Versprechensempfänger beim Vertrag zugunsten Dritter wird als Deckungsverhältnis, das zwischen Versprechensempfänger und dem Dritten als Valutaverhältnis bezeichnet[2281]. Mängel können dabei sowohl im Valuta- als auch im Deckungsverhältnis auftreten.

2273 Palandt/*Sprau*, § 812 Rn. 63; Dauner-Lieb/Langen/*von Sachsen Gessaphe*, § 812 Rn. 178; Bamberger/Roth/*Wendehorst*, § 812 Rn. 241; Staudinger/*Lorenz*, § 812 Rn. 44; a. A. *Martinek* JZ 1991, 395.

2274 *Peifer*, Gesetzliche Schuldverhältnisse, § 11 Rn. 17.

2275 *S. Lorenz* JuS 2003, 839 (841, 844); juris-Pk/*Martinek*, § 812 Rn. 147.

2276 *S. Lorenz* JuS 2003, 839 (841, 844); juris-Pk/*Martinek*, § 812 Rn. 147.

2277 Ebenso BGHZ 113, 62 (65 f., 68); *Wandt*, § 13 Rn. 64; Dauner-Lieb/Langen/*von Sachsen Gessaphe*, § 812 Rn. 179; MüKo/*Schwab*, § 812 Rn. 156.

2278 BGHZ 113, 62 (65 f.); BGH WM 1967, 283; *W. Lorenz* JuS 1968, 441 (445 ff.); *S. Lorenz* JuS 2003, 839 (841); *Grigoleit/Auer*, Schuldrecht III Bereicherungsrecht, Rn. 436.

2279 Ausführlich etwa *Grigoleit/Auer*, Schuldrecht III Bereicherungsrecht, Rn. 437 ff.

2280 Bamberger/Roth/*Janoschek*, § 328 Rn. 7 f.; *Brox/Walker*, Allgemeines Schuldrecht, § 32 Rn. 7; *Medicus/Lorenz*, Schuldrecht I, 807.

2281 *Grigoleit/Auer*, Schuldrecht III Bereicherungsrecht, Rn. 437; Bamberger/Roth/*Janoschek*, § 328 Rn. 7 f.; *Brox/Walker*, Allgemeines Schuldrecht, § 32 Rn. 7; *Medicus/Lorenz*, Schuldrecht I, Rn. 807 f.

Hat der Dritte kein eigenes Forderungsrecht gegen den Versprechenden erworben, ähnelt die Konstellation den **Anweisungsfällen**[2282]. Deshalb erfolgt hier die Rückabwicklung wie bei den Anweisungsfällen im jeweils fehlerhaften Rechtsverhältnis. Ein Direktanspruch zwischen dem Dritten und dem Versprechenden ist dagegen grundsätzlich ausgeschlossen[2283].

In kondiktionsrechtlicher Hinsicht bereitet dagegen beim **echten Vertrag zugunsten Dritter** die Tatsache Probleme, dass zwischen allen Beteiligten eine Leistungsbeziehung existiert. Denn neben dem Versprechensempfänger (§ 335) steht auch dem Dritten das Recht zu, die Leistung an sich zu verlangen[2284]. Insoweit garantiert eine Orientierung am herrschenden Leistungsbegriff keine eindeutige Antwort auf die Frage, in welchem Verhältnis die Rückabwicklung vorzunehmen ist[2285], sodass wertende Kriterien im Einzelfall eine Lösung ermöglichen müssen[2286]. 588

2. Mängel im Deckungsverhältnis

Bsp.: Im eben genannten Beispiel ist der Vertrag zwischen Sparkasse und A unwirksam. Gleichwohl hat die Sparkasse das Geld an B ausgezahlt. Kann die Sparkasse das Geld direkt von B verlangen, oder muss sie sich an A halten, sodass die Rückabwicklung wiederum „über das Dreieck" stattfinden müsste? 589

Hat der Versprechende trotz eines Mangels im Deckungsverhältnis bereits an den Dritten geleistet, erscheint (wie bei den Anweisungsfällen) zweifelhaft, ob der Versprechende einen bereicherungsrechtlichen **Direktanspruch** gegen den Dritten hat, oder sich zunächst an den Versprechensempfänger wenden muss, der infolge den Dritten in Anspruch nehmen könnte[2287]. Im Ergebnis existieren hier **zwei entgegengesetzte Meinungsgruppen**, von denen die eine die Kondiktion des Versprechenden gegen den Dritten ermöglicht[2288] und die andere den Versprechenden an die Person des Versprechensempfängers als Kondiktionsschuldner verweist[2289]. Relevant ist in diesem Zusammenhang richtigerweise, aus welchem Grund dem Dritten ein eigenes Forderungsrecht gegen den Versprechenden verliehen wird. Üblicherweise wird hier nur eine **Abkürzung des Leistungsweges** und eine **Stärkung der Position des Dritten** erreicht[2290]. Für die zweite Auffassung, welche dem Versprechenden zur Kondiktion an den Versprechensempfänger verweist, spricht es somit, dass die Rechtsstellung des Dritten durch die Zuwendung verbessert werden sollte[2291]. Es wäre geradezu widersinnig, wenn man diesen nun anders als beim unechten Vertrag

---

2282 *Wandt,* § 13 Rn. 75; *Giesen* Jura 1995, 169 (178); Dauner-Lieb/Langen/*von Sachsen Gessaphe,* § 812 Rn. 162; Staudinger/*Lorenz,* § 812 Rn. 38.

2283 Palandt/*Sprau,* § 812 Rn. 62.

2284 *Grigoleit/Auer,* Schuldrecht III Bereicherungsrecht, Rn. 437; Erman/Westermann/*Buck-Heeb,* § 812 Rn. 33; *S. Lorenz* JuS 2003, 839 (840).

2285 Palandt/*Sprau,* § 812 Rn. 63; *Looschelders,* Schuldrecht BT, § 55 Rn. 1156; *Giesen* Jura 1995, 169 (178); *Larenz/Canaris,* Schuldrecht BT II/2, § 70 V 2 a, S. 240; MüKo/*Schwab,* § 812 Rn. 192.

2286 *Grigoleit/Auer,* Schuldrecht III Bereicherungsrecht, Rn. 437; *Giesen* Jura 1995, 169 (178).

2287 Im Mittelpunkt der Diskussion steht der Ausgleich bei Nichtigkeit des Deckungsverhältnisses, *Canaris,* FS Larenz, 1973, 799 (828 f.).

2288 So vorwiegend die frühere Auffassung im Schrifttum: vgl. aber auch *Dörner,* Dynamische Relativität, S. 343. Zusammenfassung des Streitstandes bei *Bayer,* Der Vertrag zu Gunsten Dritter, S. 352 f.

2289 *F. Peters,* AcP 173 (1973), 71 ff. Zu beachten ist jedoch, dass im Unterschied zur Anweisung der Drittberechtigte aus eigenem Recht fordern kann, *Canaris,* FS Larenz, 1973, 799 (828 ff.).

2290 *Grigoleit/Auer,* Schuldrecht III Bereicherungsrecht, Rn. 438; *Larenz/Canaris,* Schuldrecht BT II/2, § 70 V 2 a, S. 241 f.; MüKo/*Schwab,* § 812 Rn. 193.

2291 *Larenz/Canaris,* Schuldrecht BT II/2, § 70 V 2 a, S. 241 f.; MüKo/*Schwab,* § 812 Rn. 193.

zugunsten Dritter einer unmittelbaren Rückforderung aussetzen würde. Damit muss die Rückabwicklung regelmäßig „über das Eck" erfolgen[2292]. Nach dem BGH, der einen vermittelnden Standpunkt einnimmt, ist dagegen entscheidend, ob der Schwerpunkt des wirtschaftlichen Erfolges der Leistung des Versprechenden im Deckungsverhältnis oder im Vollzugsverhältnis eintreten soll[2293]. Sollte ersteres der Fall sein, müsse die Kondiktion gegenüber dem Versprechensempfänger, andernfalls gegenüber dem Dritten erfolgen. Die Kondiktion gegen den Dritten sei somit gestattet, wenn der Zweck der Leistung vor allem in dessen Versorgung bestanden habe (vgl. etwa § 330)[2294]. Ein Direktanspruch gegen den Dritten soll des Weiteren analog §§ 822, 816 Abs. 1 S. 2 möglich sein, wenn im Valutaverhältnis ein unentgeltlicher Erwerb vorliegt[2295].

Bsp.[2296]**:** Der Direktionsassistent C der Bauträgerfirma B hatte als deren Vertreter mit dem A einen entsprechenden Kaufanwärtervertrag geschlossen. In zwei der Vertragsausfertigungen war auch eine Klausel enthalten, welche die Zahlung einer Maklercourtage durch A an die Firma X vorsah, hinter der sich in Wahrheit aber C verbarg. Nachdem der A die Provisionsvereinbarung angefochten (§ 123 Abs. 1) hatte, verlangte er diese von C zurück. – Der BGH sah in der Klausel einen Vertrag zugunsten der Firma X (§ 328 Abs. 1) und ermöglichte (mit Recht) die Direktkondiktion gegen den Makler[2297]. Die Zahlung durch den Versprechenden sollte den Versprechensempfänger nicht von einer bestehenden Provisionspflicht freistellen. Vielmehr wollte A mit seiner Leistung vornehmlich eine eigene Verpflichtung erfüllen[2298], die aufgrund des vollmachtlosen Handelns des C aber nicht existierte. Es fehlt auch an einem Zurechnungsgrund, der es erlaubt, die Zahlung in die bestehenden Kausalverhältnisse einzuordnen[2299].

3. Mängel im Valutaverhältnis

590 Existiert hingegen ein Mangel im Valutaverhältnis, so sind nur der Dritte und der Versprechensempfänger von dem Mangel unmittelbar betroffen. Die Rückabwicklung hat sich folglich in diesem Verhältnis zu vollziehen. *Medicus/Petersen* formulieren dazu treffend: „Beim echten Vertrag zugunsten Dritter ist Empfänger der Leistung des Versprechenden, wer in engerer Verbindung zu dem mit dieser Leistung bezweckten Erfolg steht."[2300] Weitgehend einhellig wird die Situation beurteilt, in der nur das Valutaverhältnis zwischen Versprechensempfänger und Drittem (im obigen Beispiel: der Makler) mängelbehaftet ist. Kondiktionsberechtigt ist dann nur der Versprechensempfänger[2301].

2292 BGHZ 5, 281 (Dampfkessel-Fall); Bamberger/Roth/*Wendehorst*, § 812 Rn. 201; MüKo/*Schwab*, § 812 Rn. 193; juris-Pk/*Martinek*, § 812 Rn. 138.

2293 BGHZ 58, 184 f. = NJW 1972, 864; BGHZ 72, 246 (251); zustimmend *Canaris* NJW 1972, 1196 f.; *Medicus/Petersen*, Bürgerliches Recht, Rn. 681 f.; dazu bereits *Althammer*, Die Maklerklausel im notariellen Grundstückskaufvertrag, S. 229 ff.

2294 BGHZ 58, 184 (189); *W. Lorenz* AcP 168 (1968), 286 (296); *Grigoleit/Auer*, Schuldrecht III Bereicherungsrecht, Rn. 439; *Althammer*, Die Maklerklausel im notariellen Grundstückskaufvertrag, S. 229 ff.

2295 *Looschelders*, Schuldrecht BT, § 55 Rn. 1157; *Larenz/Canaris*, Schuldrecht BT II/2, § 70 V 2 b; Dauner-Lieb/Langen/*von Sachsen Gessaphe*, § 812 Rn. 164; MüKo/*Schwab*, § 812 Rn. 195.

2296 Vgl. BGHZ 58, 184 f. = NJW 1972, 864 f.; hierzu insbs. *Medicus/Petersen*, Bürgerliches Recht, Rn. 683; *Canaris* NJW 1972, 1196 f.; *F. Peters*, AcP 173 (1973), 71 ff.

2297 Die Auslegung als echter Vertrag zugunsten Dritter (§ 328 I) ist nicht ohne Zweifel: So meint *Canaris* NJW 1972 1196 f., der Kaufanwärter habe unmittelbar mit der Firma X, vertreten durch C, kontrahiert, womit die Kondiktion gegen X und den dahinter stehenden C eine bare Selbstverständlichkeit sei. Zum Ganzen auch *Medicus/Petersen*, Bürgerliches Recht, Rn. 683.

2298 In diesem Sinne auch *Medicus/Petersen*, Bürgerliches Recht, Rn. 683.

2299 Dazu auch *Althammer*, Die Maklerklausel im notariellen Grundstückskaufvertrag, S. 233.

2300 *Medicus/Petersen*, Bürgerliches Recht, Rn. 683.

2301 Staudinger/*Lorenz*, § 812 Rn. 37.

VII. Bereicherungsausgleich bei der Abtretung

1. Ausgangslage

591 Im Falle der Abtretung wird eine Forderung von einem Gläubiger (**Zedent**) auf einen anderen Gläubiger (**Zessionar**) übertragen[2302]. In Betracht kommen hier eine vertragliche Übertragung (§ 398), eine gesetzliche (**cessio legis**, z. B. § 774) oder auch eine Übertragung aufgrund eines Hoheitsaktes (§ 835 Abs. 2 ZPO: Überweisungsbeschluss).

2. Abtretung einer nicht existenten Forderung

592 Die umstrittenste Konstellation ist dabei jene, dass die abgetretene Forderung in Wahrheit nicht existiert, der Schuldner der abgetretenen Forderung aber dennoch geleistet hat[2303]. Für die Rückabwicklung wird der ursprüngliche Schuldner damit zum Bereicherungsgläubiger.

Bsp.: Um sein Unternehmen wieder finanziell zu sanieren, überträgt A entgeltlich in einem Abtretungsvertrag seine Forderungen gegen X an die Bank S. Nachdem X an die Bank S gezahlt hat, wird klar, dass A in Wahrheit keine wirksame Forderung gegen X besaß. Steht X ein Anspruch auf Bereicherungsausgleich zu und gegen wen? Denkbar sind wiederum zwei verschiedene Lösungswege: Zum einen könnte der Bereicherungsgläubiger die an den Zessionar (hier: Bank S) erbrachte Leistung unmittelbar von diesem kondizieren. Zum anderen könnte er sich zunächst an den Zedenten (hier A) halten, der sich dann wiederum an den Zessionar wenden muss.

3. Kondiktion gegen den Zedenten

593 Nach überwiegender Meinung in Judikatur und Literatur wird, wenn die Forderung in Wahrheit nicht existent ist, die Parallele zu den Anweisungsfällen betont[2304]. Im Ergebnis sei die Mitteilung der Zession als eine Aufforderung an den Schuldner zu verstehen, statt an den Zedenten an den Zessionar zu leisten. Insoweit habe die Kondiktion wiederum „über das Eck" stattzufinden und richte sich gegen den Zedenten[2305]. Denn die Zuwendung des Schuldners an den Zessionar werde durch die Leistung des Zedenten an den Zessionar im Rahmen des Abtretungsvertrages nicht berührt. Im Übrigen sei es nicht angebracht, dem Schuldner, der sich den Zessionar nicht zum Vertragspartner gewählt habe, das Insolvenzrisiko des Zessionars aufzubürden[2306].

4. Kondiktion gegen den Zessionar

594 Andererseits streitet für eine Kondiktion gegen den Zessionar der Umstand, dass die beschworene Parallelität zur Anweisungslage nicht vollständig überzeugt. Einerseits stimmt im Falle der Anweisung der Leistungsgegenstand in beiden Verhältnissen überein. Bei der Abtretung hingegen steht im einen Verhältnis die Erfüllung der Forderung und im anderen Verhältnis nur deren Abtretung im

---

2302 Näher zu diesem Fragenkreis etwa *Grigoleit/Auer*, Schuldrecht III Bereicherungsrecht, Rn. 440 ff.

2303 *Wandt*, § 13 Rn. 70; *S. Lorenz* JuS 2003, 839 (842); Bamberger/Roth/*Wendehorst*, § 812 Rn. 206; *Bayer* JuS 1990, 883.

2304 BGHZ 105, 365 (369 f.) (Feuerversicherungsfall); 122, 46 (50 ff.) (Factoring-Vertrag); *Wandt*, § 13 Rn. 70; *S. Lorenz* JuS 2003, 839 (842); juris-Pk/*Martinek*, § 812 Rn. 141; krit. Bamberger/Roth/*Wendehorst*, § 812 Rn. 206; vgl. zum Ganzen *Bayer* JuS 1990, 883.

2305 Vgl. auch *Looschelders*, Schuldrecht BT, § 55 Rn. 1158; *S. Lorenz* JuS 2003, 839 (842); *Giesen* Jura 1995, 169 (177).

2306 *S. Lorenz* JuS 2003, 839 (842); *Giesen* Jura 1995, 169 (177).

Vordergrund[2307]. Zum anderen kann bei der Anweisung der Angewiesene selbst bestimmen, ob er der Anweisung folgt oder doch an seinen ursprünglichen Gläubiger zahlt[2308]. Bei der Abtretung ist genau das Gegenteil der Fall, schließlich hat der Schuldner keine Möglichkeit sich gegen die Abtretung zu wehren und bekommt auf diesem Wege einen neuen Gläubiger aufoktroyiert. Damit erscheint im Ergebnis eine Direktkondiktion gegen den Zessionar gerechtfertigt. Denn auf diese Weise kann der Schuldner die Leistung von der Person kondizieren, an welche er meinte, leisten zu müssen[2309].

2307 MüKo/*Schwab*, § 812 Rn. 208 ff. (209); *Medicus/Petersen*, Bürgerliches Recht, Rn. 685 a.
2308 MüKo/*Schwab*, § 812 Rn. 208 ff. (210); *Medicus/Petersen*, Bürgerliches Recht, Rn. 685 a.
2309 So überzeugend MüKo/*Schwab*, § 812 Rn. 208 ff. (210); *Medicus/Petersen*, Bürgerliches Recht, Rn. 685 a; *Reuter/Martinek*, Ungerechtfertigte Bereicherung, S. 489 ff.

Stichwortverzeichnis

Die Zahlen beziehen sich auf die Randnummern des Werkes.